CHEZ LES MÊMES LIBRAIRES

# CAUSERIES
# DU LUNDI

PAR

## M. SAINTE-BEUVE
de l'Académie française.

13 vol. grand in-18 anglais, à 3 fr. 50 le vol.

## PORTRAITS PRINCIPAUX

### POUR LE SEIZIÈME SIÈCLE

Marguerite, sœur de Fançois Ier. Marie Stuart. Rabelais. Ronsard. Montaigne. Charron. Amyot. Saint François de Sales. Étienne Pasquier. Montluc. D'Aubigné. Sully. Gabrielle d'Estrées. Henri IV, etc., etc.

### POUR LE DIX-SEPTIÈME SIÈCLE.

Malherbe. Richelieu. Mazarin. Fouquet. Louis XIV. Bossuet. Voiture. Pascal. Boileau. Saint-Évremond. Bussy-Rabutin. La Fontaine. Madame de Sévigné. Mademoiselle de La Vallière. Villars. Fénelon. Bourdaloue. Madame de Maintenon, etc., etc.

### POUR LE DIX-HUITIÈME SIÈCLE

Fontenelle. Voltaire. Montesquieu. Vauvenargues. Bernis. Madame de Pompadour. Le grand Frédéric. Madame du Deffand. Mademoiselle de Lespinasse. Buffon. Rousseau. Marmontel. La Harpe, etc., etc.

### POUR LE RÈGNE DE LOUIS XVI

Marie-Antoinette. Malesherbes. Bernardin de Saint-Pierre. Necker. Vicq-d'Azir. Rulhières. Chamfort. Rivarol. Beaumarchais. Maury. Mirabeau. Florian.

### POUR NOTRE ÉPOQUE.

Chateaubriand. Lamartine. Bonald. De Maistre. Marmont. Béranger. George Sand. Paul-Louis Courier. Étienne. Arnault. Michaud. Daru. Madame Récamier. Alfred de Musset. Le P. Lacordaire. Madame Émile de Girardin, etc.

PARIS. — IMPRIMERIE DE J. CLAYE, RUE SAINT-BENOIT, 7.

# PORTRAITS
# CONTEMPORAINS
### ET DIVERS

TOME III

*Ouvrages du même auteur :*

**TABLEAU DE LA POÉSIE FRANÇAISE AU XVIe SIÈCLE**, suivi de Portraits des principaux poëtes (Édition de 1843).

**VOLUPTÉ**, roman.

**POÉSIES COMPLÈTES** (Édition de 1845).

Paris.—Imprimé chez Bonaventure et Ducessois, 55, quai des Augustins.

# PORTRAITS
# CONTEMPORAINS

## ET DIVERS

PAR

## C.-A. SAINTE-BEUVE

de l'Académie française.

Nouvelle édition revue et corrigée

### III

DAUNOU, DÉSAUGIERS, PARNY,
CASIMIR DELAVIGNE, LEOPARDI, LOUISE LABÉ,
FLÉCHIER, GRESSET, M. MIGNET, ETC.;—
HOMÈRE, APOLLONIUS DE RHODES, MÉLÉAGRE,
ETC., ETC.

## PARIS
DIDIER, LIBRAIRE-ÉDITEUR
35, QUAI DES AUGUSTINS.

L'auteur et l'éditeur se réservent le droit de traduction.
1855

Ce volume est le complément naturel de tous ceux que nous avons précédemment publiés : on y trouvera tour à tour des portraits de femmes, d'historiens ou de poëtes, et il contient de plus quelques études de l'antiquité.

5 mars 1846.

# M. DAUNOU.

(Cours d'Etudes Historiques.)

Je voudrais parler assez à fond d'un homme respectable que j'ai beaucoup connu, que j'ai pratiqué durant des années, et aussi familièrement que ce mot peut convenir à des relations où la déférence et, par moments, la dissidence sous-entendue avaient tant de part. Il semblera peut-être que ce soit venir bien tard aujourd'hui, et qu'il y ait peu de chose à ajouter aux hommages de plus d'une sorte qui lui ont été publiquement rendus. Nulle mémoire, en effet, autant que celle de M. Daunou, ne s'est vite couronnée de ce concert florissant d'éloges auxquels sa modestie échappait de son vivant. Il avait défendu qu'aucun discours ne fût prononcé sur sa tombe, mais il n'a pu réprimer également les voix du lendemain. Peu après sa mort, M. Natalis de Wailly a parlé de lui dans le *Journal des Savants*, et a retracé avec une précision affectueuse comme une première esquisse de cette grave figure. M. Taillandier, exécuteur testamentaire de M. Daunou, n'a pas tardé à publier, sous le titre de *Documents biographiques*, un excellent volume où le texte tout entier de cette vie si pleine est, en quelque sorte, établi, où toutes les pièces à l'appui sont compulsées, mises en œuvre, et les moindres curiosités littéraires soigneusement indiquées ; on n'a plus guère, pour le fond, qu'à puiser là. L'examen des écrits a été repris ensuite et développé dans une *Notice* de M. Guérard avec le soin et la rectitude qui distinguent ce consciencieux érudit. Au sein des compagnies académiques, M. le baron Walckenaer, successeur de M. Daunou comme secrétaire-perpétuel des Belles-Lettres, a discouru de lui avec diversité et effusion (1); M. Mignet, l'éloquent organe des Sciences morales et politiques, lui a consacré un de ses cadres majestueux. M. Victor Le Clerc enfin, en tête du vingtième volume de l'*Histoire littéraire*, a plus particulièrement apprécié le continuateur des Bénédictins. Que reste-t-il à dire après tant d'habiles gens? A les résumer peut-être, à creuser (ce qu'ils n'ont pu faire) de certains replis, mais aussi, je crois, à aborder M. Daunou par un côté qu'il n'entrait pas dans leur office principal de rechercher et de célébrer, je veux dire le point de vue de l'*écrivain* proprement dit. M. Daunou aurait pu être membre de l'Académie française, il en aurait été infailliblement si sa modestie ne l'avait tenu à l'écart; c'est là un aspect de son talent qu'il nous reste à démêler, l'homme de style en lui, le critique littéraire, le connaisseur en fait de langage. Nous n'interdirons pourtant pas à nos souvenirs la liberté d'excursion sur les autres points.

Que si, chemin faisant, nous sommes conduit, en louant ce qu'il était, à marquer du même trait ce qu'il n'était pas, ce qu'il ne voulut pas être, ce que d'autres eussent pu considérer comme un développement légitime, ou du moins glorieux, et comme une conquête, aurons-nous besoin d'excuse? Lui-même, dans ses jugements littéraires les plus bienveillants, il n'apporta jamais de complaisance, et il sut relever le prix du moindre de ses éloges en les retenant toujours dans la limite de ce qu'il croyait la vérité.

Pierre-Claude-François Daunou naquit à Boulogne-sur-Mer, au mois d'août 1761. Son père, chirurgien estimé,

---

(1) On me fait remarquer que c'est peut-être une faute d'impression, et que c'est plus probablement *diffusion* que j'ai voulu dire.

sorti de l'Agenois, était venu prendre femme dans le Boulonais et s'y établir. M. Daunou me paraît avoir combiné quelque chose des deux patries. Sans doute on aurait peine à lui trouver ce je ne sais quoi d'entreprenant et d'insinuant qui est le facile apanage, dit-on, des enfants issus de la Guyenne ; lui, il se borna à la douce malice du sage, à la finesse demi-souriante. Mais son accent, travaillé peut-être en vue de l'enseignement public et des nécessités oratoires, était certainement plus marqué, plus cadencé, que ne l'est d'ordinaire celui du nord de la France, et semblait attester comme un vestige de l'origine paternelle. Il tenait d'ailleurs à sa vraie patrie et au vieux fonds boulonais par les qualités sagaces, avisées, modérées, lucides et circonscrites à la fois, et, dans l'expression si distinguée que ces qualités prirent en sa personne, on aurait pu reconnaître encore, plus qu'il n'aurait cru, quelques formes de l'esprit natal, l'air de famille d'un pays qui n'avait pas eu jusqu'à lui son représentant littéraire, où Voisenon, par bonheur, ne fit que passer, où Charron, hôte plus digne, fut convié une fois, où Le Sage est venu mourir (1).

Dans les dernières années, M. Daunou avait deux regrets qui seront partagés inégalement, mais qu'il semblait mettre sur la même ligne : il regrettait de n'avoir pas écrit l'histoire de Boulogne-sur-Mer et celle de l'Oratoire. C'étaient ses deux patries ; il les avait quittées toutes deux de bonne heure et pour n'y plus revenir, mais elles lui restaient gravées toujours.

Après d'excellentes études au collége des oratoriens de Boulogne, le jeune Daunou se décida à entrer dans la docte

(1) Dans un article du *Journal encyclopédique* (octobre 1788), M. Daunou n'a pas laissé de railler l'ancien, le très-ancien Boulogne sur le peu de littérature du cru : sous le pseudonyme de *James Humorist*, il rend compte des singulières inscriptions qu'on avait mises à Wimille sur la tombe des infortunés aéronautes Pilâtre de Rosier et Romain, et il en prend occasion de décocher son trait malin à ses compatriotes d'avant 89. Tout cela a bien changé.

congrégation, n'étant âgé que de seize ans et quelques
mois. Son père s'opposait à ce qu'il fît son droit. Ses goûts
de lettré l'éloignaient de la chirurgie; il prit le parti de ce
demi-cloître et ferma les yeux sur les inconvénients de l'a-
venir, séduit sans doute par une perspective de retraite et
d'étude au sein de vastes bibliothèques, par l'idée de ne
pas changer de maîtres et de guides, lui timide et qui craignait avant tout le commerce des hommes.

Il était certainement pieux lorsqu'il entra dans l'Oratoire, il était croyant du moins; il ne l'était plus quand il
en sortit. A quel moment précis ses convictions religieuses
reçurent-elles modification et atteinte? A lire quelques-uns
des écrits qu'il composa dans les premières années de la
révolution (1789-1794), et dans lesquels il cherche à démontrer la conciliation des mesures politiques récentes
avec les croyances chrétiennes ou même catholiques, on
serait tenté de conclure qu'il ne s'émancipa que vers cette
époque et graduellement; mais, comme on retrouve les
mêmes précautions et les mêmes ambiguïtés gallicanes
dans son écrit sur la *Puissance temporelle des Papes*, c'est-
à-dire à une époque où il était dès longtemps acquis aux
pures doctrines philosophiques, on ne saurait s'arrêter à
ce qui pouvait n'être chez lui que ménagement de langage.
Il est à conjecturer que la foi première persista quelques
années en lui, favorisée par l'étude, par la pureté des
mœurs, dans cette vie abritée : on aimerait à se persuader
qu'il croyait encore, lorsqu'il s'engagea définitivement,
quelques années plus tard (1787), dans les voies irrévoca-
bles du sacerdoce, auquel semblait l'obliger d'ailleurs l'enseignement théologique qui lui était confié. Cependant un
moment dut venir, antérieur à la révolution, où il ne se
considérait plus, même sous ces beaux ombrages et dans
ces maisons spacieuses de l'Ordre, que comme un captif,
ou du moins comme un sage qui dissimule et qui sacrifie
aux règles du dehors pour mieux s'assurer la liberté silencieuse du dedans. On a beaucoup parlé du relâchement de
l'Oratoire en ces années finissantes; je ne me permettrai

pas de jugement général, et je crois tout à fait que la physionomie extérieure de l'Ordre était restée très-convenable, très-satisfaisante aux abords de la révolution. L'éducation qu'on y recevait n'avait pas cessé d'être excellente, et d'assez illustres témoins seraient encore là au besoin pour l'attester. Quant au fond, il n'y a plus guère à douter qu'il ne fût très-compromis sur plus d'un point. A côté de vertus très-réelles, de croyances assurément très-conservées, et dont les Adry, les Tabaraud et tant d'autres ont donné jusqu'à la fin des exemples persistants, il y avait un courant d'incrédulité qui circulait. J'ai moi-même, dans ma jeunesse, entendu de ces anciens oratoriens se racontant, se rappelant entre eux l'arrière-fond de leur vie et de leurs pensées en ces années de régularité extérieure. Le jeune Oratoire était en partie philosophique, et de la philosophie d'alors la plus avancée. Qu'on ait trouvé à Juilly, dans les tiroirs des anciens oratoriens, quelques cahiers contenant des extraits de Spinosa, matière de curiosité ou de réfutation peut-être, cela est moins parlant, moins significatif que ce qui se passait à voix basse dans le jardin, à l'ombre du marronnier d'Houbigant, autour du doux vieillard Dotteville. Ce père Dotteville était un enfant naturel, si je ne me trompe, d'un grand seigneur danois qui lui avait laissé 29,000 livres de rente. Tempéré d'humeur, sans passion aucune dès sa jeunesse (il disait lui-même qu'il avait vécu et mourrait comme Newton), aimant uniquement l'étude et la paix, il n'avait rien vu de mieux que d'entrer dans l'Oratoire et de se mettre à traduire Tacite, champion un peu rude peut-être pour un si pacifique attaquant. Bref, il était heureux, il était aimable; il avait à Juilly sa petite maison au bout du jardin, et lorsque le jeune Oratoire, quelque peu imbu des idées philosophiques du jour, sentait des velléités de révolte et de rupture, et les exprimait devant lui, il donnait de bons conseils, ou du moins des conseils de soumission, de prudence, tels qu'un Érasme et un Fontenelle dans le cloître les eussent aisément trouvés. On baissait la tête après l'avoir entendu, et on n'éclatait pas. Le bon Dotteville ne mourut qu'en 1807, à l'âge de quatre-vingt-onze ans ; il s'éteignit. Un matin, sentant sa fin prochaine et croyant bien ne plus avoir à passer une autre journée, il invita à un petit dîner philosophique un ami (j'ai souvent entendu ce récit chez M. Daunou lui-même), et après le repas auquel il ne fit qu'assister, mais qu'il n'avait pas négligé pour cela, prenant un air plus grave, il avertit cet ami qu'il se sentait à bout de vivre, qu'il lui disait adieu une dernière fois et lui demandait pour service suprême de lui faire une petite lecture. « Allez, lui dit-il, vous trouverez dans mon cabinet un livre (dont il désigna la place), apportez-le et lisez-le-moi à la page marquée. » — L'ami, en allant chercher le livre, se demandait tout bas si le Père Dotteville n'avait pas réfléchi à ce moment du grand passage, et si ce n'était point quelque lecture religieuse qu'il réclamait enfin. Il trouva le livre, l'apporta, et, l'ouvrant à la page marquée, il lut à haute voix. — C'était Horace et l'ode à Posthumus : *Eheu fugaces, Postume, Postume!...* — Il m'a toujours semblé que c'est par ce côté de souvenirs que les anciens confrères de l'Oratoire et M. Daunou s'abordaient le plus volontiers. Je ne prétends aucunement que tout l'Oratoire fût ainsi, et que cet Ordre, même dans les années voisines du terme, n'ait pas eu des portions intactes, un ensemble imposant ; mais qu'on n'ignore pas (ce qu'on fait trop dans les éloges officiels) qu'il y avait ce coin-là, cet *à-parte*. Ce qui est bien certain encore, c'est que, lorsque De Lisle de Sales, le philosophe de la nature, s'en allait en Allemagne *faire ses remontes d'idées*, comme dit M. de Chateaubriand, il recevait, en passant par Troyes, un festin de bien-venue chez les oratoriens de cette ville, parmi lesquels était alors M. Daunou (1).

Aucune idée de blâme n'entre pour moi dans ce retour à des particularités oubliées ; il importait seulement de

---

(1) Il convient pourtant de faire remarquer que De Lisle de Sales avait été, jeune, dans l'Oratoire, et qu'il avait pu naturellement y garder des relations.

bien constater l'insensible déclin d'une congrégation sage, modérée, polie, qui avait trop de fenêtres ouvertes sur le monde pour que l'air extérieur n'y entrât pas très-aisément. Lors même que M. Daunou fut moine, comme on dit, il ne lui arriva de l'être que dans ce milieu doux, orné et assez riant, qui lui ressemble.

De Troyes à Soissons, de Soissons à Boulogne, et finalement à Montmorency, M. Daunou passa dans les divers colléges de l'Ordre et monta par les divers degrés de l'enseignement. A la maison de Montmorency il fut chargé de la classe de philosophie, puis de celle de théologie. Il venait à Paris une fois par quinzaine environ, à pied durant l'été, se mettant en route avec le jour et lisant tout le long du chemin. Nous tenons d'un de ses anciens élèves de philosophie que le jeune professeur était là ce que nous l'avons vu depuis, timide, un peu embarrassé dans sa chaire, assez défiant des dispositions de son auditoire : il avait besoin que l'attention respectueuse dont il était l'objet le rassurât. C'est vers le temps de son entrée à cette maison de Montmorency que le sujet proposé depuis plusieurs années par l'Académie de Nîmes le tenta et lui fournit le texte de son premier succès : *Quelle a été l'influence de Boileau sur la littérature française?* Son discours, qui est moins un éloge qu'une discussion historique, remporta le prix et fut publié en 1787 ; il a reparu plus tard corrigé, augmenté, ou plutôt totalement refondu, en tête de l'édition de Boileau (1809), et de nouveau modifié en 1825 ; mais, dans sa première forme, il donne mieux idée des principes et du but de l'auteur. On y voit ce que ce discours fut réellement, un ouvrage de circonstance, venu à point dans la polémique entamée alors, un écrit judicieux, d'une satire modérée, appliquée à son moment et sans exagération. Lorsque plus tard, en 1825, l'éditeur de Boileau crut devoir étendre sa polémique à Shakspeare, à Schiller, aux Schlegel, aussi bien qu'à la philosophie de Kant et à celle de M. Cousin, il dépassa la donnée première : les traits ne portèrent plus. Le discours sur l'*Influence de Boileau*, sous cette première forme moins complète, moins parfaite, me paraît donc en même temps plus proportionné et plus digne de l'excellent esprit de M. Daunou. Il répondait convenablement à ce qu'avaient répandu çà et là de restrictions et de critiques Fontenelle, Voltaire, Marmontel, d'Alembert et Helvétius; il répondait plus vertement à ce que les littérateurs désordonnés, tels que Mercier et autres, étaient en train de débiter d'impertinences. Ceux-ci ne se tinrent pas pour battus. Une lettre du chevalier de Cubières au marquis de Ximénès mit en cause M. Daunou, à qui on ne pouvait guère reprocher pour toute inexactitude que d'avoir confondu Charles Perrault avec son frère le médecin : on lui imputait de plus (ce qui était faux) d'avoir appelé écrivains *obscurs*, littérateurs *subalternes*, *tous ceux* qui n'avaient pas admiré Boileau. « Cette manière de s'exprimer, disait-on, peut avoir cours à l'Oratoire ou dans les colléges de l'Oratoire, mais à Paris on parle plus poliment. » M. Daunou répliqua dans le *Journal encyclopédique* par une lettre (1), suivie à distance de deux articles, et il y défendit son opinion contre l'écrivain de qualité en homme qui n'était ni du couvent ni du collége. La Harpe, qui professait en ces années au Lycée avec un éclat et une vogue dont la lecture de son Cours ne saurait donner idée, se trouva saisi du procès comme grand-juge, et s'en acquitta surabondamment (2). L'ouvrage du jeune oratorien fut cité et loué par lui en pleine chaire, honneur insigne et que nous voyons payé quarante ans après avec usure. M. Daunou fit paraître, en 1826, le travail le plus complet qu'on ait sur La Harpe, et dans lequel, sans rien taire des défauts, des légèretés et des palinodies, il insista sur les qualités durables. De plus, en tout temps, il sut combattre le déchaînement de

---

(1) 15 août 1787.
(2) Voir, dans le *Cours de littérature*, son article Boileau.— *L'Année littéraire* de 1787 (tome VIII, page 97) contient, au point de vue classique, un article très-sévère sur le discours de M. Daunou ; on lui adresse quelques reproches fondés. Mais qu'était-ce que *l'Année littéraire* comme autorité, à cette date, en comparaison de **La Harpe**?

Chénier contre les ridicules du célèbre critique, et il contribua utilement à réduire cette colère de son ami au frein de l'équité.

Ce succès de Nîmes et la discussion qui s'ensuivit donnèrent à M. Daunou, dans l'Oratoire, une grande réputation d'écrivain que venait confirmer au même moment un accessit remporté à l'Académie de Berlin. Le sujet de cet autre concours était plutôt philosophique et de droit civil, *l'Autorité des parents sur les enfants*. M. Daunou y préludait à son avenir de législateur, à la méthode qu'on le vit plus tard appliquer dans son livre des *Garanties individuelles*. Si j'osais rendre toute ma pensée, j'ajouterais aux justes éloges que mérite ce premier et déjà savant travail, que c'est d'un point serré, fin, d'un fil bien déduit et ingénieux sans doute, mais je dirais aussi qu'on n'est point entièrement satisfait en finissant. La lumière ne circule point à travers les mailles de ce réseau. Chaque détail semble exact et clair, une certaine obscurité recouvre l'ensemble. Cela tient, je crois, à ce que l'auteur, toujours occupé à se circonscrire, ne s'élève à aucun de ses points de vue qui domineraient le sujet. Il voit net, mais il ne voit que de près; il s'interdit les horizons. Cette impression que j'essaye de rendre se reproduira plus d'une fois en lisant de lui certaines pages politiques et philosophiques; on aura à s'étonner, à regretter qu'un aussi excellent esprit ait ainsi contracté l'habitude de se restreindre. Sa pensée a quelque chose de trop *rentré*. La qualité littéraire et de diction y trouve sans doute son compte, et elle y gagnera sur plus d'un point en finesse de repli, en concision malicieuse.

On a relevé ce passage du discours de Berlin dans lequel le jeune auteur semble faire un retour secret sur la condition religieuse à laquelle il est lié; il s'agit de savoir jusqu'où s'étendra le pouvoir des parents sur les pactes de ceux qui sont en leur puissance : « Le plus cruel abus, écrit M. Daunou, c'est de forcer les enfants à des pactes, vœux ou mariages, auxquels leurs penchants répugnent.

Lorsqu'on examina sérieusement si celui que *la dévotion de son père a fait moine* est tenu à ne point quitter ce genre de vie, l'ignorance et la superstition avaient effacé toute idée d'ordre et de justice (1). »

Quoi qu'il en soit de cette sorte d'allusion personnelle où il ne faut voir peut-être qu'un trait de hardiesse philosophique sans autre intention, M. Daunou ne saurait passer aucunement pour avoir été malheureux dans l'Oratoire. Au moment où la révolution éclata, une fièvre d'enthousiasme saisit toutes les jeunes têtes, fit battre tous les jeunes cœurs ; on se dit qu'on allait trouver enfin la délivrance, et on s'imagina par conséquent que, la veille encore, on était nécessairement très-opprimé. On l'était bien légèrement au contraire, et il ne fallut point beaucoup de temps à M. Daunou pour le reconnaître. Ces mêmes années de Montmorency, qui lui semblaient peut-être un peu gênées lorsqu'il en prolongeait le cours, lui offrirent en s'éloignant, et lorsqu'il les revoyait du sein des orages, une sorte de perspective idéale de la paix abritée et du bonheur. Combien de fois, causant avec lui sur les conditions d'une existence heureuse, studieuse, socialement agréable et sérieuse à la fois, agitant en sa présence les diverses époques où l'on aurait aimé à vivre, il m'exprima son choix sans hésiter ! Le cadre d'existence qui lui aurait le plus souri et auquel il serait revenu comme à son berceau eût été le dix-huitième siècle embrassé dans tout son cours, et trouvant son terme avant la révolution : on serait né vers la fin de Louis XIV, on serait mort à la veille de 89 (2); on aurait parcouru ainsi toute une carrière paisible, éclairée, avec des perspectives de civilisation indéfinies et croissantes qu'aucune catastrophe n'aurait désembellies. On aurait cru jusqu'à la dernière heure au bienfait ininterrompu des lu-

---

(1) Il faut noter pourtant que les mots soulignés ici le sont chez M. Daunou également, et qu'il les donne à titre de citation connue : c'est de Rousseau, je crois.

(2) Comme M. d'Argental, par exemple, qui, né en 1700, mourut en janvier 1788.

mières, à l'excellence naturelle des hommes. Sans doute, dans ce libre vœu rétrospectif, M. Daunou ne songeait plus à se replacer tout à fait à l'Oratoire, mais n'importe; on ne parle point ainsi d'une époque où l'on aurait été décidément malheureux.

89, en éclatant, vint couper court à ce genre de vie modérément animé, le rendre impossible en même temps que le faire sembler insuffisant. Le dernier écrit purement littéraire que nous trouvions de M. Daunou à ce moment est une *Épître* à Fléchier, imprimée dans le *Journal encyclopédique* (juin 1789). Ce sont les seuls vers que je connaisse de lui; ils ne semblent guère propres à démentir ce qu'on a dit des vers de certains autres prosateurs excellents (1). Si on se demande pourquoi cet hommage si particulier à Fléchier, on y peut voir plusieurs sortes d'à-propos et de convenances, soit relativement à l'Académie de Nîmes qui avait couronné M. Daunou, et dont Fléchier était la grande gloire, soit dans le souvenir de la tolérance de Fléchier envers les protestants au moment où ceux-ci recouvraient

(1) M. Guérard indique encore deux autres pièces de vers insérées dans le même journal. M. Daunou n'avait point reçu de la nature ce qu'il faut pour dégager l'élément poétique proprement dit, pour saisir la poésie en tant qu'elle se sépare nettement de la prose, et qu'elle en est quelquefois le contraire : la poésie, comme il l'entendait, et comme l'entendaient presque tous ses contemporains, n'était que de la prose plus noble, plus harmonieuse, de la prose dans ses plus riches conditions. Voici le début de son Épître :

> Je ne viens pas, Fléchier, t'ennuyer de ta gloire.
> Il suffit que la France adore ta mémoire ;
> Elle est juste envers toi, puisqu'elle te chérit :
> Ton éloge en nos cœurs est assez bien écrit.
> Naguère, de tes soins encor reconnaissante,
> Nîmes se retraçait l'histoire attendrissante
> Des bienfaits qu'un hiver (*de* 1709), dans nos fastes fameux,
> Te vit verser jadis sur tant de malheureux.
> D'un semblable fléau nous respirons à peine ;
> Mais on suit ton exemple, et la France est humaine.
> A ton amour, Fléchier, notre siècle a des droits.
> Tes vertus sont ses mœurs. Le plus juste des rois, etc.

C'en est assez pour juger du ton. M. Daunou avait alors vingt-huit ans.

leurs droits civils. Mais la plus réelle de ces convenances se trouve dans le talent même de l'auteur : M. Daunou écrivain va droit à Fléchier par goût, comme il est allé à Boileau ; ils représentent à la fois pour lui le double modèle littéraire de ce judicieux et de cet ingénieux qu'il aime dans la pensée et dans l'expression.

« Un style grave, sérieux, scrupuleux, va fort loin, » dit La Bruyère ; cela peut parfaitement s'appliquer au style de M. Daunou, si l'on n'oublie pas que, chez lui, le *châtié* et l'*orné* font constamment partie du scrupule, et que le Nicole (pour prendre des noms) s'y relève du Fléchier.

Dès le 4 septembre 89, on voit M. Daunou prononcer un discours sur le *patriotisme* dans l'église de l'Oratoire à Paris, durant le service funèbre que ce district faisait célébrer pour les morts du 14 juillet ; quelques mots de ce discours se retrouvent exactement les mêmes que la dernière phrase d'une petite brochure anonyme intitulée *le Contrat social des Français*, et publiée le 23 juillet précédent ; ce qui, indépendamment des autres preuves, achèverait d'indiquer que ce *Contrat* est bien de lui : « Quel touchant spectacle que celui qu'offrait un *peuple aimable* lorsqu'il faisait avec tant d'harmonie les premiers pas vers la liberté ! » Style du temps, on le voit ; les plus sages ne l'évitaient pas. Nous nous garderons de trop insister sur cette époque essentiellement transitoire de la vie de M. Daunou, dans laquelle ses paroles, si rapides et si empressées qu'il les fasse, sont encore devancées par les événements. Diverses brochures et articles de journaux, de sa façon, nous le présentent essayant de concilier le caractère sacré que lui et ses amis de l'Oratoire n'ont pas dépouillé, avec les circonstances sociales nouvelles ; il s'applique à démontrer que la Constitution civile du clergé, telle que la veut l'Assemblée constituante, est sincèrement d'accord avec les principes de la foi catholique et avec les conditions de cette Église, y compris la primauté du pape et la supériorité de la juridiction épiscopale. Est-ce un simple vœu qu'il exprime ? est-ce un conseil de prudence et d'accommodement qu'il propose à ses amis de l'Oratoire et du clergé? ou bien, enfin, est-ce une conviction vraiment sérieuse qu'il espère de faire prévaloir? En ce dernier cas, on aurait lieu de trouver qu'il n'appréciait pas suffisamment les deux forces aux prises ni dans leur ensemble ni dans leur caractère; qu'en s'attachant à la stricte définition des termes, il ne tenait pas assez compte de l'esprit des choses; qu'il méconnaissait le vieil établissement catholique d'une part, et de l'autre semblait ne pas voir la marée philosophique montante, qui, ayant suscité un moment cette première réforme, devait aussitôt la déborber. Je suis toujours tenté d'en vouloir, je l'avoue, à cette méthode logique, à celle de Condillac en particulier, qui faisait ainsi appareil et illusion, à force de clarté, devant des yeux si bien organisés d'ailleurs. On affectait d'abord de tout définir, de réduire le problème à ses termes les plus nets, les plus précis, identifiant les *idées* et leurs *signes*, afin de raisonner ensuite au pied de la lettre; on simplifiait tout pour mieux résoudre, tandis que, dans la réalité, les choses vont se grossissant, se compliquant sans cesse par suite des passions, des intérêts, des intentions cachées. Il arrivait ainsi que la conclusion logique était en raison inverse du résultat que rendaient les événements, et qu'un coup-d'œil plus étendu eût fait présager : cette conclusion si nettement déduite eût été triomphante, si les hommes eussent formé une classe de logique et de géométrie, une classe docile, et non pas un peuple.

Quoique ce défaut, qui tient à l'abus de la méthode dite d'*analyse*, n'ait pas laissé de restreindre, j'ose le croire, la portée de M. Daunou comme homme politique et public et comme philosophe, j'aime mieux pourtant ici, dans ses démonstrations en faveur de la Constitution civile du clergé, ne voir qu'un simple vœu honorable et de convenance, un mode d'interprétation utile qu'il propose jusqu'à la dernière extrémité, sans trop espérer de le faire accepter, et en se consolant lui-même très-aisément d'avoir à marcher au delà. « Philosophes, s'écrie-t-il en faisant sous le masque

« anonyme la leçon aux deux partis, philosophes, loin de
« vous des procédés injustes ou des mesures imprudentes
« qui détacheraient de la cause commune à tous les Fran-
« çais une classe de citoyens qui, après tout, a servi cette
« cause en y attachant sa destinée! Et vous, prêtres dociles
« à la loi, ne calomniez pas la philosophie; c'est de ce nom
« qu'on appelle le plus digne usage de la raison de
« l'homme; c'est un nom sacré, ne le prononcez qu'avec
« respect; le plus sûr moyen de discréditer vos doctrines
« religieuses et d'accélérer la chute de vos autels serait de
« renouveler le scandale de ces déclamations fanatiques
« devenues si ridicules, depuis un demi-siècle, dans la
« bouche de vos prédécesseurs. Ah! soyez plutôt les apô-
« tres de la morale, les propagateurs du patriotisme, les
« prédicateurs et les modèles de la tolérance, et vous for-
« cerez *longtemps encore* les amis de la liberté de rendre
« hommage à l'utilité de votre ministère. » — Ce *longtemps
encore* est significatif : l'oratorien de la veille ne voyait au
mieux dans le christianisme qu'une forme temporaire et
provisoire; mais pouvait-il bien espérer de convaincre à
ce raisonnement humain les croyants sincères, d'amener à
ce rôle subalterne, à cette fonction d'adjoints-philosophes,
les prêtres encore dignes de ce nom? Je tire ce passage
d'une brochure anonyme de lui, publiée en 1792, lorsque
déjà la conciliation était très-compromise; on y recueille
sa dernière parole aux approches du 10 août, et comme son
dernier cri d'alarme. Cette brochure, qui a pour titre
*Union et Confiance, ou Lettre à un émigré de mes amis*, est
censée écrite par un aristocrate du dedans qui se félicite
de toutes les brouilles survenues entre les diverses frac-
tions du parti victorieux, et qui met en scène un concilia-
teur peu écouté; c'est une manière indirecte de signaler
aux amis de la révolution ce qui réjouit les adversaires et
ce qu'il faut par conséquent éviter. Qu'arriverait-il en effet,
s'écrie en finissant le faux aristocrate, qu'arriverait-il si
ces coquins de révolutionnaires s'avisaient de s'entendre?
« Quel horrible avenir, monsieur le comte!... je n'achève

« pas ce tableau déchirant des périls qui vous menacent,
« les angoisses d'un long exil, la honte du retour, et l'*hor-*
« *reur du pardon.* » J'ai voulu noter ce dernier trait : ainsi,
même au plus fort de l'attaque et dans son plus vif entrain
de persiflage, M. Daunou, fidèle à ses sentiments humains,
à ses principes d'équité miséricordieuse, ne conçoit pas
l'ombre d'une réaction et d'une vengeance à exercer contre
les ennemis de sa cause, et ce qu'il a de plus épouvantable
à leur offrir en perspective, c'est l'*horreur* de se voir *par-
donnés.* De tels traits rachètent bien, convenons-en, quelques déductions logiques un peu trop rigoureuses et quelques essais d'équilibre impraticables.

A le bien considérer, M. Daunou, dans ce court prélude
de sa vie publique, se dessine déjà pour nous tel qu'il sera
dans toute sa carrière. Même lorsqu'il se détache d'un passé
désavoué, même lorsqu'il répudie le présent comme insupportable, remarquez-le bien, il ne rompt qu'à demi, il n'éclate pas. Ne lui demandez jamais ce coup-d'œil décisif qui
juge d'abord les situations d'alentour et qui les tranche ; il
n'ose, il semble dans son scrupule traîner toujours quelque
chose des précédents avec lui. Au fond, son opinion est
bien prise : sa parole extérieure demeure voilée. Ainsi ailleurs nous le retrouverons en mainte circonstance, ferme
et timoré, empêché et inébranlable. Sa conduite durant la
Convention et sous le Directoire fait, seule, exception par
des actes plus en dehors et constitue sa vraie jeunesse :
« Et encore je crois pour mon compte, dit quelqu'un qui l'a
« beaucoup étudié (M. Magnin), que la fermeté très-grande
« et très-réelle qu'il montra à cette époque était, comme le
« *Génie* de Socrate, une force toute d'arrêt et nullement
« d'impulsion. » Partout ailleurs, voyez-le, c'est évident :
il rentre, il se recouvre, il se retire. Philosophe *in petto*, il
ne juge pas, dès 89, qu'il soit temps de s'affranchir de sa
robe et de faire comme Sieyès et ces autres abbés, philosophes dès le premier jour. Il garde de l'oratorien et du
gallican dans les formes jusqu'en 92, de même qu'après le
18 brumaire et sous le régime impérial, il gardera du ré-

publicain de l'an III, sans rompre toutefois avec l'Empire
ni s'en abstenir absolument comme le firent La Revellière-
Lépeaux, La Fayette, et autres opposants déclarés. Il commençait à se résigner à l'Empire vers 1810, vers 1812,
quand c'eût été plutôt le cas d'y renoncer. Ainsi sous la
Restauration, ainsi sous le régime de 1830; il subit beaucoup, résiste de côté et devance peu. On pourrait prendre,
à chaque régime, des noms pour les opposer au sien et
marquer en lui cette différence qui fait son originalité, sinon
sa supériorité. C'est pourquoi le public ne s'est jamais accoutumé à personnifier en Daunou aucune grande situation,
et nous n'avons à le classer en définitive qu'au premier rang
des hommes distingués, quand d'autres, qui ne le valaient
pas, ont paru des personnages supérieurs.

L'ancien oratorien et prêtre, l'homme d'étude et l'écrivain
en lui, sauf de rares moments, sont toujours venus prendre en biais et tenir en arrêt l'homme politique.

Avant son entrée à la Convention, il convient de relever
encore deux circonstances. Il fut l'auteur, le rédacteur du
*Plan d'éducation* présenté à l'Assemblée nationale, en 1790,
au nom des instituteurs publics de l'Oratoire (1); et depuis
lors, dans les diverses assemblées où il siégea, on le verrait
figurer invariablement comme membre ou rapporteur de
presque tous les comités et commissions d'instruction publique; questions toujours graves, trop souvent stériles,

(1) Ce *Plan d'éducation* essuya des critiques, et il paraît qu'il fut
surtout attaqué par une personne assez au fait de l'Oratoire et qui probablement en était; M. Daunou répondit en quelques pages non signées
avec une singulière vivacité : « Les oratoriens, dans leur projet d'édu-
« cation, disent que *la morale de l'Évangile serait le chef-d'œuvre de
« l'esprit humain, si elle en était l'ouvrage*; ils veulent que cette mo-
« rale soit enseignée par tous les instituteurs, et que dans chaque pen-
« sionnat il y ait un ecclésiastique chargé de remplir les fonctions sa-
« cerdotales auprès des élèves... Savez-vous ce que conclut de là mon
« libelliste dans son aristocratique impudeur? Il fait entendre que les
« auteurs de ce projet d'éducation et leurs adhérents sont des *spino-
« sistes* ou des *déistes* tout au moins. » Tout cela est très-bien raisonné,
*condillaquement* parlant, *e pure*... Le libelliste, comme on l'appelle,
avait-il si grand tort?

parce que tous ces beaux plans et appareils d'organisation ne valent que ce que les font dans la pratique les maîtres eux-mêmes. Vers 1791 enfin, M. Daunou se mit à concourir pour le prix fondé par Raynal à l'Académie de Lyon sur le sujet suivant : *Quelles vérités et quels sentiments importe-t-il le plus d'inculquer aux hommes pour leur bonheur?* Il mérita le prix, et Napoléon Bonaparte, autre concurrent, et grand philanthrope comme on sait, aurait eu vraisemblablement l'accessit ; mais les événements de 93 empêchèrent cette distribution publique et se chargèrent en même temps de répondre à la question de l'honnête académie en signes manifestes et foudroyants.

Entré à la Convention, M. Daunou inaugura dès les premiers jours sa vie publique par le plus bel acte qui l'honore, par son opinion et son vote dans le procès de Louis XVI. Les trois écrits ou discours consécutifs où il a consigné son avis attestent un sens judiciaire très-remarquable, une méthode excellente et rigoureuse qui, pour le coup, ne saurait, en pareil cas, déployer trop de précautions, trop de scrupules. Il distingue très-bien entre la conviction morale et historique qu'on peut avoir contre Louis XVI et la conviction judiciaire qu'on n'a pas établie ni acquise. On le voit suivre pied à pied la marche du procès, et à chaque moment il sait découvrir, il ose proposer le procédé le plus sage, le moins inique, le moins sujet aux conséquences subversives et déshonorantes pour la naissante morale républicaine. Ce coup-d'œil historique rapide, cette prévision soudaine et lointaine que nous n'apercevons pas chez Daunou à d'autres instants de sa vie publique, le sentiment d'équité et d'humanité les lui communique ici et les lui suggère : il comprend aussitôt que de ce premier pas que va faire la Convention dépend tout son avenir et celui de la république qu'elle enfante. La république en France ne sera-t-elle qu'une arme révolutionnaire, ou sera-t-elle une forme possible et durable? Cette question, selon Daunou, se pose déjà dans ce premier vote solennel. Saint-Just, en opinant pour que Louis XVI fût jugé par la Convention, avait ajouté qu'après tout c'était là beaucoup moins un jugement qu'on demandait qu'une vengeance, un *combat*, une *expédition* : « Citoyens, répondait Daunou, la question entre Saint-Just « et moi se réduit précisément à savoir s'il faut juger « Louis XVI, ou *l'immoler comme César et d'autres ty-* « *rans*. Je n'opposerai peut-être à l'énergique opinion de « Saint-Just que des considérations timides, plutôt dictées « par des habitudes et par des craintes que par l'austérité « de la philosophie républicaine qu'il a seule interrogée. Je « dirai cependant que César régnait quand des sénateurs « l'immolèrent ; qu'il ne suffit pas toujours qu'une ven- « geance ait été méritée par la victime ; que nous sommes « accoutumés encore à vouloir qu'elle soit généreuse ; que « ce genre d'*expédition* se revêt essentiellement d'un ca- « ractère révolutionnaire, trop étranger aux circonstances « dont nous sommes environnés (1) ; que nous devons, non « pas *à nous-mêmes*, mais à l'intérêt national, quelque « *attention*, du moins, *à ce que l'on dira de nous ;* que l'o- « pinion des peuples, et surtout de nos propres conci- « toyens, sur le mode du jugement de Louis, pourra n'être « pas indifférente au succès de nos autres travaux poli- « tiques ; qu'enfin, selon des maximes qui peuvent bien « mériter quelque examen, mais dont la fausseté n'est « pas démontrée encore, il sera plus digne de la Con- « vention nationale d'accuser un conspirateur que de *faire* « *la guerre* à un ci-devant tyran, isolé, désarmé et prison- « nier. »

Et ensuite, lorsque la Convention se fut constituée juge : « Vous avez trouvé le moyen d'attacher au sort d'un seul « homme les destinées de la nation et les espérances du « genre humain. Croyez que, dans une délibération pa- « reille, une Convention nationale ne pourrait sembler in- « juste et trompée qu'aux dépens du salut public ; car il

(1) Dans les moments les plus orageux d'alors, on se piquait de dire que la révolution était close, qu'on tenait le définitif : Daunou s'empare ici de la fiction *parlementaire* régnante, dans l'intérêt de son raisonnement.

« ne vous suffirait pas d'être sages, vous devez encore le
« paraître. *Votre réputation est le premier besoin de la
« patrie.* »

Le style de Daunou, en cette occasion solennelle, ne se borne pas à être exact, pressé et châtié, ce qu'il est toujours ; il s'élève, se dilate par instants, revêt des expressions plus hardies et même pittoresques, qu'il ne retrouvera jamais. Un peu de néologisme s'y mêle, assez justifié certes et motivé par l'inusité et le monstrueux des circonstances. Rappelons une bien belle page :

« Que l'enthousiasme soit quelquefois accusateur, du
« moins ne faut-il jamais qu'il soit juge, et il est affreux
« qu'il prononce des arrêts de mort. De tels arrêts outra-
« gent la nature : ils ne peuvent honorer que le crime lui-
« même qui les subirait. Je me défie de l'enthousiasme,
« lors même qu'il s'allie à des vertus douces et qu'il pro-
« voque des actions généreuses ; mais l'enthousiasme qui
« condamne est toujours férocité, et ce n'est qu'à l'équité
« froide, à la raison tranquille et calculante qu'est réservé le
« droit de punir. Ces vérités paraîtront communes, mais elles
« sont à l'ordre du jour, et, parmi les grands intérêts aux-
« quels je crois qu'elles se rattachent, il en est un qui mé-
« ritera l'attention des législateurs, c'est qu'il ne faut pas
« dénaturer le caractère national, il ne faut pas *ensauvager*
« les mœurs d'un peuple qui a été jusqu'ici doux, juste,
« humain, sensible, et qui, sous ce rapport, est sans doute
« fort bien comme il est. La sévérité d'un républicain n'est
« pas la barbarie d'un cannibale fanatique... Il ne faut
« point appeler *hauteur de la révolution* ce qui ne serait
« que la région des vautours : restons dans l'atmosphère
« de l'humanité et de la justice. »

Et ailleurs, après une description un peu idéale de ce que c'est que ce *peuple* tant invoqué : « Quant aux factions
« plus ou moins obscures, plus ou moins intrigantes, plus
« ou moins impuissantes, quant aux agrégations partielles
« qui agitent, qui divisent, qui assassinent, et que l'on
« s'obstine à nommer le peuple, elles ne sont pas plus le

« peuple que les marais ne sont la nature et que les rep-
« tiles ne sont l'univers. »

Ce style de Daunou, si contenu d'ordinaire, si en garde
contre les trop fortes images, s'élève donc involontairement
en ces heures violentes et paraît comme porté un moment
par le souffle des grandes tempêtes. On noterait d'autres
modes d'expressions concises, bien frappées, et qui lui sont
restées plus familières; ainsi : « Je ne puis, disait-il, attacher aucun sens à ces mots *pouvoir révolutionnaire*, et la
Convention ne saurait prendre, à mon avis, une idée plus
fausse et *plus égarante* de son caractère et de sa puissance. »
Et en parlant de Louis XVI, par manière de concession :
« Je dirais (si j'écrivais son histoire) qu'il combattit la révolution selon l'oblique et *expectante* malice de son cœur. »
La concession peut sembler un peu forte, mais l'expression,
l'alliance de mots est énergique et neuve. Et encore, faisant
pressentir les effets désastreux d'une condamnation par
vengeance : « Voilà, disait-il, comment naîtront la pitié, le
regret, la terreur, les accusations contre la Convention nationale, et tous les éléments de trouble, de haine et de dis-
corde, dont les aristocrates, les royalistes, les anarchistes,
les intrigants et les ambitieux, et tous vos ennemis intérieurs, et tous les tyrans étrangers, vont s'emparer de toutes
parts avec la plus *meurtrière* émulation. »

On trouvera peut-être que je fais là de la rhétorique en
bien grave matière, et que je relève et souligne des mots
dans la situation où ils échappaient le moins littérairement;
mais Daunou pesait tous les siens aussi soigneusement à
la Convention, lorsqu'il réclamait justice pour Louis XVI,
que lorsque, devant l'Académie de Nîmes, il célébrait l'influence de Boileau. Et je me souviens toujours que lui-
même il aimait à citer, comme exemple d'*atticisme*, une
certaine petite phrase d'un discours de Ducos à la Convention, petite phrase qu'il fallait certes beaucoup de goût
et une extrême vigilance littéraire pour avoir saisie au passage et retenue.

Daunou, à la Convention et dans les diverses assemblées dont il fit partie, comme dans son enseignement public, n'improvisait pas; il écrivait toujours et récitait avec nombre. Il y a plus, il croyait peu à l'improvisation chez les autres, et n'estimait guère que le discours écrit. Il se méfiait de la parole vivante. Cela tenait chez lui à tout un ensemble de jugements et d'habitudes dont nous retrouverons le pli en mille sens, et ce n'était qu'un cas particulier de la préférence déclarée ou même de l'estime exclusive qu'il accordait en toutes choses à la méthode, à la précision, à la perfection de diction au préjudice de l'esprit d'enthousiasme et de saillie. Il calomniait même l'improvisation, et ne voyait pas qu'en allant en gros au plus pressé, le bon sens trouve souvent son compte; il pensait que l'improvisation et le peu de précision qu'elle entraîne d'ordinaire avaient contribué à tout perdre dans les assemblées publiques; il aurait voulu qu'on pût être astreint, à la tribune, à se servir d'une sorte de langage analytique, algébrique, où l'expression ne dépassât jamais l'idée : chimère de Condorcet ! L'homme de cabinet et l'écrivain, chez Daunou, mettaient donc toujours le cachet à l'orateur, et parfois le scellé. Cours public et discours politique, il rédigeait le tout comme un rapport, il couvrait des pages entières d'une écriture serrée, minutieuse, distincte, des pages écrites jusqu'au bord, sans marge, et pleines comme sa vie.

Après son grand acte du vote dans le procès de Louis XVI, et avant les jours de proscription, Daunou prit part encore aux débats sur la Constitution de 93, et il publia, contradictoirement au plan d'éducation nationale de Robespierre, un *Essai sur l'instruction publique*. Comme nous ne prétendons nullement donner ici une biographie complète, nous pourrions nous taire sur ces divers *contre-projets* de Daunou, ou nous borner à en louer la sagesse, du moins la sagesse *relative;* mais il y a lieu d'en tirer quelques vues directes pour l'étude de l'homme et de l'écrivain. En faisant la part de ce qui pourrait être concessions et en y cherchant les seules convictions, celles-

ci apparaissent assez à nu : on y saisit au vif ce que Daunou est bien radicalement, à savoir, le disciple de Sieyès et de Condorcet, le sectateur et l'organe des méthodes dernières qu'avait produites le dix-huitième siècle, et dont ce siècle, soi-disant sans foi, était finalement idolâtre, pour ne pas dire esclave. S'agit-il de la Déclaration des droits de l'homme et du citoyen, peu s'en faut que Daunou n'attribue bon nombre des maux qui ont éclaté depuis 89 au manque de méthode et de précision qui s'est glissé dans la Déclaration première : « Tous ceux qui avaient en France
« l'instinct de l'aristocratie, dit-il, sentirent le danger
« d'un travail de ce caractère, et, saisissant avec trop de
« sagacité le plus infaillible moyen d'en dégrader l'exécu-
« tion et d'en énerver l'influence, ils donnèrent aux médi-
« tations du patriotisme les noms décriés de métaphysique
« et de spéculations abstraites ; bien sûrs qu'il n'en fau-
« drait pas davantage pour armer contre toute recherche
« un peu profonde, contre toute analyse un peu austère,
« l'impatient orgueil des esprits légers et le despotime de
« l'inattention. Les projets les plus fortement conçus,
« spécialement celui de Sieyès, furent écartés sans exa-
« men, et la première injure que le peuple français reçut de
« ses mandataires, fut d'être regardé par eux comme inca-
« pable de recevoir une instruction solide et d'entendre le
« langage de la raison. On rédigea dix-sept articles dont
« l'incohérence, l'ambiguité, l'imprécision, préludèrent à
« l'injustice et à la faiblesse des lois, aux humiliations con-
« stitutionnelles du peuple et à nos longues calamités. »
Mais pour atteindre le vrai en fait de déclaration des droits, que faut-il donc, selon Daunou, et de quelle manière procéder? Et notez que cette méthode que Daunou va énoncer s'applique à toute autre étude morale, qu'il l'étendra plus tard à l'enseignement de l'histoire, qu'il la préconisera en toute occasion, qu'il y restera opiniâtrément fidèle jusqu'au dernier jour ; c'était sa religion à lui : « Je juge, dit-il,
« de la Déclaration des droits comme d'un livre élémen-
« taire, et j'y suis bien autorisé sans doute, puisqu'elle

« en sera réellement un... Or, si nous voulons imprimer
« une marche plus sûre à l'esprit humain, je pense que les
« nouveaux livres élémentaires devront différer des anciens
« beaucoup plus encore par la méthode que par les objets :
« il ne faudra point qu'ils aient pour base des définitions
« scientifiques, des divisions abstraites ou des principes
« généraux, mais des *sensations pures ou les comparaisons*
« *d'idées qui se rattachent le plus immédiatement à de*
« *pures sensations.* Enseigner, ce n'est pas dicter ce qu'il
« faut croire, c'est faire observer ce qui a été senti; ce
« n'est pas inculquer des opinions traditionnelles, ce n'est
« pas même révéler à un élève les résultats des recherches
« que l'on a faites avant lui, c'est le diriger lui-même dans
« ces recherches et le conduire à ces résultats. La synthèse
« est le despotisme de l'enseignement; elle maîtrise ceux
« qu'elle instruit, et l'erreur est toujours à côté d'elle
« comme à côté de toutes les tyrannies. L'analyse, au con-
« traire, n'exigeant d'autre docilité que l'attention, etc. » Suivent des éloges desquels il résulterait vraiment que la clef universelle est trouvée, et dont on rencontrerait l'écho monotone, sinon la rédaction aussi parfaite, dans toutes les préfaces et dans tous les programmes d'alors. Nous touchons là du doigt la grande erreur et l'illusion philosophique de la fin du dix-huitième siècle. Nous n'en voudrions d'autre preuve que ce qui en est sorti d'effets en plus d'un genre. Qu'il puisse y avoir beaucoup de vrai dans ces prescriptions d'analyse, Joseph de Maistre n'a pas assez d'éclats de voix ni de sifflets pour le nier; nous dirons simplement que l'erreur est d'y mettre tout, de croire que la méthode crée l'esprit et que le mot garantit l'idée, de passer le niveau sur les facultés humaines et d'en supprimer le jet naturel, de méconnaître, non pas seulement ce que le génie, mais ce que le bon sens apporte volontiers de libre et de vif avec lui. C'est assez indiquer ce que chacun sent, car nous ne péchons point par un tel genre d'excès aujourd'hui.

Judicieux esprit qui n'avait nul besoin d'exagérer l'instrument prétendu infaillible, Daunou n'a jamais cru pouvoir s'en passer; il en a dissimulé du moins plus d'une fois les inconvénients, varié l'emploi et dirigé les applications aux plus justes objets. « Il est maître en fait de méthodes, » a dit M. Mignet. Cet esprit d'ordonnance et de classification, il le porte en toutes choses; dans la création de l'Institut dont il est l'un des fondateurs; plus tard dans les bibliothèques qu'il administre, dans les Archives qu'il organise. Ainsi dans l'ordre des études et des idées : on pourrait dire qu'héritier fidèle, et en un sens héritier pieux des richesses d'un siècle dont il égalait presque la tâche à celle de l'esprit humain, il aima mieux classer que renouveler.

Comme écrivain, un inconvénient se marque toutefois. Sa plume excellente et correcte, et de plus si faite pour les délicatesses, pour les finesses de l'art d'écrire, s'empêche par instants tout d'un coup, s'appesantit et s'attarde dans ces prescriptions méthodiques qui reviennent plus qu'il ne faudrait. Elle redit, elle prolonge, elle ne parvient pas à recouvrir ce qu'il est impossible de fertiliser. En un mot, une barrière assez marquée sépare à certaines pages le classique Daunou des grands et parfaits écrivains du dix-septième siècle; je veux dire ce culte sans cesse proclamé de l'*analyse*, et tout ce qu'il suppose avec lui.

Pour revenir à ses travaux de la Convention en cette année 93, il dira, par exemple, en parlant du vaste bouillonnement de passions qui ne doit pas déconcerter le législateur : « qu'il faut que celui-ci *fasse, en quelque sorte, un*
« *cours expérimental de l'immoralité publique;* que, dans
« un temps calme, les éléments divers de la société *ne don-*
« *nent à la philosophie elle-même que des sensations trop*
« *obscures*, et l'on a besoin, ajoute-t-il, d'en recevoir de
« vives pour acquérir sur ces éléments, sur leur nature, sur
« leurs mouvements, sur leurs propensions, la connais-
« sance qui est strictement nécessaire à celui qui veut les
« combiner. Je conclus que c'est *avec tout le courage de*
« *l'espérance, mais avec toute l'attention de l'analyse,*
« *que la Convention nationale doit faire une constitu-*

« tion... » Ces termes de *sensation*, d'*expérience* et d'*analyse*, ces traces de Condillac et de Lavoisier reparaissent perpétuellement : ils sont là à l'état d'éruption, si l'on veut ; mais le style en resta gravé.

Son *Essai sur l'instruction publique* de cette même date (juillet 93) contient une singularité caractéristique et piquante. Il s'agit d'un détail d'enseignement, d'un détail minime en apparence, « mais que je crois, disait Daunou, d'un intérêt suprême pour le progrès de la raison publique, et par conséquent aussi pour le perfectionnement de l'organisation sociale. » Qu'est-ce donc ? Il s'agit de la manière d'*apprendre à lire* aux enfants. Je ne saurais abréger cette page curieuse. « Cet enseignement, dit-il, quoiqu'il ait
« subi quelques réformes, doit demeurer essentiellement
« vicieux tant que l'épellation donnera des sons élémen-
« taires tout à fait étrangers au son total ou syllabique (1).
« Observez bien ce qui se passe dans les premières leçons
« de lecture que vous donnez à un enfant. Vous avez à l'in-
« struire des conventions les plus bizarres dont les hommes
« se soient avisés, et à peine encore avez-vous le moyen de
« lui faire entendre que ce sont là de pures conventions.
« Si, comme il arrive presque toujours et comme il doit
« arriver en effet, si votre élève attache quelque caractère
« de sagesse et de vérité naturelle à ce que vous lui ensei-
« gnez, votre élève n'apprend à lire qu'en désapprenant à
« penser ; et certes il a trop à perdre dans cet échange.
« Votre alphabet est le premier *symbole de foi* que les en-
« fants reçoivent, et après lequel ils embrasseront tous les
« autres, car il n'y en aura point de plus absurde que ce-
« lui-là. C'est, j'ose n'en douter aucunement, c'est l'épel-
« lation actuelle qui donne le premier faux pli à la pensée,
« qui transporte les esprits loin du sentier de l'analyse,
« et qui met l'habitude de croire à la place de la raison.
« J'invoque donc une réforme d'un plus grand caractère

---

(1) Ainsi, pour lire AUX, on fait prononcer aux enfants *a*, *u*, *icse*, *ô*. Assez d'un exemple.

« que celles qui ont été introduites jusqu'ici dans l'ensei-
« gnement de la lecture. Je réclame, comme un moyen de
« raison publique, le changement de l'orthographe natio-
« nale, et je ne crois pas cette proposition indigne d'être
« adressée à des législateurs qui compteront pour quelque
« chose le progrès, ou plutôt, si je puis m'exprimer ainsi,
« la santé de l'esprit humain. » Et il continue d'expliquer
parfaitement la réforme proposée, et dont quelques portions
ont prévalu, m'assure-t-on, dans l'*abécédaire* d'aujour-
d'hui. Il paraît qu'on apprend mieux à lire aux enfants
qu'autrefois. Mais n'était-ce pas, je le demande, s'exagérer
fabuleusement l'influence des méthodes? N'était-ce pas recommencer à la lettre un *symbole de foi* en même temps
qu'on rejetait tous les autres avec horreur? Qu'on y voie
du moins combien Daunou était radicalement de son siècle,
et, sous ses airs timides, aussi rénovateur que Condorcet.

Ceux qui ne l'ont vu et connu que comme académicien
des Inscriptions, et dans ses travaux littéraires des dernières années, ont pu goûter ses meilleurs fruits et les
mieux élaborés à notre usage; mais l'arbre tout entier, le
tronc, les racines sont là-bas.

Dans les premiers jours d'octobre 93, décrété d'arresta-
tion avec les soixante-treize députés signataires de la
protestation contre les événements des 31 mai et 2 juin,
Daunou entrait dans les cachots pour n'en sortir qu'en
octobre 94, après un an révolu. Transféré successivement
dans diverses maisons, et finalement à Port-Royal de Paris, qu'on appelait Port-*Libre*, il supporta cette terrible
année avec la constance du sage, prompt à ressaisir des
heures pour l'étude, et comme s'il n'avait fait presque que
retrouver un cloître plus étroit. Ses compagnons de capti-
vité en ont tous parlé en ces termes. Il lisait Tacite seul, il
relut tout Juvénal avec Dusaulx, aux moments où celui-ci
(grand joueur, et qui avait écrit contre la passion du jeu)
ne jouait pas au bouchon avec le marquis de \*\*\*. Mercier,
autre incorrigible, ancien adversaire de Daunou sur Boileau, maintenant son compagnon d'infortune, ne le faisait

plus que sourire. L'égalité d'âme était complète. Il profita de ce loisir pour étudier les éléments de géométrie avec suite ; il composa même alors une grammaire générale qu'il écrivit sur des cartes. Cependant le 9 thermidor avait sonné, et la prison ne se rouvrait pas ; les douze représentants du peuple détenus à Port-Libre adressèrent à la Convention une réclamation énergique que Daunou rédigea ; il y a de l'éloquence : « Si l'anarchie et la tyrannie *ont ras-« semblé dans le cercle étroit d'une année plus de forfaits « et de désastres que l'histoire des calamités du genre hu-« main n'en avait dispersé jusqu'ici dans l'espace de plu-« sieurs siècles;* si nous avons prévu et cherché à prévenir « les malheurs du peuple dont nous sommes les représen-« tants, pourquoi et de quel droit nous retient-on dans les « fers ? » Et arrivant à l'accusation de *fédéralisme*, dont ils sont victimes, celui qui vient de flétrir les bourreaux retrouve ses anathèmes de grammairien-idéologue contre les expressions mal définies : « Les tyrans ont eu constam-« ment recours à certaines dénominations odieuses, à de « *vains noms* qui, *répétés sans cesse et jamais expliqués*, « semblaient désigner de grands crimes et n'étaient réelle-« ment que les mots d'ordre des assassinats. La funeste « puissance de ces *expressions magiques* est un vieux se-« cret d'oppression.... » L'éditeur de Boileau trouvera plus tard des flétrissures presque aussi vives pour caractériser les conséquences désastreuses qu'il attribuait à une littérature *vague* et *indéfinissable :* toujours le même pli.

Cette adresse remit en mémoire à la Convention le nom de Daunou et rappela ses titres acquis ; dès les premiers jours de sa rentrée, il prit un rang, une consistance politique qu'il n'avait pas eu le temps d'établir jusqu'alors, et qu'il soutint pendant toute la durée du Directoire. On peut dire que, depuis le moment de sa rentrée jusqu'au 18 brumaire, il n'est pas, dans les annales civiles et parlementaires de ce temps-là, un rôle plus honorable, plus pur, plus considérable même, que celui de Daunou. S'il n'eut pas son jour comme Boissy-d'Anglas, il eut son *tous-les-*

*jours*, ce qui n'est pas moins difficile. Victime de la veille, il rentre avec l'âme calme et déterminée à la justice, c'est-à-dire, après de telles horreurs, à la clémence. Quoique sa vertu se tienne plutôt d'ordinaire dans les lignes strictes de l'équité, de la probité, et que le mot de grandeur semble jurer avec lui, il offre, dans ces moments d'après Thermidor, une sorte de grandeur morale par cette tenue si ferme et si simple en des circonstances de toutes parts si émues. Également opposé aux excès de vengeance et de réaction contre la *queue* encore menaçante de Robespierre, aux excès de prévention et de rigueur contre les factions nouvelles qui se lèvent au nom de l'ordre, il maintient la doctrine républicaine dans son antique droiture et dans une mesure inaccoutumée, il contribue au salut de la Convention en vendémiaire, et n'aspire qu'au régime des lois. Principal rédacteur et conseiller de la Constitution de l'an III, il mérite que ceux même qui s'en servent pour la combattre, et que Fructidor ira frapper, disent de lui, par exception : « Daunou, du moins, est avec les *honnêtes gens*. » Retracer sa biographie complète en ces années, ce serait repasser toute l'histoire ; elle le montrerait le rapporteur obligé, le promoteur de presque toutes les bonnes mesures, l'orateur officiel, irréprochable, qu'on aimait à présenter aux amis comme aux ennemis dans les grandes et belles circonstances. Il faut choisir : nous nous bornerons à le prendre à deux ou trois moments qui nous le peindront.

Parmi les opinions arrêtées de Daunou qui en avait tant, on n'en aurait pas trouvé de plus fixe et de plus justifiable assurément que celle qu'il s'était formée de la Terreur, des principaux personnages qui y figurent, et particulièrement de Robespierre. Ce n'était point parce qu'il avait été victime qu'il jugeait ainsi : il savait établir la différence entre les hommes d'alors, faire la part de la lâcheté, de l'ineptie, du fanatisme ; mais sur Robespierre il était curieux et inexorable à entendre ; le burin de Tacite, pour un instant, avait passé en ses mains. Dans un journal de Mercier, *les Annales patriotiques et littéraires*, Daunou rédigeait le

compte rendu (anonyme) des séances de la Convention. Or, voici en quels termes dignes de mémoire il s'exprimait le 18 nivôse an III (7 janvier 1795), à l'occasion du rapport fait par Courtois au nom de la commission chargée d'examiner les papiers de Robespierre : « Un tempérament
« bilieux, écrivait Daunou, un esprit étroit, une âme
« jalouse, un caractère opiniâtre, avaient prédestiné Ro-
« bespierre à de grands crimes. Ses succès de quatre an-
« nées, surprenants sans doute au premier aspect, et lors-
« qu'on ne les compare qu'à la médiocrité de ses moyens,
« ont été les effets naturels de ses haines meurtrières, de
« ses jalousies profondes et ferventes. Il eut, à un degré
« suprême, le talent de haïr et la volonté de maîtriser. Il
« voulut être tyran, bien plus ardemment que la plupart
« des hommes ne savent vouloir être libres, et cette volonté
« vive, inflexible, toujours agissante, a tenu lieu de génie
« à bien d'autres oppresseurs de l'humanité... » Je suis forcé, à mon grand regret, d'abréger cette page pour laquelle j'ai presque à demander pardon aux *néo-terroristes* d'aujourd'hui ; mais voici l'adoucissement : « Quelque af-
« freux que soit Robespierre d'après le portrait que nous
« en avons tracé, continue Daunou, Courtois a fait de ce
« personnage un portrait beaucoup plus horrible encore,
« et s'est attaché surtout à lui contester toute espèce de
« talent. Nous convenons que Robespierre n'a été ni un
« philosophe, ni un législateur, ni un éloquent écrivain,
« ni même un orateur supportable : il avait infiniment peu
« de connaissances, et il était d'ailleurs trop occupé à haïr
« pour avoir le temps de penser. Nul talent ne lui manqua
« davantage que celui d'improviser : si l'on excepte une ou
« deux occasions où il fut assez heureusement inspiré par
« ses affections vindicatives, tout ce qu'il a dit sans prépa-
« ration n'a été que le plus insensé verbiage que l'on ait
« entendu sur la terre, depuis que des paroles et des
« phrases y sont proférées par des hommes et par des oi-
« seaux : personne, autant que lui, n'a contribué à effacer
« parmi nous jusqu'à l'idée de la véritable éloquence des

« tribunes. A l'égard de ses écrits, nous croyons qu'ils
« n'ont mérité ni les adulations que leur prodiguait Des-
« moulins, ni tout le mépris dont Courtois s'est efforcé de
« les couvrir. L'art d'écrire est peut-être celui dont Robes-
« pierre eût le plus approché s'il l'eût cultivé davantage ;
« c'est le seul où il ait paru faire quelque progrès. L'on
« ne peut nier, à ce qu'il nous semble, qu'il n'ait quelque-
« fois donné aux idées d'autrui des formes tout à fait tolé-
« rables, et que dans ses derniers discours, par exemple
« dans celui sur l'Être suprême, on ne rencontre du moins,
« au milieu de beaucoup d'inepties, certains traits, peut-
« être même certaines pages qui ne sont pas très-loin du
« talent. Courtois a cité en preuve de la médiocrité de Ro-
« bespierre les corrections nombreuses, les ratures multi-
« pliées dont il surchargeait ses manuscrits : cette preuve,
« nous devons l'avouer, nous a paru bien étrange ; nous
« aurions pensé, au contraire, que Robespierre ne savait
« point assez effacer. »

Remarquez la tendance naturelle de Daunou, et cette appréciation littéraire finale qui est là comme pour mettre le sceau. L'écrivain en Robespierre avait fini pourtant par le fléchir un peu (1). On a d'autres pages de lui sur les souvenirs de ces temps, les deux premiers chapitres d'une histoire de la Convention ; il est profondément regrettable qu'il ne l'ait pas menée à fin. Cette histoire-là est au moins à mettre sur la même ligne que celle de l'Oratoire ou de Boulogne-sur-Mer, qu'il regrettait de n'avoir pas retracées. On ne conçoit pas qu'un homme aussi laborieux que Dau-

---

(1) Et qu'on me permette d'ajouter encore le jugement qu'il porte de Saint-Just ; il est de ces choses qui, une fois dites, ne se retrouvent pas, et l'article de Daunou d'ailleurs serait matériellement introuvable : « Courtois a tracé ensuite les portraits de Saint-Just et de Cou-
« thon ; le premier, froidement cruel, homicide par caractère, n'avait
« pas eu besoin (comme Robespierre) d'être humilié pour être méchant.
« Il y a une disposition sentimentale qui nous fait compatir aux infor-
« tunes des autres hommes et nous empêche au moins de leur nuire
« sans intérêt pour nous-mêmes ; cette disposition n'existait point dans

nou, et qui savait si bien que le style seul fait vivre, n'ait pas exécuté un tel projet une fois entrepris; mais, sans parler du découragement qui s'empara de lui à un certain jour, il n'avait pas non plus le sentiment de l'art en grand, l'idée passionnée de l'œuvre, de l'œuvre individuelle et originale, du monument. L'étude et des articles bien faits, enfouis dans de gros recueils, suffisaient à son soin modeste; il y avait à cet égard du bénédictin en lui.

Le bénédictin aussi avait des jours de soleil. Le rôle de Daunou à l'Institut, dès l'origine et lors de la formation, fut des plus marquants; son nom sans faste n'échappa point aux honneurs du frontispice : c'est lui qu'on chargea de prononcer le discours d'ouverture à la première séance publique, à celle d'installation (4 avril 1796). Il s'y montra tout à fait à la hauteur de sa mission et parla comme le pouvait faire le premier élève politique et philosophique de Sieyès et de Condorcet, et plus littéraire que tous deux, plus maître en l'art d'écrire, véritable secrétaire-perpétuel et comme rédacteur testamentaire du dix-huitième siècle finissant. Dans ce grave discours encyclopédique, un certain souffle d'espérance circule : « Les orages mêmes que « nous venons de traverser, ce vaste ébranlement, ces dés-« astres dont le souvenir doit être interdit à la vengeance, « et ne doit pas être perdu pour l'instruction, deviendront « sans doute aussi une grande époque dans l'histoire de « l'esprit humain. » L'enthousiasme n'y est plus retranché, proscrit, comme nous l'avons vu en d'autres endroits de Daunou; il dit de la philosophie, en indiquant ses relations

« Saint-Just; cette fibre était déjà paralysée chez lui à vingt-six ans.
« On ne trouve dans ses écrits aucune trace de sensibilité; ils en sont
« plus dépourvus encore que ceux même de Robespierre, auxquels ils
« sont très-supérieurs sous les autres rapports; car, si l'on veut être
« sincère, il faut avouer aussi que Saint-Just n'était point sans talents,
« et qu'il apercevait quelquefois, avec une précision assez forte, sinon
« l'ensemble de l'organisation sociale, du moins quelques-unes des re-
« lations qui existent entre les éléments dont elle se compose. Pour
« Couthon, il mérita tous les mépris : il est indigne de tout souve-
« nir... »

et son alliance avec les beaux-arts : « Elle sentira tout le
« prix de l'enthousiasme qu'ils propagent et sans lequel il
« ne s'est opéré rien d'utile et de grand sur la terre. Si,
« dans les sciences même les plus sévères, aucune vérité
« n'est éclose du génie des Archimède et des Newton sans
« une émotion poétique et je ne sais quel frémissement de
« la nature intelligente, comment, sans le bienfait de l'en-
« thousiasme, les vérités morales saisiraient-elles le cœur
« des humains? Comment circuleraient-elles privées de ce
« véhicule? comment, dénuées de cette chaleur animatrice,
« pourraient-elles, au sein d'un grand peuple, se trans-
« former en des sentiments, en des habitudes, en des
« mœurs, en un caractère? Que deviendraient tant de
« maximes sociales, tant de généralités abstraites, si les
« beaux-arts ne s'en emparaient pas pour les replonger
« dans la nature sensible, les rattacher aux sensations
« d'où elles dérivent, et leur redonner ainsi des couleurs
« et de la puissance? » Les *sensations* se retrouvent là pour
fixer la date et signer la théorie, mais le mouvement est
juste et beau.

Deux ans après, le 18 septembre 1798 (fin de l'an vi)
Daunou, président du Conseil des cinq-cents, répondait au
nom de l'assemblée à une députation de l'Institut qui venait à la barre rendre compte de ses travaux pendant
l'année; il exhortait l'illustre corps à *la propagation des
idées et des sentiments qui conviennent le plus aux hommes
libres*, et laissait échapper cette parole tant contestée : « Il
n'y a point de philosophie sans patriotisme, il n'y a de génie que dans une âme républicaine! »

Si c'est un vœu que Daunou entendait exprimer, à la
bonne heure! Si c'est un fait et un jugement, comme on
aurait droit de l'attendre d'un écrivain si précis, son désir
assurément ici l'abusait; cet axiome-là n'est ni plus vrai
ni plus faux que celui qu'il énonçait ailleurs, que la vérité
est toujours du côté de l'analyse, et l'erreur du côté de la
synthèse. Approchait-il davantage de la vérité, lorsque,
dans son *Cours d'Études historiques*, il disait avec plus

de réserve : « A fort peu d'exceptions près, les noms honorables dans l'histoire des lettres le sont aussi dans celles des mœurs privées et publiques ; les plus grands écrivains sont à compter au nombre des meilleurs hommes de leurs siècles ? » — Mais, ce qu'il nous importait de noter, nous retrouvons dans ces élans, dans ces éclats imprévus de l'an VI, un Daunou auquel nous sommes moins accoutumés.

Quelque temps auparavant, le 10 vendémiaire an VI (1er octobre 1797), il avait prononcé, en plein Champ-de-Mars, l'oraison funèbre de Hoche. Ce jour-là, par un beau soleil d'automne, le Directoire en grand costume, La Revellière-Lépeaux en tête, sortit à pied de l'École militaire, précédé de tous les ministres, grands fonctionnaires, et des principaux corps de l'État ; chaque membre du cortége tenait à la main une branche de laurier ou de chêne. Puis, sur l'autel de la patrie, qu'entouraient des groupes de peupliers et des *candélabres supportant des cassolettes fumantes d'encens*, aux pieds de la statue de la Liberté, le Directoire ayant pris séance, La Revellière-Lépeaux célébra le héros dans un discours plein de bons sentiments et de déclamations théophilanthropiques. Lorsqu'il eut fini au milieu des sanglots, et que, comme intermède, quarante jeunes élèves du Conservatoire, *vêtues de blanc, les cheveux ornés de bandelettes et portant des écharpes de crêpe*, eurent chanté, autour du mausolée, une strophe de l'hymne de Chénier mise en musique par Cherubini ; après que ces jeunes élèves, deux à deux, *d'une main tremblante et en détournant leurs regards où se peignaient l'attendrissement et la douleur*, furent venues déposer leurs branches de laurier aux pieds de l'effigie du mort (1) ; en ce moment solennel, le citoyen Daunou, membre de l'Institut national, et chargé par lui de faire le panégyrique du héros, s'avança,

(1) Le procès-verbal officiel ajoute à cet endroit : « Une d'elles, *succombant à l'oppression du sentiment*, s'évanouit et tombe dans les bras de ses compagnes. »

tenant à la main aussi sa branche de laurier, et parla sur les degrés du mausolée : «.... Oui, nous la conserverons,
« la République, s'écriait-il en finissant, nous la conser-
« verons, pour qu'elle soit le temple de ta mémoire, l'asile
« de ton vertueux père, et la gloire de tous les guerriers
« qui l'ont défendue comme toi. Nous repousserons la Ter-
« reur qui t'opprima, comme le royalisme qui te proscri-
« vit, et nous maintiendrons cette Constitution de l'an III,
« qui fut le constant objet de ton dévouement, de tes vœux,
« de tes espérances; nous saurons, à ton exemple, résister
« aux factions, braver les périls, et ne connaître sur la terre
« d'autres puissances irrésistibles que celles devant qui seu-
« lement a pu fléchir ton âme républicaine : la loi, la vertu,
« la nécessité et la mort. »

Daunou me paraît représenter très-bien l'éloquence d'alors, celle de l'an III dans son meilleur ton, caractère romain, style latin (*Conciones*), marche un peu lourde, très-grave du moins, ferme, nombreuse, un rare éclat, mais qui frappe d'autant plus, un air stoïque : des Latins, si l'on veut, qui ont eu leur Condillac, mais qui sont d'un bon siècle encore. Lorsque, plus tard, le Consulat se lèvera dans sa gloire, quand le génie du dix-septième siècle reparaîtra de loin sur l'horizon, et que l'éloquence, comme le ciel, s'éclairera, on aura l'Éloge de Washington et Fontanes.

Une question inévitable se pose ici : à voir ce grand rôle extérieur de Daunou depuis thermidor, cette mise en dehors perpétuelle de ses talents et de sa personne, on se demande : Était-ce donc bien là, en vérité, le même que ce savant renfermé et ce politique circonspect que nous avons connu? N'y avait-il pas en lui, durant ces années, un homme jeune, énergique, espérant, dont le ressort, à un certain moment, s'est brisé ou resserré du moins, et dont nous n'avons guère vu que l'homme d'étude survivant qui s'était à la fin comme recloîtré? J'ai déjà indiqué l'opinion de M. Magnin, qui pense que, même en sa plus libre et sa plus énergique allure, le Daunou d'alors était très-près de ressembler à celui que nous savons. Quelques faits toutefois permettront le doute un moment.

Lorsque ses illusions républicaines eurent été atterrées et anéanties par l'ambition de Bonaparte, après l'élimination du Tribunat, après la suppression de la classe des Sciences morales et politiques, vers 1803-1804, Daunou, profondément affecté, se croyant de plus menacé dans sa place de bibliothécaire par suite de tracasseries avec son collègue Ventenat, fit une maladie grave, une de ces maladies nerveuses qui, coïncidant avec un âge qui est critique aussi pour l'homme, peuvent certainement altérer la trempe du caractère et briser quelque chose en nous. Une angoisse inexprimable s'était emparée de son âme; l'application lui était devenue impossible, la lumière odieuse; un simple coup de sonnette l'agitait et lui arrachait des larmes. De la bibliothèque du Panthéon, où il logeait alors, on le menait promener au Jardin des Plantes comme un débile convalescent. Fouché, dont les émissaires n'étaient pas étrangers à ces motifs de terreur, le fit pourtant rassurer sous main, lui fit dire qu'il prenait les choses trop à cœur (1). Marie-Joseph Chénier lui-même, vers cette époque et sous le coup des déceptions patriotiques, éprouvait un ébranlement de ce genre, et des soupçons d'empoisonnement traversaient son esprit. Jean-Jacques Rousseau, on le sait, et Bernardin de Saint-Pierre, à un certain âge, éprouvèrent aussi de telles crises; ils n'y échappèrent qu'en conservant une teinte de misanthropie chagrine et une sensibilité plus ou moins aigrie. Daunou en triompha plus heureusement et retrouva son égalité d'humeur pour l'étude; mais une méfiance secrète s'infiltra ou s'accrut en lui; il eut, lui, on peut le dire, sa misanthropie, non point

---

(1) Daunou avait été très-lié avec Fouché, non pas à l'Oratoire, mais depuis, à la Convention, où les rapprochaient les souvenirs de cette commune origine. Fouché avait d'abord, ainsi que Daunou, des sentiments politiques modérés; la peur le jeta dans les extrémités atroces. Après Thermidor, Daunou avait activement contribué à le sauver de la réaction qui l'aurait atteint.

exaltée comme Jean-Jacques ou aigre-douce comme Bernardin, non point ardente et satirique comme Chénier, égoïste et oisive comme Sieyès, mais sa misanthropie studieuse. Il vérifia aussi, par son exemple, ce mot du moraliste : « Il se refait vers le milieu de la vie une manière de bail avec nos diverses facultés; bien peu le renouvellent. » Ce qui est vrai même dans le cours naturel d'une vie arriva ici par secousse : Daunou dut rompre, un certain jour, avec une partie de son être; il se replia au dedans, et, sous son enveloppe sévère, il déroba de plus en plus une de ces âmes sensibles, délicates, à jamais contraintes et trop souvent consternées, qui ne recommencent plus l'expérience et n'en demeurent que plus fidèles aux empreintes reçues.

Tout ceci, en restant parfaitement exact, n'empêche point que, même en son temps de plus grand essor, Daunou n'ait eu bien des velléités d'arrêt qui le faisaient identique au fond à ce que nous l'avons vu. Il ne portait point la main aux choses de lui-même, de son propre mouvement, mais seulement parce qu'il était en demeure et en devoir de le faire. Sorti du Conseil des cinq-cents au mois de plairial an v et n'y devant rentrer que par une élection l'année suivante, voyez-le dans l'intervalle : il se confine du premier jour dans sa Bibliothèque du Panthéon et ne s'occupe plus que de mettre de l'ordre dans cette masse de livres, d'organiser le catalogue; c'est beau, c'est touchant de la part de celui qui vient de contenir d'autres masses et d'organiser la république, mais était-ce là le fait d'un homme politique actif et surtout d'un homme de gouvernement en de telles circonstances? M. de Talleyrand, ministre des affaires étrangères après le 18 fructidor, lui écrit une lettre aimable et coquette pour lui offrir la place de secrétaire-général auprès de lui : Talleyrand doublé de Daunou, cela eût fait, convenons-en, une combinaison piquante et parfaite; chacun aurait eu de quoi prêter à l'autre. Daunou refusa et resta au milieu de ses livres. Il refusa, non point, je le crois, parce que c'était Talleyrand qui offrait, mais parce qu'il aimait mieux garder son coin quand il n'y avait pas nécessité d'en sortir. D'autres, remarquez-le, auraient été tentés d'accepter précisément parce que c'était Talleyrand lui-même, c'est-à-dire un nouveau monde à étudier, d'autres relations à embrasser et à saisir; la curiosité les aurait poussés. Daunou n'avait pas le principe de curiosité, ou bien quelque chose de plus fort en lui le réprimait. Madame de Staël aussi fit toutes sortes d'avances gracieuses en ce temps pour l'apprivoiser; elle ne réussit qu'à lui inspirer de la reconnaissance et une estime affectueuse qu'il lui conserva au milieu des dissidences subséquentes. Les singularités sociales de Daunou, en cette phase du Directoire, sont célèbres : son costume, bien moins réglé que nous ne l'avons vu, trahissait, même aux fêtes de Barras, le savant, le solitaire en grand effort d'étiquette. Pour simplifier les choses, il n'avait qu'un habit, et, quand il l'avait usé, il en achetait un neuf tout fait, qui, tant bien que mal, lui allait toujours. La seule conclusion que je veuille tirer de pareils traits d'originalité naïve, c'est que, même en ces années de familiarité et de liberté, où il jouait un grand personnage public et où il voyait le plus de monde, même quand il était le parrain désigné de toutes les Constitutions, filles de celles de l'an III, quand il allait par delà les monts, en qualité de commissaire, organiser la république romaine et y rétablir les *comices* et les *consuls*, Daunou n'aurait point mérité qu'on dît de lui, comme d'Ulysse, qu'il était un *grand visiteur d'hommes*. Il se souciait des hommes pour les éclairer, s'il se peut, jamais pour les diriger et les manier. Quand Bonaparte de retour d'Égypte, et qui, dans les premiers jours de son coup d'État, ne préjugeait naturellement les acteurs d'alors que sur leur renommée acquise, eut l'idée un moment de le faire consul, Rœderer, à qui il en avait parlé, put dire ensuite : « Je l'ai « bien guéri de cette idée-là, je l'ai fait causer une demi- « heure avec lui (1). »

(1) Sur les relations de Daunou et de Sieyès à cette époque de crise

Les tristesses et les amertumes civiques de Daunou commencèrent après le 18 brumaire ; il s'agissait de refaire au plus vite une Constitution, celle dite de l'an VIII ; sa réputation classique en ce genre le fit choisir pour rédacteur. Il essaya d'une première rédaction, que Cambacérès qualifia de *malicieuse* et d'*hostile ;* il y glissait plus d'un petit article préservatif contre l'usurpation, celui-ci, par exemple : « Si l'un des Consuls prend le commandement d'une armée, il est, pendant toute la durée de ce commandement, suspendu de ses fonctions consulaires, et il y est remplacé temporairement par l'un des tribuns que nomme à cet effet le Conseil des deux-cents, etc., etc. » Qu'on juge de l'effet sur le futur Consul. Bonaparte impatient coupa court à cette guerre méthodique, et, convoquant la commission chez lui, au Petit-Luxembourg où il était alors, dicta ses volontés : « Citoyen Daunou, prenez la plume et mettez-vous là. » C'était dit de ce ton qui se fait obéir. Selon le mot de Thibaudeau, Daunou écrivait d'une main les articles, en votant de l'autre contre, pour la forme. A partir de ce jour, la France eut un maître, et Daunou, après une honorable résistance, battit en retraite devant lui. Avec toutes sortes de conditions et de réserves, il capitula. S'astreignant à refuser toute position politique, il crut pouvoir se réfugier dans des fonctions administratives réputées scientifiques et littéraires : elles ne lui manquèrent à aucun moment. Bonaparte, qui lui avait dit un jour en colère qu'*il ne l'aimait pas*, mais qui l'estimait et qui l'avait trop vu de près pour le craindre (1), savait où il pouvait utilement

et auparavant, j'indiquerai, sans le répéter ici, ce que j'ai écrit dans l'article sur La Fayette (*Portraits littéraires*, édition de 1852, tome II, page 180) ; je garantis la fidélité parfaite des détails, que je retrouve ailleurs moins exactement racontés.

(1) Voici un petit récit, entre autres, que je sais d'original. Bonaparte, après plusieurs refus de Daunou, voulut tenter un dernier effort ; il s'agissait de le décider à être ou directeur de l'instruction publique, ou conseiller d'État, ou les deux choses à la fois. Il l'invita à dîner aux Tuileries : « Je veux vous présenter à ma femme, lui dit-il, elle a envie de vous connaître. » Daunou n'osa refuser. Il arrive, il est

l'employer ; il n'en laissa passer aucune occasion : ce furent là contre Daunou ses seules malices et ses seules vengeances. L'ancien garde des Archives impériales n'était pas juste pour Napoléon. Ceux qui l'ont entendu à ce sujet savent qu'il lui refusait, non seulement toute perception morale (ce qui se concevrait), mais presque toute espèce de talent civil. Quant aux talents de guerrier, il se rejetait, pour n'en point parler, sur son incompétence, et, lorsqu'il avait épuisé les qualifications les plus sévères, il concluait le plus souvent ainsi : « Enfin, c'était un homme qui ne savait ni le français ni l'italien. » L'écrivain chez Daunou reparaissait dans ce trait final, qui, selon lui, était peut-être la plus grande injure.

A peine remis de la secousse politique, Daunou se dédommageait, et cherchait à se consoler par de bons travaux académiques et littéraires. Son *Analyse des Opinions*

présenté à madame Bonaparte ; il s'incline en profonds saluts, et se borne aux stricts monosyllabes. Après le dîner, Bonaparte l'emmène dans l'embrasure d'une croisée ; le salon où ils étaient se vide, parce qu'on voit que le Consul veut parler d'affaires. Il entreprend Daunou en effet, le presse, ne lui laisse aucune objection sans réponse ; celui-ci, après ces raisons dites, n'avait plus qu'un *non* invincible à opposer. Le ton de Bonaparte s'élevait, il avait l'air de s'impatienter : les personnes qui se promenaient de long en large dans le salon voisin, militaires et aides-de-camp, retournaient de temps en temps la tête par curiosité pour ces éclats de voix qui leur arrivaient. Daunou s'aperçut de ce manége ; la peur le prit : il se dit que cet homme était capable de tout, qu'il était certes bien capable d'avoir machiné ce dîner pour le perdre, de supposer tout d'un coup qu'on lui manquait de respect, qu'on l'insultait, que sais-je ? de le faire arrêter immédiatement. Sa tête se montait, il n'y tint plus. Bonaparte, tourné vers la fenêtre, parlait sans le voir : Daunou avise dans un coin son chapeau, qu'il avait posé ; tandis que le Consul achève une phrase, il y court, enfile les appartements et sort du palais. Tout ceci est vrai à la lettre, et je n'ajoute rien. — Ce n'est pas ce jour-là que Bonaparte lui dit : *Daunou, je ne vous aime pas*, mais en une autre occasion, dans quelque comité. Impatienté des objections de Daunou, il le fit taire en lui disant : « Vous, Daunou, je « ne vous aime pas ; » et il se reprit, en disant : « Au reste, je n'aime « personne... excepté ma femme et ma famille. » — « Et moi, répliqua « Daunou, j'aime la république. »

*diverses sur l'Origine de l'Imprimerie* (1802) est du lendemain de ses luttes au Tribunat. Après avoir nettement exposé les diverses conjectures probables sur cette origine si voisine et déjà obscure, le sage examinateur conclut en toute humilité : « Il est assurément des objets sur lesquels « le doute n'est qu'ignorance et obstination ; mais le doute « éclairé est aussi une science, et c'est la plus pacifique. « Il me semble au moins que le scepticisme que certaines « discussions historiques provoquent ou entretiennent n'est « ni la moins douce ni la moins saine habitude que l'es- « prit humain puisse contracter. » Bien des nobles cœurs qui veulent de la foi à tout prix se pourront scandaliser de cette conclusion à la Montaigne, qui met la santé de l'esprit là où d'autres voient son plus grand mal : elle me plaît et me touche chez Daunou, elle est conforme à la nature de cet esprit judicieux et craintif, au moment où, battu des orages, il se retrouve dans la sphère paisible de l'étude et où il respire.

Sa *Notice des travaux de la Classe des Sciences morales et politiques*, lue la même année 1802 (séance du 15 germinal an x), contient une fine satire d'un mémoire de Mercier contre l'histoire, et cela par le simple fait d'une analyse où le rapporteur choisit malicieusement ses points. Mercier put être content, et tout l'Institut avec le public avait souri. Daunou préludait ainsi à ses petites notes du *Journal des Savants*, même à ses extraits de l'*Histoire littéraire* : en maintenant l'extrait littéral et fidèle, il sut en faire un genre de critique fine, ingénieuse, qui parle tout bas.

Il publiait en 1803 un *Mémoire sur les Élections au scrutin*, lu précédemment à l'Institut, et dans lequel il s'attachait à déterminer mathématiquement le moyen de recueillir, de vérifier avec le plus d'exactitude l'expression de la volonté générale, au moment même où toute liberté de suffrages était ravie : un pur problème, en effet, de récréation mathématique. A partir de cette publication, on remarque une certaine lacune dans ses travaux. C'est le temps de son découragement profond et de cette maladie dont nous avons parlé.

En 1807, M. Daunou, qui était devenu garde des Archives depuis décembre 1804, publia, par ordre du gouvernement et avec tous les soins d'éditeur, l'*Histoire de l'Anarchie de Pologne*, que Rulhière avait laissée manuscrite et inachevée. En 1810, il publia, par ordre également, son *Essai historique sur la Puissance temporelle des Papes*. Son édition de Boileau est de 1809. On remarquera combien M. Daunou choisissait peu de lui-même ses sujets de composition : il s'en laissait charger volontiers, en ne les acceptant sans doute que lorsqu'il les trouvait convenables à ses vues ; mais l'initiative, même là, venait d'ailleurs. Ne pourrait-on pas y voir une des causes qui attristent un peu son style, si destiné, jusque dans la gravité, à l'ingénieux et au délicat ? Cette vie n'avait jamais eu sa fantaisie, jamais une fleur ; son style s'en ressent. « Lire même ce qui plaît moins, n'écrire que ce qu'on aime, excellente hygiène intellectuelle, » a-t-on dit ; cela est vrai : à ce régime, l'esprit acquiert son sérieux, et le style garde sa légèreté naturelle. Je ne conseillerais jamais à un homme de style et de goût littéraire de faire trop de rapports et de ne jamais choisir ses sujets.

En Boileau, du moins, M. Daunou rencontrait une vieille connaissance, une matière de prédilection : aussi son Discours préliminaire de 1809, et celui d'une plus grande étendue qu'il a consacré à La Harpe en 1826, sont-ils peut-être ce qu'on a écrit chez nous de plus parfait ( *ad unguem* ) en ce genre de littérature critique, modérée et ornée. Les dernières phrases du discours sur Boileau étaient un hommage à Napoléon : « Aujourd'hui, que toutes les émulations renaissent à la voix d'un *héros couvert de toutes les gloires*, etc. » Dans l'édition de 1825, cette conclusion a disparu, et se trouve remplacée par une violente sortie contre la littérature romantique. J'aurais mieux aimé, même au nom du goût, que l'éloge de Napoléon restât.

Il faut oser le rappeler : tous les écrits que publia à cette époque l'honnête homme légèrement intimidé payent le tribut obligé d'éloges au dominateur tout-puissant, et ils portent à une certaine page le contre-seing impérial pour ainsi dire. Je ne lui en fais point un reproche, mais bien plutôt d'avoir passé, depuis lors, à un dénigrement sans mesure (1). La Fayette n'a pas négligé de relever en ses *Mémoires* une de ces inconséquences du républicain de l'an III qui renonçait sous l'Empire à rester un grand citoyen : « Malgré l'assertion, dit-il (tome V, page 231), qu'un *citoyen distingué*, M. Daunou, a paru adopter dans un écrit récent, il n'est pas vrai que *l'autorité arbitraire puisse suppléer aux principes d'une administration nationale.* » M. Daunou avait écrit quelque chose de tel dans sa notice sur Rulhière (2). Plus tard, en 1811, il lui échappait de dire à M. Joly, un de ses anciens élèves de Montmorency : « Après tout, c'est peut-être ce que nous pouvons avoir de mieux. » Il était maté alors et comme rallié.

Je parlerai peu, ou plutôt je voudrais peu parler, de son *Essai sur la puissance temporelle des Papes.* Napoléon le lui fit demander par Fouché comme arme dans sa lutte avec le Saint-Siége ; c'était proprement une batterie historique qu'il fallait dresser contre le Vatican parallèlement au coup de main de Miollis. Henri IV, en son temps, voyant

---

(1) Voir, dans la conclusion du livre des *Garanties individuelles*, ce qu'il dit de l'*aventurier;* l'invective y déborde : « ... Il deviendra, au dehors autant qu'au dedans, un potentat formidable dont les princes flatteront l'orgueil, couronneront *la tête impure*, rechercheront *l'ignoble alliance.* » L'auteur n'a pas l'air d'admettre qu'au dedans on ait pu servir l'Empire par d'autre motif que par corruption et par cupidité. Il termine le hideux portrait en montrant *l'ennemi du monde se précipitant lui-même, du faîte de sa puissance artificielle, dans la profonde ignominie de ses propres vices.* Cette page des *Garanties* est fâcheuse ; elle le serait encore, même sans qu'on la rapprochât de certaines autres pages de 1807-1812.

(2) Pages VI et VII : il ne fait qu'énoncer en cet endroit et développer avec une sorte de complaisance l'opinion de Rulhière. La Fayette put y relever bien d'autres passages : « C'est à *la suprême loyauté* du Chef « de l'Empire et à *l'invariable libéralité de ses sentiments et de ses pen-*

que Rome tardait à le reconnaître, fit compiler par Pithou un *Recueil des déclarations, arrêts et actes* historiques que des circonstances analogues avaient occasionnés sous les règnes précédents ; mais, au même instant, il ne faisait point enlever le pontife par ses gens d'armes mécréants. Pithou mit en tête du livre un avertissement en latin, où il protesta de son amour de la concorde et de sa haine du schisme : l'auteur du présent *Essai* en aurait-il pu dire autant avec sincérité ? On ne craindra pas de l'avouer : si son vote dans le procès de Louis XVI est le plus beau moment de la vie de Daunou, son livre sur les papes nous en paraît le moins agréable endroit. Juger l'ouvrage en disant qu'abstraction faite des doctrines latentes et du but, il offre un résumé substantiel, un narré pressant, du meilleur style et d'une modération très-suffisante à la surface, ce serait aussi prouver de soi-même trop de complaisance ou de simplicité. Ce livre est un acte. L'auteur, cette fois, cette seule fois, fait un pamphlet. Lui, ancien oratorien et prêtre, il consent, par l'ordre et dans l'intérêt de celui qu'il appellera un tyran et qu'il abhorre, à accabler, à envelopper d'un tissu historique très-équivoque, très-artificieux, le vieux pontife alors persécuté, spolié, prisonnier ; il réclame contre lui les rigueurs (1); il termine ce livre anonyme, à fausses couleurs gallicanes, par les éloges les plus

« *sées*, que le public devra la pureté du texte de cette histoire. » Napoléon voulait se faire de cette publication un auxiliaire dans sa campagne de 1807 contre les Russes; on imprima en toute hâte afin de pouvoir arriver à temps et rejoindre la victoire : « L'indépendance de
« la Pologne, s'écriait vers la fin l'éditeur en haussant le ton, est un
« intérêt de l'Europe autant qu'un droit des Polonais, et la renaissance
« de ce vertueux peuple sera l'un de ces vastes bienfaits dont l'histoire
« de Napoléon se compose. Qui leur enseignera mieux que lui à se pré-
« munir contre toute domination étrangère par l'énergie de l'adminis-
« tration intérieure...? De qui pourront-ils mieux apprendre qu'aucune
« illustration vieillie n'égale celle qui éclate ; qu'aucun nom suranné
« ne vaut un nom qui s'immortalise ?... » Tout ceci est éloquent, et reste assez vrai pour qu'il n'y ait pas eu tellement à s'en repentir.

(1) « Dépouillé de tout pouvoir temporel et devenu le sujet de l'un
« des princes de l'Europe, le pape excommuniera-t-il son propre souve-

absolus du héros qu'il semble mettre au-dessus de Charlemagne (1), et dont il recevra à ce sujet diverses sortes de récompenses : et tout cela, pour servir ses propres opinions, à ce qu'il croit, et pour satisfaire ses profondes rancunes. Qu'on retourne le fait comme on voudra, qu'on le discute au point de vue de la justice stricte, sinon de l'élévation et de la grandeur, cela n'est pas bien. Daunou, cette fois, dut en vouloir à Bonaparte doublement, à cause de cette faiblesse que le maître lui avait arrachée.

Habile à trouver la fibre secrète de chacun pour la faire

« rain ? Tant d'audace ou d'extravagance est peu vraisemblable. Il est
« vrai que les siècles passés en offrent des exemples ; mais on prendrait
« à présent une idée plus juste d'un tel anathème : on n'y verrait
« qu'un libelle séditieux, qu'une provocation publique à la révolte,
« qu'un outrage à la majesté du prince et des lois, qu'un attentat pu-
« nissable, quoique impuissant. » (Édition de 1810, page 333.)

(1) Dira-t-on que les éloges ne sont pas sans quelque réserve implicite ? « Ces limites (du pouvoir spirituel), dit l'auteur en terminant, *ont*
« *besoin* d'être posées par une main victorieuse, capable d'en prescrire
« à toute ambition subalterne, et accoutumée à n'en point laisser au
« progrès de la civilisation, au développement des lumières, à la gloire
« d'un grand empire. Abolir le pouvoir terrestre des pontifes est l'un
« des plus vastes bienfaits que l'Europe *puisse devoir* à un héros. La
« *destinée* d'un nouveau fondateur de l'empire d'Occident est de réparer
« les erreurs de Charlemagne, de le surpasser en *sagesse*, et par con-
« séquent en puissance ; de *gouverner*, de raffermir les États que Char-
« les n'a su que conquérir et dominer ; d'éterniser enfin la gloire d'un
« auguste règne, en *garantissant*, par des *institutions* énergiques, la
« prospérité des règnes futurs. » Dira-t-on que ces mots : *ont besoin*,
*puisse devoir*, ne sont pas positifs ; que la *destinée* assignée ici au
héros est une sorte de futur conditionnel ; qu'il est question, chemin
faisant, de *sagesse*, de *gouverner*, de *garantir*, et même, en finissant,
d'*institutions énergiques*, comme pour faire contre-poids à la spoliation
qu'on appuie ? Pénibles équivoques, auxquelles l'auteur a bien pu penser, mais qui échappaient au lecteur : Napoléon n'en demandait pas
davantage. — Ce livre, au reste, était tellement une arme politique
forgée *ad hoc*, que la troisième édition, imprimée à l'Imprimerie impériale en 1811, fut en très-grande partie détruite en 1813, au moment
où l'on crut enfin avoir arraché un nouveau Concordat au prisonnier
de Fontainebleau. Cette édition de 1811 contenait, entre autres additions, un exposé de la *conduite de la Cour de Rome depuis* 1800, vrai
factum d'un canoniste de l'Empire.

jouer à son gré et l'adapter à ses fins, Napoléon avait été long à découvrir celle de Daunou, mais, pour le coup, il la tenait : il y avait quelque chose de plus avant que le républicain chez l'homme de l'an III, c'était le philosophe ; il y avait quelqu'un qu'il jugeait plus funeste encore que l'Empereur, c'était le Pontife. On le fit instrument et rouage par ce côté (1).

Infirmité de l'humaine nature ! Tel est l'empire des préventions et des haines invétérées, peut-être seulement des fausses positions et des faux plis, chez les meilleurs, chez les plus sages ! Daunou lui-même, tout en se piquant de modérer sa plume, ne sut pas triompher de l'inspiration : le vieux levain remonta. Lui, si humain pour les opprimés, il fut sans pitié ce jour-là, il ne vit que l'intérêt philosophique en jeu, et se remit en posture de gallican pour mieux frapper. — Un plus mémorable épisode de sa vie littéraire sous l'Empire est son amitié intime avec Chénier (2). En 1807, Daunou, qui avait quelques places à sa désignation dans les Archives, y nomma son ami ; lorsque Napoléon dut ratifier le choix, il le fit en disant : « Voilà un tour que Daunou m'a joué. » A partir de cette date, ou plutôt même depuis 1799, Chénier et Daunou se virent presque tous les jours, et ils eurent l'un sur l'autre une réciproque et salutaire influence. Un satirique spirituel, alors très-lié et depuis brouillé avec eux, allait répétant à qui voulait l'entendre que, dans ce commerce habituel, si Daunou enseignait à Chénier la grammaire, celui-ci lui enseignait en retour l'immoralité. Ce sont là de ces méchants propos avec lesquels il est possible de tout flétrir.

---

(1) Un moraliste a pu dire, en recouvrant l'amertume du résultat sous un air de grâce : « Bien des honnêtes gens sont comme le Sommeil, au quatorzième livre de l'*Iliade*, quand Junon veut le séduire pour qu'il aille endormir Jupiter : elle lui offre un beau *trône d'or*, et il refuse ; elle lui offre Pasithée dont il est amoureux, et il oublie tout, il succombe. »

(2) M. Labitte, dans la *Revue des Deux Mondes* (15 janvier 1844), nous en a déjà raconté avec intérêt plus d'un détail.

Le fait est que Daunou inspirait à Chénier le goût de l'étude et des bons modèles, le culte de la diction sévère, et que l'autre lui rendait du mouvement et du monde, exhalait devant lui en toute liberté son amère connaissance et inévitablement son mépris des hommes. Des témoins (et il y en avait peu) m'ont dit que lorsque Chénier, déjà atteint de la maladie dont il mourut, arrivait là, se remettait en haleine et entrait en verve, lorsqu'à dérouler les infamies d'alentour et les palinodies qui le suffoquaient, son accent éclatait avec colère, et que son œil noir lançait la flamme, il était beau et terrible ainsi. Daunou vit dépérir de jour en jour cet ami précieux, le visita jusqu'à l'instant fatal, recueillit ses manuscrits, publia ses œuvres, lui rendit enfin tous les suprêmes devoirs; il n'en parlait jamais que comme d'un homme dont le talent dans ses derniers efforts s'acheminait au génie. Depuis la mort de Chénier, il n'eut plus d'autre ami intime; ce cœur, une seule fois ouvert, se referma.

L'année même de cette mort, en août 1811, il était chargé par l'Empereur d'aller à Rome pour faire expédier en France les archives pontificales, avec recommandation très-expresse de n'oublier la bulle d'excommunication de juin 1809, s'il pouvait s'en saisir. Aussitôt après l'arrivée et le premier classement des pièces, Napoléon les alla visiter à l'hôtel Soubise; il demanda tout d'abord, il prit et serra dans sa main la boîte qui renfermait la bulle de son excommunication, et un sourire indéfinissable de triomphe et d'orgueil lui échappa.

« ...... Aussi l'excessif et profane usage de ces anathèmes les a-t-il décrédités à tel point, qu'il serait aujourd'hui presque aussi ridicule de les craindre que de les renouveler. » Daunou avait écrit cela dans la conclusion de son *Essai;* il put voir à ce sourire si le maître était tout à fait de cet avis indifférent.

On n'a imprimé que depuis peu (1) un mémoire de Dau-

---

(1) Tome XV des *Mémoires de l'Acad. des Inscriptions et Belles-Lettres.*

nou sur le *Fatum* des anciens, qu'il lut à l'Institut en mai et octobre 1812, qui fit bruit alors, et qu'il avait ensuite comme retiré. C'est ce que l'auteur s'est permis religieusement de plus hardi ; on se demande, en le lisant, où est cette grande hardiesse, tant il l'a encore voilée. Il résulte pourtant de la pensée du mémoire que, sous ces noms divers et assez vagues du Destin et de ses synonymes, les doctrines de la Providence et d'un Dieu intelligent, éclairé, étaient déjà celles des sages anciens, et que par conséquent le Christianisme n'aurait pas eu à innover à cet égard autant qu'on l'a dit ; c'était comme un dernier trait hostile que Daunou rapportait du séjour de Rome, une arme d'idéologue sourdement forgée à l'ombre du Vatican. Il concluait, du reste, tout comme dans sa discussion sur l'imprimerie, avec sa prudence apparente : « La *pneumatologie* « (on dirait aujourd'hui la psychologie ou l'ontologie, mais « il affecte un mot qui sent la physique pour rabaisser « l'objet) est de sa nature une science que ne peuvent étendre « dre ni nos expériences immédiates, ni les relations ou les « témoignages, à moins qu'ils ne soient surnaturels. L'es- « prit de l'homme y tourne dans un cercle fort étroit ; il « peut bien varier les aspects, mais ce sont toujours les « mêmes objets qu'il contemple, et par conséquent les « mêmes notions qu'il exprime par différents signes. Com- « bien donc sont à déplorer les dissensions cruelles aux- « quelles l'inévitable diversité de ces signes a servi de « cause ou de prétexte, et qu'il semble aisé de comprendre. « qu'en de telles matières le plus sûr moyen d'être équi- « table et raisonnable, c'est d'être fort tolérant ! » Boileau, dans sa satire de l'Équivoque, a parlé des chrétiens *martyrs d'une diphthongue*, et Voltaire, à son tour, s'est égayé là-dessus. Est-ce à dire pourtant qu'entre Sénèque et saint Paul ce n'eût été qu'une querelle de mots ? — Ce mémoire donnerait une fausse idée des opinions philosophiques de l'auteur, si l'on y voyait des conclusions expressément déistes. Daunou restait en deçà ; il était sceptique en ces matières, à la façon de Gabriel Naudé, et suivait volontiers, comme lui, l'axiome des jurisconsultes : *Idem judicium de iis quæ non sunt et quæ non apparent.* Ce qui ne tombe pas immédiatement sous les sens, ou ne peut s'en déduire avec précision, est absolument pour nous comme n'existant pas.

On conçoit qu'obligé de rentrer sa politique en 1802, Daunou se soit dédommagé en donnant plus de jour à sa philosophie : en 1814, le triomphe des influences religieuses l'obligea au contraire de rentrer à jamais cette philosophie; il put s'en dédommager en revenant, bien qu'avec quelques gênes, à ses théories et doctrines politiques. Les événements contradictoires des premières années lui apportèrent bien des transes, des froissements et des vicissitudes; mais aussi le réveil. Son rôle de député et d'opposant, durant toute la Restauration, fut des plus honorables et des plus utiles, sur la seconde ligne, celle de réserve. Par son *Essai sur les Garanties individuelles* (1818), il eut pourtant l'honneur d'exposer l'un des premiers, et avec cette netteté d'expression qui n'était qu'à lui (à lui et à Benjamin Constant, ce dernier sachant être plus limpide, plus agréable, et Daunou plus rigoureux), le programme motivé des légitimes et incontestables requêtes d'un libéralisme équitable. « Toute révolution politique, disait-il, a des inter-
« mittences, et, chaque fois qu'elle s'arrête, on s'empresse
« de proclamer qu'elle est terminée. Si c'est trop souvent une
« erreur, c'est toujours un vœu honorable, et l'on touche
« en effet de bien près à ce terme, quand une loi fonda-
« mentale a déclaré, promis, déterminé toutes les garan-
« ties individuelles; car il suffirait que cette loi fût fidèle-
« ment établie, littéralement observée par ceux qui l'ont
« faite, pour que le renouvellement des troubles devînt tout-
« à fait impossible. » — Santa-Rosa, dans une lettre à M. Cousin (juillet 1822), écrivait : « Je suis occupé à lire
« Daunou sur les *Garanties*. Cet ouvrage a deux parties
« distinctes. Dans la première, l'auteur examine ce que
« c'est que la liberté ou les garanties; il les caractérise, les
« décompose, les circonscrit; tout cela me paraît en géné-

« ral bien conçu et bien fait. Dans la seconde partie, on
« recherche comment les divers gouvernements accordent
« ou délimitent ces garanties. Ici, Daunou n'est ni assez
« étendu ni assez profond. Dans mon ouvrage (Santa-Rosa
« méditait un grand travail sur les gouvernements), je re-
« ferai cette seconde partie sous un point de vue plus pra-
« tique que théorique, et j'entrerai dans des détails faute
« desquels l'ouvrage de l'oratorien ressemble à un livre de
« géométrie plutôt que de politique (1). » Cette critique ne
peut porter que sur la forme; quant au fond, le livre de
M. Daunou n'a rien que de très-pratique. Je ne veux pas
dire que, transporté et traduit, comme il le fut alors, dans
les États de l'Amérique du Sud, il continuât d'être applicable; mais, en France, la société se faisait mûre pour les
garanties qu'il réclamait, que la raison publique se mit par
degrés à vouloir, à vouloir avec passion, qu'insultée un
jour et défiée, elle revendiqua, trois matins durant, à la
face du soleil, et qui sont à peu près obtenues.

Ici, et à dater de cette lutte légale de 1818, commence,
sans plus d'interruption ni de crise, le M. Daunou que
nous avons tous connu; nous nous attacherons à ce qu'il
devint plus manifestement avec l'âge, au pur savant et
littérateur. Pendant des années, grâce à la constance
inaltérable de son régime et à la rigoureuse économie de
ses heures, il sut mener de front trois ordres de travaux
importants, dans lesquels son talent patient et sobre, arrivé à sa plénitude, trouvait des développements appro-
priés, suffisamment divers et parfois brillants : 1° le *Journal des Savants* dont il fut, dès la renaissance (1816-1838),
le rédacteur principal ou *éditeur*, comme on disait; 2° la
continuation de l'*Histoire littéraire*, dont il était une colonne, la colonne la plus ornée (1809-1838); 3° son *Cours
d'Histoire* au Collége de France, professé durant onze ans
(1819-1830), dont on n'avait imprimé jusqu'ici que quelques extraits et analyses, qu'on publie enfin aujourd'hui

― (1) Voyez *Santa-Rosa*, par M. Cousin (*Fragments littéraires*).

pour la première fois, et qui ne formera pas moins de seize volumes très-remplis.

Sa manière de juger les ouvrages dans le *Journal des Savants* se rapportait en toute convenance à celle que ce journal a conservée, et que M. Daunou aurait seule retenue, quand tout le monde de nos jours l'eût abandonnée : elle consiste à se borner et presque à s'asservir à l'ouvrage qu'on examine, à *l'extraire*, à le suivre pas à pas, en y relevant incidemment les fautes ou les beautés, sans se permettre les excursions et les coups-d'œil plus ou moins étrangers. La critique moderne, même la meilleure (témoin la *Revue d'Édimbourg*), a bien dévié de cette voie prudente et de ce rôle où le juge se considère avant tout comme rapporteur. Le livre qu'on examine, et dont le titre figure en tête de l'article, n'est le plus souvent aujourd'hui que le prétexte pour parler en son propre nom et produire ses vues personnelles. Ici rien de semblable ; on fait connaître, sans tarder et dès la première ligne, l'ouvrage dont on doit compte aux lecteurs ; le plan, les divisions, quelquefois le nombre de pages, y sont relatés ; peu s'en faut que la table des matières n'y passe. Voilà bien des lenteurs ; mais aussi on apprend nettement de quoi il s'agit, on est en garde contre les témérités, et une juste finesse y trouve pourtant son recours dans le détail. Ces discrets avantages ne se montrent nulle part avec autant de distinction que dans les articles de M. Daunou. Si l'on regrette au premier abord qu'il ne se permette aucune conjecture rapide, aucune considération soudaine, générale et trop élevée, on s'aperçoit bientôt que, dans son habitude et presque son affectation de *terre-à-terre*, il trouve moyen de laisser percer ce qu'il sent, de marquer ses réserves, d'insinuer ses malices couvertes, de faire parler même son silence : il atteint véritablement à la perfection en ce genre exact et très-tempéré. S'il n'a en rien reculé les anciennes limites, il a, mieux que personne, creusé le champ et mis en valeur, sur ce terrain étroit, les moindres parcelles. On peut citer, comme échantillons les plus complets, ses articles sur *la Répu-*

*blique* de Cicéron traduite par M. Villemain, sur les *Essais d'Histoire de France* par M. Guizot (1), et sur les *Poëtes latins de la Décadence* de M. Nisard (2).

On est tenté de s'étonner d'ailleurs, en parcourant la liste considérable des articles signés de lui, qu'il ne s'en rencontre pas un plus grand nombre dont les titres nous invitent et appellent l'attention. Le critique, cela est évident, ne se refusait pas assez à s'exercer sur des sujets secondaires et quelque peu sombres, ou même tout à fait ingrats. Comme il évitait volontiers de se mesurer en face avec les plus célèbres ouvrages modernes contre lesquels il était purement négatif, il rabattait trop souvent sa vigilante, son incorruptible critique sur des livres à étiquette sérieuse, déposés à son tribunal, et dont quelques-uns n'auraient pas mérité tant d'honneur. Au risque de le trouver rigoureux, nous l'aurions voulu voir plus fréquemment aux prises avec les doctrines dont il se méfiait, comme, par exemple, dans son examen des *Lettres sur l'Histoire de France*, de M. Augustin Thierry (3).

Les petites notes non signées, rejetées à la fin du journal, ont droit à une mention; elles contiennent, sous leur enveloppe purement bibliographique, bien de piquantes malices résultant du seul fait de citations bien prises. Le grave éditeur semble par instants s'y égayer; c'est comme son dessert.

(1) *Journal des Savants*, mars et décembre 1823.
(2) *Ibid.*, janvier 1835.
(3) *Journal des Savants*, décembre 1827. — M. Augustin Thierry avait autrefois, dans *le Censeur européen*, parlé de l'enseignement de M. Daunou en des termes pleins de sympathie et d'élévation : on peut lire l'article reproduit dans les *Dix Ans d'Études historiques*. Cela n'empêcha point M. Daunou d'être sans complaisance pour le jeune et si original historien, qu'il loue sans doute et dont il constate le succès, mais qu'il ne classe point à son rang. Je ne blâme pas, je remarque. De la part d'un esprit sérieusement convaincu et qui croyait fermement à de certaines vérités, cela est mieux. Et puis toutes les mesures étaient gardées. Le procédé de M. Daunou pouvait souvent sembler strict, il n'allait jamais jusqu'à être dur.

Dans les nombreux travaux par lesquels il a contribué à l'*Histoire littéraire*, M. Daunou n'a guère fait que porter sa même manière, en l'appliquant à des morts, et sans paraître se croire autorisé à moins de réserve habituelle. Il extrait, il analyse les œuvres, il discute les points de fait : je ne dirai pas qu'il s'efface, car son jugement se marque implicitement dans le choix et la teneur de ses extraits mêmes ; mais ne lui demandez aucune de ces vues qui semblent lumineuses au premier aspect, qui bien souvent ne sont que hasardeuses, par lesquelles toutefois un petit nombre de critiques supérieurs ont éclairé à cette distance des horizons jusque-là obscurs. Je ne voudrais pas faire tressaillir ses mânes en citant les Schlegel ou tel autre nom d'outre-Rhin ; pour preuve que la méthode analytique, appliquée à la littérature des âges passés et maniée par de bons esprits, ne donne pas nécessairement certains résultats invariables, et qu'elle est encore ce que chaque esprit la fait, je n'opposerai à M. Daunou qu'un autre écrivain, bien connu de nous, et que la mort vient de réunir à lui avant l'heure. M. Fauriel, à qui on ne refusera pas d'être sorti également de l'école du dix-huitième siècle et du cœur même de la société d'Auteuil, esprit exact et scrupuleux s'il en fut, ne croyant aussi qu'à ce qu'il avait recherché et constaté, mais ayant en lui un goût vif de curiosité et d'investigation, l'étincelle de la nouveauté en tout, M. Fauriel arrivait, dans l'histoire littéraire des âges précédents, à des résultats, à des aperçus d'ensemble qui n'étaient point ceux de M. Daunou. En ne demandant pas à celui-ci autre chose pourtant que ce qu'il fit et voulut faire, on a de quoi se dédommager dans le soin accompli qu'il y apporta et dans la précision élégante de l'exécution. On a beaucoup cité son *Discours sur l'état des lettres en France au treizième siècle*, qui est, en effet, le plus beau frontispice qui se puisse mettre à l'un des corps d'une histoire monumentale, non originale ; ce discours forme, à lui seul, tout un ouvrage. La notice sur saint Bernard, plus courte d'un peu plus de moitié, est aussi célèbre. Cette biographie et ce jugement du saint peuvent se dire le chef-d'œuvre de l'impartialité, venant d'un sectateur du dix-huitième siècle; on ne saurait demander plus. On y admire, à la réflexion, la rare puissance qu'il a fallu pour rassembler, pour coordonner et maintenir tant de faits et de rapports divers si prudemment et si nettement exprimés, sans que la plume ou le compas (je ne sais comment dire) ait dévié ni fléchi un seul instant durant tout ce long travail. M. Daunou aime à envisager ses sujets et ses personnages sous un angle peu ouvert, et, une fois la mesure prise, il ne varie plus d'une ligne dans tout le relevé : cela devient quelquefois merveilleux de dextérité, de patience et de sûreté de main. Nul autant que lui n'a su la propriété des termes, n'a possédé les ressources et les nuances de la synonymie. On devine assez l'espèce de limites qu'il s'impose, lorsqu'il s'agit de moyen-âge. M. Victor Le Clerc, en le célébrant dignement pour cet ordre de travaux, a cru pourtant devoir remarquer ce que l'habile devancier omet systématiquement, se refuse tout à fait à raconter et à reproduire dans ses résumés, d'ailleurs si exemplaires, qui laissent seulement à désirer pour la couleur et pour l'esprit des temps.

J'arrive au *Cours d'Études historiques*, la plus complète, la plus grandiose composition et le vrai monument de M. Daunou. On ne saurait assez se féliciter que le zèle de l'exécuteur testamentaire, M. Taillandier, ait procuré une publication que l'auteur (on ne voit pas bien pourquoi) s'était interdite, qu'il avait même, à un certain moment, interrompue avec alarmes, et qui, en tardant encore, pouvait devenir difficile ou impossible. Remercions hautement aussi MM. Didot d'avoir consenti, en ce temps de spéculations hâtives, à rendre ce service aux lettres sérieuses. L'apparence de ce Cours est des plus sérieuses en effet, mais on est bien payé de sa peine si l'on y pénètre. Fidèle à sa méthode, l'auteur y adopte trois grandes divisions : 1° l'*examen* et le *choix* des *faits*, premier travail préalablement nécessaire à l'historien, et qui comprend la question de la certitude et des sources, celle des usages et du but de l'histoire ; 2° la *classification* des *faits*, quant aux lieux, quant aux temps, c'est-à-dire *géographie* et *chronologie* ; 3° l'*exposition* des *faits*, ce qui aboutit à l'histoire proprement dite, telle qu'elle se dessine aux lecteurs ; les deux autres branches sont plutôt un travail de cabinet pour l'historien. Ces deux premières parties sont publiées, et le septième volume, le dernier paru (qui traite de la manière d'écrire l'histoire), forme l'introduction de la troisième. Les résumés patients, les discussions épineuses auxquelles l'auteur n'a pas craint de se livrer, surtout dans les questions de chronologie, sont plus souvent éclairées, ou même égayées, qu'on ne pourrait croire, par les agréables ressources de son esprit et les occasions littéraires qu'il a comme saisies au passage. Lorsqu'il arrive à ce qu'il appelle la *chronologie positive*, M. Daunou ne fait guère qu'en tirer prétexte pour retracer en douze leçons un *tableau succinct de l'histoire universelle*, dès avant Homère, jusqu'à la mort de Voltaire. D'admirables et vigoureuses touches de pinceau et surtout de burin, des traits charmants, des médaillons bien frappés, ornent en mainte page ce narré complexe et précis. Les grands hommes, je le sais bien, sont trop souvent sacrifiés : Alexandre est méconnu, outragé ; Mahomet n'encourt que l'anathème ; M. Daunou, qui a trop vu Napoléon, ne les aime pas. Héros, aventurier ou brigand, c'est tout un pour lui ; il est inexorable et sourd à cet endroit des despotes et conquérants (1). Mais qu'un écrivain, un philosophe, un bienfaiteur incontestable des hommes se présente, que ce soit Confucius, Cicéron, Tacite ou Montesquieu, le narrateur ralentit sa marche et

(1) Voir sur Alexandre, tome VI, page 57 ; sur Mahomet, même volume, page 160, et encore tome III, page 505. Mahomet est flétri au delà de toute mesure : il cumulait en lui le conquérant et le prophète. L'auteur lui refuse, ainsi qu'à son Koran, toute espèce d'influence civilisatrice sur les destinées de l'Orient ; il aurait pu interroger avec fruit là-dessus Bonaparte et ceux qui avaient vu l'Égypte. Qu'y faire ? Mahomet, en son hégire, était très-peu de l'an III assurément.

s'incline, son accent s'élève ; ainsi, après les plus dignes hommages décernés aux talents de Cicéron, il ajoutera ces paroles éloquentes : « Les juges sévères, qui penseraient
« que son courage n'a pas toujours égalé ses périls, le
« compteraient du moins au nombre des derniers amis de
« la liberté romaine. Ils avoueraient que celui de tous les
« hommes qui a le plus vivement senti le besoin d'une re-
« nommée vaste et immortelle, a pourtant aimé sa patrie
« aussi passionnément que la gloire. Jugeons-le comme
« l'ont jugé les triumvirs, quand ils l'ont trouvé digne de
« ne pas survivre à la liberté publique. » Sur d'autres écrivains qu'il juge plus en courant, il a de ces traits qu'on aime à retenir ; ainsi de Montaigne : « Philosophe, dit-il,
« non de profession, mais par nature, sans programme et
« sans système, observant toujours et n'enseignant jamais,
« Montaigne laisse errer sa pensée et sa plume à travers
« tous les sujets qu'elles rencontrent : *jamais on ne s'est*
« *aventuré avec un tel bonheur.* » Il est impossible de mieux dire.

En terminant ce premier tableau succinct dont il reprendra plus en détail et développera certaines parties dans la suite de son enseignement, M. Daunou conclut par une page qui est la plus éclatante manifestation en l'honneur du dix-huitième siècle ; il faut la citer en entier, parce qu'elle vérifie beaucoup de nos assertions précédentes sur l'auteur, et parce qu'elle résume et nous représente sous le jour le plus large et le plus lumineux toute sa doctrine :

« Ainsi, messieurs, disait-il, le dix-huitième siècle,
« sans tenir compte de ses vingt-deux dernières années (il
« s'arrêtait en 1778, à la date de la mort de Voltaire), est
« à jamais mémorable par le rapide et vaste progrès des
« sciences mathématiques et physiques, et des arts qui en
« dépendent. Ces sciences ont communiqué leurs méthodes
« rigoureuses à tous les genres de connaissances, et *con-*
« *tribué, quoi qu'on en ait dit, à rendre le goût plus pur et*
« *plus sévère.* Des disciples de Racine et de Boileau ont pris
« des rangs glorieux au-dessous de ces grands maîtres ; et

« *c'est bien assez rendre hommage aux meilleurs écrivains*
« *en prose du dix-septième siècle, que de laisser indécise*
« *la question de savoir si ceux de l'âge suivant ne les*
« *ont point surpassés.* Du moins, l'art d'écrire s'est ap-
« pliqué à beaucoup de matières et à des sujets plus im-
« portants. Les sciences morales et politiques se sont
« agrandies, en subissant le *joug de l'analyse* (1). On a
« conçu une idée plus juste du caractère et du but de l'his-
« toire ; on a voulu qu'elle devînt un tableau des mœurs et
« de la destinée des nations. L'antiquité a été plus atten-
« tivement et plus profondément étudiée. L'érudition elle-
« même s'est quelquefois polie ; on l'a vue s'efforcer de
« s'ennoblir par l'exactitude et l'utilité de ses recherches.
« La raison a peu à peu obtenu quelque influence sur les
« institutions publiques, et les passions politiques ont été,
« sinon toujours dirigées, du moins souvent modérées par
« les lumières. L'instruction s'est propagée dans plus de
« classes de la société, *et jusque dans les plus éminentes.*
« Les gouvernements se sont adoucis en s'éclairant. Des
« rois de l'Europe ont favorisé et honoré la liberté améri-
« caine. La philosophie, malgré les persécutions suscitées
« contre elle, et quelquefois malgré ses propres erreurs, a
« poursuivi dignement le cours de ses travaux, et a pris
« une place *modeste* (2) parmi les puissances qui dirigent
« les choses humaines. Sans doute il a été commis beau-
« coup d'injustices, essuyé beaucoup de malheurs durant
« ces soixante-dix-huit années ; *mais ce sont encore celles,*
« *depuis le siècle des Antonins, où il a été le moins difficile*
« *et le moins périlleux d'exister.* » M. Daunou consigne
dans ce dernier mot ce vœu le plus cher d'une vie philosophique heureuse et non périlleuse, qui lui échappait souvent : c'était son idéal à lui.

Le tome VII, qui traite, je l'ai dit, de la manière d'écrire
l'histoire, mériterait un examen plus détaillé et plus at-

---

(1) Le *joug*, c'est bien le mot, et qui accuse de lui-même l'excès.
(2) Pas si modeste.

tentif qu'il ne m'est permis de le faire après une course déjà si longue : il y aurait à dire sur certaines prétentions de méthode ; Pline le Jeune n'avait pas tellement tort dans ce mot souvent cité, et que M. Daunou réprouve : *Historia quoquo modo scripta delectat*, l'histoire sous toutes sortes de formes trouve moyen de plaire ; les professeurs d'histoire ne sauraient être si coulants ; mais ce volume, à l'appui des préceptes, contient, ce qui vaut mieux, d'éloquentes appréciations et des portraits achevés des grands historiens de l'antiquité : les modernes y ont aussi leur part. Il faut se borner (1). — M. Daunou eut, en ses dernières années, de douces satisfactions puisées à l'estime publique et dues aux honneurs littéraires qu'un choix libre lui déférait. Une piqûre assez irritante qu'il reçut au sein de l'Académie des sciences morales et politiques, lorsque celle-ci, à sa renaissance, osa lui préférer M. Charles Comte, un écrivain inculte et des plus agrestes, à titre de secrétaire perpétuel (elle s'est bien dédommagée depuis en élisant M. Mignet), — cette blessure fut ensuite fermée et guérie par le choix que fit de lui en cette même qualité l'Académie des inscriptions (1838). Sa vieillesse vigoureuse sembla reverdir encore ou plutôt revenir à une maturité plus adoucie pour produire des éloges académiques, modèles de précision toujours, mais aussi de grâce et d'une bienveillance que les préventions venaient de moins en moins circonscrire et assiéger. On n'a pas oublié ses notices exquises sur Vanderbourg, sur M. Van-Praët, et particulièrement sur M. de Sacy, chef-d'œuvre d'un genre où le ton général est d'avance indiqué. En parlant de l'orientaliste vénérable, du janséniste pieux, il lui fallut légèrement entr'ouvrir cet angle habituel de son jugement, et son talent plus souple parut y gagner : quelques accents du

---

(1) Je renverrai à un excellent article de M. E. de Sacy (*Journal des Débats*, du 29 novembre 1843) ; les caractères de ce cours y sont parfaitement définis et rendus avec une vivacité qui atteste non-seulement un lecteur d'aujourd'hui, mais un ancien auditeur.

cœur s'y mêlèrent. Cet éloge de M. de Sacy peut se dire le *chant de cygne* de M. Daunou.

Dans sa dernière maladie, M. Daunou se montra ce qu'il avait été toute sa vie : au-dessous et au dedans de celui qu'on aurait jugé faible et trop aisément alarmé, se retrouva l'homme ferme et inébranlable. De misérables, d'odieuses tracasseries d'architecte empoisonnèrent sa fin ; cette persécution à part, qui le mettait hors de lui-même, il supporta ses maux sans se plaindre, interrompit le plus tard qu'il put ses occupations, régla scrupuleusement les dernières affaires littéraires dont il était chargé par l'Institut. Sa conversation avait gardé son caractère de sobriété et de douce malice : « Dans une de mes insomnies, disait-il, je suis arrivé à trouver la seule vraie définition qui convienne à notre gouvernement *parlementaire* : c'est un gouvernement dans lequel les députés font et défont les ministres, lesquels font et défont les députés. » Je ne donne, bien entendu, ce mot-là que comme le songe d'un malade. — Quand il vit ses derniers moments approcher, il voulut tout régler sur sa propre dépouille, conformément à ses principes immuables, et sans la moindre concession aux coutumes, aux bienséances plus ou moins sincères que d'ordinaire à cette heure on n'élude pas. Il fit mander dans la nuit du 19 au 20 juin (1840) son digne exécuteur testamentaire, et dicta une addition à son testament, addition dont le sens et les termes avaient ce cachet de précision et de propriété, inséparable de sa pensée : « Après mon décès dûment constaté, mon intention est que mon corps soit immédiatement transporté de mon domicile au *Jardin Louis*, sans annonce, discours ou cérémonie d'aucun genre, avant neuf heures du matin (1). » Ceci écrit, il se fit donner le papier, le lut très-attentivement, et le signa *Pierre Daunou, testateur*, de sa main défaillante. Il mourut

---

(1) C'était le *Père Lachaise* qu'il indiquait, mais il désigna formellement le cimetière sous ce nom de *Jardin Louis* qu'il avait porté autrefois, et sans vouloir proférer le nom néfaste en ce moment suprême.

le même jour, à dix heures trois quarts du matin, moins de neuf heures après cette expresse manifestation de sa volonté fixe et indéfectible.

Qu'ai-je à dire encore? il ne me reste qu'à rassembler un peu au hasard quelques impressions et souvenirs qui achèveront de le montrer tel qu'il fut de près, et là où les éloges réguliers ont pu moins le saisir. Il se levait d'ordinaire à quatre heures du matin ; sa lumière (lorsqu'il habitait la rue Ménilmontant) servait, dans les saisons obscures, de signal et d'horloge aux jardiniers et maraîchers de ces quartiers pour se lever eux-mêmes. Quelquefois pourtant, quand l'insomnie le prenait, il se levait plus tôt, et dès deux heures du matin : « Mais pourquoi ne pas rester au lit? lui disait-on ; le sommeil reviendrait peut-être, et cela du moins repose. » — « Les pensées, répondait-il, viennent alors en foule, le mieux encore est de se lever, de se mettre à *paperasser ; c'est encore la meilleure manière d'exister* (1). » Et il dut passer bien des heures assez douces en effet, des heures désabusées, monotones, mais tranquilles, dans lesquelles il goûtait le plaisir philosophique et sévère d'appliquer indifféremment son esprit, de sentir son instrument exact et sûr fonctionner sur des objets bien déterminés.

Un homme de haute et sagace observation (M. Rossi) divise tous les esprits en deux classes, quels que soient d'ail-

---

(1) On sait, chez Rotrou, les beaux vers du vieux Venceslas qui, lorsqu'on lui demande pourquoi il devance l'aurore, répond dans un tout autre sentiment :

> Oui ; mais j'ai mes raisons qui bornent mon sommeil :
> Je me vois, Ladislas, au déclin de ma vie,
> Et, sachant que la mort l'aura bientôt ravie,
> Je dérobe au sommeil, image de la mort,
> Ce que je puis du temps qu'elle laisse à mon sort ;
> Près du terme fatal prescrit par la nature,
> Et qui me fait du pied toucher ma sépulture,
> De ces derniers instants dont il presse le cours,
> Ce que j'ôte à mes nuits, je l'ajoute à mes jours.

Ici, au contraire, c'est plutôt pour ôter à ce que la vie a de trop vif que le savant, privé de sommeil, vaque au travail dès avant l'aurore.

leurs leur qualité et leur degré : 1° ceux qui apprennent, qui sont en train d'apprendre, jusqu'au dernier jour; 2° ceux (non pas moins distingués souvent) qui s'arrêtent à une certaine heure de la vie, qui disent *non* au but d'avenir, et se fixent à ce qu'ils croient la chose trouvée. M. Daunou était de ces derniers esprits; arrêté de bonne heure quant aux idées, rédigé et fixé à un point qu'il jugeait celui de la perfection, il n'en sortait pas. Quelque paresse du fond se cache ici sous le labeur extrême du détail. Cet état n'est pas sans charme ; je ne sais qui a dit : « Étudier de mieux en mieux les choses qu'on sait, voir et revoir les gens qu'on aime, délices de la maturité. » M. Daunou, sans doute, étudiait, lisait toujours des pages nouvelles, des détails nouveaux, mais il les faisait rentrer dans la même idée. — Toutes les fois que certains sujets revenaient, il redisait invariablement les mêmes choses ( *solebat dicere* ) ; il ne croyait pas qu'il y eût, sur aucun point connu, deux manières de bien dire et de bien penser.

M. Guérard a remarqué que M. Daunou se raillait volontiers de l'érudition, ce qui paraît singulier de la part d'un érudit. C'est que M. Daunou était plutôt un homme parfaitement et profondément instruit, et un savant écrivain, qu'un érudit à proprement parler.

Il en est de l'érudit comme du moraliste : il sait une quantité de points dans le vaste champ de la littérature et de la critique, comme l'autre dans le champ de l'observation humaine ; il s'y attache, il s'y enfonce, il en tire lumière ou plaisir, il se les exagère parfois. L'érudit a sa verve, son entrain, voisin de l'engouement. La conversation de M. Daunou annonçait plutôt les caractères d'un esprit parfaitement instruit et judicieusement méthodique ; il savait et retenait les choses essentielles ; quant aux curiosités, aux raretés, à ces autres points essentiels encore, mais plus cachés, il les savait moins et ne les faisait point saillir. Il n'en savait guère plus sur beaucoup de sujets que ce qu'il en avait écrit; l'érudition qui vient de source déborde bien autrement. Lui, quand il se laissait aller à sa nature, c'est-à-dire à sa culture favorite, il citait de préférence quelque beau trait, quelque beau mot, un beau vers latin, en homme de goût et d'une suprême rhétorique, jamais de ces détails plus particuliers et plus recélés qui attirent l'attention du philologue ou du géographe, du découvreur et fureteur en quoi que ce soit. Sa connaissance propre et vraiment familière (quand il n'avait pas la plume en main), c'était le champ vaste et varié de ce qu'on appelle *humanitas;* il aimait à s'y promener sur les routes unies, et il était doux de l'y suivre.

S'il s'est montré épigrammatique contre l'érudition, il ne l'était pas moins contre le bel-esprit organisé. Il avait même quelque propension à le voir là où son talent poli aurait dû mieux reconnaître sa parenté. M. Daunou a toujours été très-ironique (j'ai regret à le dire) contre l'Académie française. Dans son mémoire sur les *Élections au scrutin*, et pour en égayer apparemment l'aridité, il trouve moyen de remarquer qu'en 1672, époque si brillante du grand règne, l'Académie ne comptait parmi ses membres ni Boileau, ni La Fontaine, ni Racine, qui avait fait *Andromaque* et *Britannicus*, ni enfin Molière, qui n'en fut jamais. Il ne perdit depuis lors aucune occasion de renouveler ce genre un peu usé de plaisanteries. Dans sa notice sur Rulhière, il ne se lasse pas d'admirer que le discours de réception de cet académicien se puisse relire. Il ne voulut jamais, pour son compte, s'exposer à pareille fête. A la mort de M. de Tracy, on avait naturellement pensé à lui, et quelques journaux en avaient parlé : il en fut presque effrayé, et se hâta d'écrire une lettre de deux lignes pour démentir sèchement. On peut croire qu'il redoutait aussi cette seconde partie de l'éloge public qui consiste à s'entendre juger et raconter en face, situation très-délicate en effet, et contre laquelle aucun front n'est aguerri.

Nul pourtant, ce premier moment passé, n'aurait été plus désigné que lui pour le travail du *Dictionnaire;* de la lignée de Girard, Beauzée et Dumarsais, il les résumait en les étendant; il avait, on l'a dit, la balance d'un honnête joaillier d'Amsterdam pour peser les moindres mots; il en possédait l'exacte valeur, l'acception définitive, dans la durée des deux grands siècles, et surtout du dix-huitième; précisément ce que Nodier, qui savait tant de choses d'avant et d'après, savait le moins. Si l'on a dit de celui-ci qu'il avait de la philologie la fée et la muse, M. Daunou tenait, pour sa part, la pierre de touche de la diction et le creuset de l'analyse moderne : ajoutez-y la grammaire générale toujours présente au fond, ce qui ne nuit pas. A voir combien il était peu satisfait de la dernière édition du *Dictionnaire*, on comprenait tout ce qu'il aurait pu apporter d'utile aux fondements de la nouvelle.

M. Daunou, en dépit de sa prévention peu justifiable, demeure surtout littéraire et d'une littérature d'académie. Sa vocation essentielle va de ce côté. En politique, malgré le grand rôle, il s'est retranché de bonne heure, par nécessité, par peur, par méfiance des hommes, en solitaire qui a été du cloître et qui craint toujours qu'on ne le lui reproche ; il n'est jamais rentré en lice qu'avec des réserves infinies et de très-prompts désespoirs. Il s'est rabattu constamment à l'étude, aux livres ; il a été, je l'ai dit, un misanthrope studieux.

Et là encore, remarquez sa tendance naturelle, il s'est retranché le plus possible ; il a visé à ne pas faire parler de lui ; il s'est renfermé dans les devoirs du professeur, d'académicien ; il s'est confiné et enterré, autant qu'il a pu, dans les recueils, dans les petites notes du *Journal des Savants*, s'effaçant de toutes les manières, et content de se réserver tout bas correction, finesse et malice ; mais les côtés un peu brillants de son talent qu'il aurait pu développer, peu s'en faut qu'il ne les ait retenus, j'allais dire opprimés à dessein. Mais non : des circonstances et des devoirs l'ont forcé, à son corps défendant, de les produire ; désormais son *Cours d'Études historiques*, arraché à l'oubli, le dira.

Un de ses gestes familiers trahissait en quelque sorte sa disposition habituelle : le petit homme, aurait dit un physionomiste, a l'œil vif, le sourcil épais et fin, du nez et du menton, mais le haut du front un peu bas ; — et encore il ramenait sans cesse, il aplatissait tant qu'il pouvait sa perruque pour le dérober.

On a beaucoup parlé de ses vastes et nombreux instruments de connaissances : il est permis avec lui de préciser. Il savait très-bien l'italien classique, celui de l'Arioste et du Tasse, lisait la prose anglaise, celle du temps de la reine Anne, ne savait pas l'allemand, ne lisait pas Hérodote ni Thucydide à plein courant, mais assez pour vérifier exactement les textes des citations. Ce qu'il savait à merveille et avec une distinction incomparable, c'était le français et le latin.

Pour le français, il se resserrait encore dans ses prédilections, et, sauf une ou deux exceptions, ne faisait cas que de celui des deux derniers siècles. Quant au très-vieux français, tout éditeur de Joinville qu'il était, il ne croyait guère aux règles que M. Raynouard avait essayé d'y établir, et, sur ces points comme sur tant d'autres, il ne faisait que suivre en résistant, en niant le plus possible.

Racine et Boileau, ou même Voltaire et *Chénier* à part, il goûtait plus, on le conçoit, la prose française que les vers. On peut remarquer que Boileau lui-même, comme versificateur, lui laissait plus de scrupules de détails qu'on n'aurait imaginé; il exigeait, même du poëte, la liaison des idées selon Condillac. Il jugeait très-bas La Fontaine *un peu surfait*, et ne coulait pas sans difficultés sur ce qu'on est convenu d'appeler ses aimables négligences. En prose, il était un arbitre consommé et souverain, mais encore très-armé de distinctions; il estimait, on l'a vu, la prose du dix-huitième siècle au moins égale à celle du dix-septième; s'il parlait magnifiquement de Bossuet et le comblait d'éloges sentis, il s'attachait pour son ordinaire à Jean-Jacques, et ne cessait pas de l'admirer de près. Je l'ai entendu réciter par cœur, comme modèle d'harmonie et de récitatif cadencé, la tirade du début de *Pygmalion;* il articulait chaque phrase, en y mettant l'accent, en y reconnaissant presque des longues et des brèves. Le style qui sentait un peu la lampe ne lui déplaisait pas.

En latin, de même : il goûte fort Sénèque, mais sans préjudice de Cicéron ; il adore Tacite, mais sans moins apprécier Tite-Live. Sur Horace, sur Virgile, il rattrape toute sa sensibilité, sa finesse morale, sa jeunesse d'impressions, comme aux jours où il en causait sous les allées de Montmorency. C'était un esprit tout latin, exquis, acquis. C'est en latin, peut-être, qu'il a eu sa plus grande ouverture d'angle, toute son *envergure*. La conversation, quand elle dérivait là-dessus, devenait avec lui des plus intéressantes et des plus fines : sous son sourcil gris, son petit œil étincelait. Là il est original et exprime des opinions particulières sur Phèdre, sur Cornelius Nepos, qu'il ne craint pas de dégrader de leurs honneurs classiques usurpés.

Le livre de M. Nisard l'avait fort remis en train et en humeur sur ces sujets ; il était très-frappé de ce livre de M. Nisard, peut-être un peu trop, comme quelqu'un qui, peu accoutumé au moderne, le trouve tout d'un coup singulièrement gracieux sous ce pavillon.

Ses opinions sur les poëtes et les philosophes modernes, même sur les historiens célèbres de nos jours, seraient capables d'étonner. J'essayais un jour de le convaincre sur Lamartine, et je lui récitais la strophe :

Ainsi tout change, ainsi tout passe,
Ainsi nous-mêmes nous passons, etc.;

il me répondit que c'était, en effet, fort bien *conjuguer* le verbe. Il accordait à contre-cœur quelque talent à Chateaubriand. Il ne craignait pas d'avouer que, dans les comités des Chambres dont il faisait partie, il lui eût été plus facile de s'entendre, ou du moins de contester, avec M. de Bonald qu'avec M. Royer-Collard (1). Ce sont là de ces extrémités de jugements qui marquent à la fois la limite et l'écueil ; je les appelle les *déportements* de cet homme judicieux.

(1) Il y avait en effet beaucoup de *condillacisme*, quant au procédé et à la forme, chez M. de Bonald.

Tout ceci dérivait en grande partie d'une même source. Habitué à trop accorder à la méthode, à la discipline, M. Daunou ne faisait pas d'acception intime, de distinction radicale entre les esprits. Il était prêt, par exemple, à mettre un bon sujet qui se soigne, sur la même ligne qu'un beau génie qui se néglige, et peut-être il était à craindre qu'il ne le préférât à ce dernier. L'invention en toute chose ne le frappait point assez; il ne lui donnait jamais le pas décisif sur l'ordre et sur l'expression. En érudition, il raillait volontiers les Saumaise, et il accordait un peu trop de crédit historique à Marmontel. Il n'entendait rien du tout, j'oserai dire, au grand homme non littéraire, et n'admettait pas plus Mahomet que Grégoire VII, pas plus Alexandre que Napoléon. Qu'est-ce que le génie? *La raison sublime*, répondait-il avec Chénier; mais si un seul des degrés qui, du bon sens, de la raison vulgaire, conduisent jusqu'au haut de l'échelle, se trouvait brisé, il était rétif et ne montait plus.

En chacun de ces points encore, on le trouverait bien fidèle au dix-huitième siècle, qui, tout matérialiste qu'il était en finissant, croyait surtout à l'éducation, à l'acquisition, au *fiunt* plutôt qu'au *nascuntur*.

A un certain moment, la génération qui surgissait vers 1822, surtout la jeune école historique, venait à M. Daunou comme à un maître et à un chef vénéré. Dans l'âge de la ferveur impétueuse et de l'enthousiasme, on est quelque temps avant de comprendre que le plus grand témoignage qu'on puisse souvent donner aux hommes arrivés et désabusés, c'est de se tenir à distance ou de ne les prendre que par les surfaces qu'ils offrent. M. Daunou éluda plus qu'il n'eût fallu ces hommages sincères, s'entr'ouvrit à peine et bientôt se referma. Il découragea sans doute alors plus d'un admirateur distingué dont le contact l'eût heureusement excité et dont le mouvement l'eût rajeuni. Vers la fin, un peu plus seul ou plus indulgent, il paraissait moins insensible aux avances, et la connaissance personnelle de l'homme le faisait quelquefois revenir sur l'ouvrage.

Mais quand il avait quelque chose de direct contre une personne, il n'en revenait jamais : ajoutons vite que si le jugement chez lui pouvait, en de certains cas, sembler vindicatif, le cœur lui-même ne l'était pas.

La conversation, la familiarité avec lui, tel que nous venons de le décrire, ne laissait pas d'avoir ses difficultés, on le comprend ; il y avait une première glace à rompre, et, même lorsqu'elle était rompue, certains points demeuraient à jamais interdits et inabordables. Son commerce pourtant, lorsqu'on parvenait à s'y établir et à y faire quelques progrès, n'en avait que plus de prix. M. Natalis de Wailly a eu, mieux que personne, raison de noter cette « bienveillance qui, triomphant peu à peu de sa timide réserve, communiquait à son exquise politesse tous les charmes de l'affabilité. » — Entre gens d'autrefois, entre bonnes gens et du pays, M. Daunou retrouvait, à de rares moments, des éclairs de gaieté qui faisaient plaisir à voir, et on a pu l'entendre, après certains dîners où les vieux souvenirs étaient en jeu, se mettant tout d'un coup à fredonner quelque chansonnette de son jeune temps.

Tel qu'il vient de s'offrir et que chacun peut désormais le considérer avec nous, c'était un homme rare, non seulement distingué, mais unique en son genre, un de ces hommes qu'il faut connaître pour recevoir la tradition, et qui pourtant avait son cachet à part entre tous les autres individus réputés comme lui du dix-huitième siècle ; c'était un caractère, une nature originale par son ensemble, médaille d'un autre âge conservée tout entière dans le nôtre, et où pas une ligne n'était effacée. En le dessinant comme nous avons essayé de le faire, en passant et repassant le trait sur les lignes de cette figure modeste, mais expressive, en y indiquant soigneusement les creux et les dégageant à nu, nous n'avons certes pas prétendu diminuer l'idée qu'on en doit prendre ; nous croyons plutôt que c'est ainsi que le vieux maître a chance de se mieux graver et plus avant dans la mémoire, et qu'au milieu de tant de physionomies transmises qu'un vague et commun éloge tendrait à confondre, la sienne, plus restreinte, demeurera aussi plus reconnaissable.

1ᵉʳ août 1844.

— Cette Étude sur M. Daunou a paru satisfaire bon nombre des personnes qui l'avaient le plus connu, mais évidemment elle n'a point satisfait M. Taillandier, celui même que j'ai appelé son *digne exécuteur testamentaire*, et dont je louais le volume de *Documents biographiques*. En publiant une seconde édition de cet Écrit, M. Taillandier s'est attaché à me trouver en faute sur deux points, où il a cru pouvoir me réfuter. 1º M. Taillandier suppose (page 224 de son Écrit) que j'ai fait une confusion entre les opinions de Daunou et celles de Rulhière; que j'ai pris pour l'expression des sentiments de Daunou ce qui n'était sous sa plume qu'une analyse de ceux de Rulhière. Or, c'est une confusion que je n'ai nullement faite (voir précédemment page 44, à la note), et je m'étonne qu'un homme exact comme M. Taillandier me l'ait si adroitement prêtée. 2º M. Taillandier, contrarié d'une anecdote que j'ai racontée (page 40), a trouvé plus court de la nier (*Documents biographiques*, page 196). Sans épiloguer sur le jour précis où la scène en question eut lieu, ce qui n'importe guère, je puis certifier que j'ai entendu le récit de la bouche de M. Daunou même et de celle d'une personne qui a vécu plus de quarante ans près de lui. Cette personne, un peu indiscrète en cela peut-être, mit l'anecdote sur le tapis; M. Daunou intervint pour expliquer, pour rectifier. J'écoutais, et je n'y ai mis que le sourire. C'est ce sourire qui m'a valu la réfutation un peu sèche de M. Taillandier, qui ne sourit pas. M. Daunou a eu ses dévots : bien jeune, je n'en ai jamais été avec lui qu'au respect et à l'estime.

Et comme dernier mot à ceux qui ne concevraient pas que cette estime pût s'allier avec un peu de critique, pas plus qu'ils ne conçoivent que quelques actes courageux puissent se concilier avec une habitude craintive, je dirai nettement : M. Daunou, tel que je l'ai connu dans les vingt et une dernières années de sa vie, était ce qu'on peut appeler une nature *timorée*, un *trembleur*. C'est cette disposition de son tempérament qui rend précisément si méritoires ses actes de courage moral dans le passé. Un grand fonds de constance morale joint à un tempérament timide, voilà le trait singulier de ce caractère. Le biographe officiel fait tout ce qu'il peut pour en masquer et en effacer l'originalité; ce sont gens qui ôteraient les rides à un portrait de vieillard. « Voyez-vous cela? disait Cromwell à son peintre, en lui montrant les rugosités et les verrues de son visage; il faut avoir soin de me le laisser. » Mais il est peu de gens qui osent prendre sur eux de le faire.

# LEOPARDI.

Le nom seul de Leopardi est connu en France; ses œuvres elles-mêmes le sont très-peu, tellement qu'aucune idée précise ne s'attache à ce nom résonnant et si bien frappé pour la gloire. Quelques-uns de nos poëtes qui ont voyagé en Italie ont rapporté comme un vague écho de sa célébrité :

Leopardi dont l'âme est comme un encensoir,

lisions-nous, l'autre jour, dans l'album poétique d'un spirituel voyageur. De telles notions sont loin de suffire. M. Alfred de Musset, il y a deux ans, publiant dans la *Revue des Deux Mondes* (1) quelques-uns de ces vers ai-

(1) 15 novembre 1842. C'est dans la pièce intitulée *Après une lecture*. On se demande après quelle lecture ont été écrits ces vers. Serait-ce après une lecture de Leopardi? Le début de la pièce ne l'indiquerait guère, quoique la fin semble le faire soupçonner. Tout cela n'est pas expliqué. Les meilleures poésies de M. de Musset sont trop sujettes à ces sortes d'incohérences. Mais assurément (je ne puis m'empêcher encore d'ajouter ceci) la plus criante incohérence, dans le cas présent, c'est d'avoir fait intervenir de but en blanc le plus noble, le plus sobre, le plus austère des poëtes, pour appuyer une théorie où il est surtout question de *Lisette* et de *Margot*, et où, pour tout idéal d'art sérieux, l'enfant d'Epicure et d'Ovide s'écrie :

    Vive d'un doigt coquet le livre déchiré
    Qu'arrose dans le bain le robinet doré!

En vérité il semble, à voir cette théorie d'alcôve et de baignoire, que

mables et légèrement décousus que lui dicte la fantaisie
en ses meilleurs jours, a parlé de Leopardi plus en détail,
bien qu'à l'improviste et avec une sorte de brusquerie
faite d'abord pour étonner. Le poëte, se fâchant contre
les versificateurs et rimeurs qui délayent leur pensée, s'é-
criait :

> Non, je ne connais pas de métier plus honteux,
> Plus sot, plus dégradant pour la pensée humaine,
> Que de se mettre ainsi la cervelle à la gêne,
> Pour écrire trois mots quand il n'en faut que deux,
> Traiter son propre cœur comme un chien qu'on enchaîne,
> Et fausser jusqu'aux pleurs que l'on a dans les yeux.
>
> O toi qu'appelle encor ta patrie abaissée,
> Dans ta tombe précoce à peine refroidi,
> Sombre amant de la Mort, pauvre Leopardi,
> Si, pour faire une phrase un peu mieux cadencée,
> Il t'eût jamais fallu toucher à ta pensée,
> Qu'aurait-il répondu, ton cœur simple et hardi ?
>
> Telle fut la vigueur de ton sobre génie,
> Tel fut ton chaste amour pour l'âpre vérité,
> Qu'au milieu des langueurs du parler d'Ausonie,
> Tu dédaignas la rime et sa molle harmonie,
> Pour ne laisser vibrer sur ton luth irrité
> Que l'accent du malheur et de la liberté.

De tels traits, à coup sûr, sont caractéristiques du noble
talent que le poëte français invoque ici en témoignage.
Pourtant, si l'on a trouvé singulier que Boileau, s'adressant à Molière, lui dise tout d'abord par manière d'éloge :

> Enseigne-moi, Molière, où tu trouves la rime,

il peut sembler également assez particulier que le premier
éloge accordé ici à Leopardi soit de s'être passé de la rime,

M. de Musset n'ait pas fait une seule lecture, mais deux lectures à la
fois, et qu'il ait commencé avec Crébillon fils la boutade *à la Gavarni*
qu'il couronne par Leopardi.

ce qui est possible en italien, mais à de tout autres conditions qu'en français, et ce qui d'ailleurs ne paraît point absolument vrai du savant poëte dont il s'agit. Dans tous les cas, il y a sur Leopardi, comme sur Molière, bien d'autres caractères distinctifs qui frappent à première vue.

Trop étranger que je suis habituellement à l'étude approfondie des littératures étrangères, persuadé d'ailleurs que la critique littéraire n'a toute sa valeur et son originalité que lorsqu'elle s'applique à des sujets dont on possède de près et de longue main le fond, les alentours et toutes les circonstances, il semble que je n'aie aucun titre spécial pour venir parler ici de Leopardi, et je m'en abstiendrais en effet si le hasard ou plutôt la bienveillance ne m'avait fait arriver entre les mains des pièces manuscrites, tout à fait intéressantes et décisives, sur l'homme éminent dont il s'agit, et ne m'avait encouragé à une excursion inaccoutumée, pour laquelle je vais redoubler d'attention en même temps que je réclame toute indulgence.

Le comte Jacques Leopardi naquit, le 29 juin 1798, à Recanati dans la Marche d'Ancône; fils aîné du comte Monaldo Leopardi et de la marquise Adélaïde Antici, des plus nobles familles du pays, il reçut une éducation soignée sous les yeux de son père. Un prêtre de l'endroit, l'abbé Sanchini, lui enseigna les premiers éléments du latin; quant au grec, l'apprenant dès l'âge de huit ans dans la grammaire dite *de Padoue*, l'enfant jugea cette grammaire insuffisante, et, décidé à s'en passer, il se mit à aborder directement les textes qu'il trouvait dans la bibliothèque de son père; il lut ainsi sans maître, et bientôt avec une surprenante facilité, les auteurs ecclésiastiques, les saints Pères, tout ce que lui fournissait en ce genre cette très-riche bibliothèque domestique; le premier débrouillement fait, il lut méthodiquement, par ordre chronologique, plume en main, et, de même que chez Pascal, avec qui on l'a comparé, le génie mathématique éclata comme par miracle, ainsi le génie philologique se fit jour merveilleusement chez le jeune Leopardi ; il devint un véritable érudit à l'âge où les autres en sont encore à répéter sur les bancs la dictée du maître.

On a souvent remarqué cette alliance, au premier abord singulière, du génie poétique et du génie philologique ; mais ici elle a cela de plus particulier encore que le poëte énergique et brûlant qui va nous apparaître ne finit point par la philologie, ne s'y retira point après son premier feu jeté, mais qu'il débuta par là, et que, si ses souffrances précoces ne l'avaient impérieusement détourné des études suivies, c'est de ce côté sans doute qu'il aurait, avant tout, frayé sa voie et poussé sa veine patiente.

J'ai sous les yeux tous les manuscrits de Leopardi qui datent de cette époque, manuscrits confiés par lui-même à M. de Sinner, si capable d'en bien juger, et qui en a publié des extraits (1). En tête d'un cahier contenant le texte correct de la *Vie de Plotin*, par Porphyre, avec traduction latine et commentaire, on lit cette attestation de la main du père de Leopardi :

« Oggi 31 agosto 1814, questo suo lavoro mi donò Giacomo mio primogenito figlio, che non ha avuto maestro di lingua greca, ed è in età di anni 16, mesi due, giorni due.

« Monaldo Leopardi. »

Un juge compétent à qui ce travail manuscrit a été communiqué, Creuzer, dans le 3e volume de son Plotin, en a tiré le sujet de plusieurs pages de ses *addenda*. Lui qui a travaillé toute sa vie sur Plotin, il trouve quel-

(1) Sous ce titre : *Excerpta ex schedis criticis Jacobi Leopardii comitis*, dans le *Rheinisches Museum*; Bonn, 1834. — Une faute typographique qui s'y est glissée a causé une singulière méprise qui s'est reproduite depuis dans l'édition de Florence (1845); M. de Sinner avait parlé d'un recueil, fait par Leopardi, des *fragments des SS. Pères*; or ces *SS. Pères* sont devenus, par un tour de main de l'imprimeur allemand, 55 *Pères*, et dès lors les plus modestes ont répété que Leopardi avait recueilli les fragments de *cinquante* Pères de l'Église. Il y en a un peu moins.

que chose d'utile dans l'ouvrage d'un jeune homme de seize ans.

Les travaux philologiques et les excursions érudites de Leopardi, vers cette époque de son adolescence et de sa première jeunesse, feraient une longue et trop sèche énumération, si on la voulait complète; singulier prélude, ouverture bien austère, à la destinée toute poétique qui suivra. Nous trouvons, en 1814, des commentaires de lui *sur la vie et les écrits de quelques rhéteurs du second siècle*, tels que Dion Chrysostome, Ælius Aristide, Hermogène et Fronton. M. Mai n'avait pas encore publié les lettres exhumées de Fronton à Marc-Aurèle. Elles parurent à Milan en 1815; l'année suivante, Leopardi les traduisait. Le docte éditeur lut plus tard le travail manuscrit de Leopardi et en tint compte dans l'édition de Rome. Le même savant prélat tint compte aussi pour son Denys d'Halicarnasse d'une lettre critique à ce sujet, que Leopardi adressa en 1817 à son ami Giordani. Un *Essai sur les erreurs populaires des Anciens* (Saggio sopra gli errori popolari degli Antichi), composé par Leopardi dans l'espace de deux mois, au commencement de 1815, nous présente déjà les résultats d'un esprit bien ferme, mais contenu encore dans les limites d'une foi sincère. Le jeune érudit, sans se perdre dans de vagues considérations, et tout en se laissant guider par une pensée jusqu'à un certain point philosophique, expose et démêle, moyennant des textes précis qui témoignent d'une immense lecture, les divers préjugés des Anciens sur les Dieux, les oracles, la magie, les songes, etc., etc. Un seul chapitre, celui des *Pygmées*, a été imprimé par M. Berger de Xivrey (1). Le jeune auteur, en concluant, adressait à la religion une espèce d'hymne, une vraie prière d'action de grâces, et ceci fait trop de contraste à ce que nous verrons plus tard pour ne pas être ici relevé :

(1) Dans l'ouvrage intitulé *Traditions tératologiques* (page 102). — Dans la seconde édition de sa *Batrachomyomachie* (1837), M. Berger de Xivrey a aussi inséré et traduit une dissertation de Leopardi sur ce poëme, laquelle avait paru dans *lo Spettatore* de Milan en 1816.

« Religion très-aimable, s'écriait-il, il est doux pourtant de pouvoir terminer en parlant de toi un travail qui a été entrepris en vue de faire quelque bien à ceux qui recueillent tes bienfaits de chaque jour ; il est doux de pouvoir, d'une âme ferme et assurée, conclure qu'il n'est point vraiment philosophe celui qui ne te suit ni ne te respecte, et que te respecter et te suivre, c'est être par là même assez philosophe. J'ose dire aussi qu'il n'a point un cœur, qu'il ne sent point les doux frémissements d'un amour parfait, qu'il ne connaît point les extases dans lesquelles jette une méditation ravissante, celui qui ne sait point t'aimer avec transport, qui ne se sent point entraîner vers l'objet ineffable du culte que tu nous enseignes... Tu vivras toujours ; et l'erreur ne vivra jamais avec toi. Lorsqu'elle nous assaillira, lorsque essayant de couvrir nos yeux d'une main ténébreuse, elle menacera de nous entraîner dans les abîmes entr'ouverts sous nos pieds par l'ignorance, nous nous tournerons vers toi et nous trouverons la vérité sous ton manteau. L'erreur fuira comme le loup de la montagne poursuivi par le pasteur, et ta main nous conduira au salut. »

Il y a loin de ces très-jeunes élans aux réflexions amères et inexorables qui ont fait de Leopardi un des plus éloquents poëtes du désespoir ; il fut quelques années encore avant d'en venir à cette transformation, à cette conversion profonde et définitive de tout son être, à travers laquelle ses croyances en périssant toutes, il faut le dire, ne montrèrent pourtant que plus à nu sa nature généreuse. Dans une note manuscrite de lui que j'ai sous les yeux, et qui a pour titre *Supplemento generale a tutte le mie carte*, je lis une dernière indication relative à un projet d'hymnes chrétiennes : le simple canevas respire encore les mêmes sentiments de piété affectueuse qu'exprimait la conclusion précédente (1). Ce papier doit être d'une date peu postérieure à 1819. On ne saurait se tromper en reportant la

(1) Ce texte est trop imprévu dans la biographie qui nous occupe pour devoir être passé sous silence ; on en comprendra tout l'intérêt et le contraste en avançant dans le récit de cette destinée, si absolument dénuée de croyance consolante. Leopardi a fait route au rebours des Manzoni et des Pellico. Respectons, sans les juger, toute conviction

grande conversion philosophique de Leopardi entre les années 1820-1823.

Jusqu'ici donc nous n'avons affaire qu'à un jeune homme précoce, qui, confiné dans sa ville natale et du fond du nid paternel, dévore, jour et nuit, les livres anciens, ne s'effraye d'aucune étude épineuse, s'attache, par choix, à défricher les portions les plus ingrates, ce semble, du champ de l'érudition et de la critique, recueille les fragments des Pères grecs du second siècle ou des historiens ecclésiastiques antérieurs à Eusèbe, rassemble, commente en six mois (1815) les débris, les œuvres authentiques ou supposées de Jules Africain, et semble préluder en ces sillons pénibles avec la vocation opiniâtre d'un Villoison ou d'un Tillemont. Il serait trop extraordinaire pourtant que celui dont on admirera tout à l'heure le génie mâle et la pureté sévère n'eût pris d'abord l'antiquité que par ce côté des rhéteurs, des sophistes ou même des écrivains ecclésiastiques, et qu'il eût négligé précisément les chefs-d'œuvre de grandeur et de grâce qu'elle nous a légués. C'est que Leopardi, en effet, ne les négligeait pas ; son ardeur studieuse suffisait à tout, et dans les essais de sa jeunesse, dans ceux particulièrement qui marquent sa collaboration au *Spectateur* (1) de Milan durant les années 1816-1817, on

sincère et courageuse, tout martyre noblement subi. Mais voici les pensées de ses jeunes ans :

« Al progetto degl' inni cristiani.

« Per l' inno al Redentore : Tu sapevi già tutto ab eterno, ma permetti alla immaginazione umana che noi ti consideriamo come più intimo testimonio delle nostre miserie. Tu hai provata questa vita nostra, tu ne hai assaporato il nulla, tu hai sentito il dolore e l' infelicità dell' esser nostro, etc. Pietà di tanti affanni, pietà di questa povera creatura tua, pietà dell' uomo infelicissimo, di quello che hai redento, pietà del gener tuo, poichè hai voluto aver comune la stirpe con noi, esser uomo ancor tu.... (Et après quelques autres projets d'hymnes *aux apôtres*, *aux solitaires*, il revient d'une manière touchante.) Per l' inno al Creatore o al Redentore : Ora vo da speme a speme tutto giorno errando e mi scordo di te, benchè sempre deluso, etc. Tempo verrà ch' io, non restandomi altra luce di speranza, altro stato a cui ricorrere, porrò tutta la mia speranza nella morte : e allora ricorrerò a te, etc. Abbi allora misericordia, etc. » Et il finit en quelques lignes par un projet d'hymne *à Marie*.

(1) *Lo Spettatore*, revue bi-mensuelle.

trouverait bon nombre de morceaux de lui qui préparent
et dénoncent le poëte. Il ne se contente pas de disserter sur
la *Batrachomyomachie*, il la traduit en vers, en sizains
coulants et faciles, comme aussi il fera pour le *Moretum* de
Virgile. Il ne se borne pas à éclaircir en critique les circonstances peu connues de la vie de Moschus, il aspire à
en *vulgariser* les charmantes idylles en *sciolti* plus ou moins
fidèles, premier coup d'essai, que bientôt son goût plus
mûr répudiera. *L'Odyssée* le tente ; pour être plus à l'aise
en son entreprise, il n'a pas lu les deux premiers chants
publiés à cette date par Pindemonte, et il marche seul et
ferme en présence de son modèle, s'appliquant à en reproduire et presque à en calquer les traits de couleur et de
caractère. En tête d'un fragment traduit de *la Théogonie*
d'Hésiode (la bataille des Dieux et des Titans) il se livre
à des réflexions approfondies et vives sur le mérite propre
de cette poésie d'Hésiode, surtout dans *les Travaux et les
Jours;* il la met presque au-dessus de celle d'Homère
pour une certaine sincérité et ingénuité incomparable
(*schiettezza*), il incline fort à la croire du moins supérieure en âge, et à ce propos il s'étend sur les conditions
diverses qu'exige la traduction des poëtes anciens. Ici se
déclare le studieux et passionné disciple, dont *toute* l'émulation va d'abord à les adorer. Il s'estimerait à jamais
heureux de s'enchaîner comme traducteur à quelque illustre classique des premiers âges : « Qui ne sait, s'écrie-
t-il, que Caro vivra autant que Virgile, Monti autant
qu'Homère, Bellotti autant que Sophocle ? Oh ! la belle destinée, de ne pouvoir plus mourir sinon avec un immortel ! »
Des jugements très-particuliers sur les divers traducteurs
italiens les plus admirés montrent à quel point ces questions de style l'occupaient, et combien il travaillait déjà à
tremper le sien. Il insiste surtout (avec toutes sortes de
précautions et de révérentes excuses) sur ce qu'Annibal
Caro, en donnant à sa traduction de Virgile une couleur
de simplicité aimable et de noble familiarité, un certain
air dégagé (*scioltezza*) ou, si l'on veut, de **désinvol-**

*ture*, a légèrement faussé la noblesse de ton et la magnificence habituelle de l'original. Il en vient à conclure que le style de Parini serait plus sincèrement virgilien que celui de Caro. Lui-même, en 1817, il publia un essai de traduction en vers du second livre de *l'Énéide* qu'il admirait entre tous les autres, et qu'il ne lisait jamais sans larmes.

Ce goût philologique qu'il avait développé et aiguisé dans la lecture des Anciens, Leopardi le portait aussi dans l'étude et l'usage de sa propre langue; il revenait à Dante et aux vrais maîtres d'avant *la Crusca*. Une petite dissertation sur le participe *reso* (pour *renduto*) et le verbe *sortire* (dans le sens de *uscire*), que la *Gazette de Milan* avait compris en une même condamnation, atteste à quel point il ne laissait passer aucun détail, et combien il se préparait à être un vigilant écrivain. Il conclut d'une quantité d'exemples que, des deux mots proscrits par la *Gazette* puriste, le premier, c'est-à-dire *reso*, est du très-bon italien, tout à fait usité et recommandable, et que le second, *sortire* pour *uscire*, est italien aussi, mais de bas aloi. Quelques années plus tard (1826), Leopardi publiera une traduction d'une ancienne chronique sacrée grecque ou copte (*Martyre des saints Pères du mont Sinaï*), traduction censée faite sur une version latine par quelque bon Italien du quatorzième siècle (1350), en prose contemporaine de celle de Boccace, et il trompera à première vue les connaisseurs les plus exercés. Le vieil Antonio Cesari, grand expert en fait de *trécentistes*, y fut pris et y donna son approbation. Ainsi, chez nous, Paul-Louis Courier jouait à l'Amyot. C'est par de telles études préparatoires, quand on ne s'y oublie pas, c'est par de tels ingénieux secrets, longuement médités, que les vrais poëtes savent ressaisir, d'un puissant effort, les langues et les styles aux âges de décadence, parviennent à les arrêter au penchant, ou même leur font remonter avec honneur les pentes glorieuses.

En mai 1817, Leopardi se permettait une autre superchérie qui sent davantage son Chatterton ou son Macpherson ; il publiait dans *le Spectateur* une traduction en vers d'un prétendu hymne grec *à Neptune*, qu'il donnait comme nouvellement découvert. Le tout était accompagné de notes et de commentaires destinés à jeter une docte poussière aux yeux. Enfin deux odes grecques dans le goût d'Anacréon s'ajoutaient comme provenant du même manuscrit. Leopardi, pour surcroît d'authenticité, produisait le texte de ces deux petites odes (de sa façon), et il s'excusait de ne les point traduire, sur ce qu'on ne traduit pas Anacréon. L'une de ces odes n'offre qu'une des mille variantes de l'Amour enchaîné de roses, l'autre est *à la Lune ;* cette dernière a droit de passer pour un fort gracieux pastiche et très-propre à faire illusion.

Pour achever de noter ce qu'il y a de mémorable dans ces préludes de Leopardi avant l'âge de vingt ans, j'indiquerai encore une dissertation de lui *sur la réputation d'Horace chez les Anciens* (décembre 1816). Le jeune critique s'autorise d'un passage de Fronton, du silence de Velleius et de quelques autres indices, pour conjecturer qu'Horace, dans le siècle qui suivit le sien et même un peu au delà, était loin d'avoir acquis cette renommée classique incontestée qui ne s'est consolidée que plus tard. Il y aurait eu, du temps de Fronton, un retour aux Anciens, aux plus anciens qu'Horace, et celui-ci en aurait souffert, comme, par exemple, Boileau, de nos jours, a pu souffrir d'un retour vers Regnier. Horace, en effet, selon Leopardi et selon quelques autres, aurait été en son temps un grand novateur, un artiste aussi habile que peu timoré en fait de langage ; il s'était de plus montré sévère ou dédaigneux pour ses prédécesseurs, pour Plaute, pour Catulle, et dans cette réaction archaïque un peu tardive, dont Fronton était l'un des chefs, on le lui faisait payer (1).

Cependant, à travers cette diversité de travaux précoces, Leopardi mûrissait au talent, et le poëte original en lui al-

---

(1) Une autre cause encore, très-essentielle, de la *moindre* réputa-

lait éclater. En 1818, c'est-à-dire à vingt ans, il fit imprimer à Rome ses deux premières canzones, l'une *à l'Italie*, l'autre *sur le monument de Dante* qui se préparait à Florence. Une troisième parut à Bologne en 1820, adressée *à Angelo Mai* au sujet de *la République,* par lui retrouvée, de Cicéron. Le caractère de ces premières pièces et de celles qui suivirent est grandiose, mâle, généreux, et d'une inspiration patriotique aussi élevée que douloureuse. Les deux premières canzones avaient en tête une dédicace à Monti :

« Je vous dédie, seigneur cavalier, ces canzones parce que ceux qui aujourd'hui plaignent ou exhortent notre patrie ne peuvent que se consoler en pensant que vous, avec un petit nombre d'autres (dont les noms se déclarent assez d'eux-mêmes quand on les passerait sous silence), vous soutenez la gloire dernière de l'Italie, je veux parler de celle qui lui vient des études et particulièrement des lettres et des beaux-arts ; tellement qu'on ne pourra dire encore que l'Italie soit morte. Si ces canzones étaient égales au sujet, je sais bien qu'elles ne manqueraient ni de grandiose ni de véhémence.... »

Elles en sont empreintes en effet : bien que le sujet en semble aujourd'hui un peu usé, roulant sur cette plainte perpétuelle et cette désolation tant renouvelée depuis Dante, et se prenant à cette moderne Italie, à celle même d'Alfieri, de Corinne et de Childe-Harold, et de laquelle Manzoni a dit qu'elle était

   Pentita sempre e non cangiata mai,
   « Repentante toujours et jamais convertie ; »

malgré cet inconvénient inévitable en telle rencontre, le poëte se sauve ici du lieu-commun par son impression sentie et profonde. Pas un mot inutile n'est accordé à la

---

tion d'Horace à l'origine : il imitait et reproduisait, comme lyrique, les Grecs (Sapho, Alcée, Bacchylide, Simonide, et tous les autres); et c'était même sa gloire. Mais les Romains avaient sous les yeux les originaux qui, à la rigueur, pouvaient dispenser d'Horace, tandis qu'à nous, Horace nous en tient lieu.

phrase ou à l'harmonie ; c'est la pensée même qui jaillit dans son cri impétueux :

« O ma patrie, je vois les murs, et les arcs, et les colonnes, et les statues, et les tours désertes de nos aïeux ; mais la gloire, je ne la vois pas, je ne vois ni le laurier ni le fer dont étaient chargés nos pères d'autrefois. Maintenant désarmée, tu montres ton front nu et nue ta poitrine. Hélas! que de blessures, quelles plaies livides, que de sang! Oh! dans quel état te vois-je, ô très-belle Dame! Je demande au ciel et au monde : Dites, dites, qui l'a réduite ainsi? Et le pire, c'est qu'elle a les deux bras chargés de chaînes, de telle sorte que, cheveux épars et sans voiles, elle est assise à terre, délaissée et désolée, se cachant la face entre les genoux, et elle pleure. Pleure, car tu en as bien sujet, ô mon Italie, née pour surpasser les nations et dans la bonne fortune et dans la mauvaise.

« Si mes yeux étaient deux sources vives, je ne pourrais assez pleurer pour égaler ton malheur et encore moins ta honte, parce que tu étais maîtresse et que tu n'es plus qu'une pauvre servante. Quel est celui qui, parlant ou écrivant de toi, ne dise au souvenir de ton renom passé : En voilà une qui fut grande et qui ne l'est plus! Pourquoi, pourquoi? Où est la force antique, où sont les armes, la valeur et la constance? qui t'a pris l'épée à ta ceinture? qui t'a trahie? quelle ruse, ou quel long effort, ou quelle si grande puissance fut capable de t'enlever le manteau et les bandelettes d'or? comment et quand es-tu tombée d'une telle hauteur en si bas lieu? personne ne combat-il pour toi? n'es-tu défendue par aucun des tiens? Des armes ici, des armes! moi seul je combattrai, je tomberai seul ; et fasse le Ciel que pour les cœurs italiens mon sang devienne flamme!

« Où sont tes fils? J'entends le son des armes et des chars, et des voix et des timbales ; dans les contrées étrangères tes fils combattent. Attention, Italie! prête l'oreille. Je vois ou crois voir tout un flot de fantassins et de cavaliers, fumée et poussière, et briller les épées comme les éclairs dans la nue. Et tu te tais et tu pleures, et tu n'as pas même la force de tourner ton tremblant regard vers la lutte douteuse! Pour qui donc combat dans ces champs la jeunesse italienne? O dieux, ô dieux! les glaives italiens combattent pour la terre étrangère. O malheureux qui tombe à la guerre, non point pour la défense des rivages paternels, pour la pieuse compagne et les fils chéris, mais frappé de la main d'ennemis qui ne sont pas les siens, pour le compte d'autrui, et qui ne peut dire en mourant : Douce terre natale, la vie que tu m'as donnée, la voici, je te la rends !

« Oh ! bienheureux et chers et bénis les âges antiques, où les nations couraient par bandes à la mort pour la patrie ! et vous, soyez à jamais honorées et glorieuses, ô gorges de Thessalie, où la Perse tout entière et le destin furent de bien moindre force qu'une poignée d'âmes héroïques et généreuses !... »

Et apostrophant ici les rochers, les arbres et la mer, le poëte leur redemande le récit de cette mort invincible, de cette chute triomphante, et il refait hardiment le chant perdu de Simonide.

On l'a déjà remarqué avant nous (1), Leopardi s'est toujours beaucoup préoccupé de Simonide : il ne l'a pas seulement reproduit et restitué dans l'héroïque, il a traduit ses deux morceaux mélancoliques d'élégie. J'ajouterais qu'il n'a pas omis non plus le morceau satirique sur les femmes, si cette pièce ne paraissait devoir être attribuée à un autre Simonide. Mais, en tout, il semble que Leopardi, parmi les Modernes, puisse être dit un poëte du même ordre et de la même variété que Simonide parmi les Anciens. A côté des élans les plus enflammés de l'hymne et de la louange des héros, il a trouvé les accents les plus douloureux et les plus directs de la plainte humaine.

Son second chant, sa seconde *messénienne*, comme on peut l'appeler, au sujet du *monument préparé à Dante*, est dans le même ton que la première, mais encore plus empreinte, s'il se peut, de sombre et patriotique amertume. C'est à Dante poëte, à Dante, surtout citoyen et patriote qu'il s'adresse et qu'il demande assistance et recours dans cet abaissement du présent :

« O père illustre du mètre toscan, si à vos sacrés rivages il

---

(1) M. Theil l'avait remarqué dans un article du journal *la Paix* (4 mars 1837), où il parlait de Leopardi à merveille, mais devant un public distrait et dans un lieu trop peu littéraire.

parvient quelque nouvelle encore des choses de la terre et de cette patrie que tu as placée si haut, je sais bien que tu ne ressens point de joie pour toi-même, car moins solides que la cire et que le sable sont les bronzes et les marbres au prix du renom que tu as laissé de toi ; et si tu as jamais pu, si tu pouvais un jour tomber de notre mémoire, que croisse notre malheur s'il peut croître encore, et que ta race inconnue de l'univers soit vouée à d'éternels gémissements !

« Mais non, ce n'est pas pour toi que tu te réjouis, c'est pour cette pauvre patrie, à l'idée que peut-être l'exemple des pères et des aïeux réveillera assez les fils assoupis et malades pour qu'ils relèvent tout d'un coup leur regard. Hélas ! de quel long outrage t'apparaît flétrie celle qui te saluait, déjà si malheureuse, alors que tu montas la *première* fois au paradis ! Et pourtant, auprès de ce que tu la vois aujourd'hui, elle était alors heureuse maîtresse et reine. Une telle misère lui ronge le cœur que peut-être, en la voyant, tu n'en crois pas tes yeux. Je veux taire les autres ennemis et les autres sujets de deuil ; mais non la France scélérate et mauvaise (*la Francia scelerata e nera*), par qui ma patrie à l'extrémité a vu de près son dernier soir. »

Je ne crains pas de rétablir ici le nom de la France, que Leopardi a supprimé dans ses corrections dernières, tout en laissant subsister le passage et en substituant par manière d'adoucissement l'appellation de cruelle (*fera*). Il ne pardonnait pas à la France la diminution et la confiscation de l'Italie sous l'Empire ; ces impressions d'enfance lui demeurèrent durables et profondes. Il redevenait de 1813, en écrivant cinq ans plus tard, et son accent répondait, on l'a remarqué, au cri d'imprécation des généreux Allemands Henri Kleist, Arndt et Kœrner. Ainsi, dans ce chant à Dante, il peint en traits sanglants la perte des légions italiennes durant la campagne de Russie ; ces hommes du Midi ensevelis sous les glaces et, dans leur dernier regard vers leur mère adorée, se disant :

« Plût au ciel que ce ne fussent ni les vents, ni les tempêtes, mais le fer qui nous moissonnât, et pour ton bien, ô notre patrie ! Voilà que loin de toi, quand le plus beau de notre âge nous sourit, inconnus du monde entier, nous mourons pour cette nation qui te tue. » — « Et leur plainte, ajoute le poëte, ne fut entendue que du désert boréal et des forêts sifflantes. Ainsi ils rendirent le dernier soupir, et leurs cadavres abandonnés à découvert sur cette horrible mer de neige furent déchirés des bêtes féroces; et le nom des braves et des meilleurs restera à jamais l'égal de celui des lâches et des méprisables. »

Mais le sentiment qui sera bientôt la clef du cœur même de Leopardi et que nous surprenons déjà, ce sentiment stoïque du calme fondé sur l'excès même du désespoir, lui inspire cette sublime consolation :

« Ames chéries, bien que votre calamité soit infinie, apaisez-vous, et que cela vous serve de réconfort, que vous n'en aurez aucun ni dans cet âge ni dans les suivants. Reposez au sein de votre affliction sans mesure, ô les vrais fils de celle dont le suprême malheur ne voit que le vôtre seul capable de l'égaler ! »

Nous retrouverions ailleurs encore des éclats de cette colère de Leopardi contre la France. Remarquons toutefois que cette colère même n'était pas de l'indifférence, ni même de la haine, et qu'il y a souvent plus près de la colère à l'amour que d'une froide et tiède amitié. A un certain moment, Leopardi songea sérieusement à venir habiter en France; il croyait que ce n'est que là encore qu'on peut vivre hors de la patrie (1). Le jour où il voudra exprimer nettement sa pensée la plus chère, une profession de foi faite pour être montrée, nous verrons que c'est en français tout naturellement qu'il la consignera. Enfin, dans ses pré-

(1) « .... E non mi fa punto meraviglia che la Germania, solo paese dotto oggidì, sia più giusta verso di voi, che la presuntuosissima, e superficialissima, e ciarlatanissima Francia. » On me dispensera de traduire : Leopardi écrivait cela de Florence à M. de Sinner, le 18 décembre 1832; et, moins de deux ans après (20 mars 1834), il lui écrivait de Naples : « Io per molte e fortissime ragioni sono desiderosissimo di venire a terminare i miei giorni a Parigi. » C'est ainsi que se résument le plus souvent et que se réfutent le mieux la plupart de ces grandes colères contre la France.

ventions pessimistes, contre lesquelles protestaient assez hautement ses propres efforts et ceux de plusieurs de ses nobles compatriotes, il estimait que la différence littéraire actuelle entre la France et l'Italie, c'est qu'en France il y avait encore quelques personnes qui cherchaient à bien écrire, et qu'en Italie il n'y en avait plus.

Un beau réveil pourtant s'opérait sur toute la péninsule en ces années ; Leopardi, l'un des précurseurs, le présageait, sans assez y croire, dans son chant à Angelo Mai. Ce savant et actif investigateur venait de retrouver la *République* de Cicéron après les *Lettres* de Fronton : on se demandait où s'arrêteraient de telles découvertes. Quoi ? les antiques aïeux ressuscitaient de la tombe, et les vivants n'y répondaient pas ! Oh ! du moins, lors de la grande renaissance des lettres, la ruine de l'Italie n'était pas consommée ; l'étincelle du génie circulait dans l'air au moindre souffle. Les cendres sacrées de Dante étaient chaudes encore, et le doux luth de Pétrarque n'avait pas cessé de frémir. Leopardi part de là pour célébrer le hardi Colomb, et l'Arioste, et le Tasse, en des couplets qui sont tour à tour de la plus gracieuse ou de la plus fière beauté. Je reprends le chant à ce qu'il dit de Pétrarque :

« Et tes douces cordes murmuraient encore au toucher de tes doigts, Amant infortuné. Hélas ! c'est par la douleur que naît et commence le chant italien. Et pourtant il pèse et mord moins cruellement le mal qui blesse avec douleur, que l'ennui qui étouffe. O bienheureux toi dont les pleurs furent la vie ! Pour nous, l'ennui nous a serrés dans ses nœuds ; pour nous, près du berceau comme sur la tombe, s'assied immobile le néant.

« Mais ta vie était alors avec les astres et avec la mer, audacieux Enfant de Ligurie, quand au delà des Colonnes d'Hercule, et par delà les rivages où l'on croyait sur le soir entendre frémir l'onde au plonger du soleil, te confiant aux flots infinis, tu retrouvas le rayon de ce soleil qu'on croyait tombé et le jour qui naît quand pour nous il a disparu. Tout le contraste de la nature fut rompu par toi, et une terre inconnue, immense, servit de trophée de gloire à ton voyage et aux périls de ton retour. Hélas ! hélas ! le monde mieux connu ne s'accroît point, mais plutôt il diminue, et l'éther résonnant, la féconde terre et la mer paraissent bien plus vastes au tout petit enfant qu'au sage.

« Où sont-ils allés nos songes fortunés qui nous montraient de ce côté l'inconnue retraite d'habitants inconnus, ou bien le lieu d'abri des astres durant le jour, et le lit mystérieux de la jeune Aurore, et le sommeil caché du grand astre durant les nuits? Voilà qu'ils se sont évanouis en un instant, et le monde est figuré sur une carte étroite; voilà que tout devient semblable, et la découverte ne fait qu'accroître le néant. Le vrai à peine touché t'interdit à nous, ô Imagination chérie; notre esprit se retire de toi pour toujours; les années viennent nous soustraire à ton premier pouvoir si plein de prodiges, et la consolation de nos chagrins périt.

« Tu naissais cependant aux doux songes, et le premier soleil te donnait en plein dans le regard, ô Chantre aimable des armes et des amours.... »

Je m'arrête, mais on comprend tout ce que va gagner en poésie et en fraîcheur ce portrait de l'Arioste venant aussitôt après les teintes sévères de la réalité. Ce beau chant finit par un salut sympathique et un cri ardent vers Alfieri, que Leopardi appelle *Vittorio mio* et auquel il se rattache comme au dernier de la noble race, au seul que ces temps de ruine aient laissé debout. Dans la préface en prose de cette canzone, Leopardi rappelait le mot de Pétrarque : *Ed io son un di quei che'l pianger giova* ( Et moi aussi je suis de ceux qui se plaisent à la plainte) : « Je ne dirai pas, ajoute-t-il, que la plainte soit ma nature propre, mais une nécessité des temps et de la fortune. »

Et en effet on ne peut douter, rien que d'après ces débuts, de la nature avant tout mâle et antique de Leopardi : elle continuera de se dessiner de plus en plus. Au milieu même de ses plaintes les plus tendres et de ses mélancoliques élégies, la sobriété mettra le cachet; pas une parole n'excédera le sentiment, et le stoïcien invincible se retrouvera au fond, jusque dans les amertumes les plus épanchées. La date de cette canzone à Angelo Mai (1820) était celle également du *Carmagnola* de Manzoni; le drapeau d'une réforme littéraire flottait donc enfin, et toute une jeune milice s'ébranlait alentour. L'*Anthologie* de Florence allait s'ouvrir pendant des années à d'honorables et ingénieuses tentatives (1). Plus jeune d'âge que la plupart des hommes de ce premier mouvement, le précoce Leopardi se trouve débuter en même temps qu'eux; il va en ligne avec les Manzoni, les Berchet, les Grossi, et ne vient à la suite de personne : il se lève de son côté, tandis qu'eux marchaient du leur. Le rapprocher de ces hommes éminents, de ces écrivains généreux, marquer les rapports exacts et les différences, conviendrait à des juges mieux informés et plus compétents que nous. Il nous semble que si, par ses audaces et ses rajeunissements de langage, par son culte de la forme retrouvée, Leopardi appartient à l'école des novateurs, il était du moins le classique par excellence entre les romantiques. Les autres se préoccupaient davantage de l'Allemagne, du moyen-âge et des théories dramatiques : lui, il resserra et poussa uniquement ses efforts dans la haute poésie lyrique, et aussi dans des écrits en prose d'une extrême perfection. Je ne sais si Leopardi rendait toute justice au mouvement italien contemporain, dont il n'était lui-même qu'un des nobles organes, et s'il y reconnaissait autant de signes de parenté avec lui qu'on croit en découvrir à distance, mais je me plais à enregistrer ici le mot de Manzoni sur son talent : « Vous connaissez Leopardi, disait-il vers 1830 à un voyageur, avez-vous lu ses essais de prose? On n'a pas assez fait attention à ce petit volume; comme style, on n'a peut-être rien écrit de mieux dans la prose italienne de nos jours. » La candeur de l'illustre auteur des *Promessi Sposi* se reconnaît en cette parole.

Quant à ses vers, Leopardi se rattachait directement au style des Anciens par Alfieri et Parini, et en remontant plus haut. La langue italienne a cela de particulier, d'avoir of-

(1) Ce recueil littéraire, le meilleur de l'Italie, fut supprimé par un décret du grand-duc au commencement de 1833, après douze années environ d'existence.

fert, depuis cinq siècles, plusieurs moments vrais de renaissance ; elle le doit à ce qu'à ses débuts elle eut le bonheur de compter des chefs-d'œuvre. Le courant dans l'intervalle peut s'égarer ; mais il suffit de se remettre en communication avec les sommets pour retrouver le jet de la source. Après Dante, Pétrarque et Boccace, la langue italienne faiblit ; la renaissance grecque et latine l'encombre de débris et semble l'étouffer. Il fallut que Politien avec Laurent de Médicis rouvrît la route à l'Arioste et aux autres grands poëtes de ce siècle. Après le Tasse, autre décadence ; les concetti abandonnent et corrompent tout. Des hommes de talent au dix-huitième siècle, Parini, Alfieri et Monti, essayent un retour généreux et sévère ; mais la révolution française interrompt et contrarie les efforts ; l'invasion implante moins de gallicismes qu'on ne dit, elle nuit pourtant comme toute invasion ; il fallut que cette œuvre de Parini et d'Alfieri fût reprise par Manzoni, Leopardi et autres, et elle le fut avec un vrai succès. On ne saurait, en France, comparer ce privilége heureux de l'Italie (1) à nos efforts estimables et incomplets d'archaïsme studieux. Les Grecs avaient Homère à l'horizon, les Italiens ont Dante : voilà des marges immenses. Notre lointain horizon, à nous, ce n'est qu'une ligne assez plate. Nous ne remontons guère par la pratique au delà de Rabelais ou de Ronsard, et encore que d'efforts et de faux pas pour y arriver ! Aussi le siècle de Louis XIV reste aisément, pour l'aspect de la langue, notre bout du monde ; la colline est admirable de contour, mais elle est bien prochaine ; entre elle et nous il n'y a guère d'espace pour ces évolutions que présente l'Italie, qu'accomplissait la Grèce, que l'Angleterre elle-même se peut librement permettre moyennant son Shakspeare.

(1) Ce point de vue, où l'on fait ressortir certains avantages de l'Italie quant à la langue poétique, a besoin d'être balancé et un peu rabaissé par la considération de quelques inconvénients très-réels. (Voir, dans nos *Portraits contemporains*, tome II, les discussions de Fauriel et de Manzoni à ce sujet, pages 540, 550.)

Le caractère technique et la qualité des vers de Leopardi seraient à déterminer ; il emploie assez volontiers, mais non pas du tout exclusivement, ni même le plus habituellement, les *sciolti* : à quelle école appartiennent les siens ? Les critiques italiens en distinguent de deux sortes et comme de deux familles : ceux qui datent de Frugoni, plus fastueux, plus pompeux, plus redondants et colorés, et ceux de Parini, plus sobres, plus châtiés, d'une élégance plus discrète. A la première espèce on rapporte, comme variétés, les *sciolti* de Cesarotti et ceux même, si perfectionnés, de Monti ; dans la seconde se rangent ceux d'Alfieri, de Foscolo, de Manzoni. On me fait remarquer que ceux de Leopardi, en se rattachant à cette dernière école pour la netteté, paraissent avoir gardé de la facilité de l'autre : les connaisseurs diront le degré exact et à quel point ils les jugent bien frappés.

La rime joue d'ailleurs un rôle très-savant et compliqué dans les couplets des canzones de Leopardi ; elle reparaît de distance en distance et correspond par intervalles calculés, comme pour mettre un frein à toute dispersion. Elle fait bien l'effet de ces vases d'airain artistement placés chez les Anciens dans leurs amphithéâtres sonores, et qui renvoyaient à temps la voix aux cadences principales. Qu'il nous suffise de signaler cette science de structure et d'harmonie dans les strophes de Leopardi, en réponse à ceux qui croiraient encore qu'il a dédaigné la rime.

C'est aux environs de l'année 1820, et probablement avant son premier voyage à Rome, que dut s'opérer un changement complet dans les croyances intimes de Leopardi : il passa de la première soumission de son enfance à une incrédulité raisonnée et invincible, qui s'étendait non-seulement aux dogmes de la révélation, mais encore aux doctrines dites de la religion naturelle. On a cherché à expliquer par des circonstances accidentelles cette révolution morale dans un homme d'une pensée supérieure et d'une sensibilité exquise, comme si l'esprit humain, quand il s'élève et que l'orage du cœur s'en mêle, avait un si grand nombre de chances entre les solutions. Leopardi, sous plus d'un aspect, semblait primitivement destiné par la nature à la force, à l'action, à la beauté virile : le feu de son regard, son accent vibrant, le timbre pénétrant de sa parole, une sorte de fascination involontaire qui s'exerçait d'elle-même sur ceux qui l'approchaient, et dont la nature a fait l'une des prérogatives du génie, tout semblait le convier à l'expansion de la vie, au charme des relations partagées (1). Mais de bonne heure son organisation délicate s'altéra, son corps frêle ne réussit point à triompher du travail de la puberté; avant même que sa santé fût totalement perdue, une inégalité d'épaule se prononça, et on a cherché à expliquer en lui par un douloureux ressentiment cette amertume incurable qui se répandit dès lors sur les objets et qui en toute occasion s'en prenait au sort. Byron a ressenti non moins amèrement un inconvénient beaucoup moindre. On a parlé aussi d'une autre circonstance. L'abbé Gioberti, à qui l'on doit cette justice que, chrétien et prêtre, il n'a jamais parlé de Leopardi qu'en des termes pleins de sympathie et d'une admiration compatissante (2), a raconté qu'ayant connu le poëte à Florence, en 1828, et l'ayant accompagné dans un petit voyage à Recanati, il entendit chemin faisant, de sa bouche, le récit de sa *conversion philosophique*, c'est ainsi que Leopardi la nommait : la première impulsion lui serait venue d'un person-

(1) Voici le portrait, un peu plus doux et presque tendre, qu'a tracé de lui Ranieri dans la notice de l'édition de Florence (1845) : « Il était d'une taille moyenne, courbée et frêle; il avait le teint blanc tournant au pâle, la tête grosse, le front large et carré, les yeux d'un beau bleu et pleins de langueur, le nez fin, les traits extrêmement délicats, la prononciation modeste et un peu voilée, le sourire ineffable et comme céleste. »

(2) Voir le livre intitulé *Teorica del Sovrannaturale* (1838), page 390. Il y rappelle, à propos de Leopardi, ce beau mot de saint Augustin, au début de ses *Confessions: « Fecisti nos, Domine, ad te, et inquietum est cor nostrum donec requiescat in te* (Tu nous as faits en vue de toi, ô Seigneur, et notre cœur est en proie sans relâche, jusqu'à ce qu'il trouve son repos en toi.) »

nage qu'il admirait beaucoup, littérateur influent par son esprit et par ses ouvrages. Mais, de quelque part que soit arrivée au jeune homme la première provocation au doute et à l'examen, et quand il en aurait reçu l'initiative dans la conversation de quelqu'un de ses amis philosophes, comme Giordani ou tout autre, il faut reconnaître que l'esprit seul de Leopardi fit les frais de cette nouvelle opinion dans laquelle il s'engagea, et qui lui devint aussitôt comme un progrès naturel et nécessaire de sa pensée, un sombre et harmonieux développement de son talent et de sa nature. Nous aurons assez d'occasions d'en étudier les traits et la forme tout originale entre les diverses sortes d'incrédulité et de désespoir.

Cette tournure décisive que prirent les opinions philosophiques de Leopardi, aussi bien que ses exhortations de réveil patriotique, eurent pour effet d'aliéner de lui son père, qu'on dit homme distingué lui-même, écrivain spirituel, mais qui ne pardonna point à son fils d'embrasser une cause contraire. Toute la suite de l'existence du poète en fut entravée et resta sujette à la gêne. Il ne put s'éloigner du gîte natal, qui lui devenait insupportable, sans que les ressources domestiques lui fussent parcimonieusement marchandées, ou même totalement refusées à la fin. Les détails précis qu'on pourrait donner sur certains instants de détresse d'un si noble cœur seraient trop pénibles.

Au mois d'octobre 1822, cédant aux instances de quelques amis, Leopardi quitta pour la première fois Recanati et se rendit à Rome, où ses relations s'étendirent. Il fut chargé de dresser le catalogue des manuscrits grecs de la bibliothèque Barberine. Il fit la connaissance de Niebuhr, qui l'apprécia dignement, et qui essaya même de lui faire donner un emploi par le cardinal Consalvi ; mais on n'y consentait qu'à la condition que Leopardi embrasserait la carrière ecclésiastique. Niebuhr essaya encore d'attirer son jeune ami comme professeur à l'Université de Berlin. Dans sa seconde édition des vers retrouvés de Merobaudes, ayant profité de ses observations, il lui a rendu un éclatant hommage (1). En quittant Rome, il le recommanda vivement à M. Bunsen, avec qui le poëte noua des relations toujours continuées. Pendant son séjour à Rome, Leopardi inséra dans les *Effemeridi letterarie Romane* de savants articles sur le Philon arménien d'Aucher, sur la *République* de Cicéron publiée par Mai ; il donna une grande dissertation critique sur la *Chronique* d'Eusèbe publiée par le même infatigable Mai conjointement avec Zohrab. Ce sont, assuret-on, les plus importants parmi ses travaux de ce genre; le jugement de Niebuhr nous dispense d'y insister davantage. Ce séjour de Rome fut peu propre d'ailleurs à faire revenir Leopardi de certaines préventions et aversions déjà conçues. A côté des satisfactions fort douces qu'il y recueillit, il ressentit bien des ennuis, bien des gênes, sans parler de celles qui tenaient à sa situation personnelle. Il éprouva, comme Courier, la jalousie et les mauvais tours de certain bibliothécaire, de quelque collègue ou successeur de ce Manzi qu'il a fustigé sous l'allégorie du *Manzo* (bœuf) dans des sonnets satiriques un peu trop conformes au sujet (2).

En 1824, parut à Bologne le premier recueil de ses *Canzoni*, contenant les trois premières déjà publiées et sept autres inédites. Le poëte était retourné de Rome à Recanati, à *l'abborrito e inabitabile Recanati*, comme il l'ap-

(1) Parmi les érudits, dit-il à la fin de sa préface, dont les conjectures heureuses m'ont profité, est le comte Jacques Leopardi, que je me plais à signaler à mes compatriotes comme l'un des ornements actuels de l'Italie, comme l'une de ses futures et de ses plus certaines espérances. » Mais il faut laisser à ce témoignage mémorable l'autorité de son texte tout à fait classique : « Comes Jacobus Leopardius, Recana« tensis Picens, quem Italiæ suæ jam nunc conspicuum ornamentum « esse, popularibus meis nuntio; in disque eum ad majorem clarita« tem perventurum esse, spondeo : ego vero, qui candidissimum præ« clari adolescentis ingenium, non secus quam egregiam doctrinam, valde « diligam, omni ejus honore et incremento lætabor. » (*Merobaudis carminum Reliquiæ;* Bonn, 1824.)

(2) J'avais cru d'abord que c'était à cette époque même et pendant son voyage à Rome que Leopardi avait eu maille à partir avec Manzi ; mais celui-ci était mort en février 1821, et la vengeance de Leopardi

pelle. Sa santé s'altérant de plus en plus, et les études philologiques lui devenant presque impossibles, la douleur et la solitude lui inspirèrent un redoublement de révolte et de plainte ; sa poésie en prit un plus haut essor, et son malheur, comme à tant d'autres, fit sa gloire. Il faudrait analyser chacune des canzones nouvelles de ce volume, car chacune a son caractère et ses beautés. Pour les noces de sa sœur Paolina, il compose un épithalame héroïque qui semble destiné à Cornélie : « Tu auras des fils ou malheureux ou lâches : préfère-les malheureux ! » — En adressant une sorte de chant pindarique à un jeune homme *vainqueur au ballon* (ces sortes de jeux et de victoires ont beaucoup de solennité en Italie), il passe vite de la félicitation triomphante à un retour douloureux : l'antique palestre était une école de gloire; on courait de l'Alphée et des champs d'Élide à Marathon ; mais ici, qu'est-ce ? L'éphèbe, vainqueur des jeux, survit à la patrie ; il a sa couronne, et elle n'en a plus : « La saison est passée ; personne, aujourd'hui, ne s'honore d'une telle mère. Mais pour toi-même, ô jeune homme! élève là-haut ta pensée. A quoi notre vie est-elle bonne, sinon à la mépriser ? » — Le chant *au printemps*, où il redemande à la nature renaissante l'âge d'or des fables antiques, développe une pensée que nous avons déjà entendu exprimer au poëte au sujet de la dé-

---

remonte à l'année 1817 et se rattache à une polémique littéraire dans laquelle Manzi s'était montré grossier. Leopardi parle d'ailleurs avec dégoût, dans l'une de ses lettres, de *la infame gelosia de' bibliotecarii, insuperabile a chi non sia interessato a combatterla personalmente.* Quand il énumère les congés de la Vaticane et des autres bibliothèques, qui sont en vacances la moitié de l'année, et qui, le reste du temps, profitent de toutes les fêtes et de tous les saints du calendrier, sans compter deux ou trois jours de clôture régulière par semaine, il me rappelle le conte malin de Boccace imité par La Fontaine. Il semble tout à fait que le gouvernement de ce pays applique à la science le *calendrier des vieillards*, de peur qu'elle ne devienne féconde :

> On sait qui fut Richard de Quinzica,
> Qui mainte fête à sa femme allégua,
> Mainte vigile et maint jour fériable...

couverte de Colomb ; il se reprend d'un regret passionné à ces douces illusions évanouies, irréparables :

« Hélas ! hélas ! puisque les chambres d'Olympe sont vides et que l'aveugle tonnerre, en errant aux flancs des noires nuées et des montagnes, lance à la fois l'épouvante au sein de l'innocent et du coupable, puisque le sol natal, devenu étranger à sa race, ne nourrit que des âmes contristées, c'est à toi d'accueillir les plaintes amères et les indignes destinées des mortels, ô belle Nature ! à toi de rendre à mon esprit l'antique étincelle, si toutefois tu vis, et s'il existe telle chose dans le ciel, si telle chose sur la terre féconde ou au sein des mers, qui soit, oh ! non pas compatissante à nos peines, mais au moins spectatrice !

« Pietosa no, ma spettatrice almeno ! »

— *Le dernier Chant de Sapho*, tout vibrant d'une sauvage âpreté et tout chargé des plus sombres couleurs de l'Érèbe, peut sembler, sous ce masque antique, un cri presque direct de l'âme du poëte, à l'une de ces heures où, lui aussi, il fut tenté de lancer sa coupe au ciel et de rejeter l'injure de la vie :

. . . . . . . Lucemque perosi
Projecere animas. . . . . . .

Mais c'est autour de la pièce intitulée *Bruto minore* (*Brutus le jeune*, celui de Philippes), qu'il faut surtout nous arrêter, parce qu'ici est la clef de toute la philosophie négative de Leopardi, le cachet personnel et original de son genre de sensibilité poétique.

La pièce, dans l'édition première (Bologne, 1824), est précédée d'une préface en prose : *Comparaison des pensées de Brutus et de Théophraste à l'article de la mort;* on a eu le tort de supprimer ce morceau capital dans les éditions subséquentes. Brutus, on le sait, près de se percer de son épée, s'écria, selon Dion Cassius : « O misérable Vertu, tu n'étais qu'un nom, et moi je te suivais comme une réalité ; mais tu obéissais en esclave à la fortune (1). » Et le

(1) Les paroles de Brutus ne sont qu'une *citation* qu'il faisait d'un

vieux Théophraste, comblé de jours et d'honneurs, à l'âge de plus de cent ans, interrogé par ses disciples au moment d'expirer, leur répondit par des paroles moins connues, non moins mémorables, et qui revenaient à dire qu'il n'avait suivi qu'une fumée, et qu'il se repentait de la gloire, autant que Brutus de son côté se repentait de la vertu (1). Or, vertu et gloire, chez les Anciens, c'étaient deux noms divers pour désigner à peu près le même objet idéal, but des grandes âmes. Aujourd'hui, remarque très-bien Leopardi, ces reniements et, pour ainsi dire, ces apostasies des erreurs magnanimes qui embellissent ou mieux qui composent notre vie, et lui donnent proprement ce qu'elle tient de la vie plutôt que de la mort; ces sortes de paroles sceptiques sont très-ordinaires et n'ont plus de quoi surprendre : l'esprit humain, marchant avec les siècles, a découvert la nudité et comme le squelette des choses; le christianisme a changé le point de vue de la sagesse, et elle consiste à dénoncer à l'homme sa misère plutôt qu'à la recouvrir et à la dissimuler. Mais il n'en était pas ainsi chez les Anciens, accoutumés, selon l'enseignement de la nature, à croire que les choses étaient des *réalités* et non des *ombres*, et que la vie humaine était destinée à mieux qu'à la souffrance. Leopardi discute donc, avec une curiosité aussi ingénieuse que pénétrante, le sens et la valeur de ces paroles, alors si étranges, de deux sages. Il agite très-longuement celle de Théophraste, plus étrange encore, selon lui, en ce qu'elle semble moins motivée. Quant au cri de Brutus, il le considère volontiers comme le dernier soupir de l'antiquité tout entière, au moment où va expirer l'âge de l'imagination. Brutus meurt

---

ancien tragique inconnu : ce sont deux vers, alors célèbres, qu'il appliquait à sa situation. Cela ôte un peu au sens absolu qu'on y attache.

(1) Il y a beaucoup d'obscurité, au reste, et même d'incohérence dans les paroles de Théophraste, telles que les donne le texte de Diogène de Laërte. Leopardi les a légèrement façonnées en les traduisant, et leur a prêté un sens plus net et plus absolu qu'une critique philologique sévère n'est peut-être en droit de leur attribuer.

le dernier des Anciens, et il crie au monde qu'il s'est trompé dans sa noble espérance. A partir de ce jour-là, l'humanité dépouilla sa robe virile et entra dans les années de deuil et de triste expérience. Les sages, éclairés sur la vérité toute nue, durent chercher un autre recours, non plus contre la fortune, mais contre la vie elle-même. Rejetés de la terre, qui n'était plus tenable, ils émigrèrent ailleurs ; ils essayèrent (c'est Leopardi qui parle) des perspectives chrétiennes et de l'autre vie, comme consolation dernière.

Tel est le point de vue de Leopardi, le pôle fixe auquel il rapporte désormais tous ses jugements et ses sentiments. Il considère Brutus comme le dernier des Anciens, mais c'est lui qui l'est. Il est triste comme un Ancien venu trop tard. Il n'a pas voulu rendre son épée, et il est près de s'en percer dix fois le jour. Mélancolie haute et généreuse, invincible attitude, fierté muette et indomptable, il y a dans ce désespoir aussi bien des traits d'originalité (1).

Notre âge a compté d'autres poëtes et peintres du déses-

(1) Dans un article sur les *Études d'Histoire romaine* de M. Mérimée, M. de Rémusat, vengeant les anciens Romains de quelques accusations trop promptes, a dit : « Auprès des vices de Rome, au déclin même des anciennes mœurs, que d'exemples de dignité, d'empire sur soi, de mépris de la souffrance et du danger ! Auprès des violences sanglantes de quelques réactions passagères, quel respect habituel pour la vie des citoyens au milieu des luttes de la politique ! Il n'était point d'inimitié de parti, point d'accusation capitale, que le plus menacé des hommes ne pût conjurer à temps en s'exilant lui-même ; et tel était leur amour pour ce qu'ils appelaient leur dignité, qu'ils ressentaient un voluptueux exil comme un cruel déshonneur, et que, dans une guerre civile, le vaincu, qui pouvait aisément sauver sa tête, aimait mieux, sans effort et sans bruit, se faire égorger noblement par un esclave. Il y a, dans la manière de penser et de sentir des Anciens, de telles différences dès qu'on les compare à nous, qu'il faut, si l'on ne veut leur faire injustice, les connaître tout entiers. A les juger dans l'ensemble, les Romains n'ont point usurpé cette admiration traditionnelle qui s'attache à leur nom. Nos idées et nos lumières ont pu améliorer l'ordre social, mais je ne sais si les hommes des temps modernes sont meilleurs pour être plus faibles, et les progrès ne sont pas des vertus. » Cette page est un beau commentaire de la manière de sentir de Leopardi.

poir : Byron, Shelley, Oberman. Ces trois noms suffiraient pour parcourir une triple variété frappante d'incrédulité, de scepticisme et de spinosisme. Shelley abonde plutôt en ce dernier sens qu'il embellit, qu'il orne et revêt des plus riches couleurs ; on a volontiers chez lui l'hymne triomphal de la nature. Oberman, étranger à toute ivresse, promène sur le monde son lent regard gris et désolé. Byron, si capable de retour éclatant vers l'antique, est celui qui a le plus de rapport avec Leopardi ; et certes, l'un comme l'autre, ils durent méditer bien souvent ce sublime et désespéré monologue d'Ajax prêt à se tuer, en face de son épée. Mais Leopardi garde en lui, nous le répétons, ce trait distinctif qu'il était né pour être positivement un Ancien, un homme de la Grèce héroïque ou de Rome libre, et cela sans déclamation aucune et par la force même de sa nature. Il croyait que là seulement l'homme avait eu une vue simple des choses, un déploiement heureux et naturel de ses facultés. Il regrettait cette vie publique de l'*agora* et cette existence expansive en face d'une nature généreuse. Il oubliait un peu que Socrate déjà avait dit qu'il était impossible de vaquer aux choses publiques en honnête homme et de s'en tirer sain et sauf, et que Simonide avait déjà déploré amèrement la misère de la race des hommes ; ou plutôt il ne l'oubliait pas, mais il croyait qu'à travers ces plaintes et ces écueils inévitables, il y avait lieu, en ces temps-là, de vivre d'une vraie vie, au lieu d'être, comme aujourd'hui, jeté dans le monde des ombres.

Comme il faut pourtant qu'on soit toujours (si peu qu'on en soit) du temps où l'on vit, Leopardi en était par le contraste même, par le point d'appui énergique qu'il y prenait pour s'élancer au dehors et le repousser du pied. Mais de plus lui-même, sans s'en douter, il avait gardé du christianisme en lui ; les Anciens n'aimaient pas, à ce degré de passion qu'on lui verra, l'*amour* et la *mort ;* quelques-unes de ses pièces semblent être d'un Pétrarque incrédule et athée (pardon d'associer ces mots !), mais d'un Pétrarque encore.

Car qu'on ne croie pas que Leopardi était tout entier dans les énergiques et farouches accents dont nous avons déjà cité maint exemple ; et dont la paraphrase qu'il donne des paroles de Brutus est chez lui l'expression la plus superbe (1) : on a là le côté, pour ainsi dire, historique de son talent ; c'est comme la ruine romaine dans le grand paysage ; mais souvent il s'y promène seul, rêveur, et animé d'une mélancolie personnelle, toujours profonde et à la fois aimable. Il publia à Bologne, en 1826, un petit volume pour compléter les *Canzoni*, et qui y fait par le ton un gracieux contraste. Les idylles, les élégies y tiennent la meilleure place. Nous oserons en reproduire quelques-unes en vers, prévenant le lecteur, une fois pour toutes, que nous savons toute l'infériorité de l'imitation, que nous avons par instants paraphrasé plutôt que traduit, et que bien souvent, par exemple, nous avons mis cinq mots là où il n'y en a que trois. Chez Leopardi, je le rappelle, pas un mot inutile n'est accordé ni à la nécessité du rhythme ni à l'entraînement de l'harmonie : la simplicité grecque primitive diffère peu de celle qu'il a gardée et qu'il observe religieusement dans sa forme. Malgré tout, nous croyons avoir mieux réussi de cette façon à donner quelque idée de la muse tendrement sévère (2).

(1) En voici la fin : « O caprices du sort ! ô espèce fragile ! nous sommes la moindre partie des choses ; les glèbes teintes de notre sang, les cavernes où hurle l'hôte qui nous déchire, ne sont point troublées de notre désastre, et l'angoisse humaine ne fait point pâlir les étoiles.

« Je ne fais pas appel, en mourant, aux rois sourds de l'Olympe ou du Cocyte, ni à l'indigne terre, ni à la nuit ; je ne t'invoque point non plus, dernier rayon dans l'ombre de la mort, ô conscience de l'âge futur ! La morne fierté du tombeau se laissa-t-elle jamais apaiser par les pleurs, ou orner par les hommages et les offrandes d'une foule vile ? Les temps se précipitent et empirent : c'est à tort que l'on confierait à des neveux gâtés (*a putridi nepoti*) l'honneur des âmes fortes et la vengeance suprême des vaincus. Qu'autour de moi le sombre vautour agite en rond ses ailes ; que la bête féroce serre sa proie, ou que l'orage entraîne ma dépouille inconnue, et que le vent accueille mon nom et ma mémoire ! »

(2) L'Allemagne, toujours si au courant, possède, depuis plusieurs

## L'INFINI.

J'aimai toujours ce point de colline déserte,
Avec sa haie au bord, qui clôt la vue ouverte,
Et m'empêche d'atteindre à l'extrême horizon.
Je m'assieds : ma pensée a franchi le buisson ;
L'espace d'au delà m'en devient plus immense,
Et le calme profond et l'infini silence
Me sont comme un abîme ; et mon cœur bien souvent
En frissonne tout bas. Puis, comme aussi le vent
Fait bruit dans le feuillage, à mon gré je ramène
Ce lointain de silence à cette voix prochaine :
Le grand âge éternel m'apparaît, avec lui
Tant de mortes saisons, et celle d'aujourd'hui,
Vague écho. Ma pensée ainsi plonge à la nage,
Et sur ces mers sans fin j'aime jusqu'au naufrage.

## LE SOIR DU JOUR DE FÊTE.

Douce et claire est la nuit, sans souffle et sans murmure ;
A la cime des toits, aux masses de verdure,
La lune glisse en paix et se pose au gazon,
Et les coteaux blanchis éclairent l'horizon.
Déjà meurent les bruits des passants sur les routes ;
Les lampes aux balcons s'éteignent presque toutes,
Ma Dame, et vous dormez ; car le sommeil est prompt
A qui n'a point d'ennui qui lui charge le front,
Et votre cœur ignore, en sa calme retraite,
Ma blessure profonde et que vous avez faite.
Vous dormez ; et je viens, sous l'aiguillon cruel,
A ma fenêtre ouverte, en face du beau ciel,
Saluer cette antique et puissante nature,
Mais qui, pour moi chétif, ne fut jamais que dure :

années, des traductions en vers du poëte. M. Bothe (le savant éditeur d'Homère) en a traduit quelques morceaux, et M. Karl Ludwig Kannegiesser, traducteur de Dante, a également traduit tout le recueil de Leopardi. Puisque j'en suis à ces indications d'outre-Rhin, je noterai aussi un excellent article biographique sur Leopardi, par M. Schulz, dans l'*Italia* (espèce d'almanach allemand rédigé à Rome par des Allemands qui vivent en Italie, année 1840), et des articles de la *Gazette d'Augsbourg* (septembre 1840) par M. Blessig.

« Loin de toi l'espérance, enfant, m'a-t-elle dit ;
Oui, même ce rayon, l'espoir t'est interdit.
Qu'en aucun temps tes yeux ne brillent que de larmes ! »

— Ce jour-ci, qui finit, fut pour vous plein de charmes,
Ma Dame, un heureux jour, de divertissement,
De triomphe ; et peut-être encore, en ce moment,
Quelque songe léger vous rend à la pensée
Ceux à qui vous plaisiez dans la foule empressée,
Ceux aussi qui plaisaient... Oh ! non pas moi, jamais !
Un souvenir, c'est plus que je ne m'en promets.

Cependant je me dis ce qui me reste à vivre,
Je cherche quand viendra le moment qui délivre,
Et je me jette à terre et j'étouffe mes cris.
Jours affreux à passer sous les printemps fleuris !

Non loin d'ici j'entends à travers la campagne
Quelque chant d'ouvrier attardé, qui regagne
Sa chétive demeure, oublieux et content ;
Et j'ai le cœur serré de penser que pourtant
Tout fuit, sans laisser trace ; et déjà la semaine
A la fête succède, et le flot nous emmène.
Qu'est devenu le bruit des peuples d'autrefois,
Des antiques Romains et des citoyens-rois ?
Tes faisceaux, où sont-ils, colosse militaire,
Dont le fracas couvrait et la mer et la terre ?
Tout est paix et silence, et le monde aujourd'hui
Ne s'informe plus d'eux qu'à ses moments d'ennui.

Dans ma première enfance, alors qu'un jour de fête
Nous rend impatients de l'heure qui s'apprête,
Ou le soir, au sortir du grand jour écoulé,
Tout douloureux déjà, dans mon lit éveillé,
Si quelque chant au loin, gai refrain de jeunesse,
M'arrivait prolongeant sa note d'allégresse,
Et d'échos en échos dans les airs expirait,
Alors comme aujourd'hui tout mon cœur se serrait.

## L'ANNIVERSAIRE.

O Lune gracieuse, un an déjà s'achève
Qu'ici, je m'en souviens, dans ces lieux où je rêve,
Sur ces mêmes coteaux je venais, plein d'ennui,

Te contempler; et toi, belle comme aujourd'hui,
Tu baignais de tes flots la forêt tout entière.
Mais ton visage, à moi, ne m'offrait sa lumière
Que tremblante, à travers le voile de mes pleurs,
Car ma vie était triste et vouée aux douleurs.
Elle n'a pas changé, Lune toujours chérie;
Je souffre; et de mes maux pourtant la rêverie
M'entretient et me plaît; j'aime le compte amer
De mes jours douloureux. Oh! combien nous est cher
Le souvenir présent, en sa douceur obscure,
Du passé, même triste, et du malheur qui dure!

## LE PASSEREAU.

Sicut passer solitarius in tecto.

Du haut du toit désert de cette vieille tour
Tu chantes ta chanson tant que dure le jour,
Passereau solitaire, et ta voix isolée
Erre avec harmonie à travers la vallée.
Dans les airs le printemps étincelle et sourit;
C'est sa fête, et tout cœur, à le voir, s'attendrit.
Il fait bondir la chèvre et mugir la génisse;
Et les oiseaux des bois, sous son rayon propice,
Célèbrent à l'envi leur bonheur le plus vif
Par mille tours joyeux : mais toi, seul et pensif,
Tu vois tout à l'écart, sans te joindre à la bande,
Sans ta part d'allégresse en leur commune offrande;
Tu chantes seulement : ainsi fuit le meilleur,
Le plus beau de l'année et de ta vie en fleur.

Combien, hélas! combien ta façon me ressemble!
Et rire et jeunes ans qui vont si bien ensemble,
Et toi, frère enflammé de la jeunesse, amour,
Délicieux orage au matin d'un beau jour!
D'eux tous mon triste cœur n'a rien qui se soucie,
Ou je les fuis plutôt et d'eux je me défie.
Seul et presque étranger aux lieux où je suis né,
Je passe le printemps qui m'était destiné.
Ce jour dont le déclin fait place à la soirée
Est la fête du bourg, à grand bruit célébrée.
Un son de cloche au loin emplit l'azur profond,
De villas en villas l'arquebuse répond.

La jeunesse du lieu, dans ses atours de fête,
Sort des maisons, s'épand sur les chemins, s'arrête
Regardant, se montrant, doux et flatteur orgueil !
Moi, pendant ce temps-là, je m'en vais comme en deuil
Par ce côté désert, évitant qu'on me voie,
Ajournant à plus tard tout plaisir, toute joie ;
Et derrière les monts, dans les airs transparents,
Le soleil m'éblouit de ses rayons mourants,
Et d'un dernier regard il semble aussi me dire
Que l'heureuse jeunesse avec lui se retire.

Pour toi, sauvage oiseau, lorsque le soir viendra
Des jours qu'à vivre encor le Ciel t'accordera (1),
Tu ne te plaindras point, docile à la nature,
Passereau solitaire, et ton secret murmure
N'ira pas regretter la saison du plaisir ;
Car c'est le seul instinct qui fait votre désir.
Mais, moi, si je n'obtiens de l'étoile ennemie
D'éviter la vieillesse et sa triste infamie,
Quand ces yeux n'auront plus que dire au cœur d'autrui,
Quand suit tout lendemain plus terne qu'aujourd'hui,
Quand le monde est désert, oh ! comment jugerai-je
Alors l'oubli présent, ma perte sacrilège ?
J'en aurai repentir, et d'un cri désolé
Je redemanderai ce qui s'en est allé.

Nous aurions pu choisir d'autres pièces encore dans ce même caractère plaintif et passionné : ce sont les sujets familiers et chers à tout poëte, premier amour, fuite du temps, perte de la jeunesse, réveil du cœur (*il Risorgimento*), mais relevés ici par une manière particulière de sentir, variations originales sur le thème lyrique éternel. On voit déjà, par le peu que nous avons cité, que Leopardi a aimé ; il a l'air de n'avoir eu que deux amours (ce qui me paraît, en effet, très-suffisant), celui qu'il appelle *il primo amore*, d'où l'on peut conclure que ce ne fut pas le seul, et celui de la personne qui chantait si bien et qui mourut, celle du *Songe*, de *la Vie solitaire*, de *Silvia*, des

---

(1) Il met *le stelle*, les étoiles, et non le *Ciel*, dans le sens vulgaire où on l'emploie comme synonyme de *Dieu*.

*Souvenirs* (*le Ricordanze*). Le chant de la personne aimée joue un grand rôle dans ces diverses pièces. L'éclair de désir passionné qui se reflète si vivement dans la pièce *à Aspasie* ne mérite pas le nom d'amour. Il résulterait de ces témoignages poétiques que Leopardi n'a connu de ce sentiment orageux que la première, la plus pure, la plus douloureuse moitié, mais aussi la plus divine, et qu'il n'a jamais été mis à l'épreuve d'un entier bonheur. Mais ce ne sont là que des conjectures sur le coin le plus mystérieux de ce noble cœur.

Leopardi partagea entre Milan et Bologne les années 1825-1826. Obligé, par la sévérité de son père, de demander secours à sa plume, il publia une édition des vers de Pétrarque avec commentaires (Milan, 1826); puis une *Chrestomathie* italienne, ou choix des meilleurs auteurs, vers et prose (2 vol., Milan, 1827-1828). Les lecteurs de Pétrarque ne sauraient désirer un meilleur guide dans les mille sentiers du charmant labyrinthe; il s'y moque finement, à la rencontre, du commun des lettrés italiens qui ne remontaient ni si haut ni si avant. J'ai omis de dire que l'édition de ses poésies de Bologne (1824) était accompagnée d'un commentaire grammatical de sa façon, dans lequel il se défendait contre les mêmes lettrés prétendus puristes. Ce commentaire affecte un ton de plaisanterie assez opposé d'ailleurs à son caractère, et n'a été écrit qu'en vue de la circonstance, pour faire pièce à quelques pédants à qui il se plaît à en remontrer en fait de *classique*.

De 1827 à 1831, Leopardi passa la plus grande partie de son temps à Florence, sauf un voyage qu'il fit à Recanati. Participant à la rédaction de *l'Anthologie*, entouré d'une société d'élite et d'amis déjà éprouvés (Capponi, Niccolini, Pucci, etc.), il y aurait trouvé quelque bonheur sans doute, si ses infirmités n'avaient augmenté de jour en jour. Il recueillit et publia, en 1827, ses *Essais de morale* (*Operette morali*, Milan), dont la plupart avaient précédemment paru dans divers journaux; c'est le livre de prose auquel Manzoni décerne un si bel éloge. Leopardi, tout en y étant fidèle à lui-même, nous y apparaît sous un nouveau jour : le grand moraliste, que recèle tout grand poëte, se déclare ici et se développe en liberté sous vingt formes ingénieuses et piquantes. On peut trouver que, pour le cadre, l'auteur s'est souvenu des *Dialogues* du Tasse, et il le met effectivement en scène dans l'un des siens. Quant au fond, il ne relève que de lui-même et se classe, par la profonde et amère ironie, à côté de Lucien, de Swift et de Voltaire. Nous nous sommes souvenu, en plus d'un endroit, des *Contes philosophiques* et de *Candide;* mais Leopardi ne s'en souvenait pas; il est plus sérieux que Voltaire, alors même qu'il plaisante, et puis il va jusqu'au bout. On peut dire que le déisme de Voltaire est une inconséquence et souvent une dérision de plus. Leopardi a le malheur d'habiter en un scepticisme sans limites, et sa sincérité, lorsqu'il écrit, n'en suppose aucunes. Il a rang parmi le petit nombre de ceux qui ont le plus pénétré et retourné en tout sens l'illusion humaine. Un des dialogues les plus originaux et les plus frappants est celui de Ruysch et de ses momies. Ce grand anatomiste se trouve une nuit éveillé par le bruit des morts de son cabinet qui se sont remis à vivre, qui dansent en ronde et chantent en chœur un hymne à leur grande patronne la Mort : c'est par cet hymne en vers que le dialogue commence. Ruysch éveillé regarde à travers les fentes de la porte, il a un moment de sueur froide malgré toute sa philosophie; il entre pourtant : « Mes enfants, à quel jeu jouez-vous? ne vous souvenez-vous plus que vous êtes des morts? que signifie tout ce tintamarre ? Serait-ce par hasard la visite du czar(1) qui vous aurait monté la tête, et croyez-vous n'être plus soumis aux mêmes lois qu'auparavant ?... » Et l'un des morts lui apprend que ce réveillon ne tire pas à conséquence, que c'est la première célébration de la grande année mathématique qui s'accomplit en ce moment, et que les

---

(1) Pierre le Grand, dans son séjour en Hollande, avait visité le cabinet de Ruysch.

morts n'en ont plus de ce rare sabbat périodique que pour un quart d'heure. — Ruysch en profite pour les interroger sur tant de choses qu'ils doivent savoir mieux que les vivants; et le quart d'heure est bientôt passé, même un peu trop vite pour le philosophe et avant qu'il ait obtenu toutes les réponses satisfaisantes (1). — Dans le dialogue intitulé *Parini ou de la Gloire*, Leopardi met dans la bouche du sage poëte Parini, sous forme de conseils à un jeune homme, ses propres réflexions, qui sont comme le développement des paroles de l'antique Théophraste. Mais, après avoir touché une à une toutes les vanités, tous les caprices de la gloire, l'avoir poussée et harcelée en ses derniers retranchements, Parini n'en conclut pas moins qu'il faut suivre sa vocation d'écrivain quand elle est telle, et obéir coûte que coûte à son destin, avec une âme forte et grande (2). Ce petit traité fait songer à celui de Cicéron *sur la Gloire*, qu'on a perdu; il en est la réfutation subsistante. — Sous le titre des *Dits mémorables de Philippe Ottonieri*, Leopardi nous donne son propre portrait en Socrate, ses propres maximes pratiques; c'est là encore qu'on sent à chaque mot un *Ancien* né trop tard et dépaysé. Le tout se résume dans cette épitaphe composée par Ottonieri pour lui-même :

LES OS
DE PHILIPPE OTTONIERI,
NÉ POUR LES OEUVRES DE VERTU
ET POUR LA GLOIRE :
IL A VÉCU OISIF ET INUTILE ;
IL EST MORT SANS RENOM,
NON PAS SANS AVOIR CONNU
SA NATURE ET SA
FORTUNE.

(1) Ce dialogue, ainsi que celui *de la Nature et d'un Islandais* et aussi *la Gageure de Prométhée*, ont été traduits en français par M. de Sinner et insérés dans *le Siècle*, recueil périodique dirigé par M. Artaud (1833, tomes I et II); ils furent alors trop peu remarqués.

(2) Parlant ailleurs de la gloire, à la fin de son *Épître au comte Pe-*

Le caractère de l'ironie socratique n'a jamais été mieux analysé et défini qu'au début de ce petit traité, digne d'être lu après Platon (1).

Comme je n'ai pas la prétention d'enregistrer au complet tous les écrits de Leopardi, je note seulement, au nombre de ses derniers travaux qui tiennent encore à la philologie, sa traduction de la chronique grecque précédemment indiquée (*Martyre des saints Pères du mont Sinaï*), en style *trécentiste*, qu'il publia en 1826; et peu après, en 1827, la traduction qu'il donna d'un discours de *Gémiste Pleton*, grand orateur et, qui plus est, penseur du Bas-Empire, venu trop tard ou trop tôt, et avec lequel il pouvait se sentir de certaines affinités (2). Vers 1830, la santé de Leopardi, âgé seulement de trente-deux ans, était tellement perdue qu'elle ne lui permettait que de rares instants d'application. Une édition de ses poésies, qui parut alors à Florence, était précédée de cette préface si touchante et si lamentable :

*poli*, Leopardi l'appelle « non pourtant une vaine déesse, mais une déesse plus aveugle que la fortune, que le destin et que l'amour. »

(1) Bothe, en faisant connaître à l'Allemagne les *Dits mémorables d'Ottonieri*, les avait pris d'abord pour une biographie réelle d'un personnage de ce nom, et ne s'était pas aperçu que l'auteur, en établissant son Ottonieri à *Nubiana*, dans la province de *Valdivento*, entre d'emblée dans la géographie d'*Utopie*, de *Barataria* et de l'île des *Lanternes*.

(2) Leopardi attribuait une grande importance aux bonnes traductions, une importance proportionnée à l'idée qu'il s'était formée de l'excellence des Anciens. Dans la préface qu'il mit au discours de Gémiste Pleton, il conteste l'opinion de son ami Giordani qui avait parlé de ce genre d'exercice comme n'étant profitable que dans l'enfance des littératures; pour lui il pense, dit-il, que « les livres des Anciens, « Grecs ou Latins, non-seulement sur toute autre matière, mais en « philosophie, en morale, et en de tels genres dans lesquels les An- « ciens sont réputés si inférieurs aux modernes, que ces livres, s'ils « étaient, moyennant de bonnes traductions, plus généralement ré- « pandus qu'ils ne le sont et ne l'ont jamais été, pourraient améliorer « beaucoup plus qu'on ne croit les habitudes, les idées, la civilisation « des peuples, et à certains égards plus efficacement que les livres « modernes. » — Dans la liste des écrits publiés ou inédits de Leopardi nous trouvons, en conséquence, bon nombre de traductions.

« Florence, 15 décembre 1830.

« Mes chers amis,

« C'est à vous que je dédie ce livre, où je cherchais, comme on le cherche souvent par la poésie, à consacrer ma douleur, et par lequel à présent (et je ne puis le dire sans larmes) je prends congé des lettres et de l'étude. J'avais espéré que ces chères études soutiendraient un jour ma vieillesse, et je croyais, après la perte de tous les autres plaisirs, de tous les autres biens de l'enfance et de la jeunesse, en avoir acquis un du moins qu'aucune force, qu'aucun malheur ne me pourrait enlever; mais j'avais vingt ans à peine quand, par suite de cette maladie de nerfs et de viscères, qui me prive de l'usage de la vie et ne me donne même pas l'espérance de la mort, ce cher et unique bien de l'étude fut réduit pour moi à moins de moitié; depuis lors, et deux ans avant l'âge de trente ans, il m'a été enlevé tout entier, et sans doute pour toujours. Car, vous le savez, je n'ai pu lire moi-même ces pages que je vous offre, et il m'a fallu, pour les corriger, me servir des yeux et de la main d'autrui. Je ne sais plus me plaindre, mes chers amis; la conscience que j'ai de la grandeur de mon infortune ne comporte pas l'usage des paroles. J'ai tout perdu; je suis un tronc qui sent et qui pâtit. Sinon que, pour consolation en ces derniers temps, j'ai acquis des amis tels que vous; et votre compagnie qui me tient lieu de l'étude, et de tout plaisir et de toute espérance, serait presque une compensation à mes maux, si la maladie me permettait d'en jouir comme je le voudrais, et si je ne prévoyais que bientôt peut-être ma fortune va m'en priver encore, en me forçant à consumer les années qui me restent, sevré des douceurs de la société, en un lieu beaucoup mieux habité par les morts que par les vivants; votre amitié me suivra toutefois, et peut-être la conserverai-je même après que mon corps, qui déjà ne vit plus, sera devenu poussière. Adieu.

« Votre Leopardi. »

Qui ne serait touché de la sensibilité profonde qui s'exhale en cette espèce de testament du poëte? Elle ne cessa d'animer jusqu'au dernier soupir les accents de Leopardi. Oserai-je exprimer ici une manière d'interprétation que me suggère ce mélange, ce contraste en lui d'incrédulité orgueilleuse et d'épanchement affectueux? Il semble que, lorsqu'on se met en rapport par la croyance, par la confiance, par la prière (et encore mieux selon les rites sacrés, qui sont comme des canaux établis), avec la grande âme du monde, on trouve appui, accord, apaisement. Que si la créature humaine s'en détache au contraire et ne trouve pas de raison suffisante pour croire et pour espérer, comme, à la rigueur, elle en a peut-être le droit, car les preuves de raisonnement laissent à désirer, elle en est à l'instant punie par je ne sais quoi d'aride et de désolé. Mais, lorsqu'elle est noble et généreuse, elle trouve une amère consolation dans le sentiment même de sa lutte sans espoir et de sa stoïque résistance au sein des choses. Que si, de plus, elle est tendre, elle a pourtant besoin de chercher autour d'elle des équivalents. Leopardi, qui ne croyait plus à Dieu, se mit à croire d'autant plus tendrement et pieusement à l'amitié dans tous ses sacrifices et ses délicatesses. Ainsi l'âme humaine en détresse se donne le change.

A partir de 1830, nous avons un témoignage direct et continu de ses pensées et de ses souffrances dans une correspondance familière et tout intime. M. de Sinner vit, en 1830, Leopardi à Florence; l'érudition fit le premier lien, mais d'autres convenances plus précieuses s'y joignirent. Leopardi, gagné à une entière estime et amitié, confia, en octobre 1830, tous ses manuscrits philologiques à M. de Sinner, qui ne cessa depuis lors d'en faire le plus libéral usage, les extrayant, les communiquant aux savants d'Allemagne qu'il savait occupés des mêmes matières, et pourvoyant en toute occasion à la gloire de son ami (1). Durant les six années qui suivirent (1831-1837), une correspondance aussi fréquente que le permettait l'état de santé de Leopardi se continua entre eux. Après un court séjour à Rome (1831-1832) et un retour passager à Florence, Leopardi était allé s'établir à Naples sur la fin

(1) Un jour qu'après tous ces usages à peu près épuisés, M. de Sinner avait exprimé la pensée de renvoyer le dépôt confié, Leopardi lui répondait : « *Les fleuves retourneront à leurs sources* avant que je re-

de 1833, déterminé par un ami dont le nom restera désormais inséparable du sien. Antonio Ranieri, écrivain distingué lui-même, auteur d'une *Histoire du royaume de Naples*, avait connu pour la première fois Leopardi à Florence le 29 juin 1827, *jour anniversaire de la naissance du poëte* (l'amitié aussi, dans les cœurs passionnés, a ses dates mémorables); il fut saisi aussitôt de ce je ne sais quoi d'attrayant qu'exerçait cette nature douloureuse et puissante; après quelques absences, Pylade rejoignit son Oreste, il s'attacha à lui dès novembre 1830, pour ne le plus quitter jusqu'à la mort : « Ranieri, écrivait Leopardi, que la foudre seule de Jupiter pourrait arracher d'auprès de moi; *col quale io vivo, e che solo il fulmine di Giove potrebbe dividere dal mio fianco* (1). » — Nous donnerons deux ou trois passages de cette correspondance avec M. de Sinner; elle est d'ordinaire en italien, et je traduis.

« De Rome, 24 décembre 1831.

« Je retournerai certainement à Florence à la fin de l'hiver pour y rester autant que me le permettront mes faibles ressources déjà près de s'épuiser : lorsqu'elles viendront à manquer, le détestable et inhabitable Recanati m'attend, si je n'ai pas le courage (que j'espère bien avoir) de prendre le seul parti raisonnable et viril qui me reste (2).... »

trouve la vigueur nécessaire pour les études philologiques, et, quand ce miracle arriverait, mes paperasses, en revenant de vos mains aux miennes, ne feraient que perdre.... *Prima i fiumi torneranno alle fonti*, » etc.

(1) On se rappelle, au livre IV de *l'Odyssée*, le beau passage où Ménélas exprime devant Télémaque sa tendre amitié pour Ulysse, et le vœu, qu'il avait autrefois formé, de le réunir à lui : « Je lui aurais, dit-il, fondé une ville dans le pays d'Argos et bâti des palais, le faisant venir d'Ithaque avec ses biens et son fils et tous ses peuples..., et là nous aurions vécu unis ensemble, et rien autre chose ne nous aurait pu séparer dans cette douceur de nous aimer et de nous conjouir, avant que le noir nuage de la mort nous vînt envelopper. » Ici s'exprime et déborde dans sa plénitude le sentiment de bonheur des deux amis. Chez Leopardi c'est l'amitié aussi profonde, aussi indissoluble, mais souffrante et sans bonheur.

(2) On devine trop quel est ce parti.

« Vous attendez peut-être que je vous dise quelque chose de la philologie romaine. Mais ma santé ici a été jusqu'à présent si mauvaise que je ne puis vous donner aucune information satisfaisante à ce sujet, étant obligé de garder presque toujours la maison. Il est bien vrai que j'ai souvent l'honneur de recevoir des visites littéraires ; mais elles ne sont pas du tout philologiques, et en général on peut dire que, si l'on sait ici un peu plus de latin que dans la haute Italie, le grec est presque ignoré et la philologie presque entièrement abandonnée en faveur de l'archéologie. Comment celle-ci peut-elle se cultiver avec succès sans une profonde connaissance des langues savantes ? je vous le laisse à penser. Il ne se trouve pas cette année à Rome de philologues étrangers de réputation. Je vois très-souvent le bon ministre de Prusse, le chevalier Bunsen, qui était ami du pauvre Niebuhr ; il réunit toutes les semaines chez lui une société de savants, dont je n'ai pu encore profiter à cause de ma santé et de la distance où il demeure.... »

Mais voici un passage curieux, dans lequel, à l'occasion d'un article sur lui qu'avait inséré un journal de Stuttgard, l'*Hesperus* (1), Leopardi, au beau milieu d'une lettre écrite en italien, s'exprime tout d'un coup en français, comme pour rendre plus nettement sa pensée et pour adresser sa profession de foi à plus de monde. Je laisse subsister les deux premières lignes en italien comme elles sont :

« Florence, 24 mai 1832.

« Ho ricevuto i fogli dell' *Hesperus*, dei quali vi ringrazio carissimamente. Voi dite benissimo ch' egli è assurdo l' attribuire ai miei scritti una tendenza religiosa. Quels que soient mes malheurs, qu'on a jugé à propos d'étaler et que peut-être on a un peu exagérés dans ce journal, j'ai eu assez de courage pour ne pas chercher à en diminuer le poids ni par de frivoles espérances d'une prétendue félicité future et inconnue, ni par une lâche résignation. Mes sentiments envers la destinée ont été et sont toujours ceux que j'ai exprimés dans *Bruto minore*. Ç'a été par suite de ce même courage, qu'étant amené par mes recherches à une philosophie désespérante, je n'ai pas hésité à l'embrasser tout

---

(1) Cet article était de M. Henschel, connu honorablement en France par son édition du *Glossaire* de Du Cange.

entière ; tandis que, de l'autre côté, ce n'a été que par effet de la lâcheté des hommes, qui ont besoin d'être persuadés du mérite de l'existence, que l'on a voulu considérer mes opinions philosophiques comme le résultat de mes souffrances particulières, et que l'on s'obstine à attribuer à mes circonstances matérielles ce qu'on ne doit qu'à mon entendement. Avant de mourir, je vais protester contre cette invention de la faiblesse et de la vulgarité, et prier mes lecteurs de s'attacher à détruire mes observations et mes raisonnements plutôt que d'accuser mes maladies. »

J'ajoute, avant de donner le commentaire, cette autre phrase d'une lettre écrite de la campagne près de Naples (22 décembre 1836), et qui touche dans un sentiment plus doux et avec délicatesse cette idée de la vie d'au delà ; cette fois je traduis :

« Adieu, mon excellent ami, j'éprouve un continuel et bien vif désir de vous embrasser ; mais comment et où le pourrai-je satisfaire? Je crains fort que ce ne soit seulement κατ' Ἀσφοδελὸν λειμῶνα (le long de la prairie d'Asphodèle) (1). Ranieri vous honore et vous salue de toutes ses forces. Parlez-moi de vos études et aimez-moi toujours : adieu de tout cœur. »

Ainsi, cette fois, à l'ami qu'il aurait voulu revoir et qu'il désespérait d'embrasser encore, Leopardi ne disait pas tout à fait *non*, et il lui donnait rendez-vous avec un sourire attendri et presque avec un *peut-être* d'espérance, parmi ces antiques ombres homériques de la *prairie d'Asphodèle*. — Quant au passage décisif et qui concerne sa profession de foi, il se rattache de près à la pièce lyrique qui peut sembler la plus belle du poëte, et qu'on dirait avoir été composée à la suite de cette lettre irritée : je veux parler de son chant intitulé *l'Amour et la Mort*, dans lequel le ton le plus mâle s'unit à la grâce la plus exquise. Il faut désespérer de faire comprendre un tel chef-d'œuvre autre part que dans l'original ; qu'on me pardonne de l'avoir osé traduire et légèrement paraphraser, et qu'on devine, s'il se peut, à travers le plâtre et la terre

---

(1) *Odyssée*, livre XI.

de la copie, la fermeté primitive et tout le brillant du marbre.

### L'AMOUR ET LA MORT.

> Celui qu'aiment les Dieux meurt jeune.
> MÉNANDRE.

Frère et sœur à la fois, naquirent fils du Sort,
Éclos le même jour, et l'Amour et la Mort.
Le monde ni le ciel n'ont vu choses si belles :
De l'un naît tout le bien aux natures mortelles,
Et le plus grand plaisir, ici-bas départi,
Sur ce vaste océan d'où chaque être est sorti.
L'autre à son tour fait taire, apaise en souveraine
Tout mal, toute douleur, si vive qu'elle prenne.
C'est une enfant très-belle, et non point telle à voir
Que de lâches effrois la veulent concevoir :
L'enfant Amour souvent l'accompagne et l'emmène ;
Ils volent de concert sur cette route humaine,
Portant à tout cœur sage allégeance et confort.
Et cœur ne fut jamais plus sage ni plus fort
Qu'atteint d'amour : jamais mieux qu'alors il ne prise
La vie à son vrai taux, et souvent il la brise ;
Car, partout où l'Amour se fait maître et seigneur,
Le courage s'implante ou renaît plein d'honneur,
Et la sagesse alors, non celle qu'on renomme,
Mais celle d'action, devient aisée à l'homme.

Lorsque nouvellement au sein d'un cœur profond
Naît un germe d'amour, du même instant, au fond,
Chargé d'une fatigue insinuante et tendre
Un désir de mourir tout bas se fait entendre.
Comment ? je ne sais trop ; mais telle est, en effet,
D'amour puissant et vrai la marque et le bienfait.
Peut-être que d'abord le regard s'épouvante
Du désert d'alentour où l'amie est absente ;
Peut-être que l'amant n'a plus devant les yeux
Qu'un monde inhabitable et qu'un jour odieux,
S'il n'atteint l'objet seul, l'idéal de son rêve :
Mais, déjà pressentant l'orage qui s'élève,
L'orage de son cœur, il tend les bras au port,
Avant que le désir ne rugisse plus fort.

Puis, quand le rude maître a pris en plein sa proie,
Quand l'invincible éclair se déchaîne et foudroie,
Combien, ô Mort, combien, au pire du tourment,
Monte vers toi le cri du malheureux amant!
Combien de fois, le soir ou plus tard à l'aurore,
Laissant tomber son front que la veille dévore,
Il s'est dit bienheureux, si du brûlant chevet
Jamais dès lors, jamais il ne se relevait,
Et ne rouvrait les yeux à l'amère lumière!
Et souvent, aux accents de la cloche dernière,
Aux funèbres échos de l'hymne qui conduit
Les morts sans souvenir à l'éternelle nuit,
Avec d'ardents soupirs et d'un élan sincère
Il envia celui que le sépulcre enserre.

Même l'homme du peuple, et le moindre garçon
A qui certes jamais Zénon ne fit leçon,
Même la jeune fille, humble enfant qui s'ignore,
Qui se sentait dresser les cheveux hier encore
Au seul mot de mourir, tout d'un coup enhardis,
Ils vont oser régler ces apprêts si maudits,
Méditer longuement, d'un œil plein de constance,
Le poison ou le fer, leur unique assistance;
Et dans un cœur inculte, et du reste ignorant,
La grâce de la mort à la fin se comprend :
Tant cette grâce est vraie, et tant la discipline
De l'amour, vers la mort doucement nous incline !
Souvent, lorsqu'à l'excès le soupir enflammé
Ne laisse plus de souffle au mortel consumé,
Ou bien le frêle corps, mourant de ce qu'il aime,
Sous l'effort du dedans se dissout de lui-même ;
Et la Mort, par son frère, en ce cas-là prévaut;
Ou bien l'Amour au fond redouble tant l'assaut,
Que, n'y pouvant tenir et fatigués d'attendre,
Le simple villageois, la jeune fille tendre,
D'une énergique main, jettent leurs nœuds brisés,
Et couchent au tombeau leurs membres reposés.
Le monde en rit, n'y voit que démence ou faiblesse,
Le monde à qui le ciel fasse paix et vieillesse!

Mais aux bons, aux fervents, aux mortels généreux,

Puisse en partage échoir l'une ou l'autre des deux,
Amour ou Mort, seigneurs du terrestre domaine,
O les plus vrais amis de la famille humaine,
Que nul pouvoir n'égale ou prochain ou lointain,
Et qui dans l'univers ne cédez qu'au Destin !
Et toi qu'enfant déjà j'honorais si présente,
Belle Mort, ici-bas seule compatissante
A nos tristes ennuis, si jamais je tentai
Aux vulgaires affronts d'arracher ta beauté
Et de venger l'éclat de ta pâleur divine,
Ne tarde plus, descends, et que ton front s'incline
En faveur de ces vœux trop inaccoutumés !
Je souffre et je suis las, endors mes yeux calmés,
Souveraine du temps ! A quelque heure fidèle
Qu'il te plaise venir m'enfermer dans ton aile,
Sois certaine de moi : toujours fier et debout,
Résistant au Destin et luttant malgré tout,
Refusant de bénir le dur fouet dont je saigne
Et de flatter la main qui dans mon sang se baigne,
Comme fit de tout temps le vil troupeau mortel,
Sois-en certaine, ô Mort, tu me trouveras tel ;
Et rejetant encor toute espérance folle,
Tout leurre où, vieil enfant, le monde se console ;
Comptant sur toi, toi seule, et pour mon ciel d'azur
N'attendant que le jour impérissable et sûr
Où je reposerai ma fatigue endormie
Sur ton sein virginal, ô la plus chaste amie (1) !

Il me semble qu'après de tels témoignages Leopardi n'a plus qu'à mourir. Il traînait à Naples ses dernières années, séquestré du monde et de toute communication active avec

---

(1) Les poëtes platoniques et dantesques ont souvent associé aussi, dans leur sens, cette idée d'*amour* et de *mort;* ainsi Michel-Ange avait dit (sonnet xxxv) : « Il n'est, pour s'élever de la terre au ciel, d'autres ailes que celles de l'amour et de la mort. » — En regard de cette poésie funèbre et souvent désespérée de Leopardi, j'aurais pourtant aimé à donner quelques pièces d'une inspiration aussi sincère et plus consolante; on en trouvera une, par exemple, à la fin de ce volume, dans l'*Appendice*, et que j'ai traduite du poëte anglais Southey. Il en sort comme un souffle de vie et d'immortalité.

le dehors, gêné par la censure locale dans les éditions définitives qu'il voulait publier de ses écrits, mais jouissant du moins et profitant quelque peu des faciles douceurs de Capodimonte et de Portici, mais entouré des tendres soins de son fidèle Ranieri, et consolé aussi par quelques visites passagères, telles que celles du noble poëte allemand Platen, qui s'en allait mourir en Sicile vers ce même temps. Je ne fais qu'indiquer un dernier poëme en octaves : *Paralipomeni della Batracomiomachia di Omero* (la suite de la Batrachomyomachie d'Homère), espèce de composition satirico-politique à laquelle s'amusait le malade à ses heures de relâche, et qu'il a menée à fin. Cette veine-là nous plaît moins chez Leopardi ; elle nous est d'ailleurs peu accessible par la difficulté d'entendre ces sortes d'allusions. Nous nous tenons en ce genre à sa pièce adressée à Capponi sous le titre de *Palinodie*, dans laquelle il se moque très-agréablement de notre progrès proclamé par les journaux et de notre âge d'or industriel. Cependant le choléra avait fait invasion à Naples ; Ranieri devait emmener son ami à la campagne, à Portici : au moment du départ, le 14 juin 1837, à cinq heures de l'après-midi, le malade expira subitement, non point du choléra, mais d'une hydropisie de poitrine arrivée à son dernier période. Il n'était âgé que de trente-neuf ans moins quinze jours. Quelques heures avant sa mort, sur la demande d'un ami, il avait écrit sur un album quelques vers d'une pièce, l'une des dernières qu'il ait composées, et dans sa pensée de deuil habituel : c'était sur le coucher de la lune (*il Tramonto della Luna*) : De même que la lune en se couchant laisse désertes et sombres ces campagnes et ces eaux que l'instant d'auparavant elle argentait et qu'elle peuplait de flottantes images, de même la jeunesse en s'enfuyant laisse la vie toute déserte et ténébreuse. Et toutefois, vous collines et coteaux, vous ne resterez pas longtemps plongés dans l'ombre, vous retrouverez tout à l'heure, de l'autre côté de l'horizon, une aube nouvelle, suivie d'un radieux soleil ; et il ajoutait : « Mais la vie mortelle, du moment que la belle jeunesse a disparu, ne se colore plus jamais d'une autre lumière ni d'une autre aurore; elle est veuve jusqu'à la fin, et, à cette nuit qui obscurcit tous les autres âges, les Dieux n'ont mis pour terme que le tombeau. »

> Ma la vita mortal, poi che la bella
> Giovinezza sparì, non si colora
> D'altra luce giammai, nè d' altra aurora.
> Vedova è insino al fine ; ed alla notte
> Che l' altre etadi oscura,
> Segno poser gli Dei la sepoltura (1).

Ce sont ces derniers vers qu'il venait précisément de transcrire peu d'heures avant sa mort. — Par les soins de son admirable ami, au milieu de toutes les difficultés d'une ville comme Naples livrée au choléra, il fut transporté dans la petite église de San Vitale, hors de la grotte du Pausilippe, et là, dans ces beaux lieux où *cesse la douleur*, il repose non loin de Sannazar et de Virgile. Depuis ce temps, Ranieri prépare l'édition complète des œuvres, qui a subi tous les retards ordinaires en ces contrées de lenteur et d'entraves ; mais nous espérons que l'entreprise pieuse aura son issue.

Que si, nous-même, il nous a été possible en ce moment de payer un tribut, bien tardif, à la mémoire d'un si grand esprit, d'un si vrai poëte, nous le devons à cet autre ami de Leopardi, déjà cité plus d'une fois, et qui nous en a donné l'idée en même temps que le secours ; si nous avons eu l'honneur de *verser un tombeau*, comme disaient les Grecs, sur cette noble victime du sort, il ne serait que juste d'inscrire sur la petite colonne du monument le nom de M. de Sinner autant que le nôtre.

15 septembre 1844.

---

(1) Se rappeler Horace, ode VII, livre IV :
> Damna tamen celeres reparant cœlestia lunæ;
> Nos ubi decidimus, etc., etc.

(L'édition que nous appelions de nos vœux a paru à Florence, en 1845, chez Félix Le Monnier. Deux volumes, publiés par Ranieri, contiennent les *poésies*, les *œuvres morales* au complet, augmentées de plusieurs dialogues et de *pensées* inédites, et quelques *traductions*. Un troisième volume, publié par MM. Pellegrini et Giordani, renferme les *études philologiques;* ces derniers éditeurs, en voulant bien tenir compte de notre travail sur Leopardi et le mentionner avec indulgence, nous ont accordé le plus précieux des suffrages, celui qui pouvait nous flatter le plus, comme sortant de la patrie du poëte et venant de nos vrais juges.)

# PARNY.

*Nihil ficta severitate ineptius.*
PÉTRONE.

Ce serait vraiment une trop sotte pruderie que celle qui m'empêcherait d'oser parler à ma guise d'un charmant poëte qui a eu, en son temps, de très-vives légèretés et de graves torts, mais qui a occupé une grande place dans la littérature de son siècle et du commencement du nôtre, dont les élégies ont été réputées *classiques* en naissant, que les plumes les plus sérieuses ont longtemps salué le premier des modernes en ce genre, et dont la mort a été pleurée par nos plus chers lyriques comme celle d'un Anacréon. J'ai autrefois parlé de Millevoye, et il m'est arrivé même d'écrire sur Léonard; oublier après eux, ou bien omettre tout exprès Parny, c'est-à-dire le maître, ce serait dureté et injustice. Plusieurs questions intéressantes et sur le goût et sur la morale sociale se rattachent, d'ailleurs, de très-près aux variations de sa renommée, et peuvent relever, agrandir même un sujet qui semblerait périlleux par trop de grâce.

Les très-nombreuses notices biographiques consacrées au poëte, notamment celles de M. de Jouy son successeur à l'Académie, de M. Tissot son éditeur (1827) et son ami, laissent peu à désirer; nous y puiserons et aussi nous y renverrons pour plus d'un détail, en y ajoutant seulement

en deux ou trois points. Évariste-Désiré De Forges (1) de Parny naquit, comme on sait, à l'île Bourbon, le 6 février 1753. Ce fut probablement, nous dit-on, la petite ville de Saint-Paul qui lui donna naissance ; depuis nombre d'années, la famille des Parny a été connue à Bourbon pour habiter ce quartier, et il est à présumer que c'est de ce centre que, par la suite, elle a *rayonné* sur les divers autres quartiers de l'île, tels que Saint-Denis, Sainte-Marie, où se trouvent maintenant des personnes du même nom et de la même origine. « Dans un voyage que je fis à Saint-
« Paul, nous écrit un élégant et fidèle narrateur, j'allai
« visiter l'ancienne habitation du marquis de Parny, père
« du poëte ; elle appartient aujourd'hui à M. J. Lefort. Ce
« devait être dans le temps une maison de plaisance dans
« le goût français du dix-huitième siècle. Adossée à la mon-
« tagne du Bernica, cette propriété conserve encore un pe-
« tit bois étagé sur les flancs de la *montée*, ses plates-formes
« en amphithéâtre, quelques restes de canaux et de petits
« jets d'eau, curiosités de l'époque ; elle domine fort agréa-
« blement la plaine dite *de l'Étang*, couverte de rizières et
« coupée d'irrigations ; ces filets d'irrigation, après avoir
« fait leurs tours et détours, se rejoignent en nappe étendue
« à l'entrée de la ville (du côté de la *Possession*), et vont
« se jeter à la mer, à une lieue et demie environ de la *ra-*
« *vine* du Bernica. On appelle ainsi la gorge étroite et pit-
« toresque formée par la montagne qui domine l'habi-
« tation : c'est un des sites les plus charmants de l'île.
« Bernardin y eût sans doute bâti de préférence la cabane
« de Virginie, si un heureux hasard l'avait tout d'abord
« porté en ce beau lieu, et l'île de France n'aurait pas tant
« à vanter ses Pamplemousses. Après les trois premiers
« petits bassins qu'on rencontre à l'entrée de la colline, si

(1) Ou *De Forge*, et non pas *Desforges*, comme le donnent toutes les biographies. M. Ravenel a pris la peine de relever, dans les Archives de l'Hôtel-de-Ville, ce nom exact de Parny tel qu'il résulte de l'acte de décès du 5 décembre 1814, et aussi de l'acte de mariage du neveu de Parny avec mademoiselle Contat.

« l'on persiste et qu'on pénètre à travers les plis de plus en
« plus étroits de la montagne, on arrive à un bassin par-
« faitement circulaire, bien plus vaste, d'une eau claire et
« profonde, réservoir alimenté sans doute par des sources
« cachées et de toutes parts entouré de rochers escarpés et
« nus, du haut desquels tombe la cascade dite *du Bernica.*
« Ces masses rocheuses, d'un aspect sévère, sont animées
« seulement du vol des ramiers sauvages qui s'y sont retirés;
« les chasseurs y arrivent rarement et avec assez de peine. »

Voilà un beau cadre, nous dira-t-on, un cadre grandiose, et que Parny ne saura pas remplir ; car, s'il eut en lui du ramier, ce ne fut certes pas du ramier sauvage, et son vol ne s'éleva jamais si haut; on peut douter que, dans sa paresse, il ait songé à gravir au delà des trois petits bassins. Quoi qu'il en soit, et quoique lui-même il ait trop négligé de nous faire admirer en ses vers cette charmante solitude, dont il a parlé en un endroit assez légèrement(1), c'est là, c'est à l'entrée que la nature plaça son nid mélodieux, et jeune, de retour dans l'île à l'âge de vingt ans, surtout vers la fin de son séjour, aux heures inquiètes où l'infidélité d'Éléonore le désolait, il dut quelquefois promener vers ces sentiers écartés ses rêves, ses attentes ou ses désespoirs de poëte et d'amant (2).

A l'âge de neuf ans, Parny fut envoyé en France et placé

---

(1) Dans une lettre à Berlin, de janvier 1775.

(2) George Sand a célébré et, s'il en était besoin, poétisé, à la fin d'*Indiana*, le site magnifique du Bernica; c'est au bord de ce ravin, au haut et en face de la cascade, que l'éloquent romancier dispose la scène, le projet de suicide de Ralph et d'Indiana; je ne répondrais pas qu'il n'y ait quelque fantaisie dans une description faite ainsi par ouï-dire. Voici quelques vers dont on me garantit l'exactitude et qui ont l'avantage d'être nés sur les lieux; on y reconnaît tout d'abord, à l'accent, l'école qui a succédé à celle de Parny :

> Ondes du Bernica, roc dressé qui surplombes,
> Lac vierge où le cœur rêve à de vierges amours,
> Pics où les bleus ramiers et les blanches colombes
> Ont suspendu leur nid comme aux créneaux des tours ;
> Roches que dans son cours lava le flot des âges,
> Lit d'un cratère éteint où dort une eau sans voix,

au collége de Rennes; il y fit ses études avec Ginguené, lequel plus tard a publiquement payé sa dette à ses souvenirs par une agréable épître de 1790, et par son zèle à défendre *la Guerre des Dieux* dans *la Décade*. Le jeune créole, à peine hors des bancs, trahit son caractère vif, enthousiaste et mobile; il songea d'abord, assure-t-on, à prendre l'habit religieux chez les Pères de la Trappe, et il finit par entrer dans un régiment. Venu à Paris, à Versailles, il y rejoignit son compatriote et camarade Bertin, qui sortait également des études; ils se lièrent étroitement, et dans ces années 1770-1773 on les trouve tous deux membres de cette joyeuse et poétique confrérie qui s'intitulait l'*Ordre de la Caserne* ou de *Feuillancour* : « Représentez-vous, madame, écrivait Bertin dans son *Voyage de Bourgogne*, une douzaine de jeunes militaires dont le « plus âgé ne compte pas encore cinq lustres; transplantés « la plupart d'un autre hémisphère, unis entre eux par la « plus tendre amitié, passionnés pour tous les arts et pour « tous les talents, faisant de la musique, griffonnant quelquefois des vers; paresseux, délicats et voluptueux par « excellence; passant l'hiver à Paris, et la belle saison « dans leur délicieuse vallée de *Feuillancour* (1); l'un et « l'autre asile est nommé par eux *la Caserne*... » Et Parny, au moment où il venait de se séparer de cette chère coterie, écrivait à son frère durant les ennuis de la traversée : « ... Mon cœur m'avertit que le bonheur n'est pas dans la solitude, et l'Espérance vint me dire à l'oreille : Tu les reverras, ces épicuriens aimables, qui portent en écharpe le ruban gris de lin et la grappe de raisin couronnée de myrte; tu la reverras cette maison, non pas de plaisance,

Blocs nus, ondes sans fond, site âpre, lieux sauvages,
Salut! salut à vous, etc. . . . . . . . .
(LACAUSSADE.)

Enfin, nous citerons encore la riche peinture de cette même vue, d'après nature, par M. Théodore Pavie (*Revue des Deux Mondes* du 1er février 1844, page 438).

(1) Feuillancour, entre Marly et Saint-Germain.

mais de plaisir, où l'œil des profanes ne pénètre jamais... » C'est ainsi, je le soupçonne, si l'on pouvait y pénétrer, que commencent bien des jeunesses, même de celles qui doivent se couronner plus tard de la plus respectable maturité; mais toutes ne s'organisent point aussi directement, pour ainsi dire, que celle de Parny pour l'épicuréisme et le plaisir. Son prétendu *Fragment d'Alcée* confesse ouvertement quelques-unes des maximes les plus usuelles de ce code relâché :

> Quel mal ferait aux Dieux cette volupté pure ?
> La voix du sentiment ne peut nous égarer,
> Et l'on n'est point coupable en suivant la nature...
> Va, crois-moi, le plaisir est toujours légitime,
> L'amour est un devoir, et l'inconstance un crime (1)...

Les murs de *la Caserne* pouvaient être couverts et tapissés de ces inscriptions-là comme devises. Dans *la Journée champêtre*, l'un des premiers poëmes qu'il ait ajoutés à ses élégies, Parny n'a fait probablement que traduire sous un léger voile une des journées réelles, une des formes de passe-temps familiers en ces délicieux réduits : les couples heureux se remettaient à pratiquer l'âge d'or à leur manière et sans trop oublier qu'ils étaient des mondains (2). Ces jeunes créoles, plus ou moins mousquetaires, se montraient fidèles en cela aux habitudes de leur siècle comme aussi aux instincts de leur origine.

Le créole de ces deux îles où notre élégie et notre idylle ont eu leur berceau, offre en effet des caractères d'esprit et de sensibilité très-reconnaissables. Pour peu que l'éducation et la culture l'aient touché, il est (à en juger par la

---

(1) On lit dans la première édition (1778) ce vers beaucoup plus conforme à la pensée du poëte :

> L'amour est un devoir, *l'ennui seul* est un crime.

(2) Cette interprétation très-vraisemblable de *la Journée champêtre* se trouve dans la belle et excellente édition des *OEuvres choisies* de Parny, de Lefèvre, 1827; on croit y reconnaître à mainte page la plume exacte et exquise qui, dit-on, y a présidé ( M. Boissonade).

fleur des générations aimables et distinguées que nous en avons pu successivement connaître), il est ou devient aussitôt disposé à la poésie, à une certaine poésie, de même encore qu'il l'est naturellement à la musique. Son oreille délicate appelle le chant, sa voix trouve sans art la mélodie. Indolent et passionné, sensible et un peu sensuel, il se fût longtemps contenté de Parny sans doute, mais Lamartine, en venant, lui a enseigné une rêverie qui complète le charme et qui ressemble, par moments, à la tendresse. Plus porté aux sentiments qu'aux idées, la jeunesse lui sied bien et devrait lui durer toujours : le créole est comme naturellement épicurien. M. de Chateaubriand, qui visita Parny vers 1789, a dit du chantre d'Éléonore, dans une simple image qui reste l'expression idéale de ce genre de nature et d'élégie : « Parny ne sentait point son auteur; je n'ai point connu d'écrivain qui fût plus semblable à ses ouvrages : poëte et créole, il ne lui fallait que le ciel de l'Inde, une fontaine, un palmier et une femme (1). »

(1) C'est un souvenir des *Mémoires* que j'ose placer là; quoiqu'il y ait des années que j'ai entendu ce passage, je ne crois pas citer trop inexactement. — Voici d'autres particularités que je tire de notes inédites de Chateaubriand écrites à Londres, en 1798, en marge d'un exemplaire de son *Essai sur les Révolutions* :

« Le chevalier de Parny est grand, mince, le teint brun, les yeux noirs enfoncés, et fort vifs. Nous étions liés. Il n'a pas de douceur dans la conversation. Un soir, nous passâmes six heures ensemble, et il me parla d'Eléonore. Lorsqu'il était près de quitter l'île de France, lors de son dernier voyage, Éléonore lui envoya une négresse pour le prier d'aller la voir; cette négresse était la même qui l'avait introduit en de plus doux rendez-vous. Le vaisseau qui devait ramener Parny en Europe était à l'ancre : il devait partir dans la nuit. Qu'on juge des sensations que l'amant d'Éléonore dut éprouver lorsqu'après douze ans de silence, il reçut ce message, au moment de son départ, par cette négresse! Que de souvenirs! Éléonore était blonde, assez grande, non belle, mais attrayante, mais respirant la volupté. Au reste, il m'a dit que les sites décrits par Saint-Pierre dans *Paul et Virginie* étaient faux ; mais Parny enviait Bernardin. —

« Fontanes m'a fait faire un dîner fort gai dans ma vie. Nous étions pour convives moi, Ginguéné, Flins, le chevalier de Parny; La Harpe, qui prétendait qu'il n'allait plus à ces parties de *jeunes gens*, nous avait

Tel était Parny, ou du moins tel il aurait dû être, s'il n'avait suivi que ses premiers penchants et si l'air du siècle ne l'avait pas trop pénétré. Mais la nature voluptueuse du créole s'imprégna en lui de bonne heure de la philosophie régnante, et tout d'abord cette philosophie semblait, en effet, n'être venue que pour donner raison à cette nature; l'accord entre elles était parfait. Tandis pourtant que la nature, sans arrière-pensée, n'aurait eu que sa mollesse, sa tendre et gracieuse nonchalance, la philosophie avait son venin; il se déclara chez Parny en avançant. Un judicieux critique l'a remarqué, avant nous, en des termes excellents : « Les traces des principes à la mode, dit M. Dussault (1), parurent s'approfondir en lui par le progrès des ans; et, sans avoir jamais été peut-être pour M. de Parny des règles bien arrêtées, elles devinrent d'insurmontables habitudes. Quand son cœur fut épuisé, il ne trouva plus qu'elles dans son esprit... » Oui, il vient un âge où ce qui n'avait été à nos lèvres que le sourire aimable et flottant de la jeunesse se creuse sensiblement et devient une ride : oh! du moins que ce ne soit jamais la ride et le rire du satyre!

N'anticipons point sur les temps et jouissons avec Parny de ces premières et indulgentes années. A ses débuts donc, on le trouve dans toute la vivacité des goûts et des modes d'alors, très-imbu de cette fin de Louis XV et vivant comme vivaient la plupart des jeunes gentilshommes de Versailles, contemporains ou à peu près de cette première jeunesse du comte d'Artois. Si Parny n'avait continué que sur ce ton, écrivant vers et prose mélangés comme dans ses lettres de 1773 et de 1775 à son frère et à Bertin, il aurait été plus

envoyé sa femme. Madame Du F......., la *poëtesse* et la maîtresse de Fontanes, y était, et ce qu'il y a de bien français, c'est que le mari y était aussi et qu'il ne s'apercevait de rien. Grande chère, bon vin, pas trop *poëtes*; cependant nous ne pûmes nous empêcher de l'être un peu. »

(1) *Annales littéraires* de Dussault, tome IV, page 392, notice sur Parny.

naturel encore que Dorat et Pezai, mais il ne se serait guère distingué des Bouflers et des Bonnard ; il n'aurait point mérité la louange que lui décernent unanimement tous les critiques de l'époque, d'avoir ramené, introduit l'émotion simple et vraie dans la poésie amoureuse. Écoutons Ginguené, par exemple :

> L'esprit et l'art avaient proscrit le sentiment ;
> L'ironique jargon, l'indécent persiflage
> Prenaient, en grimaçant, le nom de bel usage ;
> L'Apollon des boudoirs (1), d'un maintien cavalier,
> Abordait chaque belle en style minaudier,
> Et, tout fier d'un encens brûlé pour nos actrices,
> Infectait l'Hélicon du parfum des coulisses.
> Ce fut à qui suivrait ce bon ton prétendu :
> En écrivant, chacun trembla d'être entendu ;
> Nos rimeurs à l'envi parlaient en logogriphes,
> Nos Saphos se pâmaient à ces hiéroglyphes,
> Nos plats journaux disaient : *C'est le ton de la Cour !*
> Tu vins, tu fis parler le véritable amour...

Ainsi Ginguené dit presque de Parny, comme on a dit de Malherbe, qu'il fit *événement*; et encore :

> Le bel esprit n'est plus ; son empire est fini :
> Qui donc l'a détrôné ? la Nature et Parny.

Et ce n'est pas seulement Ginguené, c'est-à-dire un ancien camarade de collége, qui s'exprime ainsi, notez-le bien, c'est plus ou moins tout le monde, c'est l'*Année littéraire* (2), c'est Palissot, c'est Fontanes, c'est Garat, et Garat bien avant le discours académique par lequel il reçut Parny, mais dans ses jugements tout à fait libres et des plus sincères. Dans un fort agréable *Précis historique* de lui *sur la vie de M. de Bonnard* (3), on lit : « C'était le « moment où presque tous les jeunes talents, et même

---

(1) Dorat.
(2) Année 1778, tome II, page 261.
(3) Paris, de l'imprimerie de Monsieur, 1785.

« ceux qui n'étaient plus jeunes, voulaient mériter la
« gloire par des *bagatelles*, par des *caprices*, par des *fan-
« taisies*, et semblaient croire que, pour se faire un nom
« immortel, il n'y avait rien de tel que des poésies fugiti-
« ves : les poëtes n'étaient plus que des petits-maîtres qui
« parlaient, en vers gais, des femmes qu'ils avaient déso-
« lées, des *congés* qu'ils avaient donnés, et quelquefois
« même, pour étonner par le merveilleux, de ceux qu'ils
« avaient reçus; des maris qu'on trompait pour les rendre
« heureux, et qu'on priait en grâce d'être un peu plus ja-
« loux que de coutume... » Au nombre des ouvrages qui
contribuèrent à ramener la poésie à la nature, Garat met
en première ligne les poëmes de Saint-Lambert, de Delille
et de Roucher sur la campagne, et les élégies amoureuses
des chevaliers de Bertin et de Parny. Il y a là, selon nous,
bien du mélange ; mais enfin l'impression des contemporains était telle, et Voltaire, qui avait salué le traducteur
des Géorgiques du nom de *Virgilius-Delille*, avait le temps,
avant de mourir, et dans son dernier voyage de Paris,
de donner l'accolade à Parny en lui disant : **Mon cher Tibulle !**

C'est de cette gloire, un moment consacrée, qu'il s'agit
aujourd'hui de nous rendre bien compte. Il serait vraiment
fâcheux pour nous que ce qui a paru une nuance si délicate et en même temps si vive aux contemporains de Parny
nous échappât presque tout entier, et qu'en le refeuilletant
après tant d'années, nous eussions perdu le don de discerner en quoi il a pu obtenir auprès des gens de goût ce
succès d'abord universel, en quoi aussi sans doute il a
cessé, à certains égards, de le mériter.

Parny avait vingt ans ; rappelé par sa famille à l'île
Bourbon, il quitte à regret ses compagnons de plaisir et
ne semble pas se douter que ce qu'il va trouver là-bas,
c'est une inspiration plus naïve et plus franche d'où jail-
lira sa vraie poésie. Doué d'un goût musical très-vif et très-
pur, comme l'atteste assez la mélodie toute racinienne de
ses vers, mais de plus ayant cultivé ce talent naturel, il

devint le maître de musique de la jeune créole qu'il a célébrée sous le nom d'Éléonore :

> O toi qui fus mon écolière
> En musique, et même en amour...

Dans ce temps, il y avait à Bourbon une très-grande disette de professeurs en tout genre ; on était réduit à faire apprendre à lire et à écrire aux jeunes gens, même aux jeunes filles, par quelque lettré de régiment. Le fils du marquis de Parny, brillant, aimable, nouveau-venu de Versailles, dut être une bonne fortune pour la société de Saint-Paul ; sa condition lui ouvrait toutes les portes, ses talents lui ménagèrent des familiarités. La jeune personne, l'Héloïse nouvelle auprès de laquelle on l'accrédita imprudemment en qualité de maître de musique amateur, n'avait que de treize à quatorze ans. Le début de cette liaison, telle qu'elle se traduit même en poésie, ne paraît différer en rien de la marche de tant d'autres séductions vulgaires. La surprise des sens a tout l'air d'y devancer celle du cœur. Ce n'est qu'avec le temps que la passion se prononce, se dégage, et, sans jamais s'ennoblir beaucoup, se marque du moins en traits énergiques et brûlants. On a beaucoup discuté sur le vrai nom d'*Éléonore* ; son nom de baptême était, dit-on, *Esther* ; quant à son nom de famille, on l'a fait commencer par *B*, et l'auteur de la notice de l'édition Lefèvre (1827) se borne à dire que la première syllabe de ce nom n'est point *BAR*, comme on l'avait avancé. Puisque nous en sommes à cette grave et mystérieuse question qui a autant occupé les tendres curiosités d'autrefois que le nom réel d'*Elvire* a pu nous occuper nous-même, nous donnerons aussi notre version, qui diffère des précédentes. Selon nous, et d'après des renseignements puisés aux sources, *Éléonore* était mademoiselle Tr.......le (1), un nom assez peu poétique vraiment.

(1) Pourquoi ne pas articuler le nom tout entier ? mademoiselle *Troussaille*.

Son père, bien que descendant d'une ancienne famille de l'île, n'avait point à faire valoir de titres de noblesse. Aussi, quand on eut l'éveil, quand les conjectures malicieuses et peut-être aussi, nous assure-t-on, *l'état de la jeune personne*, amenèrent les parents d'Éléonore à presser le chevalier de Parny de s'expliquer ou de rompre, celui-ci sollicita en vain de son père la permission d'épouser. C'est ainsi qu'il a pu dire en une élégie :

> Fuyons ces tristes lieux, ô maîtresse adorée !
> Non loin de ce rivage est une île ignorée...
> Là je ne craindrai plus *un père inexorable*.

Et ailleurs :

> Ici je bravai la colère
> *D'un père indigné contre moi ;*
> Renonçant à tout sur la terre,
> Je jurai de n'être qu'à toi.

L'amant désespéré, contraint sans doute de quitter pour un temps le pays, fit un voyage, soit peut-être dans l'Inde, soit plus probablement en France (1). Quoi qu'il en soit, ce fut pendant cette absence qu'on maria mademoiselle T.......... à un médecin français arrivé depuis peu dans la colonie. Mais, avant la célébration de ce mariage, et pendant l'éloignement de Parny, Éléonore, nous assure-t-on (et ceci devient un supplément tout à fait inédit à l'*Éléonoriana*), eut une fille, fruit clandestin de ces amours si célébrées. Cette enfant, dont la naissance a été entourée

(1) J'incline tout à fait pour cette dernière supposition, et je crois que ce voyage obligé de Parny, qui amena la rupture, fut tout simplement son retour en France en 1775 ou 1776. Il n'apprit sans doute que plus tard, et peut-être à Paris même, le changement de destinée de celle qu'il avait quittée ; en effet, dans les premières éditions de ses poésies (1778-1779), l'on ne trouve rien ou presque rien encore de ce qui forme le quatrième livre des élégies, c'est-à-dire celui qui vient après le mariage et l'infidélité consommée d'Éléonore. Ce ne dut être que vers 1779-1781 que ce quatrième livre fut composé pour être définitivement clos et complété dans l'édition de 1784. Nous y reviendrons tout à l'heure.

de mystère, et dont le sort a pu rester ignoré de Parny, fut enlevée à sa mère par les intéressés, et secrètement confiée aux soins d'une dame *Germaine*, mulâtresse, et mère elle-même de plusieurs enfants. Cette dame vint s'établir à Saint-Denis; elle eut pour sa fille adoptive des soins vraiment maternels, et se conduisit toujours de manière à passer aux yeux de tous pour la véritable mère.

« J'ai particulièrement connu, nous écrivait un de nos
« amis créoles, la personne qu'on dit être la fille de Parny :
« déjà d'un certain âge quand je la vis, elle a dû être fort
« jolie, sinon belle ; de taille moyenne, blonde avec des
« yeux bleus, elle passe pour avoir eu quelque ressem-
« blance avec Éléonore, dans la mémoire, peut-être com-
« plaisante, de quelques anciens du pays.

« La fille présumée de Parny, vivement sollicitée par moi
« à l'endroit de ses souvenirs d'enfance, m'a dit, ainsi qu'à
« plusieurs, se rappeler que dans son plus jeune âge une
« dame belle et bien mise, étrangère aux personnes de la
« maison, venait quelquefois la voir, et la comblait alors
« de petits présents et de caresses. De plus, elle a ajouté
« que la dame Germaine, quelque temps avant sa mort,
« lui avait confessé n'être pas l'auteur de ses jours, mais
« qu'ayant eu pour elle les soins d'une mère, elle lui de-
« mandait, avec le secret de cet aveu, l'amitié et les senti-
« ments d'une sœur pour ses enfants, en retour de ce qu'elle
« avait eu pour elle de tendresse et d'affection. »

Après ce tribut largement payé au chapitre des informations personnelles, je me hâte de revenir à l'élégie; notez bien que, chez Parny, elle serre toujours d'assez près la réalité pour qu'on puisse passer, sans trop d'indiscrétion, de l'une à l'autre. De retour en France après ces trois ou *quatre années*, comme il les appelle, *d'inconstance et d'erreurs*, on le voit, en 1777, publier ou laisser courir son *Épître aux Insurgents* de Boston, qui rend à merveille les engouements républicains de cette galante jeunesse. On ne risquait plus alors d'être mis à la Bastille pour de telles échappées; on raconte seulement que ces vers :

Et vous, peuple injuste et mutin,
Sans pape, sans rois et sans reines,
Vous danseriez au bruit des chaînes
Qui pèsent sur le genre humain !

que ces vers, disons-nous, ou du moins ces mots *sans reines*, arrachèrent une larme à la noble Marie-Antoinette, jusque-là si peu éprouvée : ce fut toute la punition du poëte. L'année suivante, en 1778, paraissaient les *Poésies érotiques*, petit in-8° de 64 pages, ne contenant pas encore les plus belles et les plus douloureuses élégies, celles qui formeront plus tard le livre quatrième ; mais le petit volume est déjà assez rempli d'Éléonore pour que ce nom domine ceux des *Aglaé* et des *Euphrosine*, qui s'y trouvent mêlés. Il est à croire que le succès de ses vers éclaira l'auteur lui-même ; l'intérêt que le public se mit aussitôt à prendre à Éléonore, et que vinrent entretenir d'autres pièces à elle adressées dans les *Opuscules poétiques* de l'année suivante (1779), acheva de décider le choix du poëte-amant, et lui indiqua le parti qu'il lui restait à tirer de sa passion : dans les éditions qui succédèrent, les *Aglaé*, les *Euphrosine*, furent sacrifiées ; *l'inconstance devint un crime*, tandis qu'auparavant on ne voyait que l'*ennui* de criminel ; en un mot, Parny s'attacha à mettre de l'*unité* dans ses élégies, et à pousser au roman plus qu'il n'avait songé d'abord. Ce fut alors seulement qu'il distribua ses pièces avec gradation et selon l'ordre où elles se présentent aujourd'hui : dans le premier livre, la jouissance pure et simple ; dans le second, une fausse alarme d'infidélité ; dans le troisième, le bonheur ressaisi, d'autant plus vif et plus doux ; dans le quatrième, l'infidélité trop réelle et le désespoir amer qu'elle entraîne. Il ne composa qu'après coup ce quatrième livre, dans lequel il sut combiner les sentiments vrais qu'il retrouvait au dedans de lui avec quelques circonstances peut-être fictives ou du moins antérieures (1). Cette portion d'art et de réflexion, appliquée à

---

(1) Il se rencontre ici plus d'une petite difficulté de *chronologie*

des souvenirs encore tout brûlants et à des émotions toutes naturelles, est ce qui a fait de ce dernier livre de Parny son chef-d'œuvre, la production qu'il n'a plus jamais surpassée ni égalée.

Au début de ses élégies, Parny n'est que le poëte de l'éveil des sens et de la puberté, de cet âge et surtout de ces climats

> Où l'amour sans pudeur n'est pas sans innocence.

Il est le poëte de dix-huit ans, non de vingt-cinq. Il a lu l'Épître de Saint-Lambert à Chloé, et il la continue. Ce n'est que lorsqu'il avance et que la douleur l'éprouve à son tour, qu'il s'élève par degrés et qu'il rencontre de ces accents dont toute âme sensible peut se ressouvenir, à tout âge, sans rougeur. Lamartine, c'est-à-dire le grand élégiaque qui a détrôné Parny, sait encore par cœur cette élégie désespérée :

> J'ai cherché dans l'absence un remède à mes maux ;

qu'il est presque pédantesque de venir soulever en matière si légère. Voyons pourtant. Parny dit qu'il revint dans Paris *après quatre ans d'inconstance et d'erreurs;* il dit cela positivement dans une lettre de 1777 adressée à M. de P. du S. Parti de France à la fin de mai 1773, ces quatre années le conduiraient à 1777 comme date du retour; mais il paraît qu'il était revenu auparavant, vers la fin de 1775 ou au commencement de 1776. Ce qui est certain, c'est que dans une lettre à Bertin, datée de Bourbon janvier 1775, il parle de son retour comme prochain; et de plus une lettre de Bertin à lui (en supposant la date exacte) nous le montre revenu en France et plus que revenu en juin 1776, pleinement rendu aux plaisirs de la confrérie, et n'ayant pas du tout l'air d'un amant désolé. Il est à supposer que Parny n'apprit que plus tard le mariage d'Éléonore, résultat de son absence. Serait-il donc, par hasard, retourné à Bourbon vers 1778-1779, dans le temps où paraissaient à Paris les premières éditions de ses poésies? Ce voyage, dont je ne vois d'ailleurs aucune trace, concilierait tout. Quoi qu'il en soit, dans les belles élégies qu'il ajouta durant ces années suivantes, et qui sont celles du quatrième livre, *Parny fit comme s'il était retourné en effet à Bourbon,* et comme s'il avait appris son infortune sur les lieux mêmes. N'était-ce là, de sa part, qu'une pure combinaison poétique? Avec ces hypocrites de poëtes, on n'est jamais sûr de rien. Dans tous les cas, l'effet littéraire fut à merveille.

> J'ai fui les lieux charmants qu'embellit l'infidèle.
> Caché dans ces forêts dont l'ombre est éternelle,
> J'ai trouvé le silence, et jamais le repos.
> Par les sombres détours d'une route inconnue
> J'arrive sur ces monts qui divisent la nue ;
> De quel étonnement tous mes sens sont frappés !
> Quel calme ! quels objets ! quelle immense étendue !

On le voit, la douleur a rendu Parny sensible à la grande nature ; pour la première fois, peut-être, il gravit la ravine du Bernica, et visite les sommets volcanisés de l'île ; il s'écrie :

> Le volcan dans sa course a dévoré ces champs ;
> La pierre calcinée atteste son passage.
> L'arbre y croît avec peine ; et l'oiseau par ses chants
> N'a jamais égayé ce lieu triste et sauvage.
> Tout se tait, tout est mort : mourez, honteux soupirs,
>     Mourez, importuns souvenirs
>     Qui me retracez l'infidèle ;
>     Mourez, tumultueux désirs,
>     Ou soyez volages comme elle !...

Tout ce mouvement est d'une vérité profonde et d'une vraiment durable beauté ; il contraste admirablement avec l'invocation toute reposée, toute radoucie, d'une des élégies suivantes, et avec ce début enchanteur :

> Calme des sens, paisible indifférence,
> Léger sommeil d'un cœur tranquillisé,
> Descends du ciel ; éprouve ta puissance
> Sur un amant trop longtemps abusé !...

Ainsi toute cette fin se gradue, se compose ; mais c'est le cri de tout à l'heure qui domine et qu'on emporte avec soi. Rien que par ce seul cri Parny mériterait de ne point mourir. Millevoye, qui souvent nous offre comme la transition de Parny à Lamartine, et de qui l'on a dit avec bonheur « qu'il faisait doucement dériver la poésie vers les plages nouvelles où lui-même n'aborda pas (1), » Millevoye, au

---

(1) M. Vinet, *Discours sur la Littérature française*, tome III de sa *Chrestomathie* (1841).

milieu de ses vagues plaintes, n'a jamais de tels accents qui décèlent énergie et passion. On chercherait d'ailleurs vainement dans l'élégie de Parny quelque rapport avec ce que le genre est devenu ensuite chez Lamartine, quelques vers peut-être çà et là, des traces de loin en loin qui rappellent les mêmes sentiers où ils ont passé :

> Fuyons ces tristes lieux, ô maîtresse adorée,
> Nous perdons en espoir la moitié de nos jours!

Lamartine a presque répété ce dernier vers (1). Et dans l'élégie dernière de Parny, qu'on relise cet adieu final si pénétré :

> Le chagrin dévorant a flétri ma jeunesse ;
> Je suis mort au plaisir, et mort à la tendresse.
> Hélas! j'ai trop aimé ; dans mon cœur épuisé,
>     Le sentiment ne peut renaître.
> Non, non, vous avez fui pour ne plus reparaître,
> Première illusion de mes premiers beaux jours,
> Céleste enchantement des premières amours!
>     O fraîcheur du plaisir! . . . . . . . .

En lisant ces vers, nous sentons s'éveiller et murmurer au dedans de nous cet écho du *Vallon :*

> J'ai trop vu, trop senti, trop aimé dans ma vie...

On peut dire qu'en général l'élégie de Lamartine commence là où celle de Parny se termine, à la douleur, à la séparation, au désespoir ; mais le poëte moderne a su rajeunir, revivifier tout cela par les espérances d'immortalité et par l'essor aux sphères supérieures : ainsi les plus beaux sonnets de Pétrarque sont ceux qui naissent après la mort de Laure. L'Éléonore de Parny, naïve et facile, manque d'élévation, d'avenir, d'idéal, de ce je ne sais quoi qui donne

---

(1) C'est dans une élégie des *secondes Méditations :*
>     Aimons-nous, ô ma bien-aimée...
> La moitié de leurs jours, hélas! est consumée
>     Dans l'abandon des biens réels.

l'immortelle jeunesse ; elle n'a jamais eu d'étoile au front. Il n'est peut-être pas un nom de femme, parmi les noms amoureux célébrés en vers, dont on ait plus parlé en son temps, dont on se soit plus inquiété, avec une curiosité romanesque. Cinquante années n'étaient pas encore écoulées que lorsqu'on prononçait simplement le nom d'Éléonore, on ne se souvenait plus de celle de Parny, on ne songeait qu'à la seule et unique Éléonore, à celle de Ferrare et du Tasse : il n'y a que l'idéal qui vive à jamais et qui demeure.

Si touchés que les contemporains aient pu être des grâces vives et naturelles de Parny, et de ses traits de passion, il ne faudrait pas croire que certains défauts essentiels leur aient entièrement échappé. Le *Mercure de France* (8 janvier 1780) sait très-bien regretter, par exemple, que l'expression de la tendresse ne se mêle pas plus souvent chez le poëte à celle de la volupté, et que l'amour n'anime pas de couleurs plus riches son imagination et sa veine (1). Dans les *Annales politiques* de Linguet (tome V, page 104), on fait remarquer très-justement que, si ce n'est pas la pudeur, c'est au moins la délicatesse, que M. de Parny a blessée, en disant à sa maîtresse dans sa pièce de *Demain :*

> Dès demain vous serez moins belle,
> Et moi peut-être moins pressant.

Et en effet, ce n'était pas à son Éléonore, mais à une cer-

---

(1) Cet article du *Mercure* est de plus assez sévère pour le style. Il est vrai que Parny avait eu un tort d'irrévérence en disant à la fin de son premier recueil :

> Dans les sentiers d'Anacréon
> Égarant ma jeunesse obscure,
> Je n'ai point la démangeaison
> D'entremêler une chanson
> Aux écrits pompeux du *Mercure*.

L'*Année littéraire* (année 1778, t. II), en rendant compte très-favorablement des Poésies de Parny, n'avait eu garde d'omettre ce petit trait contre le journal adverse.

taine Euphrosine, que le poëte tenait d'abord ce langage si leste et si peu amoureux. On trouverait enfin dans les diverses critiques du temps la preuve qu'une foule d'expressions courantes et déjà usées, telles que *les charmes arrondis*, *les plaisirs par centaine*, les *chaînes* et les *peines* accouplées invariablement à la rime, et autres lieux-communs érotiques, ne satisfaisaient pas les bons juges. Mais, malgré les réserves de détail que l'on savait faire, personne alors ne se rendait bien compte de ce qui manquait foncièrement à ce style, et comment il péchait par la trame même.

Dans une lettre touchante de Français (de Nantes), que j'ai sous les yeux, cet homme excellent, ce bienfaiteur véritable des dernières années de Parny, l'appelle ingénument le *premier poëte classique du siècle de Louis XVI*. Oui, Parny était bien cela, il l'était dans son genre à meilleur titre que Delille; mais le malheur, c'est que l'époque de Louis XVI n'avait rien de ce qui constitue un *siècle;* ce n'était qu'un *règne* d'un goût passager et d'un jargon poétique aimable. Parny sut se préserver mieux qu'aucun autre de la contagion, il sut s'en préserver à sa manière tout autant que Fontanes; il ramena et observa suffisamment le goût et le naturel dans l'élégie, mais il ne créa pas le style. Or, il aurait fallu le retremper alors tout entier. Convenons qu'un poëte élégiaque n'est pas nécessairement tenu à de tels frais d'originalité; il chante dans la langue de son temps, heureux et applaudi quand il y chante le mieux, et il n'a pas charge de refaire avant tout son instrument. Voilà ce qu'il faut dire pour rester juste envers Parny; mais les circonstances n'en furent pas moins pour lui un malheur irréparable. Avec son organisation délicate et fine, avec ses instincts de simplicité et de mélodie, il est permis de conjecturer que, nourri à une meilleure époque, plus loin de Trianon, et venu du temps de Racine, il aurait été un élégiaque parfait.

Pour apprécier autant qu'il convient le mérite naturel et touchant des élégies de Parny, il suffit de lire celles qu'a

essayées Le Brun, si sèches, si fatiguées et si *voulues*.
Pour apercevoir d'autre part ce qu'il y aurait eu à tenter
d'indispensable et de neuf dans la forme et dans la trame,
il suffit de se rappeler les élégies d'André Chénier. Bertin,
dont le nom ne saurait être omis dans un article sur Parny,
l'intéressant et chaleureux Bertin, semble avoir mieux entrevu un coin de la tâche qu'il eût fallu entreprendre; mais
son louable, son généreux effort d'émulation à la Properce
est resté inachevé.

Parny touchait à peine à l'âge de vingt-cinq ans, et il
semblait déjà embarrassé de sa très-jeune muse d'hier; il
disait à la fin de sa *Journée champêtre* :

> Il n'est qu'un temps pour les douces folies,
> Il n'est qu'un temps pour les aimables vers.

Mais, quand les vingt-cinq ans furent loin, ce dut être
bien pis. Tout le monde lui parlait d'Éléonore, et il sentait
que pour lui le souvenir même s'enfuyait, s'effaçait déjà
dans le passé. Combien de fois il dut répondre, non sans
un mouvement d'impatience, aux admirateurs et questionneurs indiscrets :

> Ne parlons plus d'Éléonore ;
> J'ai passé le mois des amours !

Au fond, il pensait toujours comme lorsqu'il avait dit dans
sa riante peinture des *Fleurs :*

> Pour être heureux, il ne faut qu'une amante,
> L'ombre des bois, les fleurs et le printemps.

C'était le printemps qui lui faisait défaut désormais. On a
remarqué que certaines natures poétiques, voluptueuses
et sensibles, se flétrissent vite; la première fleur passée,
elles ne donnent qu'un fruit peu abondant, après quoi ce
n'est plus qu'une écorce mince et sèche, à laquelle, s'il se
peut, s'attache un reste de l'ancien parfum. La forme même
des traits change, ce qui était le nerf de la grâce devient
aisément maigreur, la finesse du sourire tourne à la malice. Je ne veux pas dire que Parny ait jamais subi toute

la métamorphose, ni même qu'il en ait donné signe tout d'abord. Il y eut bien des années intermédiaires ; ces années-là sont difficiles à passer. J'ai souvent pensé qu'un poëte élégiaque, qui, son amour une fois chanté, se tairait à jamais et obstinément, comme Gray, par exemple, agirait bien plus dans l'intérêt de sa gloire ; il se formerait autour de son œuvre je ne sais quoi de mystérieux, de conforme au genre et au sujet. Son chant, comme celui des oiseaux qui ne chantent que durant la saison des amours, s'en irait mourir vaguement dans les bois. Mais que voulez-vous ? il faut bien faire quelque chose de son talent, lorsqu'une fois on l'a développé ; il vous reste et vous sollicite, même après que la fraîcheur ou l'ardeur première du sentiment s'est dissipée ; car, tout poëte élégiaque l'a dû éprouver amèrement, ce n'est pas tant la vie qui est courte, c'est la jeunesse.

En 1784, Parny sentit la nécessité d'une pause, et sembla vouloir mettre le signet à sa poésie ; il publiait la quatrième édition de ses *Opuscules*, édition corrigée et *augmentée pour la dernière fois :* « Nous pouvons assurer, disait l'avertissement, que ce Recueil restera désormais tel qu'il est. » Puis il quitta la France, retourna en passant à l'île Bourbon, et fit le voyage de l'Inde, où on le trouve attaché, en qualité d'aide de camp, au gouverneur. Mais cet exil occupé lassa bientôt sa paresse ; il donna sa démission du service et de toute ambition, et, revenu à Paris, publia, en 1787, son choix agréable de *Chansons madecasses* recueillies sur les lieux, et qu'on peut croire légèrement arrangées. Cette attention inaccoutumée qu'il accordait à des chants populaires et primitifs nous avertit de remarquer que les *Études de la Nature* avaient paru dans l'intervalle et cinq ou six ans après la publication de ses élégies. La couleur locale, que Parny n'avait pas eu l'idée d'employer en 1778, lui souriait peut-être davantage depuis qu'il en avait vu les brillants effets et le triomphe (1).

(1) Un de nos amis (M. Désiré Laverdant) qui s'est sérieusement oc-

A la suite des chansons en prose, on lisait en un clin-d'œil, dans le mince volume, les dix petites pièces intitulées *Tableaux*, simple jeu d'un crayon gracieux et encore léger, mais où déjà l'on pouvait voir une redite, la même image toujours reprise et caressée, une variante affaiblie d'une situation trop chère, dont l'imagination du poëte ne saura jamais se détacher.

La révolution éclata, et Parny, malgré les pertes de fortune qu'il y fit successivement et qui atteignirent sa paresse indépendante, ne paraît, à aucun moment, l'avoir maudite, ni, comme tant d'autres plus timorés, plus inconséquents ou plus sensibles, l'avoir trouvée en définitive trop chèrement achetée : la ligne littéraire qu'il y suivit invariablement atteste assez qu'elle comblait à certains égards ses vœux encore plus qu'elle ne décevait ses espérances. On raconte qu'il avait composé un poëme sur les *Amours des Reines de France*, et qu'il le brûla par délicatesse à l'époque où ce poëme aurait pu, en tombant entre des mains parricides, devenir une arme d'infamie contre d'illustres victimes. L'esprit humain enferme de telles contradictions et de telles particularités qu'au moment où, par un sentiment généreux, Parny jetait au feu son poëme galant sur les reines de France, parce qu'alors on les égorgeait, il se mettait à composer à loisir et sans le moindre remords cet autre poëme où il *houspillait*, selon son mot, *les serviteurs de Dieu*, tandis qu'ils étaient bien *houspillés* en effet au

cupé de Madagascar, et qui a pris la peine de recueillir quelques chansons malegaches authentiques, nous confirme d'ailleurs dans notre doute, et nous assure que les *Chansons madecasses* de Parny sont tout à fait *impossibles :* « Il a inventé, nous dit-on, les nuances de sentiment, les caractères qu'il prête à cet état de société, et jusqu'aux noms propres; c'est du Parny enfin, du sauvage très-agréablement embelli. » La comparaison de quelques pièces du vrai cru avec celles de Parny, et les considérations piquantes que pourrait suggérer ce rapprochement, nous mèneraient ici trop loin; nous espérons en tirer matière un jour à un petit chapitre supplémentaire. On n'en a pas besoin, en attendant, pour conclure que Parny entendait le primitif un peu comme Macpherson, et pas du tout comme Fauriel.

dehors, c'est-à-dire égorgés aussi ou pour le moins déportés. Nous touchons ici à son grand crime, à son tort vraiment déplorable, irréparable, et qui souille une renommée jusque-là charmante. Ah! que Parny n'est-il mort comme son ami Bertin au sortir de la jeunesse, à la veille des tempêtes sociales qui allaient soulever tant de limon! On se prend pour lui à le regretter. Quel glorieux souvenir sans tache il eût laissé alors, et quel libre champ ouvert au rêve ! Cet aimable éclat s'est à jamais terni. Je ne crois faire, dans tout ceci, aucun puritanisme exagéré, aucune concession à des doctrines et à des croyances qu'il n'est pas nécessaire d'ailleurs de partager soi-même pour avoir l'obligation de les respecter dans la conscience de ses semblables, et surtout pour devoir ne pas les y aller blesser mortellement, lascivement et par tous les moyens empoisonnés. Dussault a très-bien dit de *la Guerre des Dieux* que ce poëme figurera dans l'histoire de la Révolution, encore plus qu'il ne marquera dans celle de la littérature, et à ce titre il réclame quelque considération sérieuse. Parny le composa depuis l'an III environ jusqu'à l'an VII, époque de la publication; dans l'intervalle, divers morceaux et même des chants tout entiers avaient été insérés dans *la Décade*, principal organe du parti philosophique. Au moment de l'apparition du volume, Ginguené, ancien camarade de collége de Parny, mais poussé surtout par son zèle pour la bonne cause, donna dans *la Décade* jusqu'à trois articles favorables (1), analyses détaillées et complaisantes, dans lesquelles il étalait le sujet et préconisait l'œuvre : « L'auteur, disait-il, l'a conçue de manière que les uns (les Dieux) sont aussi ridicules dans leur victoire que les autres dans leur défaite, et qu'il n'y a pas plus à gagner pour les vainqueurs que pour les vaincus. » Après toutes les raisons données de son admiration, le critique finissait par convenir qu'il se trouvait bien par-ci par-là, dans les ta-

---

(1) Voir les numéros du 30 pluviôse, du 10 ventôse et du 10 germinal an VII.

bleaux, quelques traits « qu'une décence, non pas bégueule, mais philosophique, et que le goût lui-même pouvaient blâmer; » il n'y voyait qu'un motif de plus pour placer le nouveau poëme à côté de celui de Voltaire, de cet ouvrage, disait Ginguené, « qu'il y a maintenant une véritable tartufferie à ne pas citer au nombre des chefs-d'œuvre de notre langue. » Le succès de *la Guerre des Dieux* fut tel, que trois éditions authentiques parurent la même année, sans parler de deux ou trois contrefaçons. Les petits vers anodins, comme du temps du *Mercure*, les madrigaux philosophiques pleuvaient sur Parny pour le féliciter. Quant à la rumeur soulevée chez les *rigoristes*, Ginguené n'y voyait que des cris suscités, soufflés aux simples par l'*adroit fanatisme* et par le *royalisme rusé*. C'est le même critique qui allait bientôt se montrer si sévère dans cette même *Décade* contre le *Génie du Christianisme* de son compatriote Chateaubriand. Ainsi d'honnêtes esprits, de recommandables écrivains ont leurs impulsions acquises, des directions presque irrésistibles, et se laissent emporter sans scrupule au courant d'une opinion, sous prétexte qu'elle est la leur (1).

L'année même où parut *la Guerre des Dieux*, et qui fut celle où s'exhalait le dernier soupir du Directoire, vit paraître une série de publications de même nature qui montrent à quel point la littérature alors n'avait pas moins besoin que la société d'un 18 brumaire, je veux seulement dire de quelque chose d'assainissant et de réparateur. C'est à cette date de l'an VII que naquirent aussi *les Quatre Métamorphoses*, de Lemercier; les *Priapeia* de l'abbé Noël n'avaient précédé que de quelques mois (an VI); je mentionne à peine *le Poëte* de Desforges, et je passe sous silence le De Sade; mais une simple liste des ouvrages publiés en cette fin d'orgie est parlante, et déclare assez le progrès d'une contagion dont les hommes honorables

---

(1) Voir encore, si l'on est curieux de suivre l'engagement, *la Décade*, an VIII, troisième trimestre, p. 554, et quatrième trimestre, p. 47.

n'avaient plus toujours la force de se préserver. Parny lui-même autrefois, dans un joli dialogue qu'il avait trop oublié, et qui eût été ici bien plus à propos, avait pu dire :

> Quel est ton nom, bizarre enfant ? — L'Amour. —
> Toi l'Amour? — Oui, c'est ainsi qu'on m'appelle. —
> Qui t'a donné cette forme nouvelle? —
> Le temps, la mode, et la ville et la Cour(1). —
> Quel front cynique ! et quel air d'impudence !
> . . . . . . . . . . . . . . . .
> Mais qu'aperçois-je? un masque dans tes mains,
> Des pieds de chèvre et le poil d'un satyre?
> Quel changement ! . . . . . . . .

J'ai quelquefois pensé que, si le Directoire avait pu se prolonger un peu honnêtement, il serait sorti de là une littérature plus originale, plus neuve que la plupart des soi-disant classiques du moment n'étaient à même de le soupçonner. Selon Lemercier, qui s'en rendait mieux compte, il s'agissait, par certains essais, de *repoétiser* notre langue, devenue trop timide(2). Mais ce qui aurait toujours nui à la valeur de ces tentatives, c'est que l'époque était trop relâchée, trop gâtée pour rien engendrer de complet et qui fît ensemble. Je le répète, sur ce point littéraire aussi, il fallait un 18 brumaire. Bonaparte n'eut garde de s'y tromper : il étendit la main à la littérature comme aux autres vices de la société, et ne tarda pas à y ramener la décence, la régularité, et par malheur aussi le mot d'ordre qu'il imposait en toute chose. Le début du Consulat s'ouvre dans une assez belle proportion encore d'ordre et de liberté, et on sait quelles œuvres brillantes ont honoré cette date glorieuse. L'Empire y coupa court, et pécha par excès de police littéraire, comme le Directoire

---

(1) Ce mot *la Cour* indique une date antérieure; le dialogue est en effet de 1788; mais qu'il s'appliquait bien mieux encore dix ans plus tard !

(2) *Décade* de l'an VII, troisième trimestre, p. 100.

avait péché par le contraire. Quant à Parny en particulier, Bonaparte le considéra toujours un peu comme un des vaincus du 18 brumaire; il ne lui pardonna guère plus qu'aux idéologues. Pour lui, c'était un idéologue surpris un jour en gaieté et qui avait fait esclandre.

Le succès de *la Guerre des Dieux* ne fit que mettre Parny en verve, et il continua sur le même ton dans divers chants restés inédits et dans d'autres petits poëmes qui parurent sous le titre de *Portefeuille volé*, en 1805. Pour ne pas avoir l'air d'éluder le jugement littéraire, même en telle matière où la question morale et sociale domine tout, nous dirons une bonne fois que n'avoir lu la Bible, comme le fit Parny, que pour en tirer des parodies plus ou moins indécentes, c'était se juger soi-même et (religion à part) donner, comme poëte, la mesure de son élévation, la limite de son essor. Après cela, nous ne ferons aucune difficulté de reconnaître qu'il développe en cette carrière nouvelle plusieurs des qualités épiques, un art véritable de composition, des agréments de conteur, et qu'il y rencontre, dans le genre gracieux, bien des peintures fines et molles, telles qu'on peut les attendre de lui : l'épisode de *Thaïs et Élinin* a mérité d'être extrait du poëme dont il fait partie et de trouver place dans les *OEuvres choisies*, où, ainsi détaché, il peut paraître comme un malicieux fabliau.

Le grand écueil des élégiaques qui vieillissent (et Parny y a donné en plein dans ses divers poëmes irréligieux), c'est de ne savoir pas rompre avec l'image séduisante qui revient de plus en plus chère, bien que de jour en jour plus fanée. L'imagination n'était que voluptueuse dans la jeunesse; elle court risque, en insistant, de devenir licencieuse, si de graves pensées nées à temps ne l'enchaînent pas. La seconde manière de Parny est comme une preuve perpétuelle de ce triste progrès, et on aurait peut-être, depuis lui, à citer encore d'autres exemples (1).

---

(1) Je donnerai ici une ode au *Plaisir* qu'on peut supposer traduite

Parny, au reste (et ceci achève le tableau), ne paraît pas s'être douté, sous le Directoire, de l'excès d'orgie d'alen-

en prose d'un élégiaque étranger, allemand ou anglais; elle exprime sous une autre forme la pensée que nous venons de rencontrer à propos de Parny; mais il y faudrait la fraîcheur de touche d'un Gray ou d'un Collins :

« O doux et cher Génie, au regard vif et tendre; au vol capricieux, rapide; à l'accent vibrant, argenté, mélodieux; dont la chevelure exhale un parfum sous la couronne à demi penchée; dont la main porte un rameau de myrte en fleur, ou d'amandier tout humide de gouttes de rosée qui brillent au soleil du matin; ou qui, le soir, assoupis tes pas sur les gazons veloutés aux rayons de la lune;

« O Dieu de la jeunesse et de la tendresse, langoureux comme une femme, hardi comme un amant; volage, imprévu, consolateur; — ô PLAISIR, à toi, avant que ma voix ait perdu son timbre qui pénètre et cet accent que tu connais, à toi mes adieux!

« Tu fus tout pour moi. Enfant, dans la maison sombre au foyer chaste, dans la cour sévère, je rêvais sans te connaître, je rêvais à toi. Aux champs, derrière la haie épaisse, je te sentais là, tu m'accompagnais : parfois la brise m'apportait d'étranges bouffées ou des soupirs. Mes premières larmes de poëte étaient vers toi, ô vague Enchanteur !

« Grandissant, dans la jeunesse, au milieu des traverses et des rudes travaux, tu ne m'apparus pas encore. Alors je te connaissais pourtant; je t'avais vu de loin, sans t'atteindre. Je saignais, je souffrais. Non visité de toi, était-ce la peine de vivre? je voulais mourir. C'est alors que la Poésie en moi chanta; mais c'était toi, c'était le Plaisir amèrement désiré, qui la fit dès l'abord douce et profonde.

« Je te saisis, je t'atteignis enfin, ô Plaisir; le long retard m'avait rendu comme insensé : je ne craignais pas dans ma fougue de déchirer les franges de ta tunique légère, d'arracher les fleurs de ta tête et de tes mains; mais tout renaissait vite et se réparait comme sur la personne d'un Dieu. Tu me laissais, au sortir de tes bras, des tristesses délicieuses. Ce que la Muse a chanté par ma voix de plus pur, de plus chaste et religieux, c'est au retour de tes violents embrassements, ô Plaisir !

« L'Amour vint. Je n'ai jamais connu l'Amour sans toi, sans ton espoir, sans ta promesse, sans ta possession enfin et tes grâces abandonnées. Tu souris trop peu à nos amours que tant d'obstacles jaloux traversèrent; tu y souris pourtant assez, ô Plaisir, pour que l'image en reste, au fond de mon cœur, pleinement couronnée.

« Hélas! l'Amour a menti! toi, tu ne mentais pas, ô Plaisir. Dans les détresses du cœur, dans mes fuites désespérées, combien de fois tout d'un coup, comme une Déesse au tournant d'un bocage, tu m'es apparu! La tristesse s'envolait, je répondais à ton sourire; je suivais tes pas, ô Consolateur, avec le sentiment de la mort dans mon sein; j'étais heureux au bord du néant. La vie d'un soir était douce encore.

« Hélas! les années sont venues; tu m'es apparu plus rarement, et ton sourire chaque fois était moins beau. Quand je t'ai suivi, je déchirais encore ta tunique brillante, je froissais tes fleurs sur ta tête, mais, comme auparavant, elles ne se réparaient plus. Je te suis cher encore, ô Plaisir; tes bras volontiers m'enchaînent; mais, en vieillissant, ne serais-tu donc plus comme un Dieu? O toi qui fus tour, et de l'énormité du scandale dont lui-même il pouvait dire si présentement : *Pars magna...* Dans un *Hymne pour la Fête de la Jeunesse*, qu'il composait pour le printemps de l'an VII, il faisait chanter à de jeunes garçons :

>     Loin de nous les leçons timides,
>     Loin de nous les leçons perfides
>  Et les vils préjugés que la France a vaincus !
>     Levons notre tête affranchie,
>     Et que le printemps de la vie
> *S'embellisse toujours du printemps des vertus* (1) !

L'illusion, on le voit, et l'oubli de l'ivresse étaient poussés un peu loin ; le réveil pourtant se préparait.

Au lendemain de l'apparition de *la Guerre des Dieux*, une place se trouvait vacante à l'Institut ; il s'agissait de remplacer Delille qui s'était obstiné, un peu tard, à émigrer. Parny arrivait sur les rangs et en première ligne ;

---

mon seul charme renaissant, ma seule illusion constante, sois-le à jamais ! Cessons plutôt que de douter ; mieux vaut s'arrêter à temps, mieux vaut renoncer à toi plutôt que de t'avilir ! Reste pour moi le Dieu au front humide, à l'œil brillant, à la branche d'amandier. La mort habite dans mon cœur, mon deuil de toi est immense : deuil sacré ! il est désormais ma seule poésie ! »

(1) *Décade* an VII, troisième trimestre, page 97, côte à côte avec un fragment des *Quatre Métamorphoses*. — On a la lettre par laquelle Parny adressait sa pièce au ministre de l'intérieur, François de Neufchâteau, *bonhomme* de lettres, s'il en fut, qui ordonnait solennités sur solennités, lançait des circulaires en tous sens et se donnait un mouvement extraordinaire pour rendre un air de vie à cette fin de Directoire.

« Citoyen Ministre,

« Vous m'avez engagé à composer un Hymne pour la Fête de la Jeunesse. Je souhaite que celui-ci remplisse vos vues. Il conviendra aux Écoles publiques si le chant est facile à retenir, c'est-à-dire moins savant que mélodieux. Si vous désirez quelques changements, je me ferai un devoir et un plaisir de me conformer à vos intentions.

« Salut et respect.

« Paris, le 22 vendémiaire an VII. « Évariste PARNY,
« *Rue Taitbout*, n° 15. »

L'hymne de Parny fut, en effet, publiquement chanté le décadi 10 germinal, même année, à la Fête de la Jeunesse (voir le *Moniteur* du 14 germinal).

mais le délire d'imagination auquel il venait de se livrer lui fit perdre des suffrages, et l'aimable Legouvé l'emporta sur lui. Ce ne fut que quelques années après, en 1803, que Parny eut le fauteuil, en remplacement de M. Devaisnes. Sa réception, qui eut lieu le 6 nivôse an XII (28 décembre 1803), fut un événement. La séance se tint dans la salle du Louvre, et ce fut une des dernières avant la translation de l'Institut aux Quatre-Nations. La société, qui renaissait et qui obéissait déjà à tout un autre reflux d'idées, y accourut en foule et dans les dispositions d'une curiosité quelque peu malicieuse ; c'était le même monde qui venait d'inaugurer le *Génie du Christianisme*, et tout récemment de faire le succès de *la Pitié* de Delille, succès qu'on peut considérer comme une revanche sociale de celui de *la Guerre des Dieux*. Garat, au nom de l'Institut, devait répondre à Parny, et l'on se demandait comment le philosophe se tirerait de l'endroit difficile. Parny ne put lire son discours lui-même, à cause de la faiblesse de sa voix et même d'une certaine difficulté de prononciation (1) : ce fut Regnault de Saint-Jean d'Angely qui lui prêta son organe sonore. Le discours de Parny, très-convenable, indique le pli définitif de son esprit, une fois la première fleur envolée : quelque chose de juste, de bien dit, mais d'un peu sec. Quoique le goût et la morale ne soient pas exactement la même chose, il pouvait sembler piquant de trouver si rigoriste sur le chapitre des doctrines littéraires celui qui l'avait été si peu tout à côté. Quant à Garat, son discours dura trois quarts d'heure, ce qui semblait alors très-long pour un discours d'académie ; il parla de beaucoup de choses, et, lorsqu'il en vint à prononcer le mot de *Guerre des Dieux*, l'auditoire qui l'attendait là, et qui commençait à se décourager, redoubla de silence ; ce fut en vain : l'orateur sophiste échappa à la difficulté par un vrai tour de *passe-passe* assez comparable à celui par lequel il avait

---

(1) Ce n'était une difficulté que relativement au discours public ; Parny avait la bouche fine et mince, le contraire de l'*ore rotundo*.

traversé toute la révolution, en n'étant ni pour les girondins ni pour les jacobins, mais entre tous. Ainsi, dans cette fin de discours, il se mit à faire un magnifique éloge de la piété tendre et sensible, puis, en regard, un non moins magnifique portrait de la vraie philosophie; puis, au sortir de ce parallèle, il s'échappa dans une vigoureuse sortie contre le fanatisme qui, seul, trouble *la paix si facile à établir,* disait-il, *entre les deux parties intéressées*; s'animant de plus en plus devant cet ennemi, pour le moment du moins, imaginaire, l'orateur compara tout d'un coup le fanatique ou l'hypocrite à l'incendiaire Catilina lorsqu'il vint pour s'asseoir dans le sénat de Rome et que tous les sénateurs, d'un mouvement de répulsion unanime, le délaissèrent *sur son banc seul, épouvanté et furieux de sa solitude....* On se retournait, on regardait de toutes parts pour chercher cet incendiaire, car il était bien évident que, dans la pensée de Garat, ce n'était point M. de Parny. Quelques honnêtes auditeurs s'y méprirent pourtant et crurent que Garat avait voulu blâmer d'une manière couverte le récipiendaire. *La Décade,* dans son article du 10 nivôse (an XII), s'attacha à *rétablir le fil des idées* que les malveillants, disait-on, avaient tâché d'embrouiller. Mais on avait devant soi des adversaires mieux en état de riposter qu'en l'an VII. M. de Feletz, dans un de ces articles ironiques du *Journal des Débats* comme il les savait faire, disait : « M. Garat voulait parler à M. de Parny de son
« poëme honteusement célèbre de *la Guerre des Dieux.* En
« a-t-il fait l'éloge? en a-t-il fait la censure? Tel a été son
« entortillage, que ce point a paru problématique à quel-
« ques personnes; mais ce doute seul déciderait la question,
« et prouverait que M. Garat applaudit au poëme (1)... »
Comme on était alors dans tout le feu du projet de descente en Angleterre, Fontanes termina la séance par la lecture d'un chant de guerre contre les Anglais, mêlé de chœurs et dialogué, avec musique de Paisiello.

(1) *Mélanges* de M. de Feletz, t. III, p. 519.

Aux environs de ce moment, Parny faisait écho aux mêmes passions patriotiques, en publiant son poëme de *Goddam!* dont le sujet n'est autre que cette descente en Angleterre, la parodie de la vieille lutte de Harold et de Guillaume. Tout cela est d'un esprit peu étendu, trop peu élevé, d'un talent facile toujours et parfois encore gracieux. Les amis, du reste, ne cherchaient point à dissimuler les défauts de cette œuvre de circonstance, et les ennemis commençaient à dire que M. de Parny, qui avait si bien chanté les *amours*, avait un talent moins décidé pour chanter les *guerres*(1). J'ai hâte de sortir de cette triste période et de cette critique ingrate pour retrouver le Parny que nous avons droit d'aimer. On le retrouvait déjà dans le petit poëme d'*Isnel et Asléga* qui parut d'abord en un chant (1802) et que l'auteur développa plus tard en quatre. Cette douce et pure esquisse, ou plutôt ce pastel, aujourd'hui fort pâli, s'offrait en naissant avec bien de la fraîcheur et dans toute la nouveauté de ces teintes d'Ossian, que l'imitation en vers de Baour-Lormian venait de remettre à la mode.

Dans cette même édition de ses *OEuvres diverses* (1802) où se lisait la première version d'*Isnel et Asléga*, Parny s'était attaché à ne rien faire entrer que d'avouable et d'incontestable; il y a réussi, et l'on peut dire que depuis on ne trouverait à peu près rien à ajouter au choix accompli qu'il fit alors. On y distinguait cette mélodieuse *complainte*, imitée de l'anglais, sur la mort d'Emma :

---

(1) Il avait surtout prouvé ce peu d'aptitude à chanter, comme dit Anacréon, *Cadmus* et les *Atrides*, par un certain dithyrambe sur le vaisseau *le Vengeur* (*Almanach des Muses*, année 1795); ce dithyrambe est certainement la chose la plus platement prosaïque qui se puisse imaginer. On conçoit que Le Brun, qui prenait ici une revanche éclatante sur son vainqueur en élégie, ait pu dire un jour, dans un éloge un peu épigrammatique :

> Parny, demi-Tibulle, écrivit mollement
> Des vers inspirés par les Grâces
> Et dictés par le sentiment.

> Naissez, mes vers, soulagez mes douleurs,
> Et sans effort coulez avec mes pleurs....

On y goûtait surtout ces autres vers sur *la mort d'une jeune fille*, et qu'on ne peut omettre de citer dans un article sur Parny, bien qu'ils soient dans toutes les mémoires :

> Son âge échappait à l'enfance.
> Riante comme l'innocence,
> Elle avait les traits de l'Amour ;
> Quelques mois, quelques jours encore,
> Dans ce cœur pur et sans détour
> Le sentiment allait éclore.
> Mais le Ciel avait au trépas
> Condamné ses jeunes appas.
> Au Ciel elle a rendu sa vie,
> Et doucement s'est endormie
> Sans murmurer contre ses lois :
> Ainsi le sourire s'efface ;
> Ainsi meurt, sans laisser de trace,
> Le chant d'un oiseau dans les bois.

Voilà de ces vers discrets, délicats, sentis, comme il sied à l'élégiaque qui n'a plus d'amours à chanter d'en laisser échapper encore ; si quelque chose en français pouvait donner idée de ce je ne sais quoi qui fait le charme dans le trait léger et à peine touché d'Anacréon, ce serait cette pièce où Parny, sans y songer, s'est montré un Anacréon attendri. Je noterai aussi le joli *tableau* intitulé *le Réveil d'une Mère*; on s'est étonné que ces jouissances pures d'une épouse vertueuse, ces chastes sourires d'un intérieur de famille aient trouvé, cette fois, dans Parny un témoin qui sût aussi bien les traduire et les exprimer ; mais c'est que les torts de Parny, s'il n'en avait eu que contre la pudeur et s'il ne s'était attaqué directement aux endroits les plus sacrés de la conscience humaine, ne seraient guère que ceux de l'époque qu'il avait traversée dès sa jeunesse. « Il ne faudrait pas trop nous juger sur certaines de nos œuvres, me disait un jour un vieillard survivant, avec un accent que j'entends encore : *monsieur, nous avons été trompés par les mœurs de notre temps.* »

Le Parny de ces jolis pièces qu'on se plaît à citer était bien celui qu'on retrouvait avec agrément dans la société et dans l'intimité, aux années du Consulat et de l'Empire, celui qui, n'ayant plus rien d'érotique au premier aspect, rachetait ces pertes de l'âge par quelque chose de fin, de discret, de noble, que tous ceux qui l'ont approché lui ont reconnu. Plusieurs de ses poésies portent témoignage de sa liaison étroite avec les Macdonald, les Massa; c'est vers ce temps aussi qu'il dut beaucoup à Français (de Nantes). Les détails de cette dernière relation sont touchants et honorent les deux amis. Les Muses, de tout temps, ont eu à souffrir, elles ont eu souvent à solliciter; seulement elles le font avec plus ou moins de dignité et de conscience d'elles-mêmes. Théocrite, dans sa belle pièce intitulée *les Grâces ou Hiéron*, a dit : « C'est toujours le soin des filles
« de Jupiter, toujours le soin des chantres, de célébrer
« les immortels, de célébrer aussi les louanges des braves
« et des bons. Les Muses sont des déesses, et les déesses
« chantent les dieux, tandis que nous, nous sommes des
« mortels, et les chants des mortels s'adressent aux mor-
« tels. Donc, lequel de tous ceux qui habitent sous l'au-
« rore azurée accueillera dans sa maison avec tendresse
« mes Grâces qui s'envolent vers lui, se gardant bien de
« les renvoyer sans présents? Car elles alors, toutes fâ-
« chées, s'en reviennent à la maison, pieds nus, en me
« reprochant grandement d'avoir fait un voyage stérile,
« et, craintives désormais, elles attendent là, assises sur
« le fond d'un coffre vide, tenant la tête basse entre leurs
« genoux glacés; et ce banc de repos leur est bien dur,
« après qu'elles n'ont rien obtenu!... »

Ainsi parlait Théocrite, accusant déjà son époque d'être toute à l'industrie et à l'argent. Je ne sais ce que répondit Hiéron; mais Parny, lui, n'eut point à se repentir d'avoir envoyé ses *Grâces* frapper à la porte du cabinet de Français (de Nantes), et elles ne lui revinrent point avec un refus. Nous sommes assez heureux pour pouvoir donner la lettre simple, sérieuse et digne que le poëte écrivait à l'homme en place en le sollicitant. Ici, n'oublions pas que nous sommes dans les temps modernes, et tout de bon (n'en déplaise à Théocrite) dans le siècle de fer de la prose ; l'Hiéron ou le Mécène est un directeur-général des droits-réunis.

« Monsieur le Directeur,

« La place de bibliothécaire en chef du Corps-Législatif qui m'avait été promise ne sera point créée. Si l'on avait pris sur-le-champ cette détermination, j'aurais sollicité, au nom des Muses, qui n'ont pas le privilége de pouvoir vivre sans pain, un recoin obscur dans votre propre bureau. Il n'est sans doute plus temps. Cependant je m'adresse à vous, sinon avec espoir, du moins avec confiance. Le travail des bureaux ne m'est point étranger : j'ai exercé pendant treize mois un emploi dans ceux de l'Intérieur, et je ne me chargeais pas des choses les plus faciles. Je suis toujours tout entier à ce que je fais : peut-être même trop, car ma santé en souffre quelquefois.

« Agréez, monsieur le directeur, mes salutations respectueuses.

Év<sup>te</sup> Parny,
« rue de Provence, 32.

« Paris, le 30 messidor (1). »

Cette lettre ne put être publiée du vivant de Français (de Nantes); un sentiment de délicatesse, que l'on conçoit de sa part, répugnait à la livrer; « et puis il ne faut pas, répondait-il agréablement, qu'en parodiant le vers de Boileau on puisse dire :

« Parny buvait de l'eau quand il chantait les Dieux ! »

Mais pourquoi n'oserait-on pas tout révéler aujourd'hui que vous n'êtes plus, ô homme excellent, si l'on s'empresse

(1) La date de l'année doit être 1804, c'est-à-dire l'année de la formation des droits-réunis.

d'ajouter que le poëte vous dut ces soins d'une grâce parfaite, ces attentions du cœur qui ne se séparaient pas du bienfait, et si l'on remarque à l'honneur de tous deux, comme l'a très-bien dit M. Tissot, que l'un garda toujours dans ses éloges la même pudeur que l'autre dans ses services ?

Parny avait contracté, à la fin de 1802, un mariage qui le rendit, durant ses dernières années, aussi heureux qu'on peut l'être quand le grand et suprême bonheur s'est enfui. La personne qui se consacra à charmer ainsi ses ennuis et à consoler ses regrets était une créole aimable, déjà mère de plusieurs enfants d'un premier mariage : la douceur de la famille commença au complet pour Parny. On raconte que, quelques années auparavant, celle qui avait été Éléonore, devenue veuve et libre, et restée naïve, avait écrit de Bourbon à son chantre passionné pour lui offrir sa main ; mais il était trop tard, et Parny ne laissa échapper que ce mot : « Non, non, ce n'est plus Éléonore. » — Celle-ci alors, selon la chronique désormais certaine et très-positive, se remaria, vint en France, habita et mourut en Bretagne, et l'on se souvient d'elle encore à Quimper-Corentin.

Les dernières années de Parny ne furent point oisives, et, dans sa retraite, il continua de se jouer à des compositions d'assez longue haleine. *Les Déguisements de Vénus* marquent comme le dernier adieu, un peu trop prolongé, à ces douceurs volages dont, plus jeune, il avait dit :

> Sur les plaisirs de mon aurore
> Vous me verrez tourner des yeux mouillés de pleurs,
> Soupirer malgré moi, rougir de mes erreurs,
> Et même en rougissant les regretter encore.

On crut déjà remarquer, dans les nudités de ce badinage, quelque recherche d'invention et d'expression ; mais, dans son poëme des *Rose-Croix* (1807), ses admirateurs eux-mêmes se virent forcés de reconnaître de l'obscurité et de la sécheresse, défauts les plus opposés à sa vraie manière. C'était un signe pour Parny de s'arrêter. Il parut le comprendre et ne fit à peu près rien depuis ce temps, rien que des bagatelles plus ou moins gracieuses, dont la négligence ne pouvait compromettre sa gloire. Cette gloire était réelle, et, malgré les quelques éclipses et les taches qu'elle s'était faites à elle-même, on la trouve, vers 1810, universellement établie et incontestée. Marie-Joseph Chénier, dans ce qu'il dit du poëte en son *Tableau de la Littérature*, n'est qu'un rapporteur fidèle. Parny avait la position et le renom du premier élégiaque de son temps et, pour mieux dire, de toute notre littérature ; comme Delille, comme Fontanes à cette époque, il régnait, lui aussi, à sa manière, bien que dans un jour plus voilé et plus doux. Tout en se tenant *dans son coin* (c'était son mot), il avait conscience de ce rang élevé, de ce rang *premier*, et en usait avec modestie, avec bienveillance pour les talents nouveaux, avec autorité toutefois. On a ses billets et réponses en vers à Victorin Fabre, à Millevoye, à M. Tissot qui venait de traduire avec feu *les Baisers* de Jean Second ; aux compliments gracieux qu'expriment ces petits billets rimés, il savait mêler en simple prose et dans la conversation des conseils d'ami et de maître (1).

Parny se montrait très-opposé, et presque aussi vivement qu'aurait pu l'être un critique de profession, au goût nouveau qui tendait à s'introduire et dont les essais en vers n'avaient rien jusque-là, il est vrai, de bien séduisant. On

---

(1) Voici, par exemple, une de ses lettres adressée à M. Tissot, au sujet de la traduction en vers des *Bucoliques*, dont ce dernier préparait, vers 1812, une seconde édition ; on y sent bien la netteté et la précision qui étaient familières à Parny :

« Lundi, 21.

« Point de notes marginales, mon cher Tissot ; elles sont toujours incomplètes et insuffisantes. Telle critique nécessiterait deux pages d'écriture ; et même ces deux pages diraient mal et ne diraient pas du tout. Venez demain mardi ; nous serons seuls depuis onze heures du matin jusqu'à neuf heures du soir, y compris la demi-heure du dîner.

« Vous savez que je ne suis pas maître de mes idées ; quand elles arrivent, elles m'entraînent. Prenez-moi donc dans le moment où ma tête est vide.

« Vous avez un rival, et ce rival est dangereux (*Millevoye*). S'il ne serre pas

peut douter qu'il se fût jamais converti, même en voyant des preuves meilleures. Il est au contraire très-aisé de soupçonner ce qu'il aurait pensé des tentatives et des élancements mystiques de la lyre nouvelle, et on croit d'ici l'entendre répéter et appliquer assez à propos à plus d'un poëte monarchique et religieux de 1824, à certains de nos beaux rêveurs langoureux et prophètes (s'il avait pu les voir), qui, en ce temps-là, mêlaient par trop le psaume à l'élégie et tranchaient du séraphin :

> Cher *Saint-Esprit*, vous avez de l'esprit,
> Mais cet esprit souvent touche à l'emphase :
> C'est un esprit qui court après la phrase,
> Qui veut trop dire, et presque rien ne dit.
> Vous n'avez pas un psaume raisonnable.
> L'esprit qui pense et juge sainement,
> Qui parle peu, mais toujours clairement
> Et sans enflure, est l'esprit véritable.

C'est assez dire d'ailleurs combien il n'eût rien entendu, selon toute probabilité, aux mérites sérieux, aux qualités d'élévation et de haute harmonie qui sont l'honneur de cette lyre moderne. Parny était demeuré, à bien des égards, le premier élève de Voltaire ; il est vrai qu'on doit vite ajouter, pour le définir, qu'il a été le plus *racinien* entre les voltairiens.

Dans l'habitude de la vie, surtout vers la fin, il restait assez volontiers silencieux, et pouvait paraître mélancolique, ou même quelquefois sévère. La maladie qui le retint, qui le cloua chez lui à partir de 1810, et dont l'un des

---

d'assez près l'original, il rachètera en partie ce défaut par l'élégance et l'harmonie du style. Aussi vous me trouverez sévère, sévérissime.

« Faites-moi un mot de réponse par Desmarets.   P. »

On aura remarqué cette espèce d'aveu que fait Parny qu'il n'est pas *maître*, à certains moments, *de ses idées*, et que sa verve l'emporte : c'est qu'en effet, sous sa froideur apparente et sa sobriété habituelle de langage, il avait, jusqu'à la fin, de ces courants secrets et rapides de pensées qui tiennent aux poëtes ; aux saisons heureuses, et quand il ne fait pas encore froid au dehors, cela s'appelle la *veine*.

graves symptômes était une enflure progressive des jambes, dut contribuer à cette altération de son humeur. Avant ce temps, il était de belle taille, mince, élégant; il eut toujours l'air très-noble, et l'âge lui avait dessiné un profil qui rappelait, par instants, celui de Voltaire, mais un profil bien moins accusé, très-fin, et qu'Isabey a si délicatement touché de son crayon. A considérer l'original de ce portrait, je songeais qu'il en est un peu pour nous du talent de Parny comme de ce profil, et qu'il a besoin d'être bien regardé pour qu'on en saisisse aujourd'hui le trait léger, le tour presque insensible. L'aimable Isabey, que j'interroge, traduit lui-même et complète d'un mot mon impression en disant du visage et de la physionomie de Parny : *C'était un oiseau.* Parny, comme on peut croire, avait le ton de la meilleure compagnie; point de bruit, point de fracas, rien de tranchant. Il parlait, ai-je dit, avec un petit défaut de prononciation : c'était un parler un peu court, un peu saccadé, pourtant agréable et doux; quand il s'animait, son feu se faisait jour, et sa conversation, sans y viser, arrivait au brillant et au charme. A ces sorties trop rares, on sentait que le poëte en lui aimait à se retirer au dedans, mais qu'il n'avait pas péri.

Parny mourut le 5 décembre 1814, avant d'avoir pu même entrevoir le déclin et l'échec de sa gloire. Sa mort, au milieu des graves circonstances publiques, excita de sensibles, d'unanimes regrets, et rassembla, un moment, tous les éloges. Comme on avait perdu Delille l'année précédente, on remarquait que c'était ainsi que, dans l'antiquité, Virgile et Tibulle s'étaient suivis de près au tombeau. Certes, Parny était bien, en toute légitimité, un *cadet de Tibulle*, comme il s'intitulait lui-même modestement, tandis que Delille n'était au plus que *l'abbé Virgile*. Béranger, alors à ses débuts, pleura Parny par une chanson touchante et filiale; elle nous rappelle combien son essaim d'abeilles, avant de prendre le grand essor et de s'envoler dans le rayon, avait dû butiner en secret et se nourrir au sein des œuvres de l'élégiaque railleur. Il est à croire que, si l'on avait conservé quelques-unes de ces élégies toutes premières de Lamartine qui ont été jetées au feu, on aurait le lien par lequel ce successeur, trop grand pour être nommé un rival, se serait rattaché, un moment, à Parny. — Voilà tout ce qu'il m'a été possible de ramasser et de combiner ici sur le gracieux poëte, trop longtemps oublié de nous ; et je n'ai voulu autre chose, en produisant ces divers souvenirs et ces jugements, que lui apporter en définitive un hommage, de la part d'un de ceux-là même qui eussent le moins trouvé grâce devant lui.

1er décembre 1844.

# LOUISE LABÉ [1].

« J'en veux presque au spirituel et savant auteur de la notice de n'avoir pas défendu plus chaudement cette bonne Louise, à qui beaucoup de péchés ont dû être remis... Je trouve plus de véritable amour dans ses sonnets que dans la plupart des vers de cette époque, dont la poésie est plus souvent maniérée que naïve. »
*Lettre de* BÉRANGER *à l'éditeur M. Boitel.*

Mais si en moi rien y a d'imparfait,
Qu'on blâme Amour : c'est lui seul qui l'a fait.
LOUISE LABÉ, *Élégie* III.

Cette célèbre Lyonnaise a obtenu un honneur que n'ont pas eu bien des noms littéraires plus fastueux, on n'a pas cessé de la réimprimer : l'édition de ses œuvres, publiée en 1824, avec notes, commentaires et glossaire, était la sixième au dire des éditeurs, ou plutôt la septième, comme l'a prouvé M. Brunet; et voilà qu'un imprimeur de Lyon, connaisseur et littérateur distingué lui-même, M. Léon Boitel, vient de faire pour sa tendre compatriote, la Sapho du seizième siècle, ce que M. Victor Pavie faisait, il y a peu d'années, à Angers, pour Joachim Du Bellay : il vient d'en publier une charmante édition de luxe, tirée à 200 exemplaires, avec notice de M. Collombet, mais débarrassée

---

[1] *OEuvres de Louise Labé.* — A Lyon, de l'imprimerie de Boitel (1845). — Ce portrait serait à joindre à ceux que nous avons tracés des principaux poëtes de la même époque, à la suite de notre *Tableau de la Poésie française au seizième siècle* (édit. de 1843).

d'ailleurs de toute cette surcharge de notes qui ne sont bonnes qu'une fois, et qu'il faut laisser en leur lieu à l'usage des érudits. En ne craignant pas de s'occuper à son tour des œuvres de l'aimable élégiaque, M. Collombet, le sérieux traducteur de Salvien et de saint Jérôme, a fait preuve de patriotisme et de bon esprit ; il n'a pas eu plus de faux scrupule que n'en eurent en de telles matières ces érudits du bon temps, l'abbé Goujet, Niceron et autres ; les vrais catholiques, à bien des égards, sont les plus tolérants. Pour nous, cette publication nouvelle nous est une occasion heureuse, que nous ne laisserons pas échapper, de réparer, envers Louise Labé, un oubli, une légèreté involontaire qu'un critique ami, M. Patin, nous reprochait dernièrement avec grâce (1). Il est toujours très-doux de pouvoir réparer envers un poëte, surtout quand ce poëte est une femme.

Nous avons beaucoup trop négligé Louise Labé, parce qu'en étudiant au seizième siècle le mouvement et la succession des écoles, on la rencontre très-peu. C'est une gloire, un charme de plus pour une muse de femme de ne pas avoir rang dans la mêlée et de ne pas intervenir dans ces luttes raisonneuses. Louise Labé fut un peu en son temps comme madame Tastu, comme madame Valmore du nôtre : sont-elles classiques, sont-elles romantiques? elles ne le savent pas bien ; elles ont senti, elles ont chanté, elles ont fleuri à leur jour ; on ne les trouve que dans leur sentier et sur leur tige. A d'autres la discussion et les théories! à d'autres l'arène!

Les œuvres de Louise Labé parurent pour la première fois en l'année 1555, c'est-à-dire au moment où toute la génération éveillée par Du Bellay et Ronsard prenait son essor, où la jeune école de droit de Poitiers, Vauquelin et ses amis, se produisaient dans leur ferveur de prosélytes, et où, sur toutes les rives du Clain et de la Loire, retentissaient, comme des chants d'oiseaux, des milliers de sonnets, quelques-uns charmants déjà, quelques autres un peu rau-

---

(1) *Journal des Savants,* n° de décembre 1844.

ques encore. Mais Louise Labé, précédemment louée par Marot, n'eut pas besoin, elle, pour s'élancer à son tour, de rompre avec le passé et de s'éprendre de cette ardeur rivale. Si elle dut en partie ce rôle d'exception au caractère tout intime et passionné de ses vers, elle ne le dut pas moins à la position littéraire qu'occupait alors en France la cité lyonnaise. Lyon, en effet, était un centre plus à portée de l'Italie et qui gagnait à ce voisinage quelques rayons plus hâtifs de cette docte et bénigne influence ; Lyon avançait, on peut le dire, sur le reste de nos provinces, et peut-être, à certains égards, sur la capitale. Des Florentins en grand nombre, à chaque trouble survenu dans la république des Médicis, avaient émigré sur ce point et y avaient fondé une espèce de colonie qui continuait d'associer, comme dans la patrie première, l'instinct et le génie du négoce au noble goût des arts et des lettres. De telle sorte, la *renaissance* à Lyon s'était faite insensiblement par voie d'infusion successive, et il y eut bien moins lieu que partout ailleurs au coup de tocsin de 1550, qui ressemblait à une révolution. Les preuves de ce fait général seraient abondantes, et le Père de Colonia, sans en tirer toutes les conséquences, a pris soin d'en rassembler un grand nombre dans l'histoire littéraire qu'il a tracée de sa cité adoptive. L'Académie de Fourvière, espèce de société de gens doctes et considérables, d'érudits et même d'artistes, dans le goût des académies d'Italie, et qui devançait la plupart des fondations de ce genre, date du commencement du seizième siècle. Lorsqu'au début de son règne Henri II, avec Catherine de Médicis, fit sa première entrée solennelle à Lyon en septembre 1548, la petite colonie des Florentins voulut donner à la reine le régal de la *Calandra*, représentée par des comédiens qu'on avait mandés exprès d'au delà des monts. La fête même de cette réception était dirigée dans son ensemble par Maurice Sève, ancien conseiller-échevin et poëte distingué du temps ; les Sève tiraient leur origine d'une ancienne famille piémontaise. Ce Maurice Sève, qui célébra en *quatre cent cinquante-huit* dizains une maîtresse poétique sous le nom de *Délie*, s'acquit l'estime des deux écoles ; les novateurs, qui aspiraient à introduire une poésie plus savante et plus relevée que celle de leurs devanciers, ne manquent jamais, dans leurs préfaces et manifestes, d'admettre une exception expresse en faveur de Maurice Sève. Celui-ci faisait en quelque sorte école, une école intermédiaire, et lorsque Pontus de Thiard qui écrivait dans le Mâconnais, c'est-à-dire dans le rayon ou ressort poétique de Lyon, publiait en 1548 ses *Erreurs amoureuses*, qui devançaient les débuts de la Pléiade à laquelle il allait appartenir, c'est à Maurice Sève qu'il adressait le premier sonnet. On le voit donc, la réforme poétique, tentée ailleurs avec éclat et rupture, s'entamait à Lyon sans qu'il y eût, à proprement parler, de solution de continuité ; mais il n'en faudrait pas conclure qu'elle s'y produisît plus coulamment ni d'une veine plus ménagée. L'érudition de Maurice Sève et de Pontus de Thiard, leur quintessence platonique et scientifique ne laisse rien à désirer aux obscurités premières de Ronsard et de ses amis ; et ils n'ont pas l'avantage de se dégager par moments, comme ceux-ci, avec netteté, avec un jet de talent proportionné à l'effort ; ils ne se débrouillent jamais. Louise Labé était disciple de Maurice Sève, et elle lui dut assurément beaucoup pour les études et les doctes conseils ; mais, si elle atteignit dans l'expression à quelques accents heureux, à quelques traits durables, elle ne les puisa que dans sa propre passion et en elle-même.

Sa vie est restée très-peu éclaircie, malgré la célébrité dont elle jouit de son vivant, malgré les mille témoignages poétiques qui l'entourèrent et dont on a conservé le recueil comme une guirlande. Cette célébrité même et le caractère passionné de ses poésies furent cause qu'après sa mort il se forma insensiblement sur elle une légende qui, accueillie et propagée sans beaucoup d'examen par des critiques d'ordinaire plus circonspects, par Antoine Du Verdier et Bayle, recouvrit bientôt le vrai et finit par rendre l'intéressante figure tout à fait méconnaissable. Les consciencieux éditeurs de 1824 sont heureusement venus remettre en lumière quelques points authentiques, et ils se sont appliqués surtout (tâche assez difficile et méritoire) à restituer à Louise Labé son honneur comme femme, en même temps qu'à lui maintenir sa gloire comme poëte. Ouvrez, en effet, la *Bibliothèque françoise* de Du Verdier et le *Dictionnaire* de Bayle, vous y voyez Louise Labé désignée tout crûment par la qualification de *courtisane lyonnoise*. Bayle, qui n'a pour autorité que Du Verdier, se donne le plaisir de broder là-dessus et d'accorder à sa plume, en cet endroit, tout le libertinage qui fait comme le grain de poivre de son érudition. La Monnoye, dans ses notes sur La Croix du Maine, en a usé à son exemple; il cite sur Louise Labé un petit distique et un quatrain qu'on ne trouve point, dit-il, dans la guirlande de vers à sa louange; je le crois bien, car ces petits vers salaces ont tout l'air d'être de la façon du malin commentateur lui-même. Nous pourrions faire comme lui et nous égayer sans peine aux dépens de la belle Louise; nous croyons même savoir une petite épigramme qui ne se trouve pas non plus dans le recueil des vers imprimés en son honneur, et que La Monnoye, qui donnait dans l'inédit, a, je ne sais pourquoi, négligée. La voici :

> N'admirez tant que *la belle Cordière*
> D'Amour en elle ait conçu tout le feu :
> Son bon mari qui n'entendoit le jeu
> Chez lui tenoit fabrique journalière,
> Grand magazin de câbles et d'agrès,
> Croyant le tout étranger à la Dame ;
> Mais Amour vint, la malice dans l'âme,
> Choisit la corde et n'y mit que les traits (1).

(1) Depuis la publication première de cet article, j'ai dû la petite communication suivante à l'obligeance de M. Péricaud, le docte bibliothécaire de la ville de Lyon : je l'enregistre comme je la reçois :

« Il existe dans une bibliothèque peu connue un exemplaire des œuvres de Louise Labé (édition de Rouen, 1556), qui paraît avoir appartenu à La Monnoye. On y chercherait inutilement le huitain cité par

Que si l'on examine de plus près les témoignages des contemporains de Louise Labé, les indications et inductions qui ressortent de ses vers mêmes, on n'atteint pas à la certitude (où est la certitude en un sujet si délicat?), on arrive toutefois à la mieux voir, à la voir tout autre qu'à travers les badineries des commentateurs érudits, lesquels ont fait ici, en sens inverse, ce que tant de bons légendaires

M. Sainte-Beuve, mais on y trouve écrites sur les feuillets de *garde*, par une main qui doit être contemporaine de l'édition, les deux petites pièces que voici :

I.

Dum credulus Labœæ
Vir ille gestiebat (?)
In cannabis referta
Et staminum taberna,
Huc fervidus Diones
Venit puer, malamque
Stupæ facem trahenti (?)
Est ausus admovere :
Incenditur supellex
Omnis tua, Annemunde;
Quidni jecur tenellum
Ignesceret Labœæ?

II.

Quis isthmiæ te Laidi dicat parem,
Labbæa, Lugduni decus,
Illiterati cui videbantur minus
Nervi rigere, et fascinum
Languere, doctis ni probè frictum libris?
Nam vulva doctrinæ patens,
Te quæstui non manciparas, et lucro
Inesse rebaris stuprum.
Te si diserto contigisset noscere
Lusci Philippi malleo,
Non hunc inanis rumperet tentigo, sed
Gratis abiret pœnitens. »

— Voilà qui devient assez piquant. On sait que Laïs ayant demandé dix mille drachmes à Démosthène pour une nuit, celui-ci répondit qu'il n'achetait pas si cher un repentir. Ici le *gratis pœnitens* sent son fruit moderne. Cette dernière pièce (qu'elle soit du seizième siècle, ou, qui sait? du dix-neuvième) serait, dans tous les cas, fort digne de La Monnoye lui-même. — On m'assure que ces deux épigrammes latines sont de M. P. Rostain, notaire à Lyon.

ont fait pour leurs saints et saintes; je veux dire qu'ils n'ont apporté aucune critique en leur récit, et qu'ils se sont tout simplement délectés à médire, comme les autres à glorifier. Ce qui d'ailleurs a le plus nui à Louise Labé, je m'empresse de le reconnaître, et ce qui a pu induire en erreur, ce sont les pièces mêmes de vers à sa louange attachées à ses œuvres. Chaque siècle a son ton de galanterie et d'enjouement. Au seizième siècle, les honnêtes femmes écrivaient et lisaient l'*Heptameron*, et le grave parlement, dans les Grands-Jours de Poitiers, célébrait sur tous les tons la *Puce* de mademoiselle des Roches. Les sonnets amoureux de Louise Labé mirent en veine bien des beaux esprits du temps, et ils commencèrent à lui parler en français, en latin, en grec, en toutes langues, de ses gracieusetés et de ses baisers (*de Aloysix Labææ osculis*), comme des gens qui avaient le droit d'exprimer un avis là-dessus. Les malins ou les indifférents ont pu prendre ensuite ces jeux d'imagination au pied de la lettre. Je ne prétendrai jamais faire de Louise Labé une Julie d'Angennes, mais en bonne critique il faut grandement rabattre de tous ces madrigaux. De ce qu'une foule de poëtes se déclarèrent bien haut ses amoureux, doit-on en conclure qu'ils furent ses amants, et faut-il prendre au positif les vivacités lyriques d'Olivier de Magny plus qu'on ne ferait les familiarités galantes de Benserade? Je dis cela sans dissimuler qu'il y a, dans les témoignages cités, deux ou trois endroits embarrassants, incommodes; on aimerait autant qu'ils fussent restés inconnus (1). Et puis elle ne recevait pas seulement dans sa maison des poëtes, mais aussi de *braves capitaines*, gens qui se repaissent moins de fumée. *On est* donc *fort entrepris*, selon l'expression prudente de Dugas-Montbel, pour

---

(1) Ce regret doit s'entendre surtout d'une certaine ode d'Olivier de Magny (1559) adressée à *sire Aymon* (ou Ennemond), le mari de *la belle Cordière*; elle a été réimprimée par M. Breghot du Lut, à Lyon, en 1830, dans une *Note pour servir de supplément* à l'édition de 1824; ce post-scriptum dérange un peu les conclusions mêmes de l'excellente édition.

rien asseoir de certain; il y a du pour, il y a du contre. Je ferai valoir le pour de mon mieux.

Louise Charlin, Charly ou Charlieu (on trouve toutes ces variantes de noms dans des actes authentiques), dite communément Louise Labé, était fille d'un cordier de Lyon; elle dut naître vers 1525 ou 1526. Son père était dans l'aisance, et l'on a fait remarquer avec raison que cette profession de marchand cordier s'appliquait alors à un genre de commerce beaucoup plus étendu qu'aujourd'hui, puisqu'il comprenait la fourniture des câbles et des autres cordages nécessaires au service de la navigation. Qui disait cordier pourtant voulait désigner toujours (qu'on le sache bien) un fabricant tenant de l'artisan, qui avait son *tablier* durant la semaine, et mettait lui-même la main à la corde. Ce qui est certain, c'est que l'éducation de Louise fut fort soignée, qu'elle vécut dans les loisirs et les *honnêtes passetemps;* elle apprit la musique, le luth, les arts d'agréments, les belles-lettres, sans négliger pour cela les travaux d'aiguille, et enfin elle associait à ces goûts divers, déjà si complets chez une femme, les exercices de cheval et des inclinations passablement belliqueuses. Il semblait, en un mot, pour parler le langage d'alors, que *Pallas* l'eût instruite en tous ses arts ingénieux et dotée de tous ses dons. Louise Labé, sans viser précisément à l'émancipation des femmes comme nous l'entendons aujourd'hui, faisait quelques pas hardis en ce sens; elle était de celles, ainsi qu'elle le dit dans sa dédicace à son amie *mademoiselle Clémence de Bourges*, qui donnaient le conseil, sinon l'exemple, et qui osaient du moins *prier les vertueuses dames d'élever un peu leurs esprits par-dessus leurs quenouilles et fuseaux.* Chez elle, jeune fille ou femme, ce fut toujours le père ou le mari qui tint la *quenouille;* dans cette profession de cordier, l'expression se trouvait littéralement vraie et sans métaphore. Lyon offrait, à cette époque, une réunion de personnes du sexe très-remarquables par les talents en tous genres, et, à ne consulter que les poésies de Marot, on y trouve célébrées les deux sœurs Sybille et Claudine Sève, parentes de Maurice, la savante Jeanne Gaillarde, toutes plumes *dorées*, comme il dit, et les sœurs Perréal, qui étaient peintres. Louise Labé, qui a très-bien pu, même avant son mariage avec le cordier Ennemond Perrin, s'être appelée *la Belle Cordière*, prit rang de bonne heure, et, dès l'âge de seize ans, sa beauté et son esprit la produisirent. On sait, à n'en pouvoir douter, que, dans son enthousiasme d'amazone, elle alla au siége de Perpignan en 1542, n'étant âgée que de seize ans, et qu'elle y figura en homme d'armes, sous le sobriquet de *Capitaine Loys*. Il est à croire qu'elle suivit en effet à ce siége ou son père ou son frère, fournisseurs peut-être à l'armée, et de là à ses exploits chevaleresques, un peu exagérés sans doute par les poëtes et les admirateurs de sa beauté, il n'y a qu'un pas. Nous n'en ferons pas tout à fait une Jeanne d'Arc ni une Clorinde, non plus que nous n'écouterons Calvin, qui abuse du souvenir de cette aventure pour supposer qu'elle s'habillait continuellement en homme, et qu'elle était reçue dans ce costume chez Saconay, l'un des dignitaires de l'église de Lyon. C'est dans un pamphlet latin contre Saconay qu'il articule ce grief avec force injures. D'autre part, les admirateurs de Louise la comparaient pour ce fait de jeunesse à Sémiramis; elle-même a dit moins pompeusement et en rendant au vrai la couleur romanesque:

> Qui m'eût vu lors en armes fière aller,
> Porter la lance et bois faire voler,
> Le devoir faire en l'estour furieux,
> Piquer, volter le cheval glorieux,
> Pour Bradamante, ou la haute Marphise,
> Sœur de Roger, il m'eût, possible, prise.

D'autres périls plus naturels l'attendaient, auxquels n'échappent guère ces fières héroïnes, et qu'elles recherchent peut-être en secret sous tout ce bruit. Ce fut à ce siége, selon la vraisemblance, ou dans les rencontres qui suivirent, qu'elle s'éprit d'une passion vive pour l'homme de guerre à qui s'adressent évidemment ses poésies et dont elle regrette plus d'une fois l'absence ou l'infidélité par delà les monts. La première des pièces consacrées à la louange de Louise, dans l'édition de 1555, est une petite épigramme grecque qui peut jeter quelque jour sur cette situation ; à la faveur et un peu à l'abri du grec, les termes qui expriment son infortune particulière de cœur y sont formels. Voici la traduction :

« Les odes de l'harmonieuse Sapho s'étaient perdues par la violence du temps qui dévore tout : les ayant retrouvées et nourries dans son sein tout plein du miel de Vénus et des Amours, Louise maintenant nous les a rendues. Et si quelqu'un s'étonne comme d'une merveille, et demande d'où vient cette *poëtesse* nouvelle, il saura qu'elle a aussi rencontré, pour son malheur, un Phaon aimé, terrible et inflexible! *Frappée par lui d'abandon*, elle s'est mise, la malheureuse, à moduler sur les cordes de sa lyre un chant pénétrant ; et voilà que, par ses poésies mêmes, elle enfonce vivement aux jeunes cœurs les plus rebelles l'aiguillon qui fait aimer. »

Cette passion qui s'empara de Louise, d'après son propre aveu (Élégie III), *avant qu'elle eût vu seize hivers*, et qui l'embrasait encore durant le *treizième été* (treize ans après!), fut-elle antérieure à son mariage avec l'honnête et riche cordier Ennemond Perrin, ou se continua-t-elle jusqu'à travers les lois conjugales? C'est une question assez piquante et qu'il n'est pas tout à fait inutile d'agiter, quoiqu'il semble impossible de la résoudre.

Les poésies de Louise Labé parurent pour la première fois en 1555, c'est-à-dire treize ans après le mémorable siége ; à cette époque, il paraît que Louise était mariée ; on le conjecture du moins d'après plusieurs indices que relève la *Notice* de l'édition de 1824, et qu'il ne faudrait peut-être pas discuter de trop près (1). Quoi qu'il en soit, voici ce

---

(1) Ainsi, dit-on, la plupart des pièces d'éloges imprimées avec ses œuvres, en 1555, lui sont adressées avec la qualification de *dame;* mais dans ces mêmes pièces on l'appelle également *pucelle*. Et quant à

qui me paraîtrait le plus vraisemblable : Louise Labé, jeune et libre, aurait aimé et chanté ses ardeurs, comme il était permis alors, et sans trop déroger par là aux convenances du siècle. Puis, ces treize années de jeunesse et de passion écoulées, elle se serait laissé épouser par le bon Ennemond Perrin, beaucoup plus âgé qu'elle, qui lui aurait offert sa fortune, son humeur débonnaire et ses complaisances, à défaut de savoir et de poésie; elle aurait fait en un mot un mariage de raison, un peu comme Ariane désolée (chez Thomas Corneille) si elle avait épousé ce bon *roi de Naxe*, qui était son pis-aller. Son mariage, qu'il ait eu lieu avant ou après la publication des poésies, n'y aurait apporté aucun obstacle, parce que ces poésies étaient connues *depuis longtemps* dans le cercle de Louise Labé, que ses amis en avaient *soustrait des copies*, comme l'allègue le privilége du roi de 1554, qu'ils en avaient même *publié* plusieurs pièces *en divers endroits*, et que son mari ne pouvait en apprendre rien qu'il ne sût déjà, ni en recevoir aucun déshonneur. Voilà une explication qui concilierait à merveille la considération dont Louise ne cessa de jouir de son vivant, avec la vivacité de certains aveux élégiaques et avec la publication de ce qu'elle appelait *ses jeunesses*. Cependant l'ode d'Olivier de Magny, publiée en 1559, et dans laquelle le gracieux poëte, un des adorateurs de Louise Labé, parle très-lestement de ce mari que jusque-là on n'avait vu nommé nulle part ailleurs (1), donne à soupçonner

---

la preuve qu'on veut tirer, pour son mariage, de la description que fait certain poëte du beau jardin voisin du Rhône qu'on dit être celui de son mari, je ne vois pas pourquoi le père de Louise n'aurait pas eu aussi bien, de ce côté, un jardin tout proche des terrains qui servaient aux travaux de leur commune profession. Dans le privilége du roi daté de mars 1554, elle n'est désignée que sous le simple nom de *Louise Labé*, sans le nom du mari.

(1) On en peut prendre idée par le début ; le reste est de plus en plus vif :

    Si je voulois par quelque effort
    Pourchasser la perte ou la mort
    Du Sire Aymon, et j'eusse envie

qu'il n'y a peut-être pas lieu de se mettre tant en frais pour sauver le décorum. Les mœurs de chaque siècle sont si à part et si sujettes à des mesures différentes, qu'il serait, après tout, très-possible que Louise, en sa qualité de bel-esprit, se fût permis, jusque dans le sein du mariage, ces chants d'ardeur et de regret, comme une licence poétique qui n'aurait pas trop tiré à conséquence dans la pratique. Nous-même, en notre temps, nous avons eu des exemples assez singuliers de ces aveux poétiques dans la bouche des femmes. J'ai sous les yeux de très-agréables poésies publiées avant juillet 1830, et qui n'ont pas fait un

> Que sa femme lui fust ravie,
> Ou qu'il entrast en quelque ennui,
> Je serois ingrat envers lui.
>
> Car alors que je m'en vais voir
> La beaulté qui d'un doux pouvoir
> Le cueur si doucement me brusle,
> Le bon Sire Aymon se recule,
> Trop plus ententif (*attentif*) au long tour
> De ses cordes, qu'à mon amour, etc.

On trouverait d'ailleurs dans ce même volume d'*Odes*, d'Olivier de Magny, au livre IV, quelques pièces, d'un tout autre ton, ardentes, respectueuses, où il se dit amoureux d'une *Loyse* (pages 131, 143); dans une ode à Du Bellay (page 133), il décrit les grâces et perfections d'une maîtresse qui, entre autres mérites, a celui de faire des vers aussi bien que *Saint-Gelais*, ce qui ne saurait s'appliquer qu'à un petit nombre; il parle, en une chanson (page 137), d'une beauté qui unit dans ses regards *Mars* à Vénus, ce qui peut s'entendre de notre guerrière; enfin, dans une pièce à *Maurice Sève*, où il se représente comme ayant quitté Lyon et absent de *s'amie* depuis un mois, il s'écrie (page 149) :

> Rivages, monts, arbres et plaines,
> Rivières, rochers et fontaines,
> Antres, forêts, herbes et prez,
> Voisins du séjour de la belle,
> *Et vous petits jardins secrets*,
> Je me meurs pour l'absence d'Elle,
> Et vous vous égayez auprez!

Ne s'agit-il pas, en cet endroit, des jardins si souvent célébrés de Louise Labé? Je le croirais d'autant plus que le reste du signalement semble indiquer la même dame au doux *chant* et à la belle *voix* : αὐδήεσσα, comme a dit Homère de Circé.

pli, je vous assure, de touchantes élégies dans lesquelles une jolie femme du monde écrivait :

> . . . . . J'étais sans nulle défiance ;
> J'avançais en cueillant un gros bouquet de fleurs,
> En chantant à mi-voix un air de mon enfance,
> Avec lequel toujours on m'endormait sans pleurs.
> Tout à coup je le vis au détour d'une allée,
> Je le vis, et n'osai m'approcher d'un seul pas ;
> Je m'arrêtai confuse, interdite, troublée,
> Le regardant sans cesse et ne respirant pas.
> Il était jeune et beau ; sa prunelle azurée
> Se voilait fréquemment par ses cils abaissés...
> Ah ! comme son regard pourtant m'eût rassurée !
> En le voyant ainsi, de mes rêves passés
> Je croyais ressaisir la fugitive image,
> Et retrouver un être aimé depuis longtemps ;
> Mon écharpe effleura le mobile feuillage,
> Et l'inconnu put voir le trouble de mes sens (1) !...

Et quant à ce qui est des jeunes filles poëtes qui parlent aussi tout haut de la beauté des jeunes inconnus, nous aurions à invoquer plus d'un brillant et harmonieux témoignage, que personne n'a oublié, et où l'on n'a pas entendu malice apparemment (2). Tout ceci soit dit pour montrer que Louise Labé a pu s'émanciper quelque peu dans ses vers sans trop déroger aux convenances d'un siècle infiniment moins difficile que le nôtre.

Il est vrai qu'elle s'émancipe un peu plus qu'on ne le ferait aujourd'hui ; son dix-huitième sonnet est tout aussi brûlant qu'on le peut imaginer, et semble du Jean Second tout pur ; c'était peut-être une gageure pour elle d'imiter le

---

(1) *Poésies d'une Femme*, imprimées à Bordeaux dans les premiers mois de 1830.

(2) Au plein cœur de la Restauration, les échos des salons les plus monarchiques ont longtemps répété ce vers de mademoiselle Delphine Gay, dans *le Bonheur d'être belle* :

> Comme, en me regardant, il sera beau ce soir !

On en souriait bien un peu, pourtant on y applaudissait.

poëte latin ce jour-là. Louise était savante, elle lisait les maîtres, elle avait contracté dans le commerce des Anciens cette sorte d'audace et de virilité d'esprit qui peut bien n'être pas toujours un charme chez une femme, mais qui n'est pas un vice non plus. Il faut ne pas oublier cette éducation première en la lisant; mais surtout un trait chez elle absout ou du moins relève la femme, et la venge des inculpations vulgaires : elle eut la passion, l'étincelle sacrée, c'est-à-dire, dans sa position, le préservatif le plus sûr. Il lui échappe en quelques endroits de ces accents du cœur qu'on ne feint pas et qui pénètrent. Bayle et Du Verdier, qui n'entendaient pas finesse au sentimental, ont pu prendre ces élans pour des marques d'un désordre sans frein et continuel : libertinage et passion, c'est tout un pour eux; et Bayle, sans plus de délicatesse, se retrouve ici d'accord avec Calvin. J'en conclurais plutôt (s'il fallait conclure en telle matière) que Louise Labé, en mettant les choses au plus grave, dut être pendant des années aussi uniquement occupée qu'Héloïse.

Les œuvres de Louise Labé se composent, en tout, d'un dialogue en prose intitulé *Débat de Folie et d'Amour*, de trois élégies et de vingt-quatre sonnets, dont le premier est en italien. Une sérieuse et charmante épître dédicatoire à *Mademoiselle Clémence de Bourges, Lionnoise*, prouve mieux que toutes les dissertations à quel point de vue studieux, relevé et, pour tout dire, décent, Louise envisageait ces nobles délassements des Muses : « Quant à moi, dit-elle, tant en escrivant premièrement ces jeunesses que en les revoyant depuis, je n'y cherchois autre chose qu'un honneste passe-temps et moyen de fuir oisiveté, et n'avois point intention que personne que moi les dust jamais voir. Mais depuis que quelcuns de mes amis ont trouvé moyen de les lire sans que j'en susse rien, et que (ainsi comme aisément nous croyons ceux qui nous louent) ils m'ont fait à croire que les devois mettre en lumière, je ne les ai osé escondurre, les menaçant cependant de leur faire boire la moitié de la honte qui en proviendroit. Et pour ce que les femmes ne se montrent volontiers en public seules, je vous ai choisie pour me servir de guide, vous dédiant ce petit œuvre... »

Louise Labé se présente donc devant le public en tenant la main de cette demoiselle honorée dont elle se signe *l'humble amie;* voilà sa condition vraie et si peu semblable à celle qu'on lui a faite à distance.

Qui a lu et qui sait par cœur la jolie fable de La Fontaine, *la Folie et l'Amour*, n'est pas dispensé pour cela de lire le dialogue de Louise Labé dont La Fontaine n'a fait que mettre en vers l'argument, en le couronnant d'une affabulation immortelle :

> Tout est mystère dans l'Amour,
> Ses flèches, son carquois, son flambeau, son enfance...

Le dialogue de Louise Labé, dans la forme ou dans le goût de ceux de Lucien, de la fable de Psyché par Apulée, de l'*Éloge de la Folie* d'Érasme et du *Cymbalum mundi* de Bonaventure Des Periers, est un écrit plein de grâce, de finesse, et qui agrée surtout par les détails. Je laisse à de plus érudits à rechercher à qui elle en doit l'idée originale, le sujet, à quelle source de moyen-âge probablement et de *gaye science* elle l'a puisé, car je ne saurais lui en attribuer l'invention ; mais elle s'est, à coup sûr, approprié le tout par le parfait développement et le tissu ingénieux des analyses. Dès l'abord, dans la dispute qui s'engage entre Amour et Folie au seuil de l'Olympe, chacun voulant arriver avant l'autre au festin des Dieux, Folie, insultée par Amour qu'elle a coudoyé, et après lui avoir arraché les yeux de colère, s'écrie éloquemment : « Tu as offensé la Royne des hommes, celle qui leur gouverne le cerveau, cœur et esprit; à l'ombre de laquelle tous se retirent une fois en leur vie, et y demeurent les uns plus, les autres moins, selon leur mérite. » Les plaintes d'Amour et son recours à sa mère après le fatal accident, surtout le petit dialogue familier entre Cupidon et Jupiter, dans lequel l'enfant aveugle fait la leçon au roi des Dieux, sont semés de traits justes et délicats, d'observations senties, qui décèlent un maître dans la science du cœur. Puis l'audience solennelle commence : Apollon a été choisi pour avocat du plaignant par Vénus, « encore que l'on ait, dit-elle, semé par le monde que la maison d'Apollon (1) et la mienne ne s'accordoient guère bien. » Apollon accepte avec reconnaissance et tient à honneur de démentir ces méchants propos. Mercure, d'autre part, est nommé avocat d'*office* de Folie, et il fera son devoir en conscience, « bien que ce soit chose bien dure à Mercure, dit-il, de moyenner déplaisir à Vénus. » Le discours d'Apollon est un discours d'avocat, un peu long, éloquent toutefois ; il peint Amour par tous ses bienfaits et le montre dans le sens le plus noble, le plus social, et comme lien d'harmonie dans l'univers et entre les hommes. Les diverses sortes d'amour et d'amitié, l'amour conjugal, fraternel, y sont célébrés ; Apollon cite Oreste et Pylade, et n'oublie pas David et Jonathas ; Mercure à son tour citera Salomon. A part ces légères inconvenances, le goût, même aujourd'hui, aurait peu à reprendre en ces deux ingénieuses plaidoiries. Apollon y fait valoir Amour comme le précepteur de la grâce et du savoir-vivre dans la société ; la description qu'il trace de la vie sordide du misanthrope et du *loup-garou*, de celui qui n'aime que soi seul, est énergique, grotesque, et sent son Rabelais : « Ainsi entre les hommes, continue Apollon, Amour cause une connoissance de soi-mesme. Celui qui ne tasche à complaire à personne, quelque perfection qu'il ait, n'en a non plus de plaisir que celui qui porte une fleur dedans sa manche. Mais celui qui desire plaire, incessamment pense à son fait, mire et remire la chose aimée, suit les vertus qu'il voit lui estre agréables et s'adonne aux complexions contraires à soi-mesme, *comme celui qui porte le bouquet en main...* » Tout ce passage du plaidoyer d'Apollon est comme un traité de la bonne compagnie et du bel usage. Retraçant avec complaisance les artifices divers par lesquels les femmes savent,

---

(1) C'est-à-dire Diane et les Muses.

d'ans leur toilette, rehausser ou suppléer la beauté et tirer parti de la mode, il ajoute en une image heureuse : « et avec tout cela, l'habit propre *comme la feuille autour du fruit.* » Amour, au dire d'Apollon, est le mobile et l'auteur de tout ce qu'il y a d'aimable, de galant et d'industrieux dans la société; il est l'âme des beaux entretiens : « Brief, le plus grand plaisir qui soit après Amour, c'est d'en parler. Ainsi passoit son chemin Apulée, quelque philosophe qu'il fust. Ainsi prennent les plus sévères hommes plaisir d'ouïr parler de ces propos, encore qu'ils ne le veuillent confesser. » Et la poésie, qui donc l'inspire? « C'est Cupidon qui a gaigné ce point, qu'il faut que chacun chante ou ses passions, ou celles d'autrui, ou couvre ses discours d'Amour, sachant qu'il n'y a rien qui le puisse faire mieux estre reçu. Ovide a toujours dit qu'il aimoit. Pétrarque, en son langage, a fait sa seule affection approcher à la gloire de celui qui a représenté toutes les passions, coutumes, façons et natures de tous les hommes, qui est Homère. » Quel éloge de Pétrarque! il semblera excessif même à ceux qui savent le mieux l'admirer. Voilà bien le jugement d'une femme, mais d'une femme délicate, éprise des beaux sentiments, non d'une Ninon. En un mot, dans toute sa plaidoirie, Apollon s'attache à représenter Amour dans son excellence et sa clairvoyance, Amour en son âge d'or et avant la chute pour ainsi dire, Amour avant Folie.

Mercure, au contraire, plaide les avantages et les prérogatives de Folie, cette fille de Jeunesse, et son alliance intime, naturelle et nécessaire avec Amour. Il ne voit dans cette grande querelle qui les met aux prises qu'une bouderie d'un instant. Prenez garde, dit-il en commençant, « si vous ordonnez quelque cas contre Folie, Amour en aura le premier regret. » Il entre insensiblement dans un éloge de Folie qui rappelle celui d'Érasme, et il se tire avec agrément de ce paradoxe, *Sans Folie, point de grandeur* : « Qui fut plus fol qu'Alexandre,... et quel nom est plus célèbre entre les rois? Quelles gens ont esté, pour un temps, en plus grande réputation que les philosophes? Si en trouverez-vous peu qui n'ayent esté abreuvés de Folie. Combien pensez-vous qu'elle ait de fois remué le cerveau de Chrysippe? » Il poursuit de ce ton sans trop de difficulté, et de manière à frayer le chemin à Montaigne; mais c'est quand il en vient aux charmantes analogies de Folie et d'Amour, que Mercure (et Louise Labé avec lui) retrouve son entière originalité. Il soutient plaisamment, et non sans quelque ombre de vraisemblance, que les plus folâtres sont les mieux venus auprès des dames : « Le sage sera laissé sur les livres, ou avec quelques anciennes matrones, à deviser de la dissolution des habits, des maladies qui courent, ou à démesler quelque longue généalogie. Les jeunes Dames ne cesseront qu'elles n'ayent en leur compagnie ce gay et joli cerveau. » Toutes les chimères et les fantaisies creuses dont se repaissent les amoureux au début de leur flamme sont merveilleusement touchées. Puis, à mesure que, dans cette analyse prise sur le fait, il suit plus avant les progrès de la passion, le trait devient plus profond aussi, et le ton s'élève. Il n'est pas possible, à un certain endroit, de méconnaître le rapport de la situation décrite avec ce qu'exprimeront tout à côté les sonnets de Louise : « En somme, dit-elle ici par la bouche de Mercure, quand cette affection est imprimée en un cœur généreux d'une Dame, elle y est si forte, qu'à peine se peut-elle effacer; mais le mal est que le plus souvent elles rencontrent si mal, que plus aiment et moins sont aimées. Il y aura quelqu'un qui sera bien aise leur donner martel en teste, et fera semblant d'aimer ailleurs, et n'en tiendra compte. Alors les pauvrettes entrent en estranges fantaisies, ne peuvent si aisément se défaire des hommes, comme les hommes des femmes, n'ayans la commodité de s'eslongner et commencer autre parti, chassans Amour avec autre Amour. Elles blasment tous les hommes pour un. Elles appellent folles celles qui aiment, maudissent le jour que premièrement elles aimèrent, protestent de jamais n'aimer; mais cela ne leur dure guère. Elles remettent incontinent devant les yeux ce qu'elles ont tant aimé. Si elles ont quelque enseigne de lui, elles la baisent, rebaisent, sèment de larmes, s'en font un chevet et oreiller, et s'escoutent elles-mesmes plaignantes leurs misérables détresses. Combien en vois-je qui se retirent jusques aux Enfers pour essayer si elles pourront, comme jadis Orphée, révoquer leurs amours perdues? Et en tous ces actes, quels traits trouvez-vous que de Folie? avoir le cœur séparé de soi-mesme, estre maintenant en paix, ores en guerre, ores en trefve; couvrir et cacher sa douleur; changer visage mille fois le jour; sentir le sang qui lui rougit la face, y montant, puis soudain s'enfuit, la laissant pâle, ainsi que honte, espérance ou peur nous gouvernent; chercher ce qui nous tourmente, feignant le fuir, et néanmoins avoir crainte de le trouver; n'avoir qu'un petit ris entre mille soupirs; se tromper soi-mesme; brusler de loin, geler de près; un parler interrompu, un silence venant tout à coup, ne sont-ce tous signes d'un homme aliéné de son bon entendement?... Reconnois donc, ingrat Amour, quel tu es, et de combien de biens je te suis cause!... »

Il règne dans tout ce passage une éloquence vive et comme une expression d'après nature; le mouvement de comparaison soudaine avec Orphée : « Combien en vois-je... » est d'une véritable beauté. — Mercure a donc mis dans tout son jour la vieille *ligue* qui existe entre Folie et Amour, bien que celui-ci n'en ait rien su jusqu'ici. Il conclut d'un ton d'aisance légère en faveur de sa cliente : « Ne laissez perdre cette belle Dame, qui vous a donné tant de contentement avec Génie, Jeunesse, Bacchus, Silène, et ce gentil Gardien des jardins. Ne permettez fascher celle que vous avez conservée jusques ici sans rides, et sans pas un poil blanc; et n'ostez, à l'appétit de quelque colère, le plaisir d'entre les hommes. »

L'arrêt de Jupiter qui remet l'affaire à huitaine, c'est-à-dire à *trois fois sept fois neuf siècles*, et qui provisoirement commande à Folie de guider Amour, clôt à l'amiable le débat : « Et sur la restitution des yeux, *après en avoir parlé aux Parques*, en sera ordonné. » Cet excellent dialogue, élégant, spirituel et facile, mis en regard des vers de Louise

Labé, est un exemple de plus (cela nous coûte un peu à dire) qu'en français la prose a eu de tout temps une avance marquée sur la poésie.

Les vers de Louise sont en petit nombre. Ses trois élégies coulantes et gracieuses sentent l'école de Marot; elle y raconte comment Amour l'assaillit en son âge le plus *verd* et la dégoûta aussitôt des œuvres ingénieuses où elle se plaisait ; elle s'adresse à l'ami absent qu'elle craint de savoir oublieux ou infidèle, et lui dit avec une tendresse naïve :

> Goûte le bien que tant d'hommes désirent,
> Demeure au but où tant d'autres aspirent,
> Et crois qu'ailleurs n'en auras une telle.
> Je ne dis pas qu'elle ne soit plus belle,
> Mais que jamais femme ne t'aimera
> Ne plus que moi d'honneur te portera.
> Maints grands seigneurs à mon amour prétendent,
> Et à me plaire et servir prests se rendent ;
> Joûtes et jeux, maintes belles devises,
> En ma faveur sont par eux entreprises ;
> Et néanmoins tant peu je m'en soucie,
> Que seulement ne les en remercie.
> Tu es tout seul tout mon mal et mon bien ;
> Avec toi tout, et sans toi je n'ai rien.

La situation de Louise, ainsi absente loin de son ami qui porte les armes en Italie, a dû servir à imaginer celle de Clotilde de Surville, qui, par ce coin, semble modelée sur elle. Clotilde bien souvent n'est qu'une Louise aussi vive amante, mais de plus épouse légitime et mère. C'est dans ses sonnets surtout que la passion de Louise éclate et se couronne par instants d'une flamme qui rappelle Sapho et l'amant de Lesbie. Plusieurs des sonnets pourtant sont pénibles, obscurs ; on s'y heurte à des duretés étranges. Ainsi, pour parler du tour du soleil, elle écrira :

> Quand Phébus a son *cerne* fait en terre.

C'est là du Maurice Sève, pour le contourné et le rocailleux; ce Sève, je l'ai dit, tenait lieu à Louise de Ronsard. Elle n'observe pas toujours l'entrelacement des rimes masculines et féminines, ce qui la rattache encore à l'école antérieure à Du Bellay. Mais toutes ces critiques incontestables se taisent devant de petits tableaux achevés comme celui-ci, où se résument au naturel les mille gracieuses versatilités et contradictions d'amour :

> Je vis, je meurs; je me brusle et me noye;
> J'ai chaud extresme en endurant froidure;
> La vie m'est et trop molle et trop dure;
> J'ai grands ennuis entremeslés de joye.
>
> Tout à un coup je ris et je larmoye,
> Et en plaisir maint grief tourment j'endure;
> Mon bien s'en va, et à jamais il dure;
> Tout en un coup je sèche et je verdoye.
>
> Ainsi Amour inconstamment me mène :
> Et quand je pense avoir plus de douleur,
> Sans y penser je me treuve hors de peine.
>
> Puis quand je crois ma joye estre certaine,
> Et estre au haut de mon desiré heur,
> Il me remet en mon premier malheur.

Louise était évidemment nourrie des Anciens : on pourrait indiquer et suivre à la trace un assez grand nombre de ses imitations; mais elle les fait avec art toujours et en les appropriant à sa situation particulière (1). Son précé-

---

(1) Ainsi, à la fin de son élégie première, elle se souvient de Tibulle qui dit (liv. I, élég. v) contre le médisant et le jaloux :

> Vidi ego, quod juvenum miseros risisset amores,
> Post Veneris vinclis subdere colla senem...

Louise Labé applique cela, non plus à un homme, mais à une femme, à quelqu'une de celles qui la blâmaient :

> Telle j'ai vu qui avoit en jeunesse
> Blasmé Amour, après en sa vieillesse
> Brusler d'ardeur et plaindre tendrement
> L'aspre rigueur de son tardif tourment.
> Alors de fard et eau continuelle
> Elle essayoit se faire venir belle..., etc.

dent sonnet et sa manière en général de concevoir la Vénus éternelle m'ont rappelé un très-beau fragment de Sophocle, assez peu connu, que nous a conservé Stobée (1). Je ne crois pas m'éloigner beaucoup de Louise en le traduisant ; il remplacera le morceau de Sapho, trop répandu pour être cité.

« O jeunes gens ! la Cypris n'est pas seulement Cypris, mais elle est surnommée de tous les noms ; c'est l'Enfer, c'est la violence irrésistible, c'est la rage furieuse, c'est le désir sans mélange, c'est le cri aigu de la douleur ! Avec elle toute chose sérieuse, paisible, tourne à la violence. Car, dans toute poitrine où elle se loge, aussitôt l'âme se fond. Et qui donc n'est point la pâture de cette Déesse ? Elle s'introduit dans la race nageante des poissons, elle est dans l'espèce quadrupède du continent ; son aile s'agite parmi les oiseaux de proie, parmi les bêtes sauvages, chez les humains, chez les Dieux là-haut ! Duquel des Dieux cette lutteuse ne vient-elle pas à bout au troisième effort ? S'il m'est permis (et il est certes bien permis de dire la vérité), je dirai qu'elle tyrannise même la poitrine de Jupiter. Sans lance et sans glaive, Cypris met en pièces d'un seul coup tous les desseins des mortels et des Dieux. »

Et puisque j'en suis à ces réminiscences des Anciens, à celles qui purent se rencontrer en effet dans l'esprit de Louise ou à celles qu'aussi elle nous suggère, on me permettra une légère digression encore qui, moyennant détour, nous ramènera à elle finalement. Parmi les hymnes attribués à Homère, il en est un très-beau adressé à Vénus. Le début ressemble par l'idée au fragment de Sophocle qu'on vient de lire ; le poëte chante la Déesse qui fait naître le désir au sein des hommes et des Dieux, et chez tout ce qui respire. Mais il n'est que trois cœurs au monde qu'elle ne peut persuader ni abuser, et près desquels elle perd ses sourires : à savoir, « l'auguste Minerve, qui n'aime que les combats, les mêlées, ou les ouvrages brillants des arts,

---

(1) *Anthologie* de Stobée, titre LXIII.

et qui enseigne aux jeunes filles, sous le toit domestique, les adresses de l'aiguille; puis aussi la pudique Diane aux flèches d'or et au carquois résonnant, qui n'aime que la chasse sur les montagnes, les hurlements des chiens, ou les chœurs de danse et les lyres, et les bois pleins d'ombre, et le voisinage des cités où règne la justice; et enfin la vénérable Vesta, la fille aînée de l'antique Saturne, restée la plus jeune par le décret de Jupiter, laquelle a fait vœu de virginité éternelle, et qui, à ce prix, est assise au foyer de la maison, à l'endroit le plus honoré, recevant les grasses prémices. » A part ces trois cœurs qui lui échappent, Vénus soumet tout le reste, à commencer par Jupiter, dont on sait les aventures. Or, de peur qu'elle ne se puisse vanter d'être seule à l'abri des mésalliances, Jupiter, un jour, l'enflamme elle-même pour le beau pasteur Anchise, qui fait paître ses bœufs sur l'Ida. La manière dont elle le vient aborder, la coquetterie de sa toilette et l'artifice de discours qu'elle déploie pour le séduire sans l'effrayer, sont d'un grand charme et d'une largeur encore qui ne messied pas à la poésie homérique. Elle a soin de le surprendre à l'heure où les autres pasteurs conduisent leurs troupeaux par les montagnes, un jour qu'il est resté seul, par hasard, à l'entrée de ses étables, jouant de la lyre. Elle se présente à lui comme la fille d'Otrée, roi opulent de toute la Phrygie, et comme une fiancée qui lui est destinée : « C'est une femme troyenne qui a été ma nourrice, lui dit-elle par un ingénieux mensonge, et elle m'a appris, tout enfant, à bien parler ta langue. » Anchise, au premier regard, est pris du désir, et il lui répond : « S'il est bien vrai que tu sois une mortelle, que tu aies une femme pour mère, et qu'Otrée soit ton illustre père, comme tu le dis, si tu viens à moi par l'ordre de l'immortel messager, Mercure, et si tu dois être à jamais appelée du nom de mon épouse; dans ce cas, nul des mortels ni des Dieux ne saurait m'empêcher ici de te parler d'amour à l'instant même; non, quand Apollon, le grand archer en personne, au-devant de moi, me lancerait de son arc d'argent ses flèches gémissantes : même à ce prix, je voudrais, ô femme pareille aux déesses, toucher du pied ta couche, dussé-je n'en sortir que pour être plongé dans la demeure sombre de Pluton! »

Cette naïveté de vœu en rappelle directement un autre bien orageux aussi, bien audacieux, et moins simple dans sa sublimité, celui d'Atala, lorsque, découvrant son cœur à Chactas, elle s'écrie : « Quel dessein n'ai-je point rêvé! quel songe n'est point sorti de ce cœur si triste! Quelquefois, en attachant mes yeux sur toi, j'allais jusqu'à former des désirs aussi insensés que coupables : tantôt j'aurais voulu être avec toi la seule créature vivante sur la terre; tantôt, sentant une divinité qui m'arrêtait dans mes horribles transports, j'aurais désiré que cette divinité se fût anéantie, pourvu que, serrée dans tes bras, j'eusse roulé d'abîme en abîme avec les débris de Dieu et du monde!... »

Or, pour revenir à Louise Labé, qui ne se reprochait point, comme Atala, ses transports, et qui, en fille plutôt païenne de la Renaissance, n'a pas craint de s'y livrer, elle se rapproche avec grâce de la naïveté du vœu antique dans son sonnet XIII, qui commence par ces mots :

Oh! si j'estois en ce beau sein ravie....

et qui finit par ce vers :

Bien je mourrois, plus que vivante, heureuse!

Je suis obligé, bien qu'à regret, d'y renvoyer le lecteur curieux, pour ne pas trop abonder ici en ces sortes d'images (1); mais j'oserai citer au long le sonnet XIV, admi-

(1) Ceci était de convenance dans la *Revue des Deux Mondes*, où l'article a paru d'abord; mais n'ayant pas, dans un volume, à observer les mêmes conditions de réserve rigoureuse, je laisse glisser le fruit savoureux :

Oh! si j'estois en ce beau sein ravie
De celui-là pour lequel vais mourant;
Si avec lui vivre le demeurant
De mes courts jours ne m'empeschoit Envie;

Si m'acollant me disoit : Chère Amie,

rable de sensibilité, et qui fléchirait les plus sévères ; à lui seul il resterait la couronne immortelle de Louise :

> Tant que mes yeux pourront larmes espandre,
> A l'heur passé avec toi regretter ;
> Et qu'aux sanglots et soupirs résister
> Pourra ma voix, et un peu faire entendre ;
>
> Tant que ma main pourra les cordes tendre
> Du mignard luth, pour tes graces chanter ;
> Tant que l'esprit se voudra contenter
> De ne vouloir rien fors que toi comprendre ;
>
> Je ne souhaite encore point mourir.
> Mais quand mes yeux je sentirai tarir,
> Ma voix cassée et ma main impuissante,
>
> Et mon esprit en ce mortel séjour
> Ne pouvant plus montrer signe d'amante,
> Prîrai la Mort noircir mon plus clair jour !

Ce dernier vers pourra sembler un peu serré, un peu dur, mais le sentiment général, mais l'expression vive du morceau, ces *yeux* qui *tarissent*, *montrer signe d'amante*, ce sont là des beautés qui percent sous les rides et qui ne vieillissent pas.

Il nous serait possible de glaner encore dans les vingt-quatre sonnets de Louise Labé, de relever quelques traits, quelques vers :

> Comme du lierre est l'arbre encercelé....
> J'allois resvant comme fais maintefois,

> Contentons-nous l'un l'autre, s'asseurant,
> Que jà tempeste, Euripe, ne courant,
> Ne nous pourra desjoindre en notre vie ;
>
> Si de mes bras le tenant acollé,
> Comme du lierre est l'arbre encercelé,
> La Mort venoit, de mon aise envieuse,
>
> Lors que souef plus il me baiseroit,
> Et mon esprit sur ses lèvres fuiroit,
> Bien je mourrois, plus que vivante, heureuse !

> Sans y penser. . . . . . . . .
> Où estes-vous, pleurs de peu de durée?...

Mais, après ce qu'on a lu, l'impression ne pourrait que s'affaiblir. Louise, en terminant, allait au-devant des objections, et, s'adressant au cœur des personnes de son sexe, elle faisait noblement appel à leur indulgence :

> Ne reprenez, Dames, si j'ai aimé,...
> Et gardez-vous d'estre plus malheureuses.

Il ne paraît pas, en effet, que cette publication de ses vers ait rien diminué de la considération autour d'elle, car je ne tiens pas compte des propos grossiers et des couplets satiriques, comme il est à peu près inévitable qu'il en circule sur toute femme célèbre (1). Elle avait environ vingt-neuf ans à la date de cette publication; elle vécut jusqu'en 1566, et mourut à l'âge où les cœurs passionnés n'ont plus rien à faire en cette vie, ayant vu se coucher à l'horizon les derniers soleils de la jeunesse. Son testament, qu'on a imprimé, témoigne de son humilité à la veille du jour suprême, et de son attention bienfaisante pour tout ce qui lui était attaché.

Le silence que Louise a gardé dans les dix dernières années de sa vie et le soin qu'elle prit, dans sa publication de 1555, de marquer à plusieurs reprises que ces petits écrits ont été composés depuis longtemps et que ce sont œuvres de jeunesse, pourraient faire conjecturer qu'elle entra à un certain moment dans un genre de vie un peu moins ouvert à la publicité. Elle dut pourtant continuer de jouir plus que jamais du contre-coup de sa renommée;

---

(1) On peut chercher une de ces chansons diffamantes et tout à fait *fescennines* dans un petit écrit intitulé *Documents historiques sur la vie et les mœurs de Louise Labé*, Lyon, 1844; mais de telles malignités, ainsi exprimées, ne prouvent rien. *La belle Cordière* eut des ennemis et des *brocardeurs* jusqu'au sein de son triomphe; qui en peut douter? Qui nous dit même que l'ode légère d'Olivier de Magny (1559) n'est pas du fait d'un ami brouillé qui gardait quelque rancune au mari? Cela en a presque l'air.

tout ce que Lyon avait de considérable, tout ce qui passait d'étrangers de distinction allant en Italie, devait désirer de la connaître, et sa cour sans doute ne diminua pas. Quoi qu'il en soit, ce silence des dernières années, qui ne laisse arriver d'elle à nous, dans toute cette existence poétique, qu'un accent de passion émue et un cri d'amante, sied bien à la muse d'une femme, et l'imagination peut rêver le reste.

Ce ne fut que vingt ans environ après sa mort qu'Antoine Du Verdier enregistra à son sujet, en les ramassant crûment, certaines rumeurs courantes, et donna signal à la longue injustice. Il eut beau faire, lui et ceux qui le copièrent : malgré l'injure des doctes qui voulurent transformer sa vie en une sorte de fabliau grivois, *la belle Cordière* resta populaire dans le public lyonnais; la bonne tradition triompha, et quelque chose d'un intérêt vague et touchant continua de s'attacher à son souvenir, à sa rue, à sa maison, comme à Paris on l'a vu pour Héloïse. C'est qu'aussi Louise Labé, telle qu'on la rêve de loin et telle que nous l'avons devinée d'après ses aveux, demeure, par plus d'un aspect, le type poétique et brillant de la race des femmes lyonnaises, éprises qu'elles sont de certaines fêtes naturelles de la vie, se visitant volontiers entre elles avec des bouquets à la main, et goûtant d'instinct les vives élégances, les fleurs et les parfums. Que si l'on nous pressait trop sur cette théorie des Lyonnaises que nous ne croyons que vraie, il serait possible de citer à l'appui, aujourd'hui encore, celui des noms célèbres de femmes qui résume le mieux la grâce elle-même (1). Mais nous ne parlons que de Louise. Son souvenir, agité et traduit en tous sens, était resté si présent, qu'en 1790 un des bataillons de la garde nationale de Lyon, celui du quartier qu'elle habita et de la rue *Belle-Cordière*, s'avisa d'arborer aussi son nom et son image sur son drapeau : on la transforma

---

(1) Ce ne peut être que madame Récamier, qui est en effet de Lyon. — Mademoiselle de Lespinasse en était aussi.

même alors, pour plus d'à-propos, en une héroïne de la liberté; on lui mit la pique à la main, et l'on surmonta le tout du chapeau de Guillaume Tell, avec cette devise :

> Tu prédis nos destins, Charly, *belle Cordière*,
> Car pour briser nos fers tu volas la première.

L'épisode du siége de Perpignan était devenu ici une croisade pour la liberté. Voilà ce que Bayle aurait eu de la peine à prévoir; c'est une exagération dans le sens héroïque, comme les doctes avaient eu la leur à son sujet dans le sens badin. Ainsi fait la tradition populaire, se jouant à son gré de ces figures lointaines comme le vent dans les nuages. Après tant de vicissitudes contraires et tous ces excès apaisés, il survit de Louise Labé un fonds de souvenir plus vrai, plus doux. Une muse tendre qui a vécu quelque temps sous le même ciel et qui en a respiré l'influence, madame Valmore s'est rendue l'écho de cette tradition vaguement charmante sur elle dans les vers suivants qui sont dignes de toutes deux :

> . . . . . . . . . . . . . . . . . .
> L'Amour! partout l'Amour se venge d'être esclave :
> Fièvre des jeunes cœurs, orage des beaux jours,
> Qui consume la vie et la promet toujours;
> Indompté sous les nœuds qui lui servent d'entrave,
> Oh! l'invisible Amour circule dans les airs,
> Dans les flots, dans les fleurs, dans les songes de l'âme,
> Dans le jour qui languit, trop chargé de sa flamme,
>     Et dans les nocturnes concerts!
>
> Et tu chantas l'Amour! ce fut ta destinée.
> Femme! et belle! et naïve, et du monde étonnée!
> De la foule qui passe évitant la faveur,
> Inclinant sur ton fleuve un front tendre et rêveur,
> Louise! tu chantas. A peine de l'enfance
> Ta jeunesse hâtive eut perdu les liens,
> L'Amour te prit sans peur, sans débats, sans défense;
> Il fit tes jours, tes nuits, tes tourments et tes biens.
> Et toujours, par ta chaîne au rivage attachée,

Comme une nymphe ardente au milieu des roseaux.
Des roseaux à demi cachée,
Louise, tu chantas dans les fleurs et les eaux !

Louise Labé, nous l'avons pu voir en l'étudiant de près, était beaucoup moins fille du peuple et moins naïve ; mais qu'importe qu'elle ait été docte, puisqu'elle a été passionnée et qu'elle parle à tout lecteur le langage de l'âme? Cette *nymphe ardente* du Rhône fut certainement orageuse comme lui : est-ce à dire qu'elle rompit comme lui sa chaîne? En prenant aujourd'hui parti, à la suite de plusieurs bons juges, pour sa vertu, ou du moins pour son élévation et sa générosité de cœur, nous ne craignons pas le sourire ; nous nous souvenons que des débats assez semblables se raniment encore après des siècles autour des noms d'Éléonore d'Este et de Marguerite de Navarre, et, pourvu que le pédantisme ne s'en mêle pas (comme cela s'est vu), de telle contestations agréables, qui font revivre dans le passé et qui se traitent en jouant, en valent bien d'autres plus présentes.

15 mars 1845.

(Dans la Notice sur Louise Labé placée par M. Monfalcon en tête de la belle et rare édition des *OEuvres de la belle Cordière* (1853), il est dit, à l'occasion d'une des dernières pages qu'on vient de lire : « M. Sainte-Beuve a trop généralisé quelques individualités brillantes ; sa théorie des Lyonnaises est plus ingénieuse que vraie. Louise Labé n'est leur type sous aucun point de vue, et mademoiselle de Lespinasse pas davantage. » Ce que je puis dire seulement, c'est que j'ai parlé d'après quelques exemples à moi connus et d'après l'impression de personnes qui ont elles-mêmes vécu à Lyon ; je suis loin de prétendre que les femmes de la société proprement dite soient ainsi ; j'ai eu en vue celles de toutes les classes, et même au-dessous de la bourgeoisie. Je me soumets au reste à la décision de ceux qui doivent mieux connaître les Lyonnaises que moi.)

# DESAUGIERS.

Voici un portrait qu'il ne m'appartenait pas de faire. J'avais eu dès longtemps l'idée que le plus gai, le plus franc, le plus copieux et le plus ample de nos chansonniers manquait en effet à une série déjà si longue de poëtes, et qu'après tous ces élégiaques, tous ces lyriques, tous ces sensibles et ces délicats presque tous mélancoliques et plaintifs, il fallait, lui aussi, l'introduire, dût-il venir un peu tard pour être le boute-en-train de la bande. On avait insisté auprès de Charles Nodier, qui avait fort connu Desaugiers, pour qu'il retraçât cette physionomie si vivante et rassemblât à ce sujet ses souvenirs : les souvenirs, même en se composant et se confondant un peu selon la fantaisie de Nodier, en s'entremêlant de quelques folles couleurs, n'eussent été ici qu'un charme de plus et une manière non moins vive de ressemblance. Mais Nodier mourut avant d'avoir laissé échapper les pages riantes, et nous voilà en demeure, nous poëte autrefois intime, critique aujourd'hui très-grave, de payer le tribut au plus joyeux et au plus bachique des chanteurs. N'importe, nous le ferons sans trop d'effort : la critique a pour devoir et pour plaisir de tout comprendre et de sentir chaque poëte, ne fût-ce qu'un jour.

A une noble dame qui lui demandait de réciter des vers à table, le poëte Parini répondit par un refus :

Orecchio ama placato
La Musa, e mente arguta e cor gentile.

« La Muse, pour se confier, veut une oreille apaisée, un esprit fin et un cœur délicat. » Cela est vrai et le sera toujours des muses discrètes, tendres ou sévères. Mais il est aussi une poésie qui a présidé de tout temps aux banquets, aux réunions cordiales des hommes, et qui s'inspire de la bonne chère, de l'abondance de la paix et des joies de la vie. Les moins lettrés vous citeront tout aussitôt, comme antiques patrons du genre, Horace et Anacréon. On remonterait plus haut encore, et c'est Horace lui-même qui a dit :

Laudibus arguitur vini vinosus Homerus.

Homère, en effet, ne perd aucune occasion de remplir les coupes dans les festins qu'il décrit. Lorsque Ulysse déguisé en mendiant arrive chez le fidèle Eumée, celui-ci traite son hôte avec honneur; il lui sert le dos tout entier d'un porc succulent, lui présente la coupe toute pleine, et Ulysse, moitié ruse, moitié gaieté, et comme animé d'une pointe de vin, se met à raconter avec verve certaine aventure à demi mensongère où figure Ulysse lui-même : « Écoute maintenant, Eumée, s'écrie-t-il, écoutez vous tous, compagnons, je vais parler en me vantant, car le vin me le commande, le vin qui égare, qui ordonne même au plus sage de chanter, qui excite au rire délicieux et à la danse, et qui jette en avant des paroles qu'il serait mieux de retenir... » Et cela dit, le malin conteur pousse sa pointe et, comme entre deux vins, il risque son histoire, qui a bien son grain d'*humour* et dans laquelle il joue avec son propre secret.

Mais, après Homère, et sans parler d'Anacréon trop connu, le poëte ancien qui a le mieux parlé du vin est peut-être Panyasis, de qui l'on n'a que des fragments. Ce Panyasis, qui était de la grande époque et oncle ou cousin germain d'Hérodote, avait composé chez les Grecs la troisième épopée célèbre, celle qui suivait en renom les deux filles d'Homère. On n'en sait guère que le morceau que voici, et il est fait pour donner le regret de l'ensemble. Rien qu'à la largeur de la coupe, on peut prendre idée de la manière du maître :

« Allons, ô mon hôte, bois! c'est là un talent aussi que de savoir dans un festin boire comme il faut et plus que tous les autres, et en même temps de donner le signal à tous. Le héros d'un festin est égal au héros qui, dans la guerre, dirige les mêlées terribles, là où si peu demeurent inébranlables et soutiennent de pied ferme le choc de Mars impétueux. Cette gloire-là est, à mes yeux, toute pareille à celle du convive intrépide qui jouit lui-même de la fête et met en train les autres. Car il ne me semble pas vivre, il ne connaît pas la consolation de la vie, le mortel qui, éloignant son cœur du vin, boit quelque autre boisson d'invention nouvelle (1). Le vin est aux mortels aussi utile que le feu ; il est le vrai bien, le remède des maux, le compagnon de tout chant. Il est une part sacrée de toute réjouissance, de toute allégresse, de la danse et de l'aimable amour. C'est pourquoi, assis au festin et t'humectant à souhait, il te faut boire, et non pas te gorger de viandes comme un vautour, oubliant les gracieuses délices. »

On a là, dans ce fragment de Panyasis, comme un premier type classique de l'admirable *Délire bachique* de Desaugiers.

Les Gaulois, on le sait, ont toujours aimé le vin, et les Français la chanson. Chanson galante, chanson satirique, chanson de table, ils en ont eu de toutes les sortes et dans tous les âges. On assure, non sans vraisemblance, que cela commence fort à passer, et qu'on ne chante plus guère, du moins dans le sens joyeux du mot. Un reproche certain qu'ont mérité nos poëtes modernes, si éminents à tant d'égards, si grandement lyriques, si tendrement élégiaques, c'est d'avoir trop oublié l'esprit, ce qui s'appelle propre-

---

(1) Ne dirait-on pas que le bon Panyasis en veut au thé ou à la bière ? Les Grecs de tout temps méprisèrent la boisson du Celte ou du Scythe.

ment de ce nom, ce qu'avaient précisément nos pères. En effet, si l'on excepte Béranger et Alfred de Musset, on trouvera qu'ils s'en sont passés en général et qu'ils ont tous négligé le sourire. Si cette remarque est vraie du sourire et de l'esprit, que sera-ce s'il s'agit du rire et de la franche gaieté? On conviendra qu'elle est encore plus absente (1). Il faut avouer que Béranger lui-même n'en a que le premier abord et le semblant; elle ne fournit bien souvent chez lui que le prétexte et le cadre, tandis qu'elle reste le fond chez Desaugiers. Celui-ci est le dernier chansonnier vraiment gai, le pur chansonnier sans calcul, sans arrière-pensée, dans toute sa verve et sa rondeur; à ce titre, il demeure original et ne saurait mourir.

Desaugiers, dans son *Hymne à la Gaieté*, a dit :

> Il n'est donné qu'à la vertu
> D'éprouver ton heureux délire.

Je n'oserais affirmer que la vertu et la gaieté se tiennent si étroitement; la gaieté naît avant tout d'un tempérament heureusement mélangé par la nature; mais il faut aussi que ce tempérament ne soit pas altéré de bonne heure par des habitudes sociales et des influences factices trop contraires. La gaieté annonce d'ordinaire un fonds pur, non tourmenté, non compliqué. Ce qui nuit le plus à la gaieté dans notre genre de vie actuel, c'est la complication en toute chose, c'est le harcèlement et l'aiguillon, l'inquiétude dans la vie matérielle comme dans celle de l'imagination et de l'intelligence. Les plus nobles préoccupations sont promptes à l'étouffer, à la tarir jusque dans sa source. Il n'est pas exagéré de dire que, chez les Modernes, l'ivresse elle-même

---

(1) M. de Vigny, dans ce fameux discours de réception à l'Académie, où il célébrait M. Étienne, s'est plu à constater la différence : « J'ai, dit-il, je m'en accuse, le tort particulier à *ma* génération de ne pas assez regretter la gaieté de l'ancien Caveau, où se réunissaient, *dit-on*, les disciples fervents de Vadé, de Collé et de Piron... » Il y a bien du dédain, bien du sérieux dans ce *dit-on*.

a changé de caractère, et qu'elle n'engendre plus la même disposition d'oubli qu'autrefois. Voyez l'éloge qu'ont fait du vin d'éloquents écrivains de nos jours. Je viens de relire la dixième des *Lettres d'un Voyageur,* par George Sand, où se trouve cet hymne enthousiaste : « A Dieu ne plaise que je médise du vin ! Généreux sang de la grappe, frère de celui qui coule dans les veines de l'homme !... Vieux ami des poëtes !... toi que le naïf Homère et le sombre Byron lui-même chantèrent dans leurs plus beaux vers, toi qui ranimas longtemps le génie dans le corps débile du maladif Hoffmann ! toi qui prolongeas la puissante vieillesse de Goëthe, et qui rendis souvent une force surhumaine à la verve épuisée des plus grands artistes, pardonne si j'ai parlé des dangers de ton amour ! Plante sacrée, tu crois au pied de l'Hymette, et tu communiques tes feux divins au poëte fatigué, lorsqu'après s'être oublié dans la plaine, et voulant remonter vers les cimes augustes, il ne retrouve plus son ancienne vigueur. Alors tu coules dans ses veines et tu lui donnes une jeunesse magique ; tu ramènes sur ses paupières brûlantes un sommeil pur, et tu fais descendre tout l'Olympe à sa rencontre dans des rêves célestes. Que les sots te méprisent, que les fakirs du bon ton te proscrivent, que les femmes des praticiens détournent les yeux avec horreur en te voyant mouiller les lèvres de la divine Malibran !... » — Toute une philosophie sociale va se mêler insensiblement à cet élan du poëte, et nous voilà bien loin de la gaieté. — M. de Laprade, à son tour, célébrant *la Coupe,* dans une pièce pleine de beaux vers, a dit :

> Des hautes voluptés nous que la soif altère,
> Fils de la Muse, au vin rendons un culte austère,
> *Buvons-le chastement, comme le sang d'un Dieu.*

C'est là ce qu'on peut appeler s'enivrer du bout des lèvres et selon la méthode des Alexandrins, en christianisant du mieux qu'on peut le Bacchus du paganisme, en symbolisant l'orgie sacrée avec des réminiscences de la communion. C'est de l'ivresse tempérée et commentée de métaphysique (1). On ne saurait mieux marquer que par de tels traits la différence qui nous sépare de nos pères; ceux-ci et Desaugiers le dernier, dans leur manière d'*entendre* le vin, c'est-à-dire de le boire et de le chanter, tenaient un peu plus directement, on en conviendra, des façons du bon Homère et de celles du bon Rabelais.

Marc-Antoine Desaugiers naquit, le 17 novembre 1772, à Fréjus en Provence. C'est cette même ville qui avait donné naissance à Sieyès, le grand métaphysicien de 89; venant après lui et sorti du même lieu, le chansonnier de l'Empire et de la Restauration semblait destiné à prouver qu'en France, même après 89, *tout finit* encore *par des chansons*. Mais cela n'était plus vrai qu'en passant, et l'issue a prouvé qu'il ne fallait pas se fier à l'apparence. Pour les Bourbons, si on veut le prendre en un certain sens, tout a fini en effet par des chansons, mais ç'a été par celles de Béranger, non point par celles de Desaugiers.

Desaugiers sortait d'une famille où les dons du chant et de l'esprit semblent avoir été héréditaires. Son père, compositeur de musique et ami de Sacchini, de Gluck, a donné des opéras et d'autres morceaux lyriques appréciés des maîtres. Notre Desaugiers eut deux frères, dont l'aîné, traducteur et commentateur distingué des *Bucoliques* de Virgile, a fait ses preuves et à l'opéra encore et dans la cantate. Il y avait dans cette famille comme un courant naturel de

---

(1) Que Pindare abordait autrement la *coupe* dans ce début sublime de la vii$^e$ olympique, où il compare les libéralités de sa muse à l'envoi d'un nectar généreux! J'y voudrais faire sentir du moins le désordre de mouvement, la largesse d'effusion et l'opulence :

« Comme lorsqu'un riche, prenant à pleine main la coupe toute bouillonnante au dedans de la rosée de la vigne, après avoir bu à la santé de son gendre, la lui donne en cadeau pour l'emporter d'une maison à l'autre, — une coupe toute d'or, son bien le plus cher et la grâce du festin, — honorant par là son alliance, — et il rend le jeune époux enviable à tous les amis présents pour un si cordial hyménée;

« Et moi aussi, riche du nectar versé, présent des Muses, j'envoie ce doux fruit de mon génie aux héros chargés de couronnes, et j'en favorise à mon gré les vainqueurs d'Olympie et de Delphes... »

verve, de gaieté et de musique, qui allait du père aux enfants. Ces courants-là, en se divisant, ont aussi leurs caprices et leurs inégalités de veine : ici ce n'est qu'un filet, là c'est un jet à gros bouillons. Nous n'avons qu'à suivre dans son plein la source même.

Le jeune Desaugiers marqua dès l'enfance d'heureuses dispositions. Son père, qui était venu s'établir à Paris, le mit pour faire ses études au collège Mazarin, et l'écolier, en terminant, y eut pour professeur de rhétorique Geoffroy, nature peu délicate assurément, mais plus nourri de l'antiquité et des Grecs qu'on ne l'était généralement alors, même au sein de l'Université. L'autre professeur de rhétorique, dont le jeune Desaugiers suivait également les leçons, était un M. Charbonnet, que Duvicquet donne pour homme d'esprit dans toute l'acception du mot, et qui, ajoute-t-il, tournait fort bien le couplet (1). Rien donc ne manqua, ni au collège, ni au logis, pour mettre en jeu des facultés naturelles, si vives dès le premier jour. Un honorable chanoine de l'église de Paris, compatriote de la famille Desaugiers, écrivant à l'un des frères du célèbre chansonnier sur la nouvelle de sa mort (août 1827), lui rendait ce gracieux témoignage : « Je n'oublierai jamais l'homme aimable que j'ai vu dans sa première enfance, et dont feu l'abbé Arnaud avait tiré l'horoscope qu'il a si bien justifié : « Voilà, disait-il du jeune *Tonin* (2), voilà une tête grec-« que. » Il aurait pu dire aussi : Voilà une tête romaine, et y découvrir des traits de ressemblance avec le bon, l'aimable Horace, que votre ingénieux chansonnier rappelait si souvent. Si je n'avais pas craint d'effaroucher sa muse folâtre et de rembrunir sa gaieté, je l'aurais volontiers recherché pour partager celle qu'il répandait autour de lui. Avec moins de raisons de me tenir à l'écart que monseigneur l'évêque de Verdun, le sérieux de mon état

---

(1) Article sur Desaugiers dans le *Journal des Débats* du 12 août 1827.

(2) Dans son enfance, on l'appelait *Tonin*, diminutif d'Antoine; plus tard, en famille, on l'appelait *Saint-Marc*.

me paraissait contraster avec cette gaieté habituelle, qui, au surplus, au dire de monsieur le curé de Saint-Roch, n'a jamais passé les bornes de la décence. »

Nous aurons plus tard occasion de revenir sur cette indulgence du clergé et des personnes religieuses pour la malice innocente de Desaugiers, tandis qu'on était, au même moment, très en garde contre d'autres gaietés plus suspectes. On aura remarqué cette expression de *tête grecque* appliquée à l'enfant; n'oublions pas que sur ces plages favorisées de la Provence étaient déposés de toute antiquité des germes apportés d'Ionie. L'évêque de Verdun, dont il est question dans cette lettre, était M. de Villeneuve, compatriote également de Desaugiers, et qui avait conseillé à son père, au sortir des études, de le placer dans l'Église, si bien que le jeune homme passa six semaines au séminaire de Saint-Lazare. Mais il ne tint pas à l'épreuve, et dès le lendemain sa vocation l'emportait : il faisait une comédie en un acte et en vers qui réussissait au boulevard; il arrangeait en opéra-comique *le Médecin malgré lui* de Molière, dont son père faisait la musique, et qu'on jouait à Feydeau en 1791. La révolution vint à la traverse et coupa en deux cette gaieté naissante qui allait si aisément prendre son essor.

Au moment où la patrie pouvait sembler le moins regrettable, Desaugiers accompagna à Saint-Domingue sa sœur, qui venait d'épouser en France un colon de cette île. On débarqua à la ville du Cap en janvier 1793. Une lettre de notre voyageur que nous avons sous les yeux nous le montre au naturel, tel qu'il était en ces années d'hilarité et d'insouciance, tel qu'il eut l'heureux privilége de rester toujours. Il paraît qu'il y avait à vaincre quelque prévention dans la famille chez laquelle il arrivait; l'accueil fut d'abord un peu froid pour lui, pour les jeunes époux et pour sa sœur en particulier, qui avait à se faire adopter de la nouvelle famille, et à s'y apprivoiser elle-même. De jeunes belles-sœurs observaient les nouveaux-venus avec un intérêt encore plus curieux qu'affectueux peut-être;

mais tout ce petit manége ne tint pas longtemps en face d'un hôte aussi imprévu ; on avait affaire en sa personne au plus irrésistible génie ( le *Genius* des Anciens), à celui qui se rit de la contrainte et qui épanouit les fronts : « Quant à moi, écrivait Desaugiers racontant ce premier accueil et comment il avait rompu la glace, j'ai fait des prodiges, soit dit sans me flatter. Je me suis surpassé en gaieté, je ne dirai pas et en esprit, mais je puis dire qu'on m'en soupçonne beaucoup. J'ai été enjoué, galant, plaisant, et j'ai fait fortune. Madame Mourlan a ri et plaisanté avec moi comme avec son fils. Les demoiselles ont commencé par m'éplucher (madame Lavaux me l'avait prédit); elles m'ont d'abord fait mille questions, auxquelles j'ai répondu avec une justesse qui m'étonne quand j'y pense. Elles ont été forcées de quitter la partie, et ce succès m'a enhardi à un point extrême. On m'a fait chanter et jouer du piano, je ne me suis pas fait prier. Nous étions à chaque repas vingt personnes à table, et j'ai eu le talent de les faire toutes rire. Bref, quand il a été question d'aller au Borgne, on ne voulait plus me laisser aller, et on a fait tout ce que l'on a pu pour reculer ce *funeste* départ... »

Cette lettre si folâtre (contraste funèbre!) est datée du *lundi 21 janvier* 1793. Riez, chantez à souhait, portez avec vous la joie, et soyez partout où vous entrez l'âme de la fête! vous avez beau l'ignorer ou l'oublier, ce contraste se reproduira chaque fois et chaque jour, pour qui le saura voir : publique ou cachée, il y aura toujours ce jour-là dans le monde une grande douleur, — une infinité de grandes douleurs.

Les désastres de Saint-Domingue vinrent avertir les heureux colons que la foudre n'était pas loin. La révolution, là aussi, éclata, et avec la fureur d'un orage du tropique. La famille de Desaugiers et lui-même furent en proie à toutes les calamités qui assaillirent les blancs. Publiant en 1808 son premier recueil de chansons, il toucha, dans sa préface, quelque chose de ces horribles scènes dont il avait été témoin et victime; mais, chez les êtres vivement doués et qui ont été désignés en naissant d'une marque singulière, la nature au fond est si impérieuse, et elle donne tellement le sens qui lui plaît à tout ce qui vient du dehors, qu'il y voyait plutôt un motif de s'égayer désormais et de chanter : « Permettez-moi, disait-il au lecteur de cette préface, de payer à la Gaieté, ma généreuse libératrice, un hommage que l'ingratitude la plus noire pourrait seule lui refuser; daignez m'entendre, et vous en allez juger. C'est elle qui, me tendant une main secourable sous un autre hémisphère, adoucit pour moi les périls et les horreurs d'une guerre dont l'histoire n'offrira jamais d'exemple; c'est elle qui me consola dans les fers où me retenait la férocité d'une caste sauvage; c'est elle enfin qui, m'environnant de tous les prestiges de l'illusion, me fit envisager d'un œil calme le moment où, pris les armes à la main par ces cannibales, condamné par un conseil de guerre, agenouillé devant mes juges, les yeux couverts d'un bandeau qui semblait me présager la nuit où j'allais descendre, j'attendais le coup fatal.... auquel j'échappai par miracle, ou plutôt par la protection d'un Dieu qui n'a cessé de veiller sur moi pendant le cours de cette horrible guerre. Une maladie cruelle fit bientôt renaître pour moi de nouveaux dangers; ce n'était pas assez d'avoir été condamné par mes juges, je le fus par les médecins. J'allais périr..., quand la Gaieté, mon inséparable compagne, soulevant d'une main le voile de l'avenir, me montra de l'autre le beau ciel de ma patrie, où le bonheur semblait m'appeler. » Et voilà sa barque remise à flot, aventureuse et légère; le voilà plus en humeur, plus en veine que jamais, se croyant quitte une bonne fois avec le malheur, et n'invoquant pour tous patrons à l'avenir que *Momus* (comme on disait alors) et que *Thalie* :

Naturam expellas furca, tamen usque recurret.

Tant il est vrai que toute nature douée d'une vocation énergique se fait jusqu'à un certain point sa propre destinée et porte avec elle son démon.

A peine remis de tant de maux, Desaugiers fut emmené de Saint-Domingue aux États-Unis par un capitaine américain qui l'avait entendu un jour toucher du piano. Ce brave homme n'avait pu résister à l'intérêt qu'un talent si naturel et si expansif lui inspira : il lui offrit sur-le-champ le passage *gratis* à son bord, et lui garantit qu'il trouverait sur le continent prochain à donner autant de leçons qu'il voudrait. Arrivé à Baltimore, le jeune Saint-Marc y passa les années 1795, 1796 ; il savait très-bien l'anglais, et avait des écolières pour le piano en grand nombre : il s'était rendu extrêmement fort sur cet instrument. Sa sœur, devenue veuve, l'avait rejoint, et leur existence à tous deux était tolérable. Ce genre de vie convenait même beaucoup mieux à Desaugiers que le sort qui lui était primitivement destiné à Saint-Domingue comme régisseur de quelque plantation ; mais tous ses vœux se portaient vers la France, et il ne fut heureux que lorsqu'il revit le sol natal et sa famille, au printemps de 1797.

C'était le moment de l'extrême orgie du Directoire et de la bacchanale universelle. On a vu quelquefois, au plus fort des calamités et des fléaux, le cœur humain réagir bizarrement et prendre sa revanche par une sorte d'étourdissement et d'ivresse. On a l'idéal le plus charmant de cette disposition un peu artificielle dans le cadre du *Décameron* de Boccace. Mais, s'il y a toujours quelque chose contre nature dans ce contraste d'un oubli volontaire et factice au sein des fléaux, rien n'est plus simple au contraire et plus concevable que l'expansion et la détente au lendemain même de la crise. C'est ce qui eut lieu en France au sortir des atrocités de la Terreur. On se remit à l'instant à vivre, à vivre avec délices, à jouir éperdument des dons naturels, de l'usage de ses sens, des plaisirs libres et faciles, du charme des réunions surtout et de la cordialité des festins. On déjeuna, on dîna, on chanta beaucoup ; Comus, Momus et Bacchus furent à l'ordre du jour : c'était bien le moins après la déesse Raison. La mode s'en mêla, comme elle se mêle de tout : on se fit un rôle de gastronome et d'épicurien.

> Oui, nom d'un chien !
> J' veux t'être épicurien,

se disait plus tard Cadet Buteux dans la chanson. De très-honnêtes gens se l'étaient dit avant Cadet Buteux, et s'étaient crus obligés de l'être en dépit de leur estomac lui-même, *invita Minerva*. Des personnages que nous avons connus très-graves et même moroses (Eusèbe Salverte, par exemple) avaient débuté, grelots en main, sous ce masque de gaieté. Desaugiers n'eut pas à le prendre ; il saisit, comme on dit, la balle au bond, et la relança de plus belle. On peut dire que la gaieté, en France, n'eut son plein accent et tout son écho que lorsqu'il y fut revenu.

Pendant les deux ou trois premières années qui suivirent son retour, nous le perdons un peu de vue : il ne resta pas tout ce temps à Paris. Attaché, comme chef d'orchestre, à une troupe de comédiens, il alla, me dit-on, à Marseille, et fit ses caravanes en province. Molière, jeune, les avait faites aussi. On a depuis brodé sur cette époque de la jeunesse de Desaugiers, car il a eu et il a sa légende, comme il convient à un type jovial et populaire ; on a inventé mainte anecdote sur lui non moins que sur Rabelais, non moins que sur La Fontaine, et il est devenu matière à vaudevilles à son tour. On ne sait rien d'ailleurs de précis ; il parlait peu de son passé et de ses aventures de jeunesse, ou du moins il n'en parlait qu'en courant, entre la coupe et les lèvres ; il en disait quelquefois : « J'écrirai tout cela un jour, quand je serai vieux ; » mais ce souvenir, chez lui, n'était qu'un éclair ; et l'abondance de la vie présente, le jet de chaque moment, recouvrait tout (1).

---

(1) Dans une notice sur Desaugiers (*Chants et Chansons populaires de la France*, 39ᵉ livraison), M. Du Mersan, qui l'a bien connu, a dit en effleurant cette époque : « Il voyage avec quelques amis, et, leur bourse légère étant épuisée, ils se font acteurs de circonstance. Leur talent ne répondant pas à leur bonne volonté, ils fuient la scène ingrate qui ne les nourrissait pas, et laissent jusqu'à leurs vêtements pour gages. » — Les *Mémoires de mademoiselle Flore* (chap. VI) nous

Depuis mars 1799, où il donnait au théâtre des Jeunes-Artistes *le Testament de Carlin,* on le trouverait sans interruption mêlé à une foule de petites pièces de tout genre, opéras-comiques, vaudevilles, tantôt comme auteur unique, tantôt et le plus ordinairement comme collaborateur pour une moitié ou pour un tiers. Son esprit à ressources excellait à ces jeux de circonstance, à ce travail en commun de quelques matinées. Chansonnier, musicien, metteur en scène, plein de gais motifs et de saillies, il était là dans son élément. On raconte qu'un jour l'acteur qui faisait *Arlequin,* dans je ne sais quelle farce de lui, se trouvant indisposé au moment de la représentation, il le suppléa à l'improviste, et joua incognito le rôle avec applaudissement (1). Le chiffre des pièces auxquelles il a pris part ne va pas à moins de cent quinze ou de cent vingt. Nous n'aurons point à l'y suivre; la plupart de ces productions légères ressemblent à un champagne autrefois piquant, mais dont la mousse s'est dès longtemps évaporée. Une couple de fois, il parut vouloir tenter une scène plus haute : en 1806, il donna seul *le Mari intrigué,* comédie en trois actes et en vers, très-faible, qui fut jouée au théâtre de l'Impératrice, autrement dit théâtre Louvois; en 1820, il atteignit aux cinq actes, également en vers, et fit jouer à l'Odéon une comédie, *l'Homme aux précautions,* dont je n'ai rien absolument à dire. Le joli acte de *l'Hôtel garni,* fait en société avec M. Gentil, est resté à la Comédie-Française. Mais l'originalité de Désaugiers et sa vraie veine doivent se chercher ailleurs; laissons là ces prétendus succès *d'estime,* et qu'on me parle de son *Dîner de Madelon!* Comme vaudevilliste et auteur dramatique, il prit rang vers 1805, et ne cessa, durant les vingt années qui suivirent, d'attester chaque soir sa présence par cette quantité de folies, de parades,

---

montrent Desaugiers chef d'orchestre au petit théâtre dit *des Victoires nationales,* rue du Bac, vers l'année 1799.

(1) On apprend des *Mémoires,* déjà cités, de mademoiselle Flore (chap. II) que c'était le rôle d'Arlequin cadet, joué d'ordinaire par Monrose, dans *l'Un après l'autre* (théâtre Montansier, 1804).

de parodies plaisantes, dont les représentations se comptaient par centaines, et qui fournissaient aux Brunet et aux Potier des types d'une facétie incomparable : *M. Vautour*, la série des *Dumollet, le père Sournois*, et tant d'autres. Comme chansonnier proprement dit, il débuta et se classa d'emblée, vers 1806, à titre de convive du *Caveau moderne :* c'est par ce côté qu'il nous appartient ici.

Il y aurait une jolie histoire à esquisser, celle de la gaieté en France. La gaieté est avant tout quelque chose qui échappe et qui circule; mais elle eut aussi ses rendez-vous réguliers, ses coteries et foyers de réunion, ses institutions pour ainsi dire, aux divers âges. Laujon, au tome IV de ses *OEuvres*, a tracé un petit aperçu des dîners chantants, à commencer par *l'ancien Caveau*, dont la fondation appartient à Piron, Crébillon fils et Collé, et qui remonte à 1733 (1). On remonterait bien au delà, si l'on voulait rechercher tous les dîners périodiques un peu célèbres, égayés de chant, de même que, dans l'histoire de notre théâtre, on remonte bien au delà de l'établissement des *Confrères de la Passion*. Il y avait les dîners du *Temple*, où Chaulieu, l'abbé Courtin et autres libres commensaux des Vendôme, célébraient Lisette, la paresse et le vin. Il y eut ces gais dîners de la jeunesse de Boileau et de Racine, où faisaient assaut La Fontaine et Molière : Chapelle n'y laissait pas dormir le refrain. On entrevoit plus anciennement les dîners ou soupers de la *Satire Ménippée*, où de malicieux couplets durent se chanter, à la sourdine la veille de l'entrée d'Henri IV, et à gorge déployée le lendemain. Marot, dans sa jeunesse, était le meneur et l'âme de cette société des *Enfants sans souci*, folle bande directement organisée pour le vaudeville et les chansons; mais c'est à partir de 1733 qu'on peut suivre presque sans interruption la série des dîners joyeux, et qu'on possède les annales à peu près

(1) Laujon a varié sur cette date : dans une notice sur le même sujet insérée dans le recueil des *Dîners du Vaudeville* (mois de frimaire an IX), il indique l'année 1737. Je livre ces discordances aux futurs historiens et aux chronologistes de la chanson.

complètes de la gastronomie en belle humeur. *L'ancien Caveau*, dont les réunions se tenaient au carrefour Bussy, chez le restaurateur Landelle, dura dix années et plus. Les dîners qui eurent lieu ensuite chez le fermier-général Pelletier, et qui, à partir de 1759, rattachèrent plusieurs des précédents convives, eurent l'air un moment de vouloir remplacer le centre qu'on avait perdu ; pourtant on ne s'y sentait pas assez entre soi, pas assez au cabaret. Bon nombre des membres dispersés de l'ancien Caveau, aidés de fraîches recrues qu'ils s'adjoignirent, reformèrent un *Caveau* véritable, qui paraît avoir duré jusqu'après 1775. Il y eut là un nouvel intervalle comblé par d'autres fondations *intérimaires*, que Laujon a touchées en passant. Mais c'est au lendemain de la Terreur qu'il se fit une véritable restauration de la gaieté en France. Dans un dîner du 2 fructidor an IV (1796), dix-sept gens d'esprit dont on a les noms, et parmi lesquels on distingue les deux Ségur, Deschamps, père des poëtes Deschamps d'aujourd'hui, Piis, Radet, Barré, Després, etc., posèrent entre eux les bases d'un projet de réunion mensuelle, qu'ils rédigèrent le mois suivant en couplets ; c'était l'ère des constitutions nouvelles et des décrets de toutes sortes, on ne manqua pas ici d'en parodier la formule :

> En joyeuse société,
> Quelques amis du Vaudeville,
> Considérant que la gaieté
> Sommeille un peu dans cette ville ;
> Sous les auspices de Panard,
> Vadé, Piron, Collé, Favart,
> Ont regretté du bon vieux âge
>   Le badinage
>   Qui s'enfuit ;
> Et, pour en rétablir l'usage,
> Sont convenus de ce qui suit :

et, après la rédaction rimée de divers articles du règlement, la Commission signait en bonnes formes :

> **Au nom de l'Assemblée entière,**

Paraphé, *ne varietur.*
Paris, ce deux vendémiaire,
*Radet*, *Piis*, *Deschamps*, *Ségur*.

De là les *Dîners du Vaudeville,* qui fournirent une carrière assez brillante, et ne prirent fin qu'à la naissance de l'Empire (1). Un peu plus tôt, un peu plus tard, l'aimable société avait son terme marqué vers ce moment qui enleva plusieurs de ses principaux convives : l'un des Ségur mourut, l'aîné devenait maître des cérémonies; Després, nommé secrétaire des commandements du roi de Hollande, et d'autres membres encore, appelés à de graves fonctions officielles, durent renoncer à des amusements qui semblaient incompatibles avec l'étiquette renaissante. Le décorum impérial ne passait rien; il était très-roide, comme quelque chose de très-neuf. De plus jeunes et de moins compromis dans les honneurs survinrent donc, et se groupèrent de toutes parts en frairies à la ronde. J'omets cette foule de réunions moins en vue et vouées à une goguette moins choisie, qui pullulèrent alors, et qui n'ont pas laissé de traces ni d'archives; mais l'institution qui sembla l'héritière directe des *Dîners du Vaudeville,* et qui représente la gaieté sous l'Empire, comme l'autre réunion l'avait représentée sous le Directoire et sous le Consulat, ce fut la société du *Rocher de Cancale* ou du *Caveau moderne.* Nous y trouvons tout d'abord Desaugiers.

La gaieté sous l'Empire différa un peu de celle du Directoire; elle se régla davantage sans cesser d'être abondante, elle se simplifia. Sous le Directoire, elle était en train de tout envahir et de déborder : l'Empire fit là comme ailleurs, il fit des quais. La gaieté y put couler à pleins bords dans un lit tracé.

C'est Tyrtée ou Callinus qui a dit, s'adressant à la jeunesse oisive : « Jeunes gens, vous vous croyez en pleine

(1) On a la collection des chansons qu'on y chantait et qui se publiaient par cahier chaque mois plus, ou moins régulièrement, à partir de vendémiaire an v (septembre 1796).

paix, et la guerre embrase toute la terre. » Ceci s'appliquerait très-bien au très-petit nombre de jeunes gens ou d'hommes jeunes encore, qui avaient trouvé moyen d'éviter la conscription et de rester à Paris sous l'Empire. Sous ce gouvernement fort et victorieux, dans ce silence absolu de toute discussion politique sérieuse, on avait pris le parti, quand on le pouvait, de jouir de la vie, du soleil de chaque matin, de rêver la paix et d'en prélever les douceurs. On s'était refait une sorte de sécurité par insouciance, et, puisqu'on ne pouvait rien au gouvernail, on ne songeait qu'à remplir gaiement la traversée. On pratiquait l'épicuréisme tout de bon ; on répétait en chœur la ronde bachique d'Armand Gouffé : *Plus on est de fous....*; et, du café des Variétés au café de Chartres, on s'en allait fredonnant la devise de Desaugiers et du *Caveau :*

> Aime, ris, chante et bois,
> Tu ne vivras qu'une fois.

Cette morale des joyeux chansonniers est, après tout, celle même que chante bien mélodieusement, si l'on s'en souvient, l'oiseau magique dans les jardins d'Armide : *Cogliamo la rosa...*

> Cueillons, cueillons la rose au matin de la vie!

Que si, sous sa forme purement folâtre et dans la voix bruyante de l'ivresse, elle est moins faite pour séduire les âmes délicates et tendres, elle prend parfois aussi des accents d'une telle richesse, d'une folie si éclatante et si sincère, qu'elle a force de poésie à son tour, et que, bon gré mal gré, elle entraîne. Je puis assurer les élégiaques et les rêveurs que Lamartine, qui effleura cette vie de l'Empire dans sa jeunesse, apprécie fort et sait très-bien rappeler à l'occasion certaines des plus belles chansons de Desaugiers.

Ce ne sont pas celles qui ont pour titre et pour sujet un de ces noms tirés au sort, comme c'était d'usage dans les réunions du *Caveau*, la *neige*, la *plume*, le *noir*, le *long ;*

il s'agissait de broder là-dessus quelques couplets, vraie gageure de société et pur jeu d'esprit. Ces sortes de chansons, qui prêtent aux pointes et aux calembours, sont trop nombreuses dans le premier recueil de Desaugiers; mais bien vite et du second coup il perça juste et ouvrit largement sa veine. Ses belles chansons, toutes de feu et d'inspiration (il suffira de les noter d'un mot), ce sont : *Ma Vie épicurienne* (1810) :

> Le jour
> Chantant l'amour,
> Et souvent le faisant sans bruit
> La nuit....;

le *Panpan bachique* (1809) :

> Lorsque le champagne
> Fait en s'échappant
> Pan, pan....;

ce sont ces autres refrains irrésistibles et qui éveillent de toutes parts l'écho, *le Carillon bachique* (1808), surtout *le Délire bachique* (1810) :

> Quand on est mort, c'est pour longtemps....,

admirable chant tout bouillant d'une douce fureur, et où brille dans tout son éclat le génie rabelaisien. Il est telle de ses premières chansons faites comme parodie et pendant à la fameuse chanson à boire de maître Adam de Nevers, et intitulée *Chanson à manger* (1806), où ce même génie à la Gargantua se déclare. Je ne me figure pas qu'on chantât autre chose aux noces de Gamache; on en a plein la bouche à chaque mot, on nage véritablement en pleine bombance. Desaugiers, en ce genre, a la veine plus grasse qu'aucun de ses devanciers et de ses contemporains; mais on ose mieux louer en lui les vifs et légers accès de son humeur jaillissante, au nombre desquels je rappellerai encore *la Manière de vivre cent ans* (1810). C'est par de telles explosions de verve, populaires en naissant, que Desaugiers est devenu si vite un type national de gaieté et comme le patron à perpétuité de tous les dîners chantants ; il n'en est aucun désormais où sa réjouissante mémoire ne préside. Il a du premier jour, et sans y songer, effacé le pâle Laujon, redonné la main aux maîtres gaulois de vieille race, et n'a pas été détrôné à cet endroit, même par Béranger.

La sensibilité, que celui-ci a introduite avec tant d'art dans la chanson, n'est pas absente, autant qu'il le semblerait d'abord, chez Desaugiers. Dans ce *Dîner de Madelon*, sa petite comédie la plus charmante (1813), il se rencontre de jolis couplets qui expriment *la Philosophie du sexagénaire :*

> A soixante ans on ne doit pas remettre
> L'instant heureux qui promet un plaisir.
> . . . . . . . . . . . . . . . .
> Celui qui plie à soixante ans bagage,
> S'il vécut bien, vécut assez longtemps.

Il y a là-dessous une tristesse que voilent l'expression et le sourire. C'est, au ton près, la pensée de cet Ancien qui disait : « Lorsque tu auras doublé (1) le soixantième soleil, ô Gryllus, Gryllus, meurs et deviens poussière ; bien sombre en effet est le tournant par delà ce point de l'existence, car déjà le rayon de la vie est émoussé (2). »

Le propre du chansonnier, c'est que la parole chez lui soit à peu près inséparable de l'air. Un poëte lyrique a du nombre, de l'harmonie, de la mélodie ; mais le chant proprement dit, l'*air*, il faut que cela dans la chanson accompagne, inspire comme d'un seul et même souffle la parole, et ne fasse qu'un avec elle. Composer après coup de la musique sur de jolis vers lyriques qu'on a intitulés ballade

---

(1) Métaphore empruntée des Jeux olympiques.
(2) M. Royer-Collard, que je voyais au jour de l'an (1845) malade et octogénaire, me disait de ce ton qui n'était qu'à lui et dans le même sens : « Si vous m'en croyez, Monsieur, ne vieillissez pas, — ne vieillissez pas ! »

ou chanson, ou encore envoyer ses couplets ou stances au compositeur, ce n'est pas du tout la même chose que d'être chansonnier. Desaugiers l'était, si jamais on le fut, et tout ce qu'il a fait en ce genre a été tellement lancé d'un jet, qu'on ne peut guère y adapter d'autres airs; rhythme et pensée, la chose légère est née tout entière avec le chant. A ne les juger que sur le papier, les pièces lues (qu'on ne s'en étonne pas) ne rendent que bien peu les mêmes pièces chantées; c'est une lettre morte et muette; il faut l'air pour leur rendre le souffle et le sens. A lire, par exemple, la jolie chanson intitulée *les Inconvénients de la Fortune* (1812), se douterait-on de ce demi-ton de tristesse, de ce filet de mélancolie qui se mêle si bien au refrain chanté ?

> Depuis que j'ai touché le faîte
> Et du luxe et de la grandeur,
> J'ai perdu ma joyeuse humeur :
>    Adieu bonheur! (*bis*.)
> Je bâille comme un grand seigneur...
>    Adieu bonheur!
> Ma fortune est faite.

Ce refrain : *Ma fortune est faite*, revient chaque fois plus tristement. La sensibilité, chez Desaugiers, se glisse quelquefois dans l'air, même lorsqu'elle n'est pas dans les paroles. — Comme pendant à cette délicieuse chanson, il faut prendre aussitôt celle du *Réformé content de l'être* (1814), dont le refrain est d'un effet tout contraire au précédent, et dont l'air également va en sens inverse du trait final :

> Tout va bien (*bis*),
> Grâce au Ciel, je n'ai plus rien,
> Je n'ai plus rien, je n'ai plus rien.

De toutes les chansons de Desaugiers, s'il m'était permis de préférer et de dire celle qui me semble peut-être la plus complète littérairement (*littérairement!* mot sobre et profane, mot académique dont je ne saurais assez demander pardon en telle matière!), je nommerais *la Treille de sin-*

*cérité* (1814). Composition, détail, expression et facture, elle me paraît tout réunir au point de perfection et à ce degré d'art dans le naturel qui, en chaque genre et même en chanson, constitue le chef-d'œuvre.

J'ai indiqué à dessein, chemin faisant, les dates de presque toutes les pièces que j'ai citées ; on aura pu remarquer qu'elles sont toutes d'avant 1815 ; non pas que Desaugiers n'ait fait de charmants couplets depuis ; mais ce que je tiens à bien montrer, c'est qu'il est proprement le chansonnier de l'Empire, celui d'avant 1815 en effet. A dater de ce moment et sous la Restauration, cette veine purement épicurienne et rieuse ne suffit plus à la France ; on a vu de près d'affreux désastres, on a subi des affronts ; l'inquiétude est partout qui gagne à l'intérieur et se prolonge dans l'avenir. Si l'on chante encore, il faut que la chanson soit modifiée, soit enhardie et armée comme en guerre. La muse inoffensive, insouciante, du Vaudeville et du Caveau, ne répond plus assez à la disposition publique et ne saurait l'exprimer pleinement. Il y a une jolie boutade de Desaugiers dont voici le premier couplet :

> Chien et chat,
> Chien et chat,
> Voilà le monde
> A la ronde ;
> Chaque état,
> Chaque état
> N'offre, hélas ! que chien et chat.

Et il énumère toutes les zizanies d'alentour, classiques et romantiques, grétristes et rossinistes, Grecs et Turcs ; à propos de ces deux peuples alors aux prises, il disait :

> Qu'êtes-vous sous ce beau ciel
> Que réfléchit l'Archipel,
> Turcs si doux et si polis,
> Et vous, soldats de *Miaulis?*
> Chien et chat, etc., etc.

Eh bien ! non, on prenait dès lors les choses plus au sérieux ; on ne disait plus, on ne voulait plus entendre dire, même en chanson, *chien et chat*, de toutes ces luttes et de tous ces hommes ; on disait : *tyrans et esclaves, bourreaux et victimes;* on prenait parti pour et contre. Bref, l'esprit public se modifiait profondément, et la chanson elle-même avait à s'ingénier, à s'élever, au risque de perdre quelque chose de sa gaieté sans doute et de son naturel : assez d'accroissements et de riches conquêtes purent l'en consoler.

Les éditions de Desaugiers répondent exactement à cette vue de la critique : un premier volume parut en 1808, un second en 1812, un troisième en 1816. On y trouve tout entier le chantre original et populaire de cette époque dont nous avons défini l'esprit au dedans. Les loisirs de l'Empire et la première Restauration, voilà son cadre et son règne à lui, son règne sans partage. Desaugiers excelle à nous faire voir en raccourci, par le bout rapetissant de la lorgnette, les mœurs et le tableau d'un temps déjà si loin de nous. J'ai parlé de ses belles et grandes chansons ; mais il y a celles de *genre*, les miniatures, le *Palais-Royal* d'alors, les rues d'alors, *Paris à cinq heures du matin, à cinq heures du soir*. Le moraliste peu chagrin fait défiler en de vifs couplets toute une suite de petites scènes, de façades ou de facettes, nettes, brillantes, mouvantes, de la vie humaine ; c'est bien l'espèce de chanson dont Picard nous rend la comédie. Dans *l'Atelier du peintre*, Desaugiers a des traits du grotesque de Saint-Amant ; c'est la charge du genre *David* dans sa défroque et son mobilier. Comment oublier ces folles scènes nocturnes de *M. et Madame Denis* (1807), si bourgeoises, si gauloises, si avant logées dans toutes les mémoires, et qui semblent nous être venues du temps de ma Mère grand'! Comme on se figure que Molière y aurait ri (1) ! Et La Fontaine ! qu'est-ce qu'il

---

(1) Le vaudeville de *M. et Madame Denis, tableau conjugal en un acte*, fut représenté pour la première fois aux Variétés en juin 1808. On chantait à la suite de la pièce les couplets déjà bien connus.

aurait dit de voir Philémon et Baucis ainsi tournés en gaudriole? La série des *Cadet Buteux* est une autre branche dramatique de la chanson de Desaugiers; il met sur le compte de ce batelier de la Râpée la plupart de ses parodies des pièces célèbres d'alors, telles que *la Vestale*, *les Deux Gendres*, *les Danaïdes*. On a justement remarqué que ces pots-pourris si naïfs, si amusants, sont sans fiel : il y fait presque valoir les qualités des ouvrages qu'il parodie. Ce *flâneux* de *Cadet Buteux* est un excellent type de gros sens parisien, faubourien, d'observation badaude et populaire. Malherbe s'était vanté d'aller prendre tous les mots de son vocabulaire chez les crocheteurs du Port-au-Foin; Desaugiers, à certains jours, s'en allait parmi les passeurs du Port-au-Vin et y prenait tout simplement sa philosophie. Aux confins du même genre, proche barrière, et tirant sur le poissard ou le grivois, les amateurs distinguent et goûtent fort les amours de *Pierre et Pierrette*. Mais je commence à me sentir par trop incompétent au détail, et j'ai hâte de rentrer dans l'ensemble (1).

Il faut bien aborder la comparaison de Desaugiers et de Béranger, puisqu'elle est inévitable en tel sujet et qu'on aurait l'air, si on l'omettait, de la fuir. Est-il besoin de rappeler avant tout que Béranger est un esprit d'un tout autre ordre, un talent hors de pair qui a créé son domaine et qui a ouvert, ne fût-ce que pour lui seul, des voies nouvelles? L'ami de Chateaubriand et de La Mennais a su rendre la chanson digne de la familiarité et du tous-les-jours de ces hautes imaginations, de ces nobles intelligences. Un tel éloge en dit beaucoup. Comme poëte, Bé-

---

(1) Le nom de Desaugiers m'en rappelle un autre qu'on n'est guère tenté de lui associer, et que je tiens absolument à y rattacher par quelque bout, — un personnage célèbre à tout autre titre, et qui pourtant, né en d'autres régions sociales, eût tenu largement sa place parmi les coryphées de la gaieté pure : je veux parler de Lally-Tolendal, auteur de pots-pourris délicieux, d'une folie à l'usage de la bonne compagnie, et qu'il chantait à ravir; il n'était pas seulement *le plus gras*, mais encore *le plus gai des hommes sensibles*.

ranger n'a, de nos jours, nulle comparaison à craindre. Mais sur un seul point, en ce qui est de la chanson proprement dite (et j'ai bien le droit de glisser ici la réserve, puisque je proclame assez franchement la gloire), sur un seul point Desaugiers garde l'avantage, c'est sur le chapitre de la gaieté franche. Béranger, jeune, avant toute célébrité, regardant passer Desaugiers, qu'il connaissait de vue sans être connu de lui, murmurait tout bas : « Va ! j'en ferais aussi bien que toi, des chansons, si je voulais ! » — Il disait vrai et il l'a bientôt prouvé ; il en a fait d'aussi jolies, même avant d'en faire de très-belles et de sublimes ; il en a fait d'aussi jolies et presque d'aussi gaies, mais il les a faites parce qu'il l'a *voulu*. Or en cela seulement, mais pourtant en cela, il est moindre que Desaugiers.

Celui-ci était chansonnier comme La Fontaine était *fablier*; il y avait dans le talent qui le poussait à la chanson, ou, pour mieux dire, dans la séve qui poussait des chansons en lui, quelque chose d'irrésistible, quelque chose qui le pose assez bien entre Chapelle et La Fontaine.

Béranger a de la sensibilité, de la malice, de l'élévation, je ne veux certes pas prétendre qu'il n'ait pas aussi de la gaieté; mais cette gaieté, il songe vite à s'en servir, à s'en couvrir, à s'en faire un cadre, un véhicule et un auxiliaire pour aller à mieux et viser plus haut, tandis qu'elle était à la fois la forme et le fond, la source et le fleuve même chez Desaugiers. Desaugiers, si plein de traits, n'a pas fait une épigramme en sa vie ; il n'a pas blessé un ennemi, il n'en a pas eu. A qui aurait prononcé devant lui le mot de vengeance, il aurait dit plaisamment comme dans Regnard :

> Que feriez-vous, monsieur, du nez d'un marguillier ?

Son hilarité était pure : *sal merum*. Je l'ai comparé à Chapelle, il en avait la franchise et la rondeur, mais sans la crapule. Il avait aussi de la saillie et du sel à poignée de Santeuil, tout cela innocemment. Il y a beaucoup d'art dans le talent de Béranger, il y entre même quelque ruse. Avec Desaugiers, le naturel est tout grand ouvert ; on rit rien que pour rire ; on sent une sécurité complète résultant de l'entière cordialité.

Le propre du talent de Desaugiers, c'est, je l'ai dit, qu'il est chansonnier sans aucune *arrière-pensée*. Béranger a des arrière-pensées ; il en est tapissé, et bien lui en prend ainsi qu'à nous, puisque c'est de là qu'il tire ses points de vue supérieurs et qu'il démasque au besoin ses horizons. Pascal a dit hardiment : « Il faut avoir une porte de derrière et juger de tout par là : en parlant cependant comme le peuple. » Béranger a eu cette *porte de derrière* dans la chanson : il a su y introduire toute une armée par la poterne, toute une race de héros et de vainqueurs, comme dans une Ilion. Tant de glorieux sujets, tant de vaillants chefs y sont bien parfois un peu à l'étroit et un peu pressés comme dans le cheval de bois ; mais ils en sortent de même plus imprévus et plus impétueux, avec grandeur, avec éclairs. — Quoi qu'il en soit, c'est cette absence bien reconnue d'arrière-pensée qui fait passer chez Desaugiers certaines plaisanteries de rencontre, sur la création dans *le Nouveau-Monde*, sur Adam et la pomme dans *Verse encor*, sur les diables et les damnés dans *Il faut rire*, sans qu'il ait été le moins du monde soupçonné d'impiété. Béranger ne pouvait impunément en dire autant sous les Bourbons, et, s'il touchait du bout du doigt au sacré, il *sentait* tout aussitôt *le roussi*, à titre de philosophe. Mais Desaugiers était de l'ancienne race, de cette malice du bon vieux temps et d'avant Voltaire ; on lui pardonnait de rire comme dans les vieux noëls, sans que cela tirât à conséquence. Le curé de Saint-Roch ne le chicana en rien à l'article de la mort, et le digne ecclésiastique oublia ou ignora parfaitement qu'en racontant autrefois le refus de prières qui signala l'enterrement de mademoiselle Raucourt, *Cadet Buteux* avait chansonné sur l'air : *Faut d' la vertu, pas trop n'en faut*.... On se rappelle la lettre du bon chanoine que nous avons précédemment citée, et qui témoigne de l'indulgence du clergé en général pour Desaugiers ; il me semble maintenant que nous nous l'expliquons très-bien.

Béranger à ses débuts, et dans sa période du *Roi d'Yvetot*, avait été fort lié avec Desaugiers; l'aimable président du Caveau avait accueilli à bras ouverts le nouveau-venu qui s'annonçait si bien; il fut le premier à lui donner l'accolade, il chantait partout ses louanges, et, qui mieux est, ses chansons pour les faire valoir. Béranger le lui a rendu par ces couplets sémillants qui se sentent si bien de leur sujet :

> Bon Desaugiers, mon camarade,
> Mets dans tes poches deux flacons ;
> Puis rassemble, en versant rasade,
> Nos auteurs piquants et féconds.
> Ramène-les dans l'humble asile
> Où renaît le joyeux refrain.
>     Eh ! va ton train,
>     Gai boute-en-train !
> Mets-nous en train, bien en train, tous en train,
>     Et rends enfin au Vaudeville
>     Ses grelots et son tambourin.

On dit que, bien peu après, les opinions politiques avaient séparé ces deux hommes, rivaux un seul moment; qu'il en était même résulté d'un côté... Mais chut! j'aime mieux croire en tout à la louange manifeste qu'à l'allusion cachée.

Desaugiers devait voir la Restauration avec faveur; s'il avait chanté l'Empire, comme c'était d'usage et de rigueur alors, il était prédisposé par nature à devenir bourbonien; il aimait les jouissances sociales, les bienfaits de la paix, et la race d'Henri IV prêtait de tout point à ses refrains favoris. Sa politique et sa charte, à lui, étaient courtes : S'en remettre à la Providence et au pilote pour le gouvernail de l'État, et se contenter d'être le plus aimable, le plus égayant des passagers. Il fut très-bien traité par les princes rentrants, par le comte d'Artois en particulier; on lui demandait en toute occasion d'animer de sa présence et de sa verve les divertissements et les fêtes. Nommé directeur du Vaudeville en 1815, il y resta jusqu'à sa mort, sauf une interruption de deux ou trois ans (1822-1825). Il continua aussi de présider les dîners du *Caveau moderne*, qui ne mourut qu'avec lui. Les chansons de Desaugiers, plus rares sous la Restauration, furent trop souvent de circonstance : les fêtes du roi, le baptême du duc de Bordeaux, le sacre de Reims, obtenaient de lui sans effort des couplets sincères, mais que la France entière ne répétait pas. En vain dans son *Appel aux Français* soupirait-il d'un demi-ton de plainte :

> Peuple français, la politique
> T'a jusqu'ici trop attristé ;
> Rappelle ta légèreté,
>       Ton antique
>       Joyeuseté !

Cette gracieuse chanson était comme le *chant du cygne* de la gaieté en France. La politique gagnait de plus en plus, et, lorsqu'on riait encore avec Desaugiers, ce n'était qu'une trêve. Pourtant les cercles les plus familiers ou les plus brillants le recherchaient et se le disputaient à l'envi ; il continuait d'être le convive le plus indispensable et le plus promis, et l'âme vivante de toute réunion. Si la cause de la gaieté se perdait de plus en plus dans l'ensemble, il lui rendait l'avantage dès qu'il paraissait sur un point, et, comme ces foudres de guerre qui ne meurent qu'en triomphant, il ramenait la victoire partout où il était de sa personne. — Dans les repas de corps de la garde royale, il avait nom l'*aumônier* du régiment. — Sa maladie, une maladie bien cruelle, la pierre, interrompit à peine les saillies de sa vive et indulgente humeur ; il chansonna son mal comme toute chose, sans amertume et en lui pardonnant ; il fit en riant son épitaphe, sans y croire encore. Cette maladie devint bientôt un événement pour tous, et sa mort fut un deuil public, car il avait été la joie de beaucoup. Ce jour-là, ce seul jour, le nom de Desaugiers fit couler des pleurs de tristesse, et ils coulèrent en abondance. Il n'avait que cinquante-quatre ans accomplis lorsqu'il mourut (9 août 1827). On trouvera dans la notice de M. Merle, en tête des œuvres (1), et dans celle de M. Creuzé de Lesser (*Biographie universelle*), l'expression touchante des regrets unanimes. J'ajouterai seulement ici quelques traits puisés en bon lieu, et qui achèveront de dessiner cette physionomie heureuse.

Desaugiers (ce qu'on croirait difficilement à ne le juger que du dehors) était un homme d'intérieur ; mari et père tendre, voué aux affections domestiques, il n'a laissé au sein de la famille la plus unie que des souvenirs pieux et inaltérés, aussi vifs après tant d'années que le premier jour. Les instants où il parvenait à s'arracher au monde et où il s'asseyait parmi les siens, à sa table bourgeoise, étaient peut-être ses plus vrais jours de fête à lui. — On a dit qu'il avait un certain fonds mélancolique sous sa gaieté. Il disait lui-même que sa première pensée au réveil était toujours triste. J'ai vu son portrait peint par Riesener le père, datant de 1812, et avant cet embonpoint qu'il prit dans la suite : la finesse et la sensibilité y frappent tout d'abord. Sa figure, si on la surprenait au repos, était plutôt mélancolique. Quand il était au piano, il finissait volontiers, au bout d'un certain temps, par tomber dans la pure romance sentimentale ; mais dans l'habitude, et dès qu'il voyait des visages et des yeux humains, il souriait, il étincelait au premier choc, et la gaieté ne tarissait pas.

Il y avait jusque dans sa manière de serrer la main quelque chose de moelleux et de naturellement caressant, qui exprimait l'affection.

Je continue de le peindre tel qu'on me l'a montré, tel qu'il m'apparaît tout à fait présent. Très-distrait, très-flâneur, il est toujours en retard dans les dîners d'étiquette où il se rend ; il s'attarde aux boutiques, aux passants, au *polichinelle* du coin, même quand la belle compagnie,

---

(1) J'ai beaucoup emprunté pour tout ce qui précède à cette notice de M. Merle, et je dois de plus à la parfaite obligeance de cet homme d'esprit plus d'un souvenir dont j'ai profité.

à deux maisons de là, pourrait très-bien l'apercevoir du balcon. Il entre, une saillie s'échappe, et tout est réparé.

Directeur du Vaudeville, il était peu fait, on le conçoit, pour les détails et pour les tracas de l'administration. Pourtant, par le privilége de sa nature, il apaisa d'un mot et fit tomber plus d'une fois les différends. Tendrement aimé de la jeunesse, il la favorisait avec zèle. Dans les pièces de jeunes gens qu'il faisait jouer, combien de fois il lui arriva de jeter des couplets sans s'en vanter, quelques grains de son sel! — Le soir, en rentrant du théâtre, à minuit, il se mettait à lire les pièces présentées, avant de les faire lire au comité. Il les lisait jusqu'au bout, et écrivait aux auteurs des lettres longues, motivées, paternelles, qui adoucissaient les refus. Tous les conflits d'amour-propre ou d'intérêt se taisaient aisément devant lui. Il était de ceux qui ont un don à part, et qui sont destinés par la nature, non-seulement à égayer, mais encore à adoucir les relations des hommes. — On pouvait le définir *une joie de la vie.*

Il y avait dans tout son être un *liant* unique; on sentait bien au vrai que la joie était là-dedans. Il semblait dire à tous en entrant : « Nous n'avons qu'un instant, laissons ce qui divise, et jouissons ensemble de ce que je vous apporte. » Il avait besoin de voir tous les visages heureux autour de lui.

Une fois au piano, on aurait dit que la chanson lui sortait par tous les pores, par les doigts, par les cheveux légèrement en désordre, par ses yeux brillants comme par ses lèvres riantes. Ce n'était ni étudié ni travaillé, et, le lendemain, cela faisait une chanson charmante, que tous répétaient déjà.

Il ne faudrait pas croire pourtant qu'il ne travaillât pas ses chansons, celles dont on se souvient. Desaugiers travaillait beaucoup sans en avoir l'air, non pas dans son cabinet sans doute, les coudes sur sa table et en se rongeant les ongles; il travaillait en marchant, seul, aux Champs-Élysées ou aux Tuileries, dans son allée favorite du *San-*

*glier*. Enfin, ses chansons si promptes à naître, et souvent si parfaites d'exécution, ne s'achevaient pas toutes seules, qu'on le sache bien. Il y avait entre elles et lui le dernier tour de promenade solitaire et le tête-à-tête du lendemain matin.

On a là tout ce que j'ai pu recueillir de plus intéressant et d'un peu littéraire sur cette imagination riante et cette âme sans replis, sur ce dernier représentant de la gaieté française, et qui en a fait éclater le bouquet final éblouissant. L'aimable chose est si en souffrance pour le quart d'heure, qu'il a dû être raconté et analysé (j'en demande bien pardon à ses mânes) par celui de tous les auteurs de *Tristes* qui a le moins le bonheur de lui ressembler. Il est tombé aux mains des élégiaques, mais non pas tout à fait des profanes, et nous avons fait de notre mieux pour l'honorer à notre manière, pour arroser de lait et de miel, et même d'un peu de vin, son tombeau.

1er juillet 1845.

# GRESSET.

(Essai biographique sur sa Vie et ses Ouvrages, par M. DE CAYROL (1).)

Alexandre ne voyageait jamais sans emporter avec lui les poëmes d'Homère, et la cassette dans laquelle il les enfermait est restée célèbre. Silius Italicus, dans sa retraite de Naples, avait coutume de fêter le jour de naissance de Virgile plus solennellement que le sien propre, et il n'approchait du tombeau du grand poëte que comme d'un temple. Lors de la renaissance des lettres, ce culte pour les prédécesseurs s'est renouvelé sous plus d'une forme, parfois singulière, et il suffit de rappeler ce noble vénitien Naugerius qui, dans son adoration pour Catulle, brûlait chaque année quelques exemplaires de Martial en son honneur. Enfin, sans tant multiplier les exemples, il est bien constant qu'il y a telle chose que la religion et même que la dévotion littéraire : là aussi on n'adore pas seulement les grands Dieux, on se prend aux moindres saints. Saint Paulin, retiré près de Nole, s'était choisi pour patron saint Félix, et il lui adressait chaque année un panégyrique en vers. Il y a telle dévotion littéraire qui fera la même chose pour le patron auquel elle s'est une fois consacrée; elle lui élève une chapelle, si ce n'est un temple ; elle dessert l'autel, et y expose les reliques, et sonne la cloche en tout

(1) 2 volumes in-8°, 1845.

temps pour réveiller les fidèles. M. de Cayrol s'est fait le desservant de Gresset.

Il y a quinze ans que cet honorable gentilhomme, ancien député sous la Restauration, a pris à cœur de rechercher tout ce qui pouvait, de près ou de loin, concerner l'aimable poëte d'Amiens. M. de Cayrol a vécu quelque temps en Picardie, il est membre et a été chancelier de l'Académie du département de la Somme ; il n'en a pas fallu davantage pour enflammer chez lui une prédisposition qu'on peut croire préexistante et comme innée. Depuis ce temps, il n'est pas de soins ni de mouvements qu'il ne se soit donnés pour retrouver les moindres débris du portefeuille de Gresset, pour en déchiffrer les plus informes brouillons, pour en restituer les plus exigus fragments, pour conférer les diverses éditions et présenter les variantes comme on fait pour les grands classiques ; les académies du lieu, les sociétés littéraires des cantons circonvoisins, ont retenti mainte fois du prélude de ces estimables travaux, poursuivis avec un zèle pour ainsi dire acharné ; et aujourd'hui, maître de son sujet, en ayant épuisé toutes les veines, le laborieux biographe ramasse ses résultats en deux volumes, qui contiennent tout sur Gresset, et même un peu plus que tout, puisqu'on y rencontre certaines petites injures contre les ex-romantiques, contre cette abominable postérité de Jodelle et de Du Bartas, et aussi contre *le virus des âmes gangrenées* de George Sand et consorts. Oh ! pour le coup, ceci est trop ; en matière littéraire, un peu de superstition ne me déplaît pas, mais point de fanatisme. M. de Cayrol, en mêlant ces sorties sans motif à la célébration de son innocent et gracieux poëte, pourrait compromettre la cause de celui-ci et lui attirer par contre-coup des désagréments, si on ne faisait la part d'une *grosseur* de termes qui tient à une plume rarement taillée, et si on ne rabattait d'un emportement qui n'est guère qu'une faute de goût. Ceux qui ont tant parlé de goût au nom des classiques, dont ils se croyaient les seuls défenseurs, ont eu souvent ce tort et commis cette petite inconséquence. Nous devions d'abord en prendre acte et montrer qu'ici elle ne nous a pas échappé. Après quoi nous nous empressons de l'oublier, car elle nous conduirait à être sévère, c'est-à-dire injuste envers un homme et un ouvrage dont le mobile et l'objet sont faits pour intéresser.

Il est intéressant en effet de voir ce zèle dont se trouvent tout d'un coup saisis, après de longues années, certains critiques et biographes pour l'auteur qu'ils adoptent avec prédilection. Un écrivain a fleuri et brillé en son temps, il est mort; le goût public a changé; sa renommée a vieilli et a pâli; on le cite encore à la rencontre, on a lu de lui une ou deux pièces qui seules survivent au reste des œuvres oubliées; il semble que tout soit dit sur son compte : et voilà subitement qu'un homme arrive, littérateur ou non de métier, mais ayant au cœur je ne sais quelle étincelle littéraire, et cet homme un matin se consacre à cette mémoire défunte, la réchauffe, la restaure, s'applique de tout point à la rehausser. C'est comme un contemporain retardé par accident, venu un siècle après, et qui va compenser par surcroît d'efforts le temps perdu; c'est un serviteur posthume de cette gloire dans laquelle, comme au premier jour, il va tout replacer. Le pauvre poëte défunt pourrait revenir et, devant ce tombeau refleuri, se croire encore à son heure de triomphe et de fête. Je dis que cela est touchant, parce que cela est désintéressé; et c'est l'honneur éternel des lettres, de ce que les Anciens appelaient *studia*, d'entretenir en ceux qui les aiment de ces piétés qu'on appellera, si l'on veut, des manies : les hommes qui ne visent qu'au présent et à user à leur profit des circonstances sont incapables, je l'avoue, de telles illusions, qui supposent le rêve d'immortalité, et c'est pourquoi, avec toute sorte de considération pour ces hommes *utiles*, je préfère les autres.

Y a-t-il rien de nouveau à dire sur Gresset? y a-t-il lieu surtout de réformer à quelques égards le jugement établi sur son talent? Je ne le crois pas, et pourtant je vais refeuilleter sa vie et ses ouvrages avec M. de Cayrol, me bornant à toucher quelques traits çà et là. Il naquit à Amiens, comme on sait, le 29 août 1709 ; son père, qui remplissait d'honorables fonctions judiciaires, était tant soit peu poëte, et rimait en style convenable des épîtres ou satires à l'imitation de Boileau. Le jeune Gresset fit ses études au collége des Jésuites à Amiens ; d'élève devenu novice et admis dans la compagnie, il passa au collége Louis-le-Grand, et de là fut envoyé pour professer en divers lieux, à Nevers peut-être, certainement à Moulins, dans le voisinage de ce couvent de Visitandines qu'il a si joliment célébré. Gresset avait deux de ses sœurs qui se firent religieuses au couvent des Augustines d'Amiens. A ses débuts, on le voit, il tenait par tous les côtés à cette vie de collége et de cloître qui fut son premier horizon, et qui resta toujours sa perspective ; il y était initié à fond, et son naturel badin, agréable et ingénument malicieux, ne réussit jamais d'un tour plus sûr que lorsqu'il s'y donna ses ébats, en ayant l'air d'en sortir. Des vers latins, des discours latins, des énigmes rimées, une traduction en vers français des Églogues de Virgile, faite à vingt et un ans, je franchis d'un pas tout ce premier bagage, sur lequel le biographe, comme de juste, s'apesantit. Gresset, jésuite, avait vingt-cinq ans lorsqu'en 1734, *Ver-Vert* s'échappant par mégarde de son portefeuille, trois éditions (quel scandale !) en parurent coup sur coup, et divulguèrent un talent nouveau du côté où l'on s'y attendait le moins. Le succès de ce petit poëme fut inimaginable ; la condition de l'auteur ajoutait au piquant. Envoyé en pénitence à La Flèche, par une punition fort douce, convenons-en, et de bien peu de durée, il ne revint à Paris que pour récidiver de plus belle : *la Chartreuse* courut avec la pièce des *Ombres*, qui en est la suite, et un libraire les imprima. Cette fois, l'affaire parut plus grave ; quelques vers étaient de nature à mécontenter le Parlement. Les supérieurs se décidèrent à renvoyer Gresset de la compagnie, non sans avoir consulté le cardinal Fleury, qui écrivait là-dessus au lieutenant de police Hérault :

« À Issy, le 23 novembre 1735.

« Voici une lettre, monsieur, du Père De Linyères, au sujet de ce jeune homme dont vous m'avez donné trois petits ouvrages. Celui du *Perroquet* est très-joli et passe bien les deux autres ; mais il est bien libertin, et fera très-certainement des affaires aux jésuites, s'ils ne s'en défont. Tout le talent de ce garçon est tourné du côté du libertinage et de ce qu'il y a de plus licencieux, et on ne corrige point de pareils génies. Le plus court et le plus sûr est de le renvoyer, car *les Nouvelles ecclésiastiques* (1) triompheront sur un homme de ce caractère... »

J'ai cité cette lettre parce qu'elle me paraît caractériser à merveille, dans le ton paterne du bon octogénaire, le genre de *libertinage*, comme il disait, dont la muse de Gresset s'était rendue coupable ; c'est un petit libertinage léger et sans trop de fond, une gaieté de jeunesse très-émoustillée, et qui ne tire pas tellement à conséquence qu'elle ne fasse encore sourire le digne cardinal au moment où il la condamne : on sent que, s'il ne faut plus garder Gresset chez les jésuites, il n'est pas perdu sans ressource pour cela, et qu'il pourra revenir à résipiscence, comme y revint ce Ver-Vert lui-même qu'il a si gentiment chanté. Dans une lettre à peu près du même temps, que Gresset écrivait à sa mère après son retour de la pénitence à La Flèche, et avant sa sortie définitive de chez les jésuites, il lui disait d'un ton de plaisanterie qui rentre bien dans notre remarque :

« Ma très-chère Mère,

« Voilà qui n'est, en vérité, point édifiant : dater une lettre d'une heure après minuit (2), temps auquel une vertueuse mère de famille doit, comme la femme forte, goûter dans le sein du repos la douceur des songes évangéliques ; temps auquel une jeune prosélyte doit tranquillement sommeiller et rêver pieusement. De telles nuits marquent des âmes beaucoup trop éveillées, et assurément, si je me mêlais de me scandaliser, ma délicatesse

---

(1) Journal janséniste.
(2) Il paraît qu'il avait reçu de sa mère et de sa sœur une lettre datée de cette heure-là, et que de plus il y avait eu une *retraite* à Amiens.

serait bien déconcertée par un pareil dérangement, surtout après la grande et pompeuse retraite. C'est donc là que sont venus aboutir tant d'affectueux sentiments! C'est donc en vain que le vertueux Père Fleuriau, l'apôtre des gentils, a labouré, semé, arrosé ; voilà donc sa moisson! Il a prié, exhorté, menacé, tonné, cassé sa flûte, et cependant je ne vois point de changement ; on continue : autrefois on se couchait à minuit, et depuis la retraite on est devenu plus méchant d'une heure. »

Et le caquetage continue sur ce ton. On voit combien cela est d'une gentillesse enfantine ou du moins adolescente : *on est devenu plus méchant d'une heure!* Le joli mot! Nous tenons là sur le fait l'espiègle, le *petit libertin*, comme dirait le cardinal Fleury ou madame sa maman.

*Ver-Vert* nous offre le chef-d'œuvre de cette malice encore innocente et décente dans son plus périlleux excès. Bailly, le grave Bailly, en son *Éloge* de Gresset (car Bailly a fait l'*Éloge* de Gresset, et il eut même pour concurrent Robespierre), a très-finement déduit comme quoi ce gracieux petit poëme n'est qu'un transparent à travers lequel on devine les passions, les émotions chères au cœur, qui prennent ici le change pour éclore, et s'amusent à ce qui leur est permis :

> Et dans le vrai c'était la moindre chose
> Que cette troupe étroitement enclose,
> A qui d'ailleurs tout autre oiseau manquait,
> Eût pour le moins un pauvre Perroquet.

On sent courir à tout moment la vague pensée, on effleure le sujet interdit, mais au même moment on l'esquive ; on est chatouillé et rassuré à la fois ; on se donne une entière licence avec une sorte de sécurité ; car, notons-le bien, c'est encore un novice qui badine, et non un page : le Chérubin dont l'enjouement a dicté ces gaietés d'un jour ne sera jamais l'amant de sa marraine ; que dis-je? en vieillissant il deviendra presque un marguillier.

Gresset, n'en déplaise à l'enthousiasme trop continu de son panégyriste, n'a fait dans sa vie que deux choses qui se puissent relire avec un vrai plaisir, et qui s'attacheront toujours à son nom : il a fait *Ver-Vert* à son moment le plus vif, et *le Méchant* à son moment le plus mûr. Dans tout ce qu'il a écrit dans l'intervalle et depuis, il n'a su que répéter, affaiblir, délayer la manière ou les idées de ces deux excellents ouvrages, les seuls de lui qui méritent de rester. Le plus léger des deux, *Ver-Vert*, est peut-être celui qui, à cette distance, a le moins perdu dans son ensemble : il se retrouve d'un bout à l'autre agréable et charmant.

Il y a des esprits et des talents qui n'ont que de la jeunesse, et encore de la première jeunesse : Gresset en eut de bonne heure le pressentiment. Dans cette *Chartreuse* si goûtée de nos pères, et où quelques bons vers seulement nous arrivent à la nage dans un torrent de rimes, il disait :

> Persuadé que l'harmonie
> Ne verse ses heureux présents
> Que sur le matin de la vie,
> Et que sans un peu de folie
> On ne rime plus à trente ans...

Dans une pièce adressée *à ma Muse,* il disait encore, toujours dans ce même sentiment de la brièveté :

> Moi que le Ciel fit naître moins sensible
> A tout éclat qu'à tout bonheur paisible,
> Je fuis du nom le dangereux lien ;
> Et quelques vers échappés à ma veine,
> Nés sans dessein et façonnés sans peine,
> Pour l'avenir ne m'engagent à rien.
> Plusieurs des fleurs que voit naître Pomone
> Au sein fécond des vergers renaissants
> Ne doivent point un tribut à l'Automne :
> Tout leur destin est de plaire au Printemps.

Ce qui manqua à Gresset, ce furent les idées, le renouvellement d'idées. Son fonds d'adolescence et de première entrée dans le monde resta à très-peu près le même, ni plus ni moins. Dans un siècle qui remuait toutes les théories, qui agitait tous les problèmes, il ne prit aucune part effective, aucun intérêt véritablement intelligent. Pas plus que Crébillon, que Jean-Baptiste Rousseau, que Piron, ses aînés, il n'avait l'esprit *sérieux*, tandis que Voltaire l'avait jusqu'en ses saillies ; et c'est ce qui explique le peu de résistance qu'ils firent tous en face d'un tel rival, à la fois léger de plume et muni du fonds. La première veine de jeunesse dissipée, la matinée à peine finie et midi sonnant, Gresset n'eut plus rien à dire, et ne put que se replier dans Amiens : car je suis fort de l'avis de Diderot, qui remarque quelque part que, lorsqu'un poëte peut prendre si aisément sur lui de se taire, c'est qu'il n'a plus guère à parler. Après *le Méchant*, dans lequel il prouva une heureuse entente des tracasseries du monde, comme dans *Ver-Vert* il s'était joué avec les tracasseries du couvent, Gresset avait tout dit.

Il y eut, ne l'oublions pas, deux temps très-distincts, deux moitiés très-tranchées dans le dix-huitième siècle ; ce n'est que dans la seconde moitié, et après 1747, année du *Méchant*, que ce siècle produisit les mémorables ouvrages qui en firent décidément une grande époque de philosophie et d'éloquence : l'*Esprit des Lois*, l'*Histoire naturelle*, l'*Encyclopédie*, l'*Émile* et tant d'autres ; Voltaire embrasse et remplit les deux périodes, Rousseau n'éclate que dans la seconde ; Gresset ne passa jamais la première. Le lendemain du *Méchant*, sa moisson était faite, et sa provision aussi ; son esprit rassasié n'accepta pas une idée depuis. On voit assez en quel sens on est autorisé à dire qu'il n'avait pas l'esprit sérieux. Combien de poëtes sont ainsi, et eurent le talent plus distingué que l'intelligence !

On retrouverait en lui partout et dans le meilleur sens l'élève des jésuites et du Père Du Cerceau ; quand les jésuites ne se mêlaient pas de théologie, mais seulement de littérature, ils avaient de ce genre d'esprit dont Gresset représente la fleur la plus brillante et la plus mondaine : il suffit de nommer Commire, Cossart, Rapin, Porée, Bougeant et tant d'autres. Cette littérature tout intérieure et confinée aux ornements des écoles avait de la gaieté, et laissait à ces aimables maîtres (encore un coup, je ne parle que de ceux qui ne faisaient pas les théologiens) une certaine enfance de mœurs et d'esprit qui de près n'était pas sans charme. Pline le Jeune, parlant d'un vieux et aimable rhéteur, Isée, qui avait un prodigieux talent de parole et d'amplification, une élégance et une pureté de diction réputée attique, ajoute : « Il a plus de soixante ans, et il n'en est encore qu'à s'exercer au sein des écoles; c'est dans cette classe d'hommes qu'on trouve le plus de simplicité, de sincérité et de bonté pure ; car, nous autres, qui passons notre vie au barreau et dans les contestations réelles, nous y apprenons, bon gré, mal gré, beaucoup de malice (1). » Gresset, même dans le temps de ses plus grandes malices, fut toujours un peu un homme de cette nature, un *scholasticus* comme Pline le dit en bonne part du rhéteur Isée, et comme Voltaire l'a dit moins bénignement de lui dans ces vers si connus :

> Gresset doué du double privilége
> D'être au collége un bel-esprit mondain,
> Et dans le monde un homme de collége.

Aussitôt après sa sortie des jésuites (1735), Gresset, accueilli dans le monde, et particulièrement à l'hôtel de Chaulnes par suite de ses relations de province, prodigua, pendant les années suivantes, une foule de vers légers, agréables en naissant, dans le genre de Chaulieu et d'Hamilton; mais, si Hamilton est un inimitable modèle, ce n'est point par ses vers assurément. Ceux de Gresset avaient pourtant de quoi plaire dans leur nouveauté: Jean-Baptiste Rousseau, qui les recevait à Bruxelles, ne se contenait pas de joie, et voyait déjà dans le nouveau-venu un rival et un

---

(1) « Annum sexagesimum excessit, et adhuc scholasticus tantum est : quo genere hominum nihil aut simplicius, aut sincerius, aut melius. Nos enim qui in foro verisque litibus terimur, multum malitiæ quamvis nolimus, addiscimus. » (*Epist.*, lib., II, 3.)

vainqueur de Voltaire : « Je viens de relire votre divine Épître (celle *à ma Muse*), lui écrivait-il, et, si la première lecture a attiré mon admiration, je ne puis m'empêcher de vous dire que la seconde a excité mes transports. » Il est vrai que, dans l'épître en question, Gresset y parlait de Jean-Baptiste comme d'un Horace, et le proclamait *ce Phénix lyrique*. De son côté, Frédéric, avec qui Gresset était en correspondance, trouvait ses vers *d'un acabit admirable*. Desfontaines, plus judicieux, concluait, après bien des éloges : « Ce sont de jolis riens qui ne conduisent à rien. »

A les relire aujourd'hui, en effet, presque tous ces vers de Gresset ne nous offrent plus guère qu'une interminable enfilade de rimes entre-croisées dans lesquelles chaque mot ne marche qu'invariablement escorté de son épithète : pur babil, ramage, une sorte de loquacité poétique qui prouve de la facilité plutôt que de la verve : *facilitas potius quam facultas*. Il ne sait ni s'arrêter, ni finir sa phrase; le sens est noyé. Dans ce courant verbeux, redondant à l'oreille et plus gonflé que léger, on saisit au passage quelques vers dignes d'être retenus, mais aucun de ces traits dont le ton chaud gagne en vieillissant. Qu'y faire? le brillant tout entier a péri, la fleur du pastel est dès longtemps enlevée, et on ne distingue plus rien de la poussière première à ces ailes fanées du papillon.

Je ne prétends pas dire que Gresset n'ait pas eu là d'heureuses années embellies de succès légitimes; des idées riantes, un certain jeu de vivacité naturelle et de mollesse voluptueuse, quelques éclairs de tendresse, des accents sortis d'un cœur droit, d'une âme honnête et bonne, animaient ces productions de sa veine dans leur fraîcheur : presque tout cela, encore un coup, a disparu. Gresset était d'une physionomie douce, fine, et qui devait s'accommoder du sourire. On a dit qu'il était très-aimable dans l'intimité, et je le crois volontiers; mais, d'après les échantillons mêmes qu'on donne de sa conversation et des ingrédients qu'il y faisait entrer, j'y trouve tout un train de bons mots,

anecdotes et historiettes, accusant ce tour d'esprit un peu
futile dont le dix-huitième siècle ne se payait qu'en de certains moments. En ce genre-là, je doute que Gresset ait
jamais approché de Delille. M. de Cayrol, qui n'entend pas
contradiction sur son héros, traite fort mal M. de Feletz,
pour avoir osé mettre en doute l'agrément de Gresset en
prose; il me semble qu'au moment où il plaidait pour les
agréments d'un autre, le digne biographe l'aurait pu faire
en un style plus persuasif et mieux assorti; pour moi, en
ces matières d'urbanité, je suis accoutumé à reconnaître
M. de Feletz comme un excellent juge. Non, Gresset, causeur et conteur, n'était rien moins qu'un Hamilton; malgré ses succès dans deux ou trois cercles où on l'adopta,
j'oserai conclure des récits mêmes de son biographe que,
durant ces quinze années qu'il passa dans le monde de
Paris, depuis sa sortie de chez les jésuites jusqu'à sa retraite à Amiens (1735-1750), Gresset n'eut jamais pied véritablement en plein milieu du siècle, et qu'il n'y tint jamais un de ces premiers rôles, ne fût-ce que d'amabilité
brillante, qu'on a peine ensuite à quitter. Il assista, il observa d'une place commode, et pour lui c'était assez. Quelques mots épars, quelques indices recueillis par M. de Cayrol, semblent indiquer que les jouissances de cœur ne
manquèrent pas à Gresset dans ces années mondaines;
mais la discrétion du poëte n'a rien laissé percer sur l'objet
aimé, et, dans un monde où tout s'affichait, il sut couvrir
d'un voile mystérieux le nom de sa *Glycère*. Gresset avait
le cœur délicat; même à son heure la plus brillante et en
son midi, il se rejetait le plus qu'il pouvait dans le demi-
jour (1).

Ses tentatives au théâtre, où il débuta en 1740 par

(1) On lit dans une lettre de d'Argens à Frédéric le Grand, datée de
Paris, 5 septembre 1747 : « Tout ce qui a dans ce pays un certain mérite est presque impossible à déplacer. Gresset, par exemple, dont
Votre Majesté me parle, a deux emplois qui lui rendent deux mille
écus; il faut ajouter à cela une des plus jolies femmes de Paris pour
maîtresse. » Frédéric espérait Gresset à Berlin et ne l'eut pas.

*Édouard III*, où il récidiva en 1745 par *Sidnei*, deux pièces assez équivoques de genre comme de talent, se couronnèrent en 1747 par le succès brillant et imprévu du *Méchant*, l'une des meilleures comédies d'un siècle qui n'en a pas eu de grande avant Figaro. L'observation fine de Gresset venait de prendre sur le fait un travers, un vice particulier à ce moment de société auquel il assistait; son talent redevenu net, vif, élégant, et à la fois enhardi, avait mis l'odieux objet dans une entière lumière; sa conscience d'honnête homme l'avait flétri. Après le débordement de la Régence, en effet, les vices du siècle avaient légèrement rentré; la corruption s'était faite élégante, et ne circulait que mieux sous un vernis de persiflage; on avait à combattre une seconde *rouerie* plus convenable d'apparence, et plus périlleuse peut-être que la première; armée d'une diction polie, acérée, elle se faisait gloire d'une sécheresse spirituelle et d'une scélératesse de bon ton qui, même entre gens qui se piquaient d'honneur, devait en plus d'un cas passer des paroles jusqu'aux procédés. Quelques hommes distingués avaient perfectionné cet art misérable, qui était devenu leur fonds de nature, et la jeunesse, comme toujours, s'y portait à leur suite par imitation et singerie. Le Cléon de Gresset jeta le masque, et vint exposer le portrait devant tous les yeux; il était si frappant par tant de traits qu'on y appliqua à l'instant plusieurs noms, le marquis de Vintimille, le comte de Stainville, et bien d'autres. Le piquant, c'est qu'il y en avait parmi les dénoncés qui ne s'en défendaient pas beaucoup, et M. de Vintimille déclara que, sauf quelques traits de noirceur qui étaient plutôt du scélérat que du méchant, il n'aurait pas été fâché de ressembler à Cléon (1). Le personnage de Valère, de ce jeune

---

(1) « On a prétendu, dit Craufurd dans ses *Essais sur la Littérature française*, que la duchesse de Chaulnes (depuis madame de Giac) avait fourni plusieurs traits à Gresset; et cela est vraisemblable : il ne connaissait pas beaucoup le monde alors, et la conversation de madame de Chaulnes était semée de traits du genre de ceux qui ont fait le succès du *Méchant*. »

homme bien doué et d'un naturel excellent, qui se croit obligé de faire le fat par bon air, n'est pas moins vivement saisi ; cela prête à plus d'une scène heureuse et d'un intérêt assez comique ; mais la diction surtout du *Méchant* est excellente ; on en peut dire ce que Voltaire disait de la satire des *Disputes,* que ce sont des vers comme on en faisait dans le bon temps. Aucune comédie n'a peut-être autant fourni à la mémoire du public et n'a mis en circulation pour l'usage journalier un aussi grand nombre de ces mots devenus proverbes en naissant :

> Les sots sont ici-bas pour nos menus plaisirs...
> C'est pour le peuple enfin que sont faits les parents...
> Il ne vous fera pas grâce d'une laitue...
> . . . . . . . . Elle a d'assez beaux yeux,
> Pour des yeux de province. . . . . . . .
> On ne vit qu'à Paris, et l'on végète ailleurs...
> Tout le monde est méchant, et personne ne l'est...
> L'aigle d'une maison n'est qu'un sot dans une autre...
> L'esprit qu'on veut avoir gâte celui qu'on a...
> Et c'est là qu'on entend le cri de la nature...

Et cent autres. Relu aujourd'hui, *le Méchant* se ressent un peu de cet inconvénient d'avoir trop réussi et d'être trop su d'avance. Pourtant il se maintiendra toujours à son rang littéraire, comme une des œuvres les plus honorables dans ce genre de la comédie mitigée et de l'épître morale, dont le mérite, lorsqu'il est universellement goûté par l'élite d'une nation, donne la mesure certaine d'une qualité de civilisation bien polie et bien délicate (1).

Le succès du *Méchant* ouvrit à Gresset les portes de l'Académie ; il était donc à trente-neuf ans, en 1748, au com-

---

(1) Voir la correspondance de l'abbé Galiani et de madame d'Épinay, à la date du 27 février 1773. Galiani y fait une espèce de gazette de théâtre, à l'occasion des représentations qu'une troupe de comédiens français donnait à Naples : « Dix-septième représentation : *le Méchant*, pièce qu'on n'entendit point du tout, parce qu'elle n'est que parlée. Rien ne s'y fait. »

ble, ce semble, de ses vœux et dans la plénitude de sa carrière, lorsque, sans qu'on vît bien pourquoi, il ressentit soudainement une grande lassitude et ne songea plus qu'à se retirer. Comme s'il avait pris à la lettre et tout à fait au sérieux son sujet du *Méchant*, et comme s'il s'était dit qu'il n'y avait pas à demeurer dans un pareil monde, il ne tourna plus désormais de regard qu'en arrière, vers la retraite et vers la vie de province. On le voit en 1749 obtenir des lettres patentes pour faire ériger en académie la Société littéraire d'Amiens; il s'y disposait un abri commode et un petit sanctuaire à sa convenance. Au commencement de 1751, il se maria dans sa ville natale, et n'en sortit plus qu'en deux ou trois occasions obligées; il y passa les vingt-six dernières années de sa vie.

A de telles déterminations qui tiennent de si près à la conscience et à la morale intime, il n'y a rien à opposer : l'idée qu'on peut se faire du cœur de Gresset gagne plutôt à le voir ainsi se dérober à ce qui eût tenté la plupart. La gloire dont il venait de goûter à pleine coupe dans l'applaudissement universel lui fut amère; il parut sentir que c'était un breuvage trop fort pour lui, et il s'en détourna. Des pensées plus douces et plus humbles lui sourirent; le bonheur domestique lui fit envie. Je ne sais qui disait de la situation de l'Autriche par rapport aux autres États plus remuants : Que voulez-vous? ce sont des gens qui ont la bêtise d'être heureux. Gresset, à même de choisir, préféra ainsi le bonheur sûr à l'éclat hasardeux; mais le bonheur trouve son prix en lui-même, et il n'est guère intéressant à raconter.

Il ne tiendrait pas à M. de Cayrol que nous ne vissions dans ces années de retraite de Gresset l'époque la plus remplie littérairement et la plus fertile de sa vie. L'honorable biographe s'est tellement appliqué et a si bien réussi à retrouver tous les canevas et projets qui ont pu passer dans l'esprit ou s'ébaucher sous la plume de l'auteur sommeillant et indécis, que nous nous perdons avec lui dans cette multitude d'essais oiseux, de dédicaces sans but et de faciles avortements. Il ne nous a convaincu pourtant que d'une chose, c'est que Gresset, à peine retiré, baissa aussitôt comme poëte. Confiné et, pour tout dire, confit dans les solennités provinciales, dans la coterie littéraire du lieu et dans les admirations bourgeoises, il put encore avoir de bons, d'aimables instants en petit comité entre le digne évêque M. de La Motte, qui le dirigeait, et MM. de Chauvelin, gens d'esprit, dont l'un était intendant de Picardie; mais il ne retrouva plus désormais, il ne posséda plus son talent; il eût été incapable, à sa manière, d'un grand et vivant réveil, comme en eut Racine. En guise d'*Esther* et d'*Athalie*, il couva *le Parrain magnifique* et *le Gazetin*, deux pauvretés qu'il regardait comme ses chefs-d'œuvre, et qui sont à *Ver-Vert* ce que Campistron est à Racine lui-même.

Il est, je l'ai dit, et j'y reviens comme à la clef de mon explication, il est des natures poétiques qui vieillissent vite, et Gresset était de celles-là. Il avait eu son beau moment de maturité dans *le Méchant*, mais ce n'avait été qu'un éclair : à partir de là, son talent devint tout aussitôt vieillot avant l'âge, de même qu'il avait été si agréablement jeunet dans *Ver-Vert*. Ce qui avait été badinage aimable en sa primeur ne fut plus, en se répétant, que babiole et pure fadaise.

Quand on retrouverait la totalité des manuscrits perdus, quand ce fameux portefeuille de Gresset qu'avait eu entre les mains M. Duméril, et qui s'est égaré on ne sait comment, se rouvrirait aujourd'hui tout entier; quand on en verrait sortir cette suite du *Ver-Vert* dont M. de Cayrol porte encore le deuil et dont il a tenté de nous donner en vers la complète restitution, on n'aurait guère à changer d'avis; on y serait de plus en plus confirmé, je le crains. Gresset vieillissant tournait sans cesse autour du *Ver-Vert*; il en avait repris, développé, enjolivé les deux derniers chants; une partie nouvelle qui s'appelait *l'Ouvroir* fut par lui récitée à la famille royale dans un voyage qu'il fit à Paris en 1774. Il eut là le plus vif succès de ses vingt-cinq dernières années. Mesdames Royales, filles de Louis XV, ne se sentirent pas de joie à la peinture de cet intérieur de nonnes; c'était la plus vive gaieté qui eût jamais pénétré au sein de cette autre vie cloîtrée et innocemment futile.

A part ce petit succès à huis clos, Gresset ne donna signe de vie durant ces années que pour essuyer de légers échecs qu'un manque de tact devenu trop habituel lui attirait. Chargé en 1754 de recevoir D'Alembert à l'Académie, il trouva moyen, à propos de l'évêque de Vence qu'on remplaçait, de faire une critique des prélats de cour qui ne résidaient pas; l'occasion était mal choisie, et l'on dit que, lorsqu'il alla ensuite à Versailles pour présenter au roi son discours, Louis XV, qui le crut esprit-fort, lui tourna le dos. Quelques années après, en 1757, ce fut Gresset qui, lors de l'attentat de Damiens, voulut signaler son zèle en demandant au roi, par une Épître en vers, qu'il daignât changer le nom de la ville d'*Amiens* en celui de *Louisville*. Ce sont là de ces faiblesses telles qu'il en arrive aux gens honnêtes un peu amollis par la vie domestique; mais on se demande ce qu'est devenu l'homme d'esprit.

On se le demande encore, lorsqu'en 1759 on voit Gresset, sans nécessité, sans prétexte, s'aviser de publier une *Lettre sur la Comédie*, dans laquelle il déclare à tous son projet de renoncer au théâtre par scrupule de conscience, et d'après la décision qu'il en a reçue de l'évêque d'Amiens : « Je profite de cette occasion, y disait-il, pour rétracter aussi solennellement tout ce que j'ai pu écrire d'un ton peu réfléchi dans les bagatelles rimées dont on a multiplié les éditions, sans que j'aie jamais été dans la confidence d'aucune. » Ces sentiments sont respectables, même dans leur excès; mais à quoi bon les proclamer? et que cela donnait beau jeu à Voltaire de s'écrier dans *le Pauvre Diable*, qui est justement de l'année suivante :

. . . . . . . . . . . . . .
Gresset dévot, longtemps petit badin,
Sanctifié par ses palinodies;
Il prétendait avec componction

Qu'il avait fait jadis des comédies
Dont à la Vierge il demandait pardon.
— Gresset se trompe, il n'est pas si coupable (1) :
Un vers heureux et d'un tour agréable
Ne suffit pas ; il faut de l'action,
De l'intérêt, du comique, une fable,
Des mœurs du temps un portrait véritable,
Pour consommer cette œuvre du démon !

Chez Gresset, sans qu'il s'en rendît compte, la conscience littéraire, par une de ces ruses d'amour-propre qui sont naturelles au cœur humain, se déguisait ici en conscience morale; elle lui disait tout haut qu'il ne devait plus rien faire, pressentant tout bas qu'il ne le pourrait plus (2).

Mais l'échec le plus célèbre de Gresset depuis sa retraite fut à l'un de ses retours comme directeur de l'Académie, lorsqu'il reparut en public pour la réception de Suard, en août 1774. Le siècle dans l'intervalle avait changé ; les grandes œuvres philosophiques s'étaient produites, et la mode elle-même tournait au sérieux. Gresset, dans son séjour d'Amiens, s'était extrêmement préoccupé, comme font volontiers les écrivains retirés en province, du néologisme qui s'introduisait en quelques branches du langage : « Il avait été frappé justement, mais beaucoup trop, dit Garat dans sa *Vie de Suard*, du ridicule d'une vingtaine de mots qui avaient pris leurs origines et leurs étymologies dans les boutiques des marchandes de modes, même dans les boutiques des selliers. » Il en forma comme le tissu de son discours ; toutes ces locutions exagérées dont il s'était gaiement raillé vingt-cinq ans auparavant dans le rôle du jeune Valère : Je suis *comblé*, *ravi*, je suis *au désespoir*; Paris est *ravissant*, *délicieux*, il les remit là en cause, il

---

(1) « La prétention d'avoir trop péché n'est qu'une forme de la vanité qui se glisse jusque dans le repentir. » C'est un moraliste de l'école de La Rochefoucauld qui a dit cela.

(2) On peut voir dans le *Journal* de Collé, mai 1759 (tome II, p. 292), un jugement fort modéré et fort sensé sur la publication de cette lettre et sur Gresset lui-même.

fit d'une façon maussade comme la petite pièce en prose à la suite du *Méchant ;* et tandis que Suard plaidait avec tact pour la raison, alors dans sa fleur, et pour la philosophie, Gresset souligna pesamment des syllabes, anticipant l'office que nous avons vu depuis tant de fois remplir à feu M. Auger avec un égal désagrément. Le succès en effet répondit à la méthode, et, « dès les premiers mots, c'est encore Garat qui nous le dit, les applaudissements furent si bruyants, si universels, si continus, que Gresset lui-même ne put se méprendre à leur intention (1). »

Qu'est-ce donc que cette chose légère qu'on appelle le goût, l'urbanité, qui est si en danger de s'évaporer sitôt que l'on s'éloigne d'un certain centre et qu'on ne respire plus en un certain lieu ? Qu'est-ce que cette mollesse et finesse de l'air que les Anciens trouvaient au ciel d'Athènes, que les Latins du temps des Césars croyaient ressentir à Rome (*proprium quemdam gustum urbis*), que Voltaire recommandait si fort aux poëtes trop absents de Paris, et dont lui-même, à ce qu'il semble, il savait se passer si bien ? En combien d'endroits de ses lettres Cicéron se montre préoccupé de ce je ne sais quoi si réel et si indéfi-

---

(1) Je trouve un petit récit, sinon élégant de tout point, du moins très-impartial et fidèle, de cette même séance, dans une lettre de madame Necker adressée à l'ingénieux physicien Le Sage, de Genève, à la date du 16 août 1774 : « L'aimable, le galant, le léger M. Gresset, écrit-elle, est revenu à Paris après quinze ans ( lisez vingt-quatre) de séjour à Amiens. Dans le discours qu'il a fait à la réception de M. Suard, il a voulu se montrer avec toutes les grâces qu'il avait autrefois, et malheureusement il s'est donné tous les ridicules dont il nous avait appris à nous moquer. Nous eûmes ce jour-là un spectacle extraordinaire : toute l'Académie en corps dans l'appareil le plus respectable, une assemblée nombreuse, un vieillard qui ajoutait à sa réputation par ses cheveux blancs, qui fut *précédé par des applaudissements généraux*, et dont toutes les paroles étaient attendues comme des oracles; et qui trouva moyen de perdre en un quart d'heure *toute la masse d'estime littéraire* qu'il s'était acquise depuis si longtemps; le *Ver-Vert* et le *Méchant* restent, mais l'auteur n'est plus. » (*Notice de la Vie et des Écrits de G.-L. Le Sage,* de Genève, par Pierre Prevost, 1805, page 195.)

nissable, soit que, du fond de la Cilicie, il écrive à un de ses amis plus heureux, qui vit, comme il dit, à la lumière : « *Urbem, urbem, mi Rufe, cole et in ista luce vive* (1) ; » soit qu'il écrive à cet autre qui se plaignait de lui, et qui tout d'un coup, en arrivant à Rome, change de ton : « Il a suffi du seul aspect de la ville pour te rendre ta première urbanité, *adspectus videlicet urbis tibi tuam pristinam urbanitatem reddidit* (2) ! » Comment la vue seule de Paris et de ce monde qu'il avait une fois connu ne fit-elle point à Gresset cet effet-là ? Comment la rouille avait-elle si complétement recouvert ce vif et brillant esprit ? Car enfin, même en se retirant au bout du monde, on emporte des préservatifs avec soi : Voltaire se fit un Paris et un Versailles partout où il alla, et tout en se vantant par coquetterie d'être Suisse et très-Suisse. Cet Hamilton que Gresset, dans sa jeunesse, avait beaucoup lu, et qu'il prétendait continuer, ne vécut pas toujours, tant s'en faut, à Paris ou à Saint-Germain, et les délicieux *Mémoires de Grammont* sont donnés comme venant de la plume d'un campagnard, de quelqu'un qui se dit rouillé par une longue interruption de commerce avec la cour. Je sais bien qu'autre chose est l'entière retraite de la campagne, autre chose la ville de province (3), surtout l'Académie de l'endroit ; et Gresset, par le genre de vie anodin qu'il adopta, se soumit à la plus redoutable, à la plus assoupissante des épreuves. Malgré tout, on revient toujours à se poser à son sujet cette question délicate, embarrassante : Comment se fait-il que,

---

(1) *Lettres familières*, II, 12. — Cet *ista luce* de Cicéron, c'est *le ruisseau de la rue du Bac* que regrettait madame de Staël aux bords du Léman. Des deux parts le sentiment est aussi vrai ; il s'exprime chez madame de Staël d'une manière plus piquante, et chez Cicéron plus à l'antique.

(2) *Lettres familières*, III, 9.

(3) La ville de province telle qu'elle était *autrefois*, car, on le sait, il n'y a plus de province aujourd'hui, il n'y en aura plus demain, grâce aux chemins de fer ; nous sommes à la veille d'un atticisme universel, à Paris comme ailleurs, et c'est ce qui me met à l'aise pour m'expliquer.

lorsqu'on a eu du goût, on cesse tout d'un coup d'en avoir? et est-il bien vrai alors qu'on en ait eu réellement auparavant, j'entends du vrai goût, du franc, du meilleur, de celui qui tient à la première nature?

C'est assez insister sur ces problèmes, un peu humiliants au fond pour l'esprit humain et pour le talent. Il ne me reste rien à dire de Gresset, sinon qu'il mourut de mort subite en juin 1777, universellement regretté malgré sa longue éclipse, et pardonné aisément d'un siècle qui avait deux fois reçu de lui un régal excellent. — Pour moi, en tout ceci, à l'occasion du livre de M. de Cayrol, je n'ai guère fait que commenter et développer, en l'adoucissant convenablement, l'opinion qu'avait exprimée Voltaire avec un bon sens malin et intéressé, je l'avoue, mais d'autant mieux aiguisé.

15 septembre 1845.

# FLÉCHIER.

( Mémoires sur les Grands-Jours tenus à Clermont en 1665-1666, publiés par M. Gonod, bibliothécaire de la ville de Clermont.)

C'est un de ces livres comme la postérité les aime, et dont les contemporains ne soupçonnent pas le prix. L'abbé Fléchier, âgé de trente-trois ans, avant sa célébrité, mais déjà fort bien posé dans le monde, fait le voyage de Clermont en Auvergne à la suite de M. de Caumartin, maître des requêtes, dont le fils est son élève. M. de Caumartin avait charge du Roi de tenir les sceaux pendant la durée des Grands-Jours : c'était un magistrat poli, de cour, ami de Retz qui lui rend bon témoignage, et fort lié avec les gens d'esprit de ce temps-là. Il goûtait fort lui-même le très-aimable abbé. C'est sans doute pour complaire à ce patron spirituel, ainsi qu'à ces dames Caumartin et à leur société particulière, que Fléchier écrivit l'espèce de journal et de chronique détaillée de ce voyage. Les éditeurs de ses œuvres avaient toujours jugé à propos d'éliminer un écrit, selon eux, trop familier :

« Ce fut pendant ce voyage (d'Auvergne), est-il dit dans le Discours préliminaire de l'édition de 1782, et à l'occasion de tous les événements dont il y fut témoin, qu'il composa la relation des Grands-Jours, ouvrage écrit à la hâte, et qui ne ressemble en rien ni pour la gravité du ton, ni pour l'élégance du style, aux autres productions de sa plume... Aussi Fléchier, parvenu aux honneurs de l'Église, et compté déjà parmi les hommes célèbres de son temps, n'a-t-il jamais permis que cette bagatelle devînt publique par l'impression. Nous avons jugé comme lui qu'elle n'était pas digne de paroître telle qu'il l'a laissée, à côté des compositions immortelles qui lui ont fait un si grand nom, et nous avons respecté ses intentions en ne la donnant que par extrait, etc., etc. »

Et en effet, tout à la fin du tome X de ses œuvres, on reléguait un très-maigre extrait de l'ouvrage. Mais les goûts changent; la postérité, ce juge suprême assurément, a quelquefois aussi ses mobilités, ses oublis, ses retours, et veut avant tout être amusée. L'Oraison funèbre de Turenne reste très-belle, un des chefs-d'œuvre du genre, mais on se lasse de la savoir par cœur; on s'ennuie d'entendre dire que Fléchier est juste; le voisinage de Bossuet, qui grandit chaque jour comme tout ce qui est vraiment grand, lui faisait tort d'ailleurs, et on était en train, si je ne me trompe, de devenir ingrat, ou, qui pis est, indifférent, lorsque, par bonheur, M. Gonod nous rend l'écrit oublié, et la mémoire de Fléchier s'en rafraîchit pour longtemps, pour toujours; on le retrouve lui-même en personne, tel qu'il causait chez M. de Caumartin, avec sa diction exquise, sa lenteur étudiée, sa douce raillerie et ses grâces; et voilà, si l'on n'y prend pas garde, qu'on va tout sacrifier de son passé pour ne plus voir de lui que l'œuvre nouvelle.

Martial a très-bien remarqué qu'il y a ainsi deux sortes d'œuvres : celles qui font grand honneur par la gravité des sujets et par la solennité des genres, celles-là on les estime, on les admire; les autres, réputées moins sérieuses, on les lit :

 Illa tamen laudant omnes, mirantur, adorant.
 — Confiteor : laudant illa, sed ista legunt.

Nous tenons donc une œuvre de Fléchier qu'on va lire, lire avec le plaisir qui s'attache aux choses familières et vraies, observées par un esprit délicat et fin, racontées par une plume rare. Mais, pour ne point passer d'un extrême à l'autre, qu'on nous permette de bien maintenir d'abord le premier, l'ancien Fléchier et ses titres à jamais durables dans l'histoire de notre littérature.

Il convient d'écarter au préalable cette comparaison écrasante avec Bossuet, dont Fléchier a trop souffert. Il y a longtemps que, dans un de ses dialogues, Vauvenargues faisait demander par Pascal à Fénelon *ce que c'est qu'un certain évêque qu'on a égalé à Bossuet pour l'éloquence;* et Fénelon répondait en des termes fort durs pour Fléchier, parlant de lui comme d'*un rhéteur* déjà *au déclin de sa réputation.* Certes, quoi qu'ait pu dire Vauvenargues, Fénelon n'aurait point parlé ainsi, lui qui, au moment où il apprit la mort de Fléchier, s'écria : « Nous avons perdu notre maître! » C'était bien un maître de Fénelon en effet, celui qui, avec Pellisson, Bussy et Bouhours, et plus qu'aucun d'eux, contribua à mettre en honneur la culture polie, la régularité ornée et simple, à conduire la langue, selon sa propre expression, *dans un canal charmant et utile* (1). La Bruyère, dans une remarque souvent citée, a dit :

« L'on écrit régulièrement depuis vingt années : l'on est esclave de la construction ; l'on a enrichi la langue de nouveaux tours, secoué le joug du latinisme et réduit le style à la phrase purement françoise : l'on a presque retrouvé le nombre, que Malherbe et Balzac avoient les premiers rencontré, et que tant d'auteurs depuis eux ont laissé perdre. L'on a mis enfin dans le discours tout l'ordre et toute la netteté dont il est capable : cela conduit insensiblement à y mettre de l'esprit. »

Certes Fléchier, plus qu'aucun, avait réussi à donner ou à rendre au style toutes ces qualités requises par La Bruyère, et ce n'était pas l'esprit non plus qui lui avait manqué pour

---

(1) Fléchier a dit cela au sujet de Camus, évêque de Belley, qu'il lisait beaucoup; il comparait son *style spirituel et folâtre* à une source abondante et mal ménagée dont le bon prélat s'amusait à faire des jets d'eau, tandis qu'on en aurait pu faire un canal charmant et utile. (Ménard, *Histoire de la ville de Nîmes*, tome VI, page 441.)

l'y ajouter *insensiblement*. Fléchier a repris exactement l'œuvre de prose de Balzac, un peu du côté de l'hôtel Rambouillet, et sans entrer dans le mouvement de Boileau ; il a rendu ce service dans sa propre ligne, directement, ayant reçu la tradition et la culture par ce coin un peu précieux du monde ; sorti de là, et sur les pas de Montausier, il s'est bientôt associé et assorti avec gravité à la décoration auguste du grand règne. Cette relation des Grands-Jours, où nous allons le voir encore au début et tout à fait lui, est précisément de la même année que les *Maximes* de La Rochefoucauld et que les premières Satires de Boileau (1665-1666). On y reconnaît, à chaque phrase du narrateur, le Fléchier tel qu'il s'est retracé lui-même dans un portrait déjà connu, adressé, selon toute apparence, à mademoiselle Des Houlières (1), portrait à la mode du temps, dans le goût un peu flatté des ruelles et des bergeries, tout peint et comme peigné par lui de charmantes caresses. Veut-on savoir comment s'exprime sur sa propre personne l'agréable prélat, celui que madame Des Houlières appelait *Damon*, que Senecé appelait *Acaste*?

« Vous voulez donc, Mademoiselle, que je vous trace le portrait d'un de vos amis et des miens, et que je vous fasse une copie d'un original que vous connoissez aussi bien que moi... Sa figure, comme vous savez, n'a rien de touchant ni d'agréable, mais elle n'a rien aussi de choquant. Sa physionomie n'impose pas et ne promet pas au premier coup d'œil tout ce qu'il vaut ; mais on peut remarquer dans ses yeux et sur son visage je ne sais quoi qui répond de son esprit et de sa probité.

« Il paroît d'abord trop sérieux et trop réservé, mais après il s'égaye insensiblement ; et qui peut essuyer ce premier froid s'accommode assez de lui dans la suite. Son esprit ne s'ouvre pas tout à coup, mais il se déploie petit à petit, et il gagne beaucoup à être connu. Il ne s'empresse pas à acquérir l'estime et l'amitié des uns et des autres ; il choisit ceux qu'il veut connoître et qu'il veut aimer ; et, pour peu qu'il trouve de bonne volonté, il s'aide

---

(1) Ou à mademoiselle de Lavigne (voir l'article de M. Labitte, *Revue des Deux Mondes* du 15 mars 1845).

après cela de sa douceur naturelle et de certains airs de discrétion qui lui attirent la confiance...

« Il a un caractère d'esprit net, aisé, capable de tout ce qu'il entreprend. Il a fait des vers fort heureusement (1), il a réussi dans la prose, les savants ont été contents de son latin. La Cour a loué sa politesse, et les dames les plus spirituelles ont trouvé ses lettres ingénieuses et délicates. Il a écrit avec succès, il a parlé en public, même avec applaudissement

« Sa conversation n'est ni brillante ni ennuyeuse; il s'abaisse, il s'élève quand il le faut. Il parle peu, mais on s'aperçoit qu'il pense beaucoup. Certains airs fins et spirituels marquent sur son visage ce qu'il approuve ou ce qu'il condamne, et son silence même est intelligible... »

Cette gracieuse analyse continue ainsi durant des pages, et l'on s'y laisse aller sans peine avec lui. Même avant la publication des *Mémoires sur les Grands-Jours*, il suffisait d'avoir lu le délicieux et complaisant portrait, pour bien saisir dans son vrai jour cet *Atticus* de l'épiscopat français sous Louis XIV, élégant, disert, d'un silence encore plus ingénieux parfois que ses discours, qui n'est ni pour les jésuites, ni pour les jansénistes, ni contre; qui n'est ni une créature de la Cour, ni trop dissipé au monde, ni voué à la pénitence; honnête homme avant tout, excellent chrétien pourtant, tolérant prélat, résidant et exemplaire, charitable aux protestants persécutés, modérant sur leur tête les rigueurs de Bâville, et trouvant encore des intervalles de loisir pour les divertissements floraux de son Académie de Nîmes; doux produit du Comtat, chez qui tout est d'accord, même son nom (il s'appelait *Esprit* Fléchier); un Balzac en style, mais un Balzac châtié, mesuré et spirituel, un Godeau plus jeune, mais avec une galanterie plus dé-

(1) D'Alembert, parlant de ces vers de Fléchier, par lesquels l'orateur avait préludé à ses succès de chaire, a dit ingénieusement : « Rien n'est plus utile à un orateur pour se former l'oreille que de faire des vers, bons ou mauvais, comme il est utile aux jeunes gens de prendre quelques leçons de danse pour acquérir une démarche noble et distinguée. » (*Éloge de Fléchier.*) — Se rappeler aussi ce que dit Pline le Jeune en ses *Lettres* (liv. VII, 9).

cente, une tête plus saine et sans engagement de parti ; une sorte de Fontenelle non égoïste et encore chrétien ; enfin un bel-esprit tout à fait sage, aimable et sensible, déjà un peu rêveur.

L'abbé Fléchier va nous permettre de vérifier de lui tous ces traits réunis au complet dans les agréables *Mémoires*, production de sa jeunesse, que M. Gonod nous donne à lire aujourd'hui. Il commence d'un ton de simplicité ce récit qui n'est pas sans composition ni sans art : il y en a partout chez Fléchier. Il nous met au fait, non sans quelque raillerie, des grands débats de prééminence entre Riom et Clermont. C'est à Riom qu'il s'arrête d'abord, c'est là qu'à propos d'une beauté, merveille de cette ville et de la province, il se fait au long raconter par une personne de qualité du pays tout un petit roman des amours de cette belle (1), lequel ne tient pas moins de trente pages, et qui pourrait être vraiment de madame de La Fayette elle-même. Comme un autre prélat de sa connaissance, le docte Huet, Fléchier aimait les romans et les traitait avec indulgence, en ami de mademoiselle de Scudery. La petite nouvelle qui fait le début de ces Mémoires annonce, par la justesse et la mesure du ton et de l'analyse, toute la réforme que madame de La Fayette est en train d'accomplir et que *la Princesse de Clèves* couronnera. Remarquez que, dans ces *Mémoires*, toutes les fois que Fléchier veut entrer dans quelque développement prolongé sur les divers chapitres plus ou moins sérieux et les tracasseries de la province, il introduit un personnage et se fait raconter la chose en prêtant à l'interlocuteur toutes ses finesses et ses élégances, et en lui laissant pourtant des traits particuliers de physionomie.

Ce premier petit roman nous met en goût et en confiance

---

(1) C'est par erreur qu'il est dit, page 7, que cette demoiselle, au moment où Fléchier la voit, est âgée d'environ *vingt-deux* ans ; toute la suite montre que c'est *vingt-six* ans qu'il faut lire. Je veux prouver au savant éditeur que j'ai lu en toute conscience.

avec Fléchier; on sent qu'on a affaire, non-seulement à un écrivain singulièrement poli, mais à un esprit observateur et délié qui s'entend aux beaux sentiments, aux grandes passions, qui en sourit tout bas en les exposant, et les décrit à plaisir sans s'y prendre. Ce prédicateur habile a lu l'*Astrée*, il a volontiers sur sa table l'*Art d'aimer* traduit par le président Nicole; en un mot, il sait par principes les règles du jeu, la carte du *Tendre*, mais surtout il excelle à tout voir finement autour de lui, et à démêler du coin de l'œil les nuances du cœur. Et puis, en paroles *d'or et de soie*, comme on dit, il nous les dévidera.

Pourtant on arrive à Clermont; on y est reçu avec force harangues et *comparaisons tirées de la lune et du soleil;* tandis que Messieurs s'installent, qu'échevins et échevines défilent en cérémonie, et qu'on se promène un peu pour reconnaître la ville, M. Talon, en zélé procureur-général qu'il est, va tout d'abord visiter les prisons pour voir si elles sont sûres et capables de contenir autant de criminels qu'il espère en faire arrêter. La double perspective commence.

Régulièrement, durant tout le volume, on aura le récit des causes célèbres qui vont être jugées, des grandes exécutions qui vont faire éclat, et, entre deux petites histoires de la *question ordinaire* ou *extraordinaire*, on aura le délassement de ces horreurs, la conversation avec les dames, de galantes promenades en carrosse hors de la ville, quand le soleil d'automne le permet, non pas sans quelques excursions plus lointaines, à Vichy, par exemple, avec des descriptions de nature qui rappellent et égalent celles de madame de Motteville en face des Pyrénées. Cette double action du récit fait d'abord un peu l'effet de la fameuse lettre de madame de Sévigné, lorsqu'elle badine sur les émeutes et les exécutions en Bretagne : *Nous ne sommes plus si roués...* On se demande si ce n'est pas montrer quelque légèreté que de prendre ainsi le côté sombre et sanglant de la justice comme matière ou contraste à divertissement. Mais, en y regardant mieux, on s'aperçoit que l'humanité de Fléchier et de son cercle n'est pas ici à mettre en cause. Il y a parmi ce monde officiel des Grands-Jours les gens de palais et de Parlement, à proprement parler ; M. le président Novion, si à cheval sur la présidence, et dont la conduite ne paraît pas de tout point aussi conséquente qu'elle pourrait l'être ; le redoutable, l'irréprochable M. Talon, qui *ne veut pas lâcher sa proie;* M. Nau, d'*humeur justicière*, et tant d'autres sur le compte desquels le doux railleur Fléchier ne laissera pas de nous égayer ; et puis il y a, de l'autre bord, M. de Caumartin, c'est-à-dire l'homme de cour, de société, l'honnête homme sans préjugé de robe, le juge qui incline le plus qu'il peut à la douceur. Lorsqu'il est à bout de toutes ces pédanteries d'étiquette et de toutes ces pendaisons, M. de Caumartin écrit à son ami, le joyeux Marigny, pour se relâcher un instant ; mais en tout il représente là-bas la bienséance et l'humanité même. C'est de ce parti qu'est Fléchier. Il opine du mieux qu'il lui est permis par la bouche de M. de Caumartin : ne trouvons pas mauvais qu'à son tour il se délasse. Et de quel droit ferions-nous les censeurs si rigides et les compatissants par excellence ? Nos Cours d'assises ne sont-elles pas chaque matin une partie de nos jeux ? Ces *Mémoires* de Fléchier, au pis, peuvent s'appeler une *Gazette des Tribunaux* de ce temps-là, avec l'avantage du style en sus, et même avec celui de la singularité des causes. Fléchier, simple témoin, amené là par occasion, n'avait dû prendre le tout que comme une représentation dont il rend compte ; et, parce qu'il y eut à la fin un mariage d'un de ces Messieurs avec une demoiselle du pays, il ne manque pas de faire remarquer que la pièce, si sanglante d'abord, se termine heureusement comme une tragi-comédie.

Vingt-cinq ans après, Fléchier eut pour son compte à assister, en qualité d'évêque de Nîmes, à bien d'autres scènes dans lesquelles il eut un rôle plus délicat et d'où sa renommée est sortie pleine d'honneur. Un jeune écrivain, qui s'est occupé avec talent de ces guerres des Cévennes,

M. Peyrat, dans son intéressante *Histoire des Pasteurs du Désert*, s'est montré bien sévère et décidément injuste contre Fléchier (tome Ier, page 204); il a méconnu, dans les relations du prélat, adressées à M. de Montausier, ce caractère d'impartialité un peu compassée que nous retrouvons ici dans les *Mémoires*, cette justesse ennemie de tous les fanatismes, très-conciliable, certes, avec l'humanité comme avec un certain agrément, et qui, en démêlant les erreurs et les démences humaines, ne se défend pas d'en sourire. Et puis il faut tout confesser : il y a dans ces *Mémoires*, et il y eut toujours chez Fléchier plus ou moins de froide rhétorique, du beau diseur au parler traînant et qui s'écoute volontiers.

Mais ici ce défaut réel disparaît et se fond presque dans l'ironie fine, légère, insensible et comme perpétuelle, qui s'insinue et qui pénètre.

Ce ne serait pas rendre justice à la relation des Grands-Jours que de n'y voir qu'un recueil piquant d'historiettes singulières, d'incroyables cas et de causes célèbres, dans lesquelles Fléchier se trouve, sans le savoir, le rival et, avec ses airs modestes, le vainqueur de Tallemant des Réaux. Un intérêt historique plus élevé s'attache à cette peinture fidèle des mœurs d'une province d'alors. L'Auvergne, ce pays de montagnes où la féodalité était comme retranchée, nous représente en abrégé et dans un échantillon plus marquant l'état d'une grande partie de la France, au sortir des guerres civiles; il fallut, pour asseoir bien incomplétement encore l'ordre administratif, que la souveraineté toute-puissante de Louis XIV passât là-dessus avec vigueur et rasât bien des châteaux. Épris que nous sommes aujourd'hui, et avec raison, du beau langage de ce grand siècle, il est bon de nous rappeler de temps en temps aussi à quelles inégalités on y avait affaire. Le sévère Lemontey aurait triomphé s'il avait eu entre les mains ce volume poli où un fond de violence et de tyrannie ressort si à nu. On ne doit en conclure que plus d'actions de grâces pour le jeune monarque qui aspirait du premier jour à l'unité du royaume et à celle de la loi. Certes les Grands-Jours, avec leur justice sans appel et si expéditive, n'étaient point eux-mêmes sans reproches. Ainsi, pour leur exemple d'éclat, ils firent tout d'abord tomber la tête de ce pauvre vicomte de La Mothe de Canillac, *le plus innocent de tous les Canillacs*, ce qui ne veut pas dire qu'il fût très-innocent. Fléchier, sur ce point comme sur les autres, n'a rien dissimulé ; sa conclusion judicieuse, qu'il met par un détour ingénieux dans la bouche d'un interlocuteur, nous offre les avantages et les inconvénients très-bien balancés : les avantages l'emportaient. C'était ici le cas, ou jamais, d'appliquer d'avance le mot de Napoléon à l'un des chefs de la justice sous l'Empire : « Eh bien ! monsieur le premier président, jugez-vous beaucoup ? » — « Mais, Sire, nous tâchons de rendre la justice, au nom de l'Empereur et de la loi, avec équité. » — « Il s'agit surtout de juger beaucoup, et beaucoup, entendez-vous ? » Il s'agissait surtout, en 1665, et en cette rude contrée, d'inspirer une terreur salutaire aux tyrans du pays, d'avertir, dans leurs déportements, les Canillac et les d'Espinchal qu'ils avaient trouvé enfin un maître et des juges. Ce volume de Fléchier sera désormais un document précieux pour l'historien, et lui-même, esprit sérieux sous ses grâces, il a eu l'honneur de ne pas rester étranger à ce que nous appellerions la pensée administrative et politique qu'on en peut tirer.

On aurait de quoi défrayer plus d'un article avec maint extrait piquant, si le lecteur n'avait mieux à faire en recourant au livre même. Les portraits abondent, les personnages y vivent. Fléchier s'y prend lentement et jour par jour pour les dessiner, mais on n'y perd rien, et l'on arrive à savoir par le menu tout ce monde. Nous connaissons à fond M. de Novion, le digne président, qui est si galant auprès de mesdames ses filles, et qui oublie parfois un peu trop sa gravité pour leur donner le plaisir de la comédie. On chercherait vainement de ces traits sur M. de Novion dans la pièce de vers latins, très-élégants, que Fléchier consacra à ces mêmes Grands-Jours ; les vers latins, pas plus que les oraisons funèbres, ne disent pas tout :

« Ne vous souvenez-vous point de ce théâtre dressé dans la salle où il tenoit la comédie à mesdames ses filles, qui avoit toute la mine d'un échafaud, et dont l'aspect faisoit trembler tous ceux qui venoient le solliciter? Ne l'avez-vous pas vu donner le bal et des fêtes à grand bruit en un temps où tout le peuple regrettoit la mort de M. de Canillac, et où il venoit presque lui-même de le condamner? Trouvez-vous qu'il fût fort séant à un homme grave d'être presque toujours habillé de court hors du palais, peut-être pour faire mieux paroître son Saint-Esprit? »

Quant à M. Nau, le plus actif des conseillers, il est croqué à se faire reconnaître entre mille : toujours en avant, toujours en arrêt, un Perrin Dandin au criminel, qui menace tout le monde de la question, et qui danse si bien les bourrées :

« Enfin on faisoit peur de M. Nau aux petits enfants; il avoit eu le soin de régler la police, et il avoit eu l'industrie de manger beaucoup de perdrix à très-bon marché. Il dressa tous les grands arrêts, il réforma les poids et les mesures sous l'autorité de madame Talon, et fit tout ce que le plus fier lieutenant-criminel eût su faire. Il ne parla doucement qu'à son maître à danser... »

Madame Talon elle-même, dont M. Nau est le bras droit, cette digne mère qui est venue là pour tenir le ménage de monsieur son fils, occupe dans la relation toute la place qu'elle peut ambitionner; elle préside à sa façon les Grands-Jours parmi les dames de la ville, les organise en assemblées de charité, les réglemente, les gronde, les fait taire, s'ingère dans les brouilleries des couvents, et prétend réformer jusqu'aux Ursulines. C'est un personnage de Molière que cette recommandable matrone, mère du Caton des Grands-Jours; et Fléchier, par une si agréable entente des travers et des ridicules, retrouve ici son vrai rang comme précurseur de La Bruyère.

Un tout petit trait de bon goût qui n'est pas à omettre: pendant ce séjour en Auvergne, Fléchier a prêché deux fois, avec succès, et il ne parle que très-peu de ses sermons.

Je pourrais ajouter plus d'une remarque de style sur cette langue à la fois si pure de source, si droite d'acceptions, et qui a pourtant bien des latitudes et des licences dans son atticisme. L'atticisme du grand règne, comme celui de la Grèce, est plein de ces agréables négligences et irrégularités qui ne sont permises qu'aux délicats. Mais j'aime mieux finir par la conclusion sérieuse, qu'il est impossible d'éluder en fermant ce livre : c'est que, s'il faisait beau écrire et parler comme chez M. de Caumartin au dix-septième siècle, il fait bon de vivre au dix-neuvième, sous nos lois, sans Grands-Jours, sous notre Code civil et notre régime d'égalité, même lorsqu'on est gentilhomme comme lorsqu'on ne l'est pas.

17 août 1844.

# THÉOPHILE GAUTIER.

( Les Grotesques. )

Sous ce titre, le spirituel écrivain a réuni une dizaine de portraits littéraires dont les originaux appartiennent plus ou moins au genre dans lequel il les a classés : il débute par Villon, mais il saute vite à des auteurs d'une époque plus rapprochée. Il s'attache particulièrement à ces poëtes si mal famés de la littérature *Louis XIII*, Saint-Amant, le vieux Colletet, Cyrano, Scudery, Scarron ; tous ensemble, ils paraissent se grouper assez bien autour du poëte Théophile, que son très-piquant et très-amusant homonyme s'efforce de réhabiliter (si le mot n'est pas trop solennel), et sur le compte duquel il s'étend avec verve, boutade et complaisance.

Quoique M. Gautier ne soit pas homme à se laisser prendre en *flagrant délit* d'un dessein littéraire prémédité et qui aurait l'air sérieux, quoiqu'il se moque lui-même très-agréablement de la plupart des *pauvres diables* dont il s'est senti d'humeur à s'occuper cette fois, et quoiqu'enfin dans sa *post-face* (les *préfaces* sont le pont-aux-ânes, et dans un livre sur les grotesques il est bien permis de les mettre à l'envers) il ait paru faire bon marché de l'effort capricieux et léger qu'il venait de tenter, nous remplirons tout gravement à son égard notre métier de critique, et dussions-nous être réputé de lui bien pédant, bien académicien déjà, nous rendrons justice à l'idée logique de son livre, nous la discuterons, sans préjudice toutefois des brillantes fantaisies et des mille arabesques dont il l'entoure.

Après les diverses tentatives de réhabilitation et de renaissance auxquelles s'était livrée l'école romantique, il en restait une, de tous points indiquée, mais devant laquelle on avait reculé encore. Irait-on de résurrection en résurrection jusqu'au sein de l'époque *Louis XIII*, descendrait-on jusque dans cet intervalle qui s'étend de Malherbe à Boileau, et au milieu duquel une foule de poëtes libertins et débauchés ont été pris par ces deux grands tacticiens comme entre deux feux? Essayerait-on de les dégager et de les délivrer? En valent-ils sérieusement la peine? Plusieurs littérateurs et critiques s'étaient déjà adressé cette question. Un homme instruit et de qui les recherches allaient en sens inverse des doctrines, M. Viollet-le-Duc, tout classique qu'il voulait être, fut conduit à remettre en demi-jour quelques-unes de ces victimes de Boileau. M. Philarète Chasles a depuis exprimé manifestement le dessein plus formel de les venger, ou du moins de les faire connaître. Sans avoir de plan bien arrêté, voilà M. Théophile Gautier qui vient à eux cette fois, non plus seulement comme un curieux et comme un érudit, mais comme un franc auxiliaire; il entre dans la question flamberge au vent et enseignes déployées, ou, pour parler son pittoresque langage, il y entre « comme un jeune romantique *à tous crins* de l'an de grâce mil huit cent trente. » Un tel point de vue, hardiment choisi, est bien fait pour éveiller l'intérêt, quand on sait à quelle plume vive, à quelle plume effilée, intrépide et sans gêne, on a affaire. Cela promet toute sorte d'éclats et d'ouvertures dans tous les sens, et c'est le cas, ou jamais, de dire avec M. Royer-Collard : On s'attend à de l'imprévu.

Je confesserai pourtant, avant d'aller plus loin, ma faiblesse : je suis de ceux qui ont toujours reculé devant cette poésie Louis XIII, et je n'ai jamais pu m'en inoculer le goût; tout en désirant qu'il s'en écrivît une histoire exacte et critique, et en croyant qu'il en résulterait des jours curieux et utiles sur la formation définitive du genre Louis XIV, il m'a été impossible d'admirer à aucun degré (j'excepte bien entendu Corneille et Rotrou) aucun de ces poëtes. Combien de fois n'ai-je pas essayé de revenir, particulièrement au sujet de Théophile, le plus signalé d'eux tous! Avant d'avoir lu le livre de M. Gautier, il m'était arrivé de rendre mon impression personnelle en ces termes : « Je viens de lire tous les détails relatifs à l'affaire de ce pauvre poëte Théophile et à son délit. Jeté entre Henri IV et Richelieu, c'est un poëte de régence, le favori de ces jeunes seigneurs que Richelieu décapitera (Bouteville, Montmorency); sa poésie libertine eût dû se ranger sous le grand Cardinal. Il a, pour les mœurs, pour le déréglement de la vie et de la veine, plus d'un rapport avec les poëtes de ce temps-ci : je lui voudrais pourtant plus de talent eu égard à son malheur. » Je ne me dissimule pas les points nombreux de rapprochement que cette école poétique de Louis XIII peut offrir avec l'école poétique d'aujourd'hui; mais, loin de m'en applaudir, j'en suis bien plutôt à le regretter, car ces rapports sont en général ceux d'une corruption hâtive et d'une décadence prématurée. Les poëtes de Louis XIII, en tant qu'ils se rattachaient au mouvement du seizième siècle, étaient une fin et non un commencement; ils peuvent se considérer la plupart comme une postérité dégradée de Regnier. C'est en somme une très-mauvaise compagnie; on ne devrait s'approcher d'eux et les hanter qu'avec précaution. Voyez ce qui est advenu du drame moderne pour y avoir donné inconsidérément. A côté de touches énergiques, de tons mâles et chauds à la d'Aubigné, à la Rotrou, il s'y est glissé une veine de Cyrano de Bergerac, laquelle se voit au milieu du front. Telles sont, telles étaient mes préventions sincères avant de lire les volumes de M. Gautier. L'auteur, dès les premières pages, m'a rappelé tout d'abord combien, au sein d'un même mouvement littéraire, il y a de différences entre les générations qui se succèdent, qui se dépassent : c'est, toute proportion gardée, et *si parva licet componere magnis*, comme dans notre grande Révolution. Je suis un vieux constituant de 89, me disais-je, et voilà un jeune girondin qui nous en prépare de rudes; ou bien je suis un girondin déjà arrêté, et voilà un enragé de dantoniste qui n'y va pas de main morte. Cette dernière ressemblance me sourit d'autant plus, qu'on m'assure que depuis quelque temps M. Théophile Gautier est lui-même en danger d'être dépassé. Je ferai donc de lui, sans plus de façon, une espèce de Camille Desmoulins du romantisme (ne demandez à ma comparaison qu'un à-peu-près), hasardeux, téméraire, immodéré à plaisir et même dévergondé de plume comme l'autre, — dévergondé de sang-froid, j'en ai peur, affectant comme par gageure plus d'un terme *sans-culotte*, mais extrêmement spirituel, et qui plus est (tous l'affirment) très-bon compagnon. Ce livre sur *les Grotesques* suffirait, indépendamment de ce qu'on sait de lui d'ailleurs, pour poser M. Gautier dans l'attitude du rôle excentrique qu'il s'est choisi.

Ce n'est pas un livre, à proprement parler : si l'auteur avait voulu suivre toute l'histoire du grotesque dans notre littérature et nous donner une galerie complète, ou du moins nous faire toucher les anneaux essentiels de la série, il s'y serait pris autrement. Qu'il commence par Villon, à la bonne heure! quoique Villon ne puisse passer rigoureusement pour un grotesque; c'est un fils direct des trouvères et un malicieux aïeul de Voltaire. Mais il n'y avait pas moyen sur la route, pour peu qu'on suivît une route, d'éluder Rabelais, l'Homère du genre; et pourtant M. Gautier l'a enjambé. Si de plus il avait voulu donner des échantillons marquants de l'extravagance littéraire durant le seizième siècle, il aurait fallu prendre d'autres exemples que celui de Scalion de Virbluneau. Comment oublier Du Monin, dont le nom était devenu proverbial à titre de poète amphigourique, vers 1580? J'en pourrais ajouter plusieurs autres encore. Et puis, quand on en venait au siècle suivant, pourquoi ne pas aborder aussitôt par cet aspect de la charge satirique Mathurin Regnier, dont les grotesques de l'époque Louis XIII procèdent naturellement, et ne sont, après tout, que d'assez mauvais bâtards? Pourquoi s'en aller ranger sans raison parmi ces grotesques Chapelain, le régulier, le respectable et ennuyeux Chapelain, puis encore l'académicien Colletet, tandis qu'on omettait tout à côté d'eux d'Assoucy, le coryphée du genre? Colletet et Chapelain peuvent être qualifiés ridicules, mais ils ne sont pas grotesques pour cela. En voilà assez pour montrer que l'auteur n'a cherché, dans le titre donné à son livre, qu'une sorte d'étiquette suffisamment accommodée à la plupart de ses portraits, et que ce n'est pas un sujet, un cadre complet qu'il s'est à l'avance proposé de remplir. Prenons-le donc à bâtons rompus, comme il a fait lui-même.

M. Théophile Gautier a un sentiment très-vif d'une certaine espèce de poésie pittoresque et matérielle; quand il n'en fait pas pour son propre compte, il excelle à la décrire et à la mettre en saillie là où il la rencontre, il la refait bien souvent et l'achève tout en la racontant; c'est ce qui lui est arrivé plus d'une fois à propos de ces rimeurs dont il nous rend les ébauches. Il redevient peintre en parlant poésie. Il a de la plume, un vocabulaire très-raffiné et très-recherché, qui ressemble à une palette apprêtée curieusement et chargée d'une infinité de couleurs dont il sait et dont il dit les noms. On est sûr, en le lisant, si l'affectation de l'étrange ne vous repousse pas d'abord, de trouver abondance d'esprit, de verve, des aperçus fins, des saillies heureuses, mille traits d'irrévérence et des bouffées d'impiété; je mets le tout sur la même ligne, car ce sont là autant d'éloges avec lui. Mais il lui manque cette curiosité attentive de recherche et d'étude qu'on appelle l'érudition; il se garderait surtout de paraître viser à l'exactitude du détail, qui est pourtant le fond de la trame en ce genre de portraits et de biographies littéraires. Fi donc! il laisse ces scrupules aux Étienne Pasquier, aux Antoine Du Verdier et *autres pédants*, comme il les appelle tout net (tome I, page 7). J'avoue humblement que je ne me fais pas de la pédanterie une idée si particulière ni si limitée à telle forme d'affectation ; je pense avec Nicole que c'est un vice, non pas de robe, mais d'esprit, et, au lieu d'appeler pédants d'honnêtes écrivains qui s'appliquent à être exacts quand il importe de l'être, je serais tenté bien plutôt de voir une sorte de pédanterie *retournée* dans la prétention qu'on affiche de se passer de ces humbles qualités là où elles sont nécessaires. Où ce dédain mène-t-il en effet? M. Théophile Gautier nous dira en un endroit (tome II, page 315) que *madame de Sévigné* et sa coterie étaient pour Pradon contre Racine, c'est sans doute madame Des Houlières qu'il a voulu dire. La part des inadvertances est à faire, je le sais, dans tout écrit, même consciencieux. Nous tous, historiens littéraires, nous commettons, sans le vouloir, bien des fautes. Mais comment concevoir que dans un livre où l'auteur paraît sentir si bien le prix de l'art, et où il se pique de faire valoir ses poëtes, de nous les faire admirer presque à la loupe, les négligences soient poussées au point où on les voit ici? Le critique nous cite (t. I, p. 156) comme le plus charmant endroit et comme le plus *adorable* morceau de Théophile une page de prose qui devient parfaitement inintelligible telle qu'il la transcrit, et dans laquelle des lignes indispensables au sens (ligne 16, page 157) ont été omises. Dans l'histoire abrégée du sonnet qu'il retrace d'après Colletet (tom. II, p. 43), nous croirions d'après lui que Pontus de Thiard a eu pour maîtresse poétique *Panthée*, tandis que c'est *Pasithée* qu'il faut lire; Olivier de Magny n'a pas célébré non plus *Eustyanire*, mais bien *Castianire*; de même aussi que, tout à côté de là (p. 31), les *Isis nuagères* ne sauraient être que des *Iris*. Mais par quel bouleversement de chiffres Chapelain a-t-il pu naître, selon notre auteur, en 1569, c'est-à-dire en plein seizième siècle? je suis encore à m'en rendre compte. Est-ce pédantisme de relever de telles fautes lorsqu'elles fourmillent chez ceux qui traitent de si haut les pédants?

Nous avons vu avec une sorte d'effroi que ce livre sortait des presses de Firmin Didot, si classique en impressions correctes. Il serait temps, ce nous semble, que de ces trois personnes, l'imprimeur, l'éditeur ou l'auteur, l'une au moins daignât relire avec quelque soin avant de livrer un volume au public. Qu'on nous excuse de nous être allé prendre tout droit à ces détails, mais ils sautent aux yeux.

Il est, en ce genre d'étude biographique, un travail de recherche préalable qu'on exige aujourd'hui de l'écrivain. On aime, indépendamment du jugement critique, à savoir avec précision ce qu'a écrit l'auteur qu'on juge, ce qu'il a laissé d'imprimé ou d'inédit, et même ce qui a été pensé par d'autres à son sujet. M. Gautier, qui souvent aurait eu peu à faire pour compléter de la sorte ses propres aperçus, pour donner du moins un fond solide à ses jeux brillants et capricieux, s'en est trop peu soucié d'ordinaire. Dans son article sur Colletet, par exemple, il indiquera l'*Histoire des Poëtes françois*, que ce vieil auteur a composée et qui est restée manuscrite : elle est à la bibliothèque particulière du Louvre; le conservateur, M. L. Barbier, qui en a fait réunir les cahiers, les communique avec une parfaite obligeance. Il suffit d'ouvrir, de feuilleter, de lire çà et là ces volumes, pour prendre aussitôt du vieux Colletet une idée plus complète, plus vraie; on ne le connaît qu'alors dans toute sa bonhomie et toute sa culture gauloise. En même temps le moindre examen suffit pour s'assurer qu'il n'est nullement à souhaiter qu'on imprime cette histoire, ce serait faire double emploi à la *Bibliothèque françoise* de l'abbé Goujet. Ce manuscrit est uniquement fait pour être consulté par les curieux en quête sur ces matières, par ceux surtout qui ont à parler de Colletet. M. Théophile Gautier y aurait trouvé de nouveaux détails naïfs sur les mœurs et les habitudes du poëte suranné, des doléances de ménage mêlées à des extraits littéraires; il en aurait pu tirer de nouvelles preuves piquantes de ce paganisme poétique que professait le seizième siècle, et dont lui-même il se montre si épris.

C'est dans cet essai sur Colletet que M. Gautier, ayant à parler de La Fontaine, lequel, en effet, fréquenta beaucoup à ses débuts le vieux rimeur, nous dit tout couramment : La Fontaine *qui n'était point bonhomme.* En général, le procédé de M. Gautier est tel ; il aime, non pas à modifier, mais à retourner sans dire *gare*, les jugements les plus reçus. C'est un moyen assuré de faire dresser les oreilles à l'honnête lecteur : un écrivain d'autant d'esprit devrait savoir s'en passer. S'il s'était borné, dans le cas présent, à dire du bonhomme qu'il était à la fois malin, il n'aurait pas été si neuf. Je ne saurais admettre non plus la façon dont il parle de Louis Racine. A propos de Colletet père et de Colletet fils, il ajoute : « Voilà ce que c'est « que d'être poëte et d'avoir des enfants poëtes. Triste « chose ! les grands hommes ne devraient jamais avoir de « postérité : les Césars engendrent communément des Lari- « dons, et les Racine père des Racine le fils... » Je ne m'amuserai pas à réfuter ce que le spirituel auteur a lancé là en passant comme une de ces espiègleries bien irrévérentes qui font sa joie ; je le renverrai seulement à la très-belle page des *Soirées de Saint-Pétersbourg* (3ᵉ *Entretien*), dans laquelle Joseph De Maistre, qui ne passe pas pour être esclave du lieu-commun, rend à Racine fils un hommage aussi touchant que celui que Montesquieu payait à Rollin.

Je pourrais continuer en bien des sens à épiloguer de la sorte, et harceler l'auteur sur bien des points, tant pour ce qu'il dit que pour ce qu'il ne dit pas. Ainsi, dans l'article sur Chapelain, on regrette qu'il n'ait pas connu une très-agréable conversation sur les vieux romans racontée et adressée par Chapelain au cardinal de Retz (1), et qui vaut mieux que toute *la Pucelle.* C'est par de telles recherches et par les jours nouveaux qu'elles procurent plus sûrement que par des saillies paradoxales et par des tours de force de diction, qu'on parvient à rajeunir de vieux

---

(1) *Continuation des Mémoires de Littérature*, par le père Desmolets, tome VI, partie II, p. 281.

sujets. Mais, laissant encore une fois ces préambules, abordons, sans plus tarder, ce qui est le cœur même du sujet et la matière favorite de l'auteur, je veux dire la tentative de réhabilitation de Théophile et de Saint-Amant. Voyons ce qu'elle a de fondé, ce qu'elle a de juste; car je m'accoutumerais plutôt à voir de la poésie toute matérielle et entièrement dénuée de sensibilité, qu'à supporter de la critique tout entière en hors-d'œuvre et sans un fonds de justesse.

« Cette fois, dit M. Gautier en parlant de Théophile, c'est *d'un véritable grand poëte* que nous allons parler. » — Et à propos de Saint-Amant : « C'est, à coup sûr, *un très-grand et très-original poëte*, digne d'être cité *entre les meilleurs* dont la France puisse s'honorer. » Voilà des paroles positives. Il est piquant, en regard de l'article de M. Gautier sur Théophile, de relire celui de M. Bazin sur le même sujet (1). L'historien de Louis XIII, dans le compte exact et fin qu'il nous rend des vicissitudes du poëte, n'a pas de peur plus grande que celle de paraître l'admirer ; sa parole discrète et correcte est comme armée à demi-mot d'une épigramme continuelle. M. Bazin, quoi qu'il en soit, a très-bien rapporté le caractère de la poésie de Théophile à la date politique qui y correspond. Il y eut véritablement trois régences, et toutes les trois presque également dissolues, celle du *Régent* à proprement parler, celle de Mazarin, celle enfin du maréchal d'Ancre et du connétable de Luynes (sans tenir compte de l'âge de Louis XIII), et qui expire à la dictature de Richelieu. Des trois régences, on a dans celle-ci, à tous égards, la plus misérable. Théophile s'annonce comme le bel-esprit en titre et le coryphée littéraire de cette dernière époque; il en est le poëte débauché, raffiné; il avorte comme elle, et il a un sort assez pareil à celui de ses patrons. Qu'il eût reçu de la nature un génie prompt, facile et brillant, c'est ce que les

---

(1) *Études d'Histoire et de Biographie*, 1844, et *Revue de Paris*, novembre 1839.

contemporains ont reconnu généralement, et ce qu'il serait cruel, après ses malheurs, de venir lui refuser. Mais quel résultat, quelle mise en œuvre a-t-il offerte de ces heureux dons? En faisant aussi large qu'on voudra la part des calomnies et des sots propos, il est trop constant (et M. Gautier l'en admire plus qu'il ne l'en blâme) que l'orgie fut d'abord un des emplois les plus assidus de son talent; ces *Cabinet satyrique*, ces *Parnasse satyrique*, où on l'accusait d'avoir trempé avec d'autres beaux-esprits, et dont tout le monde voulut se justifier dès que vint le danger, ces recueils, tout farcis de grossières horreurs, avaient pourtant été approvisionnés par quelqu'un, et Théophile, sans nul doute, y avait fourni son contingent(1). Ses œuvres, telles qu'on les a aujourd'hui, publiées par lui après l'accusation et dans un but avoué d'apologie, paraissent, je le sais bien, assez innocentes, mais, par là même, elles manquent à chaque instant de franchise, de relief, des qualités ou défauts qu'on est le plus tenté d'y réclamer. Elles commencent par un grand traité, vers et prose, paraphrase et parodie du *Phédon;* Théophile le composa durant son premier bannissement pour réfuter les imputations d'athéisme et d'épicuréisme auxquelles il avait prêté, et pour racheter certain Hymne à la Nature dont les échos du Louvre avaient, un soir, retenti. Ses premiers excès l'induisirent ainsi à de perpétuelles palinodies qui ôtent à l'ensemble de ses œuvres tout caractère. Traçant dans une ode le portrait idéal du vertueux et du sage, il le termine par ce trait :

    Jésus-Christ est sa seule foi,
    Tels seront mes amis et moi.

(1) Un curieux manuscrit de la bibliothèque de l'Arsenal, qui a pour titre : *Recueil de plusieurs pièces très-plaisantes du sieur Théophile, avec d'autres pièces de différents auteurs,* etc. (in-fol. n° 122, Belles-Lettres franç.), contient la quintessence de cette première manière de Théophile; c'est mieux peut-être (en ce qui le concerne) qu'un extrait du *Parnasse satyrique,* et il se peut que certaines pièces marquées à son nom ne se retrouvent que dans ce manuscrit. La nature du genre donne peu l'envie de collationner de près.

Et tout à côté, il recommence les stances amoureuses à Philis et à *Chloris*; au nombre des plus agréables sont celles qu'il composa pour une demoiselle éprise, laquelle rêvait toute la nuit à son Alidor :

> Et le matin je pense avoir commis un crime
>     Dans mon lit innocent.

Cette bigarrure de ton se retrouve en plus d'un endroit du volume de Théophile et elle en relève, à défaut de mieux, la trop habituelle insipidité. Je cherche à grand'peine de lui une pièce, même courte, qui soit tout à fait bien. La seule que je trouve, et qui me paraisse satisfaire peut-être à cette condition d'*anthologie*, se compose en tout de cinq stances :

> Quand tu me vois baiser tes bras, etc.

Et encore, pour les deux premières, j'aime mieux renvoyer au volume que de les transcrire ici. C'est moins le nu qui m'arrête que le déshabillé vulgaire. Le poëte se représente à genoux auprès de sa maîtresse endormie. En voici les dernières stances :

> Le Sommeil, aise de t'avoir,
> Empêche tes yeux de me voir,
> Et te retient dans son empire
> Avec si peu de liberté,
> Que ton esprit tout arrêté
> Ne murmure ni ne respire.
>
> La rose en rendant son odeur,
> Le soleil donnant son ardeur,
> Diane et le char qui la traîne,
> Une Naïade dedans l'eau,
> Et les Grâces dans un tableau,
> Font plus de bruit que ton haleine.
>
> Là (1), je soupire auprès de toi,
> Et considérant comme quoi

---

(1) Ou bien peut-être *las!* dans le sens d'*hélas!*

> Ton œil si doucement repose,
> Je m'écrie : O Ciel! peux-tu bien
> Tirer d'une si belle chose
> Un si cruel mal que le mien?

Fontenelle, dans son *Recueil des plus belles pièces...* (1692), a su faire un choix assez agréable de Théophile. J'y distingue les stances écrites pour le *Prince de Chypre* dans un ballet, et où l'on croirait entendre à l'avance quelque accent de Quinault; je me rappelle aussi que madame Tastu aime particulièrement les stances qui ont pour titre *les Nautonniers*. La *Remontrance* du poëte captif au conseiller du parlement M. de Vertamont, qui était son juge, appelle l'intérêt par la situation et par quelques tons de fraîcheur; il décrit à ce magistrat le retour du printemps deviné à travers ses barreaux, et il demande la clef des champs que la nature en cette saison accorde à toute créature; aujourd'hui, dit-il,

> Que l'oiseau, de qui les glaçons
> Avoient enfermé les chansons
> Dans la poitrine refroidie,
> Trouve la clef de son gosier
> Et promène sa mélodie
> Sur le myrte et sur le rosier...

Cela fait ressouvenir de ces autres vers d'un poëte prisonnier :

> Soleil si doux au déclin de l'automne,
> Arbres jaunis, je viens vous voir encor !...

Il n'est pas difficile, en glanant chez Théophile, de trouver ainsi quelque citation qui promette, et d'où l'on puisse avec de la bonne volonté déduire de spécieux rapprochements ou même d'ambitieuses conséquences; mais, si l'on recourt au volume, tout cela diminue ou s'évanouit, et la théorie du critique ne se vérifie pas. M. Gautier a cité des stances de lui fort jolies, bien qu'il nous semble les surfaire un peu. Et d'abord la pièce qu'il cite, l'ode qui a pour titre *la Solitude*, est composée primitivement de quarante et une stances, et M. Gautier n'en a donné que seize, qu'il choisit et dispose à son gré. Ainsi, après la première stance, il en saute trois; après la seconde stance de sa citation, il en omet une dizaine, très-mauvaises en effet; plus loin, il en saute encore six, puis cinq, et le tout sans indiquer, sans avertir. Je demande si c'est là offrir une pièce dans sa teneur, si ce n'est pas là la composer en partie. En agissant de la sorte, M. Gautier donne, sans le vouloir, raison à Malherbe qui aurait dit certainement à Théophile : « Votre pièce est de plus de moitié trop longue; vous ne savez pas vous arrêter à temps ni effacer; rien de trop; *réduisez la muse aux règles du devoir*. » Il y a plus : M. Gautier corrige légèrement le style en deux ou trois endroits. J'en donnerai un exemple. Comme il a précédemment loué et félicité Théophile d'avoir proscrit les divinités mythologiques et qu'il s'est écrié à ce sujet : « Ne croyez pas non plus qu'il fît un grand cas de ce pauvre petit *cul-nud d'Amour*; il lui plume les ailes impitoyablement, etc., etc.; » comme il vient à quelques pages de là de s'exprimer de ce ton absolu, que va-t-il faire lorsqu'il rencontre dans ces mêmes stances, qu'il proclame *les plus admirablement amoureuses* de la poésie française, le petit dieu *Cupidon* en personne :

Ne crains rien, Cupidon nous garde...?

il supprime alors, pour plus de simplicité, le *Cupidon*, et met en place :

Ne crains rien, *la forêt* nous garde.

C'en est assez pour montrer combien il y a d'arbitraire dans l'admiration où il se joue et dans les preuves qu'il en donne.

Le malheur de Théophile, comme poëte, est d'être tombé dans un moment de transition, sans avoir su s'en rendre compte, et de n'y avoir vu qu'une occasion de licence. Les contradictions, les inconséquences éclatent dans ses idées comme dans sa manière. Il flotte de Malherbe à Ronsard, il les associe, les confond l'un et l'autre dans ses hommages, tout en s'en éloignant ; il s'essaye en divers sens au gré de son humeur, de son inconstance. Sa théorie, si l'on peut employer un tel mot avec lui, est toute personnelle, tout individuelle :

> La règle me déplaît, j'écris confusément ;
> Jamais un bon esprit ne fait rien qu'aisément...

> J'approuve qu'un chacun suive en tout la nature ;
> Son empire est plaisant et sa loi n'est pas dure...

Il développe encore cette idée avec une singulière vivacité dans l'épître à M. Du Fargis, une de ses meilleures pièces. Mais, pour mener à bien cette inspiration de caprice et de fantaisie, il n'eut ni le talent assez ferme, ni la fortune et les étoiles assez favorables. Les impromptus, les saillies, je ne le nie pas, lui échappent sans grand effort ; il rencontre des vers heureux ; il dira presque comme Regnier :

> J'en connois qui ne font des vers qu'à la moderne,
> Qui cherchent à midi Phœbus à la lanterne,
> Grattent tant le françois qu'ils le déchirent tout...

Mais, à deux pas de là, il fléchit, et son français, pour n'être pas assez *gratté*, n'en paraît que diffus, prolixe et incertain.

Au défaut de ses vers, un ingénieux et savant critique, avec qui j'aime à me trouver d'accord (M. Philarète Chasles)(1), a fort loué sa prose et y a cru voir comme une espèce de chaînon intermédiaire entre Montaigne et Pascal ; ce sont de bien grands noms, et la prose de Théophile se borne à des opuscules facilement et spirituellement écrits, mais de bien peu de gravité, sauf les requêtes apologétiques où son malheur l'inspire. Même en prose, j'ai peine à reconnaître en lui ce trait distinctif du

---

(1) *Revue des Deux Mondes*, août 1839.

bon sens qu'il a trop peu dans ses vers : cette qualité-là, quand on la possède, on la porte partout. Or, Théophile, poëte, s'en est trop passé, et il a, dans mainte rencontre, excédé avec énormité la mesure, soit que, s'adressant au duc de Luynes qu'il avait jusqu'alors négligé de célébrer, il s'écrie, comme pour réparer le temps perdu :

> Ceux que le Ciel d'un juste choix
> Fait entrer dans l'âme des rois,
> Ils ne sont plus ce que nous sommes,
> Et semblent tenir un milieu
> Entre la qualité de Dieu
> Et la condition des hommes.
>
> Un chacun les doit estimer,
> Ainsi qu'un ange tutélaire ;
> La vertu, c'est de les aimer,
> L'innocence est de leur complaire...;

soit que, voulant consoler un fils affligé de la mort d'un père, il lui dise tout crûment :

> Un homme de bon sens se moque des malheurs,
> Il plaint également sa servante et sa fille ;
> Job ne versa jamais une goutte de pleurs
>     Pour toute sa famille.
>
> Après t'être affligé pense à te réjouir :
> Qui t'a fait la douleur t'a laissé les remèdes, etc.

Tout cela est trop, le goût aussi bien que l'âme s'en offense, et de tels passages marquent un défaut de bon esprit autant et plus que les deux fameux vers de *Pyrame et Thisbé*.

Jugeant donc Théophile, non pour ce qu'il aurait pu être en d'autres temps, mais pour ce qu'il a été du sien, ma conclusion serait qu'il n'offre aucune de ces qualités fermes et déclarées, même dans leur incomplet, qui sont l'attribut des maîtres, et qui donnent envie de retrouver après des années un ancêtre dans le vieil auteur oublié. Racan et même Maynard, avec bien moins de mouvement d'idées sans doute et moins de velléités originales, ont laissé d'eux-mêmes des témoignages poétiques bien supérieurs et encore subsistants (1). Je me trouve ici en contradiction ouverte avec M. Gautier, qui subordonne à son cher Théophile même Malherbe (2), et qui dit : « Saint-Amant est le « seul, à notre avis, qui le puisse balancer avec avantage; « mais aussi Saint-Amant est-il un grand poëte, d'un ma- « gnifique mauvais goût et d'une verve chaude et luxu- « riante, qui cache beaucoup de diamants dans son fumier, « mais il n'a pas l'élévation et la mélancolie de Théophile, « ce qu'il rachète par un grotesque et un entrain dont « Théophile n'est pas doué. *L'un fait de la poésie d'homme* « *gras, l'autre de la poésie d'homme maigre, voilà la diffé-* « *rence !* »

Ce n'est pas sans sourire que le spirituel auteur aboutit à cette conclusion un peu récréative; mais, qu'il rie ou non, il n'en est pas moins certain, d'après l'ensemble de sa critique et de sa pratique en bien des cas, qu'il paraît, en effet, placer toute la poésie, tout le génie, dans le *tempérament*. Sans prétendre nier en rien les rapports du physique avec le moral, il me semble que c'est ici abuser même

---

(1) Se rappeler de Racan *la Retraite*, l'Ode au comte de Bussy, et de Maynard l'Ode à *Alcippe*. On ne rencontre rien de tel, rien d'égal chez Théophile.

(2) En ce qui est de Malherbe, on se demande comment M. Gautier a pu arriver de gaieté de cœur à ce degré d'injustice. Que Malherbe ait raison avec dureté, qu'il soit grammairien, qu'il soit pédagogue, on l'accorde de reste, mais, avec tout cela, Malherbe est poëte. Je n'ose demander à M. Gautier de le relire, tant il le trouve *coriace* ( c'est, je crois, son mot); mais il suffirait qu'il eût entendu chanter, l'hiver dernier, ces nobles Stances mises en musique par Reber :

 N'espérons plus, mon Ame, aux promesses du monde, etc.,

et ces autres encore :

  Ils s'en vont ces rois de ma vie,
  Ces yeux, ces beaux yeux, etc., etc.

Il y a déjà du grand Corneille dans ce lyrique-là. Qu'il nous soit permis du moins d'assigner M. Gautier au tribunal d'André Chénier, qui, dans son commentaire, ne surfait certainement pas Malherbe (voir page 43 du *Malherbe* commenté), mais qui l'apprécie.

de la physiologie ; la pensée de l'homme a coutume de siéger plus haut que dans l'abdomen, et Gall, non moins qu'Homère, la fait asseoir vers le milieu du front, au-dessus des sourcils, comme sur un trône. Par malheur, il est trop vrai que, de nos jours, plus d'un jeune auteur s'est accoutumé à tout mettre dans la chaleur du sang et dans la fougue du désir ; leur talent a passé de bonne heure dans le tempérament, et s'y est comme fixé. Voyez les suites ! ils ont été du même train poëtes et viveurs, et l'un chez eux se trouve à bout comme l'autre. A l'âge où le génie doit être dans toute sa force et fructifier dans sa maturité, ils ont déjà comme épuisé la nature, et ils tendent les bras à la muse, qui s'enfuit plus vite encore que la jeunesse. O Dante ! Milton ! vous qui produisiez vos œuvres idéales à l'âge sévère, où en seriez-vous avec ce système épicurien ?

Cet épicuréisme, notez-le bien, caché assez souvent sous de grands airs de croyance et de religiosité, a été la plaie secrète de la poésie en ce temps-ci ; il s'étend plus loin qu'on ne croit, il a gagné et corrompu les plus hauts talents, et je n'en prétends exempter personne. Mais M. Théophile Gautier se donne aussi trop peu de peine pour le déguiser, et il l'installe tout rondement sur l'autel.

Je pourrais rire à mon tour, et dire à M. Gautier : Vous trouvez que Racine et Boileau ont été un peu trop sobres, et sur quelques points je serai prêt à le trouver avec vous ; mais prenez-vous-en, pour une bonne part, à ces devanciers exagérés et *viveurs*, comme vous les qualifiez. De tels excès sont bien faits pour rejeter dans les contraires. Boileau et Racine remirent en honneur le régime des honnêtes gens en poésie. Donnez-moi l'hygiène d'un poëte, et je vous dirai le ton général, la qualité saine ou maladive de ses œuvres. Il y a un beau mot de M. de Bonald : « Une vie déréglée aiguise l'esprit et fausse le jugement. »

Je ne pousserai pas M. Gautier sur sa réhabilitation de Saint-Amant, dont il reprend en sous-œuvre et nous traduit en prose brillante et colorée les peintures, car on croirait voir des peintures sous sa plume, tant il les flatte, au lieu de charges dessinées au charbon sur la muraille; il se plaît à y saisir des traits, des reflets de ressemblance à l'infini avec nos principaux contemporains. Saint-Amant, à le bien voir, est un poëte rabelaisien fort réjoui et de bon cru; « il avoit assez de génie pour les ouvrages de débauche et de satire outrée, » c'est Boileau qui lui accorde cet éloge, et qui lui reconnaît aussi des boutades heureuses dans le sérieux : ce jugement reste vrai et irréfragable. On suit, en effet, l'original, le jovial Saint-Amant, sans ennui, non pas toujours sans dégoût, de son ode fantastique à *la Solitude* jusqu'à son ode bachique au *Fromage de Brie*, en passant chemin faisant par *la Crevaille :* ce sont les titres de ses chefs-d'œuvre. Prenez bien garde toutefois, et n'allez pas tomber en enthousiasme trop pindarique devant ce grotesque, surtout pour prétendre l'imiter. Le grotesque de ce temps-là et de ces gens-là diffère essentiellement de celui d'aujourd'hui : le leur était abandon, bouillonnement et débordement, plein de naturel et de coulant jusque dans son épaisseur; le nôtre est toute prétention et affectation, pur procédé d'art, un grotesque fabriqué à froid, besoin de paraître gai dans une époque triste, et chez quelques-uns, je gage, parti pris de se singulariser, en désespoir de ne savoir se distinguer simplement et noblement.

Et puis, quand je vois prodiguer, à propos de la moindre pochade en vers, ces noms de Téniers, de Terburg et autres excellents peintres flamands, je me permettrai de rappeler que la *poésie*, en de tels cas, n'est point précisément la *peinture*. Je n'admettrai jamais qu'en poésie (autrement qu'une fois par hasard et comme tour de force) on se mette à peindre des pots cassés, des chaudrons, ou, si vous voulez, des porcelaines, uniquement pour le plaisir de les peindre. Si ces ustensiles entrent dans le cadre et le fond d'un tableau, à la bonne heure! mais, en poésie, c'est la pensée et le sentiment qui restent le principal, qui gardent, pour ainsi dire, la haute main, tandis qu'en peinture la *main-d'œuvre*, au besoin, prend le dessus. — La quantité de noms célèbres que M. Gautier a trouvé moyen de rassembler dans l'article Saint-Amant, pour les rattacher à ce poëte bon vivant et comme pour lui faire cortége, m'a rappelé encore que c'est vraiment trop pour une mascarade. On y peut rire tant qu'on veut et prendre son plaisir, mais il ne faut pas avoir tellement l'air d'admirer. Parlant du poëme de *la Pucelle*, si vanté en son temps et non encore réhabilité du nôtre, Montesquieu disait : « On ne saurait croire jusqu'où est allée dans ce siècle la décadence de l'admiration. »

En faisant intervenir ces autorités de haut bord, je crois montrer assez le cas sérieux que je fais du talent de M. Théophile Gautier; il en a donné des preuves en ces volumes mêmes, si sujets à contradiction. Nombre de pages qu'il y a semées et qui me reviennent à la fois, par exemple, sur Ronsard pédant et poëte, sur le paganisme d'art au seizième siècle, sur ce que les Français ne sont pas une nation poétique, sur ce que les poëtes ne sont que rarement musiciens et réciproquement, etc., toutes ces pages se lisent avec plaisir et se retiennent; elles sont suffisamment vraies ou auraient peu à faire pour le devenir. Que si un conseil pouvait être donné au spirituel auteur, pourquoi donc ne se prendrait-il pas plus au sérieux lui-même? pourquoi ne reviendrait-il pas quelque jour, à loisir, sur ces études, la plupart trop improvisées? En y corrigeant les inexactitudes de faits, en y revisant les jugements pour en modifier l'excessif et le juvénile, en persistant toutes les fois qu'il croirait avoir raison, en daignant par instants discuter les opinions des autres, en complétant aussi sa galerie par quelques autres portraits du temps qui y manquent, et où il apporterait désormais plus de précaution (comme il en a su prendre dans son article *Scarron*, d'ailleurs si amusant), il aurait fait, non pas une histoire régulière de la poésie sous Louis XIII, mais un piquant, un mémorable essai, dans lequel le sentiment très-vif et très-filial qu'il a de cette poésie, et qu'il rend d'une manière unique, compenserait heureusement bien des écarts.

31 octobre 1844.

(Nous avons dit quelque chose ailleurs de M. Théophile Gautier, poëte. Au tome V de l'édition in-8° des *Critiques et Portraits* (1839) on trouverait quelques pages que nous ne reproduirons pas ici, non pas que nous ayons beaucoup à y rétracter; nous n'y corrigerions guère qu'une honteuse inadvertance qui nous a fait placer (page 535) l'exil d'Andromaque en *Thrace* au lieu de l'*Épire;* mais, si l'ensemble de notre jugement reste le même, il y aurait à ajouter que, dans son recueil de *Poésies complètes* (1845), M. Théophile Gautier a inséré une quantité de charmantes petites pièces, élégies et fantaisies, telles que le *Premier rayon de mai, Fatuité,* etc., etc., qui sont d'un bien véritable et tout à fait gracieux poëte.)

# VICTORIN FABRE.

(Œuvres mises en ordre par M. J. SABBATIER.)
( Tome II, 1844. )

Le premier volume des œuvres ne paraîtra qu'après celui-ci, qui est le second : l'inconvénient de ce mode de publication n'a point échappé à l'éditeur; mais on a cru devoir se conformer à un article du testament d'Auguste Fabre, qui a exprimé le désir qu'une médaille et un portrait de son frère Victorin, et le *bas-relief du monument funèbre*, fussent gravés et placés au frontispice du tome I$^{er}$ des œuvres; il a fallu du temps, et on a éprouvé des retards pour l'exécution de ces divers travaux. Auguste Fabre avait pour son frère Victorin un véritable culte, une religion exaltée. Il est fâcheux toutefois que des conditions qui se rapportent à des détails matériels, et qui touchent un peu à l'idolâtrie, l'aient emporté sur l'ordre véritable, sur les convenances naturelles; on aurait peut-être dû (s'il est permis de blâmer l'excès du scrupule en telle matière) ne pas sacrifier l'*esprit* du livre à la *lettre* de l'exécution. Il y a longtemps que la destinée de Victorin Fabre est en butte aux contre-temps de toutes sortes; on dirait que, même en cette publication dernière, il trouve moyen de nous arriver gauchement; il est malencontreux encore.

Ce second volume contient d'ailleurs les ouvrages en prose qui sont ses vrais titres, et qui lui avaient valu dans les douze premières années du siècle une réputation si brillante et si pleine d'espérances. Né en 1785 dans l'Ardèche, il vint à Paris à l'âge de dix-neuf ans, c'est-à-dire tout au début de l'Empire ; et par ses goûts déclarés, par ses essais sérieux et variés en vers et en prose, par le caractère des doctrines, il mérita bientôt de se voir l'enfant chéri, le fils adoptif de la littérature alors régnante, de celle qui se rattachait plus étroitement aux traditions du dix-huitième siècle. Rival parfois heureux de Millevoye dans les concours en vers, il parut triompher sans partage dans les concours d'éloquence ; son *Éloge de Corneille* (1808), son *Tableau du dix-huitième Siècle* (1809), son *Éloge de La Bruyère* (1810), promettaient décidément à la France un écrivain de plus. L'*Éloge de Montaigne* (1812) fut le temps d'arrêt ; un nouveau-venu, à la plume facile et légère, M. Villemain, l'emporta du premier coup sur le lauréat émérite qui ployait sous les couronnes. Victorin Fabre ne put revenir de cet échec ; il n'y crut pas. Il se dit que l'Institut aussi avait son ostracisme, et qu'on avait voulu exclure de l'arène un perpétuel, un inévitable et trop gênant vainqueur. Des malheurs domestiques se joignirent peu après aux malheurs de la patrie pour accabler son âme sensible et porter atteinte à son organisation. Il quitta Paris durant des années, et se voua en province, parmi les siens, à ce qu'il considérait comme de pieux devoirs. Ses vertus mêmes lui nuisirent. Lorsqu'il revint en 1822, le monde littéraire avait changé de face ; en philosophie, en critique, en poésie, tout s'essayait au renouvellement. Victorin Fabre, qui n'avait pas quarante ans en 1822, s'était arrêté dès 1811 ; il ne put jamais reprendre le courant. Les hommes qui avaient le plus aidé et exalté ses débuts, les Suard, les Maury, les Parny, les Ginguené, les Garat, ou n'existaient déjà plus ou allaient disparaître. Il suivit à son tour le convoi de ces vieillards, et mourut, pour ainsi dire, le dernier, en mai 1831.

Singulière et vraiment amère destinée ! Un talent précoce, incontestable, un travail opiniâtre et qui ne se fie pas à la seule nature, le culte des sérieuses traditions, un patriotisme ardent, une pureté de conscience inaltérable, et tout cela n'aboutissant qu'à une carrière manquée et à un douloureux avortement !

On cherche la cause, la clef de cette contradiction apparente. C'est, après tout, au talent, à l'esprit qu'il faut s'en prendre ; c'est là qu'est le point défectueux. Victorin Fabre avait des qualités de jeune homme, et supérieures à celles que cet âge d'ordinaire présente : il avait la générosité de la jeunesse, il y joignait un esprit grave, une application constante, une faculté d'analyse et d'examen qui, dans l'expression, savait se revêtir de nombre et d'un certain éclat. Mais il n'eut de la jeunesse rien de ce qui lui appartient surtout en propre, rien de ce qui rafraîchit et renouvelle. Une fois entré sous le patronage des hommes distingués qui l'adoptèrent, l'idée ne lui vient jamais d'en sortir, de s'en détacher ; il ne se dit pas que leur ombre, un moment tutélaire, lui est funeste en se prolongeant, que, s'il n'y prend garde, toutes ces belles fleurs et ces palmes du lauréat ne produiront jamais leur fruit :

> Nunc altæ frondes et rami matris opacant,
> Crescentique adimunt fœtus uruntque ferentem (1).

Il n'était pas facile d'avoir toute sa fraîcheur à l'ombre du cardinal Maury. D'un autre côté, les littérateurs établis d'alors, voyant un jeune homme plein d'espérance se faire si pareil à eux, ne se lassaient pas de l'admirer et le traitaient comme un égal. Victorin Fabre, ainsi grandi par ses maîtres, s'enferma de bonne heure et vécut toujours dans un cercle d'illusion.

Il lui arriva un peu ce qui arrive à de certaines jeunes filles qui épousent des vieillards : en très-peu de temps leur fraîcheur se perd on ne sait pourquoi, et le voisinage attiédissant leur nuit plus que ne feraient les libres orages d'une existence passionnée :

---

(1) Virgile, *Georg.*, II, 55.

> Je crois que la vieillesse arrive par les yeux,
> Et qu'on vieillit plus vite à voir toujours les vieux,

a dit Victor Hugo. Ainsi pour le jeune talent de Victorin Fabre : il épousa sans retour une littérature vieillissante, et sa fidélité même le perdit.

Cela nous coûte à dire, mais il nous fait comprendre ce qu'il peut y avoir de bon, au moins par instants, chez les *libertins* en littérature. Nous disons habituellement assez de mal de ceux-ci (1) pour qu'on nous croie si par hasard nous leur sommes moins sévère. Ce que nous voudrions, s'il y avait moyen de régler les points, c'est qu'on pût, même en littérature, se donner le droit de fredonner avec le plus spirituel des mondains :

> Dans mon printemps j'ai hanté les vauriens,

et qu'on se rangeât par degrés ensuite. Les trop bons sujets qui n'ont, à aucun moment, rompu avec les devanciers, courent risque de trop creuser dans le même sillon, c'est-à-dire de rester dans l'ornière. Quand la maturité, ou ce qui en a l'air, usurpe la place de la jeunesse, il est toujours à craindre qu'une certaine pesanteur n'occupe l'âge de la maturité.

Celui qui écrit ces lignes assistait, en 1822, si je ne me trompe, à la reprise du Cours de Victorin Fabre dans la chaire de l'Athénée. Ce pauvre Athénée, qui est aujourd'hui tout à fait tombé en enfance et qui s'est converti au néo-catholicisme sur ses derniers jours, se maintenait alors dans la verdeur d'une vieillesse encore respectée. De nobles débris du dix-huitième siècle étaient présents ; la salle n'avait jamais vu plus d'affluence en ses beaux jours ; évidemment il y avait une extrême attente. Les anciens expliquaient aux plus jeunes de quoi il s'agissait au juste : était-ce un grand écrivain, décidément, qui nous revenait de Jaujac? n'était-ce qu'un lauréat fané? Tous les pronostics inclinaient pour le grand écrivain. Victorin Fabre

---

(1) Voir l'article précédent.

parut; accueilli par un tonnerre d'applaudissements, il fut quelques instants à se remettre. Il commença d'une voix émue d'abord, mais surtout d'un accent rouillé, à lire un discours dont chaque phrase sentait la lampe, un discours à effets oratoires, tissu de compliments empesés, de précautions devenues inutiles, d'allusions devenues obscures; rien ne s'y détachait bien nettement. On démêla d'une manière générale le sujet du Cours qu'il venait ouvrir; il se proposait de parler de la société civile, des lois de la civilisation et de la perfectibilité, du rapport qui existe entre les lumières et le bonheur des nations; c'était un publiciste qui aspirait à remanier le grand problème du dix-huitième siècle et à se frayer une voie entre Montesquieu et Rousseau.

Les leçons suivantes, dans lesquelles on ne pouvait méconnaître les élaborations d'un esprit consciencieux et méditatif, parurent de plus en plus pénibles et sans résultat. L'attente était trompée; la salle se dépeupla. Ce sont des symptômes auxquels on ne saurait fermer les yeux. Victorin Fabre se donna le change à lui-même, et il interrompit bientôt ses leçons en se disant et en disant à ceux qui lui en parlaient qu'il s'était aperçu du danger que pouvaient avoir, dans l'état des circonstances politiques, certaines doctrines incomplétement expliquées et légèrement comprises. Hélas! pour lui, pour les auditeurs, le danger n'était pas là.

Il essaya, dans les années suivantes, diverses fondations, celle d'un recueil périodique, *la Semaine*, qui n'eut pas de durée, et finalement *la Tribune*, qui vécut, mais lui échappa. Il était habituellement maladif, bien qu'avec les dehors et presque l'éclat de la santé, d'une allure assez alourdie, très-sédentaire, très-laborieux, d'un accueil bienveillant pour la jeunesse qui s'adressait à lui, et tenant évidemment à perpétuer ces traditions de politesse et de bon patronage dont il avait autrefois profité. Il semblait croire, plus qu'il ne devait être permis depuis les déceptions de 89, à la puissance de la vérité pure, à l'influence d'une idée juste une fois imprimée quelque part. Il n'admettait à aucun degré les tentatives dites *romantiques* qui se faisaient dans les divers genres, et c'était pour lui une religion de conscience de tout repousser.

Quand il conversait, ses souvenirs se reportaient involontairement à l'époque brillante à laquelle l'aiguille de sa montre, en quelque sorte, s'était arrêtée; même en s'adressant au jeune homme d'hier, il lui échappait de dire, comme entrée en matière, avec un clin-d'œil d'allusion : « C'était en 1811, M. Suard me disait un jour, en sortant « de dîner chez le cardinal Maury (qui, par parenthèse, « mangeait beaucoup), etc., etc. » Que d'esprits en sont là, ne marquant réellement qu'une heure! C'était 1811 pour Victorin Fabre, il n'en sortait pas. Prenons bien garde nous-même de trop tourner sur 1829.

Un jour, vers cette date de 1829 (mais voilà que je fais comme lui), à une représentation de l'Odéon, cet espiègle de Janin, qui débutait, aperçut au balcon, non loin l'un de l'autre, Victorin Fabre et Victor Hugo. Il voulait, le lendemain, faire un petit article qu'on voit d'ici : *Victor et Victorin*. On le pria d'épargner l'athlète hors de combat, et il n'y songea plus.

Auguste Fabre, frère cadet de Victorin, formé par lui aux lettres et deux fois sauvé de la mort par son dévouement, avait pour cet aîné, nous l'avons dit, un véritable culte qui prenait des formes touchantes et d'autres fois bizarres. Auteur lui-même d'un poëme épique, *la Calédonie*, et d'une tragédie héroïque, *le Siége de Missolonghi*, il y aurait eu bien des choses à lui rétorquer sur cette pureté classique qu'il affichait et qu'il ne pratiquait pas sans de légères atteintes. Mais, plus docile et assez modeste en ce qui le concernait, il n'aurait supporté aucune objection à l'égard de Victorin ; il le mettait sans hésiter entre Montesquieu et Rousseau, si ce n'est au-dessus. Comme, en 1815, après les Cent-Jours, quelques électeurs de l'Ardèche avaient eu l'idée de porter à la députation Victorin Fabre, Auguste s'est échappé à dire, dans une notice biographique écrite après la mort de son frère, que cette nomination, si elle avait eu lieu, aurait pu changer le cours des choses et arrêter sur leur penchant les destinées de la patrie. Lorsque Victorin fut mort, Auguste, atteint du coup, se renferma dans l'appartement de son frère, laissa croître sa barbe, ne sortit plus, ne permit plus qu'on enlevât la poussière des papiers et des meubles désormais consacrés à ses yeux ; il mourut tout entier à ce deuil, et constatant sa pensée fixe dans un testament dont un récent procès est venu révéler les dispositions singulières.

Que si, rabattant de ces illusions de famille, nous venons à peser à leur juste valeur les œuvres de Victorin Fabre (je ne parle que de celles qui sont publiées), nous trouvons qu'il mérite, en effet, une mention honorable dans la littérature des premières années du siècle. Il fut l'élève le plus distingué de ce groupe qui avait pour organe *la Décade*, et qui, en méfiance contre l'Empire, prétendait à continuer le dix-huitième siècle avec modération et fermeté. Des morceaux qu'il a publiés sous les auspices de ces maîtres, et qu'ils ont couronnés, je préférerais l'*Éloge de La Bruyère*, qu'on relit avec plaisir et avec fruit : l'*Éloge de Corneille*, tant vanté, sent trop le réthoricien encore ; l'*Éloge de Montaigne* accuse déjà un esprit fatigué, l'étouffement commence. Le *Tableau du dix-huitième Siècle* n'est qu'une apologie écrite sous l'influence des doctrines que Victorin Fabre exprimait, discutait avec talent, mais ne rajeunissait pas. Plus d'une page de lui nous représente, par le genre d'argumentation, par le mouvement chaleureux et un peu factice, une étude bien faite d'après Jean-Jacques. Quant à l'*Oraison funèbre du maréchal Bessières*, qui fut demandée à l'auteur par Napoléon, et qui ne put être prononcée à cause des événements, l'éditeur nous dit en produisant aujourd'hui jusqu'aux variantes du morceau : « Je laisse aux lecteurs qui ont senti l'élévation de Bossuet et la profondeur de Tacite, le soin d'indiquer le rang où l'on doit placer Victorin Fabre. » Mais les lecteurs ne s'aviseront pas de donner le moins du monde dans ces rapprochements : l'oraison funèbre de Fabre est trop évidemment une copie, presque un pastiche de celles du grand Condé ou de Turenne. Elle reste pour nous un échantillon piquant du goût d'alors ; la péroraison est tout entière empruntée au monde d'Ossian, que Napoléon aimait, que Girodet traduisait aux yeux ; car Victorin Fabre croyait à Ossian, c'était là son *romantisme* à lui ; que voulez-vous ? le plus sage est sujet à payer tribut au malin.

On doit d'ailleurs des éloges à M. J. Sabbatier pour les soins qu'il apporte à cette publication, et qui, dans leurs scrupules même et leur détail un peu superstitieux, ne sont que mieux d'accord avec l'auteur et avec le genre.

11 juin 1844.

# VICTORIN FABRE.

(Œuvres publiées par M. J. Sabbatier.)
(Tome Ier, 1845.)

Le second volume de ces œuvres ayant paru avant le premier, nous en avons parlé dans la *Revue de Paris* du 11 juin dernier; la publication actuelle du premier volume qui contient des fables, des poëmes académiques et quelques autres poésies, ne pourrait que modifier très-peu notre premier jugement, et nous n'y insisterions pas aujourd'hui, si la *Vie de Victorin Fabre*, que l'honorable éditeur, M. Sabbatier, a mise en tête du volume, ne nous paraissait trop singulière à bien des égards pour devoir être passée sous silence. L'amitié certainement a des droits, la sincérité d'intention a des priviléges; il est d'usage de penser et de dire sur l'auteur qu'on publie, sur l'ami dont on recueille les reliques, un peu plus que tout le monde, et la part d'illusion permise a sa latitude. Mais pourtant il y a un degré d'exagération qui, en se joignant à une sincérité incontestable, devient piquant à étudier et qui offre un cas bizarre de plus dans l'histoire des sectes littéraires.

Certainement si la France, en perdant au printemps de 1831 le très-estimable écrivain Victorin Fabre, avait perdu le tome cinquième en personne de Montesquieu, de Voltaire, de Jean-Jacques et de Buffon, on n'en parlerait pas autrement que M. Sabbatier ne vient de le faire dans les cent soixante-huit pages de son introduction. Pour qu'en 1845 une telle opinion puisse sérieusement se produire et qu'elle trouve place dans un esprit aussi cultivé que paraît l'être celui de l'éditeur, il ne suffit pas d'une dose d'illusion ordinaire ; c'est un phénomène qui exige une explication plus appropriée ; Victorin Fabre a eu ses dévots, et M. Sabbatier en est un.

Les grandes causes philosophiques et politiques, les grands partis littéraires, une fois que l'influence leur échappe et que le monde tourne décidément à un autre cours d'idées, se rétrécissent, s'immobilisent, passent à l'état de secte et comme de *petite Église* ; ils tombent dans ce que j'appellerai une *fin de jansénisme*. Les chefs principaux disparaissent et meurent, quelques rares disciples survivent et essayent de réchauffer le culte en le resserrant ; la lettre grossit pour eux en même temps que l'esprit se retire ; ils reviennent soir et matin sur leurs traces, ils répètent à satiété les mêmes noms, ils ont des gloires domestiques, des grands hommes et des saints à leur usage ; ils sont de vrais dévots, ai-je dit. Ainsi était resté Victorin Fabre à l'égard de ses maîtres ; ainsi se montre aujourd'hui à son égard son trop fidèle éditeur qui nous semble renchérir encore sur lui. Victorin Fabre s'était arrêté et comme *figé* en 1811, son biographe se rabat de plus près à 1804 ; il n'en sort point, il a posé son dieu Terme à cette date-là.

Certes, nous aussi nous respectons et nous ne sommes pas sans apprécier hautement ces hommes que Victorin Fabre et M. Sabbatier mettent en avant à tout propos, Cabanis, Tracy, Garat, Ginguené, Daunou, Laromiguière, et quelques autres ; mais ces hommes n'étaient pas tous aussi unanimes que de loin, en les rangeant de front sur la même ligne, on voudrait nous le faire croire ; mais surtout ils n'ont pas eu de postérité littéraire et philosophique digne d'eux, et ceux qui se sont portés comme héritiers directs de leurs traditions les ont dès longtemps

compromises en les rapetissant et en les outrant avec un véritable fanatisme. Peu s'en faut que nous ne rangions aujourd'hui M. Sabbatier parmi ces héritiers compromettants, et nous en aurions presque le droit en lisant les paroles plus que sévères et les qualifications flétrissantes qu'il inflige à toutes doctrines littéraires et philosophiques qui ne sont pas les siennes. M. Sabbatier est de ceux qui s'indignent « à la seule pensée de voir rabaisser nos grands écrivains au niveau de quelques *extravagants* d'Allemagne ou d'Angleterre » (page 21). Shakspeare et Goëthe lui semblent les deux plus faquins de ces *extravagants* sans doute; et quant à Walter Scott, il ne se gêne pas pour en dire (page 137) : « La faction doctrinaire (car
« M. Sabbatier voit partout les doctrinaires comme d'au-
« tres les jésuites), marchant constamment à son but de
« brouiller toutes les idées pour dénaturer tous les senti-
« ments nationaux, tous les principes patriotiques, avait
« travaillé dix ans à faire une renommée colossale à un
« romancier anglais mille fois inférieur à Richardson, à
« Fielding, à Goldsmith, mais bien digne de sa tendresse
« puisqu'à sa qualité d'étranger il joignait le titre encore
« plus sacré de pamphlétaire aux ordres de l'aristocratie
« bretonne pour déchirer la France et tout ce qui faisait
« sa gloire ou sa prospérité. » Ce sont là de ces douceurs judicieuses que le biographe de Victorin Fabre répand comme le lait et le miel sur la tombe de son héros. En revanche, nous le verrons affirmer sans sourire (page 25) que cette *littérature de la république*, tant calomniée, comptait deux grands écrivains en prose, *Bernardin de Saint-Pierre* et *Garat*, comme si Bernardin de Saint-Pierre, qui avait produit tous ses grands ou charmants ouvrages sous le règne de Louis XVI, pouvait être dit un littérateur de la *république*, et comme si Garat, bon littérateur, pouvait être, dans aucun cas, appelé un *grand* écrivain. Que si M. de Barante, en 1810, a l'extrême audace de concourir en même temps que Victorin Fabre pour le *Tableau littéraire du dix-huitième siècle*, voici com-

ment M. Sabbatier ne craint pas de s'exprimer : « Quant
« à l'ouvrage de M. de Barante, des *considérations parti-*
« *culières* avaient bien pu lui faire accorder une mention ,
« mais *ne pouvaient donner à personne l'idée de le mettre*
« *en parallèle avec un écrit de Victorin Fabre!* » De telles
manières de louer son auteur sont faites pour impatienter,
convenons-en; quoi? on ne saurait avoir même l'idée de
mettre l'ouvrage très-distingué d'un homme d'esprit, qui
pense, en parallèle avec un écrit de Victorin! Mais savez-
vous bien que cela donne envie à quelques-uns de ceux
qui ont connu Victorin Fabre et qui voudraient d'ailleurs
observer le respect dû à sa mémoire (et je suis du nombre), que cela leur donne envie de dire tout net que cet
écrivain de talent était surtout un écrivain de labeur, qu'il
pensait peu, hormis dans les sillons déjà tracés, que sa
rhétorique, pour ne s'être pas faite à temps au collége, se
prolongea trop longtemps dans les concours académiques,
que ces concours académiques où il triompha coup sur
coup en vers et en prose ne firent jamais de lui qu'un magnifique écolier, que son front de lauréat ploya, à la lettre,
sous le poids de ses couronnes, et que, dès qu'un premier
échec l'eut jeté hors de l'arène des concours, on ne retrouva plus en lui, devant le grand public, qu'un talent
fatigué et non pas un esprit supérieur? M. Sabbatier a dit
assez haut son avis, pour qu'il nous permette de risquer
le nôtre.

La Notice nous représente Victorin Fabre né à Jaujac,
en Vivarais, en 1785, d'une honorable famille très-con-
sidérée dans le pays, et qui n'avait jamais songé à demander des titres de noblesse ni à se prévaloir de ceux
que lui conférait la possession de certains fiefs. Le biographe fait tout d'abord à son héros un mérite de ne s'être
point anobli, de ne s'être point fait appeler M. Fabre *de
Vals*, comme le lui conseillait un jour le cardinal Maury.
Il nous montre les Fabre plus fiers de leur *roture de cinq
cents ans* que d'autres de leur noblesse de fraîche date. Il
y aurait eu peut-être une manière plus simple de penser

sur les choses de naissance, c'eût été de n'en être pas fier du tout. Bientôt la Révolution commença, et, « quelque étonnant que cela puisse paraître, nous dit le biographe, Victorin était déjà en état d'en comprendre les vastes scènes. » On avouera qu'en effet c'était une précocité assez étonnante chez un enfant qui n'avait que quatre ou cinq ans. Suivent une quantité d'anecdotes d'enfance comme chacun peut en retrouver à plaisir dans ses premiers souvenirs, et qui sont ici données comme d'héroïques présages; c'est d'une enfance de Spartiate qu'il s'agit. Certes il n'était pas besoin d'entrer dans de telles particularités enfantines pour établir, ce qui est très-vrai, que Victorin Fabre, imbu des principes de 89, y resta constamment fidèle, et fut jusqu'à son dernier jour un patriote de ce temps-là; pas plus qu'il n'était besoin, je pense, pour établir l'excellence de ses premières études, d'enregistrer ce propos mémorable d'un de ses maîtres : *Enfin je ne lui connais d'autre défaut que celui de ronger ses ongles !* (Puerilia!) Les circonstances domestiques, vraiment intéressantes, de la vie de Victorin Fabre, l'admirable courage avec lequel il sauva son frère dans un naufrage sur le Rhône en 1805, et son dévouement méritoire aux siens, de 1815 à 1821, ces beaux traits eussent gagné à ne pas être noyés à l'avance dans des récits qu'il faudrait garder pour le fauteuil des grands parents.

Après de premières études, qu'il doit presque tout entières à lui-même, Victorin Fabre nous est présenté, vers la fin de 1799 (il avait quatorze ou quinze ans), comme un esprit *dont le coup-d'œil politique était dès lors aussi juste qu'étendu :* « La manière dont s'était opérée la révolution du 18 brumaire, et surtout quelques dispositions captieuses placées dans la Constitution de l'an VIII comme pierres d'attente, avaient excité son mécontentement, *éveillé ses soupçons.* » Voilà un Solon bien précoce qui nous arrive; en conséquence de ses prévisions, Victorin Fabre, qui avait un moment songé, nous dit-on, à prendre la carrière des armes, s'en détourne et ne songe plus qu'aux lettres et à la philosophie; nous concevons cette préférence; qu'on nous permette seulement de croire, sans faire injure à tout ce puritanisme, que cela ne l'eût aucunement compromis de se trouver à Marengo.

Il vient à Paris en 1804; déjà en correspondance avec Ginguené, il le visite tout d'abord et s'initie par lui au groupe philosophique et littéraire qui soutenait honorablement la cause des idées et celle de la république expirante. M. Sabbatier fait ressortir, et avec raison, le mérite de ce choix réfléchi chez un jeune homme qui n'avait pas, comme les autres membres de ce groupe, une carrière déjà faite, mais qui hasardait ainsi tout son avenir. Ce fut là le côté sérieux et digne de Victorin Fabre; les exagérations trop fréquentes de son biographe ne nous le font pas oublier. Ginguené se prend aussitôt pour le jeune arrivant d'une tendresse fondée sur l'estime, il l'appelle son *fils*, il l'adopte en quelque sorte; et c'est là en effet la vraie place de Victorin, à la suite et à côté de ces écrivains estimables qui espéraient en lui un rejeton. M. Sabbatier parle de Ginguené en de très-bons termes que nous ne contesterons pas; Ginguené était un littérateur de grand mérite, plus instruit que La Harpe, bonne plume, bon critique, mais non point d'un goût *exquis*, comme M. Sabbatier le répète souvent, prodiguant à ses amis ce terme rare; Ginguené avait plus de sens que de finesse, et moins de délicatesse que de solidité; ce mot *exquis*, si l'on y prend garde, s'applique à bien peu de juges, et je ne sais que Fontanes, parmi les maîtres de ce temps-là, à qui il convînt véritablement. Victorin Fabre lui-même manqua essentiellement de l'*exquis* en littérature; après ses premiers essais, qui ont du ton, du nombre, du mouvement, des passages d'éclat, de nobles pensées, mais qui ne sont que d'un disciple encore, on put croire un moment qu'il allait se dégager et prendre son essor avec aisance; l'*Éloge de La Bruyère* donnait lieu de l'espérer; mais l'*Éloge de Montaigne*, remarquable pourtant, ne tint pas cette promesse; l'auteur, en cet heureux sujet, n'eut rien de libre ni de léger; en voulant approfondir, il s'aheurta, il fut rocailleux, il commençait à se montrer pesant. Cette pesanteur alla se manifestant en lui avec les années, ou plutôt avant les années. Son séjour dans l'Ardèche, de 1815 à 1821, et qui fut consacré à de vertueuses douleurs, sembla (ceci est triste à dire) l'avoir rouillé littérairement. Dans ses *Fables* de cette époque que M. Sabbatier admire et que nous n'admirons pas du tout, et dans les divers écrits qu'il composa depuis lors, nous ne cessons de retrouver le contraire précisément de l'*exquis :* le lourd, le pénible, l'enchevêtré gagnent à chaque pas; et, pour mon compte, je n'irais pas chercher, si l'on me pressait, d'autre exemple plus sensible de ce mot d'Horace : *In crasso jurares æthere natum*.

Virgile, au livre III des *Géorgiques*, nous a peint admirablement la rivalité et le combat de deux taureaux pour la belle génisse : le vaincu, tout farouche, ne peut supporter sa défaite; il s'exile et va dans les bois, loin des pâturages connus, nourrir sa sombre blessure. Victorin Fabre, battu dans le concours de 1812, et perdant la belle génisse, c'est-à-dire le prix de l'Académie, ne fit pas autrement que le vaincu de Virgile, et sortit de l'arène avec la rancune superbe du taureau blessé; mais il ne revint pas avec la même allure, et à le voir reparaître, quelques années après, tout ralenti et tout empesé, on put lui appliquer ce vers assez imitatif d'un moderne :

Taurus abit mœrens e regnis : ecce redit bos.

Ainsi, dans un sens plus léger, Martial parle quelque part de la dame romaine qui, allant aux eaux de Baies, y arrive Pénélope, dit-il, et s'en retourne Hélène :... *Penelope venit, abit Helene*. Mais ceci sent le badinage, et Victorin Fabre ne badina jamais.

La grande illusion de Victorin fut de prendre trop à la lettre le cadre et le cirque académique, de s'y consacrer, de s'y enfermer de toute son âme, comme l'athlète d'autrefois faisait pour les Jeux olympiques. Il fut l'athlète florissant et le lauréat désigné par excellence. Lycée, Jeux Floraux, Académie, il brillait partout; il cumulait, comme cet héroïque lutteur, le laurier de Delphes, le chêne de Pergame et le pin de Corinthe ; il aurait volontiers laissé écrire au-dessous de sa statue : « Ceci est la belle image du beau Milon, qui sept fois vainquit à Pise, sans avoir, une seule fois, touché la terre du genou. » Or, le jour où son genou fléchit en effet, le jour où la *palme* (style du genre) lui échappa et où il fut évincé par un plus heureux, il ne sut plus se consoler, il resta dépaysé longtemps, l'esprit tendu, avec tout un attirail oratoire qui ne sert que dans ces sortes de joutes, et qui, en se prolongeant, doit nuire au libre développement des forces naturelles. Les concours académiques sont un excellent prélude pour le talent, mais il ne faut pas s'y éterniser.

Ajoutez l'inconvénient de rêver trop longtemps de prix et d'*accessit*, ce qui est un tic particulier à ce genre d'émulation. J'ai eu l'honneur de connaître un très-vieux littérateur, le chevalier de Langeac, qui, dans sa première jeunesse, avait remporté un prix à l'Académie vers 1770 ou 1769, un prix en concurrence avec La Harpe et de préférence à lui (quel honneur!); mais ce premier triomphe si glorieux ne s'était plus renouvelé, et, depuis ce prix mémorable, le digne lauréat n'avait pu obtenir, dans les concours nombreux auxquels il s'était voué, que de simples *accessits*. Ce qui lui en était resté de chagrin au fond, dans une âme assez légère, était inimaginable, et je l'ai entendu à près de quatre-vingt-dix ans revenant à satiété en vieil écolier sur ces injustices prétendues ou réelles dont il avait été victime. Victorin Fabre avait un peu de cela, et l'*accessit* ou la mention honorable de 1812 lui pesait sur le cœur, et lui revenait à la bouche plus souvent qu'il n'était convenable à un homme aussi sérieux et aussi mûr.

Les lettres confidentielles et admiratives de Ginguené, de Garat et de Maury, qui roulent sur cette grande affaire, et que cite au long le biographe, restent curieuses et montrent à quel point les jugements venus de près, de la part même

de ceux qui semblent le plus compétents, sont sujets à illusion. Ces hommes distingués ne peuvent vraiment concevoir que le prix pour l'*Éloge de Montaigne* ait été décerné à M. Villemain, à ce brillant et facile esprit, si net, si charmant, que la littérature retrouvera demain encore, qu'elle a retrouvé déjà, nous l'espérons. La lettre de Garat à Ginguené sur ce sujet est incroyable d'émotion, de boursouflure : « Cette couronne de l'orateur de vingt ans, écrit-il,
« le percera d'épines tout le reste de sa vie. C'est un grand
« malheur pour le talent de devoir son premier triomphe à
« une iniquité. Le jeune homme croîtra, mais son dis-
« cours restera toujours petit. Il sera aisé de prévoir (*écou-
« tez bien ceci!*) à quelle hauteur lui-même doit s'élever
« un jour, lorsque le discours de *ton fils* (de Victorin) sera
« imprimé. Si, en le lisant, il verse des larmes d'admi-
« ration et de douleur, s'il rougit d'avoir été couronné, s'il
« jette, s'il dépose cette couronne aux pieds du vaincu, alors
« il donnera de hautes espérances ; s'il continue à se croire
« vainqueur, il restera, à peu près, aussi petit que son dis-
« cours. » O Garat, Garat ! le jour où vous écriviez cette lettre, vous avez voulu jouer au *Diderot*. — Notez bien pourtant qu'au nombre des juges qui se détachèrent alors de Victorin était Fontanes. Victorin qui, je l'ai dit, resta toute sa vie sur cet échec de 1812, l'expliquait en racontant, comme une chose d'hier, que, s'il n'avait pas eu le prix, c'est qu'on voulait alors que l'*Université* eût son tour dans les succès de l'Académie ; ce qui signifie, en d'autres termes, que Fontanes se prononça contre lui. Or (Université à part), il est remarquable que le suffrage qui se retira de Victorin Fabre, et qui donna le signal d'arrêt, ait été précisément celui de Fontanes, du plus homme de goût de ce temps-là. M. Sabbatier, qui ne veut voir partout qu'esprit de coterie et d'envie contre son héros, ne peut concevoir non plus que des critiques, gens d'esprit, tels que MM. Auger et de Feletz, aient essayé, à certain jour, d'effleurer de leur plume un écrivain qui ne leur paraissait ni aussi neuf ni aussi pur qu'à d'autres ; le biographe en prend

occasion de s'exprimer sur le compte de ces deux critiques, l'un strictement judicieux et l'autre agréable, d'une façon qui ne se ressent en rien assurément du goût ni de l'aménité littéraire.

Mais que viens-je ici parler de goût et d'aménité? Voulez-vous savoir comment M. Sabbatier prétend expliquer la non-réussite de Victorin Fabre à son retour de 1821, et sous quels traits il nous représente la scène littéraire et politique en ces années de nobles études et de luttes méritoires?
« Victorin Fabre, dit-il, revint à Paris vers la fin de 1821;
« mais combien tout y était changé! Semblable à ces orages
« qui, en détruisant la moisson, ravagent et empoisonnent
« la terre, l'invasion avait jeté dans tous les esprits une
« perturbation qu'on aurait prise pour l'œuvre de plusieurs
« siècles. Paris se faisait encore appeler la capitale du monde
« civilisé; mais qu'y trouvait-on au fond? En politique,
« plus de parti national; d'un côté, les hommes de l'émigra-
« tion, etc., etc...; de l'autre, les familiers d'un prince du
« sang, qui ne combattaient les premiers que pour prendre
« leur place...; en d'autres termes, deux entreprises riva-
« les qui se disputaient la France à *abrutir* et à *ruiner*...
« Entre ces deux partis, Victorin ne pouvait pas hésiter;
« il devait dire et il dit à l'instant : *Ni l'un ni l'autre!* —
« La littérature était aussi avilie que la politique... » Nous sommes affligé d'avoir à transcrire de tels passages que nous abrégeons du moins; les seuls noms d'exception que cite M. Sabbatier, comme faisant éclair dans ce noir tableau, les seuls écrivains orthodoxes qui trouvent grâce à ses yeux, ce sont MM. Garat, de Tracy, Alexis Dumesnil, Thurot, Laromiguière : je vous ai bien dit que nous avons affaire ici à une petite Église; il n'y a pas lieu à discuter.

Cette théorie de l'*invasion*, qui impute à un fait national aussi douloureux et aussi désastreux que la catastrophe de 1814 et 1815 tout le libre mouvement de renaissance philosophique, historique et littéraire dont nous provenons, *et qui essaye par là de le flétrir*, n'est point d'ailleurs particulière à l'éditeur, et M. Sabbatier ne fait en cela que rédiger, un peu crûment il est vrai, l'opinion même de Victorin Fabre. Ce dernier s'était habitué peu à peu (le cœur humain est ainsi fait) à confondre son échec de 1812 avec les calamités publiques qui suivirent. Il ressentait profondément l'humiliation de la France, il s'accoutuma à y rapporter et à y mêler la sienne propre, et, comme le monde littéraire lui échappait, il se dit que ce changement devait tenir à une perversion complète des sentiments de tous. Par une association d'idées si étroite et si étrange, il put se considérer jusqu'à la fin comme une victime de plus, immolée avec la patrie elle-même ; cela console toujours et ennoblit l'échec, de l'enchaîner à un grand malheur, de l'imputer à une cause de ruine universelle. Après une leçon à l'Athénée peu applaudie, on se voit déjà comme Caton après Pharsale ; et, si l'on vient à manquer l'Académie, on se dit que c'est qu'on est un des vaincus de Waterloo. Victorin était une âme noble, un caractère élevé, et il ne se rendait pas compte de tous ces calculs ; son amour-propre les faisait en lui à son insu.

Bien que les opinions de M. Sabbatier ne soient que celles de l'auteur même traduites par un disciple et plutôt grossies que dénaturées, il n'est pas moins à regretter que le biographe se soit donné ainsi pleine carrière, et que sa misanthropie, en s'ajoutant aux humeurs noires d'Auguste Fabre et de Victorin, vienne aujourd'hui compromettre, sous une teinte aussi fâcheuse et trois fois morose, une publication qui, présentée sous un meilleur jour, et ne réclamant que d'équitables éloges, eût mérité de tous indulgence et sympathie. Le second volume, sauf quelques commentaires, s'annonçait mieux. Mais que peut-on dire quand le biographe, au milieu des jugements outrageux qu'il fait planer sur tout ce qui écrit, exige pour son auteur une admiration exclusive et sans réserve ? Victorin Fabre a laissé un ouvrage inachevé sur *les Principes de la Société civile*; il en lut à l'Athénée, en 1822, des fragments qui (j'en fus témoin) ne réussirent que très-médiocrement : « Cet ou-
« vrage, s'écrie l'éditeur, est peut-être *le plus vaste, le plus*

« *gigantesque qui ait jamais été entrepris...* Tel qu'il est,
« il me paraît encore *le plus grand monument élevé à la*
« *science politique.* » Ce sont de telles exagérations enthousiastes qui, jointes aux violences dénigrantes, nous ont donné le courage de dire hautement toute notre pensée sur Victorin Fabre, et d'insister sur le phénomène singulier de son avortement laborieux.

La préface de l'éditeur, à la date de 1845, restera elle-même un phénomène littéraire assez curieux en son genre; elle témoigne de la persistance opiniâtre et du rétrécissement graduel de certaines doctrines depuis longtemps dépassées. L'éditeur répète à chaque page de sa Notice qu'il n'y a plus ni critique, ni indépendance de jugement en France ; il aurait trop lieu de le croire, si de pareilles énormités littéraires passaient tout à fait inaperçues.

8 février 1845.

# DISCOURS DE RÉCEPTION

## A L'ACADÉMIE FRANÇAISE,

Prononcé le 27 février 1845, en venant prendre séance à la place de M. Casimir Delavigne.

Messieurs,

C'est un grand moment dans la vie de tout homme de lettres que celui où il entre à l'Académie : c'en est un surtout bien imposant et tout à fait décisif pour l'écrivain dont les débuts étaient loin de se diriger vers un prix si glorieux et pouvaient même sembler s'en détourner quelquefois ; qui eût considéré, il y a peu de temps encore, ce but solennel comme peu accessible, et qui a eu besoin, pour y aspirer sérieusement, de l'indulgence de tous et de l'encourageante bienveillance de quelques-uns. Ces amitiés, Messieurs, s'il m'est permis désormais de leur donner ce nom, ces amitiés précieuses et illustres, en voulant bien me tendre la main du milieu de vous, m'ont enhardi et comme porté ; elles m'ont rendu presque facile un succès que d'autres plus dignes ont attendu plus longtemps ; il se mêle malgré moi aujourd'hui un reste d'étonnement et de surprise jusque dans la reconnaissance. Je saurai m'y accoutumer, jouir, comme je le dois, des honorables douceurs de cette distinction par vous accordée à l'écrivain. Et que le public surtout, le grand juge permanent, n'ait à s'en apercevoir dans la suite qu'au redoublement de mes efforts, à leur application de plus en plus marquée vers les sujets élevés et sérieux, qui sont faits pour remplir la seconde moitié de la vie!

C'est marcher tout d'abord dans cette voie, Messieurs, que de venir retracer devant vous un caractère et un talent comme celui de Casimir Delavigne: il a eu dès le premier jour la célébrité, il a obtenu la gloire, et il n'a pas cessé un seul instant depuis d'y joindre l'estime. Homme de lettres accompli et qui n'a été que cela, poëte à la fois populaire et modéré, d'une pureté inaltérable, habile et fidèle dispensateur d'un beau talent, bon ménager d'un grand renom, il eût offert en tout temps une existence littéraire bien distinguée et bien rare: elle le devient encore plus, à la considérer aujourd'hui.

Une qualité générale frappe au premier coup d'œil, en parcourant l'ensemble de cette vie bien courte et pourtant si remplie: quand je dis que cette qualité *frappe*, j'ai tort, il serait plus juste de dire qu'elle repose et satisfait: sa destinée a tout à fait l'*harmonie;* et je n'en veux pour preuve que le sentiment universel qu'elle inspire, cette sorte d'admiration affectueuse et douce dont il est l'objet. Casimir Delavigne, poëte, sut être toujours à l'unisson, au niveau du sentiment public; il partagea les goûts, les émotions, les enthousiasmes du grand nombre en ce qu'il y eut d'honnête, de légitime, de généreux; il en fut l'organe clair, ingénieux, élégant, sensible. Qu'il chante ouvertement ou sous voile d'allusion les douleurs et les oppressions de la patrie, qu'il se reporte aux calamités, aux espérances ou aux plaintes de l'Italie et de la Grèce, qu'il raille au théâtre certains préjugés, qu'il flétrisse certaines tyrannies, il est toujours aisément d'accord avec ce que sont tentées de penser et de sentir sur ces sujets la plupart des natures droites et saines, des jeunes âmes écloses du milieu de notre société et formées par notre éducation libérale. Il exprime ses pensées, ses émotions, qui sont volontiers les leurs, du mieux qu'elles-mêmes le pourraient désirer, et avec les couleurs qu'il leur plairait le plus de choisir. C'est ainsi qu'en un temps où d'autres talents élevés poursuivaient et atteignaient, ou manquaient la gloire, en d'autres régions plus orageuses de la sphère et sur d'autres confins, lui, il suivait sa belle et large voie, populaire d'une popularité légitime, heureux d'un bonheur possible : en un mot il réalisait dans toute sa vie une sorte d'idéal tempéré et continu, sans aucune tache.

Même, dans cette seconde moitié de sa carrière où il eut affaire à un milieu de société décidément modifié, à certains goûts littéraires que nous connaissons très-bien, moins réguliers, moins simples ou moins traditionnels, et, comme on dit, plus exigeants, là encore il sut trouver je ne sais quel point agréable ou tolérable dans le mélange : il étendit ses ressources sans trop sortir de ses données habituelles ; il put paraître quelquefois sur la défensive, il réussit toujours à garder ses avantages, il ne fut jamais vaincu.

Casimir Delavigne, né au Havre en 93, d'une honorable famille de la classe moyenne, vint faire ses études à Paris, au lycée Napoléon. Il était précédé de deux années par son frère Germain dont le nom n'est pas séparable du sien, et par cet autre ami non moins inséparable, j'allais dire par cet autre frère, M. Scribe. Il était sur les bancs et disputait les premières places avec un autre de ses futurs confrères, alors brillant de promesses, M. de Salvandy. Il faut dire pourtant que ce ne fut que dans les hautes classes que le talent du jeune Casimir se révéla : jusqu'à l'âge de quatorze ans, son intelligence elle-même paraissait sommeiller. Ce fut par la poésie qu'elle se fit jour. Un matin qu'on avait donné quelque version de Perse ou d'Anacréon, le jeune écolier trouva plus facile de traduire en vers français. Les vers furent de tout temps plus à son usage que la prose. Un de ses oncles était lié avec Andrieux et lui montra ces premiers vers de Casimir : « Qu'il laisse les vers, répondit Andrieux, c'est un vilain métier : qu'il fasse son droit et devienne un bon avocat ! » Mais lorsqu'on lui eut porté, quelque temps après, le *Dithyrambe sur la Naissance du Roi de Rome :* « Allons, dit-il, amenez-le-moi ; aussi bien on voudrait l'empêcher qu'il ne ferait jamais autre chose que des vers. » Et le jeune Casimir lui ayant été présenté, il le reçut comme un fils, lui donna des conseils particuliers, lui fit suivre son cours, le lia avec son autre lui-même Picard, et insensiblement, bien peu d'années après, Casimir Delavigne, encore très-jeune, était devenu à son tour le conseiller de ses premiers maîtres, surtout de Picard qui lui lisait ses comédies : naïve et touchante réciprocité !

Les choses littéraires, Messieurs, ne se passent pas toujours ainsi, par une filiation si directe, si pieuse, si ininterrompue. Les générations ne se succèdent pas toujours comme il arrive dans une famille aimante et bien réglée. Un moment vient où le jeune homme, qui jusqu'alors avait paru suivre la leçon des devanciers et des maîtres, se croit sûr de lui. Un éclair l'éblouit, un rayon l'illumine, qu'importe ? il se lève, s'émancipe brusquement et se retourne souvent contre les plus proches : de là bien des discordes, des égarements sans doute, peut-être aussi quelques nouveautés conquises et ajoutées à grand'peine à l'héritage des anciens. Car toutes ces discordes domestiques et ces guerres civiles littéraires n'empêchent pas, Messieurs, et tout devant moi le prouve, que les vrais lettrés, j'entends par là ceux qui aiment les lettres pour elles-mêmes, ne soient, toute rébellion cessante, d'une même cité, d'une même famille, et que le bien acquis et par les pères et par les neveux ne compose finalement le trésor de tous.

Casimir Delavigne a cela de particulier, entre les gloires poétiques de son âge avec lesquelles on l'a souvent comparé, qu'il reçut docilement la tradition des maîtres d'alors, et qu'il n'eut jamais l'idée ni la velléité de s'y soustraire : il pressentait toutes les ressources que son talent en pouvait tirer, et qu'il en serait le rejeton le plus fertile, le plus brillant. Modeste et parfois timide d'apparence, on aurait tort pourtant de croire qu'il manquât de fermeté. Il y a plus de force qu'il ne semble dans cette tenue constante de caractère, de méthode et d'école, au milieu d'une époque si diversement agitée. S'il céda quelquefois sur des points de détail, quand il le crut nécessaire et raisonnable, il ne se laissa jamais tenter ni entraîner aux séductions croissantes, ni aux souffles impétueux. De quelque côté qu'on se place pour le juger, je le répète, il y a de la force dans cette réserve.

Je ne puis qu'effleurer (et j'en ai regret) les circonstances intéressantes de sa vie à ses débuts. Il eut d'abord une modique place dans l'administration de ce bienveillant et universel patron, Français de Nantes, qui, l'ayant aperçu un jour dans ses bureaux, lui demanda : « Que venez-vous faire ici ? » Lorsqu'il commença ses *Messéniennes* vers 1816, il était plus sérieusement employé dans un travail pour la liquidation des dettes étrangères sous M. Mounier. Il composait en même temps son *Épître à Messieurs de l'Académie française* sur l'étude, pour ce brillant concours de 1817 d'où sortirent tant de jeunes noms. Il résultait parfois de ce partage d'occupations quelques erreurs de chiffres dans sa tâche habituelle : on cite tel cheval dont le chiffre fut porté, par mégarde, à la colonne des 10,000, au lieu de celle des 1000. M. Mounier, avec une douce gronderie, telle qu'on la peut supposer de sa part, ne put s'empêcher de le lui faire remarquer : « Voyez donc, comment cela se fait-il ? » — « Comment ? répondit le poëte étonné : que vous dirai-je, monsieur ? il fallait que ce fût un bien beau cheval ! » La France qui faillit payer ce cheval un peu trop cher, allait retrouver son compte aux *Messéniennes*.

Elles coururent d'abord manuscrites, puis parurent en public avec un succès prodigieux. Toutes les âmes jeunes, vives, nationales, naturellement françaises, y trouvèrent l'expression éloquente et harmonieuse de leurs douleurs, de leurs regrets, de leurs vœux ; tout y est honnête, avouable, et respire la fleur des bons sentiments : Casimir Delavigne s'y montra tout d'abord l'organe de ces opinions mixtes, sensées, aisément communicables, et si bien baptisées par un grand écrivain, le mieux fait pour les comprendre et les décorer, par M. de Chateaubriand, de ce nom de *libérales* qui leur est resté. On n'en trouverait aucun représentant plus irrépréhensible et plus pur, en ces jeunes années d'essai, que Casimir Delavigne : en sincérité, en éclat, en expression loyale et populaire, il rappelle un autre cher souvenir, un autre nom sans reproche aussi, et qu'il a chanté : Casimir Delavigne et le général Foy !

Louis XVIII lui-même put lire les premières *Messéniennes* et y applaudir dans sa mesure. Un de ses ministres d'alors, un de vos illustres confrères d'aujourd'hui (1), eut l'une des premières copies et la porta au château. Après le travail, la conversation fut aisément amenée sur le chapitre des vers, que Louis XVIII aimait, comme on sait, et dont il se piquait fort. Lecture de la première *Messénienne* fut faite, et de l'impression favorable du roi, aussi bien que de l'officieuse insinuation du ministre, il s'ensuivit que Casimir Delavigne était le lendemain bibliothécaire de la Chancellerie, — où il n'y avait pas encore de bibliothèque.

La vogue des *Messéniennes* devait porter naturellement le jeune auteur vers d'autres applaudissements : Casimir Delavigne y avait de tout temps songé. On le conçoit, le théâtre, c'est l'arène de tous les cœurs amoureux de la grande gloire littéraire, de tous ceux qui briguent hautement la palme et qui croient à la rémunération publique du talent. Un beau talent lyrique, si élevé qu'il soit, et souvent à cause de cette élévation même, devient difficilement populaire. Chez les Anciens, chez les Grecs du moins, l'ode, c'était le théâtre encore : elle avait devant elle la Grèce assemblée et les Jeux Olympiques. De spirituels modernes, grands lyriques à leur manière, ont trouvé moyen de surprendre, de ressaisir le même succès par la chanson : Casimir Delavigne venait de ravir le sien par ses *Messéniennes*.

(1) M. Pasquier.

Mais c'est au théâtre principalement, c'est là, comme à leur rendez-vous naturel et à leur champ de bataille décisif, que visent les plus nobles ambitions poétiques.

Aussi, malgré son prélude de la veille, on peut dire de Casimir Delavigne qu'il entra à la première représentation de ses *Vêpres Siciliennes* incertain, pauvre, à peu près inconnu, et qu'il en sortit maître de sa destinée. Vous n'attendez pas, Messieurs, que j'aille m'ériger ici en juge, discuter des genres, réveiller ou trancher de vieux débats. Je vois devant moi les hommes qui, à des degrés divers, ont donné à la scène française son éclat et ses nuances de nouveauté depuis plus de vingt ans ; ce n'est pas devant ces juges du camp, qui ont pratiqué l'arène, ce n'est pas devant le grand poëte qui me fait l'honneur de me recevoir en ce moment au nom de l'Académie, glorieux champion dans bien des genres, et lui-même l'un des maîtres du combat, que je viendrais étaler et mettre aux prises des théories contradictoirement discutables, tour à tour spécieuses, mais qui n'ont jamais de meilleure solution ni de plus triomphante clôture que ce vieux mot d'un vainqueur parlant à la foule assemblée : *Allons de ce pas au Capitole remercier les Dieux ! — Allons applaudir le Cid pour la centième fois !* — Casimir Delavigne aurait pu, pendant des années, se borner à cette réponse envers ceux qui auraient cherché querelle à ses premières œuvres dramatiques. Il dut à un ensemble de qualités, d'inspirations heureuses et de ressorts ingénieux, et à l'habile ménagement qu'il en sut faire, d'enlever son public et de le retenir longtemps. A relire plus froidement aujourd'hui cette première moitié de son théâtre, on pourrait remarquer que, s'il se montre évidemment de la postérité de Racine par les soins achevés du style, il tiendrait plutôt de l'école dramatique de Voltaire par certaines préoccupations philosophiques et certaines allusions aux circonstances. Mais ce jugement même serait trop incomplet. Que du milieu de la moisson si riche de ses premiers triomphes, de cette ferveur généreuse des *Vêpres Siciliennes*, de cette exquise versification des *Comédiens*, il me soit permis de choisir, et d'exprimer ma prédilection toute particulière pour des portions du *Paria* : le jeune auteur y trouvait dans l'expression de l'amour des accents passionnés et vrais ; dans ses chœurs, surtout quand il exhale les tristesses et les langueurs de sa Néala, il arrivait au charme et nous rendait mieux qu'un écho de la mélodie d'*Esther*. L'hymne des brames au soleil et leur cantique du Jugement dernier, en faisant ressouvenir des trois premiers chœurs d'*Athalie*, ne pâlissaient pas auprès, mais semblaient s'être éclairés à cette magnificence.

De la pièce si agréable des *Comédiens* je veux pourtant relever ce personnage de Victor, type du jeune auteur dramatique tel que le rêvait le poëte, et à la faveur duquel il a exprimé, sur le but moral de l'art, sur le rôle du talent dans la retraite, quelques conseils et préceptes d'une justesse appropriée, dont il est demeuré observateur fidèle :

Aimons les nouveautés en novateurs prudents...
Que le littérateur se tienne dans sa sphère...

Crains les salons bruyants, c'est l'écueil à ton âge ;
Nous avons trop d'auteurs qui n'ont fait qu'un ouvrage...

Et d'autres pareils. Casimir Delavigne resta toujours, à bien des égards, et sauf une certaine fougue qu'il lui prête, le Victor de ses *Comédiens*, adouci et non amolli par le succès.

*L'École des Vieillards* fut un grand moment dans les fastes dramatiques d'alors. L'opinion de quelques bons juges est que nulle part peut-être Casimir Delavigne n'a si bien rencontré pour l'entrain natif de son talent et pour le courant direct de sa veine. L'intérêt dramatique, qui animait l'œuvre au gré de la foule, vient assez confirmer ce jugement. Sur ce thème, qui semble usé, du mariage, le poëte avait su trouver un comique nouveau, un pathétique sérieux et nullement bourgeois, une morale pure et non vulgaire. Les caractères se dessinent et contrastent, ils concourent tous par un jeu naturel à l'action. Le personnage de madame Sinclair, de cette mère vaine et légère qui entraîne et compromet sa fille sans le vouloir, sans y songer, n'est pas le moins piquant de vérité. Une diction irréprochable et ornée, dont chaque point soutient ou égaye l'attention, vient servir et compléter cet heureux ensemble. Talma, après avoir entendu la pièce au Comité, y voulut aussitôt un rôle. Quand les deux grands acteurs, interprètes incomparables de la pensée du poëte, s'unissaient pour la faire valoir, l'émotion allait au comble. On me pardonnera un détail de statistique, la statistique ici est parlante : les soixante-six premières représentations de *l'École des Vieillards* égalèrent ou surpassèrent même de quelque chose en recette les soixante-six premières du *Mariage de Figaro*. Le chiffre le plus approchant, dans les modernes succès, est celui de *Sylla*.

Casimir Delavigne avait trente ans : il était arrivé à la maturité de la jeunesse, à la possession de la célébrité la plus flatteuse et la plus pure ; les générations de son âge et celles qui s'étaient élevées depuis, ou qui grandissaient, l'avaient pour première idole. Toutes les opinions s'inclinaient devant son talent ; il échangeait vers ce temps avec le plus célèbre poëte de l'autre parti (il y avait encore des partis en ce temps-là), avec M. de Lamartine, des félicitations poétiques, pleines de bon goût, de bonne grâce, et dignes de tous deux. Un Prince (1), qui savait demander à la cause publique les sujets de ses propres choix, le dédommageait par son intérêt, j'allais oser dire par son amitié, d'une destitution odieuse. Vous-mêmes enfin, Messieurs, Académie française, vous alliez l'accueillir en votre sein. Le poëte eut là de pleines et belles années. Si quelque chose pouvait ajouter à leur éclat, c'était la manière dont il le portait : aimable, naïf, rougissant, on aurait cru voir une jeune fille plutôt qu'un des héros de la popularité. Le monde, qui eût été empressé de l'attirer, ne le tentait pas :

(1) M. le duc d'Orléans.

on peut dire de lui, selon une expression heureuse, que le monde ne l'a pas vu et ne l'a pas connu, il ne l'a qu'entendu. Casimir Delavigne semblait comprendre de loin que ce monde si aimable, si flatteur et tout à fait engageant, s'il aguerrit l'homme, intimide parfois le talent. Lui, il avait choisi de vivre en famille. Pur homme de lettres, sérieusement occupé de la conception de ses ouvrages, les méditant longuement à l'avance, les composant et les retenant même (circonstance singulière!) presque tout entiers de mémoire avant de les écrire, il avait besoin de temps, de recueillement. Son organisation délicate, et même frêle, n'avait pas trop de tout son souffle pour des compositions d'aussi longue haleine. La famille comprenait tout cela, on lui ménageait des loisirs, on faisait silence autour de lui; il pouvait être rêveur et distrait à ses moments. Un frère, un aîné, homme d'esprit et de talent, s'oubliait avec bonheur en ce frère préféré qui devenait le chef des siens. D'excellents amis, juges avisés, suivaient en détail, assistaient de leurs conseils les œuvres naissantes qui faisaient leur orgueil. En tout, c'était là, je ne dirai pas un spectacle touchant (il n'y avait pas spectacle), mais une touchante manière de jouir de sa gloire et de la mériter d'autant mieux, en s'y dérobant.

En ces heureuses années, Casimir Delavigne fit le voyage d'Italie; il s'y reposa des longs travaux par des inspirations qui tiennent davantage à la fantaisie ou à l'impression personnelle; la plupart des ballades qui datent d'alors ne paraissent qu'aujourd'hui pour la première fois. On y peut remarquer une sorte de transition à sa seconde manière; il cherche à s'y rapprocher de plus près de la nature, à prendre son point de départ dans la réalité: ainsi, dans *le Miracle*, il s'inspira de la vue d'un enfant mort, qu'il avait vu entouré de cierges et paré de ses beaux habits, au moment où un jeune frère, dans sa naïve ignorance, s'approchait du mort en lui offrant un jouet. Il avait été très-touché de cette vue, aimant extrêmement les enfants, comme cela est ordinaire aux poëtes et aux âmes pures. Mais, même en ces ballades, remarquons-le bien, il transforme la réalité et l'enveloppe successivement en une suite de petits drames ; il y a chez lui de la composition, de l'arrangement toujours ; il idéalise, il construit, il revêt sa pensée première avec lenteur, grâce, circonlocution et harmonie. Même en ses moindres cadres, il a besoin d'espace et il s'en procure. S'il n'est ni si impétueux, ni si entraîné qu'on voudrait d'abord, laissez-le faire, laissez-le rêver à loisir, seul, ne l'interrompez ni ne l'excitez : il arrive aussi à ses effets, à ses nobles et douces fins. On se rappelle *l'Ame du Purgatoire ; les Limbes*, le second chant de ce petit poëme du *Miracle*, sont admirables de ton.

Nous ne craignons pas ici de soulever avec respect un voile pieux qui est désormais celui du deuil : le voyage d'Italie réalisa tout son rêve, il y vit tout ce qu'il attendait du passé, il trouva plus, son cœur rencontra Celle qui lui était destinée, et son avenir s'enchaîna. Lui-même a consacré les prémices de son bonheur domestique dans les seuls vers peut-être où il se soit permis ce genre d'épanchement :

> Il n'est point de beaux lieux que n'embellisse encore
> Le sentiment profond qu'on éprouva près d'eux...

De tels vers et ceux qui suivent, et que je regrette de ne pouvoir citer avec étendue, ont tout leur prix chez le poëte qui n'a laissé échapper de son âme discrète que de pudiques parfums.

Lorsque Casimir Delavigne revit la France à son retour d'Italie, et dans le temps où il méditait son *Marino Faliero*, les choses littéraires, il ne put se le dissimuler, avaient légèrement changé de face. L'accueil incertain fait à sa *Princesse Aurélie*, à cette comédie demi-capricieuse et demi-satirique que des gens d'esprit ne croient pas encore jugée, parut, quoi qu'il en soit, un premier symptôme. Jusque-là il avait eu, moyennant ses consciencieux efforts, un succès plein, facile, succès du jour et du lendemain, un applaudissement sans réserve ; il avait gagné à chaque pas, il s'était étendu et avait donné de lui-même de variés et croissants témoignages. A partir de 1828, un temps d'arrêt se présente : il se trouve en face de générations plus inquiètes, plus enhardies, qui se mettent à contester et qui réclament dans les conceptions dramatiques, et même dans le style, certaines conditions nouvelles, plus historiques, plus naturelles, que sais-je? ( car je ne nierai pas qu'il n'y eût quelque confusion en plus d'une demande), enfin des conditions un peu différentes de celles qui, la veille encore, suffisaient. Casimir Delavigne vit le danger pour lui et y para. Si, dans cette seconde phase de son talent, il lui fallut défendre pied à pied sa position acquise, transiger même par instants, on doit convenir qu'il le fit avec bien de l'habileté et de l'à-propos. Je ne sais si sa domination à la longue ne s'en affaiblit pas quelque peu au centre, il ne perdit rien du moins sur ses frontières. *Marino Faliero*, *Louis XI*, surtout *les Enfants d'Édouard*, un des plus grands succès dramatiques de ces onze dernières années, ne sauraient être considérés que comme des victoires ; les généraux habiles savent en remporter, même dans les retraites.

Nous autres critiques qui, à défaut d'ouvrages, nous faisons souvent des questions (car c'est notre devoir comme aussi notre plaisir), nous nous demandons, ou, pour parler plus simplement, Messieurs, je me suis demandé quelquefois : Que serait-il arrivé si un poëte dramatique éminent, de cette école que vous m'accorderez la permission de ne pas définir, mais que j'appellerai franchement *l'école classique*, si, au moment du plus grand assaut contraire et jusqu'au plus fort d'un entraînement qu'on jugera comme on le voudra, mais qui certainement a eu lieu, si, dis-je, ce poëte dramatique, en possession jusque-là de la faveur publique, avait résisté plutôt que cédé, s'il n'en avait tiré occasion et motif que pour remonter davantage à ses sources à lui, et redoubler de netteté dans la couleur, de simplicité dans les moyens, d'unité dans l'action, attentif à creuser de plus en plus, pour nous les rendre grandioses, ennoblies et dans l'austère attitude tragique, les passions vraies de la nature humaine ; si ce poëte n'avait usé du changement d'alentour que pour se modifier, lui, en ce sens-là, en ce sens unique, de plus en plus classique (dans la franche acception du mot), je me le suis demandé souvent, que serait-il arrivé ? Certes il aurait pu y avoir quelques mauvais jours à passer, quelques luttes pénibles à soutenir contre le flot. Mais il me semble, et ne vous semble-t-il pas également, Messieurs, qu'après quelques années peut-être, après des orages bien moindres sans doute que n'en eurent à supporter les vaillants adversaires, et durant lesquels se serait achevée cette lente épuration idéale, telle que je la conçois, le poëte tragique perfectionné et persistant aurait retrouvé un public reconnaissant et fidèle, un public grossi, et bien mieux qu'un niveau paisible, je veux dire un flot remontant qui l'aurait repris et porté plus haut. Car ç'a été le caractère manifeste du public en ses derniers retours, après tant d'épreuves éclatantes et contradictoires, de se montrer ouvert, accueillant, de puiser l'émotion où il la trouve, de reconnaître la beauté si elle se rencontre, et de subordonner en tout les questions des genres à celle du talent.

Casimir Delavigne n'avait pas la tournure de caractère propre à lutter ainsi contre un public qui l'avait tout d'abord favorisé. Sa persévérance si remarquable et cette force réelle dont j'ai parlé consistaient plutôt à suivre sa ligne en tenant compte habilement des obstacles, et même à s'en faire au besoin des points d'appui, des occasions de diversité. Aussi ne croyait-il pas tant céder que concilier. Byron, Walter Scott, Shakspeare, il ne s'inspirait d'eux tous que dans sa mesure. Jusque dans ce système moyen si bien mis en œuvre par lui, et qu'il faisait chaque fois applaudir, il avait conscience de sa résistance aux endroits qu'il estimait essentiels. Pourquoi ne pas tout dire, ne pas rappeler ce que chacun sait? bienveillant par nature, exempt de toute envie, il ne put jamais admettre ce qu'il considérait comme des infractions extrêmes à ce point de vue primitif auquel lui-même n'était plus que médiocrement fidèle ; il croyait surtout que l'ancienne langue, celle de Racine, par exemple, suffit ; il reconnaissait pourtant qu'on lui avait rendu service en faisant accepter au théâtre certaines libertés de style, qu'il se fût moins permises auparavant, et dont la trace se retrouve évidente chez lui à dater de son *Louis XI*.

Et ici, Messieurs, sans embarras, sans discussion, et sachant devant qui j'ai l'honneur de m'exprimer, je rendrai toute ma pensée, ce qui est un hommage encore à l'illustre mort, au sincère et pur écrivain que nous célébrons. Il y a plus d'une manière de bien écrire, même de bien écrire en vers. Une de ces bonnes, de ces excellentes, de ces enviables ou regrettables manières consiste (et la nature de notre versification semble y convier les rares élus) à revêtir sa pensée d'harmonie continuelle et d'élégance, à oser par moments, et par moments à se dérober, à préparer l'énergie, à voiler l'audace, à semer de grâces insensibles, de tours ingénieux, de figures heureuses et appropriées un tissu net, flexible et brillant. Il y a une autre façon qui se conçoit, surtout dans le drame, mais je ne crains pas d'ajouter en toute poésie : serrer davantage à chaque instant la pensée et le sentiment, l'exprimer plus à nu, sans violer sans doute l'harmonie ni encore moins la langue, mais en y trouvant des ressources mâles, franches, brusques parfois, grandioses et sublimes si l'on peut, ou même simplement naïves et pénétrantes. Je ne veux pas tracer de cette seconde manière un trop long dessin qui pourrait paraître à quelques-uns comme un portrait de fantaisie, et où s'inscrirait pourtant plus d'un nom : elle est d'autant plus vraie d'ailleurs qu'elle n'est pas précisément une manière, un procédé général, et qu'elle se décrit moins. Quoi qu'il en soit de ces deux habitudes d'écrire, Casimir Delavigne excellait dans la première, et il en offre les plus purs et les plus constants exemples, les derniers que notre littérature puisse avec orgueil citer à la suite des modèles.

La Révolution de 1830 portait au pouvoir tous les amis de Casimir Delavigne, et elle semblait du même coup devoir porter avec elle son poëte bien-aimé, son chantre favori, celui dont elle avait redit les refrains au premier jour du triomphe. Il n'en fut rien. Casimir Delavigne resta et voulut rester homme de lettres : c'est une singularité piquante en ce temps-ci, un trait de caractère bien digne d'être étudié. Je conçois, Messieurs (et d'assez beaux noms autour de moi me le disent), que le divorce entre les différentes applications de la pensée ait cessé de nos jours, qu'un noble esprit habitué à tenter les hautes sphères, à parcourir la région des idées en tous les sens, ne se croie pas tenu à circonscrire son activité sur tel ou tel théâtre, qu'il ne renonce pas à sa part de citoyen, à faire peser ou briller sa parole dans les délibérations publiques, à compter dans l'État ; — je conçois, Messieurs, et même j'admire un tel rôle ; mais ce n'en est pas moins un aimable contraste que cette modération de désirs et, si l'on veut, d'idées, chez un homme aussi distingué, aussi désigné, et qui pouvait espérer beaucoup. En même temps on se l'explique très-bien. Casimir Delavigne aimait avant tout son art et le renom populaire qu'il s'y était fait. Il avait gravé au fond du cœur l'antique programme d'Horace : « *Quem tu, Mel-* « *pomene, semel...* Celui, ô Melpomène, que tu as regardé « d'un œil d'amour au berceau, celui-là, il ne sera ni lut- « teur aux jeux de Corinthe, ni vainqueur aux courses d'É- « lide, ni général triomphateur au Capitole ; mais il aimera « les belles eaux de Tibur, et il trouvera la gloire par des « vers nés à l'ombre des bois. » Et dans le cas présent d'ailleurs, il y avait mieux, il y avait de quoi tenter et retenir toute l'ambition d'une âme de poëte. Casimir Delavigne comprit qu'une révolution dramatique était imminente vers 1830 ; il voulut être, lui aussi, là où il y avait péril, là où peut-être il jugeait à son point de vue qu'il y avait émeute : il y fut de sa personne, constamment, et durant huit ou dix années ses œuvres ne furent jamais plus nombreuses, plus réitérées, plus faites pour attester sa présence. Après *Marino*, on a *Louis XI, les Enfants d'Édouard, Don Juan d'Autriche, Une Famille au temps de Luther, la Popularité, la Fille du Cid*, six longues œuvres. L'analyse intérieure de son procédé, de sa tactique savante en cette seconde phase, serait curieuse à suivre de près : nous nous tenons aux simples aspects. Cette conciliation qu'il tentait sur un terrain glissant, et qui réussissait chaque fois, était chaque fois à recommencer : il se montrait infatigable. Aussi point de distraction, point de partage : les fonctions publiques, les devoirs ou les honneurs politiques, tous les genres de soins et souvent les amertumes qu'ils entraînent, l'eussent jeté trop loin de ses travaux chéris; et, afin d'être mieux en mesure contre toute tentation, il s'arrangea, je crois, en vérité pour ne pas être même éligible.

Sa santé, de tout temps délicate, s'altérait déjà et se minait profondément; il vivait plus exactement que jamais dans la famille : les jours d'action au foyer du théâtre, et le tous-les-jours au foyer domestique. On ne le voyait plus du tout dans le monde, où il n'était jamais allé qu'à son corps défendant. Comme s'il avait compté ses moindres instants, il venait même assez peu à vos séances, Messieurs, et ne se permettait qu'à peine de se distraire à vos libres travaux : c'est par ce seul point peut-être de l'assiduité académique que celui qui a l'honneur de lui succéder peut espérer de le remplacer sans trop de désavantage.

La popularité qui lui avait souri de si bonne heure, qu'il avait goûtée avec délices, qu'il avait certes le droit d'aimer (car elle ne s'était jamais présentée à lui que sous la forme de l'estime publique), il la traduisit au théâtre dans une de ses dernières œuvres, qui n'a peut-être pas été assez appréciée. La comédie qu'il donna sous ce titre (*la Popularité*), et dans laquelle il revint un peu à sa manière des *Comédiens*, est pleine de vers ingénieux, élégants, bien frappés, qui, comme ceux du *Méchant*, de *la Métromanie*, se sentent assez du genre de l'épître, mais n'en sont pas moins chers, dans cette modération de goût, aux habitudes de la scène française. Une leçon d'une véritable élévation morale ressort de l'ouvrage. Lui aussi, il avait compris que la popularité n'est bonne qu'à être dépensée, risquée à un certain jour, jetée, s'il le faut, par le balcon. Il est vrai que, de tous les trésors, c'est celui dont il coûte le plus de se dessaisir, même pour les âmes généreuses. Que si on ne l'emploie pas au jour marqué, la conserve-t-on pour cela plus sûrement? souvent elle fuit d'elle-même entre les mains, et elle échappe. La comédie de Casimir Delavigne exprime à merveille quelques-unes de ces épreuves, de ces alternatives, qu'il dut méditer souvent : sachons-lui gré d'avoir conçu, d'avoir fait applaudir, en cette œuvre presque dernière, le sacrifice de ce qui pouvait sembler son idole. Il fit précéder sa pièce, à l'impression, d'une charmante dédicace à son jeune fils, et qui rappelle pour le ton ces autres vers délicieux que chacun sait, adressés à sa campagne de *la Madeleine*.

Les vers d'adieu à cette campagne, qu'il eut le regret de vendre, étaient d'un plus lointain et plus intime pressentiment : c'était la vie même avec tout ce qu'elle a de cher et d'embelli qu'il saluait une dernière fois. « Il faudra quitter cette terre, cette maison,... ces ombrages que tu cultives, » a dit Horace. Casimir Delavigne eut aussi son *Linquenda tellus*, et il le rendit en des accents bien émus :

> Cette fenêtre était la tienne,
> Hirondelle, qui vins loger
> Bien des printemps dans ma persienne
> Où je n'osais te déranger ;
> Dès que la feuille était fanée,
> Tu partais la première, et moi,
> Avant toi je pars cette année ;
> Mais reviendrai-je comme toi ?

Cette voix sensible et pénétrée, au moment où elle s'exhalait en de si gracieuses plaintes, était déjà consumée d'un mal mortel ; le doux chantre était atteint dans l'organe mélodieux.

Dès que le bruit du danger et, sitôt après, de la mort de Casimir Delavigne se répandit, cette renommée établie, paisible, dont il jouissait sans contestation, se réveilla dans un grand cri : on se demanda s'il était possible que celui dont on se croyait si en possession, qu'on venait d'applaudir la veille et qui florissait dans la maturité des années, fût déjà ravi. Il semblait qu'il était devenu pour tous avec le temps un de ces biens égaux et continus, une de ces douceurs acquises et accoutumées, qu'on ne se remet à ressentir tout d'un coup qu'en les perdant. Nous avons été témoins, nous avons fait partie, Messieurs, du deuil public. Décrirai-je cette journée du 19 décembre, ces funérailles immenses du simple homme de lettres, ce cortége mené par le jeune fils orphelin, et où se pressaient les représentants de l'État, de la société, toute la littérature ! La population parisienne elle-même y prit sa part : elle connaissait par son nom le poëte, par ce nom amical et familier de *Casimir* qui disait tout pour elle, et qui circulait autour du convoi dans un murmure respectueux. Hommage solennel et attendrissant, quand il est pur des intérêts de parti ou des prestiges de la puissance, quand il s'adresse au simple particulier, et qui atteste sincèrement alors que l'homme de talent qu'on pleure eut en effet avec la foule, avec la majorité des autres hommes, des qualités communes affectueuses, de bons et généreux sentiments, des sympathies patriotiques et humaines ! Tous ces souvenirs émus, reconnaissants, se rassemblaient ici une dernière fois, et montaient avec quelque chose de plus doux que la voix même de la gloire. Mais en prolongeant, Messieurs, je m'aperçois que je cours risque de répéter involontairement ceux qui lui ont payé ce jour-là sur sa tombe le tribut de douleur de la France, et que je rencontre surtout cette parole gravement éloquente (1) qui fut alors votre organe, qui l'est encore aujourd'hui, et devant laquelle il est temps que je me taise.

---

(1) Celle de M. Victor Hugo

(Il m'était arrivé rarement, trop rarement, avant ce Discours, d'écrire sur Casimir Delavigne; je l'avais pourtant fait en deux circonstances, l'une déjà bien ancienne, dans *le Globe*, à l'occasion des *Sept Messéniennes* de 1827, et une autre fois assez récemment dans la *Revue des Deux Mondes*, à l'occasion de *la Popularité* (1838); je ne crains pas de donner ci-après, en appendice, ces deux morceaux dans lesquels, avec la différence du ton, on retrouvera exprimées plusieurs idées qui chez moi ne sont pas si nouvelles; de tout temps, par exemple, j'ai pensé que la vocation de Casimir Delavigne était d'être *classique*. Certaines personnes ont cru voir dans cette opinion hautement proclamée une concession, une rétractation presque; ces personnes-là ne se sont pas donné la peine de bien comprendre ma vraie pensée, et ce qui suit y suppléera. — Voir l'*Appendice*, à fin du volume.)

# PENSÉES,
# FRAGMENTS ET LETTRES
## DE BLAISE PASCAL,

Publiés pour la première fois conformément aux manuscrits,
Par M. Prosper Faugère.

(1844).

Enfin, voici une édition de Pascal, de ces *Pensées* tant discutées, tant contestées en ces deux dernières années; voici une édition des plus exactes, la seule exacte même, tout à fait telle qu'on la veut aujourd'hui, reproduisant le texte original avec toutes ses ellipses, ses audaces, ses sous-entendus, ses lacunes; voici les brouillons immortels dans leur premier jet, dans tout le complet de leur incomplet, pour ainsi dire. Il n'a pas fallu à M. Faugère moins de quinze mois de travail et de soins scrupuleux pour mener à fin cette entreprise délicate, pour restituer avec certitude, sur tous les points, ce texte primitif réputé indéchiffrable, pour environner la publication de toutes sortes d'éclaircissements, d'additions et d'ornements (y compris un portrait de Pascal par Domat) qui achèvent de remettre en lumière une sainte et sublime figure.

Il était grand temps que cette édition arrivât, et l'on pouvait craindre que, si elle ne se faisait pas sans plus tarder et avec l'exactitude requise, une incertitude croissante ne finît par envahir cette portion si considérable de notre héritage religieux et littéraire. Un homme qui a plus que du talent, un grand esprit et une plume éloquente, c'est nommer M. Cousin, s'était porté en avril 1842 sur Pascal, au moment où d'autres écrivains s'en occupaient également ; mais il s'y était porté avec les caractères propres à sa nature entraînante et impétueuse. C'est la destinée et l'honneur de certains esprits, c'est la magie de certains talents illustres, de ne pouvoir toucher à une question qu'elle ne s'anime à l'instant d'un intérêt nouveau, qu'elle ne s'enflamme et n'éclate aux yeux de tous. Ainsi pour Pascal. Faire remarquer que le texte des éditions des *Pensées* n'était point parfaitement conforme au texte original, que les premiers éditeurs avaient souvent *éclairci* et *affaibli*, que les éditeurs suivants n'avaient rien fait pour réparer ces inexactitudes premières, dont quelques-unes n'étaient pourtant pas des infidélités, appeler l'attention des hommes du métier sur ces divers points, les mettre à nu par des échantillons bien choisis, et indiquer les moyens d'y pourvoir, il n'y avait rien là, ce semble, qui pût passionner le public et le *saisir* d'une question avant tout philologique. Mais M. Cousin, d'une plume incisive et comme d'une épée de feu, avait, du premier coup, élargi le débat ; les points choisis par lui tendaient à montrer Pascal bien autrement sceptique qu'on ne s'était habitué à le considérer ; il semblait résulter que les rectifications et les restitutions du texte primitif étaient toutes dans ce sens de scepticisme absolu ou de christianisme outré, et contraire aux idées saines d'un apologiste vraiment respectable. En un mot, ce n'était plus le texte seul de Pascal qu'on mettait en cause, c'était l'homme même et le chrétien. De là l'intérêt et le conflit universel. Il serait piquant, mais extrêmement difficile, de retracer la confusion de cette mêlée ; chacun prenait la plume, ou du moins la parole, pour ou contre Pascal. Il était décidément à l'ordre du jour, et ceux qui avaient le malheur de passer pour être un peu mieux au fait de la question ne savaient plus à qui répondre dans le monde, ni même le plus souvent qu'en penser. Du choc des opinions en telle matière, je ne crois pas que la lumière puisse jaillir, quoi qu'on dise ; on n'en retirait certainement ici que doute et obscurcissement, peu de satisfaction et beaucoup de satiété.

J'ai souvent pensé, durant ces débats si prolongés, combien Pascal aurait souri de pitié et d'ironie s'il avait pu y assister, s'il avait pu voir comment le livre tout d'édification et de guérison intérieure qu'il méditait était venu, deux siècles après, en se dispersant en feuilles légères, à partager seulement les curiosités oisives pour un intérêt littéraire et philosophique si loin du but réel : « Je blâme également, a-t-il dit en commençant, et ceux qui prennent parti de louer l'homme et ceux qui le prennent de le blâmer, et ceux qui le prennent de se divertir ; et je ne puis approuver que ceux qui *cherchent en gémissant*. » Ici on ne cherchait plus ce que pensait Pascal que par amusement et pour se distraire. On ne faisait invasion et presse autour de lui que parce qu'un éloquent moderne avait mis le feu à la cime du temple. Le côté même sérieux de ces discussions ne sortait pas du pur domaine de l'esprit. Qu'y faire ? C'est là le sort final des illustres, même des saints : *Ut pueris placeas...*, traduisez aussi poliment que vous voudrez. Ils n'y échappent pas ; ils sont pâture à gloire humaine : c'est leur dernier martyre.

La publication de l'éblouissant morceau sur l'*amour* vint renouveler à temps la question, qui commençait à s'épuiser. Pour le coup, l'inattendu était à son comble : on allait de surprise en surprise, de Pascal sceptique à Pascal amoureux ! On n'y comprenait plus rien, on n'en discutait que plus fort ; toute l'ancienne idée, si grave, qu'on avait eue de l'apologiste chrétien achevait de se confondre et de disparaître.

Ainsi, en ces deux années, à force de parler *pour*, *contre* et *sur*, on avait tant fait de tous les côtés qu'on avait rendu Pascal problématique ; restait à savoir si on pourrait le remettre sur pied. Il n'y avait plus en effet de texte imprimé qui offrît une base fixe à l'examen ; les anciennes éditions étaient toutes suspectes à bon droit, et, à vrai dire, avilies, par le fait des inexactitudes qu'on y avait dénoncées ; la nouvelle édition dont le *Mémoire* de M. Cousin démontrait et créait à la fois la nécessité et l'urgence, offrait des difficultés extrêmes, tellement que dans l'intervalle le Pascal des *Pensées* était provisoirement suspendu. On ne saurait assez remercier M. Faugère de faire cesser cet état de choses.

Avant de rendre compte des moyens et des résultats de son travail, il importe toutefois (c'est justice) de caractériser une phase nouvelle qui semble s'ouvrir en France pour la critique littéraire, et dont M. Cousin, l'un des premiers, inaugure avec éclat l'avénement. Je distinguerai différentes manières, différents temps très-marqués dans la critique littéraire s'appliquant aux chefs-d'œuvre de notre dix-septième siècle. Durant la seconde moitié du dix-huitième, Voltaire, Marmontel, La Harpe, Fontanes, ne cherchaient encore dans les œuvres de Racine et de ses illustres contemporains que des exemples de goût et des éclaircissements en vue des théories classiques consacrées. Lorsqu'on commença, dans ce siècle-ci, à contester les théories jusque-là régnantes, la critique s'appliqua, en sens inverse, à ces chefs-d'œuvre, et l'on s'efforça d'y démontrer certaines lacunes et défectuosités qui tenaient aux circonstances de l'époque, au cadre de la société. Durant cette phase, qui est la seconde de la critique française, et qui se produit par madame de Staël, Benjamin Constant et leur école, le caractère de la critique, tout en gardant son but de théorie et son idée, devient déjà historique ; elle s'enquiert et tient compte des circonstances dans lesquelles sont nées les œuvres. Le plus célèbre critique littéraire de notre temps, M. Villemain, sut à merveille concilier (et c'est là son honneur) les principales traditions de l'ancienne critique avec plusieurs des résultats de la nouvelle, et fondre tout cela sur un tissu historique plein de brillant et de charme. Mais, quoi qu'il en soit des noms, et en laissant de côté les divisions secondaires, on avait jusqu'ici deux grands moments de la critique littéraire en tant qu'elle s'appliquait aux chefs-d'œuvre du dix-septième siècle : le premier moment tout classique, tout d'admiration (sauf de légères réserves), de goût traditionnel et de bonne rhétorique; puis le second moment qui était de réaction, d'examen un peu contradictoire, et de considération historique. Je ne parle pas des excès, excès superstitieux d'une part, excès révolutionnaire de l'autre; on était, dans ces derniers temps, un peu à bout des théories en divers sens; c'est alors que se lève quelqu'un qui nous dit : « Ces grands auteurs, messieurs, que vous, les uns, vous croyez imiter et continuer, que vous, les autres, vous vous attachez à combattre, à éloigner de vous comme s'ils étaient d'hier, il y a quelque chose de mieux peut-être à en faire pour le présent; car, pendant que vous discutez, le temps passe, les siècles font leur tour, pour nous ces auteurs sont déjà des anciens; et ils le sont tellement, prenez-y garde, que leur texte nous échappe, que l'altération s'y mêle, que nous ne les possédons plus tout entiers. Trêve un moment, s'il vous plaît, aux grandes théories! Revoyons de près nos maîtres, restituons leur vraie parole, faisons, ne rougissons pas de faire pendant quelque temps des éditions, voire même des vocabulaires : excellent régime que je propose, même aux auteurs originaux, pour se retremper durant une saison. Les Alexandrins d'ailleurs, ces immortels grammairiens dont plus d'un était poëte, n'ont pas dédaigné de faire ainsi au surlendemain des grands siècles; ils nous ont tracé notre voie. » M. Cousin s'est donc levé, disions-nous, et il a exprimé quelque chose d'approchant et en des termes bien meilleurs, bien plus persuasifs, on le supposera sans peine; mais nous ne croyons pas trahir sa pensée en la produisant sous cette forme; et voilà la période *philologique* qui commence.

Que ce soit le même homme de qui, il y a vingt-cinq ans, partit l'impulsion philosophique, qui vienne aujourd'hui secouer si vivement, exciter si à l'improviste une branche réputée assez ingrate de la critique française, il n'y a rien là qui puisse étonner ceux qui connaissent cet infatigable esprit de verve en tous sens et d'initiative. Et puis il faut voir que le mouvement se préparait depuis quelques années : le petit nombre de libraires qui appartiennent à ce qu'on a droit encore d'appeler la librairie savante ont remarqué à quel point les amateurs se sont mis à rechercher les éditions originales de nos auteurs, ces éditions premières incomplètes à quelques égards, mais qui livrent le texte à sa source et rendent l'écrivain dans sa juste physionomie. Nodier, l'habile magicien, avait su répandre sur ces recherches, en apparence fort arides, je ne sais quel attrait mystérieux qui de proche en proche s'est communiqué. Des adeptes le goût a passé au public, à un certain public ; nous sommes entrés dans une veine d'*éditions :* on compare, on revise, on retrouve la bonne leçon : qu'un peu d'*inédit* s'y mêle, on n'y tient plus, et on est tenté de s'écrier : *Sublimi feriam sidera vertice.* Des réimpressions de La Rochefoucauld, de La Bruyère, avec quelques variantes, avec deux ou trois additions, feraient envie à plus d'un bel-esprit, lesquels ressemblent en cela aux bons esprits. M. Walckenaer entreprend, dit-on, un travail à fond sur La Bruyère. Nous savons un autre travail considérable sur les *Lettres* de madame de Maintenon commencé depuis plusieurs années par un de ses nobles héritiers, M. le duc de Noailles. M. de Monmerqué a dès longtemps offert l'exemple pour madame de Sévigné. Et parmi ceux qui ne donnent pas le mouvement, mais qui se montrent attentifs à le suivre, ce genre d'influence est très-sensible : le *Journal des Savants* contient des articles de M. Flourens sur les diverses éditions de Buffon. M. Aimé-Martin se remet en frais sur Racine. C'est assez en dire, mais il nous a semblé qu'ayant à parler de Pascal, il n'était que juste de faire à M. Cousin sa grande et brillante part d'initiative dans ce mouvement de philologie française qu'il a provoqué en partie et proclamé, dans cette *levée de boucliers* d'éditions classiques qui passent ainsi de la librairie proprement dite à la littérature; nous le devions d'autant plus que, dans ce cas particulier de Pascal, nos conclusions pourront différer quelquefois des siennes, de même que sur certains détails le présent éditeur n'est point toujours d'accord avec lui.

La difficulté, encore une fois, d'une édition des *Pensées*, était extrême, en même temps que l'exécution en devenait plus urgente : « Nous croyons, a droit de dire M. Faugère en son Introduction, nous croyons avoir surmonté ces difficultés autant qu'il était possible de le faire; du moins nous y avons travaillé, non-seulement avec patience, c'eût été trop peu pour une pareille tâche, mais avec l'infatigable passion qu'inspire aisément la mémoire d'un écrivain en qui se rencontrent, dans une merveilleuse alliance, la beauté de l'âme et la grandeur du génie. » Connu déjà par l'*Éloge* de Gerson et par celui de Pascal que l'Académie française avait tous deux couronnés, M. Faugère était mieux prédisposé que personne à mener à bien cette œuvre de restauration et de piété dans laquelle son esprit exact et délicat allait s'aiguiser d'une sensibilité tendre et scrupuleuse pour porter sur chaque point une investigation pénétrante. Il a complétement réussi; il a eu la satisfaction d'arriver à lire (à l'exception d'un bien petit nombre de mots) la totalité de ce texte manuscrit dans lequel, si aidé qu'on fût par des copies plus ou moins conformes, on n'avait encore fait que les premiers pas : « L'écriture de Pascal, dit-il, est excessivement rapide, il semble qu'elle rivalise avec la rapidité de l'esprit; on dirait une sorte de sténographie obligée de recueillir en courant l'improvisation d'une intelligence pressée de se produire au dehors, parce qu'elle pressent la dissolution prochaine de l'organisation maladive à laquelle elle est enchaînée. Cette écriture, presque illisible pour ceux qui ne l'ont pas étudiée, a quelque chose du trait impatient et fougueux de Napoléon; mais, quoiqu'à demi formés, les caractères ont la fermeté et la netteté du burin. » C'est moins, on le conçoit, avec les yeux mêmes qu'avec la sagacité comparative et par la pénétration du four, du jet habituel à Pascal, qu'on arrive à déchiffrer une écriture aussi elliptique; aussi, à quelqu'un qui lui disait que ce travail devait bien lui fatiguer les yeux, M. Faugère put répondre : « Non, ce n'est pas aux yeux qu'est la fatigue, c'est au cerveau. »

Je n'ai point dessein de raconter ici par le menu le plan d'une édition dont chacun va demain se pourvoir : dans le premier volume, M. Faugère a rassemblé les lettres, les petits traités, les pensées et fragments de Pascal qui ne se rapportent pas à son grand ouvrage sur la religion; le second volume contient tout ce qui est relatif à ce dernier ouvrage. On pourrait signaler bien des pensées ou même des pages inédites (1). Une des difficultés du nouveau travail était le classement de cette foule de notes et de petits papiers qui s'ajoutaient; un excellent esprit de méthode a introduit l'ordre dans ce chaos. Une des sources les plus abondantes où M. Faugère a puisé pour les pièces explicatives lui vient de Clermont, et d'un digne janséniste, M. Bellaigue de Rabanesse, autrefois juge au présidial de cette ville, et d'une famille anciennement alliée à celle de Pascal. Ayant appris un peu vaguement que ce vieillard passait pour posséder des papiers curieux sur l'illustre ancêtre, M. Faugère fit le voyage de Clermont, et de là se rendit à la campagne où vivait M. Bellaigue, plus qu'octogénaire. Le bon vieillard semblait à tous assez morose, assez méfiant; il n'avait jamais voulu communiquer ses trésors manuscrits à personne, même parmi les siens. Je ne sais si le nom de Gerson ou celui de Pascal opérèrent magiquement et furent le mot de passe, mais M. Faugère apprivoisa tout d'abord le vénérable octogénaire qui put s'étonner sans doute que, dans ce monde si lointain et si renouvelé, on sût si bien les choses d'autrefois, et qui crut

---

(1) Par exemple, dans le tome I, les notes de Pascal relatives aux *Provinciales*, et dans le tome II, vers la fin, des pages sur Jésus-Christ. Il y a des chapitres où l'astérisque, signe placé par l'éditeur en tête des pensées inédites, reparaît à chaque instant.

reconnaître le doigt de Dieu : « Il me semblait, disait-il, que j'attendais quelque chose. » Il vint exprès à la ville (grand voyage qu'il n'avait fait de longtemps!), il entr'ouvrit ses volets fermés, il ouvrit ses poudreux tiroirs, et deux volumes, l'un de 950 pages environ, l'autre de 500, écrits tout entiers de la main du Père Guerrier, déroulèrent en lignes serrées à l'avide lecteur une foule de lettres d'Arnauld, de Saci, de Nicole, de Domat, etc., etc., surtout de Pascal et de sa famille. Le digne M. Bellaigue, heureux de voir ses richesses si bien comprises, et sentant se ranimer son étincelle, n'a pas vécu assez pour assister à l'accomplissement de l'œuvre tant désirée. Il est mort, il s'est éteint en février dernier, demandant jusqu'à la fin des nouvelles de l'édition de Pascal, et ne pouvant dire tout à fait comme le vieillard Siméon qu'il mourait content; c'eût été trop de joie pour lui. M. Faugère nous a peint son vieil ami en une page touchante :

« Dans cet homme affaibli par l'âge, dit-il, quel zèle et quelle passion quand il parlait de *monsieur* Pascal ou de la sœur Jacqueline de Sainte-Euphémie, de M. de Saint-Cyran ou de la mère Angélique! Il nous semblait voir et entendre un solitaire de Port-Royal-des-Champs, survivant à un autre âge (1). Resté célibataire par dévotion, vivant dans la solitude, éloigné de la société par l'effet de cette susceptibilité, quelquefois injuste, mais respectable, qui naît de l'attachement à un certain idéal de perfection et de simplicité du cœur qui rend l'esprit délicat et difficile; disant chaque jour son bréviaire avec la régularité d'un prêtre; marquant par des prières chacun des anniversaires inscrits au nécrologe de Port-Royal; aimant Dieu comme on ne sait plus l'aimer; ayant réduit sa vie ici-bas à ne plus être qu'une aspiration vers l'éternité : tel était ce vieillard en qui s'est éteint, il y a peu de mois, un des derniers jansénistes. »

Dans ce même voyage d'Auvergne, M. Faugère trouvait

(1) M. Bellaigue avait reçu une partie de son éducation du Père Guerrier l'oratorien, et celui-ci était intimement lié avec Marguerite Périer : ainsi, entre M. Bellaigue et Pascal, il n'y avait que deux personnes.

un portrait précieux, celui de Pascal, jeune et beau, dessiné au crayon rouge par la main fraternelle de Domat. La feuille de papier du portrait avait été collée sur l'intérieur de la couverture d'un gros livre, d'un *Corpus juris* dont Domat se servait habituellement, de sorte que, chaque fois qu'il feuilletait le livre, l'image de son ami lui repassait sous les yeux. Ce volume appartient à la bibliothèque d'un conseiller à la cour de Riom qui autorisa M. Faugère à faire prendre un *fac-simile* du dessin; on l'a dans l'édition.

Je pourrais insister sur bien des détails de cette édition nouvelle, en tirer peut-être quelques remarques piquantes sur les leçons successives dont on a essayé et dont plus d'une vient ici s'évanouir; mais on me permettra de m'en tenir à quelques réflexions plus générales que je ne crois pas moins essentielles, car il y a longtemps que, moi aussi, j'ai le cœur gros sur Pascal et que j'étouffe bien des pensées.

D'abord, en reconnaissant combien les éditions précédentes étaient défectueuses, je ne saurais blâmer les premiers éditeurs, ceux de Port-Royal, comme on l'a fait trop unanimement. M. Faugère, avec un tact parfait, se garde d'insister sur ce blâme; mais, en racontant et en développant les inexactitudes *littérales* qui ont été commises d'après divers motifs, il semble apporter de nouvelles preuves contre ces excellents hommes. Il y aurait beaucoup à dire en leur faveur, à leur décharge et à titre de circonstances très-atténuantes. On le sait, la *Paix de l'Église* venait d'être conclue; les Arnauld, les Nicole, les Saci, sortaient à peine de la retraite ou de la prison. On leur propose de s'occuper des papiers de Pascal mort depuis quelques années, et d'en tirer quelque chose d'utile, d'édifiant, de digne d'être offert à l'Église d'alors et aux fidèles, un volume enfin qui puisse être montré aux amis et aux ennemis. On forme un comité d'amis; le duc de Roannez est le plus zélé pour la mémoire de son cher Pascal, mais il ne prend rien sur lui, quoi qu'on ait pu dire, et c'est M. Arnauld, c'est M. Nicole et autres experts qui tiennent le dé. La famille Perier était bien d'avis de retrancher, de modifier le moins possible : l'intérêt de famille se trouvait d'accord en ce cas avec l'intérêt littéraire (ce qui est si rare); mais il y avait d'autre part des considérations puissantes, invincibles, les approbateurs à satisfaire, l'Archevêque à ménager, la *Paix de l'Église* à respecter loyalement. C'est merveille, en vérité, qu'entre tous ces écueils, en présence de cette masse de papiers très-peu lisibles, de ces pensées souvent incohérentes, souvent scabreuses, on ait, du premier coup, tiré un petit volume si net, si lumineux, si complet d'apparence, et qui, même avec une ou deux bévues (pour ne rien celer), triompha si incontestablement auprès de tous. On a beau dire après coup sur l'exactitude littéraire, il y avait ici une question de fidélité bien autrement grave et qui dominait tout, et cette fidélité fut respectée des premiers éditeurs. Oui, l'esprit qui présida à cette première édition fut, je ne crains pas de le proclamer (et tout ce qui s'est passé à l'occasion de la dernière vient assez hautement à l'appui), fut, dis-je, un esprit de discrétion, de respect, de ménagement et d'édification pour les lecteurs. L'esprit qui a provoqué cette dernière édition, et que je ne saurais blâmer, puisqu'il est celui que tous, plus ou moins, nous respirons, est-il aussi parfait, aussi irréprochable, chrétiennement ou moralement? Il est, à coup sûr, plus littéraire, plus artiste, plus sensible aux beautés de la forme, et j'ajouterai, plus insoucieux du résultat. Je ne le blâme pas encore une fois, mais je le caractérise. Cet esprit se dit, et avec raison : « Mettons tout Pascal *quand même!* » Faisons donc ainsi, puisque c'est le siècle; mais ne blâmons pas trop les honnêtes devanciers.

Remarquez que je ne parle plus des éditeurs de Pascal durant le dix-huitième siècle ou au commencement de celui-ci; eux, plus libres, ils auraient pu, ils auraient dû améliorer, réformer peu à peu, à petit bruit, et chacun pour sa part, les éditions successives : ils auraient ainsi évité l'éclat final, ils auraient permis que cette *révolution* sur Pascal ne se fît pas.

Je reviens et j'insiste, parce que je suis pénétré de la vérité du point de vue. Aujourd'hui, il nous paraît bien facile de juger et de trancher des *Pensées* de Pascal; en 1668, c'était un peu autrement. Il était mort depuis peu d'années, laissant un nom immense dû aux *Provinciales* et à ses problèmes. Ses amis savaient de lui mille choses dont nous ne nous doutons qu'à peine aujourd'hui; ils avaient une impression réelle et vraie de sa personne et de son esprit, au lieu de tous ces types, un peu fantastiques, que chacun de nous s'est formés de lui d'après sa propre imagination. Mais, comme écrivain, il était bien moins dessiné alors qu'il ne l'est aujourd'hui pour nous. De ce monceau de petites notes inachevées, il s'agissait donc de tirer, de sauver, comme d'un naufrage, quelque chose qui donnât au public une idée de ses dernières méditations. Entre les exigences, les recommandations, disons le mot aussi, les superstitions de la famille et les dangers de la situation du côté de l'Archevêque et des puissances, on biaisa, on fit comme on put; on raccorda, on tailla, on choisit. Des lettres à des personnes vivantes (la duchesse de La Feuillade, par exemple) fournirent quelques pensées dont on n'indiqua point la source : le pouvait-on? Le devoir d'une critique saine, agissant à l'aise et à loisir, serait certes de moins se permettre; le devoir d'une critique convenable et prudente était alors de transiger (1). Ce qu'on fit, en somme, ne fut pas si mal fait, puisque c'est ce qu'on admira universellement, ce que les esprits les

(1) N'oubliez pas, en jugeant l'édition première, cet autre inconvénient pour elle d'avoir été faite par un *Comité;* les Comités peuvent être bons pour les lois, mais non pour les éditions où le goût a surtout part. « Il n'y a point d'ouvrage si accompli, a dit La Bruyère, qui ne fondît tout entier au milieu de la critique, si son auteur voulait en croire tous les censeurs, qui ôtent chacun l'endroit qui leur plaît le moins. » Les *Pensées* de Pascal n'ont pas fondu, dira-t-on, tant elles étaient solides! Mais il faut savoir aussi quelque gré à ceux qui réussirent un moment à tout concilier.

plus éminents approuvèrent, et ce sur quoi on a vécu deux siècles. Une meilleure édition n'est même possible aujourd'hui et l'on n'y a songé que parce que cette première a rempli tout son objet.

J'ai peine à me figurer, je l'avoue, l'édition d'aujourd'hui, si excellente philologiquement, si bien telle que nous la réclamons, avec ses phrases saccadées, interrompues, et ce jet de la pensée à tout moment brisé, j'ai peine à me la figurer naissant en janvier 1670, en cette époque régulière, respectueuse, et qui n'avait pas pour habitude de saisir et d'admirer ainsi ses grands hommes dans leur déshabillé, ses grands écrivains jusque dans leurs ratures. Ce n'eût été, à simple vue, qu'un cri universel de réprobation, un long sifflet, si on l'avait osé : « Mais, quoi? aurait-on dit de toutes parts à MM. Arnauld et Nicole, quoi? se peut-il que vous ayez permis une telle profanation du nom et de la mémoire de votre ami? Ne pouviez-vous couvrir un peu ses nudités, lui prêter un peu des plis de votre manteau? Ne pouviez-vous respecter un peu moins les reliques de l'homme, et un peu plus la vérité du sujet? Ne deviez-vous pas surtout fermer quelques-unes de ces trappes qui s'ouvrent par endroits chez lui sous les pas des simples?... » J'abrége ce discours que chacun peut varier aisément.

Pascal à part, on ne trouverait, en effet, dans ce grand siècle de Louis XIV, que trois hommes d'un goût tout à fait libre et indépendant, comme nous l'entendons, Bossuet, Molière et La Fontaine. Tout le reste est relativement timoré ; le goût des meilleurs voulait la régularité et ne concevait point qu'on s'en passât. Il faudrait en conclure du moins que cette première édition des *Pensées* était telle que le grand siècle pouvait l'admettre, et qu'il n'en aurait pu porter davantage : conclusion dont le retour ne laisse pas d'être infiniment flatteur pour nous.

On pourrait, sans trop de plaisanterie, soutenir que, pour que cette édition si conforme fût devenue possible et nécessaire, il fallait simplement une chose, c'est que Napoléon fût venu et qu'on eût dit de lui qu'il était le plus grand écrivain du siècle.

Quelques réflexions peut-être seraient propres à tempérer ce zèle qui nous a pris pour les *fac-simile* complets des écrivains. Trop de littéralité judaïque pour l'impression des œuvres posthumes est, qu'on y songe, un autre genre d'infidélité envers les morts : car eux-mêmes, vivants, auraient, en plus d'un cas, avisé et modifié.

Selon l'observation excellente que j'entendais faire à M. Ballanche, beaucoup de ces mots étonnants et outrés qu'on surprend sur les brouillons de Pascal (comme *cela vous abêtira* (1), pouvaient bien n'être, dans sa sténographie rapide, qu'une sorte de *mnémonique* pour accrocher plus à fond la pensée et la retrouver plus sûrement. Ces mots-là n'auraient point paru en public, et la pensée se serait revêtue avec plus de convenance à la fois et de vérité, en parfaite harmonie avec le sujet.

On se flatte d'atteindre plus au cœur de l'homme en fouillant ses moindres papiers. Hélas! quoi qu'on fasse, il y a quelque chose qui ne se transmet pas. Ce qui reste de la pensée et de la vie intérieure des hommes, par rapport au courant continuel de leur esprit, n'est jamais que le fragment des fragments; il nous manque les intermédiaires, ce qu'en ses ébauches surtout supprimait pour soi cette pensée rapide, parce qu'elle le supposait connu, ce que les amis habituels avaient chance de savoir tout simplement mieux que nous ne le devinons.

Ces demi-questions posées, ces réserves faites, hâtons-nous pourtant de reconnaître ce que nous possédons, ce que nous devons à l'application et à la sagacité pieuse de M. Faugère d'avoir reconquis pleinement. On aura cette impression très-sensible à la lecture des premiers chapitres du second volume, de ces fameux chapitres sur

---

(1) M. Faugère (tome II, page 169) explique très-bien et justifie au besoin, quant au sens, ce mot *abêtira*, qui ne reste pas moins malencontreux.

l'homme, son divertissement, ses disproportions, sa grandeur, son néant. On a dit magnifiquement que bien des pensées de Pascal n'étaient que des strophes d'un Byron chrétien : c'est d'aujourd'hui surtout que ce mot se vérifie. Jamais la pensée brusque et haute ne s'était dressée jusqu'ici dans cette entière beauté d'attitude ; le ciseau bien souvent n'a fait qu'attaquer le marbre, mais le torse est là debout qui jaillit déjà pour ainsi dire, majestueux et plutôt brisé qu'inachevé. Oh ! pour le coup, nos bons premiers éditeurs n'avaient en rien l'idée de ce genre de beauté tronquée qui tient de celle de la Vénus de Milo, et, toutes les fois qu'ils avaient rencontré un audacieux fragment ainsi debout, ils l'avaient incliné doucement et couché par terre.

Il est temps d'arriver à la question du fond, à la question capitale, à celle qu'une curiosité légitime n'a cessé de se faire durant tout ce débat, et qu'il est fâcheux sans doute d'avoir laissé s'enfler au gré de la curiosité frivole. Définitivement, que croyait Pascal, et comment croyait-il ? Quoique j'aie ailleurs (1) à revenir avec étendue sur ce point délicat, je m'en échapperai par avance ici. Au fait, on peut parler hardiment aujourd'hui qu'un texte solide nous est rendu sur lequel nous avons pied ; on le pouvait même auparavant sans risquer de se compromettre. Déjà, dans d'admirables et discrets articles, un homme qu'il y a toujours profit à citer, M. Vinet, avait proféré à ce sujet des paroles qui, si on les avait mieux lues ici, auraient fait loi (2).

Il y a une manière très-usitée de prendre Pascal et de le présenter à grands traits dans son ensemble ; nous tous plus ou moins, écrivains de ce siècle, lorsque nous avons parlé de lui à la rencontre, nous sommes tombés dans cette manière-là. On voit en lui du premier coup-d'œil un esprit

---

(1) Dans mon ouvrage sur *Port-Royal*.
(2) Voir *le Semeur* des 22 février, 1ᵉʳ mars et 8 mars 1843, surtout les deux derniers articles.

supérieur, au-dessus de tous les préjugés de la société et des opinions humaines, autant que Molière pouvait l'être, mais à la fois un esprit inquiet, ardent, mélancolique, sans cesse aux prises avec lui-même, passionnément en quête de la vérité et du bonheur ; et alors l'idéalisant un peu, ou plutôt en faisant un type, comme on dit, un miroir anticipé de notre âge, on le présente comme le héros et la victime dans la lutte du scepticisme et de la foi, celle-ci triomphant provisoirement en lui, de même que le scepticisme, un siècle plus tard, l'eût emporté. Cette manière d'envisager Pascal n'est pas fausse, elle est au point de la perspective, approximative à distance, légèrement figurative. En le voyant ainsi, nous y mettons involontairement du nôtre, nous lui prêtons.

Il m'est arrivé, dans un chapitre de *Port-Royal*, d'avancer que chacun, plus ou moins, porte en soi son Montaigne, c'est-à-dire sa nature un peu païenne, son *moi* naturel où le christianisme n'a point passé. On pourrait presque affirmer de même que de nos jours, non point absolument chacun, mais tout esprit sérieux et réfléchi, tout cœur troublé, qui conçoit le doute et qui en triomphe ou qui le combat, porte son Pascal en lui, et, selon les manières diverses de souffrir et de lutter, on conçoit ce Pascal diversement : chacun de nous fait le sien. Ce point de vue vaudrait la peine d'être développé peut-être ; mais nous rentrons ici plus que jamais dans les types, et l'homme réel doit s'interroger de plus près.

Eh bien ! si l'on vient à le considérer directement, que voit-on ? Un respectable écrivain, l'abbé Flottes, qui s'est attaché à venger Pascal des accusations de superstition et de fanatisme, a voulu également le justifier de tout soupçon, de toute atteinte de scepticisme, ce qui peut sembler un peu excessif et véritablement inutile (1). Un jour que je

---

(1) *Revue du Midi*, 25 novembre 1843. — M. l'abbé Flottes cite un passage de madame Perier qui dit de son frère que, dans son enfance et sa première jeunesse, cet esprit si précoce, si actif sur d'au-

parlais de cette prétention à l'un des hommes de ce temps qui sont le plus faits pour avoir un avis sur Pascal (je ne me permets pas de le désigner autrement), il me fut répondu par quelques-unes de ces paroles énergiques, impatientes, puissamment familières, et qui se gravent : « Eh! pourquoi ne pas prendre Pascal comme il nous est donné, avec son scepticisme? Il s'est fait chrétien en enrageant, il est mort à la peine. Je l'aime ainsi : je l'aime tombant à genoux, se cachant les yeux à deux mains et criant : *Je crois*, presque au même moment où il lâche d'autres paroles qui feraient craindre le contraire. Lutte du cœur et de l'intelligence! Son cœur parlait plus haut et faisait taire l'autre. La fin du seizième siècle lui avait légué ce scepticisme qui circulait alors partout, lui avait mis ce ver au cœur; il en a triomphé, tout en en mourant. C'est là sa physionomie, c'est ainsi qu'il a sa vraie grandeur. Quelle manie de la lui ôter! » Mais dans ces paroles mêmes si vives, si poignantes, il y a encore trop de l'homme de ce temps-ci, du Pascal tel que chacun le porte et l'agite en soi, du Pascal d'après Werther et René (1).

tres points, restait soumis comme un enfant en ce qui concernait la foi, et que *cette simplicité a régné en lui toute sa vie*. Mais, quelque respect qu'on ait pour le témoignage de madame Perier, on ne peut, dans ce cas, l'accepter totalement sans contrôle. Pour mon compte, j'en accepte volontiers la première partie, ce qui est relatif à la première jeunesse de Pascal, parce qu'il n'y a rien là que de vraisemblable et que madame Perier était témoin oculaire de cette première période. Quant à ce qu'elle ajoute ici sur le reste de la vie, cela est plus vague et ne tient pas compte des divers temps; il y a jour à la conjecture. Madame Perier, en effet, a glissé sur l'époque de dissipation de Pascal; elle n'a pas dévoilé, par exemple, ses démêlés avec sa sœur Jacqueline, que nous savons d'ailleurs. En un mot, le témoignage ici n'est plus valable en bonne critique; il faut recourir à d'autres preuves. Je ne dis point cela pour réfuter M. l'abbé Flottes, mais pour lui montrer qu'il n'y a pas contradiction ni inconséquence dans une opinion qu'il met en cause.

(1) M. l'abbé Flottes, continuant ses *Études sur Pascal* (Montpellier, 1845), se méprend et abonde dans son sens quand il attribue ces paroles à M. Cousin; elles sont de M. de Chateaubriand.

Que si on s'en tient aux récits contemporains et à ses œuvres mêmes, on arrive à quelque chose de plus suivi et de plus cohérent, à quelqu'un de plus réel. Oui, Pascal parfois doute ou a tout l'air de douter, il conçoit et exprime le doute d'une façon terrible, mais c'est aussi qu'il a, qu'il croit avoir le remède. Sa foi, je le pense, fut antérieure à son doute ; lorsque ce doute survint, il ne trouva place que dans l'intervalle de ce qu'on a appelé ses deux conversions, et il fut vite recouvert. Si l'on peut dire qu'il revint à la charge et se logea toujours plus ou moins au sein de sa foi, c'était là une manière, après tout, d'être assez mal logé et mal à l'aise ; et Pascal ne lui laissa, jour et nuit, ni paix ni trêve. M. Vinet a dit à merveille d'un jeune homme de ce temps-ci : « ... Le scepticisme, par mille endroits, cherchait à pénétrer dans son esprit ; mais sa foi se fortifiait, grandissait imperturbablement parmi les orages de sa pensée. On peut le dire, le doute et la foi vivante, l'un passager, l'autre immuable, *naquirent pour lui le même jour ;* comme si Dieu, en laissant l'ennemi pratiquer des brèches dans les ouvrages extérieurs, avait voulu munir le cœur de la place d'un inexpugnable rempart. » Cette belle parole, qui exprime si bien un des mystères de la vie chrétienne intérieure, peut s'appliquer avec beaucoup de vraisemblance au vrai Pascal.

Remarquez encore que chacun porte dans sa philosophie et sa théologie son *humeur*, ce qu'on oublie trop. Pascal avait l'humeur inquiète et mélancolique : de là son coup-d'œil un peu visionnaire. Bossuet avait l'humeur calme : de là en partie sa sérénité de coup-d'œil. Et cela indépendamment de la grandeur de leurs esprits et de la nature des idées.

Se prévaloir contre la foi de Pascal de certain mode d'argumentation qu'il emploie hardiment et qui impliquerait le scepticisme absolu au défaut de la foi, c'est supposer ce qu'il s'agit précisément de démontrer, c'est oublier combien cette foi faisait peu *défaut* en lui, combien elle était pour lui chose réelle, pratique, sensible et vivante.

Et qu'on ne dise pas que ce christianisme de Pascal était particulier, bizarre, excessif, en dehors des voies générales; je ne nie pas qu'il n'ait eu quelques singularités de pratique ou d'expression ; mais dans le fond son christianisme ne diffère en rien du véritable et, j'oserai dire, de l'unique. Il est vrai qu'on est très-tenté de méconnaître celui-ci, tant on le voit souvent métamorphosé et sécularisé.

L'éditeur actuel de Pascal, M. Faugère, qui vient de pratiquer de si près son auteur, incline, d'après plusieurs passages, à le ranger parmi les *mystiques*. Je ne contesterai pas cette qualification, si par *mystique* il est entendu qu'il s'agit surtout ici d'un chrétien, qui sans négliger les raisons et preuves qui parlent à l'intelligence, met la raison de sentiment au-dessus des autres. La foi parfaite, c'est *Dieu sensible au cœur!*

« Et c'est pourquoi, lit-on dans une pensée inédite, ceux à qui Dieu a donné la religion par sentiment du cœur sont bien heureux et bien légitimement persuadés; mais à ceux qui ne l'ont pas, nous ne pouvons la donner que par raisonnement, en attendant que Dieu la leur donne par sentiment de cœur, sans quoi la foi n'est qu'humaine et inutile pour le salut. »

Ainsi, Pascal ne blâme pas la recherche ni la preuve rationnelle; loin de là, il l'admet et en use à titre de préparation humaine; on fait ce qu'on peut, et Dieu vient après. On prépare la *machine* (il affectionne cette expression), et l'âme ensuite y descend ; Dieu y met le ressort.

« Les hommes ont mépris pour la religion, dit-il encore; ils en ont haine, et peur qu'elle soit vraie. Pour guérir cela, il faut commencer par montrer que la religion n'est point contraire à la raison ; qu'elle est vénérable, en donner le respect; la rendre ensuite aimable, faire souhaiter aux bons qu'elle fût vraie, et puis montrer qu'elle est vraie : — *vénérable parce qu'elle a bien connu l'homme, aimable parce qu'elle promet le vrai bien.* » On n'aurait que le choix entre les passages pour faire voir que Pascal n'avait nullement dessein de pousser les choses à l'absurde, comme on le pourrait augurer d'après certaines pensées publiées isolément. Rendre la religion vénérable et aimable, il y a loin de là à vouloir *abêtir*, au sens où on l'a pris. Pascal, par l'ordre principal de son livre, était dans la ligne des grands apologistes chrétiens, quoique, plus qu'aucun d'eux sans doute, il serrât de près la gorge à l'homme.

Pascal luttait contre Montaigne, d'une part, pour montrer à cet indolent et à ses pareils les épines de l'*oreiller* et l'incertitude du néant; il luttait contre Descartes, d'autre part, pour montrer à ce superbe et à sa bande le creux et la stérilité morale de leur démonstration métaphysique. Pascal ne croyait nullement à la possibilité ni à l'utilité d'établir au préalable le vestibule philosophique *en dehors* de la religion. Cela peut sembler bien dur. Qu'arrive-t-il pourtant depuis qu'on s'est mis à faire le vestibule si spacieux et si beau? beaucoup y restent et on n'entre pas.

« Il faut savoir douter où il faut, assurer où il faut, et se soumettre où il faut, » a-t-il dit en une parole déjà connue. Il avait écrit d'abord avec plus de hardiesse : « Il faut avoir ces trois qualités : *Pyrrhonien, Géomètre, Chrétien soumis;* et elles s'accordent et se tempèrent, en doutant où il faut, en assurant où il faut, en se soumettant où il faut. » Ce mot-là le résume tout entier en ses divers aspects : pyrrhonisme et géométrie, ce sont pour lui des méthodes.

Il y aurait illusion aussi à prendre pour des convulsions de sa foi ce qui peut souvent n'avoir été que des brusqueries du talent. Pour preuve qu'elle était, malgré tout, assise et stable en lui, je ne voudrais que sa charité; car la charité découle de la foi comme la source du rocher. Et quelle charité chez Pascal, et dans ses actions dont quelques-unes ont échappé au mystère, et dans ses paroles où reviennent si souvent des accents d'humanité et de tendresse plus touchants en cette doctrine rigide! Je renvoie à sa *profession de foi* (1) qui commence par ces mots : « J'aime

---

(1) Tome I, page 243.

la pauvreté, parce que Jésus-Christ l'a aimée. J'aime les biens, parce qu'ils donnent les moyens d'en assister les misérables.... » Que ce christianisme vrai et de source vient en démenti aux idées des plus sages païens! Écoutez Pindare sur la richesse : à la manière dont il la célèbre, dont il la proclame *l'astre glorieux et la vraie lumière des humains* (1), on ne sait en vérité s'il n'en fait pas, non-seulement l'accompagnement naturel et le cadre brillant des vertus, mais encore la condition et le moyen direct de la sagesse et de la félicité après la vie. Le christianisme est venu précisément bouleverser tout cela : le Calvaire fait le contraire des Jeux Olympiques. Selon Pascal, qui est du Calvaire, il n'y a de profond et de sérieux dans l'homme que la sainte pauvreté et le dépouillement, la tristesse féconde qui se change en joie : tout le reste est légèreté. Il vous dira encore que la maladie est l'état naturel du chrétien. Si ces doctrines vous paraissent exagérées, transitoires, avoir besoin d'amendement, d'interprétation nouvelle, c'est une autre question; mais, en fait, elles demeurent radicalement et primitivement chrétiennes, ou rien ne l'est. Dans le christianisme tel que nous l'entendons volontiers aujourd'hui, civilement et philosophiquement, on oublie trop une seule chose; — mais pour ne pas avoir l'air de prêcher, quand je n'ai pour but que de rétablir le vrai sur Pascal, je prendrai un détour dont on ne se plaindra pas, avant de dire mon mot sur cette chose ou cette personne, qu'on oublie trop généralement aujourd'hui en parlant du christianisme.

Dans l'*Hippolyte* d'Euripide, lorsque le jeune et innocent chasseur est tombé victime de l'embûche que lui a dressée Vénus, Diane, sa divinité chérie, sa protectrice de tout temps et qui n'a pu toutefois le sauver, arrive du moins pour mettre ordre aux derniers instants, pour éclairer le malheureux Thésée et pour consoler, autant qu'il est en elle, le mourant. On apporte Hippolyte brisé sur un bran-

---

(1) *Olympiques*, 2.

card, on le dépose devant le palais, et, Diane ayant dit un mot de pitié, le malheureux jeune homme s'aperçoit, à un certain soulagement qu'il éprouve, de la présence de la déesse.

HIPPOLYTE (1).

O souffle divin! quoique dans les douleurs, je t'ai senti et je suis soulagé. — Sachez que la déesse Diane est dans cette enceinte.

DIANE.

Oui, malheureux, la divinité la plus amie est près de toi.

HIPPOLYTE.

Vois-tu, ma souveraine, l'état déplorable où je suis!

DIANE.

Je le vois: mais les larmes sont interdites à mes yeux.

HIPPOLYTE.

Tu n'as plus ton chasseur, ton fidèle serviteur...

Et le dialogue continue sur ce ton; Thésée s'y mêle, et la déesse réconcilie le père désolé avec son fils : « Je ne connais point, dit M. de Schlegel, de scène plus touchante dans aucune tragédie ancienne ou moderne. » Au moment où elle profère les nobles et clémentes paroles, Diane, qui s'aperçoit qu'Hippolyte va trépasser, termine ainsi : « .... Et toi, Hippolyte, je t'exhorte à ne point détester ton père; c'est ta destinée qui t'a fait périr. Mais reçois mon dernier salut, car il ne m'est pas permis de voir les morts ni de souiller mon regard par des exhalaisons mortelles, et déjà je te vois approcher du moment fatal. » Et elle disparaît.

M. de Schlegel caractérise dignement les beautés pathétiques et pieuses de cette scène : « Nous voyons, dit-il, la majesté immortelle auprès de la jeunesse expirante, les déchirements du repentir auprès des émotions d'une âme pure. Diane montre pour les maux des humains toute la pitié qui est compatible avec son essence divine; mais il y

(1) Je me sers de la traduction qu'a donnée de cette scène M. de Schlegel dans sa brochure sur les deux *Phèdres*.

a néanmoins dans ses paroles je ne sais quelle empreinte d'une sérénité céleste.... Il faudra bien convenir ici que les Anciens ont quelquefois deviné les sentiments chrétiens, c'est-à-dire ce qu'il y a de plus aimant, de plus pur et de plus sublime dans l'âme. » En adhérant aux observations exquises de l'excellent critique, j'avouerai pourtant qu'une chose m'a frappé, au contraire, en lisant ce morceau, en assistant à cette intervention compatissante de la plus chaste des divinités, c'est combien on est loin encore du christianisme, je veux dire du Dieu fait homme et mort pour tous. Quoi! une déesse à qui *les larmes sont interdites*, une protectrice qui s'enfuit à l'*odeur du mourant!* n'a-t-on pas encore affaire ici à des dieux nés pour l'ambroisie, qui sont esclaves de leur jeunesse et de leur beauté, qui n'osent compromettre leur bonheur? Et voilà précisément à quoi j'en voulais venir; les Pascal, les Rancé, ces purs et francs chrétiens, croyaient avant tout à Jésus-Christ dans le christianisme, à un Dieu-homme ayant exactement souffert comme eux et plus qu'eux, ayant sué la sueur d'agonie dans tous ses membres, et l'essuyant de leur front : de là leur force. Quand Pascal arrive à parler de Jésus-Christ dans son livre, il ne tarit plus : il tient du coup le centre et la clef, l'explication de la misère humaine aussi bien que le fondement de toute grâce; les paroles magnifiques et précises qu'il emploie ne sauraient même se citer hors de place sans se profaner (1). C'est pour n'avoir pas senti, pour avoir insensiblement oublié à quel point et à quel degré de réalité Pascal croyait à Jésus-Christ, au Dieu-homme et sauveur, qu'on a voulu faire de

---

(1) Voir surtout au tome II, page 341, le passage inédit où l'auteur, ravi dans une tendre contemplation, voit Jésus-Christ présent, converse avec lui, entend sa parole et lui répond : « On croirait lire, dit M. Faugère, un chapitre de l'*Imitation* : *Je pensois à toi dans mon agonie; j'ai versé telles gouttes de sang pour toi. — Veux-tu qu'il me coûte toujours du sang de mon humanité, sans que tu donnes des larmes?...* » De telles heures d'effusion et de ravissement rachetaient et noyaient bien des angoisses.

lui un sceptique. Certes il eût été sceptique sans sa croyance en Jésus-Christ, et cela vous semble peu de chose, parce que, si nous n'y prenons garde, nous devenons sujets, tous tant que nous sommes, en parlant beaucoup de christianisme, à ne plus bien savoir ce que c'est que Jésus-Christ au sens réel et vivant où il le prenait.

Qu'on veuille encore une fois se représenter l'état vrai de la question : des deux puissances qui sont aux prises chez Pascal et dont l'une triomphe, il en est une que nous comprenons tout entière, que nous sentons toujours et de mieux en mieux, le scepticisme ; et quant à l'autre, quant au remède pour lui souverainement efficace et victorieux, nous sommes de plus en plus en train de l'oublier, ou du moins de le transformer vaguement, de n'y pas attacher tout le sens effectif ; de là nous nous trouvons induits, en jugeant Pascal, à transporter en lui le manque d'équilibre qui est en nous, à le voir plus en doute et plus en détresse qu'il n'était réellement sous ses orages.

Nous aurions pu, en nous appuyant au travail de M. Faugère, nous étendre sur d'autres points qu'il discute lui-même dans son Introduction, mais nous avons mieux aimé aller au principal. En résultat, grâce à cette édition qui fixe le texte et coupe court aux conjectures, on a droit de dire, si je ne me trompe, que nous avons reconquis le premier Pascal, mais nous le possédons aujourd'hui par des raisons plus entières et plus profondes.

1er juillet 1844.

# M. MIGNET.

### 1846.

Ce n'est certes pas de nos jours, que Voltaire aurait droit de dire : « La France fourmille d'historiens et manque d'écrivains (1). » Car, si la France n'a jamais été plus fertile en historiens dignes de ce nom par la science et par la pensée, plusieurs se trouvent être à la fois des écrivains éminents. Mais aucun, peut-être, ne marque davantage en lui cette qualité, qui met le cachet à toutes les autres, que l'homme de mérite et de haut talent duquel notre série (2) ne saurait plus longtemps se passer. A des études vastes, continues, profondes, à la possession directe des sources supérieures, M. Mignet n'a cessé de joindre le soin accompli (*cultus*) de composer et d'écrire; chaque œuvre de lui se recommande par l'ensemble, par la gravité et l'ordre, comme aussi par l'éclat de l'expression ou par l'empreinte. C'est bien en le lisant qu'on peut sentir ce que dit quelque part Pline le Jeune dans une belle parole : « Quanta potestas, quanta dignitas, quanta majestas, quantum denique *numen* sit historiæ (3)... » Le caractère élevé, au-

---

(1) Lettre à l'abbé d'Olivet, 6 janvier 1736.
(2) La série des *Historiens modernes de la France* dans la *Revue des Deux Mondes.*
(3) Lettre 27 du livre IX.

guste et, pour ainsi dire, sacré de l'histoire est gravé dans tout ce qu'il écrit. Malgré les difficultés, que nous connaissons trop bien, de juger du fond en des matières si complexes et d'oser apprécier la forme en des hommes si honorés de nous, cette fois nous nous sentons presque à l'aise vraiment; nous avons affaire à une destinée droite et simple qui, en se développant de plus en plus et en élargissant ses voies, n'a cessé d'offrir la fidélité et la constance dans la vocation, la fixité dans le but; il est peu d'exemples d'une pareille unité en notre temps, et d'une rectitude si féconde.

M. Mignet est né à Aix en Provence, le 8 mai 1796. Élevé d'abord au collége de sa ville natale, il y terminait sa quatrième, lorsque passèrent des inspecteurs; le résultat de leur examen fut de faire nommer le jeune élève demi-boursier au lycée d'Avignon où il alla achever ses études. Revenu à Aix en 1815 pour y suivre les cours de droit, il rencontra, dès le premier jour, sur les bancs de l'école, M. Thiers, arrivant de Marseille, et ils se lièrent dès lors de cette amitié étroite, inaltérable, que rien depuis n'a traversée. Reçus tous deux au barreau en la même année (1818), ils débutent ensemble, ils font pendant un an et demi environ leur métier d'avocat, vers la fin un peu mollement, car déjà des études plus chères les détournaient. M. Thiers, indépendamment de son *Éloge de Vauvenargues*, dont nous avons raconté les vicissitudes piquantes et le succès (1), remportait à Aix un autre prix sur l'*Éloquence judiciaire*, et M. Mignet était couronné à Nîmes pour l'*Éloge de Charles VII;* mais son vrai début allait le porter sur un théâtre plus apparent. L'Académie des Inscriptions avait proposé d'examiner quel était, à l'avénement de saint Louis, l'état du gouvernement et de la législation en France, et de montrer, à la fin du même règne, ce qu'il y avait d'effets obtenus et de changements

---

(1) Voir au tome second des *Portraits contemporains* (1854), page 427.

opérés par les institutions de ce prince. Le jeune avocat d'Aix apprit tard le sujet de ce concours ; il ne put s'y mettre que peu avant le terme expiré, et ce fut de janvier à mars 1821, en trois mois à peine, qu'il écrivit l'excellent travail par où il marqua son entrée dans la carrière. Cet ouvrage qui, avec celui de M. Arthur Beugnot, partagea le prix de l'Académie, et qui parut l'année suivante (1822), dans une forme plus développée et sous ce titre : *De la Féodalité, des Institutions de saint Louis et de l'influence de la Législation de ce prince*, indiquait déjà tout l'avenir qu'on pouvait attendre de M. Mignet, comme historien philosophe et comme écrivain.

M. Daunou, qui en rendit compte dans le *Journal des Savants* (mai 1822), reconnaissait que les vues, par lesquelles l'auteur avait étendu son sujet et en avait éclairci les préliminaires, « supposaient une étude profonde de l'histoire de France ; » il trouvait que l'ouvrage « se recommandait moins par l'exactitude rigoureuse des détails que par l'importance et la justesse des considérations générales ; » mais il insistait sur cette importance des résultats généraux, et notait « la profondeur et quelquefois la hardiesse des pensées, la précision et souvent l'énergie du style. » Nous aimons à reproduire les propres paroles du plus scrupuleux des critiques, de celui qui, en rédigeant ses jugements, en pesait le plus chaque mot. Dom Brial aussi, le dernier des bénédictins, s'était montré, au sein de l'Institut, l'un des plus favorables à un travail où la nouveauté du talent rehaussait, sans la compromettre, la solidité.

M. Mignet, par ce premier et remarquable essai, déclarait hautement sa vocation naturelle et en même temps le procédé le plus habituel de son esprit. L'étude particulière sur saint Louis et ses Institutions n'était pour lui qu'une occasion de traverser et de repasser dans toute son étendue l'histoire de France, de la ranger et de la coordonner par rapport à ce grand règne. D'autres auraient pu croire qu'il suffisait, en commençant, d'exposer la situation du royaume, l'état de l'administration, le système des lois politiques, civiles et pénales, au moment où saint Louis arriva au trône; l'Académie n'en demandait pas davantage; mais l'esprit du jeune écrivain était plus exigeant : de bonne heure attentif à remonter aux causes, à suivre les conséquences, à ne jamais perdre de vue l'enchaînement, il se dit que l'influence et la gloire de saint Louis consistaient surtout dans l'abaissement et la subordination du régime féodal, et il rechercha dès lors quel était ce gouvernement féodal dans ses origines et ses principes, comment il s'était établi, accru, et par quels degrés, ayant atteint son plus grand développement, il approchait du terme marqué pour sa décadence. Au point de vue élevé où il se plaçait, et dans le regard sommaire sous lequel il embrassait et resserrait une longue suite d'événements, il arrivait à y saisir les points fixes, les nœuds essentiels, les lois, et déjà il laissait échapper de ces mots, de ces maximes chez lui familières et fondamentales, qui exprimaient ce qu'on a pu appeler son système. A propos des similitudes frappantes et presque des symétries d'accidents qui sautent aux yeux entre l'avénement de la seconde race et celui de la troisième, il disait : « Cette analogie de causes et d'effets est remarquable, et prouve combien les choses agissent avec suite, s'accomplissent de nécessité, et se servent des hommes comme moyens, et des événements comme occasions. » Après avoir montré dans saint Louis le principal fondateur du système monarchique, il suivait les progrès de l'œuvre sous les plus habiles successeurs, et faisait voir avec le temps la royauté de plus en plus puissante et sans contrôle, *roulant* à la fin *sur un terrain uni où elle n'éprouva pas d'obstacle, mais où elle manqua de soutien;* si bien qu'un jour « elle se trouva seule en face de la Révolution, c'est-à-dire d'un grand peuple qui n'était pas à sa place et qui voulait s'y mettre, et elle ne résista pas.

« Ainsi, ajoutait-il en se résumant, depuis l'origine de la monarchie, ce sont moins les hommes qui ont mené les choses que les choses qui ont mené les hommes. Trois tendances générales se sont tour à tour déclarées et accomplies : sous les deux premières races, tendance générale vers l'indépendance, qui finit par l'anarchie féodale; sous la troisième, tendance générale vers l'ordre, qui finit par le pouvoir absolu; et après le retour de l'ordre, tendance générale vers la liberté, qui finit par la révolution. »

C'est de cette idée que M. Mignet partira bientôt pour entamer son *Histoire de la Révolution;* l'Introduction qu'il mit en tête de celle-ci ne fait que développer la visée première; même lorsqu'il aborda le sujet tout moderne, il ne le prenait pas de revers ni à court, comme on voit, il s'y poussait de tout le prolongement et comme de tout le poids de ses études antérieures.

Si M. Mignet se produisait déjà si nettement dans son premier ouvrage par l'expression formelle de la pensée philosophique qu'il apportait dans l'histoire, il ne s'y donnait pas moins à connaître par le sentiment moral qui respire d'une manière bien vive et tout à fait éloquente dans les éloges donnés à saint Louis, à ce *plus parfait* des rois, du si petit nombre des politiques habiles qui surent unir le respect et l'amour des hommes à l'art de les conduire. J'insiste sur ce point parce que beaucoup de gens qui s'élèvent contre le système de la fatalité historique, ont cru y voir la ruine de tout sentiment moral. Le pas en effet est glissant, et la confusion se peut faire sans trop d'effort, si l'on n'y prend garde : M. Mignet du moins ne l'a jamais entendu ainsi ; et quel qu'ait été, selon lui, le rôle assigné aux individus par le destin ou la Providence dans l'ordre successif des choses, il a toujours mis à part l'intention morale.

L'auteur n'a jamais fait réimprimer son premier écrit, auquel il ne rend peut-être pas toute la justice qui lui est due; il en a repris depuis et rectifié plusieurs des idées principales dans le mémoire sur la *Formation territoriale et politique de la France*, lu à l'Académie des Sciences morales en 1838. Dans ce dernier travail mis en regard du premier, saint Louis reste grand sans paraître aussi isolé ni aussi inventeur ; il ne rejoint Charlemagne que moyennant des intermédiaires et en donnant la main à Philippe-Auguste. Les successeurs de saint Louis sont appréciés selon leur importance monarchique avec une mesure mieux graduée : Charles V conduit à Charles VII qui reste très-important, mais Louis XI y est relevé du jugement rigoureux qui, en s'appliquant à l'homme, méconnaissait le roi. De même Richelieu, amoindri d'abord, demandait à être replacé à son vrai rang, et bien moins en tête des ambitieux ministres que dans la série même des rois. J'ai noté les inexpériences inévitables au début, même de la part d'une pensée si ferme et si nourrie : ce qui n'empêche pas ce petit écrit d'être supérieur et de rester à beaucoup d'égards excellent.

Son succès académique amena naturellement M. Mignet à Paris en juillet 1821, et M. Thiers l'y suivit deux mois après. Les deux amis visaient à la capitale, et ils s'étaient dit que le premier qui y mettrait le pied tirerait à lui l'autre. Je ne reviendrai pas sur ces commencements déjà exposés. Pendant que M. Thiers entrait au *Constitutionnel* par M. Étienne, M. Mignet arrivait par Châtelain au *Courrier*, et y prenait rang d'abord dans des articles sur la politique extérieure qui eurent l'honneur d'être remarqués de M. de Talleyrand. Celui-ci y trouva même sujet d'écrire à celui qui pouvait devenir un juge l'un de ces rares petits billets qui semblèrent de tout temps la suprême faveur. Ce fut l'origine d'une liaison bien flatteuse et qui, en ayant ses charges, rendait beaucoup. Dès 1821, on offrait au jeune écrivain de faire une *Histoire de la Révolution française;* on lui proposait aussi de donner un cours à l'Athénée de Paris, et il y professa une année sur la *Réformation* et le seizième siècle, une autre année sur la *Révolution et la Restauration d'Angleterre.*

Parallélisme de la révolution anglaise avec la nôtre dans ses différentes phases et dans son mode de conclusion, c'est là précisément la thèse que M. Mignet soutiendra plus tard dans la polémique du *National;* il y préluda dès le premier jour, aussi bien qu'à cette histoire de la Réformation qu'il devait développer et mûrir à travers tant d'autres études diverses, et qui promet d'être son œuvre définitive. On voit que de bonne heure tous les cadres dans lesquels avait à s'exercer une pensée si pleine d'avenir étaient trouvés.

Cette fixité dans les points de départ et dans les buts assignés, cette détermination prompte et précise dès les premiers pas dans la carrière, caractérisent, ce semble, une nature d'esprit et contrastent fortement avec la mobilité de la jeunesse. M. Mignet en eut surtout la vigueur, qu'il appliqua aussitôt dans toute son intégrité; il ne laisse apercevoir aucun tâtonnement, aucune dispersion : c'est là un des traits qui lui appartiennent le plus en propre. Lui et M. Thiers, d'ailleurs, ils arrivaient à Paris avec une pensée arrêtée en politique, avec une opinion déjà faite, qui aidait beaucoup à la résolution de leur marche et qui simplifiait leur conduite. Ils étaient très-convaincus à l'avance de l'impossibilité radicale qu'il y aurait pour les Bourbons à accepter les conditions du gouvernement représentatif, du moment que ces conditions s'offriraient à eux dans toute leur rigueur, c'est-à-dire le jour où une majorité parlementaire véritable voudrait former un cabinet et porter une pensée dirigeante aux affaires. Ces deux jeunes esprits entraient dans la lutte bien persuadés que la dynastie (par suite de toutes sortes de raisons et de circonstances générales ou individuelles dont ils n'étaient pas embarrassés de rendre compte) ne se résignerait jamais à subir le gouvernement représentatif ainsi entendu, et dès lors ils tenaient pour certaine l'analogie essentielle qui se reproduirait jusqu'à la fin entre la révolution française et la révolution d'Angleterre, et qui amènerait pour nous au dernier acte un changement de dynastie. Cette opinion chez eux, non pas de pur instinct et de passion comme chez plusieurs, mais très-raisonnée, très-suivie (1) et beau-

(1) C'était celle également de Manuel et de Béranger.

coup plus arrêtée que chez leurs jeunes amis libéraux du monde, donna du premier jour à leur attaque toute sa portée et imprima à l'ensemble de leur direction intellectuelle une singulière précision.

J'ai encore présentes à l'esprit ces premières leçons de l'Athénée dans lesquelles M. Mignet aborda le seizième siècle et la Réforme. Il n'avait pas publié à cette époque son tableau de la Révolution française; il n'était connu que par son prix récent à l'Institut et par les témoignages enthousiastes de quelques amis. Je le vois s'asseoir dans cette chaire qui n'était pas sans quelque illustration alors, que décoraient les souvenirs de La Harpe, de Garat, de Chénier, et qu'entouraient à certains soirs plus d'un représentant debout du dix-huitième siècle, Tracy, Lacretelle aîné, Daunou. Le jeune historien de vingt-six ans y parlait de la journée de la Saint-Barthélemy et des causes qui l'avaient préparée. Dès les premiers mots de la lecture, l'auditoire tout entier était conquis ; chacun se sentait saisi d'un intérêt sérieux et sous l'impression de cette parole qui grave, de cet accent qui creuse. La prononciation quelque peu puritaine et ce débit empreint d'autorité redoublaient encore leur effet en sortant du sein d'une jeunesse si pleine d'éclat et presque souriante de grâce. Ce jeune homme à la physionomie aimable et à l'élégante chevelure offrait à la fois quelque chose d'austère et de cultivé, un mélange de réflexion et de candeur. Chaque trait de talent et de pensée était vivement saisi au passage, et je me souviens qu'on applaudit fort celui-ci par exemple (je ne le cite que comme m'étant resté dans la mémoire), lorsque, arrivant à parler de l'ordre des jésuites, l'historien décrivait cette société habile, active, infatigable, qui, pour arriver à ses fins, *osait tout, même le bien.* Cette leçon sur la Saint-Barthélemy fut si goûtée des assistants, que les absents supplièrent M. Mignet de la répéter en leur faveur, et il la recommença la semaine suivante devant une assemblée deux fois plus nombreuse. Je n'ai pas craint de fixer ce souvenir, qui, toutes les fois que les succès de M. Mignet se renouvellent, m'apparaît de loin tout au début de sa carrière. Il est juste et doux de reconnaître que, depuis ce moment-là, il n'a fait autre chose que marcher en avant, poursuivre, étendre les mêmes études en les approfondissant, se perfectionner sans jamais dévier, cueillir le fruit (même amer) des années sans laisser altérer en rien la pureté de ses sentiments ni sa sincérité première. Cette destinée grave et sereine, toute studieuse, sans écart, me fait l'effet d'une belle et droite avenue dont les arbres sont peut-être plus hauts et mieux fournis en avançant : tout à l'extrémité, j'aime à y revoir ces premières stations plus riantes, sous le soleil.

Au printemps de 1824, parut l'*Histoire de la Révolution française :* ce fut un immense succès et un événement. On n'avait pas eu jusque-là dans un livre la révolution tout entière résumée à l'usage de la génération qui ne l'avait ni vue ni faite, mais qui en était fille, qui l'aimait, qui en profitait et qui l'aurait elle-même recommencée, si elle eût été à refaire. On avait des histoires écrites par de véritables contemporains, acteurs ou témoins, juges et parties, des mémoires. M. Mignet fut le premier qui fit une histoire complète abrégée, un tableau d'ensemble vivant et rapide, un résumé frappant, théorique, commode. Autrefois on faisait des éditions *ad usum Delphini :* cette édition-ci fut à l'usage des fils des hommes du tiers-état, c'est-à-dire de tout le monde. Ce prodigieux succès que l'histoire plus développée de M. Thiers obtint après être terminée, et qui ne fut dans son plein que six ans plus tard, vers 1830, le résumé de M. Mignet l'enleva dès sa naissance. Le livre fut à l'instant traduit dans toutes les langues, en espagnol, portugais, italien, danois; il y eut jusqu'à six traductions différentes en allemand. On se l'explique à merveille : l'auteur portait, pour la première fois, l'ordre et la loi dans des récits qui jusque-là, sous d'autres plumes, n'avaient offert qu'anarchie et confusion comme leurs objets mêmes. M. Mignet, au contraire, se plaçant derrière la Révolution, tandis qu'elle tonnait comme le plus terrible des Gracques, faisait en quelque sorte l'office du joueur de flûte de l'antiquité : il la remettait au ton, il remettait au pas ce qui s'était fait tumultueusement, il en marquait la mesure au nom de la force supérieure et de l'idée philosophique. Par lui les mouvements du monstre reprenaient majesté et presque harmonie ; les dissonances criantes s'éteignaient, les irrégularités de détail disparaissaient dans l'effet de la note fondamentale. Ce grand orage humain semblait marcher et rouler comme les hautes sphères.

Ainsi déjà l'avait conçu De Maistre, lorsqu'au début de ses *Considérations* il disait : « Ce qu'il y a de plus frappant dans la Révolution française, c'est cette force entraînante qui courbe tous les obstacles. Son tourbillon emporte comme une paille légère tout ce que la force humaine a su lui opposer ; personne n'a contrarié sa marche impunément. La pureté des motifs a pu illustrer l'obstacle, mais c'est tout ; et cette force jalouse, marchant invariablement à son but, rejette également Charette, Dumouriez et Drouet. » Nous aimerions mieux citer d'autres noms ; mais peu importe, l'idée est la même. Je ne la discuterai pas ici, je l'ai fait ailleurs (1) ; et puis l'on a bien assez de ces débats où il est entré depuis lors tant de déclamations et de lieux-communs. Bossuet, jugeant les révolutions des empires, pensait comme De Maistre ; lui aussi, il n'envisage des factions, des nations entières, que comme un seul homme sous le souffle d'en haut ; il les fait marcher et chanceler devant lui comme une *femme ivre*. Montesquieu, sans aller jusqu'au sens mystique, croyait également à des lois dans l'histoire ; tous les esprits supérieurs les aiment au point de les créer plutôt que de s'en passer. Bolingbroke, parlant d'un écrit de Pope (son *Essai sur l'Homme*, je crois), et du bien qui pouvait en résulter pour le genre humain, écrivait à Swift (6 mai 1730) : « J'ai pensé quelquefois que si les prédicateurs, les bourreaux et les auteurs qui écrivent sur la morale, arrêtent ou même retardent un peu les pro-

---

(1) Dans le *Globe* du 28 mars 1826.

grès du vice, ils font tout ce dont la nature humaine est capable; une réformation réelle ne saurait être produite par des moyens ordinaires : elle en exige qui puissent servir à la fois de châtiments et de leçons ; c'est par des calamités nationales qu'une corruption nationale doit se guérir. » Voilà encore une de ces paroles qui serviraient bien d'épigraphe et de devise à une histoire de la révolution française.

Ce qu'il y avait d'extrêmement neuf et de singulièrement hardi dans l'œuvre de M. Mignet, c'était l'application qu'il faisait de ces lois, telles qu'elles lui apparaissaient, à un sujet si récent et à la représentation d'une époque dont tant d'acteurs, de témoins ou de victimes, existaient encore. Cette application à bout portant était absolue de sa part, elle était inflexible. Selon lui, les intentions quelconques, même des principaux personnages, les passions et intérêts individuels, ont leurs limites d'influence et ne sauraient contrarier ni affecter puissamment le système général de l'histoire. Nous dirons tout à l'heure comment il conçoit ce système dans son universalité; mais, à cette époque et en cette crise de notre révolution, cela lui devenait plus évident encore. Il y régla donc son récit et ses jugements ; il fit saillir la force principale et en dégagea fermement les résultats. S'attachant à un ordre unique de causes, il négligea toutes celles qui n'avaient agi que pour une part indéterminée et confusément appréciable, comme s'il en avait trop coûté à son esprit rigoureux d'admettre de la réalité autre part que là où il découvrait de l'ordre et des lois. C'est ainsi qu'il atteignit son but et put livrer aux enfants du lendemain de la révolution une histoire claire, significative, avouable dans ses points décisifs et honorable, grandiose jusqu'en ses excès, peut-être inévitable, hélas! en ses quelques pages les plus sanglantes, et dont les divers temps se gravèrent ineffaçablement du premier jour dans toutes les mémoires encore vierges. S'il y eut des traces trop manifestes de système et comme des plis forcés à certains endroits, je répondrai : Que voulez-vous? c'est ainsi qu'il convient plus ou moins que l'histoire s'arrange pour être portative et pouvoir entrer commodément dans le sac de voyage de l'humanité.

L'homme, il faut bien se le dire, n'atteint en rien la réalité, le fond même des choses, pas plus en histoire que dans le reste ; il n'arrive à concevoir et à reproduire que moyennant des méthodes et des points de vue qu'il se donne. L'histoire est donc un *art ;* il y met du sien, de son esprit ; il y imprime son cachet, et c'est même à ce prix seul qu'elle est possible. Reportez en idée la méthode de M. Mignet à un événement déjà ancien et reculé dans les siècles, rien ne paraîtra plus simple, plus légitimement lumineux ; il n'y aura lieu à aucune réclamation. La hardiesse ici et l'extrême nouveauté étaient, encore une fois, dans l'application qu'il faisait à une catastrophe d'hier, c'était d'oser introduire un système de lois fixes au sein de souvenirs épars et tout palpitants. Ces chaînes de l'histoire, en tombant sur des plaies vives, les firent crier. On eût accordé au seul prêtre parlant du haut de la chaire au nom de la Providence ce droit qu'un historien, procédant dans la froideur et la rectitude philosophique, parut usurper.

Mais cette usurpation ne parut telle qu'aux intéressés et aux blessés encore saignants du combat. Quant à ces neveux si vite consolés dont parle De Maistre, et que l'inexorable écrivain n'a pas craint de montrer *dansant sur les tombes,* quant à ceux dont Béranger avec plus de sensibilité disait :

> Chers enfants, dansez, dansez,
>     Votre âge
>   Échappe à l'orage !...

tous ceux-là acceptèrent de confiance l'histoire de la révolution, telle que la leur rendait la plume ou le burin de M. Mignet. Les résultats essentiels qui se tirent de ce mâle et simple récit sont passés dans le fond de leurs opinions et presque de leurs dogmes : cela fait partie de cet héritage commun sur lequel on vit et qu'on ne discute plus, et je doute fort qu'à mesure qu'on ira plus avant dans les voies modernes et que par conséquent on trouvera plus simple et plus nécessaire ce qui s'est accompli, on en vienne jamais à remettre en cause les articles, même rigides, de ce jugement historique et à les casser. Je vois d'ici venir plus d'un historien futur : on commencera avec le projet de contredire; puis, chemin faisant, on se trouvera converti, entraîné par le cours des choses, et l'on conclura peu différemment.

A ne voir le livre qu'en lui-même et indépendamment de toute discussion extérieure, en le lisant tout d'un trait (et je viens de le relire), on est pris et attaché par cette forme sévère de talent, par ce développement continu, pressé, d'un récit grave et généreux, où ressortent par endroits de hautes figures. On marche, on suit, on est porté. A chaque nœud du récit, quelques principes fortement posés reviennent frapper les temps et comme sonner les heures. Au passage des grandes infortunes, de justes accents d'humanité ( ce que j'appelle *lacrymæ volvuntur inanes* ) y ont leur écho, sans rien troubler. C'est *en soi*, si l'on peut ainsi parler, un beau livre d'histoire.

Au sortir de l'*Histoire de la Révolution*, ou dans le temps même où il s'en occupait, M. Mignet pensait déjà à celle de la *Réforme*. Il avait poussé assez avant ce grand travail, lorsque les événements politiques de 1829-1830 le vinrent distraire et appliquer tout entier avec ses amis à l'entreprise du *National*. Je n'ai rien à redire ici de ce qui a été déjà exposé dans l'article sur M. Thiers; M. Mignet prit avec lui la part la plus active à cette expédition vigoureuse. Le lendemain du triomphe, au lieu d'entrer, par un mouvement qui eût semblé naturel, dans la pratique et le maniement politique, il distingua sa propre originalité et se maintint dans une ligne plus d'accord avec ses goûts véritables. M. d'Hauterive, archiviste des Affaires étrangères, était mort pendant les journées mêmes de Juillet; M. Molé, en arrivant au ministère, nomma aussitôt M. Mignet au poste vacant. Cette position centrale de haute administration et d'études est celle que l'historien a gardée depuis, et qu'il a même su défendre au besoin contre les tentations politiques dont plus d'une l'est venue chercher. Il aurait pu être ministre à son jour : il préféra demeurer le plus établi des historiens. Une seule fois, en 1833, il fut chargé d'une mission de confiance pour l'Espagne, à la mort de Ferdinand VII, et il alla porter à notre ambassadeur, M. de Rayneval, le mot du changement de politique dans les circonstances nouvelles que créait le rétablissement de la succession féminine. Cette excursion exceptée, les principaux événements de sa vie sont tout littéraires : nommé de l'Académie des Sciences morales lors de la fondation en 1832, élu de l'Académie française comme successeur de M. Raynouard en 1836, il fut de plus choisi pour secrétaire perpétuel de la première de ces académies, à la mort de M. Comte, en 1837. Cette existence considérable, qui s'étendait et s'affermissait dans tous les sens, procurait bien des occasions à son talent et lui imposait des obligations aussi dont il n'a laissé tomber aucune. De là une diversité d'écrits qui pourtant sont encore moins des épisodes que des branches collatérales et des accompagnements d'une même voie. M. Mignet excelle à introduire de la relation et de la suite là où d'autres n'auraient pas su éviter la dispersion. Comme archiviste, il a été conduit à publier les pièces relatives à la *Succession d'Espagne* sous Louis XIV, et aussi le volume récent sur *Antonio Perez;* comme membre et secrétaire perpétuel de l'Académie des Sciences morales et politiques, il a prononcé des éloges d'hommes d'État ou de philosophes, et lu des mémoires approfondis sur certaines questions de l'histoire civile ou religieuse. Ces nombreux travaux ne l'ont pas empêché de poursuivre comme son œuvre essentielle l'*Histoire de la Réformation*, qui s'est encore plus enrichie que ralentie, nous assure-t-on, de tant de stations préliminaires, et qui, tout permet de l'espérer, couronnera dignement une carrière déjà si remplie.

Nous avons à dire quelques mots des principaux écrits

que nous venons d'énumérer ; mais, avant tout, nous parlerons de la manière dont M. Mignet conçoit en général l'histoire elle-même. Il en eut de tout temps la vocation reconnaissable aux signes les plus manifestes : les faits lui disaient naturellement quelque chose, ils prenaient pour lui un sens, un enchaînement étroit et une *teneur*. Ce qui lui paraît en général le plus facile, c'est le récit. Il l'a hautement prouvé et par ce livre de la *Révolution*, et par l'admirable tableau qu'il a donné des événements de Hollande et de la mort des frères de Witt dans le Recueil sur Louis XIV. Esprit scientifique et régulateur, il s'attache d'abord à séparer la partie mobile de l'histoire d'avec ce qu'il appelle sa partie fixe ; il embrasse du premier coup-d'œil celle-ci, les grands résultats, les faits généraux qui ne sont que les lois d'une époque et d'une civilisation : c'est là, selon lui, la charpente, l'*ostéologie*, le côté *infaillible* de l'histoire. La part individuelle des intentions trouve à se loger et à se limiter dans les intervalles. Ce détail infini des intentions et des motifs divers ne donne, selon lui, que le *temps* avec sa couleur particulière, avec ses mœurs, ses passions, et quelquefois ses intérêts ; mais les circonstances déterminantes des grands événements sont ailleurs, et elles ne dépendent pas de si peu ; la marche de la civilisation et de l'humanité n'a pas été laissée à la merci des caprices de quelques-uns, même quand ces quelques-uns semblent les plus dirigeants.

J'expose et je m'efforce simplement de ne rien altérer dans une conception pleine de dignité et de vigueur. Quant à la partie si délicate et si ondoyante des intentions, M. Mignet pense que, pour les trois derniers siècles, on peut arriver à la presque certitude, même de ce côté ; car on a pour cet effet des instruments directs : ce sont les correspondances et les papiers d'État, pièces difficiles sans doute à posséder, à étudier et à extraire ; mais, lorsqu'on y parvient, on surprend là les intentions des acteurs principaux, dans les préparatifs ou dans le cours de l'action et lorsqu'ils sont le moins en veine de tromper, puisqu'ils s'adressent à leurs agents mêmes, ou ceux-ci à eux, et au sujet des faits ou des desseins qu'il leur importe le plus, à tous, de bien connaître. Quant aux époques antérieures, où la plupart de ces pièces manquent, on en est réduit à des conjectures. Appliquant à ses propres travaux les conditions qu'il exige, et s'aidant de toutes les ressources dont il dispose, M. Mignet est ainsi parvenu à réunir pour base de son *Histoire de la Réformation* jusqu'à 400 volumes de correspondances manuscrites de toutes sortes : il y a là de quoi fixer avec précision bien des ressorts secrets, et couper court à bien des controverses. Et, en général, on voit M. Mignet s'appliquer constamment à tirer l'histoire de la région des doutes et des accidents, de la sphère du hasard, et viser à l'élever jusqu'à la certitude d'une science.

L'exemple remarquable qu'il a donné en mettant au jour les *Négociations relatives à la Succession d'Espagne sous Louis XIV* (1) est une innovation des plus démonstratives et des plus heureuses. Sous air de publier un simple recueil de dépêches, il a trouvé moyen de dresser toute une histoire politique du grand règne. M. Mignet a plus fait pour Louis XIV que tous les panégyristes : il nous a ouvert l'intérieur de son cabinet et l'a montré au travail comme roi, judicieux, prudent dès la jeunesse, invariablement appliqué à ses desseins et ne s'en laissant pas distraire un seul instant, au cœur même des années les plus brillantes et du sein des pompes et des plaisirs. On a beaucoup disputé pour ou contre la valeur personnelle de Louis XIV; dans ce curieux procès qui s'est débattu depuis l'abbé de Saint-Pierre jusqu'à Lemontey et au delà, chacun prenait parti selon ses préventions et tranchait à sa guise. Depuis la publication de M. Mignet, il n'y a plus lieu, ce me semble, qu'à un jugement unique. Il est surtout une époque bien mémorable de son rè-

---

(1) Dans la collection des *Documents historiques;* il y a jusqu'ici quatre volumes in-4° publiés (1835-1842) : l'ouvrage entier en aura probablement huit.

gne, celle qui précède la paix de Nimègue (1672-1678), dans laquelle Louis XIV ne partage avec personne le mérite d'avoir conduit sa politique extérieure : il avait perdu son habile conseiller M. de Lionne, en 1671 ; M. de Pomponne, qui lui succédait, homme aimable, plume excellente, le charme des sociétés de mesdames de Sévigné et de Coulanges, n'était pas en tout, à beaucoup près, un remplaçant de M. de Lionne, ni du même ordre politique; il manquait de fertilité et d'invention. Il y avait bien encore Louvois, l'organisateur de la guerre, l'administrateur essentiel et vigilant, mais avec tous les inconvénients de son caractère. Servi par eux, Louis XIV sut se guider lui-même, choisir et trouver ses voies, suffire à tout, réparer les fautes, diviser ses adversaires, ne rien relâcher qu'à la dernière heure, et à force de suite, d'artifice et de volonté, enlever à point nommé la paix la plus glorieuse.

Que pourtant cette habileté de Louis XIV, comme politique, fût de première portée et de la plus grande *volée*, je ne le croirai pas, même après ces solides témoignages : elle se bornait trop à l'objet de son ambition présente et n'envisageait pas assez le lendemain. Là est la distance qui sépare Louis XIV de Richelieu et des vrais génies. Ce rare bon sens de détail, cette habileté persévérante d'application, qui ressortent si visiblement des pièces produites par M. Mignet, diminuent bien de prix, lorsqu'embrassant l'ensemble du règne, on les voit mener en définitive à de si déplorables résultats et à de si cuisants retours. Ainsi, dans cette première lutte avec la Hollande et pendant les années qui la préparent (1668-1672), on peut admirer l'art profond avec lequel le roi isole à l'avance ce petit peuple et le sépare successivement de tous ses alliés, pour l'écraser ensuite; mais patience! la Hollande aux abois et son héros le prince d'Orange tourneront à la longue toute l'Europe contre la France. Un homme de passion et de génie sortit de ces flots par lesquels il avait sauvé son pays, et c'est Guillaume III qui a suscité Marlborough et tous les succès de la reine Anne. La hauteur personnelle de Louis XIV et ses ténacités d'orgueil compliquèrent toujours et traversèrent plus ou moins la vue de ses vrais intérêts comme roi ; son rare bon sens, en se mettant au service de cette passion personnelle, ne la dominait pas assez. On en a vu, depuis, de plus grands que lui ne pas éviter pareil écueil et finalement s'y briser.

On jouit, grâce à M. Mignet, de lire dans ces intérieurs de conseils, de percer le secret des choses et d'en pouvoir raisonner. Cette publication met, en quelque sorte, la diplomatie (1) à la portée de ceux qui ne bougent pas de leur fauteuil, et l'offre en spectacle et en sujet de méditation à l'homme d'étude et au moraliste ; elle leur permet de saisir le fin du jeu et d'en extraire la philosophie à leur usage. Tous ceux qui, sans mettre le doigt aux affaires du monde, aiment à tout en comprendre, doivent savoir un gré infini à M. Mignet. Si quelquefois, en d'autres écrits, il a paru faire trop étroite la part des intentions et des influences personnelles dans l'histoire, s'il les a souvent encadrées et un peu écrasées dans une formule absolue et inflexible, ici elles reprennent tout leur espace et tout leur champ ; on a la revanche au complet. Et qu'il est parfois amusant, ce tapis du jeu, qu'il est rempli de dessous de cartes et de revers ! M. de Lionne, dont la trace si considérable était restée à demi ensevelie dans les cartons officiels, reparaît ici avec toute sa vie et sa variété féconde. Politique avisé autant qu'homme aimable, plein d'expédients et de ressources, fertile, infatigable, possédant à fond les affaires et les portant avec légèreté et grâce, les égayant presque toujours dans le ton, il était le chef de cette école de diplomates dont Chaulieu avait connu de

(1) Ici et dans tout ce qui suivra, il est bien entendu que je ne parle que de l'ancienne diplomatie : quant à la nouvelle, là où il existe encore telle chose qu'on doive appeler de ce nom, je suis disposé à faire en sa faveur toutes les exceptions qu'on pourra désirer.

brillants élèves, et dont il a fait un groupe à part dans son Élysée :

> Dans un bois d'orangers qu'arrose un clair ruisseau
> Je revois Seignelai, je retrouve Béthune,
> Esprits supérieurs en qui la volupté
> Ne déroba jamais rien à l'habileté,
> Dignes de plus de vie et de plus de fortune !

M. de Lionne est le maître de cette école solide et charmante dont M. de Pomponne, à la fois plus vertueux et moins appliqué, n'est déjà plus. Mais celui qui en est à fond et que M. Mignet a ressuscité tout entier, c'est le chevalier de Gremonville, cet ambassadeur à Vienne, le démon du genre, le plus hardi, le plus adroit, le plus *effronté* des négociateurs du monarque : Louis XIV lui a décerné en propres termes ce piquant éloge. C'est une comédie que toute sa conduite à Vienne, et une comédie qui aboutit à ses fins sérieuses. J'avoue (et j'en demande pardon à la philosophie de l'histoire) que tout cela fait bien rêver ; on arrive, après cette lecture, à croire sans trop de peine, et presque comme si l'on avait été ministre dans le bon temps, que tous les grands politiques ont été plus ou moins de grands dissimulateurs, pour ne pas dire un autre mot. Qu'ils le soient seulement dans l'intérêt général et en vue du bien de l'*État*, comme disait Richelieu, les voilà plus qu'absous, et ils font de grands hommes. On arrive, en continuant de rêver, à se dire que la société est une *invention*, que la civilisation est un *art*, que tout cela a été *trouvé*, mais aurait bien pu ne l'être pas ou du moins ne l'être qu'infiniment peu, et qu'enfin il y a nécessairement de l'*artifice* dans ces génies dirigeants. Cette morale politique peut paraître fort rapprochée, je le sais, de celle de Hobbes, de Hume, de Machiavel ; mais, s'il y a un machiavélisme qui est petit, le véritable ne l'est pas. Dans le discours qu'il adressait à Léon X sur la réforme du gouvernement de Florence, ce grand homme (Machiavel) disait : « Les hommes qui, par les lois et les institutions, ont formé les républiques et les royaumes, sont placés le plus haut, sont le plus loués après les Dieux. »

En étudiant d'original cette variété de personnages qui viennent comme témoigner sur eux-mêmes dans le Recueil de M. Mignet, on en rencontre un pourtant, une seule figure à joindre à celles des grands politiques intègres et dignes d'entrer, à la suite des meilleurs et des plus illustres de l'antiquité, dans cette liste moderne si peu nombreuse des Charlemagne, des saint Louis, des Washington : c'est Jean de Witt, lequel à son tour a fini par être mis en pièces et dilacéré au profit de cet autre grand politique moins scrupuleux, Guillaume d'Orange ; car ce sont ces derniers habituellement qui ont le triomphe définitif dans l'histoire. Osons bien nous l'avouer, oui, c'est au prix de cette connaissance et aussi de cet emploi du mal que le monde est gouverné, qu'il l'a été jusqu'ici. Honneur et respect du moins, quand l'esprit supérieur et le grand caractère qui ne recule devant rien fait entrer dans ses inspirations un sentiment élevé, un dévouement profond à la puissance publique dont il est investi, quand il se propose un but d'accord avec l'utilité ou la grandeur de l'ensemble ! Quoi qu'il ait fait alors, et fût-il Cromwell, il est absous comme en Égypte par le tribunal suprême, et il entre à son rang dans les pyramides des rois.

La lecture de cette histoire d'un nouveau genre, au moment où on l'achève, laisse une singulière impression. On ne peut se dissimuler que, malgré tous les soins et l'art ingénieux de l'historien-rédacteur, elle ne soit souvent pénible et lente à cause de la nature des pièces et *instruments* qu'elle porte avec elle et qu'elle charrie ; et pourtant, quand on en sort, non pas après l'avoir parcourue (je récuse ces gens qui parcourent), mais après l'avoir lue dans son entier, on se sent dégoûté des autres histoires comme étant superficielles, et il semble qu'on ne saurait dorénavant s'en contenter. Mais on ne saurait non plus, par le besoin de tout bien savoir, se réduire désormais à ce régime d'histoire purement diplomatique, dont l'objet est surtout d'enregistrer les textes, et de faire passer avec continuité sous les yeux la teneur même des dépêches, actes et traités. Au reste, il n'est guère à craindre qu'un tel genre, excellent dans l'application présente, devienne bien contagieux. La matière trop souvent en manquera; et, là même où elle se rencontrerait, le rédacteur ingénieux et méthodique, l'ordonnateur habile et supérieur, tel que M. Mignet, manquera encore plus souvent. On continuera donc probablement, comme par le passé, de publier des recueils de pièces, traités et correspondances, avec plus ou moins de liaisons et d'éclaircissements : à M. Mignet restera l'honneur d'avoir presque élevé un simple recueil de ce genre jusqu'à la forme et au mouvement de l'histoire (1).

C'est un intérêt du même genre, mais plus concentré, que présente l'ouvrage intitulé *Antonio Perez et Philippe II*, composé d'après une méthode analogue, et dont le fond repose également sur des documents officiels inédits. M. Mignet en avait fait d'abord, dans le *Journal des Savants*, des articles qu'il a réunis ensuite en volume (1845). De nouveaux documents, arrivés d'Espagne, et relatifs au rôle de Philippe II dans le meurtre d'Escovedo, permettent à l'auteur de préparer une prochaine édition plus complète, et dans laquelle ses premières conjectures se trouveront confirmées. Antonio Perez, secrétaire d'État, favori brillant,

---

(1) Il est une dernière remarque que j'oserai glisser ici, bien que contraire à la prévention qui règne aujourd'hui en faveur du langage du siècle de Louis XIV; tous ces hommes d'esprit dont j'ai parlé causaient à merveille, mais comment écrivaient-ils pour la plupart? voici du reste ma remarque de lecteur dans toute sa simplicité et sa sincérité : « Je suis pour le moment en plein Louis XIV, je lis les *Négociations d'Espagne* publiées par M. Mignet; je vois de près l'ordinaire et le tous-les-jours de ce grand style que nous sommes accoutumés sans cesse à glorifier d'après quelques échantillons. Eh bien! oui, louons-le de loin! mais en réalité nous ne nous arrangerions pas mieux, si nous y étions condamnés, de l'*ordinaire* du style écrit de ce temps-là que de l'ordinaire du régime politique de ce grand règne. — Cela est très-vrai. » (Longueur rebutante de phrases et enchevêtrement continuel, amphibologie de sens, manque de précision, de netteté, etc., etc.)

complice de son maître dans l'exécution des plus secrets et des plus redoutables desseins, devint, à un certain moment, son rival en amour, et se perdit par ses déréglements et ses imprudences. Sa perte fut préparée avec une lenteur calculée par Philippe II, « qui traînait en longueur ses disgrâces comme toutes les autres choses. » Le caractère de ce sombre monarque, son indécision tortueuse, compliquée des rancunes mortelles de son humeur et comme des intermittences de sa bile, ne se révèle nulle part plus profondément que dans cette lugubre affaire et dans les suites opiniâtres qu'il y donna. Antonio Perez, jeté en prison, retenu captif durant onze années, traité avec des alternatives de ménagement et de rigueur, selon ce qu'on craignit ou qu'on espéra de ses aveux ; puis, quand on le crut dessaisi de tous papiers et de tous gages, livré à la justice secrète de Castille, poursuivi pour un acte dans lequel il n'avait été que l'exécuteur d'un ordre royal, mis à la torture, Perez parvint, à force d'adresse, et par le dévouement de sa femme (1), à s'échapper en Aragon ; et là, devant un libre tribunal, le duel s'engagea à la face du soleil, entre le sujet sacrifié et le monarque. Les Aragonais, qui prirent parti pour l'opprimé et qui le soutinrent, ainsi que leur droit de justice souveraine, par une révolte à main armée, y perdirent leurs institutions et les dernières garanties de leur indépendance. Ces chapitres, dans lesquels le drame romanesque de Perez rejoint et traverse les grands intérêts de l'histoire, et où les deux ressorts se confondent, sont d'un suprême intérêt; et, en tout, dans le cours de cette publication épisodique, M. Mignet a su combiner le genre de piquant qui tient à une destinée individuelle et aventurière, avec la gravité habituelle qu'il aime dans les conclusions.

Les deux volumes de *Notices et Mémoires historiques* (1843) qui contiennent le tribut payé par M. Mignet à

---

(1) Elle fit comme madame de Lavalette ; elle entra dans sa prison, et il en sortit déguisé sous les vêtements de sa femme.

titre de membre et d'organe de deux académies, et particulièrement de celle des Sciences morales et politiques, demanderaient plus d'espace pour l'examen que nous ne pouvons leur en donner ici. Le mémoire lu en 1839, sur la *Conversion de la Germanie au Christianisme et à la Civilisation* pendant les huitième et neuvième siècles, offre une des plus légitimes, des plus belles applications de la méthode scientifique, telle que l'esprit de l'auteur se plaît à la déployer et à la gouverner au sein des masses de l'histoire. Saint Boniface, jugé au point de vue civil, y représente avec héroïsme, avec sublimité, l'énergie sociale conquérante, le bienfait de l'idée nouvelle. Et en général, c'est quand un personnage s'identifie avec une idée, avec un système et une des faces de la pensée publique, que M. Mignet s'y arrête le plus heureusement et excelle à le peindre. Cette remarque se vérifie dans les éloges et notices académiques qu'il a eu l'occasion de prononcer. Nul plus que lui ne semble propre à ce genre d'éloquence académique, à la prendre dans sa meilleure et sa plus solide acception. Les corps littéraires sont heureux de rencontrer de telles natures de talent, auxquels se puisse conférer l'office de les représenter, aux jours de publicité, par leurs plus larges aspects, et de les faire valoir dans la personne de leurs plus illustres membres. Si la mort, qui frappe à coups pressés dans les rangs des mêmes générations, ne met pas toujours de la variété dans ses choix et apporte inévitablement quelque monotonie dans l'ordre des sujets qui se succèdent, elle fait passer aussi un à un devant l'historien-orateur les principaux représentants de toutes les grandes idées qui ont eu leur jour. C'est ainsi que M. Mignet a eu tour à tour à apprécier des philosophes, des hommes d'État, des jurisconsultes, des médecins, des économistes : il n'a failli à aucun de ces emplois, et on l'a vu porter dans tous la même conscience d'études, une vue équitable et supérieure, et une grande science d'expression ; mais il nous semble n'avoir jamais mieux rencontré que dans les portraits qui se détachent par la hauteur et l'unité de la physionomie, ou dans ceux qui se lient naturellement à de grands exposés de systèmes, par exemple dans ceux de Sieyès et de Broussais. Le portrait du premier surtout est un chef-d'œuvre. La figure intellectuelle de Sieyès paraît avoir eu de tout temps un attrait singulier pour la pensée de M. Mignet, et nul certainement plus que lui n'aura contribué à faire apprécier des générations héritières et de l'avenir les quelques idées immortelles de ce génie solitaire et taciturne.

Tant de hautes qualités, que nous avons eu à reconnaître dans la manière de l'historien et de l'écrivain, sont achetées au prix de quelques défauts, et notre profonde estime même nous autorisera à les indiquer. M. Mignet, on l'a vu, distingue dans l'histoire deux portions, l'une plus fixe et comme infaillible, qui tient aux lois des choses, et l'autre plus mobile, plus ondoyante, qui tient aux hommes : or, on peut observer que souvent il exprime bien fortement la première et lui subordonne trop strictement la seconde ; et cette inégalité n'a pas lieu seulement (comme il serait naturel de l'admettre) dans la conception et l'ordonnance générale du tableau, mais elle se poursuit dans le détail, elle se traduit et se prononce dans la marche du style et jusque dans la forme de la phrase. Celle-ci, au milieu des rapports complexes qu'elle embrasse, affecte par moments une régularité savante et une ingénieuse symétrie de mécanisme que les choses en elles-mêmes, dans leur cours naturel, ne sauraient présenter à ce degré. C'est ainsi que des rapprochements qui sont judicieux au fond, mais que le relief de la forme accuse trop, cessent de paraître vraisemblables ; cela a l'air trop arrangé pour être vrai ; l'esprit du lecteur admet difficilement dans la suite, même providentielle, des événements humains une manœuvre si exacte et si concertée. On peut dire que l'écrivain, par endroits, marque trop les articulations de l'histoire. Toutes les critiques à faire pour le détail rentreraient dans celle-là et en découleraient. C'est surtout quand cette rigueur de manière s'applique à des faits et à des personnages récents qu'on est frappé du contraste. Si habilement et si artistement tissu que soit le filet, les hommes et leurs intentions et les mille hasards de leur destinée passent de toutes parts au travers, et la présence même du réseau d'airain ne sert qu'à faire mieux apercevoir ce qu'il ne parvient pas à enserrer. La qualité littéraire du style en souffre à son tour ; on y regrette par places la fluidité, et l'on y est trop loin du libre procédé si courant de Voltaire ou de M. Thiers. Voilà les défauts qui disparaissent le plus habituellement dans la fermeté, l'énergie, l'éclat ou la propriété de l'expression, et qui ne se remarquent plus du tout dans les beaux récits de M. Mignet, tels que celui des événements de Hollande sous les frères de Witt : nous osons lui proposer à lui-même ce parfait exemple pour son histoire future de la Réformation.

Et puisque nous sommes en train d'oser, il ne serait pas juste, en quittant l'un des écrivains les plus respectés et les plus considérables de notre temps, de ne pas toucher à l'homme, et de ne pas au moins nommer en lui quelques-uns de ces traits si rares et qui accompagnent si bien le talent, sa simplicité, un caractère aimable, resté fidèle à ses goûts et à ses affections, quelque chose de gracieux qui, ainsi que nous l'avons noté chez son ami M. Thiers, se rattache à la patrie du Midi et aux dons premiers de cette nature heureuse.

15 mars 1846.

# LA REVUE

## EN 1845 (1).

La *Revue des Deux Mondes* et les écrivains qui tiennent à honneur de lui appartenir ont été récemment l'objet de telles attaques violentes et outrageuses, outrageuses et pour ceux qu'on y désignait malignement, et pour ceux qu'on y passait sous silence, en ayant l'air de les ménager, et pour ceux surtout qu'on cherchait à y flatter en se les donnant pour auxiliaires, que c'est un devoir à eux, non pas de se défendre (ils n'en ont pas besoin), mais de témoigner de leurs sentiments, de leurs principes, et de marquer de nouveau leur attitude. Ce n'est pas seulement pour eux un devoir, c'est un plaisir; car la position de la *Revue* et

---

(1) On reproduit ici cet article de polémique qui, ainsi que les suivants, peut offrir quelque intérêt. Celui-ci fut écrit pour servir comme de programme à la *Revue des Deux Mondes*, à la veille de l'année 1845. Les attaques dont il était question, et qui sont déjà si oubliées, se retrouveraient dans divers journaux, et notamment dans le moins littéraire de tous, dans *la Démocratie pacifique*, qui avait rendu à M. Alexandre Dumas le mauvais service de se prêter aveuglément à ses colères. — Dans cet article d'ailleurs, aussi bien que dans la suite de ceux qui ont pour titre : *De la Littérature industrielle*, *Dix Ans après*, etc., *Quelques Vérités*, etc., etc. (voir les volumes de *Portraits contemporains*), on peut bien juger en quel sens et dans quelle mesure l'auteur a cru devoir se déclarer, à certains moments, pour le parti de la conservation en littérature et de la résistance.

des écrivains qui y prennent la plus grande part n'a jamais été plus nette, mieux assise et plus franchement dessinée.

Quand je dis que c'est un plaisir, je vais bien pourtant un peu loin : c'en serait un certainement dans toute autre circonstance, mais dans celle-ci, nous pouvons en faire l'aveu, la satisfaction de démontrer clairement son bon droit se trouve très-mélangée par l'affliction que tout esprit vraiment littéraire éprouve à voir de telles scènes dégradantes et les noms connus du public qui y figurent. Pourquoi donc faut-il un seul instant s'y arrêter? Si, pour les écrivains qui se respectent, il est, à certains égards, bien pénible de venir même toucher par allusion à ces tristes conflits, quelque chose ici l'emporte, le besoin pour eux de rendre hommage à la vérité et de ne pas laisser s'autoriser par leur silence l'ombre d'un doute sur ce qu'ils pensent, sur ce qu'ils souffrent de tout ce bruit.

Et d'abord nous serions sérieusement tenté de féliciter plutôt le fondateur de cette *Revue*, M. Buloz, de l'incroyable déluge d'invectives qu'on n'a pas craint, ces jours derniers, d'amonceler de toutes parts et de déverser contre lui. En nous tenant strictement ici à ce qui concerne le fondateur de la *Revue des Deux Mondes* (et cette fondation est le vrai titre d'honneur de M. Buloz), nous pourrions bien lui affirmer que ce n'est point tant à cause des inconvénients, des imperfections et des défauts que toute œuvre collective et tout homme de publicité apportent presque inévitablement jusqu'au sein de leurs qualités et de leurs mérites, qu'il est attaqué et injurié avec cette violence en ce moment, mais c'est précisément à cause de ses qualités mêmes (qu'il le sache bien, et qu'il en redouble de courage, s'il en avait besoin), c'est pour sa fermeté à repousser de mauvaises doctrines, de mauvaises pratiques littéraires, et pour l'espèce de digue qu'il est parvenu à élever contre elles et dont s'irritent les vanités déchaînées par les intérêts.

Un sage orateur ancien disait : « La foule m'applaudit,

est-ce donc qu'il me serait échappé quelque sottise? »
L'inverse de cela est un peu vrai, j'en demande bien pardon
à la majorité, ou à ce qui a l'air de l'être. Quand vous voyez
un homme attaqué avec acharnement, avec furie, par
toutes sortes de gens (et même d'honorables, mais intéressés), et par toutes sortes de moyens, soyez bien sûr que
cet homme a une valeur, et qu'il y a là-dessous quelque
bonne et forte qualité en jeu et qu'on ne dit pas.

C'est encore un ancien, l'aimable et sage Ménandre, qui
disait que dans ce monde, en fait de bonheur et de succès,
le premier rang est au flatteur, le second au *sycophante*
ou calomniateur, et que les gens de mœurs corrompues
viennent en troisième lieu. Il est vrai que c'est dans une
comédie qu'il dit cela, et qu'on ne peut pas prendre tout
à fait au sérieux ces sortes de saillies; mais il faut pourtant
reconnaître que, si les honnêtes gens en ce monde sont
moins mal partagés d'ordinaire et dans les temps réguliers
que Ménandre ne le dit, il est aussi des instants de crise
où ils se conduisent de manière à avoir tout l'air en effet de
ne venir qu'après les flatteurs, les calomniateurs et ceux
qui vivent à petit bruit de la corruption.

Un tel moment de crise est-il donc arrivé pour la littérature, et ce qui devrait être la source et le refuge des idées
élevées, des nobles rêves ou des travaux studieux, n'est-il
donc plus dorénavant que le plus envahi et le plus éhonté
des carrefours? Nous ne le croirons jamais, quand les apparences continueraient d'être ce qu'elles sont depuis quelque temps, depuis quelques jours. Nous ne cesserons,
nonobstant toute avanie, de croire obstinément à la vie
cachée, aux muses secrètes, et à cette élite des honnêtes
gens et des gens de goût qui se rend trop invisible à de
certaines heures, mais qui se retrouve pourtant quand on
lui fait appel un peu vivement et qu'on lui donne signal.

La prétention de la *Revue des Deux Mondes* (et cette
prétention avouée vient de conscience bien plutôt que d'orgueil) serait de relever, autant qu'il se peut, ce phare trop
souvent éclipsé, et de maintenir publiquement certaines

traditions d'art, de goût et d'études : tâche plus rude parfois et plus ingrate qu'il ne semblerait. Les conditions de la littérature périodique, en effet, ont graduellement changé et notablement empiré depuis 1830. Ce n'est point à cette révolution même que je l'impute, mais au manque abolu de direction morale qui a suivi, et auquel les hommes d'État les mieux intentionnés n'ont pas eu l'idée, ou le temps et le pouvoir, de porter remède. Quelles qu'en puissent être les causes très-complexes, le fait subsiste ; il s'est élevé depuis lors toute une race sans principes, sans scrupules, qui n'est d'aucun parti ni d'aucune opinion, habile et rompue à la phrase, âpre au gain, au front sans rougeur dès la jeunesse, une race résolue à tout pour percer et pour vivre, pour vivre non pas modestement, mais splendidement; *une race d'airain qui veut de l'or.* La reconnaissez-vous, et est-ce assez vous marquer par l'effigie cette monnaie de nos petits Catilinas? Que le public qui voit les injures sache du moins à quel prix on les a méritées. Ce qu'à *toute heure du jour* un Recueil, même purement littéraire, qui veut se maintenir dans de droites lignes, se voit contraint à repousser de pamphlétaires, de libellistes, de *condottieri* enfin, qui veulent s'imposer, et qui, refusés deux et trois fois, deviennent implacables, ce nombre-là ne saurait s'imaginer. De là bien des haines; de là aussi la difficulté de trier les bons, et un souci qui peut sembler exclusif parfois, un air négatif et préventif, et qui n'est la plupart du temps que prévoyant. — « Il y a dix ans que je ferme la porte aux *Barbares*, » disait un jour le fondateur de cette *Revue*. Nous lui répondions qu'il exagérait sans doute un peu, et qu'il n'y avait peut-être pas lieu d'être si fort en garde. Mais voilà qu'aujourd'hui on se charge de prouver contre lui, contre nous, qu'il n'y a que trop de *Barbares* en effet, même quand ce sont les habiles qui y tiennent la main.

On le comprend assez, cette grande colère du dehors ne s'est pas formée en un jour, et le mal vient de plus loin. Dans ces diverses et confuses attaques dont la *Revue* a l'honneur d'être l'objet, et qui la feraient ressembler (Dieu me pardonne!), si cela durait, à une place de sûreté assiégée par une *jacquerie*, les adversaires s'attachent à confondre les dates et à brouiller pêle-mêle les choses et les temps. Un simple exposé rétablira tout. Lorsqu'il n'y a pas moins de treize à quatorze ans, au lendemain de la révolution de Juillet, cette *Revue* commença, et qu'elle conçut la pensée de naître, elle dut naturellement s'adresser aux hommes jeunes et déjà en renom, aux écrivains et aux poëtes que lui désignait leur plus ou moins de célébrité. M. Hugo, M. de Vigny, bientôt M. Alfred de Musset, George Sand dès que ce talent eut éclaté, et au milieu de tout cela M. de Balzac, M. Dumas, d'autres personnes encore qui ne se piquent pas d'être citées en si haut rang à côté d'eux, tous, successivement ou à la fois, furent associés, appelés, sollicités même (plusieurs s'en vantent aujourd'hui) à contribuer de leur plume à l'œuvre commune. On s'essayait, on cherchait à marcher ensemble. Dans ces premières années de tâtonnements, le corps de doctrines critiques n'était pas encore formé ni dégagé; la *Revue* avait plutôt le caractère d'un *magazine*. Cette lacune se faisait quelquefois sentir, et l'on cherchait à y pourvoir; mais de telles doctrines, pour être tant soit peu solides et réelles, de telles affinités ne se créent pas de toutes pièces, et l'on attendait.

A la veille des prochaines divisions, et dans le temps même de cet intervalle, il y eut, nous l'avouons, comme un dernier instant fugitif que tous ceux qui sont restés fidèles à la *Revue* ne peuvent s'empêcher de regretter, un peu comme les jeunes filles regrettent leurs quinze ans et leur première illusion évanouie : ce fut l'instant où le groupe des artistes et des poëtes paraissait au complet (M. de Balzac n'en était déjà plus; mais M. Dumas en était encore), et où les critiques vivaient en très-bon ménage avec eux. M. Gustave Planche alors, je vous assure, ne se voyait point, lui présent, traité par les poëtes avec ce dédain magnifique qu'il était du reste si en fonds pour leur rendre. Dans une de ces réunions dont nous avons gardé souvenir, le noble et regrettable Jouffroy prenait l'idée d'écrire le portrait de George Sand, idée piquante et heureuse, projet aimable, longtemps caressé par lui, et que tant d'autres soins, avant la mort, l'ont empêché d'exécuter. Ce court moment dont nous parlons, et où la philosophie elle-même souriait au roman, c'était, en un mot, la *lune de miel* de la critique et de la poésie à la *Revue des Deux Mondes*, et là, comme ailleurs, les lunes de miel ne luisent qu'une fois.

Cependant l'atmosphère politique s'éclaircissait peu à peu à l'entour; en même temps que la fièvre publique s'apaisait, les tendances littéraires reprirent le dessus et se prononcèrent : l'expérience se fit.

C'est alors que la critique et la poésie commencèrent à tirer chacune de leur côté, et, quelles qu'aient pu être les incertitudes et les déviations à certains moments, l'honneur véritable du directeur de la *Revue* est de n'avoir jamais laissé rompre l'équilibre aux dépens de la critique, et d'avoir maintenu, fait prévaloir en définitive l'indépendance des jugements. Il y eut, pour en venir là, bien des assauts, bien des ruptures.

On sait bien ce qu'est un poëte dans ses livres ou dans le monde, et même dans l'intimité; on ne sait pas, on ne peut savoir ni soupçonner, à moins de l'avoir vu de près, ce que c'est qu'un poëte dans un journal, dans une *Revue*. Je suis trop poëte moi-même (quoique je le sois bien peu) pour prétendre dire aucun mal de ce qui n'est qu'une conséquence, après tout, d'une sensibilité plus prompte et plus vive, d'une ambition plus vaste et plus noble que celle que nourrissent d'ordinaire les autres hommes; mais, encore une fois, on ne se figure pas, même quand on a pu considérer les ambitions et les vanités politiques, ce que sont de près les littéraires. Sans entrer dans d'incroyables détails qu'il est mieux d'ensevelir, s'il se peut, comme des infirmités de famille, et en ne touchant qu'à celles que la querelle du moment dénonce, il suffira de faire remarquer que, dans une *Revue* où le poëte existe, il tend naturellement à dominer, et les conditions au prix desquelles il met sa collaboration ou sa seule présence (qu'il le médite ou non) sont ou deviennent aisément celles d'un dictateur. La dignité même de l'art l'y excite, la gloire du dehors l'y pousse, l'inégalité de renom fait prestige autour de lui. Chez le poëte le moins enclin à une intervention fréquente, la délicatesse même engendre des susceptibilités particulières, impossibles à prévoir, des facilités de piqûre et de douleur pour un mot, pour un oubli, pour un silence. Les moins actifs, les plus accommodants ou les plus volages, réclament souvent une seule clause : c'est la faculté, toutes les fois qu'ils publient une œuvre, de choisir eux-mêmes leur critique. Choisir son critique de sa propre main, entendez-vous bien? nous mettons là le doigt sur le point périlleux. Je comprends très-bien, et j'ai souvent accepté moi-même avec joie, avec orgueil, ce rôle, cet office de la critique en tant qu'elle sert la poésie :

> Nous tiendrons, pour lutter dans l'arène lyrique,
> Toi la lance, moi les coursiers!

Il y a lieu, en de certains moments décisifs, à cette critique auxiliaire, explicative, apologétique : c'est quand il s'agit, comme cela s'est vu dans les années de lutte de l'école poétique moderne, d'inculquer au public des formes inusitées, et de lui faire agréer, à travers quelques ornements étranges, les beautés nouvelles qu'il ne saluerait pas tout d'abord. Mais ce rôle d'urgence pour la critique n'a qu'un temps; il trouve naturellement son terme dans le triomphe même des œuvres et des talents auxquels cette critique s'était vouée. Elle redevient alors ce qu'elle est par essence et ce qu'implique son nom, c'est-à-dire un témoin indépendant, au franc parler, et un juge.

Or, c'est aussi ce que pardonne le moins la poésie, surtout quand elle se croit des droits de voisinage et de haut ressort. Ce qui résulte souvent de colère et de rancune pour une simple première discussion modérée et judicieuse est inimaginable, et la critique elle-même alors, quand elle récidive, a fort à faire pour ne pas se laisser gagner aux mêmes irritations. Plus d'un prosateur devient parfois poëte en ce point. Il y a, voyez-vous, dans ces haines de poëtes à critiques, une finesse, une qualité d'acrimonie, dont les querelles et les animosités politiques, j'y insiste, ne sauraient donner aucune idée. C'est emporté, c'est aveugle, c'est grossier, c'est subtil, c'est irréconciliable. « La férocité naturelle fait moins de cruels que l'amour-propre, » a dit La Rochefoucauld. La *Revue des Deux Mondes* trouve occasion de vérifier ce mot aujourd'hui; elle en prend acte à son honneur. Tous les poëtes et rimeurs critiqués, confessant naïvement leurs griefs, ont été les premiers, dans la bagarre présente, à se soulever, à prêter leurs noms, à venir se faire inscrire à la file comme témoins à charge, même les malades, dit-on, même les infirmes (ceci est affligeant à toucher, mais on nous y force), et l'on nous assure que, pour jeter sa pierre, le plus clément, le plus chevaleresque, le plus contrit de tous lui-même a marché (1). Qu'y a-t-il là pourtant qui doive étonner? un poëte dont on a critiqué un sonnet ou un poëme épique, comment pardonnerait-il jamais cela?

Ce fut donc (nous revenons à notre petit récit) une époque vraiment *critique* pour la *Revue des Deux Mondes* que celle où l'élément judiciaire ou judicieux commença en effet à se dégager, à se poser avec indépendance à côté des essais d'art et de poésie qu'on insérait parallèlement. Que la balance ait toujours été tenue dans l'exacte mesure, qu'il n'y ait eu aucun soubresaut, aucune irrégularité, nous ne nous en vanterons certes pas, et, si nous l'osions faire, ceux-là seuls nous croiraient, qui ne sauraient pas les difficultés inhérentes à tout recueil de cette nature, à toute publication collective paraissant à jour fixe, et dans laquelle un directeur véritable est toujours placé entre le reproche qu'on lui fait de trop imposer, et l'inconvénient, non

---

(1) Il s'agissait de l'excellent poëte M. Soumet, qui, tout malade qu'il était de la maladie dont il mourut, s'était laissé entraîner à cette polémique.

moins grave, de trop permettre. L'essentiel, le seul point que nous tenions à constater, et que le public peut-être voudra bien reconnaître avec nous, est celui-ci : Somme toute, et à travers les nombreux incidents d'une course déjà longue, la *Revue* a fait de constants et d'heureux efforts pour se fortifier, pour s'améliorer, et, depuis bien des années déjà, pour réparer par l'importance des travaux en haute politique, en critique philosophique et littéraire, en relations de voyages, en études et informations sérieuses de toutes sortes, ce qu'elle perdait peu à peu en caprice et en fantaisie, ce qu'elle ne perdait pas seule et ce que les premiers talents eux-mêmes, le plus souvent fatigués en même temps que renchéris, ne produisaient plus qu'assez imparfaitement. Voilà le vrai ; et de plus, il est résulté de ces années d'expérience et de pratique commune que cette doctrine critique, qu'on cherchait à introduire dès l'abord, s'est formée de la manière dont ces sortes de choses se forment le mieux, c'est-à-dire lentement, insensiblement, comme il sied à des hommes d'âge déjà mûr, qui ont passé par les diverses épreuves de leur temps, et qui sont guéris des excès. Sans aller entre soi jusqu'à la solidarité entière, on est arrivé à un concert très-suffisant. Qu'il y ait lieu, par instants, en littérature, à une critique d'allure tranchée, plus dogmatique et systématique, plus dirigée d'après une unité profonde de principes, nous ne le nions pas, et simplement, sans exclure de son à-propos cette haute critique d'initiative, ce n'est point celle à laquelle la *Revue* d'ordinaire prétend. Si son but, à elle, peut sembler plus modeste, son procédé n'en doit être que plus varié, plus étendu, plus proportionné, nous le croyons, à ce que réclament les nécessités d'alentour. Elle voudrait, contre les excès de tout genre, établir et pratiquer une critique de répression et de justesse, de bonne police et de convenance, une critique pourtant capable d'exemples, et qui, sachant se dérober par intervalles au spectacle d'alentour, à ces combats de Centaures et de Lapithes comme ceux que nous voyons aujourd'hui, irait s'oublier encore et se complaire à de studieuses, à d'agréables reproductions du passé.

Pour animer, pour ennoblir aux yeux du public cet ensemble de critique, en apparence si peu fastueuse, et que nous ne cherchons nullement à rehausser ni non plus à rapetisser ici, une seule considération peut-être suffira. L'âme, l'inspiration de toute saine critique, réside dans le sentiment et l'amour de la vérité : entendre dire une chose fausse, entendre louer ou seulement lire un livre sophistique, une œuvre quelconque d'un art factice, cela fait mal et blesse l'esprit sain, comme une fausse note pour une oreille délicate ; cela va même jusqu'à irriter certaines natures chez qui la sensibilité pénètre à point dans la raison et vient comme aiguiser celle-ci en s'y tempérant. *La haine d'un sot livre* fut, on le sait, la première et la plus chaude verve de Boileau. Tous les critiques distingués en leur temps, je parle des critiques praticiens qui, comme des médecins vraiment hippocratiques, ont combattu les maladies du jour et les contagions régnantes, La Harpe, le docteur Johnson, ont été doués de ce sens juste et vif que la nature sans doute accorde, mais qu'on développe aussi, et que plus d'un esprit bien fait peut, jusqu'à un certain point, perfectionner en soi. Or, ce sens de vérité est précisément ce qui, dans tous les genres, dans l'art, dans la littérature d'imagination, et, ce qui nous paraît plus grave, dans les jugements publics qu'on en porte, s'est le plus dépravé aujourd'hui. Il semble que les esprits les plus brillants et les mieux doués se soient appliqués à le fausser, à l'oblitérer en eux. On en est venu dans un certain monde (et ce monde, par malheur, est de jour en jour plus étendu) à croire que l'esprit suffit à tout, qu'avec de l'esprit seulement on fait de la politique, de l'art, même de la critique, même de la considération. Avec de l'esprit seulement, on ne fait à fond rien de tout cela. Les politiques, restés plus avisés, le savent bien pour leur compte, et, dans leur politesse qui ressemble un peu à celle de Platon éconduisant les poëtes, ils renvoient d'ordinaire ces gens d'esprit, qui ne sont que cela, à la littérature. Mais la littérature elle-même, en s'ouvrant devant eux pour les accueillir, car elle est large et en effet hospitalière, a droit de leur rappeler pourtant que le vrai ne lui est pas si indifférent qu'ils ont l'air de le croire, et que chez elle aussi on ne fonde rien de solide qu'en tenant du fond du cœur à quelque chose. Eh bien! dans ce rôle de critique positive que nous pratiquons, la *Revue des Deux Mondes* se pique de tenir ferme à quelques points, de compter de près avec les œuvres mêmes, et d'observer un certain esprit attentif de vérité et de justice. Il ne suffit pas d'être de ses collaborateurs ou d'avoir un moment passé dans leurs rangs pour être à l'instant et à tout jamais loué, épousé, préconisé, comme cela se voit ailleurs : on a pu même trouver à cet égard que la *Revue* a souvent exercé jusque sur elle-même une justice bien scrupuleuse. Mais, d'autre part, il serait souverainement injuste de prétendre qu'il suffit de ne pas être, ou de ne plus être des siens, pour se voir apprécié sévèrement. Ceux même qui parlent ainsi, et qui se plaignent si haut, ont oublié de quelle manière leurs œuvres dernières, celles qui restaient dignes de leur talent et de la scène, ont été examinées dans cette *Revue*, non point avec l'enthousiasme qu'ils eussent désiré peut-être, du moins avec une bienveillance et une sincérité d'intention incontestables (1). Ce rôle, la *Revue des Deux Mondes*, nous l'espérons bien, ne s'en départira pas désormais, et l'effet même de ces violences extérieures devra être de l'y faire viser de plus en plus : dire assez la vérité même à ses amis, ne pas dire trop crûment la vérité même à ses ennemis (avec de tels agresseurs cela mènerait trop loin); en un mot, ne pas trop oublier l'agrément, même dans la justice. La touche littéraire est là, et, s'il semble difficile de ne pas la forcer parfois dans l'indignation qu'on ressent, on n'a que plus d'honneur à maintenir cette modération, quand la fermeté s'y mêle.

(1) C'est dans cet esprit que moi-même j'avais rendu compte de la comédie de *Mademoiselle de Belle-Isle*, dans la livraison du 15 avril 1839.

La Harpe, qui avait grand cœur dans un petit corps, et qui soutenait si rude guerre contre Dorat et les petits poëtes de son temps (cela nous fait maintenant l'effet de l'histoire des pygmées, tant nous sommes devenus des géants), La Harpe, dis-je, n'avait point cette modération de laquelle la vivacité même du critique ne devrait jamais se séparer. Il ne se possédait pas, et il en résultait toutes sortes d'inconvénients et de mésaventures; car ce Dorat, qui ne faisait que des vers musqués, était, à ce qu'il paraît, tant soit peu capitan et mousquetaire. — « Nous aimons beaucoup M. de La Harpe, disait l'abbé de Boismont à l'Académie, mais c'est désagréable de le voir nous revenir toujours avec l'oreille déchirée. » Dans ces luttes personnelles, même lorsqu'on a d'abord la raison pour soi, l'autorité du critique s'abaisse et périt bientôt avec la dignité de l'homme. Si La Harpe, forcé par la cohue de quitter l'arène, ne s'était réfugié dans sa chaire du Lycée et dans son *Cours de Littérature*, il ne s'en relevait pas.

Un nom qui réveille l'idée de toutes les convenances dans la critique, et qui est devenu presque synonyme de celui d'urbanité, le nom de Fontanes, paraîtra certes un peu loin de ce temps-ci; nous ne résistons pas à l'ironie de le prononcer. Sût-on d'ailleurs faire revivre, par impossible, et ressaisir quelques-unes des finesses discrètes et des grâces qu'il représente, on peut grandement douter que l'emploi en fût applicable dans des jours aussi rudes que les nôtres, et quand le siècle de fer de la presse est véritablement déchaîné. On dirait que les injures à l'O'Connell ont passé le détroit, et qu'elles sont à l'ordre du jour en France : c'est là, je crois, dans son vrai sens cette fameuse *brigade irlandaise* qu'il se vantait de nous prêter. On a beau faire et se dire de prendre garde, le ton de chacun grossit un peu et se monte toujours plus ou moins sur celui des interlocuteurs; les voix les plus pures sont vite sujettes à s'enrouer, si elles essayent de parler dans le vacarme. Tout critique a sur ce point plus que jamais à se surveiller. Il y a quelques années déjà, cette *Revue* fut l'objet d'attaques violentes et tout à fait sauvages, parties d'une feuille obscure que rédigeaient de jeunes débutants. J'en avais pris sujet d'un article intitulé *les Gladiateurs en littérature*, que le peu d'importance des attaquants et l'inconvénient de paraître les accoster m'engagèrent ensuite à garder dans le tiroir : « Il est désastreux, leur disais-je, de « débuter ainsi en littérature. Lorsqu'encore on aurait « raison sur quelques points, on se perd soi-même par un « premier excès, si l'excès sort de certaines bornes. Il est « des forfaits littéraires aussi ; il y a du 93 ; on ne revient « pas du fiel qu'on a tout d'abord versé ; on gâte son avenir ; « on altère, on viole à jamais en soi l'esprit même de cette « culture, hélas ! de moins en moins sentie, et qui a fait « le charme des plus délicats parmi les hommes. Vauve- « nargues a dit qu'il faut avoir de l'âme pour avoir du « goût. Mais, pour cela, une certaine générosité de cœur ne « suffit pas, c'est une générosité civilisée qui y prépare... » Et encore, pour exprimer le regret et le dégoût d'avoir à s'occuper de ce qui est si loin et de ce qu'on rencontre si près des muses, j'ajoutais en terminant : « Bien mieux vau- « drait ignorer. Parler trop longtemps de ces choses, ou « seulement en connaître, c'est déjà par malheur y tremper ; « c'est violer soi-même le goût, prêter à son tour l'oreille au « Cyclope ; c'est peut-être faire la police des lettres, mais « à coup sûr en corrompre en soi la jouissance. »

Telle était ma pensée d'alors, telle aujourd'hui et plus confirmée elle est encore, à l'aspect de ce que nous voyons. Mais ici on n'a plus affaire à de jeunes Cyclopes, ce sont des Ajax tout grandis qui ne craignent pas de faire acte de gladiateurs, et devant lesquels il ne fallait pas craindre à son tour de s'exprimer. Leurs déportements se jugent d'ailleurs par le fait même ; au bout de quelques jours, le public, d'abord excité, s'en dégoûte, sans avoir besoin d'être averti, et il ne reste d'irréparable, après de tels éclats, que les atteintes profondes que les violents se sont portées, qu'ils ont portées aussi à la cause littéraire qu'ils semblaient dignes de mieux servir.

Hâtons-nous de sortir de ces débats, d'en détourner les yeux, et de nous préparer, en cette année commençante, à des sujets capables de la remplir. Ce lien qui, disait-on, avait quelquefois manqué aux divers travaux critiques de la *Revue*, ce lien dont nous avons trop senti nous-même, à de certains jours, le relâchement, et que nous nous sommes efforcé bien souvent de rattacher, il existe désormais, il est formé manifestement; les attaques mêmes du dehors et l'union des agresseurs nous le démontrent. Puisse du moins le sentiment croissant de la cause à défendre, la conscience de la vérité et de la dignité en littérature, contribuer entre nous à le resserrer !

15 décembre 1845.

# UN DERNIER MOT

SUR

# BENJAMIN CONSTANT.

Le travail publié dans cette *Revue* (1) sur la jeunesse de Benjamin Constant et ses relations avec madame de Charrière a produit son effet, l'effet que permettaient d'en attendre la quantité et la qualité des documents intimes versés pour la première fois dans le public. Il en est résulté un jour de fond qui a éclairé le devant, c'est-à-dire qui a fait mieux voir dans toute la vie ultérieure et dans les mobiles habituels de cet homme plus distingué qu'heureux et plus intéressant que sage. Les personnes qui l'ont particulièrement connu ont retrouvé dans ces premiers essais de sa nature et dans ces premiers jeux de sa destinée les indices déjà prononcés de ce qu'elles avaient tant de fois observé en lui; la ressemblance du personnage avec lui-même a paru fidèle, bien qu'à certains égards peu

(1) Livraison du 15 avril 1844, — et depuis dans le volume de *Caliste ou Lettres de Lausanne*, édition de 1845, Paris, chez Jules Labitte. La publication de ce petit volume m'a dispensé de recueillir dans ces *Portraits* mon travail sur Benjamin Constant : je l'ai encadré à la suite de *Caliste*, à côté de tout ce qui peut s'y rapporter et l'éclairer. J'y renvoie donc, certain d'ailleurs qu'on ne se repentira pas d'avoir fait connaissance de près avec madame de Charrière. Les pages que je donne ici ne sont que le supplément de cette petite publication.

flatteuse. Pour nous, qui n'avions été, dans cette affaire, que le rédacteur ou plutôt l'arrangeur des notices, renseignements et pièces de toutes sortes, si obligeamment confiés à nos soins par M. E.-H. Gaullieur, nous pouvions, ce semble, en parler ainsi sans nous y croire intéressé, et nous avions même tout fait pour nous effacer entièrement. On a bien voulu pourtant nous mettre en cause : dans une biographie de Benjamin Constant, qui fait partie de la *Galerie des Contemporains illustres par un Homme de rien*, le spirituel auteur (M. de Loménie) a cru devoir, en se déclarant le champion de Benjamin Constant, faire de nous un adversaire de l'illustre publiciste, et nous prendre à partie sur les notes et réflexions qui accompagnaient les lettres produites, comme si elles étaient en désaccord criant avec les textes mêmes. S'il s'était contenté de nous trouver un peu sévère, un peu rigoureux ce jour-là, nous nous abstiendrions de réclamer, ne pouvant trouver étonnant qu'on nous rendît à nous-même ce dont nous usions envers un autre ; mais la manière dont M. de Loménie présente l'ensemble de notre opinion, et dont il la combat dans les moindres détails, nous obligeait à dire tôt ou tard quelques mots, sous peine de paraître battu, ce qui est toujours désagréable quand on sent qu'on ne l'est pas. Hier encore, un estimable journal, du très-petit nombre de ceux dont les jugements comptent, *le Semeur* (1), tout ému de charmantes lettres d'amour écrites en 1814 par Benjamin Constant, et dont M. de Loménie a publié des extraits, semblait en conclure que nous avions perdu notre cause, comme si nous nous étions mêlé de cette délicate matière, et comme si nous avions rien dit qui pût faire injure à ces tendres billets. Et puis, l'opinion de M. de Loménie est une autorité en matière de biographie ; ses notices, si modestement commencées il y a quelques années, ont fait leur chemin ; elles sont lues partout, et elles le méritent. Dans cette voie si périlleuse de la biographie con-

---

(1) 8 octobre 1845.

temporaine, il a su éviter les écueils de plus d'un genre, et atteindre le but qu'il s'était proposé : de la loyauté, de l'indépendance, aucune passion dénigrante, de bonnes informations, la vie publique racontée avec intelligence et avec bon sens, la vie privée touchée avec tact, ce sont là des mérites dont il a eu l'occasion de faire preuve bien des fois en les appliquant à une si grande variété de noms célèbres tant en France qu'à l'étranger; cela compense ce que sa manière laisse à désirer peut-être au point de vue purement littéraire, et ce qui doit manquer aussi à ses jugements en qualité originale, car l'étendue même de son cadre lui impose un éclectisme mitigé. Pourtant tout biographe contemporain a, quoi qu'il fasse, ses complaisances; nous le savons mieux que personne, et nous savons bien aussi que les complaisances de M. de Loménie seraient volontiers les nôtres. Pourquoi nous oblige-t-il cette fois à risquer de les contrarier, quand nous ne faisons que nous défendre?

Benjamin Constant a été un grand esprit, et il a eu un assez grand rôle; politiquement et à travers quelques inconséquences singulières, il a rendu des services à une cause qui était, en somme, celle de la France. Par sa parole, par ses écrits, il a contribué à répandre des vérités ou théories constitutionnelles qui avaient alors tout leur prix et qui peuvent avoir encore leur utilité. Je ne suis pas de ceux qui oublient ces services, et qui sont tellement absorbés dans le point de vue *psychologique*, que tout souvenir patriotique s'y anéantit. Je ne me suis jamais proposé pour sujet d'embrasser par une étude la carrière publique de Benjamin Constant, d'autres (et M. Loève-Veimars, par exemple) l'ayant fait avant moi et de manière à m'en dispenser. Que si vous me replacez le spirituel tribun dans les chambres passionnées de la Restauration, en face de cette meute d'ennemis acharnés et inintelligents qu'il déconcerte et qu'il irrite par ses ironies, je sais bien lequel j'applaudissais. Mais il vient un moment où l'on a droit de juger à son tour ceux qui vous ont précédé et guidé, surtout si tout le monde les juge, et si eux-mêmes, hommes de publicité et de parole, ils ont provoqué ce regard scrutateur par toutes sortes d'éclats, d'indiscrétions moqueuses et de confidences à haute voix. Il est très-permis alors de pénétrer dans les coulisses de cette scène où l'acteur tout le premier vous a introduit, et de lire, s'il se peut, avec l'impartialité du moraliste, sous le masque, de tout temps très-mal attaché, de celui que la popularité proclama un grand citoyen, et qui fut seulement un esprit supérieur et fin uni à un caractère faible et à une sensibilité maladive. J'ignore s'il est quelqu'un de nos amis qui ait su garder, à travers les épreuves diverses, cette fleur de libéralisme primitif, de libéralisme pour ainsi dire platonique et en dehors de toute action, et cette tendresse extrême de conscience qui ne souffre examen ni doute à l'endroit des anciennes idoles; s'il en est de tels, je les admire et je les envie. Quant à moi, qui suis loin d'un tel bonheur, je veux profiter du moins des bénéfices de l'expérience en même temps que des amertumes, et je ne me croirai jamais réduit à un point de vue *exclusif*, comme on m'en accuse, parce que je m'appliquerai de mon mieux à voir réellement les choses et les hommes tels qu'ils sont.

Qu'avons-nous donc fait avec Benjamin Constant? Une masse de pièces authentiques, de révélations directes, nous était confiée : nous ne pouvions tout produire, et nous nous en remettions de ce soin à qui de droit. En attendant, nous en avons tiré, à l'usage de notre public, un simple choix, tâchant de le rendre le plus agréable qu'il était possible à la lecture, et aussi de le rapporter à une idée d'étude et d'analyse. Il nous a semblé que, sans faire violence à la lettre et à l'esprit de ces documents, il n'était pas difficile d'y surprendre, d'y noter déjà dans leurs origines et leurs principes la plupart des misères, des contradictions et des défaillances qui n'avaient que trop éclaté plus tard, au su et vu de tous, dans cette fine nature. Nous avons, dans ce but, comme *souligné* ou articulé plus fortement au passage les endroits qui nous semblaient tenir à quelque veine secrète, faisant exactement ce qu'on pratique en anatomie, lorsqu'on *injecte* quelque petit vaisseau pour le rendre plus saillant et le soumettre à l'étude. Nous sommes-nous complétement trompé, comme le veut M. de Loménie? A côté des choses aimables et que nous donnions pour telles, avons-nous pris pour de la sécheresse ce qui était de la passion, pour du persiflage ce qui n'était que de la jeune gaieté, pour des habitudes plus que périlleuses ce qui n'était que d'heureux instincts? Avons-nous, en réussissant trop bien à rendre le choix des lettres agréable, fait ressortir encore mieux cet agrément par nos commentaires maussades et *jansénistes*, c'est tout dire? Enfin avons-nous fait (ce qui est l'histoire de tant d'éditeurs) comme cet âne de la fable, qui porte des roses au marché et qui n'en mange pas?

Pour ne pas nous perdre ici en des apologies de détail dont le lecteur n'a que faire, nous poserons tout d'abord un principe, et ce principe est celui-ci :

Il faut avoir l'esprit de son âge, dit-on : cela est vrai en avançant; mais surtout et d'abord il faut en avoir la vertu : des mœurs et de la pudeur dans l'enfance, de la chevalerie, de la chaleur de conviction et de la générosité de pensée dans la jeunesse. La vie, en allant, se gâte assez. L'âge mûr, trop souvent, hélas ! n'a plus cette chevalerie et cette première fleur d'honneur, de même que la jeunesse avait foulé elle-même cette première fleur de pudeur. Si l'on commençait par une enfance ou une adolescence souillée, par une jeunesse égoïste ou trop sceptique et ironique, et faisant bon marché de tout, où n'irait-on pas? et lorsqu'on voudrait ensuite réparer et se reprendre aux nobles idées, aux sentiments vrais, le pourrait-on? — C'est en ce sens que Buffon disait : « Je n'estimerais pas un jeune homme qui n'aurait point commencé par l'amour. »

Quelqu'un de très-spirituel l'a dit encore : On doit faire dans la vie comme pour un voyage; il faut toujours se mettre en route avec trop de provisions, au moral aussi;

on ne saurait être trop en fonds au départ, on a bien assez d'occasions de perdre et de dépenser. Si l'on n'emporte que juste le nécessaire, on se trouve bientôt aux expédients.

Or, dans ces extraits de correspondance de Benjamin Constant qui ont été publiés, on a pu apprécier et peser le bagage du jeune homme au début, évaluer la *quantité* de fonds, au moral, qu'il emportait en se mettant en route dans la vie. Cette pacotille nous a semblé des plus légères. L'enfance, chez lui, ce qui est toujours un malheur, fut comme supprimée. On le voit, dès l'âge de douze ans, dans une lettre pleine de grâce (et à laquelle je n'ai attaché d'ailleurs qu'une importance secondaire, car l'authenticité ne m'en est pas complétement démontrée), on le voit allant dans le monde avec son gouverneur, comme un petit monsieur, l'épée au côté, et déjà très-attentif aux louis d'or qui roulent sur les tables de jeu. Mais son adolescence surtout est très-compromise; on aperçoit par de trop clairs aveux comment il l'employa dans ce premier séjour à Paris, avant l'âge de vingt ans; et les lettres qu'il écrit durant son escapade en Angleterre, que montrent-elles? que sont-elles? Elles sont assez gracieuses, vives et spirituelles sans doute, mais d'une exaltation nerveuse et comme fébrile, sans *velouté*, sans fraîcheur à travers ces vertes campagnes. Jean-Jacques, au même âge et avec tous ses défauts, avait le sentiment passionné de la nature; il faisait, on s'en souvient, cette charmante promenade, qu'il nous a si bien décrite, avec mesdemoiselles Galley et de Graffenried. Je sais bien qu'à vingt ans on sent ces choses mieux qu'on ne les décrit, et la peinture que retraçait Jean-Jacques, il ne l'aurait pas faite ainsi le soir même de la délicieuse journée. Quoi qu'on puisse dire, il ne se découvre pas même trace de ce genre de sentiment, si conforme à la jeunesse, dans les lettres qu'écrit d'Angleterre Benjamin Constant : en revanche, il cite *le Pauvre Diable* de Voltaire, et il s'en revient au gîte en se souvenant beaucoup de Pangloss.

Je suis presque honteux d'avoir à revenir ainsi pas à pas

sur des choses que je croyais comprises, et de me trouver obligé de remettre le doigt sur chaque trait. Ai-je d'ailleurs fait un crime au jeune Benjamin de ce malheur de sa vie première? N'ai-je pas remarqué tout le premier qu'il lui avait manqué, aussi bien qu'à Jean-Jacques, les soins et la tendresse d'une mère? N'ai-je pas cité le passage d'*Adolphe* où il nous peint le caractère de son père, si contraire à toute confiance et ne permettant aucune ouverture à l'affection? Puis, durant ces quelques semaines qu'il passe auprès de madame de Charrière, n'ai-je pas fait valoir aussitôt l'influence heureuse de cette première tendresse que rencontre le jeune homme, influence balancée, il est vrai, par l'excès d'analyse et par la nature aride de certaines doctrines? N'ai-je pas fait apprécier plus tard ce je ne sais quel ennoblissement soudain, au moins de ton et d'intention, qu'il dut sensiblement, dès le premier jour, à l'ascendant de madame de Staël? — Mais entre tous mes torts de détail, pour couper court, je choisirai l'un de ceux que M. de Loménie me reproche le plus, et sur lequel il s'égaye vraiment un peu trop. Parlant des romans de Rétif, Benjamin Constant écrivait : « Il (*le romancier*) met trop d'importance aux petites choses. On croirait, quand il vous parle du bonheur conjugal et de la dignité d'un mari, que ce sont des choses on ne peut pas plus sérieuses, et qui doivent nous occuper éternellement. Pauvres petits insectes! *qu'est-ce que le bonheur ou la dignité?* » Et sur ce dernier mot je me suis permis d'ajouter que c'était là une fatale parole quand on la prononçait à vingt ans, et qu'on courait risque de ne s'en guérir jamais. Selon M. de Loménie, il n'est pas un Grandisson de vingt ans qui n'ait dit de telles choses. Mais il semble vraiment n'avoir pas bien lu. Qu'un jeune homme dise : *Qu'est-ce que le bonheur?* il n'y a rien là-dedans de bien rare ni de bien alarmant. Ce qui l'est davantage, c'est qu'il ajoute : *le bonheur ou la* DIGNITÉ! Ceci devient plus sérieux. La jeunesse ne saurait être trop à cheval sur ce chapitre de la dignité; il est trop aisé, plus tard, d'en rabattre. Un excès de délicatesse est de rigueur, surtout à cet âge. Benjamin Constant n'éprouva que trop les inconvénients de n'avoir pas de bonne heure pensé ainsi.

Et tout d'abord, par exemple, sans sortir de cette relation même avec madame de Charrière, il y avait un mari, très-peu gênant et très-peu visible, comme la plupart des maris, pourtant il y en avait un, bon homme, obligeant; on voit, par une lettre de Benjamin, que celui-ci lui avait emprunté quelque argent à son départ pour Brunswick et qu'il devait lui envoyer un billet; rien de plus simple ; mais, si on lit des lettres de madame de Charrière à Benjamin Constant publiées depuis, on y trouve ce passage (1) :
« ...... Vous fâcherez-vous, sire, si je vous demande encore le billet que M. de Ch. m'avait chargée, il y a quelques mois, de vous demander? un billet en peu de mots, pur et simple? Vous ne sauriez croire ce que je souffre, quand il me semble que vous n'êtes pas en règle avec les gens que je vois. Ils ont beau ne rien dire, je les entends. » Avec un scrupule un peu plus marqué à l'endroit de la dignité, le jeune homme ne se serait pas fait dire deux fois ces choses dont souffrait pour lui une femme délicate ; il se serait mis au plus vite en règle avec le mari. Mais, en général, un certain genre de position fausse n'était pas assez insupportable à Benjamin Constant; on en retrouverait trace, avec plus ou moins de variantes, en d'autres circonstances de sa vie, et le contre-coup de cette mauvaise habitude se fit bien péniblement sentir à l'extrémité de sa carrière, lorsque, dans ses derniers jours, il subit l'inconvénient, lui, homme d'opposition, de ne pas se trouver *en règle* avec un personnage auguste encore plus obligeant que M. de Charrière, et qui ne lui demandait pas de billet. — Puisque M. de Loménie a contesté si fort notre premier commentaire sur le *Qu'est-ce que la dignité?* nous avons dû y ajouter ce supplément.

---

(1) Dans le volume déjà indiqué : *Caliste ou Lettres de Lausanne;* Paris, 1845, page 321.

Nous regrettons qu'une contradiction aussi directe, et partie d'un écrivain qui s'appuie à des autorités imposantes, nous oblige à pousser plus avant encore et à développer quelques-uns de nos motifs; car, quoi que le critique ait pu dire, nous n'avions aucun parti pris à l'avance contre un esprit aussi charmant que celui de Benjamin Constant. *Adolphe* est un des livres que nous aimons le plus dans leur tristesse; en mainte occasion nous avons parlé de l'auteur avec intérêt, avec sympathie, et comme étant nous-même de ceux qui entrent le plus dans quelques-unes de ses faiblesses. Il nous a été impossible seulement, à la lecture de ces lettres premières, de ne pas remarquer, ne fût-ce que pour la décharge de l'homme, que, par le malheur de l'éducation et des circonstances, son adolescence dissipée et déjà gâtée avait fait place aussitôt à une jeunesse toute fanée et sans ardeur.

Un certain nombre des lettres écrites par lui de Brunswick à madame de Charrière contiennent des détails singuliers, des expressions dont l'initiale seule est très-étonnante et plus que difficile à reproduire. Ce ne sont pas seulement de ces petits jurons comme il en voltigeait sur le bec du libertin *Ver-Vert*. On m'assure que le dix-huitième siècle était coutumier de ces sortes de propos dans les correspondances familières, même entre hommes et femmes; ainsi je trouve un de ces mots un peu gros dans une lettre que l'aimable et tendre chevalier d'Aydie (l'amant de mademoiselle Aïssé) écrivait à madame Du Deffand. A la bonne heure; mais je puis dire qu'une de ces expressions de Benjamin Constant à madame de Charrière passe tout et ne se pourrait représenter qu'en latin, comme lorsqu'Horace, par exemple, parle d'Hélène : *Nam fuit ante Helenam...* Le principal tort, sans doute, en ces incidents, est à la femme qui souffre de tels oublis de plume; pourtant cette affectation de cynisme sert à juger aussi les qualités de jeunesse et le degré de conservation de celui qui se donne licence.

Durant les années de séjour à Brunswick, et vers le mois de janvier 1793, Benjamin Constant avait fait la connaissance d'une femme dès lors mariée, et qu'il devait retrouver plus tard dans la vie. Cette personne était en train de poursuivre son propre divorce, tandis que Benjamin, de son côté, accomplissait le sien. On était alors par toute l'Europe dans une effervescence sociale et morale qui n'a d'analogue qu'en certaines époques romaines : « Les femmes de haut lieu et de grand nom, disait Sénèque, comptent leurs années non par les consulats, mais par les mariages; elles divorcent pour se marier, elles se marient pour divorcer (1). » Benjamin, dans ses lettres à madame de Charrière, dans celles de la fin sur lesquelles nous n'avons fait que courir, parle fréquemment de cette femme et de plusieurs autres encore; suivant son incurable usage, il ne pouvait s'empêcher de persifler, de plaisanter de l'une ou des unes avec l'autre. Par moments il lui venait bien quelques petits scrupules de tout ce manége compliqué, dans lequel il pouvait sembler jouer un rôle si peu digne et de son esprit et même de son cœur; un jour donc, il écrivit à madame de Charrière une lettre dont je n'ai gardé que l'extrait suivant, l'original est aux mains de M. Gaullieur :

« Ce 26 fructidor (probablement 1795).

« .... Votre dernière lettre m'a donné de grands scrupules relativement à Charlotte. Je trouve que je suis avec cette femme sur un pied qui jette sur ma conduite, à mes propres yeux, un air de fausseté, de perfidie et d'ingratitude qui me pèse. Pendant que je me moque d'elle avec vous, je lui écris, de temps en temps, par honnêteté, de tendres ou pompeux galimatias, et, si quelqu'un comparait mes lettres à elle avec mes lettres sur elle, on me regarderait avec raison comme un fou méchant et faux. Il faut, ou ne plus avoir de relation avec elle, ou ne plus me moquer d'elle ni avec vous, ni avec personne. Or, comme il ne me plaît pas de rompre, il ne me reste que le dernier parti à prendre. Je vous prie donc, et je crois que j'ai presque un droit de le demander, de brûler ce que je vous ai écrit sur elle. Je suis, grâce à mon bavardage sur moi-même, tellement décrié que je n'ai pas besoin

---

(1) *De beneficiis*, III, 16.

de l'être plus ; et si mes lettres, qui nagent dans vos appartements, échouaient en quelques mains étrangères, cela donnerait le coup de grâce à ma mourante réputation… »

Je n'avais pas jugé utile dans le premier travail de faire entrer ce fragment, qui en dit plus que nous ne voulons, qui en dit trop, car certainement Benjamin Constant valait infiniment mieux que la réputation qu'il s'était faite alors ; mais enfin il se l'était faite, comme lui-même il en convient : étais-je donc si en erreur et si loin du compte quand j'insistais sur certains traits avec précaution, avec discrétion ?

Ce singulier fragment nous apprend bien des choses, et d'abord qu'il ne faudrait pas absolument se fier aux lettres d'amour qu'il écrivait, pour y trouver l'expression toute vraie de sa pensée ; car enfin ce qu'il appelle ici du *tendre galimatias* pourrait bien, si on le retrouvait sans commentaire, paraître tout simplement de la tendresse exaltée. En général, il ne faut jamais croire aux correspondances que dans une certaine mesure, car on se modèle toujours, à quelques égards, sur la personne à laquelle on écrit. Tout homme d'esprit, d'esprit rompu et mobile, quand il prend la plume pour correspondre, est un peu comme Alcibiade, et revêt plus ou moins les nuances de la personne à laquelle il s'adresse. Qu'est-ce donc si le désir est en jeu et si l'on veut plaire ? Avec madame de Charrière, sur laquelle il n'avait nul dessein pareil, et qui l'avait recueilli malade, qui l'avait soigné et guéri chez elle, Benjamin se montre sans gêne et dans un complet déshabillé (1) ; avec d'autres, ou princesses ou bergères, il sera tout le contraire du déshabillé, il se jettera (et plus sincèrement qu'il ne le dit) dans les nuages, dans l'encens, dans la quintessence allemande sentimentale. Avec la noble personne dont la beauté ne se sépara point des grâces décentes, il saura

(1) Cette femme aimable lui disait un jour avec un sourire triste, en le voyant devenir *muscadin* : « Benjamin, vous faites votre toilette, vous ne m'aimez plus ! »

trouver les délicatesses exquises, tout en s'efforçant d'attendrir chez elle et d'apitoyer la clémence. Avec madame de Krüdner, il fut en vapeurs mystiques, en confession et presque en oraison permanente. Si jamais on publie ses lettres à cette Julie Talma dont il a tracé un si charmant portrait, je suis certain qu'elles seront charmantes elles-mêmes, et ici elles pourraient avoir, sans mentir en rien, les couleurs de l'attachement continu et du dévouement. Avec ses amis hommes, il sera, dès qu'il le pourra, un honnête homme malheureux et presque attachant : tel il se dessinerait, je suis sûr, dans sa correspondance avec M. de Barante jeune alors, et dont le sérieux aimable l'invitait; tel nous l'avons entrevu dans sa relation avec Fauriel, et nous n'avons pas omis, à son honneur, de le remarquer. Voilà bien des germes de qualités, dira-t-on; nous ne nions pas les germes, nous ne nions pas les velléités en lui et la multitude des demi-métamorphoses. Mais qu'est-ce que tout cela prouve avant tout et après tout? De l'esprit, encore de l'esprit, et toujours de l'esprit.

L'histoire d'un cœur est celle de beaucoup; une âme d'élite hors de ses voies, si elle est bien étudiée et connue, donne la clef de bien des âmes. C'est même là l'unique raison qui puisse faire excuser de la creuser si à fond et d'en rechercher jusqu'au bout les misères. Ces misères ne sont autres que celles de la nature humaine jusque dans ses échantillons les plus distingués. Quand je dis que ce qui dominait chez Benjamin Constant à travers tant de diversités et de formes spécieuses, c'était l'esprit, je n'oublie pas l'espèce de sensibilité dont il fournit un si singulier exemple, et qu'il a personnifiée dans *Adolphe*. Mais qu'en avait-il fait, et qu'en fait-on toutes les fois qu'on ne la ménage pas mieux que lui? De très-bonne heure, à Brunswick et depuis, on peut remarquer que l'émotion et le malin plaisir de sa sensibilité consistaient à se partager, à se jeter dans des complications trop réelles, dont les embarras, les tiraillements et les déchirements même ravivaient pour lui l'ennui de l'existence; il affectionna en un mot, de tout temps, cette situation *entre les trois déesses*, comme la définissait très-heureusement madame de Charrière. C'est un poëte grec qui a dit : « Il y a trois Grâces, il y a trois Heures(1), vierges aimables ; et moi, trois désirs de femmes me frappent de fureur. Est-ce donc qu'Amour a tiré trois flèches, comme pour blesser, non pas un seul cœur en moi, mais trois cœurs? » Prolonger de telles situations, les créer par amusement, tout en se flattant d'avoir trois cœurs, c'est le sûr moyen de n'en avoir bientôt plus un ; à un tel régime la sensibilité véritable s'épuise, la volonté se ruine et s'use, l'être moral intérieur arrive vite à un complet délabrement. Quand, pour plus de liberté et de politesse, nous parlons de Benjamin Constant sous le nom d'*Adolphe*, nous n'entendons pas borner cet *Adolphe* à la situation qu'il a dans le roman, nous le transportons en idée ailleurs avec la nature que nous lui connaissons ; nous ne lui prêtons pas, nous lui attribuons sous ce type ce que lui et ses semblables ont pratiqué bien réellement à travers la vie. Une conséquence de ce capricieux et subtil détournement de la sensibilité dans la jeunesse, c'est de produire, jusque dans un âge assez avancé, des retours simulés, des chaleurs factices, des excitations énervées : on dirait par moments que l'orage de la passion se retrouve et s'amasse tel qu'il n'a jamais été aux années les plus belles, et que le vrai tonnerre, la foudre divine enfin, va éclater. Mais, prenez garde, ce n'est qu'un réseau superficiel qui fait illusion, une forte crise nerveuse sous le nuage, ce ne sont que des soubresauts galvaniques à la suite desquels il ne restera que plus de fatigue et de néant. On accuse la fatalité, on voit à chaque coup le destin marqué dans les phases successives d'une vie qui revient opiniâtrément se briser aux mêmes écueils. Cette fatalité en effet existe, elle est écrite désormais dans nos entrailles, dans la trame même et la substance entière de notre être, dans tout ce qui en ressort

---

(1) Heures ou saisons. — L'épigramme est de Méléagre.

d'habitudes violentes, sans cesse irritées, qui sont devenues leur propre aiguillon, et qui n'ont plus qu'à se réveiller d'elles-mêmes. La raison, éclairée par l'expérience, avertie par les revers, a beau dire, elle a beau faire l'éloquente et la souveraine à de certains moments solennels, elle n'a plus à ses ordres la volonté. Au moment où elle se croyait remise en possession, la voilà jouée sous main par les plus aveugles mouvements; et il ne lui reste alors d'autre ressource, pour se venger des tours qu'on lui joue chez elle et des affronts journaliers qu'elle subit, que de s'en railler et de se railler de tout, avec légèreté et bonne grâce, s'il se peut, avec un sourire d'ironie universelle : triste rôle, qui fut celui que l'histoire attribue à ce Gaston d'Orléans, à la fois spectateur, complice et fin railleur de toutes les intrigues qui se brisaient et se renouaient sans cesse autour de lui. La raison en est réduite à ce rôle de Gaston en bien des âmes.

Ce ne fut là que l'un des côtés de la raison supérieure de Benjamin Constant, mais ce côté est hors de doute; sa conversation s'y tournait le plus volontiers. Dès qu'il avait à expliquer quelque circonstance embarrassante et un peu humiliante de son passé, les Cent-Jours, cette folie la plus irréparable des siennes et qui faussa toute sa fin de carrière, les motifs qui, la veille encore, le poussaient, la burlesque tergiversation qui avait suivi, ou même lorsqu'il touchait quelques souvenirs plus anciens de sa vie romanesque et des scènes orageuses qui avaient fait bruit, sa raison toute honteuse prenait les devants, et il s'en tirait à force d'esprit, de verve à ses dépens, de moquerie fine : le genre humain à son tour n'y perdait rien. Que de folles anecdotes alors! quelle grêle de gaietés malicieuses, acérées! que d'amusement! Nous ne savons en vérité pourquoi M. de Loménie a l'air de douter de l'authenticité de certains mots que nous avons cités. Ces propos piquants et familiers de Benjamin Constant sont aussi inséparables de l'esprit et du caractère de l'homme, que le peuvent être, par exemple, les mots de M. Royer-Collard dans un sens si différent. Quand un personnage public passe sa vie dans le monde et dans les salons, ce qu'il y dit soir et matin est tout aussi authentique que le discours écrit qu'il apporte une fois par mois à la tribune. Et surtout, si la différence entre ce qu'il dit comme causeur et ce qu'il professe comme orateur est frappante, on ne saurait s'empêcher de le remarquer.

La différence entre ces deux rôles chez Benjamin Constant passait même le contraste, et allait d'ordinaire jusqu'à la contradiction. L'orateur était solennel de geste, de chevelure; il avait l'accent généreux, et revendiquait les droits du genre humain. Lui qui, comme homme, s'en prenait si volontiers à une fatalité désastreuse, il était l'avocat le plus intrépide et le moins hésitant de toute liberté publique; une fois à la *Minerve* ou à la tribune, il croyait et il disait qu'en laissant beaucoup faire aux hommes, aux individus dans la société, il en résulterait le plus grand bien, la plus grande justice, et la meilleure conduite de l'ensemble. Au moment où il parlait de la sorte, il était sincère, ou il se le persuadait; son esprit constamment nourri, à travers tout, d'études sérieuses, avait puisé ses premiers instincts politiques dans l'exemple des États-Unis d'Amérique et dans les institutions de l'Angleterre. Il avait compris de bonne heure que la société moderne ne serait pas satisfaite en son mouvement de révolution avant d'avoir appliqué en toute matière le principe de liberté; il se rattacha à cette idée, et, à part les inconséquences personnelles, il en demeura le fidèle organe. C'est là son honneur. Quand son esprit rentrait dans cette large sphère de discussion et qu'il échappait à ses misères intestines, il retrouvait vigueur, netteté, et une sérénité incontestable; son talent facile se déployait. Mais l'homme public en lui ne put jamais, à l'image de certains politiques célèbres de la Grande-Bretagne, se dégager, s'affermir, et prendre assez le dessus pour recouvrir les faiblesses et les disparates de l'autre. A un certain degré, cette mêlée, cette lutte de diverses natures en une seule, aurait pu paraître intéressante, et elle a certainement paru telle à quelques personnes qui l'ont connu ; je sais une femme distinguée qui a écrit : « On sent dans Benjamin Constant un besoin d'être aimé, dirigé, soigné, qui charme à côté de si grandes facultés... » Pourtant, à moins d'être femme peut-être, et avec la meilleure volonté du monde, il n'y a pas moyen de n'être point ici frappé de ce choc d'éléments inconciliables et d'un désaccord qui crie. J'ai pensé qu'on en saisirait la cause profonde dans le tableau de cette singulière jeunesse et de ces premières années qui se dévoilaient soudainement à nous : de là mon analyse (1).

Quand on traite le portrait d'un pur homme de lettres, d'un romancier comme Charles Nodier, par exemple, qui n'était pas sans de certaines ressemblances de sensibilité avec Benjamin Constant, je conçois de l'indulgence. Que si l'on a affaire à un homme politique, à l'un de ceux qui ont professé hautement la science sociale, et qui, de leur vivant, ont joui tant bien que mal des honneurs et du renom de grand citoyen, oh ! alors on se sent porté à plus de rigueur d'examen. Aux hommes vraiment politiques, à ceux qui auraient gardé quelque chose du grand art de conduire et de gouverner les autres, il serait par trop simple et peut-être injuste de demander l'exacte moralité du particulier : ils ont la leur aussi, réglée sur la grandeur et l'utilité de l'ensemble ; mais à tous ceux qui prétendent encore à ce titre d'hommes politiques, ne fussent-ils toute leur vie que des hommes d'opposition, on a droit de demander du *sérieux*, et c'est là le côté faible, qui saute aux yeux d'abord, dans la considération du rôle de Benjamin Constant : une trop grande moitié y parodiait l'autre.

Au reste, il ne s'agit point, dans tout ceci, de blâmer ou

(1) Ce genre d'explication rentre tout à fait dans l'opinion de Fauriel telle que je l'ai trouvée exprimée dans ses papiers ; celui-ci comparait Benjamin Constant à La Rochefoucauld en un sens : il attribuait le manque de principes qu'on lui voyait, et ce mépris des hommes qui s'affichait jusqu'à travers son républicanisme d'alors, au premier monde dans lequel il avait vécu.

de louer; je suis moins disposé et moins autorisé que personne à ce genre de morale qui condamne, je crois très-suffisant pour mon compte de me tenir à celle qui observe et qui montre. Pline le Jeune a écrit une très-belle lettre (1) sur l'indulgence qui n'est qu'une partie de la justice, et il cite un mot habituel de Thraséas, ce personnage à la fois le plus austère, dit-il, et le plus humain : *Qui vitia odit, homines odit*, voulant faire entendre que pas un de nous n'est hors de cause, et que la sévérité qu'on témoigne contre les défauts passe trop aisément à la haine même des hommes. Loin de moi de haïr Benjamin Constant! je craindrais bien plutôt, en relisant ses défauts dans *Adolphe*, de les aimer. Et, pour prouver que je n'ai aucun parti pris après non plus qu'avant, je veux citer de lui une lettre encore, mais toute différente de celles qu'on connaît, une lettre fort simple en apparence, et qui a cela de remarquable à mon sens, qu'entre toutes les autres que j'ai vues, elle est la seule où il témoigne avoir un peu de calme et de contentement dans la tête et dans le cœur. Après les orages terribles qui avaient rempli les premières années de son mariage, et dont il a noté les accidents les plus singuliers dans son *projet de mémoires*, il quitte Lausanne et part pour l'Allemagne. Ce moment est indiqué dans le curieux carnet autrefois cité par M. Loève-Veimars, et dont il existe plus d'une copie; voici les termes : « Départ pour l'Allemagne, 15 mai 1811. — *Un* tout autre atmosphère. — Plus de luttes. — Charlotte contente. Plus d'opinion contre nous. Je me remets à mon ouvrage. Je joue et je perds mon argent à la roulette. — Établissement à Gottingue, 8 novembre. Dispositions politiques des étudiants. — Études sérieuses. — Vie sociale assez douce. » Or, c'est dans ce court intervalle de retraite, de douceur inespérée et de sagesse (sauf un reste de roulette), qu'il écrivait à Fauriel la lettre suivante où se confirment les mêmes impressions :

(1) Liv. VIII, 22.

« Au Hardenberg, près Gottingue, ce 10 septembre 1811.

« Il faut pourtant que je vous écrive, cher Fauriel, après un silence de six mois. Je me le suis souvent reproché, mais j'ai tant couru le monde, surtout depuis le printemps, que je ne savais où je pourrais recevoir votre réponse, et c'est bien dans l'espoir d'obtenir de vos nouvelles, et par le besoin de cœur que j'en ai, que je vous écris. J'ai donc attendu d'être fixé pour quelque temps. Je le suis maintenant, je crois, pour tout l'hiver, dans la famille de ma femme, et dans un antique château dominé par les ruines de deux châteaux plus antiques encore, au milieu d'un assez beau pays, chez des gens qui ont beaucoup plus d'affection de famille qu'il n'est de mode chez nous d'en avoir, avec une femme à laquelle je suis chaque jour plus attaché, parce qu'elle est chaque jour meilleure pour moi, et près de la plus belle bibliothèque de l'Europe. Tout cela compose une situation beaucoup plus douce qu'il ne semble qu'on ait le droit de l'avoir dans le temps où nous vivons. J'en profite pour me reposer de tant d'agitations passées et pour travailler autant que je le puis. J'espère finir cet hiver l'ouvrage qui m'a occupé tant d'années. J'ai ici tout ce qu'il faut pour cela. Il n'y a pas un livre un peu utile qui ne soit à ma disposition, et les bibliothécaires sont les gens les plus prévenants du monde.

« Cette université, je veux dire Gottingue, a, sous le rapport matériel, plutôt gagné que perdu à toutes les révolutions qui ont agité ce coin de l'Europe. Le gouvernement actuel a consacré des sommes très-considérables à compléter la bibliothèque dans toutes ses parties. On travaille à séparer le plus qu'on peut les sciences et les lettres de tout ce qui tient à la politique et à toute espèce d'idée d'organisation sociale : je ne dis rien sur ce système ; mais on agit ensuite comme si ce but était déjà atteint, et on protége les lettres, comme si elles étaient déjà dans ce bienheureux état d'indépendance de toutes les agitations humaines. Ainsi, les établissements sont superbes comme dépôts d'instruction. C'est là pour mes vieilles recherches sur mes vieilles religions tout ce qui m'intéresse, et je jouis de l'effet sans m'inquiéter de la cause.

« J'ai trouvé Villiers dans son nouvel état de professeur. Il arrive de Paris, où les inquiétudes qu'il a eues l'ont fait aller, et d'où il est revenu assez satisfait. Quand je passerai quelque temps de suite à Gottingue, ce que je compte faire à la fin de l'automne, j'espère le voir beaucoup. Il est doublement aimable au fond de l'Allemagne, où il est rare de rencontrer ce que nous sommes accoutumés à trouver à Paris en fait de gaieté et d'esprit, et Villers, qui est distingué sous ce rapport à Paris même, l'est encore bien plus parmi les érudits de Gottingue.

« Je ne vous parlerai pas d'affaires publiques, parce que je ne lis et ne vois aucun journal. Il n'y a pas ici ni même à Gottingue le plus petit bout d'une feuille française, à l'exception du *Moniteur* qu'on fait venir en ballots tous les six mois, ce qui ne rend pas les nouvelles qu'il contient très-fraîches. J'en vis d'autant plus avec mes Égyptiens et mes Scandinaves, qui, quelquefois, me paraissent des contemporains, quand je trouve chez eux des opinions absurdes ou du moins grossières. Sous ce rapport, il y a toujours moyen de se retrouver dans son pays.

« Si le démon de la procrastination ne vous saisit pas, vous devriez bien me donner de vos nouvelles le plus vite que vous pourrez. Vous devriez m'en donner aussi de madame de Condorcet, au souvenir de laquelle je vous prie de me rappeler. Ma femme vous salue, et vous recommande son *Shakspeare* anglais. Moi, je vous recommande tous mes livres allemands. Je ne sais quand j'en ferai usage, car je me crois ici pour tout cet hiver; et qui sait aujourd'hui ce qu'il sera et où il sera dans six mois, sans compter la comète, qui, dit-on, va réduire notre petit globe en cendres? En attendant qu'elle nous réunisse, cher Fauriel, songez que nous sommes séparés, que je vous aime, et que vous me ferez un vif plaisir de m'écrire. Voici mon adresse :

*A M. B. Constant de Rebecque, chez M. le comte de Hardenberg, grand-veneur de la Couronne, etc.*
   Au Hardenberg,
*Près Gottingue.*
      Westphalie.

« Adieu. »

Nous aurions bien, si nous le voulions, à ajouter quelques petites choses encore; il serait facile, à l'aide du carnet dont on a parlé, de contrôler, sans trop de désavantage, quelques-unes des pièces les plus triomphantes dont s'est armé M. de Loménie, ou du moins les inductions morales dont elles lui ont fourni le thème; mais qui oserait le poursuivre de ce côté gracieux? qui oserait discuter de près ou de loin ce qui touche aux roses immortelles? C'est assez de nous être mis avec lui sur la défensive; l'estime même qu'on fait de son opinion nous y obligeait. En finissant d'ailleurs, il n'est pas tellement éloigné, ce semble, des conclusions qui ressortent de nos propres récits. Était-ce donc la peine, en débutant, de venir intenter un procès en forme contre un travail par lequel, M. Gaullieur certainement, et moi peut-être après lui (puisqu'on veut m'y mêler), nous pouvions croire avoir bien mérité de l'histoire littéraire contemporaine et des futurs biographes de Benjamin Constant en particulier?

1<sup>er</sup> novembre 1845.

# UN FACTUM

CONTRE

# ANDRÉ CHÉNIER.

.... Offendet solido.
(HORACE).

C'est la première attaque qui vienne depuis longtemps s'essayer contre cette pure et charmante gloire. Faut-il la laisser passer sans y prendre garde? Il n'y aurait guère d'inconvénient au premier abord; car l'article de M. Arnould Fremy, intitulé *André Chénier et les Poëtes grecs*, qui a paru dans la *Revue indépendante* du 10 mai, ne semble pas destiné, quel qu'en puisse être le mérite, à exercer une vive séduction ni à obtenir un grand retentissement. La forme en est enveloppée et comme empêchée, la pensée en reste souvent obscure; le critique a bonne envie d'attaquer, et il ne veut pas avoir l'air d'être hostile; il proteste de son respect, et il multiplie les restrictions à mesure qu'il aggrave les offenses; on dirait que, dans ce duel littéraire qu'il entreprend, il n'ose enfoncer sa pointe ni casser tout à fait le bouton de son fleuret. Nous le ferons pour lui; nous chercherons à dégager nettement toute sa conclusion et à découvrir ce qu'elle vaut. Le critique se figurerait peut-être qu'on lui donne gain de cause, si on ne le réfutait pas: et puis, l'appareil scientifique qu'il affecte pourrait faire illusion à quelques-uns.

M. Arnould Fremy, qui se porte aujourd'hui pour juge absolu du véritable esprit de la poésie grecque et de la simplicité antique, a commencé, il y a une quinzaine d'années, sous des auspices bien différents. Il serait peu généreux en toute autre circonstance de s'en souvenir, et de venir rappeler des ouvrages de lui appartenant par leur nuance à la littérature *la plus moderne,* et qu'il semble avoir si parfaitement oubliés ; mais tout se tient, et il est des contre-coups bizarres à de longues distances. M. Fremy qui, jeune, ne trouva pas à ouvrir sa voie dans les tentatives d'alors, et qui dissipa ses premiers efforts dans les conceptions les plus hasardées, fit preuve, à un certain moment, d'une volonté forte et d'un bien rare courage : il rompit brusquement avec cette imagination qui ne lui répondait pas, avec ce passé qu'il avait fini par réprouver ; il aborda les études sévères, les hautes sources du savoir et du goût, et il en sortit après plusieurs années comme régénéré. Une thèse de lui sur les Variations de la langue française au dix-septième siècle vint attester à la fois la précision des connaissances et l'orthodoxie des principes. Cette orthodoxie, il est vrai, pouvait bien sembler un peu étroite et se ressentir de ces excès de rigueur qui sont ordinaires aux grands convertis ; mais il y avait lieu aussi de penser qu'une fois hors du cercle des thèses universitaires et en possession des gloires du doctorat, rentré dès lors dans le champ libre de la littérature, l'auteur trouverait un juste tempérament, et que l'ami, et un peu le disciple de Stendhal, saurait échapper aux formules du dogme. Nous croyons encore M. Fremy très-digne de ce rôle mixte, à la fois sérieux et point pédant ; il a eu pourtant au début une inspiration malheureuse, selon nous : il y avait peut-être à faire un meilleur usage de ses acquisitions classiques que de commencer par les tourner contre André Chénier, et de venir déclarer en suspicion une muse en qui le parfum antique est universellement reconnu.

Je m'étais toujours figuré, je l'avoue, un rôle tout autre pour un homme de l'école moderne, de cette jeune école un peu vieillie, qui se serait mis sur le retour à étudier de près les Anciens, et à déguster dans les textes originaux les poëtes : c'eût été bien plutôt de noter les emprunts, de retrouver la trace de tous ces gracieux larcins, et de nous initier à l'art charmant de celui qui se plaisait souvent à signer : *André, le Français-Byzantin*. Sans doute, en considérant avec détail les maîtres, on aurait pu trouver plus d'une fois que l'imitateur n'avait pas tout rendu, qu'il était resté au-dessous ou pour la concision ou pour une certaine simplicité qui ne se refait pas; c'est l'inconvénient de tous ceux qui imitent, et Horace, mis en regard des Grecs, aurait à répondre sur ces points non moins que Chénier; mais tout à côté on aurait retrouvé chez celui-ci les avantages, là où il ne traduit plus à proprement parler, et où seulement il s'inspire; on aurait rendu surtout justice en pleine connaissance de cause à cet esprit vivant qui respirait en lui, à ce souffle qu'on a pu dire maternel, à cette fleur de gâteau sacré et de miel dont son style est comme pétri, et dont on suivrait presque à la trace, dont on nommerait par leur nom les diverses saveurs originelles; car, à de certains endroits aussi, ne l'oublions pas, l'aimable butin nous a été livré avant la fusion complète et l'entier achèvement. En un mot, il y aurait eu, il y aurait pour un esprit qui, dans sa jeunesse, aurait aimé de passion Chénier, et qui arriverait ensuite aux Anciens, à démontrer de plus en plus ce rejeton imprévu le dernier et non pas le moins désirable des Alexandrins, ou encore, si l'on veut, un délicieux poëte qui a su marier le dix-huitième siècle de la Grèce au dix-huitième siècle de notre France, et qui a trouvé en cette greffe savante de singuliers et d'heureux effets de rajeunissement.

M. Arnould Fremy n'a pas voulu entrer dans l'examen de l'auteur par ce côté qui, selon nous, était le plus indiqué, et qui laissait d'ailleurs tout son jeu à la critique et à l'érudition; il semble, en vérité, qu'il se soit dit, avant tout, qu'il y avait quelque chose à faire *contre* André Chénier, sauf à fixer ensuite les points; l'historique assez inexact qu'il trace des vicissitudes et du succès des œuvres est empreint à chaque ligne d'un accent de dépréciation qui a peine à se déguiser. Il essaye de décomposer et d'expliquer la fortune d'André Chénier par toutes les raisons les plus étrangères au talent même et au charme de ses vers; il côtoie complaisamment les suppositions les plus gratuites en finissant par les rejeter sans doute, mais avec un regret mal dissimulé de ne les pouvoir adopter : « On se demanda, « écrit-il (lorsque ces Poésies parurent), si on n'admirait « pas sous la garantie d'une muse posthume l'effort d'un « esprit moderne; si, sous la main d'un éditeur célèbre et « poëte lui-même, telle épître ou telle élégie n'avait pas pu « s'envoler d'un champ dans un autre, et sans qu'il lui fût « bientôt permis de revenir à la voix de son premier maître. « Puis de nouveaux fragments furent publiés, le recueil se « grossit par degrés, et l'*on put craindre de voir s'étendre* « *indéfiniment* l'héritage d'une destinée poétique dont le fil « avait été sitôt tranché. Mais bientôt ces doutes, que d'ail- « leurs la modestie et la bonne foi du premier éditeur ne « pouvaient laisser subsister longtemps, *s'évanouirent* « *d'eux-mêmes*. On crut à André Chénier comme à un « poëte authentique et réel... »

Tout cela veut dire, en style embarrassé, que, lorsque M. de Latouche publia en 1819 les Poésies d'André Chénier, quelques personnes n'auraient pas été fâchées de croire ou de donner à entendre que ces poésies étaient, au moins en partie, du fait du *célèbre éditeur;* il est dommage que M. Fremy n'ait pas été à cette époque en âge de se former un avis, on peut conjecturer, au ton dont il en parle, que cette supposition ne lui aurait pas déplu; ce qui est bien certain, c'est que M. Fremy a depuis éprouvé moins de joie que de regret chaque fois qu'un zèle curieux est venu ajouter au premier recueil du poëte quelques pièces nouvelles : *on a pu craindre*, dit-il, d'en voir le nombre s'accroître in- définiment; il trouvait qu'il y en avait bien assez sans cela. Le fond du cœur commence à percer : ce n'est pas un ami, ce n'est pas même un indifférent qui écrit ici sur André Chénier. D'où vient cette dent première? Je l'ignore. Anacréon dit qu'il y a un *petit signe* auquel on reconnaît les amants; il y a aussi un *petit signe*, un je ne sais quoi auquel se reconnaissent d'abord ceux qui ont un parti pris de ne pas aimer.

M. Fremy entre en matière par se poser sur André Chénier la question solennelle et formidable que voici : « Doit-il être, dès à présent, considéré comme *le souverain représentant de la littérature poétique de notre siècle?* » Et il part de là pour réfuter : c'est se faire beau jeu en commençant. J'avoue que, malgré ma prédilection pour l'excellent poëte, je n'avais jamais songé jusqu'ici, ni personne non plus, je pense, à lui déférer cette représentation universelle et souveraine. André Chénier, en effet, à le prendre comme un de nos contemporains, selon la fiction qu'on aime, serait du groupe de Béranger, Victor Hugo et Lamartine; c'est un des quatre, si l'on veut, et à ce titre il ne représenterait qu'un des côtés de la poésie de notre époque, ce qui est tout différent.

Je ne suivrai pas M. Fremy dans ses préambules assez tortueux; il ne manque pas de décocher au passage bon nombre d'épigrammes sourdes contre les inventeurs de rhythmes nouveaux, qui, en ce temps-là, se prévalurent de l'autorité d'André Chénier; ce sont déjà de bien vieilles querelles dans lesquelles les épigrammes elles-mêmes ont le tort d'être devenues fort surannées. Qu'il sache de plus que même dans leur nouveauté elles ont été impuissantes, et que les points essentiels, les seuls auxquels on tenait, demeurent désormais gagnés. M. Fremy a l'air de penser en un endroit que le rapprochement qu'on faisait d'André Chénier et des poëtes du seizième siècle était forcé, et il va tout à l'heure adresser à Chénier des reproches qui tendraient précisément à le confondre en mauvaise part avec ces mêmes poëtes. En général, tout ce début n'est pas net; l'auteur voudrait dire et ne dit pas; mais j'arrive à l'opinion fondamentale, et je la résume ainsi :

André Chénier, en regard de l'antiquité, n'est qu'un copiste, un disciple qui s'attache à la superficie et aux couleurs plutôt qu'à l'esprit ; il abonde en emprunts forcés, il pille au hasard et fait de ses larcins grecs et latins un pêle-mêle avec les fausses couleurs de son siècle. Il ne mérite en rien, selon M. Fremy, une place dans le groupe sublime des Anciens, si large et si varié qu'on veuille faire ce groupe. Homère est le roi et presque le dieu des Anciens ; mais il y a bien des rangs au-dessous : Euripide, après Sophocle, y figure ; Théocrite, un des derniers, n'y messied pas ; et chez les Latins, Horace, Tibulle, Properce, même Ovide. Eh bien ! André Chénier n'en est, lui, à aucun degré ; car, en étudiant beaucoup et en ayant une connaissance *plus que suffisante* de l'antiquité, il n'a pas su dans ses imitations observer la mesure ni maintenir sa propre originalité. Tous les critiques français jusqu'ici, ceux même qui ne sont pas des critiques *de parti* (c'est sous ce dernier titre que M. Fremy veut bien nous désigner sans nous nommer), ont, il est vrai, reconnu dans André Chénier le parfum exquis de l'Hymette : eh bien ! tous se sont trompés et ont jugé à la légère : M. de Chateaubriand, qui a publié le premier *la Jeune Captive* ; M. Villemain, qui a consacré une leçon à ce poëte *d'étude et de passion*, à cet *ingénieux passionné*, comme il le qualifiait ; M. Patin, qui tous les jours, dans son Cours de poésie latine, éclaire le rôle de Catulle ou d'Horace chez les Latins par celui de Chénier parmi nous, tous ces esprits supérieurs ou délicats ont fait fausse route à cet endroit. M. Fremy arrive tout exprès, il descend du Cythéron pour leur révéler le vrai sens de l'antique, pour définir le point précis et mesurer les doses.

Et remarquez que, tout en contestant à Chénier cette part essentielle qui fait la clef de son talent, M. Fremy proteste qu'il ne veut en rien *rabaisser sa gloire* ; il a l'air de vouloir le louer de ses odes, de ses ïambes et de ses élégies, comme si dans toutes ces parties de son œuvre le poëte faisait autre chose qu'appliquer le même procédé en le dégageant de plus en plus.

André Chénier a imité dans les idylles attribuées à

Théocrite celle qui a pour titre et pour sujet l'*Oaristys*, c'est-à-dire la *conversation familière* d'un pasteur et d'une bergère au fond des bois ; c'est une des pièces dont on trouverait le plus d'imitations chez nos vieux poëtes, qui d'ordinaire l'ont plutôt paraphrasée et légèrement parodiée en y substituant quelque chasseur moderne qui rencontre une villageoise. Mais pourquoi Chénier a-t-il été choisir dans le recueil de Théocrite cette idylle-là plutôt qu'une autre ? se demande d'abord M. Fremy ; et il voit déjà dans ce choix l'indice d'un goût peu sûr : « car, ajoute-t-il en style étrange, l'*Oaristys* s'éloigne *sous plus d'un point* de ces sujets naturels et simples où l'on sent à peine l'effort de l'art. » J'avoue que, lorsque je vois un critique aborder sur ce ton des œuvres toutes de grâce et d'élégance, j'entre aussitôt en une méfiance extrême, et je me demande si l'écrivain de cette prose est bien un maître-juré en telle expertise de poésie (*arbiter elegantiarum*). M. Fremy, qui préconise uniquement chez les Anciens une certaine ingénuité et simplicité qu'on ne conteste pas, mais qu'il exagère, oublie tout à fait une autre qualité qu'ils n'ont pas moins, le *tenuem spiritum*, comme l'appelle Horace ; ce qui faisait dire encore à Properce dans une élégie que tout à l'heure nous rappellerons :

Exactus *tenui* pumice versus eat.

En un mot, M. Fremy paraît ne tenir aucun compte chez les Anciens de la grâce, de la légèreté et de la finesse.

L'*Oaristys*, qui n'est qu'une imitation directe, une traduction un peu libre, ne suffit pas à M. Fremy pour déployer toute sa théorie contradictoire, et il s'attaque courageusement à cette belle idylle intitulée *l'Aveugle*. Il voudrait avant tout que le poëte eût débuté autrement ; car les Anciens commencent d'ordinaire par définir leur sujet, par dire : *Je chante tel homme ou telle chose*. Hors de là, il n'y a pas de bon début à l'antique. Et c'est là le critique qui accusera tout à l'heure Chénier *d'un peu de pédanterie !* Notez bien, s'il vous plaît, qu'il l'aurait immanquablement accusé de *pastiche*, s'il y avait surpris le début commandé. Mais je redirai moi-même ici comment j'entends la composition de *l'Aveugle*.

Chénier est plein de la lecture d'Homère ; il voudrait en reproduire en français l'accent et quelques-unes des grandes images, en offrir un échantillon proportionné ; il a l'idée de ramener l'épopée au cadre de l'idylle, et l'histoire qu'il imagine pour cela n'a rien que de très-autorisé par la tradition. Chénier en effet avait lu (ce que M. Fremy ne paraît pas avoir fait) la *Vie d'Homère*, faussement attribuée à Hérodote, mais qui, si fabuleuse qu'elle soit, exprime très-bien le fond des légendes populaires qui circulaient sur le poëte. Chénier se ressouvient donc de l'arrivée de l'aveugle à Chio chez Glaucus ; il se ressouvient de l'injure des habitants de Cymé, et de là l'imprécation éloquente :

Cymé, puisque tes fils dédaignent Mnémosyne, etc.

Dès le début, les aboiements des molosses nous ont reporté à l'arrivée d'Ulysse chez Eumée ; tous ces souvenirs s'entrelacent heureusement et se combinent. « Ne devait-on pas s'attendre au moins, s'écrie M. Fremy, à retrouver, dans un sujet où le poëte a entrepris de faire chanter Homère, quelques-unes des beautés empruntées aux poëmes de son héros ? » Aussi les images empruntées et les libres réminiscences se succèdent enchâssées avec art ; le *palmier de Latone*, auquel le vieillard compare les gracieux enfants, ne nous ramène-t-il pas vers Ulysse naufragé s'adressant en paroles de miel à Nausicaa ? — Mais est-il vrai, demande M. Fremy, que « jamais, chez les Anciens, les devoirs de l'hospitalité aient pu dépendre d'un effet de poétique ? » Et il ne veut voir dans cette manière de présenter *l'aveugle harmonieux* qu'une perspective romanesque au service du commentateur moderne. Heureusement, dans le bel Hymne à Apollon attribué à Homère, on lit ce passage dans lequel le divin aveugle n'est pas présenté autrement que ne l'a fait Chénier, si abreuvé de ces sources habituelles : « ... Elles

(les jeunes filles de Délos), elles savent imiter les chants et les sons de voix de tous les hommes ; et chacun, à les écouter, se croirait entendre lui-même, tant leurs voix s'adaptent mélodieusement ! Mais allons, qu'Apollon avec Diane nous soit propice, et adieu, vous toutes ! Et souvenez-vous de moi dorénavant lorsqu'ici viendra, après bien des traverses, quelqu'un des hôtes mortels, et qu'il vous demandera : « O jeunes filles ! quel est pour vous le plus doux des chantres qui fréquentent ce lieu, et auquel de tous prenez-vous le plus de plaisir ? » Et vous toutes ensemble, répondez avec un doux respect : « C'est un homme aveugle, et il habite dans Chio la pierreuse ; c'est lui dont les chants l'emportent à présent et à jamais ! » — Toute la fin de l'idylle correspond à cet endroit de l'hymne, et au besoin s'y appuie.

Après avoir méconnu les sources où Chénier a puisé, M. Fremy ne se lasse pas d'admirer et de préférer l'*Aristonoüs* de Fénelon. Fénelon est un de ces beaux noms dont on use volontiers : bien des gens qui n'ont guère de christianisme sont toujours prêts à dire qu'ils sont de la religion de Fénelon ; dans ce cas-ci, nous laisserons donc M. Fremy nous assurer qu'il est classique comme l'auteur du *Télémaque.*

Dans le chant que met André Chénier sur les lèvres d'Homère, il assemble toute une série de grands sujets, et tandis que se déploie devant nous ce riche canevas, *ce tissu des saintes mélodies,* on y reconnaît et on se rappelle successivement, tantôt le chant de Silène dans l'églogue vi$^e$ de Virgile, tantôt le bouclier d'Achille et les diverses scènes qui y sont représentées, puis encore des allusions à diverses circonstances de *l'Odyssée;* mais, vers la fin du chant, le combat des Centaures et des Lapithes prend le dessus, et tout d'un coup on y assiste. Ovide, au chant xii des *Métamorphoses*, avait déjà mis un récit de cette mêlée dans la bouche de Nestor ; Chénier n'a pas à redouter ici la confrontation, et dans ce tableau qu'il résume, pour la vivacité, pour la vigueur concise, il garde bien ses avantages. M. Fremy élève à ce propos une singulière chicane qui a tout l'air d'une méprise; il reproche au poëte d'avoir, *dans la peinture du Riphée*, employé ce vers :

> L'*héréditaire éclat* des nuages dorés.

« Une expression d'un goût aussi moderne que celle de l'*héréditaire éclat* suffit, sans doute, ajoute-t-il, pour détruire toute l'harmonie de la couleur antique. » Et il continue de raisonner en ce sens. Il n'y a qu'un petit malheur, c'est que Chénier ne parle pas *du Riphée* montagne, mais de Riphée, l'un des Centaures, ce qui est un peu différent. M. Fremy aura pris, de réminiscence, ce Centaure pour la montagne. Les Centaures, notez-le bien, étaient *fils de la nue*, et le poëte dit de Riphée, l'un des plus superbes, qu'il rappelait les couleurs de sa mère, en d'autres termes, qu'il

> .... portait sur ses crins, de taches colorés,
> L'héréditaire éclat des nuages dorés.

Ce vers est exprès tourné au faste, à l'ampleur, et il exprime à merveille l'orgueil du monstre, fier à la fois de sa naissance et de sa crinière.

Les élégies de Chénier, malgré quelques réserves qui sont là pour la forme, n'échappent pas au puritanisme classique de M. Fremy : « Souvent, dit-il, André Chénier étale une sorte d'érudition de commande qui achève de donner à ses poésies un air d'emprunt et de placage; il commence ainsi une de ses élégies :

> Mânes de Callimaque, ombre de Philétas,
> Dans vos saintes forêts *daignez* guider mes pas... »

C'est M. Fremy qui souligne le mot *daignez*, et il poursuit durant une demi-page en notant, dans le premier de ces deux vers, *un peu de pédanterie*, car Philétas, dit-il, n'est plus qu'un nom, et on ne possède aucun de ses ouvrages. J'abrége le raisonnement plus fastidieux encore qu'il ne veut être piquant : peu s'en faut que M. Fremy ne trouve Chénier *ridicule*. Mais lui, qui se donne comme si expert dans le siècle de Périclès, devrait, ce me semble, se rappeler un peu mieux son siècle d'Auguste. Pour nous qui ne faisons que balbutier en ces matières, nous avons pourtant gravé au fond du cœur, et nous nous suprenons quelquefois à réciter avec émotion ce début de l'admirable élégie de Properce, dont M. Fremy ne paraît pas se douter :

> Callimachi manes et Coi sacra Philetæ,
> In vestrum, quæso, me sinite ire nemus (1) !

Qu'on relise la pièce originale, qu'on relise ensuite l'élégie XXXII de Chénier, et l'on verra, dans un excellent exemple, comment l'aimable moderne prend naturellement racine chez les Anciens, et par quel art libre il s'en détache.

Cet art libre, ce procédé vivant, André Chénier l'a lui-même trop poétiquement exprimé en sa seconde Épître pour que nous n'opposions pas ici cette réponse directe et triomphante à l'attaque qui n'en tient nul compte. Si ce que nous allons transcrire était de Boileau, il y a longtemps peut-être que l'accusateur l'aurait admiré :

> Ami, Phœbus ainsi me verse ses largesses.
> Souvent des vieux auteurs j'envahis les richesses ;
> Plus souvent leurs écrits, aiguillons généreux,
> M'embrasent de leur flamme, et je crée avec eux.
> . . . . . . . . . . . . . . . . . . . . . . . . .
> Je m'abreuve surtout des flots que le Permesse,
> Plus féconds et plus purs, fit couler dans la Grèce ;
> Là, Prométhée ardent, je dérobe les feux
> Dont j'anime l'argile et dont je fais des dieux.
> Tantôt chez un auteur j'adopte une pensée,
> Mais qui revêt chez moi, souvent entrelacée,
> Mes images, mes tours, jeune et frais ornement ;

---

(1) Ce nom de Philétas revient plus d'une fois dans Properce comme symbole du genre :

> Talia Calliope; lymphisque a fonte petitis
> Ora Philetea nostra rigavit aqua.

Philétas, pour l'élégiaque classique, c'est un de ces noms comme Sapho, Linus et Orphée.

> Tantôt je ne retiens que les mots seulement ;
> J'en détourne le sens, et l'art sait les contraindre
> Vers des objets nouveaux qu'ils s'étonnent de peindre.
> La prose plus souvent vient subir d'autres lois,
> Et se transforme, et suit mes poétiques doigts :
> De rimes couronnée, et légère et dansante,
> En nombres mesurés elle s'agite et chante.
> Des antiques vergers ces rameaux empruntés
> Croissent sur mon terrain, mollement transplantés ;
> Aux troncs de mon verger ma main avec adresse
> Les attache, et bientôt même écorce les presse.
> De ce mélange heureux l'insensible douceur
> Donne à mes fruits nouveaux une antique saveur.
> Dévot adorateur de ces maîtres antiques,
> Je veux m'envelopper de leurs saintes reliques ;
> Dans leur triomphe admis, je veux le partager,
> Ou bien de ma défense eux-mêmes les charger.
> Le critique imprudent, qui se croit bien habile,
> Donnera sur ma joue un soufflet à Virgile :
> Et ceci (tu peux voir si j'observe ma loi),
> Montaigne, il t'en souvient, l'avait dit avant moi.

Cette fois, c'est un *soufflet à Properce* que le critique imprudent a donné, et ce n'est pas notre faute si Chénier d'avance l'a rendu.

M. Fremy est si en peine de trouver et de poursuivre partout le madrigal, qu'il n'a pas craint d'en dénoncer un dans les vers qui terminent cette adorable pièce de *la Jeune Captive :*

> Ces chants, de ma prison témoins harmonieux,
> Feront à quelque amant des loisirs studieux
>     Chercher quelle fut cette belle :
> La grâce décorait son front et ses discours,
> Et comme elle craindront de voir finir leurs jours
>     Ceux qui les passeront près d'elle !

M. Fremy veut voir dans cette fin un trait de *badinage galant* qui semble démentir le caractère de tendre tristesse répandu dans la pièce ; d'autres y auraient vu simplement un trait gracieux et de sensibilité encore. Cette sensibilité se retrouve dans l'harmonie même des mots *comme elle* et *près d'elle* répétés à dessein. Celui qui demain va mourir sent un regret à quitter la vie que consolait sous les barreaux une vue si charmante, mais il exprime ce regret à peine, et son émotion prend encore la forme d'une pensée légère, de peur de jeter une ombre sur le jeune front souriant (1).

Le châtiment d'un jugement si faux et surtout si maussade ne s'est pas fait attendre, car, après avoir transcrit pour les blâmer les deux vers touchants, voici la phrase un peu étrange d'allure que M. Fremy trouve sous sa plume, et qu'à notre tour nous nous permettons de souligner : « *C'est en notant de pareils traits,* dit-il, *et beaucoup d'autres du même genre, qu'une lecture nouvelle et attentive des Poésies d'André Chénier indiquera d'elle-même que nous avons été porté à combattre ce sentiment, qui a fait placer par certaines personnes les productions de ce poëte parmi les grands monuments de l'antiquité littéraire.* » Quel style, et au moment où l'on se fait juge de la grâce elle-même ! Le critique veut absolument imiter ici ce personnage d'une pierre antique qui pèse une lyre dans une balance ; je ne doute pas que sa balance ne puisse être, ne puisse devenir un jour très-délicate et très-sensible, mais il faut convenir que, pour le quart d'heure, les branches et les plateaux en sont encore bien lourds et bien massifs, pas assez dégrossis.

Nous connaissons de M. Fremy de meilleures pages, de plus dignes des études si méritoires auxquelles il s'est livré ; l'autre jour, par exemple (2), il défendait avec esprit

(1) Ce qu'on pourrait faire, ce serait de comparer le sentiment de cette *Jeune Captive* qui *ne veut pas mourir* à l'Antigone de Sophocle qui le dit plus énergiquement et avec des cris désespérés, qui se plaint de s'en aller périr d'une mort misérable, *non pleurée, non aimée, non épousée,* ἄκλαυτος, ἄφιλος, ἀνυμέναιος...; et elle revient plus d'une fois sur cette dernière idée. Dans une situation moins extrême, la jeune fille de Chénier se plaint avec grâce surtout, comme une cadette aimable, comme pourrait le faire Ismène.

(2) Dans *la Revue de Paris*.

et goût la mémoire de Charles Nodier insultée par un pamphlétaire ; sa plume devenait excellente. Dans une moins bonne cause, il a rencontré ici un moins bon style : cela porte malheur de médire de la grâce.

Le critique, en voulant rapprocher sans justice André Chénier de Roucher, de Delille et des descriptifs du temps, recherche et accumule les métaphores d'*ivoire*, d'*albâtre* et de *rose* qu'il extrait de ses vers, pour les confondre dans un blâme commun. Il y a sur ce point quelques remarques à lui opposer. Parmi les exemples qu'il cite, on en verrait d'abord qui ne sont pas si répréhensibles qu'il paraît croire : ainsi

De la jeunesse en fleur la première étamine

me semble très-bien rendre le *prima lanugine malas* des Latins. Mais, quelle que soit la valeur de tel ou tel vers, il faut bien se dire que ce n'est pas d'employer l'*or*, l'*ivoire*, la *neige* ou l'*albâtre*, qui est chose interdite en poésie (car tous les poëtes, plus ou moins, vivent de ces images), mais de les employer pêle-mêle et de les prodiguer sans discernement. De plus, lorsqu'un poëte, un peintre a un style à lui et une manière reconnue, on lui passe d'ordinaire quelque mélange : ainsi La Fontaine se laisse souvent aller dans ses plus franches peintures à je ne sais quelles teintes du goût Mazarin. Ce ne sont pas des beautés assurément ; le reste aidant et sous le reflet des années, ce sont peut-être des charmes.

Si M. Fremy s'était borné à faire remarquer qu'André Chénier, malgré tout, était de son temps, à indiquer en quoi il composait avec le goût d'alentour, comment dans tel sujet transposé, dans tel cadre de couleur grecque, il se glisse un coin, un arrière-fond peut-être de mœurs et d'intérêt moderne, on n'aurait eu qu'à le suivre dans ses analyses. Nous avons nous-même remarqué autrefois que certaine ébauche d'élégie, *la Belle de Scio*, a l'air exactement d'avoir été composée au sortir de *Nina*, l'opéra-comique de Dalayrac et Marsollier. Mais, au lieu d'une appréciation modérée et qui pénètre dans son auteur, M. Fremy a prétendu biffer d'un trait de plume toute une moitié de l'œuvre, toute une première moitié d'où la seconde est sortie. Il a même trouvé moyen, en passant, de comprendre *les Martyrs* de M. de Chateaubriand dans la proscription rigoureuse. *Idylles* et *Martyrs*, c'est tout un pour lui; fi de cette antiquité artificielle et restaurée! il en parle à son aise et comme enivré des sources. Il n'a pas voulu reconnaître que du Fénelon tout pur, venant à la fin du dix-huitième siècle ou au commencement de celui-ci, n'aurait produit qu'un effet un peu lent; qu'il y avait lieu, quand la peinture gagnait de toutes parts et allait s'appliquer à tous les âges, de ne pas laisser l'antiquité seule pâlir. Je me le suis dit depuis bien longtemps, André Chénier, non pas quant à l'action, mais quant à la couleur, a été pour nous une espèce de Walter Scott antique et poétique : il a donné le ton.

Depuis La Fontaine, et en laissant de côté les chefs-d'œuvre dramatiques, la poésie lyrique digne de ce nom, la poésie d'odes, d'idylles, d'élégies, où en était-elle, je vous prie, en France? Le dix-huitième siècle comptait sans doute, ou plutôt ne se donnait plus la peine de compter une foule de pièces galantes, satiriques, badines, étincelantes d'esprit; Voltaire y excelle; les Saint-Lambert, les Rulhière, les Bouflers l'y suivaient à l'envi; mais dans l'art sérieux, dans cet idéal qui s'applique aussi à ces formes légères, dans ce tour sévère et accompli qui achève la couronne de la grâce elle-même, qu'avait-on, depuis longtemps, à citer? Au moment où André Chénier commença, j'aperçois dans l'air une multitude de papillons plus ou moins brillants : on eut une abeille.

Lorsqu'il parut en lumière pour la première fois, non pas moins de vingt-cinq ans après sa mort (redoutable épreuve!), il était jeune encore, il était plus jeune que jamais; la source longtemps recélée jaillit de terre dans toute sa fraîcheur. M. Fremy veut bien nous demander si nous croyons que ces poésies, publiées *aujourd'hui* pour la première fois, occuperaient dans l'attention publique le rang qu'elles obtinrent il y a vingt-cinq ans. Mais voilà vraiment des exigences bien singulières! Quoi? il ne vous suffit pas qu'un poëte ait déjà subi ce premier retard, cette *quarantaine* obscure de vingt-cinq années de laquelle il est sorti jeune et encore très-contemporain; vous voulez en plus lui en supposer, lui en imposer une seconde. Que diriez-vous si on vous adressait les mêmes questions pour l'*Aristonoüs* et le *Télémaque*, que nous admirons d'ailleurs autant que vous? Croyez-vous donc que l'*Aristonoüs*, publié vers 1788 ou vers 1819, eût produit de grands miracles de goût? Laissons ces questions oiseuses. Chénier a eu d'abord et il n'a pas du tout perdu une qualité que les Grecs prisaient fort et qu'ils ne cessent d'exprimer, de varier, d'appliquer à toutes choses, je veux dire la jeunesse, la fraîcheur et la fleur, le θαλερόν, si l'on me permet de l'appeler par son nom, le *novitas florida* de Lucrèce.

Nous avons joui sans doute de Chénier, plutôt que nous ne l'avons jugé. A quel rang littéraire convient-il de le classer enfin? de quel ordre précisément est-il, et à quel degré sur la colline? D'autres mieux que nous, mieux que M. Fremy peut-être, le diront. S'il a trop peu fait dans l'idylle proprement dite pour lutter avec Théocrite, il ne semble pas dans l'élégie devoir le céder si aisément à Properce. Par la variété et l'assortiment de son recueil, il me représente bien quelque chose comme l'*Anthologie*, non pas celle qui nous est parvenue et qui n'est pas à beaucoup près la première ni la vraie, mais l'*Anthologie* de Philippe, ou plutôt encore celle de Méléagre tant regrettée de Brunck. Méléagre était un Attique né en Syrie, à peu près contemporain de Cicéron; il a laissé, entre autres petites pièces, une jolie idylle sur le printemps, dont Chénier s'est souvenu dans son élégie première. Mais il s'était appliqué surtout à recueillir les trésors poétiques de ceux des Grecs qui allaient déjà être des Anciens, à en faire un bouquet et, comme on disait, une guirlande. On a le charmant morceau qui servait de préface, et dans lequel il énumère à plaisir les divers poëtes de son choix en les désignant chacun par une fleur appropriée. Que de regrets! que de noms, alors brillants, qui ne représentent plus rien désormais, et aussi vagues à définir pour nous que les nuances de ces fleurs dont ils empruntaient l'emblème!

« Muse chérie (je traduis en abrégeant), à qui apportes-tu ce chant cueilli de toutes parts, et aussi quelle main a tressé cette couronne de poésie? C'est Méléagre qui la donne, et c'est pour l'illustre Dioclès qu'il s'est appliqué à ce souvenir de grâce. Il y a entrelacé beaucoup de lis d'Anyté et beaucoup de Myro; peu de Sapho, mais ce sont des roses. Le narcisse fécond des hymnes de Mélanippide s'y marie à la fleur de vigne du sarment naissant de Simonide. Tout au milieu, il y a mêlé l'iris odorant de Nossis, sur les tablettes de laquelle Amour lui-même enduisit la cire; il y a mis la marjolaine de Rhianus qui exhale l'agrément, et le jaune safran d'Érinne aux couleurs virginales..., et Damagète, cette violette noire, et le doux myrte de Callimaque, toujours plein d'un miel épais... Il a cueilli, pour y ajouter, la grappe enivrante d'Hégésippe..., et la pomme mûre des rameaux de Diotime, et la grenade à peine en fleur de Ménécrate... La ronce d'Archiloque aux dards sanglants et quelques gouttes de son amertume y relèvent la chanson de nectar et les mille brins d'élégie d'Anacréon... Le bluet foncé de Polyclète... et le jeune troëne d'Antipater n'y manquent pas..., ni surtout la branche d'or du toujours divin Platon, où tous les fruits de talent resplendissent. Il n'a pas oublié non plus les bourgeons du sublime palmier d'Aratus qui embrasse les cieux..., et le frais serpolet de Théodoridas dont on couronne les amphores..., et beaucoup d'autres rejetons nés d'hier, parmi lesquels il a semé aussi çà et là les premières violettes matinales de sa propre muse. C'est un présent que j'offre surtout à mes amis, mais tous les initiés ont part commune à cette gracieuse couronne des Muses. »

Chénier avait lu d'abord cette pièce attrayante qui ouvre

le recueil de Brunck, et qui est comme l'enseigne du jardin des Hespérides ; il semble s'être dit : « Et moi aussi, pourquoi donc ne ressaisirais-je pas quelque chose de tout cela ? Pourquoi le parfum du moins de ce butin perdu ne revivrait-il pour la France en mes vers ? »

Les critiques difficultueux peuvent se demander si, en procédant ainsi, en se livrant à ces *délices* de poésie qui d'ordinaire suivent les grands siècles, il se montrait rigoureusement fidèle à l'esprit de ces grands siècles eux-mêmes. M. Fremy n'hésite pas ; pour dernier mot, il conclut que « la place d'André Chénier ne sera jamais celle des écrivains classiques *dignes d'être proposés comme modèles, sans restriction, aux étrangers et aux jeunes esprits dont le goût n'est pas entièrement formé.* » Chénier aurait pris certainement son parti de cette sentence ; jamais poëte digne de ce nom ne s'est proposé un tel but ni de pareils honneurs scholaires. Que voulez-vous ? les étrangers et les écoliers peut-être s'en passeront, si on le leur défend ; et pour ces derniers, en effet, je me garderais de le leur conseiller. Lui, comme tous les chantres de la jeunesse, de la beauté et de l'amour, il forme un vœu plus doux, il rêve une gloire plus charmante, quelque Françoise de Rimini au fond :

> Ut tuus in scamno jactetur sæpe libellus,
>   Quem legat expectans sola puella virum (1).

C'est-à-dire :

> Qu'à bien aimer tous deux mes chansons les excitent,
> Qu'ils s'adressent mes vers, qu'ensemble il les récitent !

Et encore :

> Nec poterunt juvenes nostro reticere sepulcro :
>   Ardoris nostri magne poeta, vale (2) !

> Qu'un jeune homme, agité d'une flamme inconnue,
> S'écrie aux doux tableaux de ma muse ingénue :

---

(1) Properce, liv. III, élég. 2.
(2) *Idem*, liv. I, élég. 7.

« Ce poëte amoureux qui me connaît si bien,
« Quand il a peint son cœur, avait lu dans le mien. »

Voilà le vœu d'André Chénier exprimé en toute occasion : joignez-y celui d'être agréable et cher aux *initiés* des Muses : il ne demandait pas plus, et le sort, après bien des injures cruelles, l'a enfin tardivement exaucé. La jeunesse l'aime, elle lui sourit ; cette vogue, qui passe si vite pour les auteurs, se renouvelle pour lui depuis déjà bien des printemps ; l'heure de réaction que vous appelez, et contre laquelle nul autre en nos jours n'est garanti, n'a pas encore sonné, ne vous en déplaise. Il a même, dans ces dernières années, obtenu un redoublement de succès, imprévu, croissant, et que ses premiers admirateurs n'auraient osé lui présager. — « Mais il a fait faire bien de mauvais vers, » dites-vous. — Tous les poëtes qui réussissent en sont là ; et puis ces mauvais vers se seraient faits autrement sans lui, croyez-le bien ; sous un pavillon ou sous un autre, les mauvais vers trouvent toujours moyen de sortir. J'ai plutôt plaisir à remarquer qu'il est pour quelque chose dans les meilleurs essais de ces dernières saisons, et que son influence s'y marque sans nuire aux parties originales. Un talent lyrique très-élevé, M. de Laprade, et M. Ponsard, l'auteur de *Lucrèce*, lui sont certainement redevables à des degrés différents. L'autre jour, à cette jolie comédie de M. Émile Augier, *la Ciguë*, en entendant sur les lèvres de sa décente Hippolyte le tendre soupir :

Si Clinias aimait, il ne mourrait donc pas !

il me semblait reconnaître un écho du maître aimable. Que si à tout cela vous me répondez que vous préférerez toujours *Athalie* et Sophocle, je n'ai certes pas un mot à opposer à tant de sagesse, et j'en ai trop dit.

1ᵉʳ juin 1844.

# HOMÈRE.

(L'Iliade, traduite par M. Eugène Bareste, et illustrée par M. de Lemud.)

**PREMIER ARTICLE.**

L'antiquité, on l'a dit, est chose nouvelle; depuis le jour où elle a été retrouvée et comme découverte à l'époque de la renaissance, elle n'a cessé d'être étudiée, et de l'être mieux, au moins de quelques-uns. Les points de vue et les perspectives qu'on a sur elle n'ont cessé de varier aussi et de se diversifier selon les degrés successifs que cette étude a parcourus, et selon les points du temps où le spectateur s'est trouvé placé : chaque siècle depuis le seizième a eu de ce côté son belvéder différent. A mesure que les faits s'amassaient et se discernaient sous l'œil de la critique, les couleurs dont ils se teignaient et à travers lesquelles on les envisageait n'ont pas laissé de subir des influences presque contraires. Après s'être fait d'abord tout grec et tout latin, on s'est jeté ensuite dans un excès opposé, et chez nous, par exemple, on était venu à tout *franciser*, sentiments et costume : les érudits eux-mêmes, comme l'abbé Barthélemy, trouvaient moyen de placer leur Chanteloup dans le pèlerinage d'Athènes.

Vers la fin du dix-huitième siècle, en France, et à ne considérer que l'ensemble de la littérature régnante, l'étude de l'antiquité avait singulièrement baissé. D'honorables érudits protestaient sans doute çà et là par leur persévérance ; mais les plus brillants d'entre les littérateurs du jour se passaient aisément d'un fonds que deux siècles déjà d'une gloire toute moderne semblaient recouvrir et suppléer. Ils commentaient Corneille, ils analysaient Racine ; mais, dès qu'il s'agissait des Anciens, le temps manquait évidemment ; on courait, on tranchait d'un mot. Il semblait qu'on se fût dit : A quoi donc serviraient l'esprit et le goût, sinon à dispenser du terre-à-terre de l'étude et à deviner ?

Et ici sa merveilleuse rapidité de goût trompa plus d'une fois Voltaire lui-même ; les Latins et Horace, il les sentait vivement, les entendait à demi-voix, leur répondait en égal ; d'Auguste à Louis XV on se donnait la main. Mais l'horizon naturel, même pour cette vue si perçante, finissait là. On ne passait guère la Sicile, on ne doublait pas le Péloponèse. Les beautés des tragiques et des lyriques, les grandeurs d'Homère se dérobaient par mille côtés, et par leurs côtés peut-être les plus sacrés ; on en parlait à la légère, presque sur ouï-dire, un peu sur la foi de l'écho, et, même en les célébrant, on courait risque d'en méconnaître et d'en altérer le caractère. Marmontel, La Harpe pourtant eurent des éclairs heureux ; ce dernier particulièrement, au début de son *Cours de Littérature*, institua avec noblesse, avec éloquence, la majestueuse figure d'Homère ; il disserta de *l'Iliade* surtout et de son ordonnance, de son effet d'ensemble, en des termes judicieux et sentis qu'il est bon de rappeler aujourd'hui qu'on est si aisément ingrat pour ce critique plus qu'à demi détrôné. Dans ces pages où il nous décrit l'impression causée en lui par une lecture entière de *l'Iliade*, La Harpe, sans y songer, répond d'avance, et par les arguments qui demeurent encore les plus victorieux, aux suppositions hardies de Wolf, à ses doutes ingénieux contre l'existence du poëte et contre une certaine unité de l'œuvre. Un poëme qui, lu sans prévention, produit sur des juges délicats, sur des amateurs éclairés et sensibles, un tel effet d'intérêt gradué, d'action successive et de magnifique accomplissement, attestera toujours, quoi qu'on puisse dire, et sauf les parties plus ou moins accessoires, la main et le génie principal d'un seul. Le gouvernement de plusieurs n'est pas bon, a dit Homère lui-même ; qu'il n'y ait qu'un maître et qu'un roi! Or cela est surtout vrai pour tout poëme. L'on n'a guère vu jusqu'à présent, a dit La Bruyère, un chef-d'œuvre d'esprit qui soit l'ouvrage de plusieurs ; et il cite comme irrécusable exemple *l'Iliade*. Ces simples et vives décisions du goût ont pu être un moment obscurcies ; elles reprennent rang aujourd'hui, ce me semble, et elles subsistent en se combinant avec les travaux positifs et les progrès de la philologie qui, à elle seule, n'est pas tout. Plus d'un érudit spirituel, en lisant les *Prolégomènes* de Wolf, se redira avec M. Boissonade cette fine parole du Comique ancien : « Non, tu ne me persuaderas pas, non, quand même tu me persuaderais. »

L'interruption des études causée en France par la Révolution y ramena une sorte de renaissance ; l'antiquité un moment refoulée et comme anéantie reparut avec un éclat et une autorité qu'elle n'avait pas eus à la veille de la catastrophe. Son intervention surtout au sein de la littérature du jour redevint manifeste et hautement avouée ; des hommes instruits, des écrivains élégants, et un bon nombre des plus distingués dans ce journal même (1), reprirent en main la cause des maîtres au point où La Harpe l'avait laissée, et, la poussant plus avant, remirent en circulation auprès du public et du monde les noms et les exemples des Anciens dont ils s'étaient longtemps nourris. Mais nul ne fit plus alors pour ce renouvellement et, en quelque sorte, cette création moderne du sentiment antique que l'illustre auteur du *Génie du Christianisme;* aucun de nos écrivains, depuis Fénelon, n'avait eu à ce degré l'intelligence vive du génie grec, et si Fénelon en avait goûté et rendu surtout les grâces simples et l'attique négligence, il était réservé à

(1) Ces articles sur Homère ont été mis dans *le Journal des Débats.*

notre glorieux contemporain d'en exprimer plutôt les lignes grandioses et la sublimité primitive. Les nombreux passages traduits d'Homère qui ornent le *Génie du Christianisme*, et plus tard la docte reproduction poétique qu'on admira dans *les Martyrs*, relevèrent publiquement les images du Beau et indiquèrent à tous ceux qui en étaient dignes les chemins des hautes sources. Depuis ce jour les critiques ingénieux et fins, ou même éloquents, n'ont pas manqué qui, par leurs écrits ou du haut des chaires, ont maintenu en honneur et divulgué de plus en plus l'esprit véritable de l'antiquité. A un certain moment de la Restauration, le goût des littératures étrangères et de ce qu'on nomma la couleur locale vint aider collatéralement pour ainsi dire et prêter son reflet à l'entière explication des beautés classiques, en ce que celles-ci avaient gardé de singulier quelquefois et d'étrange. On peut affirmer en ce sens qu'*Ivanhoë*, par exemple, acheva d'éclairer et d'illustrer *l'Iliade*. Les belles considérations de M. de Schlegel sur les tragiques grecs eurent aussi leur effet chez nous, malgré les comparaisons peu aimables dont il les accompagnait et qui semblaient en compromettre la justesse. Rappelons toutefois que si, pour certains aspects de Sophocle et d'Eschyle, nous avons été redevables au critique allemand, nous avions pris de nous-mêmes les devants pour ce qui regarde Homère : la méthode simple de le comprendre et de le traduire était déjà trouvée ; elle l'était, je le répète, par Fénelon et par M. de Chateaubriand.

Cependant, au milieu de ces développements pleins d'éclat et de cette restitution opérée dans les dehors de la littérature, il restait beaucoup à faire au dedans pour les études positives, et chez un grand nombre d'esprits, comme il arrive si souvent en France, le sentiment allait plus vite que la connaissance et le labeur. On parlait à merveille du génie des écrivains et du caractère des œuvres, dont on eût pratiqué difficilement les textes. Ce désaccord qui tenait à la rapidité des temps et à l'empressement honorable des premières générations, a graduellement cessé ; depuis une douzaine d'années surtout, l'Université ne se lasse pas de former dans ses écoles, d'exercer dans ses concours, une jeune et forte milice qui soutiendrait le choc dans les luttes philologiques contre nos rivaux d'outre-Rhin, et qui n'a pas à rougir non plus devant les souvenirs domestiques, devant les traditions exhumées de la vieille Université d'avant Rollin. Mais en même temps que cette force intérieure s'est redoublée et que, dans les directions diverses, on poursuit des travaux curieux et profonds, le sentiment littéraire des beautés, faut-il le dire? semble avoir faibli, ou du moins il se tait volontiers pour céder le pas aux recherches de l'érudition, aux particularités de l'histoire : de sorte que l'instruction classique de nos hautes écoles et la littérature universitaire devenant de plus en plus solides n'ont pas tout leur brillant, et perdent en grande partie leur effet sur la littérature courante, laquelle devient de plus en plus légère. Une telle séparation n'a rien que de naturel dans l'ordre actuel des choses; il ne faudrait pourtant pas que cela fût poussé jusqu'au divorce, et il importe, autant qu'on le peut, de s'y opposer.

L'antiquité est bonne à tous, et elle l'est à tous les degrés. Depuis l'amateur qui l'a saluée d'un coup-d'œil et qui s'en souvient avec grâce, jusqu'à celui qui s'initie lentement à ses mystères, depuis l'heureuse nature qui en a été allaitée et pétrie dès l'enfance, jusqu'à l'esprit fait qui tard y revient et tâche, comme Alfieri, comme Marie-Joseph Chénier, de se l'inoculer par réflexion, qui en épèle et qui en reconquiert chaque beauté, tous y gagnent et trouvent de ce côté seulement la patrie première, le point fixe et lumineux pour s'orienter dans les écarts comme dans les retours. Entre tant de richesses étrangères et modernes dont on est tour à tour tenté et séduit, elle seule donne au critique la vraie loi du goût, à l'écrivain les vrais secrets du style, les procédés sûrs et sévères qui servent de garantie à l'innovation même et à l'audace. Les Shakspeare et les Dante, ces demi-dieux plus récents, n'y suppléeraient pas; ils ont leur rouille; ils ne sont maîtres à cet égard qu'incomplétement. Corneille et Racine, pour nous autres Français, sont beaucoup trop voisins; entre eux et nous il y a une lignée ininterrompue d'imitateurs qui nous empêche de les mesurer. Dans la même langue d'ailleurs on ne peut se choisir ses maîtres sans en approcher trop et s'y absorber; c'est comme dans ces mariages de famille d'où il ne sort rien de vigoureux. Il faut aller prendre plus loin ses religions et ses alliances. L'antiquité est là qui remplit cette destination à part, et qui nous offre son fonds immuable et inépuisé. Seule elle donne, en quelque sorte, la distance convenable et l'ouverture de compas pour mesurer les justes hauteurs, pour se régler aux vraies étoiles.

On a beaucoup parlé d'art dans ces derniers temps, et il faut convenir, en effet, que jamais peut-être l'art n'a été mieux compris, mieux étudié dans ses variétés brillantes, dans ses branches parallèles et ses transformations successives à travers l'histoire; et pourtant l'époque elle-même, malgré l'éclat de ses débuts, ne paraît pas destinée à prendre rang dans ces grands moments et *siècles*, comme on les appelle, qui comptent entre tous, qu'on vénère de loin, et qui se résument d'un nom. Elle se disperse, elle court toutes les voies, et, moins ornée souvent qu'encombrée des talents nombreux qu'elle possède, elle en est à chercher encore son ordonnance et son unité. Il y a plus : ces talents eux-mêmes qui l'honorent, arrivés à une certaine élévation, subissent chacun cette espèce de vent de dispersion qui circule; ils versent d'un côté ou d'autre; ils manquent à la loi de leur propre développement et à leur unité particulière.

On trouverait à ce fait incontestable bien des causes; mais une des principales est assurément dans la manière dont on s'est accoutumé, durant la marche rapide, à se passer presque absolument des horizons de l'antiquité et de ces temples harmonieux qui en couronnent à jamais le fond. Tout occupé des études présentes et de saisir au passage ce qu'une curiosité insatiable apportait de tous bords, on a perdu de vue, dans ce tumulte de l'avant-scène, les lignes essentielles et pures du cadre, les proportions discrètes et décentes où l'œil et l'âme ont besoin de se reposer. Le vrai Beau pourtant a en soi quelque chose de fixe et de calme qui ne saurait s'accommoder en définitive de toutes ces inquiétudes. Au point de vue de l'art il convient de choisir, il importe peu de tout embrasser. Quel est encore pour l'artiste, pour l'amateur pénétré, l'idéal le plus enviable? Lorsque dans deux ou trois littératures, dans deux ou trois poésies qui sont sous la main, on a su découvrir les fruits d'or et se ménager ses sentiers, c'est assez : l'horizon est trouvé; tout s'y compose; chaque pensée nouvelle a son libre jeu, en vue des collines sereines. Aux heures oisives, on peut se promener pas à pas désormais, jouir de l'ombre ou du soleil, s'asseoir près de sa fontaine, entre son urne et son palmier.

Mais on ne comprend plus cela depuis déjà longtemps; on est dans un changement à vue perpétuel; on s'use dans des voyages sans fin; l'esprit poétique a été comme le Juif-Errant. Ce que nous voudrions ici, c'est de rappeler parfois les regards et de reporter les nôtres particulièrement vers ce fond de majesté et de grâce que le Parthénon couronne, et plus loin aux rivages d'Ionie, là où de siècle en siècle s'est montré le tombeau d'Achille.

Nul n'est plus propre qu'Homère à remplir cet objet grandiose que j'invoque et que j'aimerais à voir de loin planer sur toute étude, même diverse, comme on voit au fond de l'atelier du sculpteur régner le front du Jupiter olympien. Homère est naturellement la limite littéraire extrême à laquelle notre vue remonte dès l'enfance, et il occupe les sommets de toute cette pente graduée d'où le Beau nous est venu. Facile jusqu'à un certain point, plus facile assurément que presque tout ce qui est dans l'intervalle, complet en lui-même, ayant sa langue à lui, son vocabulaire et ses formes d'expression, comme il a son Olympe et son monde, il promet d'entières et sûres jouissances à quiconque aura la volonté de l'aborder et de le posséder. Il n'est pas jusqu'à son rhythme épique qui ne devienne une facilité de plus, pour peu qu'on ait manié soi-même l'hexamètre latin. La structure des vers lyriques, la cadence des vers dramatiques, échappent volontiers, et je n'oserais répondre qu'à force d'application l'oreille des érudits l'ait en effet reconquise; le vers d'Homère, large et régulier, est d'une mesure aussitôt intelligible et sensible à tous; l'harmonie, cette portion si essentielle du poëte, ne reste pas un seul moment absente avec lui : en le lisant, nous l'entendons chanter.

Mais, dans l'état actuel de nos connaissances, est-il bien permis encore de nommer de la sorte Homère comme un seul poëte, comme une personne, et n'est-on pas tenu d'ajouter immédiatement qu'on ne le nomme ainsi que par forme provisoire et comme qui dirait, sous bénéfice d'inventaire; j'en ai déjà touché quelque chose en commençant, et j'oserai à cet égard poursuivre ma pensée un peu plus en détail. L'érudit et très-élégant Dugas-Montbel dans son *Histoire des Poëmes homériques* nous a exposé avec une lucidité parfaite l'état de la question et tout ce qu'a de plausible, selon lui, le système de Wolf auquel il déclare se ranger. Il finit par demander presque pardon au lecteur de dire encore *Homère :* « Je me sers, dit-il, d'une expression convenue pour éviter une périphrase. » Nous ne saurions, après l'avoir lu, nous sentir aussi édifié que lui. Sans doute il y a de grandes difficultés à se figurer l'œuvre d'Homère, *l'Iliade* pour ne prendre qu'elle, fidèlement récitée et transmise dans son ensemble durant des générations et sans le secours de l'écriture. La mémoire humaine, quand elle y est contrainte et exercée, a beau avoir ses merveilles, il est indubitable qu'un poëme si considérable datant d'une époque antérieure à l'écriture a dû être notablement altéré, augmenté ou morcelé, dans sa transmission à travers la bouche des rhapsodes. C'est ce qu'attestent aussi les témoignages des Anciens, et c'est à quoi Pisistrate mit ordre par la révision et la rédaction qu'il ordonna. Mais est-ce de cette époque de Pisistrate que date en effet la création du poëme en tant que formant ensemble? Cette création tant admirée n'est-elle sortie que secondairement et par voie de compilation? La Commission nommée par Pisistrate a-t-elle réellement inventé le plan de *l'Iliade* et de *l'Odyssée*, ou l'a-t-elle seulement retrouvé et restauré autant qu'elle l'a pu? Les Anciens, qui, si dénués de critique qu'on veuille les faire, comptaient pourtant parmi les éditeurs d'Homère les Aristote et les Aristarque, n'ont jamais attribué à la Commission de Pisistrate d'autre honneur que celui d'avoir rassemblé les membres du grand poëte dispersé. Elle-même n'a pas prétendu faire autre chose, et il faut convenir qu'elle aurait été dupe d'une bien étrange illusion en créant ainsi de toutes pièces ce qu'elle croyait seulement retrouver. En fait, les Anciens paraissent n'avoir jamais douté de la réalité d'un Homère. Les Modernes à leur tour en étaient là et se guidaient sur les autorités, ce semble, les plus compétentes, lorsque la publication que fit en 1788 Villoison de la scholie de Venise sur *l'Iliade* est venue tout changer. Ce scholiaste de Venise, en donnant beaucoup de détails sur les procédés, les libertés et les dissidences des grammairiens-éditeurs à l'égard d'Homère, introduisit, en quelque sorte, la critique moderne dans les secrets de ménage des Anciens : rien n'est plus périlleux que les secrets incomplétement saisis ; on les commente sans fin, on les pousse à perte de vue, on en abuse. Personne n'est plus là pour arrêter à temps et redresser.

L'excellent et savant Villoison fut le premier bien étonné des résultats extrêmes qu'on tirait de sa découverte ; il n'avait jamais prétendu à tant de bouleversement. Comme ces dignes Parlementaires qui, à cette même date de 1788, avaient donné le branle à la politique, il était un peu déconcerté et furieux d'avoir fourni les armes à une telle révolution sur Homère.

On alla d'emblée plus loin que n'avaient cru pouvoir se le permettre les plus hardis des Anciens ; on ne se borna pas à attribuer *l'Iliade* et *l'Odyssée* à deux auteurs différents, comme quelques Alexandrins l'avaient pensé et comme plusieurs considérations tendraient à le faire concevoir : on ne laissa subsister à l'intérieur de chaque poëme aucune unité primitive, aucune inspiration personnelle et dirigeante. De ce que Zénodote retranchait un vers et Aristarque un autre, on en conclut que rien n'était authentiquement du poëte désormais fabuleux. Au milieu de ces divers scholiastes Homère se trouva exactement dans la position de l'homme entre ses deux maîtresses; l'une arrache les cheveux noirs, l'autre les gris, et le voilà chauve. Quand on additionne ainsi toutes les dissidences de détail, on est effrayé sur l'ensemble; mais c'est une mauvaise méthode et trompeuse en pareil cas, que d'additionner. « Il n'y a point, a dit La Bruyère, d'ouvrage si accompli qui ne fondît tout entier au milieu de la critique, si son auteur voulait en croire tous les censeurs qui ôtent chacun l'endroit qui leur plaît le moins. » Ainsi *l'Iliade* tout entière, y compris l'auteur, *fondit* un moment sous le nombre des coups de crayon retrouvés; et pourtant elle subsiste. Elle subsistait avant Pisistrate qui l'avait fait rassembler, elle subsiste après Wolf qui l'a voulu de nouveau démolir. Dugas-Montbel me paraît sous l'empire de sa préoccupation quand il veut interpréter en sa faveur le mot de M. Boissonade que nous avons précédemment cité. Ce mot, au contraire, exprime à merveille la résistance invincible que la conscience littéraire oppose à un système ingénieux, mais subversif. C'est ce qu'un autre savant écrivait à Wolf après l'avoir lu : « Tant que je vous lis, je suis d'accord avec vous; dès que je pose le livre, tout cet assentiment s'évanouit. » Les philologues, les érudits positifs ont beau faire assez peu de cas des considérations générales et des raisons puisées dans le sens intime; ici eux-mêmes sont forcés de raisonner pour étayer leur système, et ils n'arrivent à leurs résultats que par voie d'induction; car, s'ils s'en tenaient purement au fait transmis, à l'opinion constamment exprimée par les Anciens, ils croiraient à Homère nonobstant les difficultés qu'après tout les Anciens aussi n'ont pas été sans se poser. Dugas-Montbel (je le cite comme plus à portée de tout lecteur) commence par produire les deux scholies qui servent de base au système ; l'une des deux renferme une erreur grossière, et c'est pourtant sur ce scholiaste inepte qu'on s'appuie, en même temps qu'on trouve moyen d'infirmer le témoignage gênant de Plutarque, qui tendrait à faire remonter jusqu'à Lycurgue l'existence prouvée des poëmes homériques. Pour moi donc, ce serait au nom du scepticisme même, de ce scepticisme légitime qu'il convient d'opposer aux conjectures systématiques des Modernes en des profondeurs si reculées, que je me retrancherais, s'il le fallait, dans la vieille foi sur le poëte. Mais laissons ces extrémités. Sans entrer dans un détail ici impossible, il semble qu'on revient aujourd'hui des deux côtés à une opinion moins absolue, à une sorte d'opinion moyenne dont M. Guigniaut, dans un article sur Homère, s'est fait parmi nous l'organe (1).

Entre *l'Iliade* et *l'Odyssée*, si l'on y découvre à toute force deux époques bien différentes et que n'ait pu embrasser une seule et même vie de poëte, on pourrait toujours admettre le partage ; *l'Iliade* serait d'Homère, *l'Odyssée* serait du premier et du plus grand des homérides.

En ce qui est particulièrement de *l'Iliade*, sur laquelle a porté le fort du débat, il est bien à supposer qu'après la guerre de Troie il dut se répandre par la Grèce et par l'Ionie un grand nombre de chanteurs qui allaient, comme Phémius, comme Démodocus, célébrant devant les fils les exploits des pères. Très-probablement, avant le poëte appelé Homère, il y avait eu nombre de ces chanteurs dont il vint hériter, qu'il surpassa de tout point et qu'il absorba. Et d'autre part, depuis lui, il y a eu certainement une postérité d'autres chanteurs ou rhapsodes, qui l'ont récité, copié, amplifié ; c'est à quoi Pisistrate prétendit mettre ordre. Mais qu'entre ces seconds chanteurs et les

---

(1) On trouve cet article comme introduction en tête du *Dictionnaire complet d'Homère et des Homérides*, par MM. Theil et Hallez d'Arros.

premiers il y ait eu de toute nécessité un génie supérieur, un auteur principal, une seule tête, une seule âme ordonnatrice faisant le nœud des uns aux autres, c'est ce que l'œuvre résultante semblerait déclarer suffisamment; et la tradition n'a pas cessé un instant de le confirmer.

On a beaucoup et très-éloquemment parlé à ce propos de poésie *populaire*, de génie *instinctif*, d'épopée toute *spontanée*, et l'on a cru par là, retrouvant la grandeur, suppléer à l'unité. Chaque époque a ses entraînements et ses préjugés; il en est de plus d'une sorte. Il me semble qu'à un certain moment, et par réaction contre les quatre siècles classiques de Périclès, d'Auguste, de Léon X et de Louis XIV, dont on se sentait rebattu, on est devenu soudainement crédule aux poésies dites populaires; on y a été crédule comme certains athées le sont aux molécules organiques et aux générations spontanées. Avec ce procédé pourtant de poésie populaire et d'imagination nationale, passe-t-on jamais de beaucoup en étendue et en portée la romance ou la chansonnette? De nos jours qu'auraient été tous ces couplets sur l'Empire sans Béranger? Au moyen-âge, dans les *chansons de gestes*, n'en déplaise aux Wace et aux Rutebeuf, on n'a pas eu d'Homère, et l'on s'en aperçoit bien. Les époques antiques différaient certainement des nôtres par des côtés essentiels. Y a-t-il eu toutefois une telle époque où le génie homérique, indépendamment d'un Homère même, était dans l'air et circulait çà et là, à l'état de divine tempête, de façon que tout rhapsode pût en prendre sa part indifféremment, à peu près comme au dix-huitième siècle, en poésie, il y avait du Dorat un peu partout? On cite Vico et sa phrase spécieuse qui fait de la Grèce tout entière le poëte qu'il ne faut plus réclamer ailleurs. Mais je ne saurais croire que ce soit là le cas d'appliquer le mot tant cité : « Il y a quelqu'un qui a plus d'esprit que Voltaire, c'est tout le monde. » Je conçois que dans le genre d'esprit de Voltaire, c'est-à-dire pour un certain bon sens critique et railleur, tout le monde, c'est-à-dire encore l'élite de Paris, puisse fournir l'équivalent.

Mais en création poétique, en imagination élevée, en talent de conception et d'expression, qu'est-ce à dire? Faut-il s'en remettre absolument et tout imputer au public, même au public d'alors, à la majorité des rhapsodes, ou du moins à ce que j'ai appelé la Commission de Pisistrate? Un homme d'esprit a traduit le système d'un mot piquant : Au lieu du plus grand des poëtes, on aura dorénavant Homère *par une Société de Gens de Lettres.*

Mais nous n'avons pas fini de tout dire à propos de cette *Iliade* sur laquelle on a cependant tout dit, et nous y reviendrons encore.

27 janvier 1843.

**SECOND ARTICLE.**

Nous avons donc, nous croyons toujours avoir un Homère, non pas un fantôme né de l'illusion et du mirage des temps, mais une personne véritable, un grand poëte qui a vécu quelques générations après la guerre de Troie, et qui en a rassemblé tous les échos. Il a laissé des chants immenses et magnifiques, marqués d'un incomparable cachet de génie et de sublimité, lesquels recueillis, transmis, altérés aussi de bouche en bouche, ont été restitués, rassemblés et fixés à un certain moment. La tradition n'a jamais dit autre chose; les détails et le *comment* échappent à cette distance. Ce qu'on sait mieux, c'est qu'à partir de cette rédaction sous Pisistrate, de nombreux travaux sont venus ordonner de plus en plus, resserrer, éclaircir, et aussi polir dans le détail l'œuvre du poëte, en simplifier peut-être les contours, en faire mieux saillir le dessin, en rendre surtout plus nettes les épreuves et le texte même, jusqu'à ce qu'enfin l'œuvre soit sortie telle que nous la possédons, aussi parfaite et divine qu'on la pouvait désirer, des mains du plus grand des critiques, de celui dont le nom est devenu comme celui d'Homère un immortel symbole de perfection et de louange, — des mains d'Aristarque.

Notons bien la marche et l'enchaînement des destinées dans cet exemple majestueux. Les héros de la guerre de Troie, Agamemnon, Hector, Achille, auraient eu beau combattre, s'illustrer et mourir, s'ils n'avaient pas eu d'Homère : et, comme l'a dit Horace, beaucoup d'autres non moins dignes de renom sont à jamais ensevelis dans l'ombre; ils ne feront jamais verser de nobles larmes, parce qu'ils n'ont pas eu leur chantre sacré : *Carent quia vate sacro*. Mais le poëte, à son tour, pour vivre, pour arriver jusqu'à nous et continuer de régner dans toute sa splendeur, a besoin du critique, c'est-à-dire du serviteur fidèle et zélé qui le recueille même après des siècles, qui rassemble son héritage épars, qui recouse avec une piété diligente et discrète les plis de sa robe dispersée. Homère n'est aujourd'hui tout Homère que parce qu'il n'a pas manqué de son Aristarque. Solidarité instructive et touchante! Ce n'est que justice que cette gloire plus humble, mais non moins durable, du second. On l'a dit, après créer et enfanter des œuvres de génie, il reste encore quelque chose de digne et de beau, c'est de les sentir et de les faire admirer. L'enthousiasme, la *muse* du critique doit être là.

D'ingénieux érudits semblent avoir eu regret à ce travail d'Aristarque qui résumait si heureusement et accomplissait tous ceux des grammairiens ses prédécesseurs. On dirait en vérité qu'en rendant le vieux poëte plus accessible, plus correct, mieux enchaîné, en faisant de son texte le plus sûr et le mieux établi des textes poétiques anciens, on ait commis quelque grave infidélité envers lui et envers nous. Un savant Anglais a même essayé de retrouver par conjecture la vieille orthographe, les vieilles formes de l'Homère d'avant Aristarque, de l'Homère contemporain de Pisistrate (1). C'est curieux, c'est docte; mais on peut affir-

---

(1) Ou, qui plus est, de l'Homère antérieur à Pisistrate. — M. Knight

mer aussi que c'est bien se consumer en pure perte. L'esprit humain se comporte-t-il donc comme ces enfants qui, dès qu'ils ont un beau jouet, n'ont de cesse qu'ils ne l'aient démonté et mis en pièces? Et sont-ce des jouets que de telles œuvres? On sait qu'Aristarque a quelquefois changé, qu'il a sans doute plutôt adouci; qu'en cet endroit, par exemple, où Phœnix s'adressant à Achille dans l'espoir de le fléchir se reporte vers sa propre jeunesse et raconte comment lui-même il a failli un jour devenir parricide, le critique avait cru devoir retrancher cette parole terrible, pour ne pas faire tache à ce caractère vénérable qu'il craignait de voir profaner. Plutarque, de qui l'on tient la particularité, juge que cette crainte était excessive et que la parole de Phœnix n'est nullement déplacée en cette occasion. Lucien le moqueur a badiné sur ces retranchements. Pour moi, de tels scrupules en général, quand ils naissent en de bons esprits, et que la main qui tient le crayon est sûre et capable, ne m'effrayent pas plus qu'il ne convient. Il est piquant d'en découvrir après coup quelque trace; mais l'œuvre, telle que nous l'avons, a gagné sans doute en somme à ces soins vigilants et presque maternels. Elle s'est revêtue, sans qu'au fond la sincérité en souffre, de toute sa moralité brillante et d'une teinte de clarté plus continue; le service envers le genre humain, ce bienfait perpétuel qui émane d'une noble lecture, a été plus complet.

Lorsque Ulysse, après avoir tiré vengeance des prétendants et avoir reconquis son palais, veut se faire reconnaître de Pénélope, l'intendante Eurynome le met au bain et le parfume; puis, au sortir de là, Minerve le revêt de toute sa beauté première et même d'un éclat tout nouveau; elle le fait paraître plus grand de taille, plus puissant encore d'attitude; elle répand autour de sa tête, par boucles épaisses, sa chevelure *semblable à une fleur d'hyacinthe :*

(c'est le nom du hasardeux reconstructeur) a mis d'ailleurs en tête de son *Homère* d'ingénieux et intéressants *Prolégomènes* où il donne les vrais arguments pour l'unité de composition de l'*Iliade* et de l'*Odyssée*.

« Et comme lorsqu'un artiste habile, que Vulcain et Minerve ont instruit dans la variété de leurs arts, verse l'or autour de l'argent et accomplit ses œuvres gracieuses, ainsi elle verse la grâce autour de la tête et des épaules du héros, et il sort du bain, tout pareil de corps aux Immortels… » Certes l'habile critique Aristarque, si bien enseigné qu'il fût par Minerve, n'en a pas tant fait pour son poëte ; il n'a pas ajouté la couche d'or, il n'a pas rehaussé l'Homère qui lui était transmis ; mais il l'a lavé de ses taches, il lui a enlevé la rouille injurieuse des âges et a dissimulé sans doute quelque cicatrice ; il l'a fait, en un mot, sortir du bain avec toute sa chevelure auguste et odorante, *ambrosiæque comæ* : c'est tel à jamais que nous le reconnaissons.

Lorsqu'on demandait à Praxitèle lesquels de ses ouvrages en marbre lui plaisaient le plus : « Ce sont, disait-il, ceux auxquels Nicias a mis la main. » Tant, ajoute Pline, il mettait de prix à la préparation de cet artiste. On a fort discuté sur ce que pouvait être cette préparation appliquée à une statue ; sans prétendre l'assimiler exactement à l'office et aux soins d'éditeur, j'aime à croire, sur la foi de toute l'antiquité, qu'Homère également, si on pouvait l'interroger, répondrait : « De toutes mes *Iliades*, il en est une que je préfère ; c'est celle à laquelle Aristarque a mis la main. » A moins de redevenir grammairien, c'est bien à elle, en effet, que l'homme de goût peut se confier et se tenir.

Ceux qui ont pris à tâche de décomposer l'œuvre reconstruite se sont fait trop beau jeu vraiment en combattant l'admiration un peu superstitieuse de madame Dacier ou du Père Le Bossu sur le plan exact et le but de *l'Iliade*, sur la perfection rigoureuse de la marche, et sur l'observation inviolable des prétendues règles épiques qu'on en avait déduites après coup :

Chaque vers, chaque mot court à l'événement,

avait dit Boileau. Ce genre d'éloge pourra sembler un peu

exagéré sans doute ; on n'en est plus tout à fait là aujourd'hui, non plus qu'à rechercher la règle fondamentale des cinq actes et des trois unités dans Sophocle et dans Eschyle. Mais que l'on ne vienne pas non plus demander d'un air de doute quel est donc le sujet de *l'Iliade*, et si elle a vraiment un sujet? car il en est du sujet d'Homère dans son ensemble comme de ces comparaisons même, si libres et si vastes, qu'il affectionne ; il suffit qu'elles marchent et qu'elles se dessinent par une partie essentielle ; le reste suit avec un certain désordre qui est le cortége de la grandeur ou de la grâce. Ce qui me paraît demeurer bien évident et sauter aux yeux quand ils lisent au naturel et sans les lunettes des systèmes, c'est que le sujet et le héros de *l'Iliade*, c'est Achille. Il paraît peu, il se retire tout d'abord, on ne l'a envisagé dans cette première scène de colère que pour le perdre de vue aussitôt ; mais sa grande ombre est partout, son absence tient tout en échec. C'est pour le venger que Jupiter châtie les Grecs et porte son tonnerre du côté des Troyens. Si Hector se hasarde hors des murs, c'est qu'Achille se tient sur ses vaisseaux ; s'il hésite, s'il doit hésiter en face du présage avant de franchir le fossé et la muraille du camp, c'est qu'Achille à tout moment peut reparaître. La grande et solennelle députation de Phœnix, d'Ajax et d'Ulysse compose, en quelque sorte, le milieu moral du poëme et nous transporte au centre même de l'absence d'Achille. Cela donne patience au lecteur et lui rafraîchit, s'il en avait besoin, la mémoire, l'image toute-puissante du héros. Ce vaisseau noir à l'extrémité de l'aile droite du camp domine tout ; les regards à chaque instant s'y retournent comme vers une divinité muette ; il recèle la foudre presque à l'égal de l'Ida. Si Ajax, le grand Ajax, occupe le premier plan de la défense et résiste *comme une tour*, il est toujours dit qu'il n'est que le second des Grecs, de même que l'autre Ajax, aux instants de poursuite, s'appelle le plus léger, mais toujours après Achille. Ces deux Ajax, l'un en légèreté, l'autre en force, ce n'est donc encore que la monnaie d'Achille. Et qu'est-ce que Patrocle, dès qu'il apparaît, sinon son ami, son suppléant, un autre lui-même? il en a les armes, et lui seul tient la clef de cette indomptable colère. Achille n'a pas cessé d'être présent à la pensée jusqu'au moment où il se retrouve en personne, gémissant et terrible, remplissant d'un bond l'arène pour ne plus la quitter. Qu'il y ait eu des épisodes intercalés, des scènes d'Olympe *à tiroir* ménagées çà et là pour faire transition et relier entre elles quelques-unes des rhapsodies, c'est possible, et la sagacité conjecturale peut s'y exercer à plaisir et s'y confondre; mais, sans prévention, on ne peut méconnaître non plus un grand ensemble et ne pas voir planer dans toute cette durée de l'action la haute figure du premier des héros, de celui qui agitait en songe et suscitait Alexandre.

Ces combats sans cesse décrits, et qui occupent tant de chants, ont *d'un bout à l'autre* (remarquons-le) une vivacité précise, une gradation, et surtout une réalité que jamais description poétique de combats n'a offerte à ce degré. Les lieux, les accidents de terrain, les particularités de défense et de retranchement sont *d'un bout à l'autre* (je répète le mot à dessein) présentés avec une exactitude sensible et dans un détail conforme et continu qui permettrait d'en dresser le plan. Oui, on lèverait la carte stratégique de la campagne de Troie entre les portes Scées et les lignes des vaisseaux et du rivage, de même que dans *l'Odyssée* on pourrait et l'on devrait faire un plan architectural du palais d'Ulysse avec ses fenêtres et ses issues; cela aiderait à tout comprendre, et on n'aurait pour ce double travail qu'à relever les éléments précis que fournissent les deux poëmes. M. de Choiseul-Gouffier, dans son Voyage en Troade, a tenté quelque chose de tel pour *l'Iliade*. Cette précision singulière qui règne dans Homère a frappé Napoléon; il ne la retrouvait pas à beaucoup près dans Virgile, ce qui lui a fait dire : « Si Homère eût traité la prise de Troie, il ne l'eût pas traitée comme la prise d'un fort, mais il y eût employé le temps nécessaire; au moins huit jours et huit nuits. Lorsqu'on lit *l'Iliade*, on sent à chaque instant qu'Homère a fait la guerre, et n'a pas, comme le disent les commentateurs, passé sa vie dans les écoles de Chio ; quand on lit *l'Énéide*, on sent que..., etc., etc. » Je supprime le reste comme par trop irrévérencieux. Jules-César Scaliger, en son temps, ne se doutait pas, quand il sacrifiait si intrépidement Homère à Virgile, qu'il lui serait donné un jour un si franc démenti, et de la part d'un tel contradicteur. Au reste, sans être Napoléon ni Jomini, on reconnaît à simple vue ce mérite saisissant de vérité en des matières si aisément confuses ; ce que dit madame Dacier de cette qualité suprême de son auteur n'a rien d'exagéré. Ainsi, chose assez piquante ! des deux grands poëtes épiques, Virgile et Homère, voilà celui dont on a voulu faire un fantôme qui se trouve le plus précis et doué d'une netteté de coup-d'œil unique.

Les comparaisons, si l'on pouvait s'y étendre et citer, seraient un autre champ bien vaste, et où l'on ferait ressortir dans toute sa variété le caractère de génie du poëte. D'ordinaire, je l'ai dit, elles sont merveilleuses d'abondance et d'ampleur, mais parfois aussi rigoureuses et brèves. On en noterait, quoique ce soit l'exception, par lesquelles Homère a marqué son objet d'un seul trait, presque comme Dante : tantôt c'est un guerrier blessé qui tombe, précipité du haut d'une tour, la tête en avant, pareil à un *plongeur;* tantôt c'est un autre qui, frappé au bas-ventre, tombe assis et reste gisant à terre comme un *ver*. Plus ordinairement le récit va déroulant à chaque pas les similitudes étendues et fertiles qui associent dans un rapport frappant des images bien contraires, des reflets le plus souvent de la vie civile ou champêtre au milieu des horreurs du carnage. Les Grecs et les Troyens acharnés qui se disputent la muraille du retranchement, les uns sans réussir à la forcer tout entière, les autres sans pouvoir décidément la ressaisir, ce sont « deux hommes qui disputent entre eux sur les confins d'une pièce de terre, tenant chacun la toise à la main, et ne pouvant, dans un petit espace, tomber d'accord sur l'égale mesure. » Les deux Ajax qui, ramassés l'un contre l'autre, soutiennent tout le poids de la défense, ce sont « deux bœufs noirâtres qui, dans une jachère, tirent d'un courage égal l'épaisse charrue : la sueur à flots leur ruisselle du front à la base des cornes, et le même joug poli les rassemble, creusant à fond et poussant à bout leur sillon. » Ailleurs, à un moment où les Troyens qui fuyaient s'arrêtent, se retournent soudainement à la voix d'Hector, et où les deux armées s'entre-choquent dans la poussière : « Comme quand les vents emportent çà et là les pailles à travers les aires sacrées où vannent les vanneurs, tandis que la blonde Cérès sépare, à leur souffle empressé, le grain d'avec sa dépouille légère, on voit tout alentour les paillers blanchir : de même en ce moment les Grecs deviennent tout blancs de la poussière que soulèvent du sol les pieds des chevaux et qui monte au dôme d'airain du ciel immense. » Voilà bien le contraste plein de fraîcheur au sein de la ressemblance la plus fidèle. Le bouclier d'Achille ne fait que résumer en lui et enserrer plus symétriquement cette opposition d'images. Déjà *l'Odyssée* se présage ainsi et, en quelque sorte, se mire d'avance par reflets dans *l'Iliade*. D'autres images, celles de *lions*, de *flammes*, de *tempêtes*, reviennent fréquemment, trop fréquemment, on peut le trouver, bien qu'avec des diversités et comme des surcroîts d'énergie et de propriété qui les relèvent. Mais il y aurait surtout à insister sur ce premier ordre de comparaisons si spéciales et si neuves, tout à fait imprévues, de celles qu'on ne copie guère et qui qualifient, à proprement parler, l'originalité d'un style et d'un talent. On y suit par toute *l'Iliade* Homère à la trace et comme par des sillons de lumière.

Que me feront après cela quelques contradictions signalées au passage dans le cours de ces longs récits? Au cinquième chant, par exemple, le chef des Paphlagoniens Pylæmenès a été tué, et l'on retrouve au chant treizième un guerrier du même nom suivant tout en pleurs le corps de son fils. On a tiré grand parti de ce vers unique où il apparaît comme ressuscité. Faudra-t-il nécessairement en conclure que l'un des deux chants n'est pas d'Homère, comme si de telles inadvertances n'étaient pas possibles même à un poëte de cabinet? Nous en pourrions citer de piquants exemples chez les Modernes, mais qui égayeraient trop. N'a-t-on pas relevé chez Virgile lui-même, le plus réfléchi des poëtes, une contradiction inconciliable dans l'âge qu'il assigne au jeune Ascagne en deux moments différents? Pour moi donc, n'en déplaise aux mânes du guerrier Pylæmenès, si, dans l'un et l'autre chant où il apparaît, je rencontre, jaillissantes à chaque pas, de ces beautés d'expression comme je viens d'en indiquer, et particulièrement de ces comparaisons uniques et aussi surprenantes que naturelles, j'ai ma réfutation intérieure suffisante, j'ai ma démonstration toute trouvée que c'est toujours du même Homère.

Il faut se borner. Ce que j'ai le plus à cœur de signaler comme fruit à recueillir dans le commerce familier avec le plus héroïque des génies, c'est l'impression morale, à entendre ce mot largement. Les Anciens pouvaient sans doute trouver à redire en de certaines parties qui touchaient leurs croyances ; plus voisins de ces fictions, elles pouvaient avoir sur eux des effets qui nous échappent. Plutarque indique des précautions minutieuses pour faire lire les poëtes aux jeunes gens, et l'on sait les réserves de Platon. L'Olympe d'Homère et ses dieux ont pu prêter à la critique des âges devenus moqueurs. A-t-il voulu lui-même railler, comme on l'a prétendu? je ne le crois guère. Il y a dans toute cette portion de l'œuvre beaucoup d'incohérence qui peut tenir à bien des causes, et plus que tout aux hasards des traditions premières. Ce qui frappe aujourd'hui, c'est encore dans les traits généraux et dominants une grandeur terrible ; Jupiter, Neptune, Apollon, Minerve, ces dieux principaux, ne sont pas peints à faire sourire. Pour les Modernes, au reste, la question de théologie homérique devient chose très-secondaire. Cette vaste mer de poésie encore épurée et de plus en plus assainie par le temps et la distance ne laisse arriver à nous que son souffle fortifiant dans un murmure divin et majestueux. Les héros, sans en rien perdre, ont conservé toute leur fleur de jeunesse, de beauté à demi sauvage, et leur immortelle attitude. Rien qui les rapetisse, ni qui les souille. Athénée l'a remarqué il y a longtemps, ces chefs qui mangent chez Agamemnon, et dont les manières sont si simples et souvent si crues, ne font jamais rien d'indécent. Les amants de Pénélope eux-mêmes, dans leur ivresse, ne passent pas de certaines bornes ; mais laissons encore une fois *l'Odyssée*, plus diverse de ton. Une haute et sérieuse bienséance règne par toute *l'Iliade;* il n'y a pas un grain de Rabelais dans Homère. Les rapports naturels des sexes, exprimés dans leur franchise, dans leur nudité même, gardent quelque chose de grave, et, si l'on ose dire, de sacré. Les raffinements étranges et impurs que plus tard Théocrite et tant d'autres n'ont pas rougi de chanter, d'embellir, et qu'ils ont reportés en arrière en les imputant aux héros des vieux âges, n'ont de place ni de près ni de loin dans les mœurs homériques. Aussi, en les abordant, en écoutant cette grande voix du passé par la bouche du chantre que la Muse s'est choisi, on n'a à gagner en toute sécurité qu'un je ne sais quoi de grandeur morale, une impulsion élevée de sentiments et de langage, un accès de retour vers le culte de ces pensées trop désertées qui restaurent et honorent l'humaine nature : c'est là, après tout, et la part faite aux circonstances éphémères, ce qu'il convient d'extraire des œuvres durables, et l'âme vivante qu'il y faut respirer.

L'antiquité proprement dite remplit pour nous cet office excellent, et elle nous est comme le réservoir inaltérable des sources les plus hautes. Chez les Modernes, la grandeur et la vertu se trouvent trop habituellement séparées ; elles ne se rejoignent pour nous dans un seul rayon qu'à cette longue distance. Entre les Anciens et nous il y a un torrent, et plus que cela, un abîme ; de l'autre côté seulement commence le grand rivage. On a dit qu'il n'existait point de héros pour son valet de chambre. Les Anciens n'avaient pas de valet de chambre, ou du moins celui-ci n'avait pas la parole, et il n'est plus là d'ailleurs pour être questionné. Mais non, ce n'est nullement un pur effet de l'illusion et de la perspective : les Anciens avaient bien, je le crois, grandeur réelle et supériorité absolue, au moins quelques-uns, les bons, les *meilleurs* comme ils disaient, ceux-là auxquels les autres obéissaient et servaient. Elle fut achetée bien cher cette grandeur de quelques-uns : qu'elle ne soit pas tout à fait perdue pour nous ! Ceux qui entretiennent une familiarité libre avec les éloquents écrivains qui la représentent ont chance d'en ressaisir quelque chose dans leur vie, dans leur pensée. Machiavel durant ses disgrâces n'abordait jamais cette lecture des Anciens qu'après s'être revêtu de ses plus beaux habits et s'être rendu comme plus digne de s'asseoir à la table de ces hôtes illustres de l'intelligence. On sait quelle forte éducation première reçurent de tout temps les hommes d'État de la Grande-Bretagne dans leurs colléges de Cambridge, d'Oxford ou d'Éton. En se ressouvenant de ces pages immortelles qu'ils ont toujours aimé à citer, ne leur ont-ils rien dû de cette énergie presque antique qu'ils ont portée en leurs entreprises ? Un philosophe fameux de nos jours, et qui n'oubliait pas pourtant qu'il était né gentilhomme, se faisait réveiller tous les matins par son valet de chambre qui lui disait : « Monsieur le Comte, vous avez de grandes choses à faire. » Pour qui lirait tous les matins une page de Thucydide ou d'Homère, cela serait dit mieux encore que par le valet de chambre, et d'une manière, j'imagine, plus persuasive. Ai-je besoin d'ajouter que je n'entends ici parler d'aucune influence littérale et servile ? On a assez ridiculement parodié les Grecs et les Romains, et assez atrocement aussi. Les Timoléon et les Minos ont fait leur temps. Je ne parle que d'une impression intelligente et morale, de ce qui transpire et de ce qui émane. Après avoir lu, au réveil, une page de *l'Iliade*, on n'irait pas pour cela conquérir l'Asie ; mais il est de certaines pensées d'abord qui ne naîtraient pas, il en est d'autres qui viendraient et fructifieraient d'elles-mêmes. Les Anciens, dans toutes les carrières, croyaient à la gloire, à la belle gloire; ils voulaient laisser d'eux mémoire louable et noble sillon sur la terre. C'est un aspect essentiel que la critique, en parlant d'eux, doit s'attacher à éclairer; et je rappellerai, puisque je les rencontre, ces paroles magnanimes en même temps que naïves de Sarpédon à Glaucus, au moment de l'assaut du camp : « O ami, si nous devions, échappés une fois aux périls de cette guerre, vivre à toujours exempts de vieillesse et immortels, ni moi-même sans doute tu ne me verrais combattre au premier rang, ni je ne t'appellerais à prendre ta part en cette lutte pleine d'honneur; mais maintenant, puisqu'il est mille formes imminentes de trépas, qu'il n'appartient aux mortels ni de fuir ni d'éluder, allons, et risquons ou de perdre le triomphe, ou de l'obtenir! »

Il nous faut pourtant parler aussi de la traduction nouvelle que nous avons annoncée. Il en a paru plus d'une en ces dernières années. La plus accréditée à bon droit pour l'élégance du texte et pour les observations qui l'accompagnent est celle de Dugas-Montbel. M. Bignan, qui a honorablement tenté l'entreprise, sans doute impossible, d'une traduction complète en vers, a joint à sa seconde édition de *l'Iliade* un Essai instructif dans lequel il a résumé avec agrément les travaux de la critique moderne. M. Didot a publié dans sa belle Collection la version latine de M. Dübner. Aujourd'hui M. Eugène Bareste vient de donner une traduction en prose française dans laquelle il s'est efforcé de rendre la *couleur* plus exactement que Dugas-Montbel et ses prédécesseurs ne l'avaient fait. Il ne nous appartient pas d'entrer dans un détail qui exigerait beaucoup trop de science et aussi trop d'appareil. Il est bien vrai qu'on a reculé jusqu'à présent devant une traduction littéraire et toute fidèle de *l'Iliade;* il faudrait y appliquer avec esprit la méthode dont M. de Chateaubriand a offert l'exemple sur Milton. Pour me servir d'une comparaison appropriée, je dirai : Une bonne traduction littérale, selon cette précise et religieuse méthode, serait à une ancienne traduction réputée élégante à la Dacier ou même à la Dugas-Montbel ce qu'est la statuaire antique tout émaillée et variée de métaux, toute resplendissante d'or et d'ivoire, telle en un mot que l'a vue et retrouvée M. Quatremère de Quincy dans son *Jupiter olympien*, — ce qu'est un tel art si divers par opposition à l'ancienne idée de la statuaire, réputée classique, toute de marbre uniforme et de froide blancheur. M. Quatremère de Quincy, en réintroduisant la couleur dans la statuaire, a par là même éclairé et restitué directement l'Olympe homérique, lequel en sort comme repeint d'une nouvelle fraîcheur, avec sa variété brillante de déités aux yeux *bleuâtres*, aux cheveux *dorés*, avec son luxe de dénominations et d'épithètes nées du sanctuaire. Ce que j'indique là pour un ordre de personnages et de tableaux, il faudrait l'étendre à tous les autres. Mais indiquer une telle méthode de traduction et la concevoir, c'est chose plus commode que de l'exécuter. Dès qu'on met la main à l'œuvre, il ne s'agit pas seulement de se croire littéral, il faut être lisible, et plus on s'éloigne de la phrase ordinaire et de la locution française consacrée, plus il serait besoin d'avoir en dédommagement les mille secrets d'un grand écrivain. M. Eugène Bareste, en entrant dans cette voie séduisante, mais où l'on trouve, si l'on y prend garde, un repli et une ciselure à chaque pas, n'a pu espérer atteindre le but du premier coup. Il fait souvent remarquer dans des notes placées au bas des pages le soin qu'il prend de rendre en détail ce que ses devanciers ont simplifié ou omis. Lui-même n'est pas exempt d'omissions, et il transige plus d'une fois avec le mot antique. Sa Junon aux blanches *épaules* se sent un peu trop de la nudité moderne. En un endroit, lorsqu'elle apprend brusquement à Mars la mort de son fils chéri Ascalaphus, le dieu terrible dans l'accès de sa douleur se met à frapper violemment *ses deux florissantes cuisses de la paume de ses mains* : le traducteur met simplement qu'il se frappe *le corps de ses mains divines;* il oublie que cette forme expressive de désespoir s'est conservée fidèlement jusque chez les Grecs modernes. On multiplierait aisément des observations analogues, relatives au genre de mérite et d'attrait que le traducteur a surtout cherché. Il y en aurait de plus graves. Lorsque Neptune dans le combat est tenté de résister à l'ordre de Jupiter que lui transmet la messagère Iris, celle-ci lui rappelle à propos le danger d'une révolte sacrilége, et elle ajoute que les Furies sont toujours du côté des aînés pour servir leur vengeance. Le traducteur au lieu des *Furies* met *les Érinnyes;* ce n'est guère la peine de traduire, et, qui pis est, le reste de la phrase va contre le sens. Mais ces défauts si réels ne doivent pas faire condamner absolument un travail dans lequel l'auteur paraît d'ailleurs avoir apporté des soins, s'être entouré de beaucoup de secours, et qui, empruntant presque à chaque page l'alliance élégante du dessin et s'adressant aux gens du monde bien plutôt qu'aux savants, a chance de ne pas remplir trop incomplétement son objet. — Pour nous ç'a été du moins un prétexte que nous avons saisi, de nous arrêter une fois et de nous incliner devant cette grande figure d'Homère, et c'est tout ce que nous voulions.

Février 1843.

# DE LA MÉDÉE D'APOLLONIUS.

« Les Anciens ne se sont pas contentés de peindre simplement d'après nature, ils ont joint la passion à la vérité. »

FÉNELON, *Lettre sur l'Éloquence.*

La Didon de Virgile passe avec raison pour la création la plus touchante que nous ait léguée l'antiquité; elle en est à la fois la beauté le plus en vue. L'antiquité, en effet, se présente à nous par divers aspects et comme par divers étages de perspectives; elle a ses profondeurs et ses premiers plans. L'antiquité latine, plus rapprochée de nous que la grecque, nous est dès longtemps plus familière; c'est sur elle que tombent d'abord les regards, et qu'aussi, à mesure qu'on s'éloigne, on a plus de facilité pour se reporter. Même lorsqu'il ne nous est pas donné de pénétrer au delà, et qu'en avançant dans la vie nous n'avons plus que des instants pour nous retourner vers cette patrie première de toute belle pensée, la villa d'Horace, ce Tibur tant célébré, continue de nous apparaître à l'horizon, couronnant les dernières collines, et surtout, comme sur un dernier promontoire de cette mer d'azur aux rivages immortels, s'élève encore et se dessine, aussi distinct qu'au premier jour, le bûcher fumant de Didon.

Si l'on a le loisir pourtant d'examiner de plus près et d'entrer dans le golfe même, si l'on approche, pour le mieux étudier, de ce qu'on admire, si l'on compare avec les monuments les plus connus et les mieux situés ceux qu'ils nous masquaient trop aisément, les œuvres plus reculées et de moindre renom dont les dernières venues ont profité jusqu'à les faire oublier, et dont il semble qu'elles dispensent, mille réflexions naissent; les dernières œuvres qui se trouvent pour nous autres Modernes les premières en vue, et qui restent les plus apparentes, n'y perdent pas toujours dans notre esprit; mais on le comprend mieux dans leur formation et leur mérite propre. On voit ce que cette perfection si simple d'ensemble et, en quelque sorte, définitive, a dû coûter d'études, d'efforts, d'épreuves successives et plus ou moins approchantes, avant de se fondre ainsi comme d'un seul jet et de se rassembler d'une ligne harmonieuse sous le regard. Et pour ce qui est de la Didon de Virgile en particulier, à laquelle tout ceci a trait et se rapporte, on se rend mieux compte alors de ces qualités souveraines qui assurent la vie aux œuvres de l'art dans les époques d'entière culture, à savoir, la composition, l'unité d'intérêt et un achèvement heureux de l'ensemble et des parties. Les productions antérieures dont Virgile a profité dans sa Didon manquent trop de cet ensemble et de cette conduite qui ménage en tout point le charme; ce n'est pas à dire qu'elles ne méritent pas d'être plus connues, et de vivre dans la mémoire plus près du chef-d'œuvre auquel elles ont puissamment aidé.

La Didon de Virgile est une imitation combinée, car Virgile aime d'ordinaire à combiner ses imitations pour mieux laisser jour dans l'entre-deux à son originalité. Il se comporte en cela comme ces rois habiles qui ont soin de se choisir plusieurs alliés, afin de ne se trouver à la merci d'aucun. Il s'est donc à la fois inspiré, en concevant sa belle reine, et de l'Ariane de Catulle et de la Médée d'Apollonius de Rhodes. Il s'est surtout souvenu d'Ariane dans les imprécations finales, et de Médée dans la peinture des préambules de la passion. L'Ariane de Catulle peut aisément s'apprécier et faire valoir ses droits; mais il me semble qu'on n'a pas rendu assez justice à la Médée d'Apollonius, frappée d'une sorte de défaveur et d'oubli, et comme entourée d'une ombre funeste. Virgile l'avait très-présente à la pensée, et lui doit beaucoup ; elle ne le cède en rien à Didon (si même elle ne la surpasse point) pour tout le premier acte de la passion, et ce n'est que dans le traînant de la terminaison, et par le prolongement d'une destinée dont on sait trop la suite odieuse, qu'elle perd de ses avantages. On dit souvent qu'il y a dans Virgile beaucoup de traits du génie moderne, et qu'il demeure par là original entre les Anciens. Il est vrai qu'il n'y a pas seulement chez lui des traits de passion, on y trouve déjà de la *sensibilité*, qualité moins précise et plutôt moderne; mais pourtant on est trop empressé d'ordinaire à restreindre le génie ancien ; en l'étudiant mieux et en l'approfondissant, on découvre qu'il avait deviné plus de choses que notre première prévention n'est portée à lui en accorder. Et quant aux nuances et aux délicatesses du sentiment, on va voir que Médée n'en est pas plus dépourvue que Didon ni qu'aucune héroïne plus moderne.

Le poëme de *l'Expédition des Argonautes*, dont Médée forme le principal épisode, et comme le centre, eut chez les Anciens plus de réputation qu'il n'en a sauvé depuis. Les Romains surtout en firent grand cas : Varron d'Atace l'avait traduit de bonne heure ; plus tard Valérius Flaccus l'a imité en le développant ; mais c'est par les emprunts que lui a faits Virgile, qu'il se recommande encore de loin à la gloire. L'auteur, Apollonius, dit de Rhodes, parce qu'il y habita longtemps, appartient à cette école des Alexandrins si ingénieuse, si raffinée, qui cultiva tous les genres, qui excella dans quelques-uns, et dont les poëtes, rangés en pléiade, se présentaient déjà aux Romains du temps de César et d'Auguste comme les derniers des Anciens. Apollonius florissait 180 ans environ avant Virgile. Je ne répéterai pas le peu qu'on sait de sa vie et de ses démêlés avec Callimaque, rivalité de disciple et de maître, querelle d'épopée et d'élégie. Callimaque, dans *l'Hymne à Apollon*, paraît avoir fait allusion à son ancien élève dans ce passage : « L'Envie a dit tout bas à l'oreille d'Apollon : Je n'admire pas un poëte qui n'a pas autant de chants que la mer a de flots. — Apollon a repoussé du pied l'Envie, et a répondu : Vois le fleuve d'Assyrie, son cours est immense, mais il entraîne la terre mêlée à son onde et la fange. Non, les prêtresses légères ne portent pas à Cérès de l'eau de tout fleuve ; mais celle qui, pure et transparente, coule en petite veine de la source sacrée, celle-là lui est chère (1). » — Le poëme des *Argonautes* ne roule pas cependant beaucoup de limon ; Quintilien l'a loué, tout au contraire, pour un certain courant égal, pour une certaine mesure qui ne s'abaisse jamais : *æquali quadam mediocritate*. On peut trouver que ce n'est pas là un éloge suffisant pour un poëme épique. Ce qui paraît y manquer principalement, c'est l'unité du sujet, c'est un intérêt général, actif, continu, concentré. Le sujet des *Argonautes* ne se rapporte pas à un grand dessein national, comme celui de *l'Énéide*; il n'intéresse particulièrement aucun peuple, il s'éparpille sur une foule d'origines et de berceaux. L'auteur se propose de raconter avec suite le départ des héros, presque tous égaux en vaillance et en gloire, qui vont sous la conduite de Jason à la conquête de la toison d'or, les incidents de leur voyage, cette conquête, puis leur retour avec tous les incidents encore. Ce thème prêtait à l'érudition géographique et généalogique, aux épisodes, et il y en a d'agréables, même de charmants, et à tout instant éclairés de comparaisons ingénieuses ou grandes, d'images vraiment homériques; mais tout cela est successif, développé dans l'ordre des faits et des temps, sans beaucoup de feu ni d'action, et surtout sans ce *flumen* grandiose continu, qui est le courant d'Homère. La marche du poëme ne diffère en rien de celle d'un itinéraire; il n'y a pas en ce sens-là d'invention. Pétrone, parlant d'un poëme de *la Guerre civile*, en esquisse largement la poétique en ces termes : « Il

---

(1) Mot à mot : celle-là est *la fleur;* c'est-à-dire la fleur des eaux, la plus excellente des eaux.

ne s'agit pas, dit-il, de comprendre en vers tout le récit des faits, les historiens y réussiront beaucoup mieux ; mais il faut, par de merveilleux détours, par l'emploi des divinités, et moyennant tout un torrent de fables heureuses, que le libre génie du poëte se fasse jour et se précipite, de manière qu'on sente partout le souffle sacré, et nullement le scrupule d'un circonspect récit qui ne marche qu'à couvert des témoignages (1). » On se ressouvient involontairement de cette recommandation en lisant *les Argonautes;* non certes que les fables et les prodiges y fassent défaut, ils sortent de terre à chaque pas; mais ici ces fables et ces prodiges sont, en quelque sorte, la suite des faits mêmes, et il ne s'y rencontre aucune machine supérieure, aucune invention dominante et imprévue, pour donner au poëme son tour, son impulsion, sa composition particulière. Toutes ces choses merveilleuses se trouvent racontées selon leur ordre et en leur temps, par une sorte de méthode historique. Le poëte-narrateur semble préoccupé, chemin faisant, de ne rien vouloir oublier.

Ces remarques, qui tombent sur l'ensemble du poëme, cessent de s'appliquer justement au chant III, c'est-à-dire au moment de l'arrivée des héros en Colchide, et dès qu'intervient le personnage de Médée. L'intérêt véritable est là; on tient le nœud; l'action se resserre, elle est vive, pressante, à la fois naturelle et merveilleuse, unissant les combinaisons mythologiques et les peintures du cœur humain. Et ce chant (notez-le) n'est pas un chant de dimension ordinaire; il n'a pas moins de 1,400 vers; si l'on y joint les 250 premiers vers du suivant, qui exposent les derniers actes de Médée en Colchide et sa fuite à bord du vaisseau *Argo*, on a là une suite de plus de 1,600 vers pleins de beautés diverses, animés de feu, de passion et de grâce.

---

(1) « Non enim res gestæ versibus comprehendendæ sunt, quod longe melius historici faciunt; sed per ambages, deorumque ministeria et fabulosum sententiarum torrentem, præcipitandus est liber spiritus, ut potius furentis animi vaticinatio appareat, quam religiosæ orationis sub testibus fides. » (*Satyricon*, CXVIII.)

Le poëme, à partir de ce moment, est expressément placé sous l'invocation d'*Érato*, la muse de l'amour. Il semble que le poëte, arrivé à cet endroit de son œuvre, se soit dit que cette passion amoureuse était la seule nouveauté qu'Homère lui eût laissée entière dans le domaine épique, et il s'y est appliqué avec charme, avec bonheur. Il m'est impossible (quelque réserve qu'on doive mettre à juger de soi-même les Anciens) de ne pas le trouver en cet endroit un grand poëte, ou du moins un poëte supérieur; il sort tout à fait de l'*æquali mediocritate*, dont l'a qualifié Quintilien; il fait mieux que de *ne jamais tomber*, comme l'en a loué Longin, il s'élève; et, si ce n'est pas du grandiose ni du *sublime*, à proprement parler, il a du moins plus d'un trait admirable dans le gracieux; on ne l'a pas assez dit, et j'espère parvenir, sans beaucoup de peine, à le montrer à l'aide de l'analyse et des traductions suivantes.

Les Argonautes donc, au commencement du chant troisième, après une longue navigation, après toutes sortes d'aventures déjà et de périls, viennent d'entrer dans l'embouchure du Phase et d'aborder en Colchide. Il s'agit pour eux d'obtenir, de gré ou de force, du roi Éétès qui y règne, la toison d'or que Jason doit rapporter. Les Argonautes, dans les derniers jours de leur navigation, ont par bonheur rencontré de jeunes princes, petits-fils d'Éétès et fils d'une de ses filles, lesquels, de leur côté, étaient partis un peu aventureusement pour aller en Grèce, car ils sont Grecs par leur père Phrixus; avec le secours de ces auxiliaires précieux qu'ils ont sauvés du naufrage et qu'ils ramènent avec eux, les héros et Jason, leur chef, espèrent s'insinuer auprès d'Éétès et trouver jour à leur entreprise.

Au commencement du chant, Junon et Minerve apparaissent délibérant en faveur de Jason, et cherchant pour lui quelque expédient qui le mette en possession de sa conquête. Elles restent court quelque temps et en silence; tout d'un coup Junon se fixe à l'idée d'aller trouver Vénus et de lui demander qu'elle engage son fils à blesser Médée d'une flèche au cœur pour Jason. Médée, fille d'Éétès, est une jeune fille, prêtresse d'Hécate et habile aux enchantements ; mais, à cette heure, elle est pure, chaste, aussi virginale que peut l'être Nausicaa ; c'est Médée avant tous les crimes. Minerve donne les mains à l'expédient de Junon : « Je n'entends rien, dit-elle, à tous ces traits ni à tous ces foments de l'amour ; mais puisque le moyen te paraît bon, j'y consens, et je suis prête à te suivre : seulement, ce sera à toi de porter la parole. » Les deux déesses s'envolent aussitôt et arrivent au palais bâti à Vénus par son boiteux époux. Celui-ci est parti dès le matin pour visiter les forges de son île flottante. Vénus toute seule, assise devant sa porte, est occupée à se peigner et à partager ses beaux cheveux sur ses épaules avec un peigne d'or. Je passe de gracieux détails ; elle s'empresse de renouer ses cheveux dès qu'elle voit les déesses, et les accueille avec une aimable raillerie : « Quel dessein, quelle affaire amène ici de si grandes dames ? car vous venez pour quelque chose, et l'on ne vous voit guère d'habitude, étant comme vous êtes les premières des déesses. » Je force peut-être un peu le ton, mais je l'indique du moins. Junon expose l'affaire, et comment il s'agit de favoriser Jason, de le tirer de sa périlleuse entreprise. Vénus fait la soumise et joue l'humilité : elle s'engage à tout ce que peuvent ses faibles mains. Mais ce n'est pas de mains ni de force ouverte qu'il est besoin, lui dit-on ; qu'elle veuille bien seulement commander à son fils d'enflammer la fille d'Éétès pour Jason. Elle répond alors :

« Junon et toi, Minerve, il vous obéirait, à vous surtout, bien plutôt qu'à moi ; car devant vous, tout impudent qu'il est, le méchant garçon aura encore tant soit peu de honte ; mais de moi il n'a nul respect ni souci, et il lui est égal de me quereller sans cesse. Et peu s'en est fallu que, d'indignation, je ne lui aie cassé l'autre jour ses méchantes flèches avec son arc, car il m'a osé dire dans sa menace que, si je ne m'éloignais bien vite tandis qu'il était encore maître de lui, je n'aurais à m'en prendre des suites qu'à moi-même. »

A ce discours de Vénus, les deux déesses se regardèrent en souriant, et Vénus un peu piquée repartit : « Mes maux, je le vois bien, ne servent qu'à faire rire les autres ; aussi ai-je tort de les dire à tout le monde ; ce m'est bien assez de les savoir moi-même. » Et elle se met en devoir d'exécuter le vœu des déesses. Junon, d'un nouveau sourire, l'en remercie, et lui touchant la main délicate pour l'apaiser : « Allons, dit-elle, ô Cythérée ! exécute bien vite ce que tu viens de nous promettre ; et ne t'irrite pas ainsi, ne te mets pas en colère contre ton enfant, car il changera par la suite. »

La rivalité de Junon et de Vénus, au premier livre de *l'Énéide*, a certes plus de grandeur ou de gravité, et elle domine tout le poëme ; mais ici les scènes d'un ton moins élevé, qui interviennent comme ressort secondaire, ont beaucoup de grâce ; elles sont d'un jeu habile, ingénieux, et tout le sérieux de la passion va se retrouver dans les effets.

Vénus part à la recherche de son fils, et elle le trouve dans un des vergers de l'Olympe, jouant aux osselets avec Ganymède, deux enfants de mêmes goûts et de même âge. Le fol Amour s'est échauffé au jeu : « tenant contre sa poitrine la main gauche toute pleine des osselets d'or qu'il venait de gagner, il était debout triomphant : une molle rougeur fleurissait le teint de ses joues. Son camarade, tout auprès, assis sur ses talons, se tenait en silence, les yeux baissés à terre ; il n'avait plus que deux osselets qu'il jetait machinalement l'un après l'autre : les éclats de rire du gagnant l'irritaient ; et, ayant bientôt perdu ce dernier reste, il s'en alla tout confus, les mains vides, sans s'apercevoir de l'approche de Vénus. » Celle-ci n'eut pas de peine à décider l'enfant à ce qu'elle voulut, moyennant promesse d'un jouet plus beau, de celui même qu'on avait fabriqué en Crète pour Jupiter enfant. Amour le voulait à l'instant même et jetait déjà tous les autres ; mais Vénus lui jure qu'il l'aura sans faute après.

On se rappelle que Virgile, au livre premier de *l'Énéide*,

a trouvé l'ingénieux moyen de déguiser l'Amour sous les traits d'Ascagne, que son père envoyait vers Didon. Apollonius, d'après ce qui précède, eût été fort capable, on le voit, d'imaginer quelque artifice du même genre; mais Jason n'avait point de fils. C'est donc dans une forme plus simple que les choses se passeront. Jason s'est décidé, pour début, à aborder Éétès avec des propositions pacifiques; il se présente au palais, lui et deux de ses compagnons, amenant en outre les quatre jeunes gens, petits-fils du roi et fils de sa fille Chalciope, que les Argonautes ont recueillis en chemin. Le palais du roi est magnifiquement décrit, et rappelle par quelques endroits celui de Ménélas ou d'Alcinoüs dans *l'Odyssée;* on se sent, à première vue, dans la demeure d'un fils du Soleil. Médée qui, d'habitude, se rend dès le matin au temple d'Hécate, dont elle est prêtresse, a été retenue ce jour-là au palais par une suggestion intime de Junon; elle aperçoit les étrangers au moment où elle passe de son appartement dans celui de sa sœur; elle pousse un cri de surprise; Chalciope accourt et reconnaît ses fils, qui se jettent dans ses bras. De là grande rumeur : Éétès lui-même paraît et donne ordre de recevoir les hôtes qui lui arrivent. Ici je traduis aussi exactement qu'il m'est possible :

« Cependant l'Amour, à travers l'air blanc, arriva invisible, aussi âpre que l'est aux tendres génisses le taon que les pasteurs appellent la mouche des bœufs; et bien vite, sous la porte, dès le vestibule, ayant tendu son arc, il tira de son carquois une flèche toute neuve, source de gémissements. Toujours inaperçu, il franchit rapidement le seuil, lançant des regards aigus, et, s'étant ramassé tout petit sous Jason lui-même, il mit le cran de sa flèche sur le milieu de la corde; puis, écartant de toutes ses forces ses deux mains, il lâcha le trait tout droit sur Médée : une stupeur muette la saisit au cœur. Et lui alors, reprenant son vol, s'élança hors du palais élevé en riant aux éclats. Le trait brûlait tout au fond dans le sein de la jeune fille, pareil à une flamme; elle ne cessait de fixer sur le fils d'Éson des yeux étincelants, et son cœur à coups pressés haletait de fatigue hors de sa poitrine ; il ne lui restait plus aucun autre souvenir, et son âme se distillait dans une douce amertume. Comme une femme, ouvrière laborieuse, qui vit du travail pénible de ses mains, répand tout autour d'un tison ardent des broussailles sèches afin de s'apprêter de nuit une lumière dans sa chambre, car elle s'éveille de très-bonne heure ; et ce feu, s'allumant tout grand d'un si petit tison, consume à la fois toutes les broussailles : tel, ramassé sous le cœur de la jeune fille, brûlait en secret le funeste Amour ; elle laissait ses joues délicates tourner tantôt à la pâleur et tantôt à la rougeur, au hasard de ses pensées. »

Nous voilà dans l'invasion rapide de la passion, dont ce chant tout entier va offrir les alternatives et le développement. On aura remarqué cette comparaison naïvement touchante de la femme *qui vit du travail de ses mains ;* elle est tout à fait dans le goût d'Homère et des véritables Anciens. Ovide, qui déjà n'était plus à tant d'égards qu'un bel-esprit moderne, a omis ou manqué tant de traits heureux dans la Médée de ses *Métamorphoses,* ne conservant que ce qui prêtait à de certains contrastes et cliquetis de pensée. Croirait-on que, dans sa rapide réminiscence, il a fait de la belle similitude ces trois vers sans expression et d'une élégance commune :

> Ut solet a ventis alimenta adsumere, quæque
> Parva sub inducta latuit scintilla favilla,
> Crescere, et in veteres agitata resurgere vires :
> Sic jam lentus amor, etc., etc... (1) !

Cela ressemble à tous les incendies et à toutes les flammes, et n'a plus aucun caractère. Il me semble lire Apollonius traduit par Delille.

Après le repas qu'Éétès a fait servir aux nouveaux-venus avant toute chose d'après les lois de l'hospitalité, il y

---

(1) *Métamorphoses*, livre VII.

a lieu pour Jason d'expliquer au roi le sujet de son voyage. Argus (c'est le nom de l'aîné des fils de Chalciope) commence en médiateur; il essaye de disposer son grand-père en faveur des étrangers; il raconte les services que lui et ses frères en ont reçus, le but de l'expédition, la qualité et la race divine de cette élite de héros; que Jason ne vient que pour satisfaire aux ordres d'un tyran jaloux, et que, s'il obtient de plein gré la toison désirée, il est prêt, lui et ses amis, à payer ce bienfait par tous les services. — Éétès s'emporte à cette nouvelle, il met en doute la bonne foi des arrivants, il menace. Jason, se contenant, persiste dans la voie de conciliation, et il reprend les arguments du jeune homme. C'est alors que le roi, dissimulant un peu sa colère et imaginant un détour dont il se croit assuré, lui propose de lui céder la toison d'or à condition de l'épreuve suivante : Dans un champ consacré à Mars, il a deux taureaux aux pieds d'airain, et dont les naseaux vomissent la flamme; si Jason parvient à les dompter, à les soumettre au joug, puis à labourer le champ de Mars, et, l'ayant ensemencé des dents d'un dragon, à moissonner la terrible moisson de géants armés qui en doivent naître, il aura la toison divine, mais pas autrement. — Jason, effrayé au fond, hésite; il finit par s'engager pourtant, faute de pouvoir reculer, et sans savoir comment il sortira d'une telle lutte. Ici nous retrouvons Médée, qui a été témoin de tout ce débat, et je recommence à traduire :

« Jason se leva de son siége, et avec lui Augias et Télamon; Argus les suivait, ayant fait signe à ses frères de rester; ils se dirigèrent hors du palais. Le fils d'Éson resplendissait divinement entre tous les autres par la beauté et par les grâces. La jeune fille le contemplait tenant sur lui d'obliques regards le long du bord de son voile brillant, de plus en plus minée en son cœur. Sa pensée, comme un songe léger, s'envolait sur ses traces, à mesure qu'il s'éloignait. Lorsqu'ils furent sortis du palais tout affligés, Chalciope, se gardant de la colère d'Éétès, eut hâte de rentrer dans sa chambre avec ses fils; et Médée aussi, de son côté, se retira : elle agitait en elle tout ce que les Amours soulèvent de chers intérêts dans une âme. Au-devant, au-devant de ses yeux, tout lui apparaissait encore, quel il était lui-même en personne, de quel manteau il était vêtu, ce qu'il avait dit, et quelle bonne mine quand il se tenait assis sur son siège, et quelle noble démarche en sortant : et sa pensée, en s'assombrissant, lui disait qu'il n'y en avait pas un pareil entre les hommes ; et sans cesse la douce voix du héros résonnait à ses oreilles, avec les discours de miel qu'il avait prononcés. Et elle craignait pour lui, elle craignait que les bœufs ou qu'Éétès lui-même ne le fissent périr ; elle le pleurait comme déjà tout à fait mort ; de tendres larmes inondaient ses joues dans la violence de sa pitié, et, se lamentant faiblement, elle poussa cette plainte d'une voix frêle :

« Pourquoi, malheureuse, cette angoisse me tient-elle ainsi ? Qu'il périsse, lui le premier ou le dernier des héros, que m'importe à moi ?... Pourtant, puisse-t-il s'en tirer sans dommage ! Oui, vénérable déesse Hécate, qu'il en soit ainsi ! qu'il s'en retourne dans sa patrie ayant échappé à ce mauvais sort ! Mais si c'est son destin d'être dompté dans cette lutte par les taureaux, oh ! qu'il apprenne du moins auparavant que, moi, je suis bien loin de me réjouir de son affreux malheur ! » — C'est ainsi que l'esprit de la jeune fille était la proie des soucis. »

Nous entrons ici avec Médée dans le dédale des contradictions charmantes que Virgile a si bien décrites chez sa Didon ; nous allons y marcher de plus en plus, et, pour qui sait par cœur son quatrième livre de l'*Énéide*, les réminiscences jailliront à chaque pas. Au reste, dès qu'on veut peindre cette passion identique et une en tous les âges, il il n'y a pas de choix, il faut passer par les mêmes traits, revenir sur les mêmes symptômes ; et c'est toujours le cas de s'écrier avec la Religieuse portugaise, dans ce conseil éperdu qu'elle donnait à son trop raisonnable amant :
« Mais avant de vous engager dans une grande passion, pensez bien à l'excès de mes douleurs, à l'incertitude de

mes projets, à la diversité de mes mouvements, à l'extravagance de mes lettres, à mes confiances, à mes désespoirs, à mes souhaits, à ma jalousie!... Ah! vous allez vous rendre bien malheureux! »

Tandis que Médée se trouble ainsi et se partage tout bas pour le héros, toutes les pensées alentour se dirigent vers elle, et conspirent à l'implorer. A peine de retour à ses vaisseaux, Jason a tenu conseil avec ses compagnons ; plus d'un se lève et s'offre, quoi qu'il arrive, à combattre et les taureaux monstrueux et les géants nés des dents du dragon. Toutefois, avant de passer outre, Argus, ce neveu de Médée, a ouvert l'avis qu'il serait bon de tâcher d'obtenir de la jeune prêtresse d'Hécate quelque charme magique pour faire face à l'épreuve : il propose d'en parler à sa mère Chalciope, cette sœur aînée et très-aînée de Médée. Chalciope, de son côté, saisie de crainte pour ses enfants qui sont devenus suspects au roi son père, fait en ceci cause commune avec les étrangers, et a déjà songé à implorer sa sœur. Mais comment oser s'ouvrir à elle ? — Rien de plus heureux, on le voit, que tout ce concert extérieur qui tend à faire de Médée le personnage nécessaire. Elle-même l'ignore et lutte contre ses propres sentiments. Nous continuons de lire en son cœur :

« Cependant un sommeil épais soulageait un peu de ses angoisses la jeune fille couchée sur son lit; mais bientôt des songes trompeurs, pleins d'images funestes, comme il arrive dans les chagrins, venaient l'irriter. Il lui sembla que l'étranger se soumettait à l'épreuve, non pas tant qu'il désirât beaucoup de remporter la toison du divin bélier, car ce n'était point pour cette cause qu'il était venu dans la ville d'Éétès, mais bien pour la ramener dans sa patrie, elle, comme son épouse virginale (1). Elle se figurait en-

---

(1) N'est-ce pas ainsi, et selon un sentiment très-approchant, que, dans les *Lettres portugaises*, la religieuse, se rappelant le jour où elle a, pour la première fois, aperçu du haut de son balcon le bel étranger, dit : « Il me sembla que vous vouliez me plaire, quoique vous ne me connussiez pas : je me persuadai que vous m'aviez remarquée entre

core qu'elle-même en venait aux prises avec les taureaux, et triomphait de l'épreuve aisément ; mais que ses parents refusaient de tenir leur promesse, parce que ce n'était pas à la jeune fille, mais à lui-même, qu'ils avaient imposé la condition de les dompter ; que de là s'élevait un grand conflit entre son père et les étrangers ; que les deux partis s'en remettaient à elle comme arbitre, pour qu'il en fût selon que son cœur en déciderait ; et qu'elle tout d'un coup, sans plus se soucier de ses parents, faisait choix de l'étranger ; qu'alors ils étaient saisis d'une immense douleur, et qu'ils s'écriaient de colère. A ce cri le sommeil la quitta en sursaut. Se débattant d'effroi, elle s'élança hors du lit et regarda de tous côtés les murailles de sa chambre : elle eut peine à recueillir ses esprits comme auparavant, et elle laissa échapper ces paroles avec sanglots :

« Malheureuse que je suis, quels songes pesants m'ont épouvantée ! Je crains que ce voyage des héros n'apporte quelque grand malheur. Tout mon cœur est en suspens pour cet étranger. Qu'il aille parmi son peuple bien loin faire sa cour à quelque jeune fille grecque ; mais qu'à nous la virginité et la maison de nos parents soient toujours chères ! Pourtant, me relâchant de ma dureté (1), à condition que ce ne soit plus sans l'aveu de ma sœur, je verrai si elle me vient prier d'être de quelque secours en cette épreuve, car elle est en grande inquiétude pour ses enfants ; et cela m'éteindrait dans le cœur une peine funeste.

Remarquez ce qui suit et quelle est la logique de la passion : Médée vient de se dire pour conclusion qu'elle at-

---

toutes celles qui étoient avec moi. Je m'imaginai que, lorsque vous vous arrêtiez, vous étiez bien aise que je vous visse mieux et que j'admirasse votre adresse lorsque vous poussiez votre cheval. J'étois surprise de quelque frayeur lorsque vous le faisiez passer dans un endroit difficile : enfin je m'intéressois secrètement à toutes vos actions. Je sentois bien que vous ne m'étiez point indifférent, et je prenois pour moi tout ce que vous faisiez. »

(1) Mot à mot : laissant là mon cœur *de chien*. — Homère met la même expression dans la bouche d'Hélène.

tendrait que sa sœur vînt la première à elle pour requérir secours ; et, en conséquence, voilà qu'elle-même se dispose à faire les premiers pas au-devant de sa sœur.

« Elle dit, et, se levant, elle ouvrit les portes de la chambre, nu-pieds, vêtue d'un simple vêtement ; et elle voulait aller vers sa sœur, et elle avait déjà franchi le seuil. Longtemps elle demeura à la même place sous le vestibule de sa chambre, retenue par la pudeur ; et elle revint de nouveau en arrière, et de nouveau elle se remit à sortir, et de nouveau elle rentra. Ses pieds la portaient au hasard çà et là. Lorsqu'elle allait en avant, la pudeur au dedans la rappelait, et bientôt le désir téméraire triomphait de la pudeur. Trois fois elle tenta d'aller, trois fois elle se retint, et la quatrième elle retomba la face en avant, roulée sur sa couche.

« Comme lorsqu'une jeune mariée pleure dans la chambre nuptiale le florissant époux auquel l'ont unie ses frères et ses parents, et elle évite de se mêler en rien à la foule de ses suivantes, par pudeur et par prudence ; mais elle reste assise au fond de sa chambre, silencieuse ; car un destin cruel vient de le lui ravir avant qu'ils aient pu jouir l'un de l'autre dans leur mutuelle tendresse ; et elle, bien que brûlée de douleur au dedans, en contemplant ce lit veuf, elle étouffe ses pleurs en silence, de peur que les femmes ne lui brisent le cœur par quelque raillerie. C'est pareille à elle que Médée se lamentait. »

Mais une suivante de Médée l'aperçoit en cet état et va en prévenir sa sœur. Celle-ci accourt, l'interroge, la presse : « Quelle est la cause de cette douleur ? est-elle saisie d'un mal subit, tel qu'en envoient les Dieux ? ou bien a-t-elle appris quelque nouvelle fâcheuse ? a-t-elle entendu quelque menace d'Éétès contre Chalciope et ses enfants ? » Médée profite habilement de cette ouverture que lui offre l'inquiétude d'une mère, et elle a l'art de se faire instamment prier de ce qu'elle-même désire ; mais cet artifice ne se passe point sans toute sorte de confusion et sans d'adorables restes d'ingénuité.

« Ainsi parla Chalciope : les joues de Médée se couvrirent de rougeur : longtemps la pudeur virginale l'empêcha de répondre malgré son désir. La parole tantôt lui montait au bout de la langue, et tantôt se renvolait au fond de sa poitrine. Bien des fois sa bouche aimable s'ouvrit pour parler, mais la voix ne passa point plus avant. Bien tard enfin elle se décida à dire de la sorte avec ruse, car les hardis Amours faisaient rage :

« Chalciope, mon âme est tout en peine pour tes enfants : je crains que notre père ne les fasse périr du coup avec ces étrangers. Ce sont ces horribles songes qu'à peine endormie tout à l'heure je voyais dans mon sommeil. Puisse un Dieu les rendre sans effets! puisses-tu n'en venir jamais à cette affreuse douleur pour tes enfants! »

Une fois la mère ainsi alarmée dans Chalciope, celle-ci ne se contient plus ; elle fait jurer à Médée le secret sur ce qu'elle va lui proposer, et la supplie de trouver un expédient de salut pour ses enfants ; dans son délire, elle s'emporte même un moment jusqu'à la menace ; puis elle embrasse les genoux de la jeune fille, puis elle abandonne sa tête sur ce sein désolé, et les deux sœurs sont là dans les bras l'une de l'autre, à pleurer de pitié l'une sur l'autre, et l'on entend à travers le palais leurs gémissements confondus. Tableau pathétique et charmant, et bien supérieur par tout ce qu'il renferme à la situation des deux sœurs dans Virgile ; car *Anna soror* a beau faire, elle n'est qu'une très-noble confidente et n'a pas d'autre rôle que celui d'une magnifique *utilité*.

« Mais que puis-je faire? ajoute ingénument Médée : je l'ai juré et je suis prête à tenter pour tes enfants tout ce que je puis. » C'est alors que Chalciope répond : « Ne pourrais-tu pas (fais cela pour mes enfants) imaginer quelque ruse, un expédient quelconque, dans la grande épreuve, en faveur de cet étranger qui lui-même en a tant besoin? De sa part, et avec mission de lui, Argus m'est venu presser d'obtenir, s'il se peut, ton assistance; je l'ai laissé chez moi en accourant ici. »

A ces mots, le cœur de Médée s'envole de joie ; elle rougit, un brouillard délicieux l'enveloppe, et elle promet tout, mais dans quels termes encore et avec quel mélange de gracieux déguisement ! « Chalciope, s'écrie-t-elle, tout ce qui peut vous être agréable et cher, je le ferai. Que l'Aurore ne brille jamais à mes yeux et que tu ne me revoies plus existante parmi les vivants, si je préfère quelque chose à toi, ma sœur, ou à tes enfants qui sont comme mes frères, mes défenseurs naturels et du même âge que moi ! Et moi-même je puis me dire à la fois ta sœur et ta fille, puisque tu m'as suspendue aussi bien qu'eux à ta mamelle quand j'étais toute petite, comme je l'ai tant de fois entendu raconter à notre mère... » — Est-il besoin de relever la grâce exquise de cet artifice, cette subite tendresse qui se réveille pour les enfants de sa sœur et qui cherche à se confirmer par de si attachantes images ? Et peut-être qu'elle-même, en disant ces choses, elle en subissait l'illusion, elle croyait les penser et les sentir. Je remarquerai encore qu'à la réflexion cette particularité de famille n'est pas inutile pour nous rassurer sur l'âge de Médée, que les malintentionnés pourraient soupçonner d'être un peu vieille fille, à lui voir des neveux si grands ; mais ces neveux, on le sait à présent, ce sont par l'âge comme des frères.

Médée a tout promis ; elle doit se trouver le lendemain matin au temple d'Hécate, et y attendre Jason, à qui elle remettra une drogue magique qui le rendra maître des taureaux. Mais à peine sa sœur l'a-t-elle quittée, que la voilà qui retombe à nos yeux dans les incertitudes et les combats : la pudeur la ressaisit, et la crainte de se sentir méditer de telles choses contre son père et en faveur d'un homme ! Ovide, dans le discours qu'il prête à Médée, au livre VII de ses *Métamorphoses*, a rendu avec élégance, avec esprit, ces alternatives ; c'est à elle qu'il fait dire ce mot, devenu proverbe :

. . . . . Video meliora proboque,
Deteriora sequor. . . . . . .

Dans le vrai pourtant, Médée, tout en cédant à ces fluctuations, ne s'en est pas ainsi rendu compte en moraliste, et Apollonius, plus voisin en cela de la nature, ne lui prête pas cette réflexion. Pour trouver des monologues dignes d'être comparés à ceux que son héroïne nous fait entendre, il faut revenir à Didon. En toute cette partie si dramatique, le poëte grec est presque l'égal de Virgile, et il a été l'un de ses modèles. N'y eût-il que le passage suivant, il n'y aurait pas moyen d'en douter :

« La nuit, continue Apollonius, la nuit vint ensuite, amenant les ténèbres sur la terre; les nautoniers sur la mer avaient les yeux fixés vers la grande Ourse et vers les étoiles d'Orion; c'était déjà l'heure où tout voyageur et tout gardien aux portes des villes (1) commence à désirer le sommeil; un assoupissement profond s'emparait même des mères dont les enfants sont morts. On n'entendait plus le hurlement des chiens à travers la ville, ni aucun bruit de loin retentissant : le silence occupait l'obscurité tout entière. Mais pour Médée seule il n'y avait ni repos ni douceur du sommeil. Dans son ardeur pour le fils d'Éson, mille soins la tenaient éveillée; elle craignait l'indomptable force des taureaux, sous lesquels il était près de périr d'une indigne fin dans la plaine de Mars. Son cœur se précipitait à coups pressés d'au dedans de sa poitrine : comme un rayon de soleil, rejaillissant d'une eau qu'on vient de verser dans une chaudière ou dans un baquet, s'agite à travers la maison et va frapper tantôt ici, tantôt là, avec un tournoiement rapide; ainsi le cœur de la jeune fille se débattait dans son sein. Des larmes de pitié coulaient de ses yeux; et au dedans la douleur minante ne cessait de la ronger à travers tout le corps, le long des moindres fibres et jusque tout au bas de la nuque, là où plonge le plus sensiblement le mal lorsque les Amours logent sans relâche leurs amertumes dans un esprit. Tantôt elle se dit qu'elle four-

---

(1) Mot à mot : tout *portier*. Les gardiens des portes avaient de la considération dans la haute antiquité : Homère les appelle *sacrés*.

nira le charme qui doit dompter les taureaux, et tantôt que non, mais qu'elle périra elle-même ; puis tout aussitôt elle se dit qu'elle ne mourra pas et qu'elle ne donnera pas non plus le charme, mais qu'elle prendra en patience et à tout hasard son malheur. Et s'asseyant ensuite, elle repassait en elle chaque chose en s'écriant... »

Je m'arrête un moment après cet admirable morceau, au sujet duquel les remarques se pressent. Et d'abord on aura reconnu la belle description naturelle que Virgile a si bien transportée à sa dernière nuit de Didon :

> Nox erat et placidum carpebant fessa soporem
> Corpora per terras. . . . . . . . .
> At non infelix animi Phœnissa. . . . . .

En même temps on se demande comment, parmi les divers traits, Virgile a précisément omis celui de *cette mère dont les enfants sont morts* (1). Je ne puis croire qu'il y ait eu là une timidité de sa part, comme Racine en a parfois. J'aime mieux supposer qu'il se sera fait scrupule d'emprunter un trait trop saillant et trop reconnaissable : mais pourtant il empruntait assez visiblement l'ensemble du passage.

Il prenait encore cette belle comparaison de l'âme en peine avec le rayon de soleil réverbéré dans l'eau :

> Sicut aquæ tremulum labris ubi lumen ahenis
> Sole repercussum. . . . . . . . . .

Seulement il ne l'applique point en cette situation même à l'âme de Didon, mais, en un tout autre endroit du poëme (livre VIII), à l'esprit d'Énée lorsque celui-ci, pendant sa lutte contre Turnus, agite divers projets politiques ; et j'ose dire qu'ainsi dépaysée cette comparaison légère, bien plutôt

---

(1) Brunck, dans les notes de son édition d'Apollonius, avait déjà relevé cette omission : « Inventorem Græcum meo judicio non adsecutus est imitator Romanus. Vim somni quanto melius exprimunt ista Apollonii : Καὶ τινα παίδων μητέρα τεθνεώτων.., quam Virgilii *pecudes*, frigidaque, licet verbis ornatissima, *volucrum* enumeratio! »

digne du cœur d'une jeune fille ou d'une jeune femme, est beaucoup moins aimable et moins fidèle (1).

On aura remarqué les caractères physiques par lesquels le poëte accuse les progrès de la passion chez Médée, et ce siége de la nuque qu'il assigne au foyer du mal : ainsi osaient faire les Anciens. Dans la célèbre pièce de *la Magicienne*, la Simétha de Théocrite ne s'exprime pas autrement lorsqu'elle veut rendre l'effet soudain que lui fit le beau Delphis, le jour qu'en allant à la fête elle le vit sortir tout brillant et tout *luisant* du gymnase :

« Je le vis, et du coup je devins folle, et mon cœur fut attaqué tout entier, malheureuse ! Ma beauté commença à fondre ; je ne pensai plus à cette fête, et je ne sais comment je revins à la maison ; mais une maladie brûlante me ravagea ; je restai gisante sur ma couche dix jours et dix nuits. Mon teint devint bien des fois de la couleur du thapse (2); tous les cheveux me coulaient de la tête, et il ne me restait plus que les os mêmes et la peau. A quel devin n'ai-je point recouru ?... »

La délicatesse moderne n'ose plus parler de la sorte, et c'est tout ce qu'elle peut faire que de supporter la traduction sans fard de ce langage. La naïveté populaire a pourtant gardé quelque chose de cette franchise primitive, et l'on me cite ce mot familier à nos populations du Midi : *aimer à en perdre les ongles* (3). Mais en général on a re-

---

(1) Qu'on me permette de hasarder une toute petite observation encore : Virgile, dans sa comparaison, dit *lumen aquæ*, une *lumière d'eau* répercutée par le soleil...; c'est une figure, un hypallage, je crois. Apollonius disait plus directement : *un rayon de soleil*. Il importe, ce semble, d'être clair et direct au moment où l'on fait une comparaison physique. Le *labris ahenis* n'est-il pas aussi un peu obscur ? M. Boissonade m'assure que non. Je ne veux certes point prétendre que Virgile ne soit pas un écrivain plus parfait qu'Apollonius ; mais ici, par cela même qu'il l'imite, il raffine un peu, et, tout en traduisant merveilleusement l'image, il nous la rend un peu moins simple.

(2) Espèce de plante.

(3) Il y a dans l'*Anthologie* une épigramme de Rufin que voici au naturel : « Quand même il ne viendrait qu'au bord des lèvres, le baiser

couvert l'antique mal, lorsqu'il se présente, d'expressions plus vagues et plus flatteuses, en même temps que, dans une foule de cas de simple galanterie, on a détourné par abus les expressions physiques de leur sens propre : on s'est mis à brûler et à mourir par métaphore. Les Modernes ont très-habituellement admis le jeu et le mensonge de l'amour, ce qu'ils aiment aussi à en appeler l'idéal, — les Anciens, jamais ; ils sont restés naturels.

Qu'on le sache bien pourtant, et n'en déplaise à toutes nos périphrases sociales, la maladie de l'amour est une, constante, *sui generis*, comme on dit dans la science : bien souvent voilée chez les Modernes, et encore plus souvent absente, elle se retrouve identique dès qu'elle existe. Quiconque l'a pu voir et observer une seule fois ne la mécon-

---

d'Europe est doux ; il est doux, quand même il ne ferait qu'effleurer la bouche ; mais il ne touche pas seulement du bout des lèvres : quand elle appuie la bouche, elle enlève l'âme jusque des ongles. » On retrouverait la même expression dans d'autres épigrammes, notamment d'Asclépiade. — Comme correctif au *baiser* si accentué de Rufin, j'ai bien envie de glisser un *baiser* moderne, plus délicat, *pétrarquesque*, et qui a pourtant aussi son aiguillon, sa saveur pénétrante ! Ces contrastes ne sont pas hors de propos et ils servent à mieux graver l'idée.

> Comme au matin l'on voit un Essaim qui butine
> S'abattre sur un Lys immobile et penché :
> La tige a tressailli, le calice s'incline,
> Et s'incline avec lui tout le trésor caché.
>
> Et tandis que l'Essaim des abeilles ensemble
> Pèse d'un poids léger et blesse sans douleur,
> De la pure rosée incertaine et qui tremble
> Deux gouttes seulement s'échappent de la fleur.
>
> Ce sont tes pleurs d'hier, tes larmes adorées,
> Quand sur ce front pudique, interdit au baiser,
> Mes lèvres (ô pardonne !) avides, altérées,
> Ont osé cette fois descendre et se poser :
>
> Ton beau cou s'inclina, ta brune chevelure
> Laissa monter dans l'air un parfum plus charmant ;
> Mais quand je m'arrêtai contemplant ta figure,
> Deux larmes y coulaient silencieusement.

On a eu dans Rufin le baiser naturel et païen au plus vif ; on a ici le baiser adouci selon Pétrarque, mais pas trop fade encore.

naîtra jamais. Plus ordinaire chez les femmes que chez les hommes qui ont trop de facilités pour la prévenir ou la dissiper, elle ne laisse pas d'être devenue assez rare chez les femmes elles-mêmes qui, en certains pays et dans certain train de société, ont mille moyens gracieux de l'éluder, de s'en prendre ou de s'en tenir aux semblants. Chez les Anciens, on le sait, la foudre tombait presque à coup sûr; les Modernes ont inventé les paratonnerres. La filiation toutefois des nobles et touchantes victimes ne s'est pas interrompue, et on la poursuivrait en quelques types frappants jusqu'à nos jours : — Hélène, Ariane, Médée, Phèdre, la Simétha de Théocrite, Didon, dans l'antiquité; chez les Modernes, je ne retrouve l'amour-maladie ni chez Béatrice ni chez Laure ; mais Héloïse, celle que M. de Rémusat proclamait récemment *la première des femmes*, en est atteinte ; et, sans sortir de notre connaissance et de notre littérature, je retrouve quelques traits irrécusables chez un certain nombre de personnages de la réalité ou du roman (j'aime à les confondre), chez Louise Labé, chez la Religieuse portugaise, la princesse de Clèves, Des Grieux, le chevalier d'Aydie, mademoiselle de Lespinasse, Virginie, Velléda, Amélie. J'ai dit que Béatrice n'est point atteinte du même mal, et j'ai bien à en demander pardon à cette patrone angélique des poëtes : chez Béatrice, en effet, l'amour transformé est devenu une charité, une religion ; ce n'est plus une chose humaine, une maladie sacrée, la plus noble de toutes, mais une maladie enfin. J'oserai même ajouter qu'à l'autre extrême, et dans un groupe tout différent, madame de Warens n'est pas plus sujette à ce noble mal que Béatrice. Si l'une glorifie trop l'amour et le vaporise, l'autre le vulgarise un peu trop fréquemment, deux manières contraires, et presque également certaines, d'en sortir : dans l'un des cas, il s'élève jusqu'à être une religion; dans l'autre, il n'est plus qu'un plaisir. Tel qu'il s'observe en lui-même à l'état de maladie, et soit qu'il éclate en la Religieuse portugaise ou en Médée, il n'est ni l'une ni l'autre de ces choses. C'est un pur mal, amer, cuisant, et qui n'a guère de gracieux que les débuts. Cela est si vrai, que le rôle de l'homme consiste plus souvent alors à le supporter qu'à le partager. L'homme se laisse faire, qu'il s'appelle Jason, Énée ou M. de Chamilly ; il profite de ce qui s'offre, sans pour cela toujours en être séduit. Prenons nos exemples dans l'antiquité, qui est à la fois plus simplement naturelle et avec laquelle on est moins tenu de rester poli. Le héros aimé de Phèdre ou de Didon est tellement en présence d'une vraie maladie et d'un fléau des Dieux que, s'il résiste, il a affaire à une héroïne violente et très-aisément à une femme cruelle. Et plus tard, dès qu'elle est satisfaite et guérie, il se peut même, si la femme n'a pas en elle d'aimables sentiments accessoires, si avec de la passion elle manque de sensibilité proprement dite (ce qui s'est vu quelquefois), — il se peut qu'elle ne vous reconnaisse plus et qu'elle traite comme moins qu'un homme celui qu'elle avait mis tout à l'heure au-dessus d'un Dieu. L'objet n'est pas devenu autre, mais tout se passait en elle. C'est l'égoïsme de la passion dans sa crudité, qui s'était un moment exalté jusqu'au sublime. Heureusement, chez nous autres Modernes (rendons-nous justice), tout cela a bien changé ; la terminaison se dissimule d'ordinaire, se recouvre d'hommages prolongés, et, chez les natures délicates, s'enveloppe d'un culte d'amitié et de souvenirs. Le christianisme et la chevalerie jettent des nuances, et comme des rayons, sur les pentes du déclin qui restent encore belles. En un mot, la maladie, chez les Modernes, persiste, mais extrêmement voilée.

Je reviens bien vite à notre antique victime, à Médée et à son monologue interrompu. Seule donc, durant la nuit, et partagée entre mille résolutions contradictoires, elle se débat avec elle-même : elle regrette de n'être point morte de mort naturelle, de n'avoir point été frappée des flèches de Diane avant l'arrivée de cet étranger. Elle le voue à son destin, et veut au même moment l'en arracher. Adieu la pudeur, adieu la gloire! elle le sauvera; mais, pour se punir, le jour même du combat et du triomphe, elle mettra fin à ses jours par le lacet ou par le poison. Pourtant, que diront d'elle alors les femmes de Colchide? Elles railleront son indigne fin et entacheront d'infamie sa mémoire. Ah! mieux vaut mourir cette nuit même, à l'instant, avant le crime, avant la honte. — Je continue de traduire :

« Elle dit et s'en alla prendre la boîte dans laquelle étaient rangées bien des drogues, les unes salutaires, les autres destructives, et, l'ayant placée sur ses genoux, elle se lamentait. Son sein se baignait d'intarissables larmes qui coulaient en torrents à l'aventure, tandis qu'elle déplorait terriblement son destin. Elle avait envie de tirer des poisons qui tuent, pour se les verser. Déjà elle déliait les liens de la cassette, tout empressée de faire son choix, la malheureuse! mais soudainement les épouvantes de l'horrible Pluton descendirent dans son cœur; elle demeura un long temps privée de la parole : autour d'elle tous les aimables soins de la vie se représentaient. Elle se ressouvint de tout ce qu'il y a d'agréable parmi les vivants; elle se souvint de ses compagnes du même âge qui faisaient sa joie, comme une jeune fille qu'elle était; et le soleil lui parut plus doux à regarder qu'auparavant, à mesure en effet qu'elle se reprenait en idée à chaque chose. Et elle rejeta la cassette de dessus ses genoux, toute retournée au gré de Junon; elle ne partageait plus ses desseins çà et là, mais elle ne désirait que de voir bien vite se lever l'Aurore, afin de lui remettre, à lui, le charme convenu et d'aller à sa rencontre. Plus d'une fois elle ouvrit les portes de sa chambre, guettant la lumière : enfin l'Aurore la frappa de sa clarté chérie, et déjà chacun se mettait en mouvement à travers la ville. »

Ici se placent des descriptions pleines de fraîcheur, la toilette empressée de la jeune fille qui veut effacer la trace des larmes de la nuit et s'assurer toute sa beauté, les ordres qu'elle donne à ses compagnes d'atteler le char. Ces grâces matinales rappellent le départ de Nausicaa pour le lavoir; mais ici que l'objet est différent, et que déjà l'horizon se fait sombre! Ainsi parée, et tandis qu'on apprêtait le char, « la jeune fille, est-il dit, tournant çà et là dans le palais, foulait le sol dans l'oubli des maux qui s'ouvrent déjà sous ses pieds en abîmes, et de tous ceux qui vont s'amonceler dans l'avenir. » — Après un détail approfondi de l'herbe magique qu'elle prend pour donner à Jason, et des circonstances où elle l'a autrefois cueillie, le poëte, continuant de s'inspirer d'Homère, poursuit par des comparaisons enchanteresses que Virgile a ensuite imitées de tous deux :

« Elle mit, dit-il, l'herbe magique à la ceinture odorante qui serrait son beau sein, et, sortant à la porte, elle monta sur le char rapide. Avec elle montèrent de chaque côté deux suivantes. Elle-même prit les rênes, et, tenant le fouet élégant de la main droite, elle conduisait à travers la ville. Les autres suivantes, s'attachant derrière à la caisse du char, couraient le long de la large voie, et elles relevaient tout courant leur fine tunique jusqu'à la blancheur du genou. Telle, après s'être baignée dans les tièdes ondes du Parthénius ou encore du fleuve Amnisus, la fille de Latone, debout sur son char d'or attelé de biches légères, parcourt les collines, venant de loin au-devant d'une fumante hécatombe : les Nymphes la suivent en groupes, et celles qui s'assemblent sur la source même d'Amnisus, et celles qui habitent les bois et les hauteurs pleines d'eaux jaillissantes : autour d'elle les bêtes sauvages, tremblant de respect à sa venue, lui font caresse de la queue et avec leurs cris. Telles ces jeunes filles s'élançaient à travers la ville : et les peuples alentour faisaient place, évitant de rencontrer les regards de la vierge royale. »

A peine arrivée au temple, Médée s'adresse à ses compagnes, toujours avec le même composé de charme et de ruse : « J'ai commis une imprudence, leur dit-elle, de vous amener ici, tout près de ces étrangers nouvellement débarqués; aucune femme de la ville n'ose plus y venir. Mais, puisque nous y voilà, et que personne ne paraît, amusons-nous à cueillir des fleurs et à chanter : il sera temps ensuite de s'en retourner, et vous ne reviendrez pas sans présents, si vous voulez m'en croire. » Et elle leur raconta à demi la promesse à laquelle elle s'est engagée : l'étranger doit venir pour recevoir d'elle un charme propice, mais elle peut lui en donner un qui soit contraire, recevoir les présents, et ainsi tout sera concilié. Les compagnes, à l'unanimité, applaudissent à une idée si heureuse, et se promettent d'en profiter.

Jason, pendant ce temps-là, s'est mis en marche vers le temple, accompagné du seul Argus et du devin Mopsus, bon conseiller. Tous les héros des poëmes anciens, Énée, Ulysse, ont le don de devenir plus grands, plus beaux de leur personne, à de certains moments, sous la protection des déesses; mais nulle part cette sorte de métamorphose ou d'embellissement surnaturel n'est plus magnifiquement décrite que pour Jason : « Personne encore jusque-là parmi les hommes des anciens jours, ni parmi ceux qui sont de la descendance de Jupiter lui-même, ni d'entre tous les héros qui jaillirent du sang des autres immortels, personne n'avait été pareil à ce que devint Jason ce jour-là, par la faveur de l'épouse de Jupiter, tant pour la beauté de la personne que pour le charme des entretiens. Ses compagnons eux-mêmes en étaient éblouis à le considérer si éclatant de grâces, et le fils d'Ampicus (Mopsus) se réjouissait grandement de ce voyage dont il présageait d'avance le résultat. »

Mais, au moment où Mopsus embrassait en idée tant de choses, il en était une, et la plus simple de toutes, dont il ne s'avisait pas : ces sortes d'inadvertances sont l'ordinaire, comme on sait, des devins et des astrologues :

« Il y a dans la plaine, le long de la route et non loin du temple, un certain peuplier noir orné d'une chevelure de feuilles infinies, sur lequel aiment à s'assembler les corneilles babillardes. L'une d'elles, pendant qu'ils passaient, se mit à battre des ailes, et, du plus haut de l'arbre, proféra les intentions de Junon :

« O le sot devin, qui ne sait pas même comprendre avec

son esprit ce que savent les petits enfants, qu'une jeune fille ne dira ni douceurs, ni propos d'amour à un jeune garçon, s'il y a des étrangers pour témoins! Va-t'en bien loin, ô méchant devin, pauvre sage! Ni Vénus, ni les suaves Amours ne versent leur souffle sur toi. »

Mopsus sourit à cet avis si joliment donné, et en tient compte; Argus et lui s'arrêtent à cet endroit, et laissent Jason s'avancer tout seul au terme du rendez-vous. Virgile aussi a montré, en un des plus beaux passages du IV<sup>e</sup> livre, l'impuissance des devins; c'est quand Didon perd sa peine à consulter les oracles des Dieux et à interroger les entrailles des victimes :

> Heu vatum ignaræ mentes! quid vota furentem,
> Quid delubra juvant?. . . . . . . . .

Chez Apollonius, le trait a moins de portée; l'avertissement sur la vanité de l'art chez les plus habiles est indiqué à peine et avec un léger sourire. Cette voix moqueuse de la corneille rappelle assez bien la parole de l'oiseau merveilleux dans les jardins d'Armide. — Mais nous ne sommes qu'au début d'une scène incomparable; tandis que Jason s'avance, revenons encore à celle qui n'attend que lui :

« De son côté, le cœur de Médée ne se livrait pas à d'autres pensées, bien qu'elle fût à chanter avec ses compagnes, et chaque chanson nouvelle qu'elle essayait n'était pas longtemps à lui plaire; elle en changeait tour à tour dans son inquiétude, et elle ne tenait pas un seul moment ses regards arrêtés sur le groupe de ses suivantes, mais elle les promenait de loin vers les chemins, en penchant de côté son visage. Certes, certes, son cœur se brisa souvent lorsqu'elle croyait entendre courir tout auprès un bruit de pas ou le bruit du vent (1). Enfin, lui-même, sans trop tarder, il apparut à son désir, bondissant à pas élevés, tel que Sirius, qui du sein de l'Océan sort si beau et si

---

(1) Se rappeler une situation assez semblable dans une des poésies lyriques de Schiller, *l'Attente*.

splendide à son lever, mais qui apporte aux troupeaux la calamité funeste : tel, dans la beauté de son aspect, survint aux yeux de Médée le fils d'Éson, et son apparition excita en elle une lassitude déplaisante. Le cœur lui tomba de la poitrine, ses yeux se troublèrent d'un brouillard, une chaude rougeur saisit ses joues; elle n'avait la force de lever les genoux pour faire un pas en avant ni en arrière, mais ses pieds restaient fichés sur place. Cependant les suivantes s'étaient toutes éloignées. Tous deux ils se tenaient l'un en face de l'autre, muets et sans voix, semblables à des chênes ou à de grands sapins qui ont pris racine au même lieu sur les montagnes, et qui demeurent tranquilles dans le silence des vents; mais bientôt, sous le coup des vents qui renaissent, ils s'ébranlent et s'entre-répondent avec un murmure immense : c'est ainsi que tous deux allaient bientôt parler et rendre bien assez de sons charmants sous le souffle de l'Amour. Le premier, le fils d'Éson reconnut qu'elle était tombée dans le mal sacré, et, d'une voix caressante, il lui tint ce langage... »

L'admirable comparaison des deux arbres est du genre de celles qui abondent dans les littératures anciennes, qui sont assez rares dans les littératures modernes, mais dont en particulier la poésie française dite classique s'est scrupuleusement préservée. Je me rappelle, dans un roman, dans *la Princesse de Clèves*, une situation assez analogue à celle qu'on vient de voir. Un jour M. de Nemours s'est arrangé pour rencontrer la princesse chez elle sans témoins : « Il réussit dans son dessein, dit le délicat auteur, et il arriva comme les dernières visites sortaient.

« Cette princesse était sur son lit; il faisait chaud, et la vue de M. de Nemours acheva de lui donner une rougeur qui ne diminuait pas sa beauté. Il s'assit vis-à-vis d'elle avec cette crainte et cette timidité que donnent les véritables passions. Il demeura quelque temps sans pouvoir parler. Madame de Clèves n'était pas moins interdite, de sorte qu'ils gardèrent assez longtemps le silence. — Enfin, M. de Nemours prit la parole... »

Voilà ce qu'est proprement le goût français ; on indique, on court, on sous-entend ; on a la grâce, la discrétion, la finesse, tout jusqu'à la poésie *exclusivement*. Et qu'on ne dise pas que les amants sont assis et non debout, et que c'est dans un roman et non dans un poëme que je prends mon exemple ; on ne dirait pas mieux ni par d'autres images s'ils étaient debout ; on dirait moins bien dans un poëme, à moins de sortir du cadre convenu. Comparer deux amants immobiles et muets en face l'un de l'autre à deux arbres ! pourquoi pas à deux pieux ? Ne voyez-vous pas le sourire ? Fénelon, dans sa *Lettre à l'Académie française*, demandait grâce vainement pour ces sortes de peintures naturelles où se joint la passion à la vérité. Il esquissait avec une hardiesse voilée de goût tout un programme poétique qu'il n'est pas interdit après plus d'un siècle de reprendre et de féconder.

Ce n'est guère l'occasion toutefois de digression critique à cette heure ; nous avons mieux à faire, et il nous faut écouter en Colchide les propos des deux amants : « Pourquoi donc, ô vierge ! disait Jason à Médée, pourquoi tant de crainte quand je me trouve seul devant toi ? Je ne suis pas de ces hommes avantageux (il dit presque de ces *fats*) comme il y en a, et tel on ne m'a point vu lors même que j'habitais dans ma patrie. Aussi ne me témoigne point cette réserve extrême, ô jeune fille, si tu as quelque chose à me demander ou à me dire ; mais, puisque nous sommes venus ici à bonne intention, dans un lieu sacré où tout manquement est interdit, traite-moi en toute confiance... » Et il lui rappelle la promesse qu'elle a faite à sa sœur ; il la conjure par Hécate et par Jupiter-Hospitalier ; il se pose à la fois comme son hôte et son suppliant, et il touche cette corde délicate de louange qui doit être si sensible chez la femme ; car, après tout, Médée est un peu une princesse de Scythie, une personne de la Mer-Noire qui doit être secrètement flattée de faire parler d'elle en Grèce (1). « Je te payerai

---

(1) Un germe de cette idée se trouverait dans la ive pythique de Pin-

ensuite de ton bienfait, lui dit-il, de la seule manière qui soit permise à ceux qui habitent si loin l'un de l'autre, en te faisant un nom et une belle gloire. Ainsi feront à l'envi les autres héros qui te célébreront à leur retour en Grèce, et les épouses des héros aussi, et les mères; en ce moment peut-être, tristement assises sur les rivages, elles nous pleurent; mais tu les auras délivrées de leurs angoisses. » Et il lui cite l'exemple de Thésée, qui dut son salut à la fille de Minos et de Pasiphaé, à cette Ariane qui en reçut tant d'honneurs des hommes et des Dieux, et qui a désormais sa couronne étincelante parmi les constellations célestes. Cet exemple d'Ariane est-il bien choisi? S'il rappelle le dévouement de la fille de Crète, ne rappelle-t-il pas en même temps l'ingratitude de l'Athénien? N'y a-t-il pas imprudence à Jason d'évoquer de telles images? Je l'avais cru d'abord; mais non; au point où en est Médée, cet exemple de sa cousine, si elle songe à tout, devient encore plus attrayant par ses périls mêmes et par les vagues perspectives qu'il entr'ouvre. Jason décidément est un habile homme et plus rompu à la séduction qu'il ne veut paraître. Après donc avoir fait briller de loin la gloire d'Ariane : « C'est ainsi, poursuit-il, que les Dieux te sauront gré à ton tour, si tu prends sur toi de sauver une telle élite de héros ; et certes, à te voir si belle, tout dit assez que tu es ornée des trésors du cœur.

« Ainsi parla-t-il en la glorifiant, et elle, jetant les yeux de côté, elle souriait d'un sourire délicieux; le cœur lui nageait au dedans, tout enlevée qu'elle était par la louange, et elle finit par le regarder en face. Elle ne trouvait pas à lui dire un mot avant l'autre, mais elle aurait voulu proférer toutes choses à la fois. En attendant, elle n'eut rien de plus pressé que de tirer de sa ceinture odorante l'herbe

---

dare (vers 388), lorsque Vénus y apprend au fils d'Éson l'art des enchantements, « pour qu'il fasse perdre à Médée le respect de ses parents et que *l'aimable Grèce* ravisse ce cœur brûlant dans un tourbillon de séduction. »

magique, qu'il reçut de sa main avec joie; et certes, puisant son âme tout entière dans sa poitrine, elle la lui aurait livrée au besoin avec le même transport, tant l'amour en ce moment lançait d'aimables éclairs de la blonde tête du fils d'Éson! Elle en avait les yeux tout ravis (1); elle en fondait de chaleur au dedans, comme autour des roses la rosée s'échauffe et fond aux feux de l'Aurore. Tantôt, dans leur pudeur, ils tenaient tous les deux leurs yeux attachés à la terre, tantôt ils les relevaient pour se voir, en s'envoyant de complaisants sourires de dessous leurs sourcils brillants. Et c'est bien tard et à grand'peine que la jeune fille parla... »

Ce premier discours de Médée, si lentement amené, débute et se déroule avec un naturel infini : elle va droit au fait du premier mot : « Écoute bien à présent, lui dit-elle, comment je viendrai à bout de te secourir...; » et elle entre immédiatement en matière sur l'herbe magique, sur l'usage qu'il en faut faire, et sur les diverses circonstances de l'épreuve à laquelle le héros s'est soumis. Ce discours, tout positif et de prescription technique, a pour avantage, en allant d'abord au principal de son inquiétude, de la sauver encore elle-même des restes d'embarras qu'elle éprouve, de lui donner le temps de se remettre, et de suspendre par un dernier détour l'expression directe de ses sentiments; ils éclatent pourtant dans ce peu de mots qui terminent les conseils :

« Tu pourras de cette sorte emporter la toison en Grèce,

---

(1) On lit ainsi encore dans les *Lettres portugaises*, mais toujours à l'image près, toujours avec cette différence de l'analyse délicate à la poésie : « Vous me dîtes hier au soir de jolies choses, et j'aurois souhaité que vous eussiez pu vous voir vous-même dans ce moment comme je vous voyois... Vous vous seriez trouvé tout autre qu'à votre ordinaire. Votre air étoit encore plus grand qu'il ne l'est naturellement; votre passion brilloit dans vos yeux, et elle les rendoit plus tendres et plus perçants. Je voyois que votre cœur venoit sur vos lèvres. Hélas! que je suis heureuse, s'il n'y venoit point à faux! car enfin je ne vous éprouve que trop, et il n'est guère en mon pouvoir de vous éprouver moins... »

— bien loin de Colchos (1) ; après cela, pars, va où le cœur t'appelle, où tu es si empressé de retourner. »

Tout ce qui suit est d'une gradation charmante : « Ainsi donc parla-t-elle ; et en silence, ses regards tombant devant ses pieds, elle baignait sa joue divine de tièdes larmes, s'affligeant de ce qu'il allait errer si loin d'elle à travers les mers ; et de nouveau elle lui adressa en face ces paroles pleines d'amertume, en lui prenant la main droite, car déjà la pudeur désertait de ses yeux :

« Souviens-toi, si jamais tu es de retour dans ta patrie, souviens-toi du nom de Médée, comme moi-même je me souviendrai de toi, si éloigné que tu puisses être. Et mets quelque complaisance à me dire où sont tes palais et de quel côté tu vas te diriger d'ici avec ton vaisseau à travers les mers. Est-ce tout près de l'opulente Orchomène que tu dois aller ? Est-ce tout près de l'île d'Æa ? Dis-moi quelque chose encore de cette jeune fille que tu as nommée comme si célèbre, de cette fille de Pasiphaé, la sœur de mon père. » Elle dit ; et lui aussi, à son tour, le funeste Amour commença à le surprendre par les larmes de la jeune fille, et il répondit... »

On voit que Jason a bien tardé à s'émouvoir, et que son sang-froid a duré assez longtemps ; il est tout à fait dans le rôle d'Énée et de tant de héros qui se laissent faire et que les Dieux, en de telles rencontres, conduisent par la main à leur fortune. Quant aux questions de Médée, elles

---

(1) *Colchos*, je traduis ainsi le nom peu harmonieux pour nous d'*Æa*. « Cette ville de Colchos, écrit M. Boissonade, n'est guère connue que des poëtes français. Chardin dans son *Voyage* dit : « Les ruines de Colchos sont perdues : je n'en aperçois rien. » Je le crois bien, il n'y a point eu de ville de Colchos, partant point de ruines. *Colchi*, à l'accusatif *Colchos*, ce sont les peuples de la Colchide. Les vers de Racine :

Vous pourriez à Colchos vous exprimer ainsi.
— Je le puis à Colchos, et je le puis ici. —

ces vers n'en sont pas moins bons. La faute est comme consacrée. » Je le répète, ce nom de Colchos tout trouvé traduit heureusement celui de la ville d'Æa.

sont bien naturelles en même temps que finement insinuantes : elle parle d'Orchomène et de l'île d'Æa, parce qu'elle ne connaît guère d'autres pays lointains : de l'un est venu son beau-frère Phrixus, et dans l'autre habite sa tante Circé. Elle aime surtout à revenir autour de cette histoire d'Ariane qui la tente, et qu'elle fait un peu semblant de ne savoir que confusément ; elle trouve même moyen d'éviter de nommer par son nom celle qu'elle appelle simplement la fille de Pasiphaé. Jason essaye de la satisfaire et commence à lui parler de sa patrie ; puis, touché par degrés et gagné à la tendresse, il s'interrompt en s'écriant :

« Mais pourquoi te raconter toutes ces choses que le vent emportera, et ma patrie, et notre famille, et la très-illustre Ariane, fille de Minos, nom brillant qui fut celui de cette vierge aimable sur laquelle tu m'interroges ? Plût aux Dieux que, comme Minos alors s'accorda pour elle avec Thésée, ton père voulût faire de même pour nous ! »

« C'est ainsi qu'il parlait, en la touchant avec des entretiens pleins de miel ; mais elle, des amertumes très-douloureuses irritaient son cœur, et elle ne sut que lui répondre en gémissant :

« C'est en Grèce qu'il peut être beau de songer à de tels accords ; mais Éétès n'est point un de ces hommes tels que tu viens de me montrer Minos, l'époux de Pasiphaé ; et je ne m'égale point non plus à Ariane : c'est pourquoi ne me parle en rien de ces alliances hospitalières. Mais toi seulement, lorsque tu seras de retour à Iolcos, souviens-toi de moi, et je me souviendrai de toi à mon tour, en dépit même de mes parents. Et si jamais tu m'oubliais, qu'il me vienne de loin, ou quelque renommée, ou quelque oiseau messager ! ou plutôt moi-même, puissent d'ici les rapides tempêtes m'enlever par-dessus les mers jusqu'en Iolcos, pour que je t'aille jeter à la face mon reproche et le souvenir que tu n'as échappé que par moi... Oh ! puissé-je alors, sans que rien m'annonce, m'abattre à ton foyer dans tes palais ! »

— Elle dit, et des larmes de pitié ruisselaient le long de ses joues... »

Il me semble qu'il n'y a rien à ajouter après de telles beautés, après un tel élan de passion et ce premier cri qui, dans sa violence, renferme déjà toute la tragique destinée. Nous pourrions prolonger encore ; l'entretien n'en reste pas là ; Jason s'efforce de démentir les éloquents présages et de chasser ces idées de tempêtes et d'oiseau messager : qu'elle vienne seulement en Grèce, et elle verra comme elle y sera honorée. Médée s'oublie à l'écouter, et c'est Jason qui, le premier (ainsi qu'il est naturel), croit devoir la rappeler à la prudence, l'avertir qu'il se fait tard, que le soleil bientôt va se coucher, et qu'il faut éviter d'éveiller les soupçons des compagnes. Les deux amants se séparent avec espoir de se retrouver.

Le troisième chant n'est pas fini ; il va se couronner, non sans grandeur, par une très-belle description de la lutte de Jason avec les taureaux qu'il attelle, et de son combat contre les géants, qu'il moissonne comme un laboureur terrible.

Il y aurait encore (mais il ne faut pas abuser même des grâces) à tirer du début du chant suivant l'image des terreurs soudaines de Médée, qui se croit découverte, sa fuite du palais paternel, ses adieux au lit, à la chambre virginale, dans laquelle elle laisse suspendue pour sa mère une boucle de ses plus longs cheveux : c'est à regret que je renonce à ces touchantes scènes, dignes de tout ce qui a précédé (1). Réfugiée à bord du vaisseau des Argonautes, elle en redescend pour guider de nuit Jason par la forêt, et

(1) Un seul et dernier trait : c'est au moment où elle se décide à fuir au milieu de la nuit : «...Elle baisa son lit et les deux côtés de la porte, elle embrassa jusqu'aux murailles, et, ayant coupé de ses mains une longue tresse, elle la laissa dans la chambre pour sa mère comme souvenir de sa virginité, et elle s'écria d'une voix gonflée de sanglots: « Cette longue mèche de mes cheveux, je te la laisse en ma place, ô ma mère! je pars : puisses-tu être heureuse, si loin que je sois de toi! sois heureuse, ô Chalciope, et adieu toute la maison! Et toi, ô Étranger, que la mer ne t'a-t-elle englouti, avant que tu aies touché la terre de Colchide! » C'est sur ce mot qu'elle part et s'enfuit du toit maternel. Cette imprécation contre Jason qu'elle va trouver, m'a rappelé le

sous l'œil du dragon qu'elle endort, à la conquête des dépouilles du bélier divin : cette scène encore est toute semée de belles images et de poésie. Puis on verrait avec l'aurore le navire *Argo*, vainement poursuivi par les Colchidiens, sortir triomphant du Phase sous les coups de rames des héros, et Médée près de Jason, à la place d'honneur, glorieusement assise à la poupe sur la merveilleuse toison.

C'est à ce moment, et comme dans ce lointain, que le poëme devrait finir, ce me semble, pour garder son intérêt et pour trouver son unité. Ce serait là, pour cette première Médée, une fin aussi belle dans son genre, bien que moins funèbre, que celle du bûcher de Didon. Par malheur, le poëte, redevenu érudit, ne veut rien omettre, et il nous promène ensuite à travers toutes les vicissitudes d'un retour où certains tableaux, ménagés de distance en distance, ne suffisent pas à racheter la fatigue pour le lecteur. Médée, bien qu'à bord du vaisseau, disparaît par intervalles, et surtout elle se gâte en avançant : elle cesse d'être l'intéressante jeune fille qu'on a vue; elle redevient la Médée traditionnelle, la nièce de Circé; on fait plus que deviner, on retrouve en elle la victime des Furies, la meurtrière et l'incendiaire déjà. Du moment qu'elle a été obligée d'aider et d'assister au meurtre de son frère Absyrte, elle est odieuse. Jason ne paraît pas très-loin de cet avis, et il la considère trop visiblement désormais comme un embarras. On pourrait y voir une leçon morale, et le poëte l'a même indiqué : une première faute peut entraîner à tous les regrets, à tous les crimes. Mais cela est plus utile à apprendre en morale qu'agréable à voir en poëme; et d'ailleurs

---

mot de Catulle sur Lesbie : « Lesbie dit sans cesse du mal de moi, je veux mourir si elle ne m'aime pas à la rage :

> Lesbia mi dicit semper male, nec tacet unquam
> De me : Lesbia me, dispeream, nisi amat!... »

Jason aurait pu dire la même chose des imprécations de Médée : elle n'a pas assez de paroles tendres pour sa mère et pour sa sœur, et en conséquence elle les quitte; elle maudit Jason, et en conséquence elle court à lui : c'est la pure logique de la passion.

ici on n'entrevoit cette seconde destinée qu'incomplétement. Qu'on se garde de conclure pourtant qu'il ne se rencontre pas encore de beaux passages, et dignes de souvenir, notamment l'épisode des noces en Phéacie; ce que je veux marquer, c'est que l'action, si heureuse et si pleine dans son milieu, est véritablement sur le retour, c'est que l'intérêt principal se traîne et n'a plus d'objet.

En n'arrêtant pas à temps son plus aimable personnage, et en manquant (du moins d'après nos idées modernes) cette fin de son poëme, Apollonius a-t-il mérité de rester si peu avant dans la mémoire des hommes, d'être si peu lu ou si rarement cité? Tandis que la Didon de Virgile est perpétuellement à la bouche et dans le cœur de tout ce qui a du sentiment et du goût, la Médée, qui lui a servi en partie de modèle, a-t-elle si peu de droits à un même honneur? y a-t-il lieu à une pareille inégalité? Il suffit de ce qu'on a pu entrevoir à travers nos rapides traductions, pour mettre tout lecteur équitable à même de répondre. Quand on parle aujourd'hui de la pléiade des poëtes d'Alexandrie, et qu'on se demande ce qui nous en reste de charmant, chacun nomme à l'instant Théocrite, et l'on a raison; Théocrite en cela n'a rien usurpé; il est digne de tous les souvenirs et d'un culte à jamais reconnaissant, à jamais nouveau de fraîcheur comme sa muse. Pourtant il a trop éclipsé Apollonius; Virgile l'a trop éclipsé aussi. Nous avons tâché de remettre en lumière quelques traits du vieil Alexandrin, essentiels, originaux, passionnés avec grâce, et qui auraient dû, ce semble, maintenir son nom avec plus d'honneur dans le voisinage de ces deux beaux noms. Il y a longtemps que Pline le Jeune, dans une agréable lettre où il raconte plusieurs beaux traits de la célèbre Arria, femme de Pætus, a remarqué qu'ils sont tout aussi grands et aussi mémorables que le fameux mot d'elle, le seul qu'on cite (*Pæte, non dolet*); et il en conclut que la renommée est quelque peu capricieuse, et que, des actions ou des paroles entre lesquelles elle fait choix dans une vie pour la célébrer, les unes ont plus d'éclat et les autres plus de grandeur, *alia esse clariora, alia majora*. Dans le cas présent, en détournant à mon dire cette pensée de Pline, je la traduirai plus modestement et dans un sens plus vrai, de manière à tout respecter, à tout ménager : parmi les œuvres des antiques génies, dirai-je simplement, quelques-unes sont plus célèbres, et d'autres le sont moins qui se trouvent belles encore.

1er septembre 1845.

# MÉLÉAGRE.

L'antiquité est mieux étudiée de nos jours en France, au sein des écoles, qu'elle ne l'était et vers la fin du dix-huitième siècle et à aucun moment depuis ; le nombre est grand des jeunes esprits qui, à un talent suffisant d'écrire, unissent beaucoup de savoir et d'érudition ; les thèses seules soutenues à la Faculté des lettres feraient foi de ce progrès continu, et attesteraient à quel degré le niveau monte. Et pourtant il est vrai de dire que, hors de l'enceinte des Facultés, et dans ce qu'on peut appeler le grand milieu de la littérature courante, ce progrès des lettres anciennes se marque assez peu et ne se produit par aucun représentant notable, par aucune œuvre lue de tous. La philosophie fait exception, et elle a sa jeune milice déjà brillante : le feu sacré n'a cessé d'être entretenu, d'être attisé de ce côté par la main et par le souffle d'un maître qui ne s'endort pas ; mais je parle de la littérature proprement dite, de la poésie des Anciens, de ces œuvres sans cesse invoquées de tous et trop peu ressaisies à leur source même. La littérature des Latins se répand, se divulgue ; des entreprises utiles en rendent les accès de plus en plus faciles et patents ; la difficulté n'est pas là ; elle est encore où elle s'est presque toujours rencontrée en France, dans l'étude, la connaissance, le goût senti de la littérature grecque que tout le monde s'accorde si bien à louer et que si peu savent aborder comme il faut. Depuis vingt-cinq ans, on a exploré et importé les littératures de tous les pays ; on en a comme versé les richesses dans le domaine commun : eh bien! la traduction de Platon à part, et en n'oubliant pas non plus l'exquise tentative de Courier, en y ajoutant les récentes *Études sur les Tragiques* de M. Patin (l'*Hippocrate* de M. Littré ne rentre pas dans l'ordre d'idées plus expressément littéraires que nous recherchons), on peut se demander quelle œuvre s'est produite en France qui mette l'antiquité grecque de pair avec le mouvement moderne et qui la fasse circuler. Je n'exagère rien : des voix éloquentes dans les chaires ont proclamé depuis longtemps la nécessité, l'à-propos de cette connaissance heureuse, et cherchent à en propager l'esprit; mais en France rien n'est fait tant que le grand public n'est pas saisi des questions et mis à portée des résultats, tant qu'il n'y a pas un pont jeté entre la science de quelques-uns et l'instruction de tous (1).

A mon sens, il y aurait pourtant à gagner beaucoup, même pour des points actuels et toujours pendants d'art et de langage poétique, à cette appréciation exacte, à cette divulgation fidèle de la poésie ancienne originale, et il n'y a que la poésie grecque qui ait en elle cette première originalité. Dans les manières de la sentir, et surtout d'oser la rendre depuis le seizième siècle en France, on compterait différents temps et comme divers degrés d'initiation avant d'arriver à son expression toute nue et toute simple, à laquelle on n'est pas encore venu. Racine, certes, la sentait tout entière, mais il ne la rendait pas également, et il l'accommodait plus ou moins à l'usage de son temps, selon ce qu'on en pouvait porter autour de lui. Fénelon eût osé davantage, au moins dans les portions de naïveté et de grâce simple : La Fontaine cheminait, mais d'instinct seulement, dans le même sens. Plus tard, l'abbé Barthélemy

---

(1) La Collection des auteurs grecs publiée par MM. Didot et dirigée par d'habiles philologues offrira, quand elle sera complète, les secours les plus commodes pour l'exécution du vœu que nous formons.

ne s'aperçut pas qu'il se souvenait beaucoup trop du cercle de Chanteloup, en nous reconduisant jusque dans Athènes. Ceux qui ont le mieux critiqué Barthélemy et fait ressortir ses infidélités, ses enjolivements de ton, n'auraient peut-être osé eux-mêmes tout aborder, tout rendre de cette poésie qu'ils admiraient si bien, et ils avaient à leur tour des adoucissements qui l'auraient par endroits voilée. Loin de nous pourtant la pensée (pensée grossière!) qu'en allant au fond de l'art et de la poésie grecque, on arrive à je ne sais quel mélange de laideur et de beauté, et qu'on rejoigne le caractère sauvage, souvent rude, et, en tous cas, plus compliqué, de la poésie du nord, de la poésie shakspearienne! Si, par quelques traits profonds, naturels, par quelques élancements de passion, ces deux grandes poésies se peuvent rapprocher comme dans un éclair, elles sont séparées par toutes les différences de race, de civilisation, par un abîme : elles n'ont pu être violemment rapprochées et confondues que par des esprits inexpérimentés et sans goût, qui n'avaient pénétré le génie de l'une ni de l'autre. Il n'en reste pas moins vrai qu'à se tenir dans les limites de l'art grec et de cette incomparable poésie proclamée si unanimement un modèle de grandeur et de grâce, on peut aller très-loin, beaucoup plus loin qu'on ne le suppose d'ordinaire; des traductions senties, fidèles; fidèles à l'esprit non moins qu'à la lettre des textes, et légèrement combinées avec les nécessités comme aussi avec les ressources de notre propre langue, feraient faire à celle-ci des pas très-hardis, très-heureux, et, ce me semble, très-légitimement autorisés. Traduire fidèlement, avec goût, c'est-à-dire avec une sincérité habile, les tragiques, Pindare, Homère, même Théocrite, ce serait, je le crois, innover en français, et innover de la manière la mieux fondée, la plus prudente et la plus exemplaire. Tout le monde innove aujourd'hui; c'est un lieu-commun et une vérité banale de remarquer qu'il n'y a plus de langue circonscrite, limitée et strictement régulière, telle qu'il en existait une à la fin du dix-huitième siècle. C'est dans un tel état de choses, anarchique tant qu'on le voudra, mais riche d'éléments, fécond de germes, et qui a peut-être encore son avenir, si, comme nous l'espérons, la France a le sien, — c'est dans un tel moment ou jamais que de telles œuvres peuvent avoir à la fois toute leur liberté d'exécution et leur part d'efficacité. On sait combien de belles traductions ont exercé souvent d'influence aux origines et aux époques de fermentation première des littératures. La Bible de Luther et ses puissants effets en Allemagne sont connus, mais débordent notre sujet ; il suffit de se rappeler le Plutarque d'Amyot en France. Sans même tant prétendre désormais, sans tant demander à nos curiosités depuis trop longtemps sorties d'enfance, il est bien certain pour moi qu'une traduction d'Homère, par exemple, qui serait ce qu'elle n'a pu être jusqu'à ce jour, et telle qu'on peut l'oser avec goût aujourd'hui, aurait son action encore et sa nouveauté vive. La poésie française, qui fait, à travers tout, l'objet favori de mes pensées, et dont la régénération n'a cessé, à aucun instant, de m'être présente, y gagnerait peut-être plus qu'il ne semble. Tout ce qui tend à élargir, à aiguiser du même coup et à simplifier le goût public, est favorable à cette régénération poétique dans laquelle il s'agit d'introduire, de combiner le plus de naturel et de vérité avec le plus de beauté. Et quoi de plus propre à cet effet non-seulement que la reproduction fidèle des modèles grecs, mais aussi que la multitude d'efforts, de souplesses de tour et de grâces de langue qu'il faudrait retrouver ou acquérir en les rendant ! Arroser le langage et le vivifier avec fraîcheur, cela demande des sources perpétuelles et pures ; ces sources, je le sais, on doit les chercher surtout en soi, dans son propre passé aux divers âges ; mais, du moment qu'on en demande au dehors, de quel côté se tourner de préférence à celui-là ? L'Ida était dit, par excellence, *fertile en sources.*

La poésie française, qu'on veuille bien le noter, a eu à combattre dès l'abord deux sortes d'ennemis, les pédants de cabinet, faiseurs de rhétorique, idolâtres de la régularité, et les mondains frivoles, incapables de sentir une certaine simplicité naturelle. Pour prendre des noms significatifs, elle a dû cheminer, comme entre deux feux, entre les Scaliger et les Fontenelle.

Que fait Scaliger en sa *Poétique?* il préfère, par toutes sortes de raisons de cabinet, Virgile à Homère; on s'est cru très-loin de Scaliger, et on a fait longtemps comme lui; on a toujours été, chez nous, très-tenté de préférer des maîtres élaborés et polis (1), accomplis en leur genre, des maîtres de seconde venue, et qui prêtaient davantage aux poétiques. Il y a eu, en ce sens-là, bien du Scaliger jusque dans la postérité de Rollin. Quant au Fontenelle, c'est-à-dire à ce tour d'esprit volontiers moqueur d'un certain goût simple, il était aisément partout dans les salons, dès qu'il s'agissait de poésie, et on en découvrirait plus d'une dose jusque dans Voltaire.

Il est arrivé ainsi, au grand regret et déplaisir déjà de Fénelon en son temps, que la langue française poétique s'est vue graduellement *appauvrir, dessécher*, et *gêner* à l'excès, qu'elle n'a *jamais osé procéder que suivant la méthode la plus scrupuleuse et la plus uniforme de la grammaire* (2), que tout ce qui est droit, licence et gaieté concédée aux autres poésies, a été interdit à la nôtre, et qu'on n'a fait presque nul usage, en cette voie, des conformités naturelles premières qu'on se trouvait avoir par un singulier bonheur avec la plus belle et la plus riche des langues, conformités que, deux siècles et demi après Henri Estienne,

---

(1) C'était bien là, en effet, le souci principal de Scaliger; il met au-dessus de tout ce qu'il appelle *Virgilianam diligentiam*, et, après avoir soupçonné les nombreux larcins lyriques d'Horace, il conclut en disant : « Puto tamen eum fuisse Græcis omnibus *cultiorem.* » — Comparant; ainsi que nous l'avons fait (Voir l'article précédent, page 452), la description de la nuit dans Apollonius à celle de Virgile, lequel en a omis pourtant certains traits énergiques, il juge le ton d'Apollonius vulgaire et presque bas (*vulgaria, inquam, hæc, et plebeia oratione*), tandis que Virgile en cet endroit lui paraît plutôt *héroïque;* déjà le noble avant tout.

(2) Voir la *Lettre sur l'Éloquence.*

Joseph de Maistre retrouvait, proclamait hautement à son tour (1), et qui tiennent en bien des points à la conformité même du caractère et du génie social des deux nations. Or, ces analogies heureuses n'avaient guère servi de rien à notre langue en poésie, jusqu'à ce qu'André Chénier fût venu montrer qu'il n'était pas impossible d'y revenir.

Quelques critiques insistent avant tout et préférablement sur l'aspect idéal et pur de l'art grec, sur la beauté dont il donne le suprême exemple ; il est permis de ne pas moins insister sur la simplicité inséparable et la vérité qui en sont le fond et l'accompagnement, sur cette naïveté dans le sentiment et dans l'expression, qui se joint si bien à la grâce et qui ajoute aussi au pathétique et à la grandeur. Pour moi, je ne serai content que lorsqu'on aura osé traduire et rendre au vif en français, autant qu'il se peut, ces naïvetés mêmes, ces négligences aimables, ce désordre apparent, né d'un art caché, par où se révèle la passion, et qui insinue la persuasion dans les cœurs, ces hardiesses naturelles qui n'offensent jamais la beauté, mais qui pourtant ne s'y voilent pas, ne s'y confondent pas toujours. Combien de fois, dans Homère, une comparaison empruntée aux appétits physiques et matériels est là pour mieux exprimer ce qu'il y a de plus touchant dans l'affection morale ! Au chant xiii de l'*Odyssée*, Ulysse, trop longtemps retenu à son gré chez les Phéaciens, a obtenu un vaisseau ; il doit partir le soir même, il assiste au dernier festin que lui donnent ses hôtes ; mais, impatient qu'il est de s'embarquer pour son Ithaque, il n'entend qu'avec distraction, cette fois, le chantre divin Démodocus, et il tourne souvent la tête vers le soleil comme pour le presser de se coucher :

« Comme lorsque le besoin du repas se fait sentir à l'homme qui, tout le jour, a conduit à travers son champ les bœufs noirs tirant l'épaisse charrue : il voit joyeusement se coucher la lumière du soleil, pressé qu'il est d'aller

---

(1) *Soirées de Saint-Pétersbourg*, deuxième Entretien.

prendre son souper, et les genoux lui font mal en marchant ; c'est avec une pareille joie qu'Ulysse vit se coucher la lumière du soleil. »

La passion de l'exilé sur le point de revoir sa patrie, comparée à celle du pauvre journalier pour son souper et son gîte à la dernière heure d'une journée laborieuse, ne se trouve point rabaissée en cela ; elle n'en paraît que plongeant plus à fond, enracinée plus avant dans la nature humaine ; mais rien n'est compris si cette circonstance naïve des *genoux qui font mal en marchant* est atténuée ou dissimulée ; car c'est justement cette peine qui est expressive, et qui aide à mesurer l'impatience même, la joie de ce simple cœur. De tous nos poëtes, il n'est certes que La Fontaine qui l'aurait osé traduire.

Au sujet de la mort d'Agamemnon, dans le récit que fait l'Ombre de ce grand roi à Ulysse qui l'interroge dans les Enfers, il est dit : « Noble fils de Laërte, ingénieux Ulysse, ce n'est ni Neptune qui m'a dompté sur mes vaisseaux en déchaînant le vaste souffle des vents funestes, ni quelque peuplade ennemie qui m'a détruit sur terre ; mais Ægisthe, tramant contre moi la mort et le mauvais destin, m'a tué d'accord avec ma perverse épouse, après m'avoir invité dans son palais ; pendant le festin même, il m'a tué, comme on tue un bœuf sur la crèche. C'est ainsi que j'ai péri par la plus lamentable mort... »

Ce dernier trait si vrai, si vrai à la fois quant à l'image physique et quant au contraste moral qui en ressort (le Roi des rois tué, assommé comme le bœuf qui mange !), s'est transformé et ennobli chez Sophocle, lorsque Électre, invoquant la venue d'Oreste, s'écrie dès l'aurore : « O chaste Lumière, et toi, Air divin, enveloppe égale de la terre, que de chants lugubres vous avez ouïs de moi, que de coups retentissants contre ma poitrine sanglante, sitôt que la sombre nuit s'en est allée ! Et tant que la nuit dure, ma couche odieuse en ces tristes palais sait déjà tout ce que j'exhale de lamentations sur mon malheureux père, lui que le meurtrier Mars n'a point laissé en chemin dans la terre barbare, car c'est ma mère à moi, c'est son compagnon de lit Ægisthe, qui, comme un bûcheron qui fend le chêne, lui ont fendu la tête d'une hache sanglante. »

Quand je dis que Sophocle a ennobli le trait d'Homère, je ne parle pas exactement ; il a moins songé à cela sans doute qu'à rendre à sa manière le même acte impie. L'idéal, en cette période de Sophocle, peut sensiblement revêtir et comme modeler les groupes tragiques, mais c'est un idéal encore qui n'altère en rien le naturel simple et vif, et qui respecte la douleur humaine prête à se faire jour par des cris au besoin et partout ce qu'il y a de plus vrai dans le langage.

Jusqu'à l'autre extrémité des beaux âges de la littérature grecque, au lendemain même de Théocrite, on retrouverait des accents de cette simplicité touchante, ce naïf et ce fin qui pénètre comme en chaque veine de cette poésie au sortir d'Homère, et qui survécut longtemps, même après que le grand s'en fût retiré. Moschus a-t-il à déplorer la perte du célèbre bucolique Bion, et veut-il opposer à la fragilité mortelle cette immortalité de la nature si souvent mise en contraste depuis par des voix de poëtes : dans l'un des couplets de sa complainte, il s'écrie : « Hélas ! hélas ! les petites mauves, lorsqu'elles ont comme péri dans le jardin, et le vert persil, et le frais fenouil tout velu, revivent par la suite et repoussent à l'autre année ; mais nous autres hommes, les grands, les puissants ou les génies, une fois que nous sommes morts, insensibles, dans le creux de la terre, nous dormons à jamais le long, l'interminable, l'inéveillable sommeil. » — Ce passage fait souvenir de l'ode d'Horace : *Diffugere nives*, dans laquelle le poëte exprime la mobilité des saisons, le printemps qui renaît et qui sollicite à jouir de l'heure rapide, car l'hiver n'est jamais loin : « Mais, ajoute-t-il en s'attristant également de la supériorité de la nature sur l'homme, les lunes légères ne tardent guère à réparer leurs pertes dans le ciel, tandis que nous, une fois descendus là où l'on rejoint le pieux Énée, le puissant Tullus et Ancus, nous ne sommes que poussière et ombre. » La pensée d'Horace est belle, elle est philosophique et d'une mélancolie réfléchie ; mais je ne sais quoi de plus vif et de plus pénétrant respire dans la plainte de Moschus. Les Latins, et je parle des meilleurs, n'atteignirent jamais à de certains accents de cette muse première, même lorsqu'elle fut sur le déclin : nous l'avons vu une fois de Virgile par rapport à Apollonius ; nous l'entrevoyons ici d'Horace à l'égard de Moschus bien moindre. Le *spiritus graiæ tenuis camœnæ* fut merveilleusement senti des excellents poëtes de Rome, mais ne put être toujours et tout entier ressaisi par eux. Il est une fraîcheur qui tient à la source ; il est des images vives et légères qui tiennent aux impressions du berceau, et dont la trace se perpétue à travers les âges. La poésie des Latins, au contraire, était née tard et d'une étude savante ; elle n'avait pas eu d'enfance.

En soumettant ces idées à ceux qui en sont juges, en ne les jetant ici que comme de simples aperçus, et parce qu'i y a disette, en ce moment, de ce genre d'études au sein de la presse périodique et, comme on disait autrefois, de la littérature vulgaire, notre dessein est surtout de stimuler de jeunes et doctes esprits tels qu'il en est encore beaucoup, de les inviter à tenter une voie qui est demeurée antique et neuve, et à ne pas tant négliger les points par où une science ingénieuse se saurait greffer sur la littérature nationale : à ce prix seul est la circulation et la vie(1). Je ne prétends point d'ailleurs aujourd'hui faire à quelque bien grand sujet l'application de ce que je crois du moins sentir et de ce que d'autres savent. Le poëte dont je voudrais donner idée est un petit poëte, un *poeta minor* par excellence ; mais il figure en tête de la série, tellement que, si l'on peut dire que Théocrite demeure le dernier des grands poëtes grecs, Méléagre, en mérite comme en date, est le premier des petits : il mène avec lui tout un cortége.

(1) « Plus on a fait provision de richesses de l'antiquité, et plus on est dans l'obligation de les transporter dans son pays. » (Voltaire, Lettre à M. Favières, 4 mars 1731.)

Méléagre est le premier des Grecs qui se soit avisé de composer une Anthologie complète, c'est-à-dire une *Guirlande* ou *Couronne* (on l'appelait de ce nom), un bouquet de l'élite de toutes les fleurs qui couvraient alors le champ si vaste de la poésie. Venu environ un siècle et demi après Théocrite, après ses diminutifs Bion et Moschus, arrivé le lendemain de la grande moisson, il eut l'idée naturelle de glaner, de choisir dans tout ce qui était épars, de nouer la dîme des gerbes et de les ranger. On prononce souvent le mot d'*Anthologie*, et l'on entend vaguement par là le Recueil de ce que l'antiquité nous a légué de jolies petites pièces, idylles, odes, élégies, épigrammes, épitaphes, etc., etc. Il y eut quatre de ces Anthologies grecques célèbres : la première, cueillie en si heureuse saison, fut donc celle de *Méléagre ;* la seconde fut celle de *Philippe* de Thessalonique, lequel vivait au plus tard sous Trajan ; la troisième est due à un avocat *Agathias*, qui la dressa dans la seconde moitié du sixième siècle, après le règne de Justinien ; la quatrième enfin, postérieure de quatre siècles environ à la précédente, fut compilée par un certain *Constantin Céphalas*, duquel on ne sait rien autre chose. Notez bien qu'à chaque rédaction nouvelle d'Anthologie, comme on faisait entrer pour une bonne part les poëtes modernes qui avaient paru dans l'intervalle, on sacrifiait quelque chose des anciens ; de sorte que chaque fois il tombait plus ou moins de la *fleur du panier*. On se figurera les pertes qu'on a faites ainsi en chemin, lorsqu'on saura que de ces quatre Anthologies successives il ne nous est arrivé que la quatrième, la dernière, et encore on ne la connaît bien au complet que depuis un demi-siècle. On n'en eut d'abord qu'une espèce d'édition abrégée, arrangée et *expurgée*, due au moine Planudes ; le seizième siècle n'en imprima pas d'autre. Le véritable texte de la collection de Constantin Céphalas, retrouvé à Heidelberg par Saumaise en 1606, demeura longtemps inédit et à la portée seulement d'un petit nombre d'initiés. En 1623, par suite des vicissitudes de la guerre de Trente Ans, ce précieux manuscrit avait été transporté dans la Bibliothèque du Vatican, ce qui le rendait moins accessible encore. Les extraits et copies de Saumaise et de quelques doctes émules circulaient de cabinet en cabinet, et faisaient le régal à huis-clos des Bouhier, des La Monnoye et autres fins connaisseurs. Brunck, le premier, par la publication de ses *Analecta* (1776), mit en lumière avec goût, avec cette netteté décisive qui est son cachet, tout ce délicat et gracieux trésor; mais ce n'est que depuis les travaux et l'édition de Jacobs, qu'on peut se vanter de posséder l'Anthologie grecque dans ses reliques les plus scrupuleusement reproduites et les plus fidèles. Après tout ce qu'on a perdu, il y a encore de quoi se consoler.

Et pourtant, si l'on se reporte en idée à ce que devaient être ces premières *Couronnes* de Philippe et surtout de Méléagre, que de douleurs renaissent involontaires, et je dirai presque, que de larmes! C'est là, nous dit Brunck, qu'on aurait retrouvé en entier ces *idylles* ou petites pièces des plus inventifs et des plus accomplis poëtes, l'admiration et les délices de toute l'antiquité, de ceux dont nous sommes accoutumés à vénérer les noms, et dont il ne nous est arrivé que de rares débris encore plus faits pour enflammer nos regrets que pour nous donner la mesure des pertes. C'est là que ces *neuf lyriques*, dont nous ne possédons amplement qu'un ou deux tout au plus, nous auraient offert l'amas le plus exquis de leur butin; et ces neuf lyriques, les voici tels que les célèbre et les caractérise dans une épigramme un anonyme ancien, l'un de leurs successeurs, et tels que l'antiquité tout entière les consacra :

« Pindare, bouche sacrée des Muses, et toi, babillarde Sirène, ô Bacchylide, et vous, grâces éoliennes de Sapho; pinceau d'Anacréon; toi qui as détourné un courant homérique dans tes propres travaux, ô Stésichore; page savoureuse de Simonide; Ibycus qui as moissonné la fleur séduisante de la Persuasion près des adolescents; glaive d'Alcée qui mainte fois fis libation du sang des tyrans, en sauvant les institutions de la patrie; et vous, rossignols d'Alcman à la voix de femme (1), soyez-moi propices, vous tous qui avez ouvert et qui avez clos toute arène lyrique ! »

Qu'on énumère maintenant ce qui nous reste de ces neuf maîtres, sans parler de tant d'autres qui les suivaient de près, et qu'on calcule, si l'on ose, la part du naufrage. Le seul Horace chez les Latins, nous les représente tous, imités, réduits, condensés, pour ainsi dire, avec un art consommé ; mais est-ce la même chose que le fruit cueilli à même de l'arbre, à tous les rameaux du verger, — de ce verger assez semblable à celui d'Alcinoüs, dont le Poëte a dit dans une douceur et une plénitude fondante : « Là, de grands arbres s'étendent sans cesse verdoyants, poiriers et grenadiers, et pommiers brillants de leurs pommes, et figuiers savoureux et oliviers pleins de fraîcheur, desquels jamais le fruit ne périt ni ne fait défaut, hiver ni été, durant toute l'année ; mais toujours, toujours Zéphyre, de son souffle, fait pousser les uns et mûrit les autres : la poire vieillit sur la poire, la pomme sur la pomme et raisin aussi sur raisin, et figue sur figue... » Telle fut, chez les Grecs, l'abondance lyrique première. — La *Couronne* de Méléagre, dans son cercle un peu réduit, devait en offrir encore le plus parfait et le plus pur assemblage, si l'on en juge par l'âge du recueil, par les noms qui y figuraient, et par le goût de finesse et d'élégance dont l'assembleur lui-même a fait preuve dans ses propres vers. Certes, des poëtes d'une date bien postérieure ont produit encore de jolies pièces qui ne déparent nullement l'Anthologie de Constantin Céphalas. Pourtant, lorsque je lis ces noms nouveaux de Rufinus, de Paul le Silentiaire, du consul Macédonius et de bien d'autres, je me sens toujours en garde ; malgré le dédain persistant et la prévention bien établie du goût grec contre l'influence romaine, je ne puis

---

(1) Alcman, à ce qu'il paraît, avait passionnément chanté les amours de jeunes filles, de même qu'Ibycus avait introduit chez les Grecs une poésie d'un autre genre. Chaque mot de cette petite pièce a son intention caractéristique.

m'empêcher de soupçonner le mélange. Nous voyons dans les Lettres de Pline tant de jeunes Romains faire des vers grecs en perfection, qu'il a dû s'en glisser plus d'un morceau dans le choix de ces poëtes *attiques* de la décadence. Et puis on n'existe pas impunément à côté d'une grande littérature qui a sa gloire : je crois entrevoir du Properce à travers les flammes amoureuses de Paul le Silentiaire. Rien de cela n'était possible dans la *Couronne* de Méléagre tressée et close avant la grande époque poétique romaine, au temps de l'enfance de Cicéron.

Un peu après Méléagre, immédiatement après lui en date, un Grec sorti précisément de la même ville, de Gadare, un poëte non moins délicat, et dont il serait agréable aussi de parler un jour, Philodème, vint à Rome, y vécut en épicurien poli ; on le trouve fort loué de Cicéron. Il paraît qu'il fut amoureux de quelque Romaine peu lettrée, et il disait dans une jolie épigramme que je traduis un peu librement : « O pied, ô jambe, ô contours accomplis pour lesquels ce m'a été raison de périr, ô épaules, sein, col délié, ô mains, ô petits yeux qui font mon délire, ô mouvements divins, petits cris, baisers suprêmes ! et que m'importe à moi qu'elle soit une *Opique* (1), comme on dit, une barbare, et qu'elle ne chante pas les vers de Sapho ? Persée fut bien amoureux de l'Éthiopienne Andromède. » *Opique* est un mot par lequel les Grecs désignaient assez injurieusement les Romains. Or, ce mot-là, j'imagine, ne devait pas encore se trouver dans le vocabulaire et dans l'Anthologie de Méléagre. Sa Syrie, toute mélangée qu'elle était, la Phénicie d'où sortit Cadmus, ne lui suggéraient pas une idée pareille. Filles de Tyr et de Sidon, fleurs de Cos et d'Ionie, toutes celles qu'il aima et qu'il célèbre, savaient ou entendaient probablement les chansons de Sapho, aussi bien que les vers qu'il leur adressait à elles-mêmes.

On peut se faire une idée plus précise de ce que sa *Cou-*

---

(1) Ancien peuple d'Italie, le même que les Osques.

*ronne* renfermait de pure richesse et de variété d'agréments par la première pièce qu'il y avait mise en guise de préface ; j'en ai traduit quelque chose autrefois dans cette *Revue* même (1). Cette pièce, dont je disais qu'elle était comme l'enseigne du jardin des Hespérides, contient les noms de quarante-six poëtes, sans compter ceux tout modernes et d'hier qui avaient fourni leur brin au bouquet, parmi lesquels, lui Méléagre, il avait semé çà et là, ajoutait-il, *les premières violettes matinales de sa propre muse.* Ce sont ces violettes, en partie conservées, dont on voudrait représenter ici quelques-unes sans trop en dissiper le parfum.

Qu'était-ce que Méléagre avant tout? On en sait peu de chose, sinon ce que lui-même nous apprend dans l'épigramme suivante, qu'il avait composée pour son tombeau :

« Ma nourrice est l'île de Tyr ; pour patrie attique j'ai eu la Syrienne Gadare ; fils d'Eucratès, moi, Méléagre, j'ai poussé avec les Muses, et ma première course s'est faite en compagnie des Grâces Ménippées. Que je sois Syrien, qu'y a-t-il d'étonnant? O Étranger, nous habitons une seule patrie, le monde : un seul Chaos a engendré tous les mortels. Agé de beaucoup d'années, j'ai gravé ceci sur mes tablettes en vue de la tombe, car celui qui est voisin de la vieillesse n'est pas loin de Pluton. Mais toi, si tu m'adresses un *Salut* à moi le babillard et le vieux, puisses-tu toi-même atteindre à la vieillesse babillarde ! »

Ainsi Méléagre était de Gadare en Célésyrie ; il fut disciple de Ménippe le cynique, son compatriote, et fit même à son exemple (sans doute avant Varron) des satires ménippées, dont Athénée nous a conservé les titres. Il vécut vieux, et, après avoir passé sa jeunesse à Tyr, il mourut dans l'île de Cos. Il florissait sous le dernier Séleucus (2).

---

(1) Dans l'article intitulé *Un Factum contre André Chénier;* voir précédemment page 405.

(2) Quatre-vingt-quinze ans environ avant J. C.

Bon nombre de ses épigrammes sont destinées à célébrer ses amours à Tyr, amours bien asiatiques la plupart, de ceux qu'on rougit seulement de nommer, qu'étalait si à nu la muse antique, pour lesquels Horace et Virgile lui-même ont trouvé des accents et Cicéron des madrigaux (1), dont la poésie homérique était restée parfaitement exempte et pure, mais dont l'invasion dans la poésie grecque lyrique remonte jusqu'au temps d'Ibycus et de Stésichore. On dirait que le goût des anthologies animait, poursuivait Méléagre en toutes choses; il combinait et tressait ses propres passions comme les muses de ses poëtes : il faut le voir, dans cette Tyr dissolue, le long de ces îles d'Éolie qu'il parcourt, composer et assortir en tous sens les bouquets, les grappes d'Amours comme des grappes d'abeilles, retourner et diversifier à plaisir ses groupes de Ganimèdes et de Cupidons : cela rappelle cette nichée d'Amours, grands et petits, qu'Anacréon portait toujours dans le cœur. Méléagre en un endroit, par une moins gracieuse image et qui se sent plutôt de la ménippée, compare son mélange à je ne sais quel plat en renom alors, à je ne sais quelle macédoine pleine de ragoût. Passons vite sur ces délires. Le sentiment vrai, qui, par instants s'y glisse, est propre à augmenter encore les regrets. « Catulle, qu'on ne peut nommer sans avoir horreur de ses obscénités, a écrit Fénelon en cette même Lettre qu'il m'arrive d'invoquer souvent, est au comble de la perfection pour une simplicité passionnée ; » et il cite un distique sur Lesbie. Si l'on suppose que c'est quelque Lesbie qui parle, quelque Sapho passionnée, on pourra également admirer le distique de Méléagre, dont voici le

---

(1) Singularité des mœurs! ce vice, chez les Anciens, en était venu à ressembler, dans certains cas, à une prétention. C'était chez eux, que dirai-je? mode, bel air, dont les honnêtes gens se piquaient dans leurs poésies légères, dans leurs hendécasyllabes :

    Pour quelque Iris en l'air faire le langoureux!

(Voir Lettres de Pline, VII, 4.)

sens privé du rhythme et de la grâce concise : « Si je regarde Théron, je vois l'Univers ; mais, si l'Univers est sous mes yeux et non pas lui, tout au contraire je ne vois rien. »

> Fleuves, rochers, forêts, solitudes si chères,
> Un seul être vous manque et tout est dépeuplé !

Il arrive à Méléagre, qui rappelle si à l'improviste Lamartine, de faire songer également à Virgile ; il avait dit avant celui-ci, et plus brièvement, le *Non ignara mali, miseris succurrere disco :*

> J'ai, pour avoir souffert, appris à compatir (1).

C'est de lui non moins que d'Asclépiade, qu'André Chénier a pu emprunter le motif d'une de ses élégies à l'antique : *O Nuit, j'avais juré d'aimer cette infidèle*, etc. Voici l'épigramme, qui se peut bien mettre dans la bouche d'une femme abandonnée, se plaignant d'un amant parjure : « Nuit sacrée, et toi Lampe, aucun autre que vous, mais vous seuls, nous vous prîmes tous les deux à témoin dans nos serments, et nous nous jurâmes, lui de me toujours chérir, et moi de ne le jamais quitter ; nous le jurâmes et vous reçûtes la commune promesse. Et maintenant il dit que ces serments ont été emportés par l'onde : et toi, Lampe, tu le vois, lui le même, dans les bras des autres. »

Nous prenons surtout Méléagre au moment où, renonçant décidément aux Muïscus, aux Dion, aux Théron, il célèbre d'une flamme avouable, et par moments délicate, les Zénophila, les Fanie, les Héliodora, et tant d'autres beautés qui remplissent son cœur et n'en font que cendre. De la subtilité, de la manière sophistique, du mauvais

---

(1) Οἶδα παθὼν ἐλεεῖν, Épig. XLI. — Dans son *Cours d'Études historiques* (tome VI, page 98), au moment où il vient de nommer Horace et Virgile, Daunou ajoute : « Après de tels noms, *je ne puis proférer ceux d'un Méléagre, d'un*, etc., etc. » Je suis fâché de ce dédain pour Daunou : excellent critique dans le genre moyen, il ne sentait ni la délicatesse exquise chez Méléagre, ni la grandeur chez Napoléon. Son goût chemine entre ces deux limites.

goût, il en a certes beaucoup trop, et nous le dirons tout à l'heure ; mais tâchons auparavant de bien pénétrer son genre de passion, de tendresse même (car il en a aussi), et de saisir son tour d'imagination hardie et vive. C'est lui qui a dit : « Il y a trois Grâces, il y a trois Heures, vierges aimables ; et moi, trois désirs de femmes me frappent de fureur. Est-ce donc qu'Amour a tiré de trois arcs, comme pour blesser, non pas un seul cœur en moi, mais trois cœurs ? » Ce chiffre *trois* n'est pas son dernier mot, et bientôt il l'outre-passe. Dans sa flamme amoureuse croissante, il s'écrie : « Ni la boucle de cheveux de Timo, ni la sandale d'Héliodora, ni le vestibule de la petite Démo, toujours arrosé de parfums, ni le tendre sourire d'Anticlée aux grands yeux, ni les couronnes fraîchement écloses de Dorothée, non, non, ton carquois, Amour, ne cache plus rien de ce qui te servait hier encore de flèches ailées ; car en moi sont tous les traits (1). » Il diversifie cette pensée, et, y entremêlant d'autres noms, il se plaît à la redire, non point en pure fantaisie, mais d'un accent pénétré : « J'en jure par la frisure de Timo aux belles boucles amoureuses, par le corps odorant de Démo, dont le parfum enchante les songes, j'en jure encore par les jeux aimables d'Ilias, j'en jure par cette lampe vigilante qui s'enivre, chaque nuit, de mes chansons, je n'ai plus sur les lèvres qu'un tout petit souffle que tu m'as laissé, Amour ; mais si tu le veux, dis, et ce reste encore, je l'exhalerai. » C'est là sa plainte constante, c'est son vœu, même lorsqu'il a l'air de crier merci : le son de l'amour plonge sans cesse en mes oreilles, mon œil offre en silence sa douce larme aux désirs ; ni la nuit ni le jour n'ont endormi le mal, mais l'empreinte des filtres est déjà re-

---

(1) Le texte de l'épigramme est assez incertain ; je suis l'édition de Graefe pour les quatre premiers vers, et je lis le cinquième comme s'il y avait πρώην ; c'est-à-dire : ton carquois ne cache plus toutes ces choses (boucle, sandale, etc., etc.) qui étaient hier tes flèches. La hardiesse de l'expression ne dépasse nullement ce qui est ordinaire à la poésie grecque et à celle de Méléagre en particulier.

connaissable à plus d'un endroit dans mon cœur. O volages Amours, n'auriez-vous des ailes que pour voler sur moi, et n'en avez-vous pas, si peu que ce soit, pour vous envoler? » — Je voudrais pouvoir rendre le passionné et le délicat de la plainte ; mais comment y réussir sans les vers, et comment rester exact et littéralement fidèle si l'on voulait rimer? Je demande donc excuse une fois pour toutes, dans la nécessité où je me mets ici de traduire ces choses si légères ; de telles épigrammes sont comme des gouttes de miel cachées par l'abeille dans les fentes des vieux chênes ; on ne sait comment les en arracher, et souvent il y faut employer les ongles, ce qui gâte la grâce.

On peut dire encore de ces courtes et vives saillies du poëte amoureux que ce ne sont que des étincelles, mais des étincelles arrachées à la foudre. Il a de ces débuts enflammés qui tiennent des deux ivresses ; ainsi, dans cet élan d'orgie ou de sérénade (c'était un peu la même chose chez les Anciens, *comessatio*), il veut courir à la porte de sa maîtresse, et s'adresse tour à tour à son serviteur pour qu'il allume le flambeau, et à lui-même pour s'enhardir : « Le dé en est jeté : allons, enfant, j'irai. — Allons, courage ! — Mais quel est ton projet, ivre que tu es ? — Je vais à la sérénade. — A la sérénade ! A quoi te livres-tu, mon Cœur? Y a-t-il ombre de raison dans l'amour ? — Allume pourtant, allume vite. Qu'importent toutes les raisons d'auparavant? Périsse la sagesse et tout son labeur ! je ne sais qu'une chose, c'est qu'Amour a brisé Jupiter lui-même et son vouloir. »

Dans l'épigramme suivante, il s'échappera avec la même vivacité, avec la même incohérence passionnée et de façon à moins choquer nos mœurs, qui ne veulent, en fait d'amour, qu'une seule ivresse. C'est à une suivante qu'il est en train de parler pour qu'elle porte à sa maîtresse un message : il la presse, il la rappelle, il court après ; le mouvement est celui de l'entraînement même et de la naïve impatience :

« Dis-lui cela, Dorcas, dis-lui et redis-lui, ô Dorcas,

deux et trois fois toutes choses. Cours, ne tarde plus, vole... — Un instant, un instant encore, chère Dorcas, attends un peu ; pourquoi te hâter avant d'avoir tout entendu ? Ajoute à ce que j'ai dit dès longtemps, ajoute... — Mais je déraisonne de plus en plus ; ne dis rien, absolument rien... — Ou seulement... — Non, dis tout, ne t'épargne pas à tout dire... — Et cependant pourquoi est-ce que je t'envoie, ô Dorcas ? Me voilà arrivé moi-même avec toi et avant toi. »

Ce message ardent allait à une certaine Lycænis, qui paraît n'avoir été qu'une coquette, et à laquelle il reprochait peu après de l'avoir joué par un semblant d'amour. Parmi les autres femmes qu'aima Méléagre, et dont il nous a déjà énuméré un groupe assez complet, il n'est pas impossible de ressaisir les traits, au moins de quelques-unes, et même des différences assez sensibles de physionomie. La petite Timo dura peu de temps, à ce qu'il semble, et ne lui tint guère au cœur ; elle vieillit vite, et il se vengea ou de ses rigueurs, ou plutôt de ses infidélités avec le beau Diodore par une manière d'*épode* sanglante, digne d'Archiloque ou d'Horace à Canidie : il la compare pièce pour pièce à un vaisseau qui ne peut plus soutenir la mer. Méléagre a beaucoup vécu dans les ports, dans les îles, en vue des flots ; il affectionne dans ses amours les images maritimes. Nous nous garderons bien de traduire ici cette comparaison trop suivie de la petite Timo avec quelque carène délabrée de Tyr, et mieux vaut passer à la petite Fanie.

*Fanie*, en grec, veut dire petite lumière, ou même petite lanterne, petit flambeau. Le poëte ne manque pas de jouer sur le mot, comme ferait tout galant auteur de madrigal ou de sonnet, comme fera Pétrarque lui-même. Ce n'est point cette fois par ses flèches, ce n'est pas même par son flambeau qu'Amour lui a mis la flamme au cœur : il a suffi d'une toute petite étincelle. Il y a là de quoi broder, et l'amant bel-esprit ne s'en fait faute. Mais voici qui indique un sentiment plus vrai : Fanie était dans l'île de Cos, et

Méléagre, absent, s'en était allé du côté de l'Hellespont; il s'adresse ainsi aux voiles qu'il aperçoit du rivage : « Navires bien frétés, légers sur les eaux, qui traversez le passage d'Hellé recevant au sein des voiles un Borée favorable, si quelque part vous apercevez sur le rivage dans l'île de Cos la petite Fanie regardant vers la mer bleue, annoncez-lui cette parole : « Belle épousée, ce n'est point sur un vaisseau qu'il reviendra; il est homme à venir à pied, tant il t'aime (1)! » — Et si vous dites cela, voguez au plus vite, voguez à souhait : Jupiter propice soufflera dans votre voilure. »

Démo, la petite maîtresse aux parfums, lui inspirera aussi quelques vrais accents ; c'est pour elle qu'il s'écriait à l'aurore : « Point du jour, pourquoi, ennemi des amoureux, m'es-tu survenu si vite sur ma couche, lorsqu'à peine je commençais à m'attiédir auprès de ma chère Démo ? Puisses-tu, rebroussant chemin au plus tôt, devenir l'Étoile du soir, ô toi qui lances une douce lumière si amère pour moi ! Car déjà auparavant, à propos d'Alcmène, tu es allé au-devant de Jupiter, et tu n'ignores pas comment on s'en revient. » Dans une autre épigramme qui est la contre-partie de la première, il accuse ce même *Point du jour*, qui allait si vite tout à l'heure, d'être trop lent à tourner autour du monde, maintenant qu'un autre plus heureux est accueilli en sa place et lui succède dans les mêmes douceurs : « Mais, lorsque je la tenais dans mes bras, la belle élancée, tu m'arrivais bien vite, comme pour me frapper d'une lumière qui rit de mes maux. » — Cette Démo, en effet, lui fut infidèle, on l'entrevoit, pour un Juif, et nous arrivons à Zénophila.

Celle-ci est une délicate personne, une belle diseuse (*dulce loquentem*), une savante ou mieux une muse; ce

(1) Ou peut-être veut-il dire simplement qu'elle ne l'attende point vers la haute mer, et qu'il arrivera par terre du côté de la Carie et d'Halicarnasse, qui n'était séparée de Cos que par un trajet. Il y a quelque obscurité dans le texte, mais non point dans le mouvement, qui a de la tendresse.

n'est pas d'elle qu'on pourrait dire qu'elle ne chante pas les vers de Sapho, elle en fait elle-même. Le ton de Méléagre semble s'épurer pour la célébrer : « Les Muses aux doux accents avec la lyre, et la parole sensée avec la Persuasion, et l'Amour guidant en char la beauté, t'ont donné en partage, ô Zénophila, le sceptre des Désirs; les trois Grâces t'ont donné leurs dons. » Et il explique de toutes les manières, il commente avec complaisance ce triple don, cette voix mélodieuse qui le pénètre, cette forme divine qui darde le désir, ce charme surtout qui l'arrête : beauté, muse et grâce. Il va cueillir les images les plus fraîches et les plus légères pour lui exprimer son âme. Il est jaloux de tout auprès d'elle, de la mouche qui vole, même du sommeil : « Tu dors, Zénophila, tendre tige! Puissé-je sur toi maintenant, comme un Sommeil sans ailes, pénétrer dans tes paupières et n'en plus bouger, afin que pas même lui, lui qui charme les yeux mêmes de Jupiter, n'habite en toi, et que moi seul je te possède! » Et quelle fraîcheur matinale et pure dans le couplet suivant, que tant de poëtes latins modernes ont travaillé à imiter sans l'atteindre : « Déjà la blanche violette fleurit, et fleurit le narcisse ami des pluies, et les lis fleurissent sur les montagnes; mais la plus aimable de toutes, la fleur la plus éclose entre les fleurs, Zénophila, est comme la rose qui exhale le charme. Prairies, pourquoi riez-vous si brillamment sous vos parures? l'enfant est plus belle que toutes vos couronnes. »

Si, dans un festin, la coupe a touché les lèvres de Zénophila, il s'écrie : « Le calice a souri de joie, il dit qu'il a touché la lèvre éloquente de l'aimable Zénophila : bienheureux! Oh! si, appliquant aussi bien ses lèvres à mes lèvres, elle buvait en moi d'une seule haleine toute mon âme! »

Il n'est pas toujours jaloux du moucheron qui vole, il ne se courrouce pas toujours contre le cousin qui peut piquer la belle dormeuse; il lui confie aussi au besoin de délicats messages : « **Vole pour moi, Moucheron, léger** messager, et effleurant l'oreille de Zénophila, murmure-lui ces mots : « Tout éveillé il t'attend, et toi, oublieuse de ceux qui t'aiment, tu dors ! » — Va, vole ; ô l'ami des Muses, envole-toi ! mais parle-lui bien bas, de peur qu'éveillant celui qui dort à côté, tu ne déchaînes sur moi ses jalouses colères. Que si tu m'amènes la belle enfant, je te coifferai d'une peau de lion, ô moucheron sans pareil, et je te donnerai à porter dans ta main la massue d'Hercule (1). »

Nous avons épuisé le chapelet de femmes que Méléagre nous avait composé tout d'abord, et il ne nous reste plus qu'Héliodora : c'est celle aussi, le dirai-je ? qu'il paraît avoir le plus aimée, et il ne l'a pas appelée seulement par métaphore *l'âme de son âme*. Il n'est pas dit qu'elle fit des vers comme Zénophila, mais elle avait également le doux langage, la voix pareille à un chant ; elle possédait la grâce enchanteresse et cette Persuasion ou séduction (*Pitho*), déesse ou fée que j'ai cru déjà ne pouvoir bien exprimer que par le charme. Il nous a parlé une fois de son petit pied, de sa *sandale* élégante, ce qui ne gâte rien. Il nous a dit en six vers dont le rhythme seul pourrait figurer la légèreté, l'entrelacement et l'abondance : « Je tresserai la violette blanche, je tresserai le tendre narcisse avec les myrtes, je tresserai les lis riants, je tresserai le safran

---

(1) Cette forme de badinage est familière à Méléagre ; d'autres fois, se souvenant d'Anacréon, il s'adresse à la cigale, il apostrophe la sauterelle ; voici une petite pièce à celle-ci, qui est fort jolie dans l'original. Je fais remarquer seulement que le mot de sauterelle en grec (ἀκρίς) n'a rien que d'agréable, et que, de plus, tous les mots dans cette petite pièce sont choisis dans un sentiment imitatif, et de manière à exprimer le *cricri* fondamental combiné avec une certaine harmonie : ces nuances échappent en français : « Sauterelle, tromperie de mes amours, consolation du sommeil qui me fuit, Sauterelle, muse rurale à l'aile sonore, imitation toute naturelle de la lyre, touche-moi quelque chose d'enchanteur en frappant de tes pieds chéris tes ailes babillardes ; ainsi chasse de moi les fatigues d'un souci toujours en éveil, en ourdissant, ô Sauterelle, un son qui distraie l'amour. Et pour cadeau matinal je te donnerai de la ciboule toujours fraîche, et dans ta bouche bien fendue, de petites gouttes de rosée. »

suave, et encore l'hyacinthe pourpré, et aussi je tresserai les roses chères à l'amour, afin que, sur les tempes d'Héliodora aux grappes odorantes, la couronne frappe de ses fleurs les belles boucles de sa chevelure. » — J'aime à croire que ce ne fut que dans les débuts de sa liaison qu'il doutait assez de cette chère Héliodora pour s'écrier, tandis qu'il se dirigeait le soir vers sa demeure : « Astres, et toi, Lune qui brilles si belle aux amants, Nuit, et toi, petit instrument compagnon des sérénades, est-ce que je la trouverai encore l'amoureuse, sur sa couche, tout éveillée et se plaignant à sa lampe solitaire? ou bien en a-t-elle un autre à ses côtés? Au-dessus de sa porte, alors, je suspendrai ces couronnes suppliantes, non sans les avoir fanées auparavant de mes larmes, et j'y inscrirai ces mots : A toi, Cypris, Méléagre, l'initié de tes jeux, a suspendu ici ces dépouilles de sa tendresse (1)! » — Une autre fois, s'adressant suivant l'usage à la lampe, il la suppliait de s'éteindre plutôt que de favoriser de sa clarté les plaisirs d'un autre, et il souhaitait de plus que cet autre tombât tout d'un coup accablé de sommeil, comme ce beau dormeur Endymion, lequel, on le sait, ne sentait pas son bonheur. Mais de tels vœux et de telles plaintes, qui supposent si aisément l'infidélité de l'amante, sont trop ordinaires à tous les élégiaques antiques; ce qui nous peut indiquer que l'amour de Méléagre pour Héliodora s'est élevé à quelque chose de plus particulier et de plus senti dans l'ordre du cœur, ce sont des accents comme ceux-ci; il est à table avec ses amis, les coupes circulent, la joie déborde; lui, il regrette celle qui, la veille, était à ses côtés : « Verse, et dis encore, encore, encore, *A Héliodora!* dis, mêle ce doux nom au pur nectar. Et, en souvenir d'elle, attache-moi cette couronne d'hier toute humide de parfums. Vois, la rose amoureuse est en pleurs, de ne plus

---

(1) Cette épigramme ne porte pas le nom d'Héliodora, mais elle est toute pareille à d'autres où cette maîtresse est nommée, et dont elle peut tenir lieu.

la sentir ici, de ne plus la voir sur mon sein (1). » Un autre jour, un matin qu'il est près d'elle et qu'il est heureux, il dit à l'abeille qui voltige : « Abeille qui vis de fleurs (2), pourquoi me viens-tu toucher le corps d'Héliodora, quittant pour elle les calices du printemps? Est-ce que par là tu veux me faire entendre qu'elle a sans cesse en elle l'aiguillon doux et insupportablement amer de l'amour? Oui, je le pense, ce n'est que cela que tu veux me dire. O amoureuse Abeille, tu peux t'en retourner : il y a longtemps que nous savons ton message. »

Héliodora meurt, elle meurt jeune, et Méléagre exhale ses regrets dans une pièce toute pleine de sanglots, qui ne se peut reproduire ici que bien faiblement. Il supplie, avec le cri de la tendresse, la terre d'être légère à celle qui, tant qu'elle vécut, l'a si légèrement foulée : « Je t'offre mes larmes là-bas jusqu'à travers la terre, Héliodora, je te les offre comme reliques de tendresse jusque dans les Enfers, des larmes cruelles à pleurer! et sur ta tombe amèrement baignée je verse en libation le souvenir de nos amours, le souvenir de notre affection ; car tu m'es chère jusque parmi les morts ; et moi, Méléagre, je m'écrie pitoyablement vers toi, stérile hommage dans l'Achéron! Hélas! hélas! où est ma tige si regrettable? Pluton me l'a enlevée, il me l'a enlevée, et la poussière a souillé la fleur dans son éclat. Mais je te supplie à genoux, ô Terre, notre nourrice à tous, d'embrasser dans ton sein ; ô mère, d'embrasser doucement cette morte tant pleurée. »

Cette pièce, après la mort d'une amante, m'a involontairement rappelé les suprêmes sonnets de Pétrarque, de

---

(1) Cette épigramme se peut comparer pour l'image et aussi pour le sentiment à cette autre d'Asclépiade :

« De grâce, ô Couronnes, restez-moi là suspendues à cette porte, sans secouer précipitamment vos feuilles, ô Couronnes que j'ai trempées de mes pleurs ; car les yeux des amants en sont tout chargés. Mais, sitôt que vous le verrez entr'ouvrir la porte, distillez sur sa tête ma fraîche rosée, afin que sa blonde chevelure s'abreuve en plein de mes larmes. » — Mot à mot : *boire mieux mes larmes.*

(2) Mot à mot, *qui es au régime des fleurs.*

qui la pensée m'est encore revenue plus d'une fois en lisant Méléagre. Il y a entre eux deux tout l'abîme qui sépare le christianisme épuré et le paganisme sans frein. Pourtant, l'oserai-je dire? plus d'un rapprochement m'a frappé pour le style, pour le goût. Méléagre est déjà subtil (car je ne prétends pas dissimuler ses défauts), il l'est comme Ovide le sera, et bien plus qu'Ovide ; il l'est comme on le sera plus tard dans les sonnets, dans les madrigaux les plus raffinés. Ce n'est pas seulement parce qu'il joue sur les noms de ses maîtresses, parce qu'étant un jour amoureux d'une certaine *Tryphéra*, il dit qu'elle est une *Scylla*, à peu près comme si mademoiselle de Scudery disait que la *princesse de Tendre* a un cœur de *roche* (1); il ne s'en tient pas à ces gentillesses : il est telle épigramme sur Héliodora, où il nous montre Amour et elle jouant à la paume avec son cœur, et il la supplie de ne pas le laisser tomber, mais de se prêter au jeu et de renvoyer la balle. Quel joli sonnet on aurait fait avec cette idée-là.(2)! Quand on voit chez les Grecs, à partir des Alexandrins, de telles

---

(1) *Tryphéra*, en effet, veut dire *tendre*.
(2) On ne se ferait pas une juste idée de ce goût que j'appellerai d'avance *pétrarquesque*, ou plutôt de cet euphuisme et de ce gongorisme de première formation, si je ne citais comme échantillon encore l'épigramme LVIII :

« Ne te criais-je pas cela, ô mon Ame : Par Cypris, tu seras prise, ô malheureuse en amour, en t'envolant souvent à la glu? Ne te le criais-je pas? Le piége t'a prise. Pourquoi en vain te débats-tu dans tes liens? Amour lui-même t'a lié les ailes, et t'a mise sur le feu, tandis qu'expirante il t'arrosait de parfums, et qu'il te donnait à boire des larmes chaudes dans ta soif ardente. O mon Ame si travaillée, tantôt tu es brûlée par le feu, tantôt tu te rafraîchis en recueillant ton souffle. Pourquoi pleures-tu? Lorsque tu nourrissais dans ton sein l'intraitable Amour, ne savais-tu pas que c'était contre toi qu'il se nourrissait? Ne le savais-tu pas? Reconnais maintenant le payement de cette belle nourriture, en ayant reçu à la fois du feu et de la neige froide. C'est toi-même qui l'as voulu; supportes-en la peine. Tu souffres ce que tu as mérité, brûlée que tu es d'un miel cuisant. »

Les Anciens faisaient grand usage de miel; ils le combinaient avec le vin, ils le faisaient cuire au feu; les poëtes érotiques sont pleins d'images empruntées à ces mélanges. Mais n'admirez-vous pas la quintessence? Et, si l'on ne donnait les preuves textuelles, en croirait-on la Grèce capable à cet âge de pureté encore et de parfaite conservation?

subtilités ingénieuses pénétrer et corrompre la poésie, même celle qui reste à tant d'égards charmante encore, on est tenté de se demander si cette veine sophistique, transmise par les Latins, et qu'on retrouve tout à l'extrémité de leur littérature dans Ausone, n'aurait point pu s'infiltrer d'une manière ou d'une autre jusqu'à ceux des beaux-esprits provençaux ou italiens du moyen-âge, qui ont recommencé comme les autres ont fini. Mais non : ces phases analogues et ces récidives du goût tiennent à des lois générales de l'esprit humain ; on réinvente, à de certains âges et en de certains lieux éloignés, les mêmes défauts, comme quelquefois aussi on rencontre, sans s'être connus et à l'aide de la seule nature, les mêmes beautés. Ce qui est sûr, c'est qu'après avoir lu Méléagre, on comprend mieux Ovide, et tant de jeux d'esprit, dès longtemps en circulation chez les Grecs, et où le charmant élégiaque latin n'a pas toujours mêlé la même flamme.

Il ne serait pas juste de finir avec Méléagre sur une remarque qui ressemblerait trop à un blâme. On rencontre chez lui, outre les pièces consacrées à ses amours, de belles épigrammes encore et une idylle ravissante de fraîcheur. Il n'existe dans l'antiquité que bien peu d'épigrammes comparables en beauté, et presque en grandeur, à celle qu'on lui doit sur Niobé. Le poëte se représente dans la situation d'un messager qui vient annoncer à celle-ci la mort de ses fils, croyant que c'est là tout son malheur; mais tout d'un coup, et tandis qu'il parle, il est témoin de la mort des filles restées auprès de leur mère. La première partie de cette petite pièce est en récit, et la seconde en tableau. On y sent respirer à chaque mot ce quelque chose de vif, de court, d'imprévu, qui est proprement le génie de l'épigramme. Rien aussi de plus sévèrement douloureux; ces douze vers, qui suffisent à tant de meurtres, et qui en regorgent pour ainsi dire, étaient dignes d'être inscrits sur la statue antique, au socle du marbre.

« Fille de Tantale, Niobé, entends ma voix messagère

de désastre, reçois la parole lamentable qui proclame tes angoisses ; délie le bandeau de tes cheveux, ô la malheureuse, qui n'as mis au monde toute une race de fils que pour les flèches accablantes de Phœbus : tu n'as plus d'enfants ! — Mais quoi ? autre chose encore ! que vois-je ? Hélas ! hélas ! le meurtre déborde, il atteint jusqu'aux vierges. L'une tombe penchée sur les genoux de la mère, l'autre dans ses bras, l'autre à terre, l'autre à sa mamelle ; une autre, effarée, reçoit le trait en face ; une autre, à l'encontre de la flèche, se blottit ; l'autre, d'un œil qui survit, regarde encore la lumière. Et cette mère, qui a trop chéri autrefois sa langue babillarde, terrifiée maintenant, figée dans sa chair, est devenue comme une pierre. »

La plus célèbre, la plus longue des pièces de Méléagre, et que nous avons réservée jusqu'ici, est son idylle sur le printemps ; on y saisit comme l'anneau d'or qui le rattache à Théocrite et à Bion. Rien de plus frais, de plus distinct et de plus net que cette peinture ; pas un trait n'y est vague ni de convention ; tout s'y anime et y vit aux regards, et y luit de sa juste couleur, ce qui fait que l'image est restée toute jeune, toute neuve et comme d'hier, dans un si vieux sujet. J'ai tâché de la calquer ici trait pour trait ; mais il est un certain lustre original qui ne se rend pas :

### IDYLLE SUR LE PRINTEMPS.

« Le venteux hiver s'en étant allé du ciel, la saison rougissante du printemps a souri avec ses fleurs. La terre bleuâtre s'est couronnée d'herbe verte, et les plantes poussant leur tige se sont *enchevelées* de jeune feuillage. Buvant la tendre rosée de l'Aurore qui fait germer, les prairies s'égayent, à mesure que s'ouvre la rose. Et s'égaye aussi le bouvier jouant de sa flûte sur les montagnes, et le chevrier de chèvres se réjouit de ses blancs chevreaux. Déjà naviguent sur les larges vagues les nautoniers enflant leurs voiles sinueuses au souffle clément de Zéphyre. Déjà les buveurs entonnent *Évohé* en l'honneur du Père des raisins, la tête ceinte des corymbes en fleur du lierre. Les belles œuvres industrieuses occupent les abeilles nées des flancs des taureaux, et, assises sur la ruche, elles fabriquent les blanches beautés des rayons humides aux mille trous. De toutes parts, la race des oiseaux chante à voix sonore, les alcyons autour de la vague, les hirondelles au bord des toits, le cygne sur les rives du fleuve, et sous le bois le rossignol (1). Mais si les chevelures des plantes s'épanouissent, si la terre fleurit, si le pasteur joue de la flûte, et si les troupeaux à belle toison sont charmés, si les nautoniers naviguent, si Bacchus est en danse, si la gent ailée exhale ses concerts, et si les abeilles sont en travail pour enfanter, comment donc ne faut-il pas que le poëte aussi chante un chant harmonieux au printemps? »

Bien que le plus grand nombre des traits qui composent ce tableau entrent d'ordinaire, bon gré, mal gré, dans toute description du printemps, et que la poésie, en émigrant vers le nord, n'ait cessé de s'inspirer et de se ressouvenir de ces mêmes anciennes peintures du midi, comme si dans leurs objets elles restaient toujours présentes, on peut s'assurer qu'il n'en était pas ainsi pour Méléagre, et qu'il avait bien réellement sous les yeux le spectacle fortuné qu'il décrit. Dans un autre poëme ancien (2), on possède, en effet, une description de Tyr, de cette île rattachée au continent, *toute pareille à une jeune fille qui nage*, offrant au flot qui la baigne sa tête, sa poitrine et ses bras étendus, et appuyant ses pieds à la terre : là seulement, est-il dit, le bouvier est voisin du nocher, et le chevrier s'entretient avec le pêcheur; l'un joue de la flûte au bord du rivage, tandis que l'autre retire ses filets; la charrue sillonne le champ tout à côté de la rame qui

---

(1) André Chénier avait traduit par provision ces deux vers, pour les placer ensuite quelque part :

    L'alcyon sur les mers, près des toits l'hirondelle,
    Le cygne au bord du lac, sous le bois Philomèle.

(2) *Les Dyonisiaques*, ou Gestes de Bacchus, par Nonnus, au livre XL.

sillonne les flots ; la forêt côtoie la mer, et l'on entend au même lieu le retentissement des vagues, le mugissement des bœufs et le gazouillis des feuilles. C'est le voisinage du Liban qui amène ce concours, cette harmonie parfaite des diverses scènes de la marine et du paysage. Ainsi le printemps de Méléagre n'était pas un *idéal* dans lequel, comme dans presque tous nos *Avril* et nos *Mai*, l'imagination, éveillée par le renouveau, assemble divers traits épars, les arrange plus ou moins, et les achève. Ici, dans ce printemps de Phénicie comme dans ceux d'Ionie et de Sicile, le spectacle se déroulait au complet sous un seul et même regard, et l'heureux poëte n'a fait que copier la nature.

Il y aurait eu moyen sans doute de tirer des cent vingt-neuf épigrammes ou petites pièces restantes de Méléagre d'autres gracieux détails et des considérations littéraires plus approfondies, plus sûres ; j'en ai dit assez du moins pour faire entrevoir l'espèce d'imagination et de sensibilité, de subtilité passionnée et de vif agrément encore, d'un poëte qui en représente pour nous beaucoup d'autres. Pourquoi ce genre d'essai sans prétention, appliqué aux Anciens, ne prendrait-il pas humblement faveur ? et qu'est-ce qui empêche d'entr'ouvrir de la sorte, non dans la forme savante et philologique qu'on laisse à qui de droit, mais à la vieille manière française, légèrement rajeunie, bien des coins jusqu'ici réservés ? En France, les personnes même instruites (hors du cercle de l'érudition) sont trop accoutumées à ne juger l'antiquité que sur quelques grands noms qui reviennent sans cesse, qu'on cite à tout propos et qu'on croit connaître. On ne connaît bien un pays pourtant que lorsqu'on l'a traversé non-seulement dans ses larges routes rapidement parcourues, mais aussi dans ses sentiers et au hasard de ses buissons. L'Anthologie et les poëtes qu'elle rassemble sont en quelque sorte ce *chemin de traverse* qui ferait parcourir l'ancienne Grèce dans bien des cantons intérieurs, imprévus. Comment se fait-il qu'on n'ait pas eu l'idée de percer çà et là ce pays de bocages, et

d'en rendre praticable à tous au moins quelques portions ?
Je ne fais qu'indiquer le chemin, c'est tout ce que je puis.
Et si l'on me demande à mon tour pourquoi ce souci perpétuel du nouveau, et à quoi bon Méléagre à cette heure plutôt que tant d'autres, je répondrai avec Ulysse en son récit chez Alcinoüs : « Je ne puis souffrir de venir répéter aujourd'hui ce qui a été dit (par moi ou par d'autres) assez clairement hier. »

15 décembre 1845.

# EUPHORION,

ou

# DE L'INJURE DES TEMPS.

Les Allemands sont assurément les plus admirables travailleurs classiques que l'on puisse imaginer; depuis qu'ils se sont mis à défricher le champ de l'antiquité, ils ont laissé bien peu à faire pour le détail et le positif des recherches; ils ont exploré, commenté, élucidé les grandes œuvres; ils en sont maintenant aux bribes et aux fragments, et ils portent là-dedans un esprit de précision et d'analyse qu'on serait plutôt tenté de leur refuser lorsqu'ils parlent et pensent en leur propre nom. Leur extrême patience, s'appliquant ici à des matières bien définies et à des textes, produit des merveilles. On en est venu, tous les morceaux principaux de l'ancienne littérature ayant déjà trouvé maître, à s'attacher aux moindres miettes, aux moindres noms. D'ingénieux érudits dressent chaque jour l'histoire littéraire des écrivains, là même où précisément cette histoire semble le plus faire défaut; les poëtes grecs ou latins, dont tout le bagage a péri dans le naufrage des temps, retrouvent des investigateurs d'autant plus curieux et presque des sauveurs. On rassemble leurs moindres vestiges, on rapproche et on discute les plus légers témoignages; la conjecture n'a plus ensuite qu'à jouer et à s'ébattre; c'est ce qu'il est difficile qu'elle ne s'accorde point à de certains moments.

J'ai sous les yeux un de ces doctes et méritoires écrits, qui, en instruisant beaucoup, ne laissent pas de faire aussi beaucoup penser et rêver. Les *Analecta alexandrina*, par M. Auguste Meineke (1), sont un assemblage des reliques de quelques poëtes alexandrins dont les œuvres ne nous sont point parvenues ; ce sont des commentaires sur Euphorion de Chalcis, sur Rhianus de Crète, sur Alexandre l'Étolien, sur Parthénius de Nicée. Les fragments d'Euphorion avaient déjà été recueillis par M. Meineke pour la première fois en 1823 ; il donne aujourd'hui l'ouvrage refondu et plus complet. La destinée de ce poëte Euphorion a de quoi intéresser. Il était né à Chalcis en Eubée, et compatriote de Lycophron. Il vécut à la cour d'Antiochus le Grand en Syrie, et fut commis par ce prince à la garde de la riche bibliothèque des Séleucides ; il écrivit toutes sortes de longs poëmes épiques dont on a seulement les titres, des épigrammes, des élégies qui furent célèbres par leur accent de tendresse. Gallus, l'ami de Virgile, les avait traduites ou imitées en vers latins, comme Virgile semble y faire allusion dans la belle églogue où il introduit son ami. L'élégiaque Gallus avait suivi de préférence Euphorion, comme Properce suivait Callimaque et Philétas ; de sorte qu'Euphorion a eu le malheur de périr deux fois : par lui-même et avec Gallus.

Bizarrerie de la gloire! Dans cette mêlée injurieuse des temps, combien est-il de ces anciens poëtes, Panyasis que les critiques plaçaient très-haut à la suite d'Homère, Varius qu'on ne séparait pas de Virgile, Philétas que Théocrite désespérait jamais d'égaler, Euphorion avec son Gallus, combien, et des meilleurs et des plus charmants, qui ont ainsi succombé sans retour, et n'ont laissé qu'un nom que les érudits seuls remuent encore parfois aujourd'hui !

Il est facile, à présent qu'ils ont péri, de venir dire qu'ils méritaient sans doute assez peu de survivre ; que les meil-

---

(1) Berlin, 1843.

leurs, après tout, et les plus dignes, ont surnagé et nous en tiennent lieu; que ces poëtes d'une seconde époque devaient en avoir bien des défauts qui les rendent médiocrement regrettables, le raffinement, l'obscurité, le néologisme. Ces éternelles accusations ne manquent pas. Il semble qu'une loi fatale asservisse les talents des diverses littératures aux mêmes phases. Mais de ce que Properce est érudit et quelque peu difficile à entendre par endroits jusqu'au sein de la passion, la perte de ses étincelantes élégies serait-elle moins pour l'homme de goût une calamité littéraire? On sait les défauts de Southey, de Wordsworth, de tous ces alexandrins modernes, épiques et lyriques; se résignerait-on aisément à les retrancher tous ensemble, à les rayer d'un trait? Qu'on ose un peu essayer par la pensée, dans une littérature moderne, des effets analogues à ceux de la grande catastrophe qui a sévi sur l'antiquité et qui l'a plus que décimée, on s'arrêtera avec effroi. On ne se montre si coulant à l'égard des pertes incalculables de ce premier héritage, que parce que désormais on se croit soi-même et les siens à l'abri.

L'antiquité, telle qu'on se l'est faite par nécessité et telle qu'elle est résultée graduellement de nos pertes, ne peut être qu'une antiquité approximative. Le palais le plus riche et le plus magnifiquement rempli a été pillé, dévasté par l'incendie et par les barbares. Lorsqu'on y est rentré après des siècles, on a relevé celles des statues brisées qui jonchaient encore le parvis; on a recueilli les débris reconnaissables, on a tiré parti des moindres parcelles: le palais est remeublé à l'œil; les lacunes sont, tant bien que mal, dissimulées. Là où il y avait dix statues rivales dans une même salle resplendissante, une seule debout brille encore, et, pour faire oublier les autres, elle occupe le milieu. C'est bien, c'est beau, un air de simplicité vient à propos s'ajouter à l'artifice; mais qui osera dire que c'est là exactement le premier palais?

Quelques écrits ont hérité avec bonheur de ceux que la ruine a engloutis; quelques noms glorieux, plus nettement dessinés, et répétés sans cesse, sont devenus pour nous la représentation et comme le symbole subsistant des autres à jamais perdus en eux. Pour peu qu'on regarde de près dans l'antiquité, on est frappé de tout ce qu'elle contenait de divers, de ce qu'elle cumulait déjà depuis des siècles avec une sorte d'encombrement. On sait que La Bruyère se plaint, en commençant son livre, de la difficulté qu'il y a de venir tard ; Chœrilus de Samos, au début de ses *Poëmes persiques*, s'en plaignait également. Virgile, au troisième livre des Géorgiques, accuse aussi la même difficulté de se faire jour : *Omnia jam vulgata...*, et Tite-Live, dans la préface de son histoire, semble comme accablé d'avance sous le nombre de je ne sais quels illustres devanciers : « .... Et, si in tanta scriptorum turba mea fama in obscuro « sit, nobilitate ac magnitudine eorum, meo qui nomini « officient, me consoler. » Les érudits seuls savent peut-être aujourd'hui quelques noms de cette foule de poëtes et d'historiens célèbres, d'où se sont dégagés à grand'peine Tite-Live et Virgile.

Dans le volume de reliques dites *alexandrines*, que j'ai sous les yeux, Parthénius de Nicée y est pour sa part ; ce Parthénius qui, jeune, avait été fait prisonnier dans la guerre de Mithridate, devint à Naples le maître de Virgile. On cite un vers des Géorgiques qui est tout entier emprunté à Parthénius par son élève reconnaissant. Il avait écrit des *Métamorphoses* qui ont peut-être inspiré Ovide. Ce qui paraît plus certain, c'est que le petit poëme du *Moretum* de Virgile est traduit du grec de Parthénius. Ce *Moretum*, si l'on s'en souvient, est le nom d'une espèce de sauce ou de brouet à l'ail que faisaient les paysans ; à propos de cette sauce et de sa préparation, la vie pauvre et misérable que menaient les gens de campagne se trouve décrite, dès l'aube du jour, avec un détail et une réalité qui semblerait n'appartenir qu'à la poésie d'aujourd'hui, à celle de Crabbe, par exemple, ou encore à celle de Regnier. Théocrite, dans ses idylles même les plus agrestes, n'a rien qui approche de la vérité nue et de la crudité inexorable dont ce bel-esprit asiatique de Parthénius et, à son exemple, le délicat Virgile ne se firent pas faute en ce singulier échantillon. Voilà donc un genre qu'on était tenté de refuser à l'antiquité, et qui se retrouve à l'improviste entre les plus belles pages. Combien de fois, si l'on avait tant soit peu jour sur ce qui s'est perdu, ne recevrait-on pas de ces démentis !

Je ne sais si tous ces exemples, et celui d'Euphorion en particulier, le tendre et gracieux poëte (car j'aime à le croire gracieux et tendre), de ce poëte tout entier enseveli, ne m'ont point un peu trop frappé l'imagination, mais je voudrais bien être le docteur *Néophobus* (1) pour oser lancer d'un air d'exagération certaines petites vérités. Que si seulement j'avais l'honneur de vivre du temps de ces élégants *humoristes*, MM. Steele et Addison (2), et de correspondre avec leur feuille excellente dont le goût tout classique n'excluait le songe ni l'allégorie, voici comment je tournerais la difficulté. Je n'aurais qu'à supposer que le soir ayant lu, avant de m'endormir, quelques pages des *Analecta alexandrina*, les auteurs eux-mêmes m'apparurent en songe, accompagnés de toute la foule des ombres poétiques dont le temps a dispersé les restes et nivelé les tombeaux. Et puisque c'est un rêve qui se dessine à ma pensée en ce moment, qu'on me laisse continuer d'y rêver. — C'était, je vous assure, un lamentable spectacle que celui de toutes ces ombres une fois illustres, et qui elles-mêmes en leur temps, à des époques éclairées et florissantes, avaient paru distribuer la gloire et l'immortalité, — de les voir aujourd'hui découronnées de tout rayon, privées de toute parole sonore, et essayant vainement, d'un souffle grêle, d'articuler leur propre nom, pour qu'au moins le passant pût le retenir et peut-être le répéter. Leur folie de gloire semblait d'autant plus incurable et plus amère, qu'elle avait été satisfaite

---

(1) Charles Nodier usait volontiers de ce pseudonyme.
(2) Voir au n° CCXXIII du *Spectateur* quelques idées d'Addison sur ces naufrages de l'antiquité.

en son temps et qu'elle n'avait pas toujours été folie. Quelques-unes, qui semblaient plus impatientes et plus désespérées que les autres, s'avançaient jusque dans les flots de ce Styx d'oubli, et elles tendaient les bras vers la barque, déjà lointaine, qui emmenait un petit nombre de nobles figures immobiles et sereines sous le rayon; on aurait dit que les délaissés prenaient tous les hommes et tous les Dieux à témoin d'une injustice criante qu'elles étaient seules, hélas! à ressentir.

Et je me demandais (toujours dans mon songe), par un retour sur nos époques paisibles et sûres d'elles-mêmes, si de telles vicissitudes étaient à jamais loin de nous; si, en accordant un laps suffisant d'années, les révolutions inévitables des mœurs et du goût, sans parler des autres chances plus funestes, n'infligeraient pas aux littératures modernes quelque chose au fond de plus semblable qu'on n'ose de près se l'imaginer. Il est, je le sais, des paroles de mauvais augure qu'on n'aime pas à prononcer devant ce qui est vivant, et qu'on hésite presque à murmurer en présence de soi-même, fût-ce en pur rêve. C'est chose convenue et qui se répète à satiété, que les sociétés modernes diffèrent absolument de celles d'autrefois, qu'elles en diffèrent par toutes les conditions essentielles, et sans doute aussi par celles de vie et de durée. On admet très-volontiers aujourd'hui pour les sociétés le genre de progrès dont Condorcet aurait bien voulu qu'on trouvât la recette pour l'homme, on admet qu'elles ne sont plus sujettes à mourir. Je crois bien que si, à de certains moments, on avait été dire en pleine Memphis, en pleine Rome, en pleine Athènes, à la face de ces civilisations jusqu'alors incomparables : « Vous mourrez, et d'autres, en d'autres lieux, succéderont à votre gloire, à vos plaisirs, à vos lumières, » je crois bien qu'on eût été mal venu, médiocrement écouté, et sifflé, sinon lapidé d'importance. De ce qu'une telle destinée ne se peut concevoir dans l'orgueilleuse plénitude de la conscience et de la vie, est-ce une raison pour qu'elle soit tout à fait impossible avec le temps et qu'elle implique absurdité? — Mais non ; il est et il demeure bien résolu que de nouvelles conditions de stabilité ont été introduites dans le monde ; les ruines brusques et violentes n'appartiennent qu'à l'histoire ancienne ; dupes, entraînés et turbulents jusqu'à ce jour, les hommes ont, de ce matin, cessé de l'être. Jusqu'à présent on avait vu les empires changer, périr, se transférer ; ils ne feront plus que s'étendre pour se confondre graduellement, pacifiquement, en une seule et vaste unité. Les caprices, les passions de quelques-uns avaient de temps à autre dérangé les lois ou même avaient paru les faire : maladie d'enfance, convulsions du bas âge ! nous avons la philosophie de l'histoire, qui a mis et mettra bon ordre à tout cela. Et pourtant de tels motifs de garantie future que j'embrassais de grand cœur, et auxquels je ne cessais de croire dans mon songe (car vous n'oubliez pas que c'en est un), ne le rendaient pas moins mélancolique et moins sombre ; mon pauvre Euphorion, avec la foule innombrable et confusément plaintive de ces poëtes déshérités, déchus, ensevelis, ne se laissait pas oublier, et ils faisaient tous la ronde autour de moi, tellement que mes idées commençaient à vaciller un peu. Tout est bien, tout est mieux, me disais-je ; mais à force de mieux et par la vertu même de ce progrès continu que rien désormais ne saurait enrayer, ne serait-il pas possible que l'équivalent de cette grande catastrophe et de ce grand naufrage d'oubli se retrouvât un jour pour nous aussi, pour nos âges si superbes ? L'imprimerie, notre grand secours, à force de nous venir en aide, ne finira-t-elle point par produire un ensevelissement d'un genre nouveau ? Les langues iront se perfectionnant à coup sûr, mais à ce point qu'on pourrait bien ne plus parler, ne plus savoir exactement la nôtre. Bref, par une cause ou par une autre, à un certain moment, il nous arrivera, à nous Modernes, comme à l'antiquité, un peu moins si vous le voulez ; le temps l'a décimée, on nous triera. Dieu sait ce qu'il adviendra alors des grands écrivains de toutes langues, et ce qui sera décrété grand écrivain en ce renouvellement ! Et j'en revenais à mes Euphorion, Gallus, Philétas, Parthénius, Varius; heureux encore si l'on sauve le Virgile ! Ce sera à la garde de Dieu, et non plus des barbares, mais des gens de goût de ce temps-là.

Mes idées s'obscurcirent de plus en plus ; je me trouvai transporté dans les galeries supérieures de la Bibliothèque royale, qui me semblaient se prolonger à l'infini ; les livres y affluaient de toutes parts, surchargeaient les rayons, débordaient les combles, et s'entassaient sur le plancher à le faire plier. Moi-même j'éprouvais une espèce de cauchemar comme si j'avais porté sur la poitrine tout ce docte poids, et, n'y tenant plus, je m'écriai dans le délire : « Tout est ruine ; c'est une illusion aux écrivains de croire qu'ils sont à l'abri désormais, et que l'imprimerie les sauve. Oui, pour deux ou trois siècles peut-être, et puis c'est tout. Et encore quelle altération rapide de la pensée et de l'œuvre dans ces reproductions fautives ! Puis, à un certain moment, on ne vous réimprime plus, et alors c'est l'affaire du ver qui ronge le chiffon en plus ou moins de temps ; même sans inondation et sans incendie, on périt de sécheresse ou d'humidité. L'histoire de la Bibliothèque d'Alexandrie, avec variante, est encore la nôtre ; nous serons dévorés, et, quand la dernière postérité nous voudra connaître par quelque échantillon, qu'importe ? un seul lui tiendra lieu de tous ; le premier trouvé la dispensera des autres. »

J'étais arrivé au dernier paroxysme de mon rêve, je m'éveillai en poussant un cri. Il était jour ; l'horizon me parut serein. Un Homère entr'ouvert sur ma table, et que j'avais lu la veille avant l'Euphorion, me montra qu'il y avait encore une Providence jusque dans les plus grands hasards littéraires, et me remit un peu. Et d'ailleurs, continuai-je en ouvrant ma fenêtre où entrait l'air frais du matin, le bon goût, évidemment, règne encore, et il régnera demain. Il n'y a plus de barbares possibles. On imprime de plus en plus, il est vrai, mais il ne se perdra rien de ce qu'on aura imprimé. Le pire qui nous puisse arriver, c'est que nous serons tous plus ou moins immortels, et bien loin que quelques-uns d'un peu intéressants se perdent tout entiers, dignes et moins dignes nous vivrons tous avec part au soleil et presque *ex æquo*. Êtes-vous contents ?

1ᵉʳ septembre 1843.

Voici un volume encore de ceux que j'avais à recueillir. Je pourrais bien le clore, comme j'ai fait pour d'autres, par une sorte de préface en *Post-scriptum;* je devrais peut-être répondre à quelques critiques, à des attaques même (car j'en ai essuyé de violentes et vraiment d'injustes); mais j'aime mieux tirer de mon tiroir quelques-unes de ces pensées familières que je n'écris guère que pour moi. En les livrant au lecteur qui m'aura suivi jusqu'à la fin de ce *sixième* volume de Portraits, je me persuade avoir affaire à un ami.

### I.

Un auteur consciencieux est tenu de soigner les éditions de ses œuvres, quelque ennuyeux que ce soit : « Tant qu'on vit, me disait à ce propos M. Ballanche, il ne faut pas abandonner ses enfants à la charité publique : c'est bien assez qu'après nous il en doive être forcément ainsi. »

### II.

J'aime qu'il en soit de la langue, du style de tout grand écrivain, comme du cheval de tout grand capitaine : que nul ne le monte après lui.

### III.

Critiques curieux, imprévus, infatigables, prompts à tous sujets, soyons à notre manière comme ce tyran qui, dans son palais, avait trente chambres ; et on ne savait jamais dans laquelle il couchait.

### IV.

Le critique ne devrait pas être envieux. Plus il y a de talents et plus j'en comprends, et plus j'ai raison de dire : Mon affaire est bonne.

### V.

Il est des organisations délicates et nerveuses qui sentent vingt-quatre heures à l'avance les changements de temps, qui les devinent en quelque sorte. Tel doit être l'esprit du critique par rapport au jugement du public. Il faut que sa montre avance de cinq minutes au moins sur le cadran de l'Hôtel-de-Ville.

Tout va si vite de nos jours, tout se vulgarise si rapidement! cinq minutes d'avance sur le public, c'est déjà beaucoup.

### VI.

L'homme de talent l'est *par nature,* a dit Pindare. Cette vérité est bonne à rappeler dans un temps où les vocations littéraires ont été considérées comme superflues, et où tout le monde au besoin se croit appelé au métier. Pindare ajoute, il est vrai, que ceux qui *apprennent* et ne savent pas d'emblée sont comme des corbeaux qui répètent de vains chants et s'égosillent en face de l'oiseau de Jupiter. Mais de tels contrastes n'ont leur plein effet que dans la haute poésie. Dans le champ de la critique il n'y a guère lieu à l'aigle de Jupiter, et des perroquets bien appris finissent par répéter d'assez bonnes choses. Il faut bien de l'habileté et de l'attention pour discerner l'original.

### VII.

L'époque devient grossière, elle n'estime que le gros

qu'elle prend pour le grand ; elle se prend à l'étiquette, à la montre, à ce qui peut faire du bruit ou être utile positivement : l'esprit littéraire véritable est tout le contraire de cela.

### VIII.

Pas de liberté de presse de nos jours, cela est surtout vrai de toute rigueur pour la littérature ; il y a coalition entre les journalistes. Ils se battent ou font semblant comme ces condottieri du moyen âge, sans se faire de mal. Ou encore ils sont comme ces seigneurs voleurs, les burgraves du Rhin, qui barraient le fleuve : aucune vérité ne passe.

### IX.

Le principal défaut des artistes d'aujourd'hui, peintres ou poëtes, c'est de prendre l'intention pour le fait, de croire qu'il leur suffit d'avoir pensé une belle chose pour que cette chose paraisse belle ; au lieu de se donner la peine de réaliser l'idéal de leur conception, ils nous en jettent le fantôme.

### X.

Un homme de lettres (j'ai honte à le dire) n'est plus franchement un homme. Là où il devrait être navré de douleurs, abîmé de chagrin, dans les situations les plus faites pour l'affliger (perte d'ami, de maîtresse, etc., etc.), il y a toujours en lui un certain endroit chatouilleux d'amour-propre où vous n'avez qu'à le gratter pour le faire sourire.

### XI.

Toujours le style te démange,

a dit spirituellement Du Bellay, traduisant l'*Adieu aux Muses* de Buchanan : il s'agit du poëte, de l'écrivain qui se plaint de sa maladie. Rien de plus juste : ce malheureux goût de style et d'art est comme une *gale* qui s'attache à vous et gâte toute votre vie. Elle vous empêche d'être politique, homme d'État, homme du monde, homme de famille, joyeux compagnon. Au moment où vous commencez à l'être, voilà le *style* qui vous *démange;* plus de laisser-aller, plus de joie. Il vous faut rentrer dans votre bouge, polir votre mot, trouver votre rime, vous taper le front et vous ronger les ongles.

### XII.

L'esprit (je l'entends au sens le plus fin) est une des choses dont on se passe le plus aisément entre soi dans la jeunesse : on a l'imagination, la sensibilité, le mouvement. Plus tard on sent de reste quand il fait défaut, et l'on s'étonne d'avoir pu mettre son admiration là où il n'était pas.

Ou encore, comme un poëte devenu critique le disait : Jeune, on se passe très-aisément d'esprit dans la beauté qu'on aime, et de bon sens dans les talents qu'on admire.

### XIII.

Quand nous intervenons, nous d'une génération déjà autre, au milieu des jeunes gens avec nos souvenirs, nous faisons plus ou moins l'effet de Nestor revenant avec ses éternels combats des *Épéens* et des *Pyliens*, au moment le plus intéressant de l'action entre les Troyens et les Grecs, et coupant l'intérêt qui ne demande qu'Achille et qu'Hector. Pour les jeunes gens, tout ce qu'ils font le matin même, c'est Achille et Hector.

### XIV.

La vie actuelle nous fait tant de bruit, que nous nous imaginons volontiers qu'il n'y en a jamais eu de pareille.

### XV.

Dans la jeunesse on a tout, et on est prêt à chaque instant

à le donner, parce qu'on voit au delà plus que tout. Plus tard on n'a que peu et on y tient, parce qu'on sent que ce peu est tout.

### XVI.

Quand je vois les chutes, les déviations, les démences ou les abjections qui ont lieu chez tant d'hommes distingués après l'âge de quarante ans, je me dis : C'est la jeunesse encore qui, malgré ses fougues et ses promptitudes, est sérieuse et sensée ; c'est la seconde partie de la vie qui se fait égarée ou légère.

### XVII.

Mûrir ! mûrir ! — on durcit à de certaines places, on pourrit à d'autres ; on ne mûrit pas.

### XVIII.

L'innocence ignore le mal, elle ne le voit pas. Pour voir tout le mal existant, il faut déjà presque l'avoir fait.

La tache de notre propre cœur est comme le miroir du mal en nous ; plus elle s'étend, et plus le miroir devient complet.

### XIX.

La Nature se présente deux fois à nous pour le mariage ; la première fois à la première jeunesse : on peut lui dire alors : *Repassez!* elle n'insiste pas trop. Mais la seconde fois, à cette limite extrême, lorsqu'elle reparaît, lorsqu'elle insiste avec un dernier sourire, prenez garde ! si vous la repoussez encore, elle se le tiendra pour dit, elle ne reviendra plus et se vengera en vous jetant au cœur l'ironie et les sécheresses.

### XX.

A un certain âge de la vie, si votre maison ne se peuple point d'enfants, elle se remplit de manies ou de vices,

## XXI.

La vie de famille est pleine d'épines et de soucis, mais ce sont des soucis fructueux; les autres sont des épines sèches.

## XXII.

Ceux à qui il arrive d'exprimer quelques vérités qui peuvent sembler profondes et hardies, ne doivent pas trop s'enorgueillir; car, il faut bien se l'avouer, arrivés à un certain âge, la plupart des hommes, je veux dire des hommes qui pensent, pensent au fond de même; mais peu sont dans le cas de produire ouvertement et de pousser à bout leur pensée.

De même dans la jeunesse. En vain les Adolphe et les René se croient le privilége de leurs orages; tous les jeunes cœurs sensibles passent à peu près par les mêmes phases d'émotion, comme plus tard les judicieux arrivent aux mêmes résultats d'expérience. Mais là aussi peu savent peindre, comme plus tard peu osent dire.

## XXIII.

Les hommes dans la jeunesse se croient dans un espace infini; quand elle est passée, et que l'âge de l'expérience est venu pour eux, ils se trouvent beaucoup plus rapprochés qu'ils ne croyaient l'être, et ils ont abouti presque tous à des résultats d'idées assez peu différents.

Ce qui me fait dire que la vie en commençant ressemble à un labyrinthe, à un dédale de verdure où ceux qui marchent, perdus dans une foule de petits sentiers, se croient à cent lieues les uns des autres, tandis qu'ils ne sont séparés en effet que par une charmille; au bout du labyrinthe, et quand les erreurs en sont épuisées, les promeneurs surpris se trouvent tous s'être comme donné rendez-vous sur un espace de terrain assez borné, aride et nu.

### XXIV.

Les hommes se mettent beaucoup trop en frais, ce me semble, pour admirer le génie de l'homme, c'est-à-dire pour s'admirer eux-mêmes: La masse (y compris les gens appelés spirituels et distingués) vit dans un certain milieu d'idées résultant de l'organisation et de l'éducation. Quelques individus tout à fait supérieurs s'élèvent au-dessus, mais de combien peu ils s'élèvent, si l'on considère l'ordre général et infini! Il me semble voir, parmi la race nageante des poissons, cette espèce particulière qu'on appelle poissons *volants*, et qui ne sortent un moment du milieu commun que pour aussitôt y retomber.

### XXV.

En général, nous autres hommes, nous nous plaignons trop; nous accusons le sort et la nature, ou la société, comme si toute notre vie se passait à subir le malheur. Et pourtant que de moments faciles et gais, insensiblement heureux, dus au printemps, au soleil de chaque matin! que de bons quarts d'heure, et même de journées dont on fait son profit et dont on ne parle pas! On souffre bruyamment, on jouit en silence.

### XXVI.

Mot charmant de madame Valmore, avec cet air humble et ce geste de femme :

« Il faut faire de la vie, comme on coud, point à point. »

### XXVII.

Belle parole de M. Vinet! et bienheureux qui en ferait sa règle !

« Être *content*, c'est être *contenu*, le mot le dit; c'est-à-dire contenir ses vœux dans les limites que Dieu a tracées, et parce que c'est lui qui les a tracées. Nous sommes tous, comme madame de La Vallière, dans ce monde pour être *contents*, et non pour être bien aises, au large et sans limites ; et le contentement, terme relatif, est le vrai nom du bonheur. »

### XXVIII.

... Il ressentait cet incurable dégoût de toutes choses qui est particulier à ceux qui ont abusé des sources de la vie...

### XXIX.

« ... Vous êtes bien heureuse de sentir comme vous faites ; cette fraîcheur d'impression vous va, Madame. Les âmes délicates, et qui n'ont pas *mésusé*, ont de ces joies. Voilà le prix : un matin qui bien souvent recommence.

« Oh ! que je suis loin des matins, et que je voudrais seulement un quart d'heure d'une belle après-dînée ! »

### XXX.

Il vient un moment triste dans la vie, c'est lorsqu'on sent qu'on est arrivé à tout ce qu'on pouvait espérer, qu'on a acquis tout ce qu'on pouvait raisonnablement prétendre. J'en suis là : j'ai obtenu beaucoup plus que ma destinée ne m'offrait d'abord, et je sens en même temps que ce beaucoup est très-peu. L'avenir ne me promet plus rien ; je n'attends rien ni de l'ambition ni du bonheur. Je ne me crois appelé à aucune grande vocation d'utilité, et la chimère du bien public ne me soutient pas. J'ai l'esprit assez bien fait pour comprendre que je n'ai pas le droit d'être mécontent, et je me sens le cœur trop large pour le croire rempli. Cet état de tristesse, qui a bien sa douceur, serait celui du sage, s'il ne s'y glissait encore, il faut le dire, bien des amertumes de regrets, bien des aiguillons de désirs, bien des irritations sourdes, et si la misère de notre nature ne remuait au fond.

## XXXI.

Pourquoi je n'aime plus la nature, la campagne?

Pourquoi je n'aime plus à me promener dans le petit sentier?

Je sais bien qu'il est le même, mais *il n'y a plus rien de l'autre côté de la haie.*

Auparavant il n'y avait rien le plus souvent, mais il pouvait y avoir quelque chose.

## XXXII.

Dans la jeunesse un monde habite en nous. Mais, en avançant, il arrive que nos pensées et nos sentiments ne peuvent plus remplir notre solitude; — ou du moins ils ne peuvent plus la charmer.

## XXXIII.

— Que faites-vous, mon Ami? vous êtes mûr, vous êtes savant, vous êtes sage, et peu s'en faut que vous ne paraissiez respectable à tous. Et voilà que la beauté vous reprend et vous tente; vous y revenez. La jeune Clady trouve grâce à vos yeux par son sourire; vous avez pour elle de tendres complaisances, et on l'a vue, me dit-on, à votre bras un soir, et le matin dans la voiture où vous la promeniez.

— Je le sais, mon Ami : je me sens bien vieux déjà, on me dit savant plus que je ne suis, et je voudrais être sage; mais ne le suis-je pas du moins un peu en ceci? Clady est belle, elle est jeune, elle me sourit. Je la regarde, je ne fais guère que la regarder, mais j'y prends plaisir, je l'avoue; j'aime à la voir près de moi, à la promener un jour de soleil, et en la voyant là riante, qu'est-ce autre chose? il me semble qu'un moment encore je fais asseoir ma Jeunesse à mes côtés.

## XXXIV.

— Passant, Passant, pourquoi ce bouquet de jasmin,
  Dont ton haleine se caresse?
Pourquoi marcher toujours violettes en main?
  Tu n'es plus jeune, Ami : tout cesse.
— C'est comme un souvenir que j'agite en chemin,
  C'est le parfum de ma jeunesse.

## XXXV.

Quand je suis seul et que je souffre, dans ma chambre, près d'un livre que je ne lis pas, je rêve sans trop presser mes pensées, je me résigne, je jouis d'une tristesse sévère ; et à ma porte, sans avoir frappé, se présentent debout ces deux hôtesses silencieuses, la Philosophie et la Nécessité, belles encore dans leur attitude auguste, — mais combien différentes de ce que me furent autrefois ces deux jeunes déesses, la Grâce et le Désir!

## XXXVI.

— Une bonne journée aujourd'hui, j'ai lu de l'Homère ce matin et j'ai vu madame d... à quatre heures.

## XXXVII.

— Écrire des choses agréables, et en lire de grandes.

## XXXVIII.

Esprits immortels de Rome et surtout de la Grèce, Génies heureux qui avez prélevé comme en une première moisson toute fleur humaine, toute grâce simple et toute naturelle grandeur, vous en qui la pensée fatiguée par la civilisation moderne et par notre vie compliquée retrouve jeunesse et force, santé et fraîcheur, et tous les trésors non falsifiés de maturité virile et d'héroïque adolescence, Grands Hommes pareils pour nous à des Dieux et que si peu abordent de près et contemplent, ne dédaignez pas ce cabinet où je vous reçois à mes heures de fête ; d'autres sans doute vous possèdent mieux et vous interprètent plus dignement ; vous êtes ailleurs mieux connus, mais vous ne serez nulle part plus aimés.

### XXXIX.

Dans cette ode si connue où Horace énumère tout ce qu'il nous faudra quitter bientôt à l'heure de la mort (*Linquenda tellus et domus et placens uxor...*), il oublie une des plus profondes douceurs, une des plus durables et des plus chères à la vie déclinante, celle de lire Horace et les Anciens : un jour viendra bientôt, charmant poëte, où nous ne te lirons plus !

### XL.

Le soir de la vie appartient de droit à Celle à qui l'on a dû le dernier rayon.

# APPENDICE.

## LEOPARDI, page 114.

Je disais que j'aurais aimé à mettre en regard des poésies si senties mais si funèbres de Leopardi, et qui serrent le cœur, quelques poésies naturelles et également vraies qui le dilatent et le consolent. Les poëtes anglais, tels que William Cowper, ou ceux qu'on a compris sous le nom de *Lakistes*, offrent à chaque page des pièces dans ce genre moral, familier, domestique, que j'aurais voulu voir se naturaliser en France, et que j'ai tout fait à mon heure pour y introduire. Voici une de ces moindres pièces imitée de Southey, et adressée à l'un de ses amis qu'il désigne sous le nom de William, et qui était athée comme le *Wolmar* de *la Nouvelle Héloïse*, ce qui m'a fait substituer ce dernier nom.

### L'AUTOMNE.

IMITÉ DE L'ANGLAIS, DE SOUTHEY.

Non, cher Wolmar, non pas! Pour moi, l'année entière,
Dans sa succession muable et régulière,
Ne m'offre tour à tour que diverses beautés,
Toutes en leur saison. — Au déclin des étés,
Ce feuillage, là-bas, dont la frange étincelle,
Et qui, plus jaunissant, rend la forêt plus belle
Quand un soleil oblique y prolonge ses feux,
Tout ce voile enrichi ne présage à tes yeux
Que l'hiver, — l'hiver morne, aride. En ta pensée
Se dresse tout d'abord son image glacée :

Tu vois d'avance au loin les bois découronnés,
Dans chaque arbre un squelette aux longs bras décharnés;
Plus de fleurs dont l'éclat au jour s'épanouisse;
Plus d'amoureux oiseaux, dont le chant réjouisse;
La Nature au linceul épand un vaste effroi. —
Pour toi quand tout est mort, Ami, tout vit pour moi :
Ce déclin que l'Automne étale avec richesse
Me parle, à moi, d'un temps de fête et d'allégresse,
Du meilleur des saints jours, — alors qu'heureux enfants,
Sur les bancs de la classe, en nos vœux innocents,
Les feuilles qui tombaient ne nous disaient encore
Que le très-doux Noël et sa prochaine aurore.
Pour tout calendrier j'avais ma marque en bois;
Et là, comptant les jours recomptés tant de fois,
Vite, chaque matin, j'y rayais la journée,
Impatient d'atteindre à l'aube fortunée. —
Pour toi, dans ses douceurs la mourante saison
N'est qu'un affreux emblème, et le dernier gazon
Te rappelle celui de la tombe certaine,
Durant ce long hiver où va la race humaine.
Tu vois l'homme écrasé, débile, se traînant
Sous le faix, et pourtant à vivre s'acharnant;
Car cette vie est tout. Pour moi, ces douces pentes
Me peignent le retour des natures contentes,
L'heureux soir de la vie, — un esprit calme et sûr
Qui, pour la fin des ans, réserve un fruit plus mûr;
Dans un œil languissant je crois voir l'étincelle,
Un céleste rayon d'espérance fidèle,
La jeunesse du cœur et la paix du vieillard. —
Tout, pour toi, dans ce monde est ténèbres, hasard :
Un grand principe aveugle, un mouvement sans cause
Anime tour à tour et détruit chaque chose;
Par tous les éléments, sous les eaux, dans les airs,
Chaque être en tue un autre : ainsi vit l'Univers;
Et dans ce grand chaos, bien plus chaos lui-même,
L'homme, insondable sphinx, ajoute son problème,
Crime et misère, en lui, qui se donnent la main;
La douleur ici-bas, et point de lendemain. —
Oh! ma croyance, Ami, que n'est-elle la tienne!
Que n'as-tu, comme moi, l'espoir qui te soutienne,
Qui te montre la vie en germe dans la mort,
Le mal à se détruire épuisant son effort!
Dans la confuse nuit où l'orage nous laisse,
Que ne découvres-tu l'Étoile de promesse,
Qui ramène l'errant vers le bercail chéri!
Alors, Ami blessé, ton cœur serait guéri;

Chaque vivant objet, que la trame déploie,
Te rendrait un écho d'harmonie et de joie;
Et soumis, adorant, tu sentirais partout
Dieu présent et visible, et tout entier dans tout!

---

## CASIMIR DELAVIGNE, page 305.

Cherchant à me rendre compte de son talent lyrique et poétique, et des limites naturelles de cette vocation, j'écrivais dans *le Globe* (20 mars 1827), lorsque parurent les *sept Messéniennes nouvelles*, le jugement que voici :

— Quand un beau talent a remporté, du premier coup, un succès d'enthousiasme, et qu'une prédilection presque unanime s'est plu à le parer, jeune encore, et des louanges qu'il méritait déjà et de celles qu'on rêvait pour lui dans l'avenir, il arrive difficilement qu'une gloire où l'espérance a tant de part soutienne toutes ses promesses, et que l'augure si brillant de son début ne finisse point par tourner contre elle. De l'excès de la bienveillance et de l'admiration, on passe alors à la sévérité, et l'on va jusqu'à l'injustice. Parce qu'on a vu dans les premiers ouvrages plus qu'il n'y avait réellement, on cesse de voir dans les suivants ce qu'il y a toujours. Ajoutez le plaisir malin de dire à un homme supérieur en quelque genre : *Monseigneur, vous baissez*. Ceci s'applique un peu à M. Delavigne. Quoique son talent soit toujours le même au fond, sa faveur est déjà sur le retour. Une première acclamation l'avait désigné le poëte de la jeunesse, et, comme avec des qualités éminentes il n'a pas toutes celles que ce titre impose, sa rapide popularité a dû par degrés faiblir. Il faut avouer que la pâleur de ses dernières productions n'en justifie que trop le peu de succès. Nous n'y trouvons rien pourtant qu'un œil impartial et exercé n'ait déjà pu entrevoir même sous l'éclat des premiers triomphes. M. Delavigne, qui a supporté avec tant de modestie sa gloire précoce, nous pardonnera aujourd'hui quelques reproches et quelques conseils. S'ils peuvent lui paraître rigoureux, ils ne devront pas du moins lui paraître injustes. Nous les lui adressons sincèrement dans l'intérêt de l'art, dans le sien propre, et par conséquent dans le nôtre aussi, à nous tous jeunes gens qui nous sommes associés plus d'une fois à ses succès avec orgueil et avec amour.

Doué d'une imagination riche et facile, d'une âme tendre et pure, de bonne heure nourri d'études classiques, M. Delavigne déposa d'abord ses sentiments dans quelques pièces légères, les seules de ses poésies peut-être où, tout à fait libre, encore inconnu, il se soit abandonné sans effort à ses goûts intimes et au simple penchant de sa muse. Il y a dans ces premiers choix du talent un instinct qui rarement égare ; le vrai poëte a bientôt démêlé ce qu'il aime, comme Achille saisissait un glaive parmi les parures de femme. *Les Troyennes*, *Danaé*, l'ode *à Naïs*, et d'autres pièces de l'époque dont nous parlons, nous semblent d'aussi précieuses révélations en ce sens, qu'elles sont des compositions charmantes en elles-mêmes. Le génie grec y domine : c'est tour à tour une scène à la façon d'Euripide, un petit tableau à la manière de Simonide, ou bien la mélancolie voluptueuse d'Anacréon, de Tibulle et d'Horace. L'auteur, on le sent, est fait pour devenir le descendant par adoption de cette antique famille littéraire que Racine, le premier, a introduite et naturalisée parmi nous. Mais, au milieu de ces études paisibles, de ces méditations solitaires, de ces reproductions naïves des anciens chefs-d'œuvre, survint l'invasion de 1815, qui brisa le cœur du jeune poëte comme celui de tous les amis de la France. Arraché par le bruit des armes étrangères au silence des bois, aux ombrages profonds du Taygète et de l'Hémus, sous lesquels s'égarait son imagination riante et sensible, il eut un cri sublime de douleur auquel la France entière répondit comme un seul écho. Toutefois encore, on put remarquer, dans le langage éloquent de cette muse éplorée, les habitudes de sa vie première et la force de ses inclinations chéries. Ce nom seul de *Messénienne* qu'elle portait le disait assez, et peut-être les fréquentes invocations à l'Olympe mythologique le rappelaient trop. A cela près pourtant, tout était bien et aurait continué de l'être, si, le moment de ferveur passé, le poëte, revenant à ses goûts secrets, avait quitté une arène où il ne s'était jeté que par élan ; si, rentrant en quelque sorte dans la vie privée, il avait osé redevenir lyrique, comme il l'avait été d'abord, avec ses impressions personnelles, affections douces, mystérieuses, pudiques, écloses et nourries sous un ciel idéal, dans le calme des bocages sacrés, ou parmi les danses des guerriers et des vierges. Malheureusement il n'en fut pas ainsi. Pareil à cette Jeanne d'Arc, dont il avait si bien déploré l'infortune, M. Delavigne ne sut point se retirer à temps, et s'obstina à poursuivre au delà du terme une mission déjà achevée. Ici, bien des gens furent complices avec lui. La génération à laquelle il appartient avait besoin, elle a besoin encore d'un interprète qui exprime en traits de feu cette âme poétique qu'elle sent s'agiter confusément en elle, d'un prophète qui lui dévoile cet avenir de science et de liberté auquel elle aspire. Un moment elle espéra avoir trouvé ce chantre divin dans M. Delavigne; elle le dit, et il se laissa aller à le croire. Nous pensons, sans lui faire injure, qu'une tâche si immense ne lui convint jamais. Au moins, puisqu'il ne la refusait pas, il ne devait rien négliger pour la remplir. Il fallait alors, renonçant à des habitudes recueillies et solitaires, dépouillant, pour ainsi dire, les bandelettes et les voiles antiques, se mêler aux flots de cette génération active, mouvante, orageuse, s'y plonger hardiment, et n'en sortir aux instants de méditation que pour bientôt s'y replonger encore. Surtout, il ne fallait pas se confiner étroitement entre des conseillers vénérables, mais circonspects, et de médiocres admirateurs. Aussi, qu'est-il résulté pour le poëte de cette position équivoque et de cette audace mêlée de timidité? quelques concessions incomplètes, par lesquelles il n'a satisfait ni lui-même, ni tout le monde. Solennisant les événements contemporains avec les réminiscences de son ancienne manière, étouffant la pensée principale sous des hors-d'œuvre classiques, il semble n'avoir plus considéré ses sujets que comme des canevas donnés, des thèmes à la mode, dans lesquels il a inséré de beaux, de très-beaux vers assurément, mais des vers sans à-propos, sans liaison, sans conception profonde. A Naples révoltée, à *Parthénope*, il n'a su guère parler que du *laurier de Virgile*. Aux Hellènes d'aujourd'hui, il est allé raconter la Grèce de Tyrtée et de Démosthène, ce qui est bien sans doute, mais ce qui ne l'est qu'à demi. Une fois pourtant, seulement une fois, il a retrouvé et même surpassé le naturel et l'éclat de ses premières poésies. C'est lorsqu'aux rives du Gange, dans cette patrie des roses et du soleil, il a prêté sa voix harmonieuse aux prêtres, aux jeunes guerriers, aux jeunes filles, et qu'entièrement soustrait au monde moderne qu'il ignore, il a réalisé une Grèce selon son cœur ; car c'est toujours une Grèce, quoique plus resplendissante et plus orientale que l'ancienne.

Si les chœurs du *Paria* me semblent le chef-d'œuvre lyrique de M. Delavigne, les sept nouvelles Messéniennes sont à coup sûr ce qu'il a publié de plus faible en ce genre. Et d'abord, pourquoi ce nom éternel de *Messéniennes*, là où il ne s'agit plus de déplorer une invasion étrangère? Je n'aime point cette manière de recopier un mot heureux et de vivre à satiété sur le passé. Mais, sans chicaner pour un titre, et en allant au fond des choses, je demanderai au poëte laquelle des sept pièces lui a été inspirée par une idée haute et grande? *Le Départ*, il est vrai, me paraît dicté par un sentiment naturel et gracieux. Mais comme M. Delavigne, en quittant la France, n'est pas une Marie Stuart qui laisse un trône pour aller chercher un autre trône, une prison et un échafaud, comme il n'est pas même un mélancolique Byron qui fuit, en haine de la société, pour aller errer par le monde, et s'immoler finalement à une cause sainte, comme il est tout simplement un amateur, un artiste, faisant, par un beau temps, une courte traversée, je ne m'intéresse à ses adieux élégants et un peu fastueux qu'autant qu'ils me rappellent des adieux de famille, et en vérité je n'y peux rien voir de plus grave. Quant au *Voyage de Colomb*, c'est autre chose. Comment nous montre-t-il ce navigateur héroïque, dévoué aux pures convictions de la science, ce rival, non pas des Pizarre et des Cortez, mais des Copernic et des Galilée, qui, sur la foi d'une conclusion logique, aventure sa vie au milieu de l'Océan? Comment le peint-il dans les trois derniers jours de crise et d'angoisses, entouré d'un équipage révolté qui va lui ravir ce monde auquel il touche et dont la brise lui apporte déjà les parfums? Le premier jour se lève, et l'on n'aperçoit rien encore ; Colomb a le cœur qui bat, et ici le poëte décrit en vers élégants ce cœur

> Qui s'élève, et retombe, et languit dans l'attente,
> Ce cœur qui, tour à tour brûlant ou sans chaleur,
> Se gonfle de plaisir, se brise de douleur, etc.

Ce vague et indéfinissable état *d'ennui dévorant, d'extases, de fureurs solitaires*, dure deux jours entiers : enfin

> Le second jour a fui. Que fait Colomb? Il dort.

Il dort, et voit en songe les destinées futures de l'Amérique jusqu'à La Fayette et Bolivar ; puis, vers le matin du troisième jour, il se réveille aux cris de *Terre! terre!* et l'Amérique est trouvée. Ce long sommeil de Colomb, bien moins vraisemblable que celui d'Alexandre ou de Condé, la veille d'une bataille dont les dispositions sont assurées d'avance, m'a tout l'air du voile mesquinement ingénieux qu'un peintre grec, dans un tableau d'Iphigénie, jeta sur le visage d'Agamemnon. C'eût été une tentative moins facile et plus belle d'aborder l'âme du grand homme, de la retracer, non point par des expressions générales qui conviendraient aussi bien au métromane durant la représentation de sa tragédie, mais par une analyse rapide et forte qui ne convînt qu'au seul Colomb entre tous ; de nous le reproduire tel qu'il dut être, doutant par moments de lui-même, de ses inductions, de ses calculs, et se laissant aller à de mortelles défaillances, puis recommençant avec anxiété et les calculs et les inductions, s'enhardissant à mesure qu'il les recommence, et, certain encore une fois de sa conclusion, se relevant avec un geste sublime, comme plus tard Galilée quand il s'écriait : *Et pourtant elle tourne*. Schiller n'a fait sur Colomb qu'une douzaine de vers, et il y a mis une grande idée : « Courage, hardi Navigateur !... plein de confiance dans le Dieu « qui te guide, sillonne cette mer silencieuse.... N'eût-il pas été « créé, ce nouveau monde que tu cherches, il va sortir des flots. « Il est une secrète alliance entre la nature et le génie. » M. Delavigne n'a jamais de ces traits-là. La troisième pièce s'adresse au vaisseau qui *devait* porter à Constantinople M. Stratford-Canning ambassadeur d'Angleterre, et *le bruit courait alors* que la mission de ce diplomate avait pour but l'affranchissement de la Grèce Une Messénienne sur un bruit diplomatique ! Quoi qu'il en soit, il y avait à tirer parti du sujet. Cet affranchissement, négocié par des cabinets avides et ambitieux, prêtait aux craintes et aux conseils de la poésie. Mais l'auteur n'a pas pris ce point de vue, ou plutôt il n'en a pris aucun : toute la pièce reste aussi indécise que la nouvelle même qui en a été l'occasion. Vient ensuite le pèlerinage virgilien à l'antre de la *Sibylle*, cadre un peu vulgaire depuis Énée et Panurge, mais qui permet de brillants détails. Seulement, je ne comprends pas encore pourquoi le poëte a fait précéder sa consultation par cet incroyable discours dans lequel un ami, en sa qualité de peintre apparemment, se met à décrire tous les sites des environs. *Les Funérailles du général Foy* présentent dans le début une grande confusion de sentiments et de couleurs. Tout absorbé dans le magnifique coucher du soleil d'Italie, M. Delavigne a peine à s'en détacher et à redevenir Gaulois. Il n'a point suivi, on le voit bien, les restes de l'orateur illustre, dans cette soirée tristement solennelle, sous des torrents de pluie, à la lueur des flambeaux. Les noms seuls de *Camille*, de *Tullius* et des vieux Romains lui viennent à la bouche, et il est loin en idée de la patrie des Mirabeau, des Barnave et des Camille Jordan. Toutefois la belle âme de M. Delavigne n'a pu rester froide jusqu'au bout, et il a terminé admirablement une pièce commencée presque au hasard. Nous reviendrons sur cette fin. Rien de plus incohérent et de plus artificiel que les *Adieux à Rome*, sujet de la sixième Messénienne. Le voyageur se promène, à la clarté de la lune, près de Saint-Jean-de-Latran, et se met à improviser un chant romain, où s'entremêlent les noms de Brutus, de Cicéron, de Numa, de Michel-Ange, du Tasse et de Byron. Puis tout à coup lui apparaît l'ombre du vieux Corneille, et il se console de quitter la Ville éternelle, en pensant qu'il la retrouvera tout entière dans les œuvres de notre grand tragique. La *Promenade au Lido* ne se compose que d'une série d'apostrophes à Venise.

Jusqu'ici M. Delavigne avait coutume de réparer, ou du moins de déguiser habilement, par l'exécution de détail, ce qui lui manquait dans l'ensemble des plans. L'on pouvait comparer sa poésie à un salon toujours magnifiquement décoré, même lorsque la maîtresse était absente. Sans prétendre que sa pureté et son élégance l'aient partout abandonné, ce que démentiraient d'heureuses exceptions, nous lui reprocherons de les avoir mises en oubli plus souvent qu'à l'ordinaire. L'effort, l'emphase, c'est-à-dire le mauvais goût, puisqu'il faut l'appeler par son nom, y ternissent l'aimable simplicité de diction qui distingue le poëte entre les autres contemporains. Comment, par exemple, sa raison si fine et si juste ne s'est-elle pas révoltée contre la bizarrerie de l'image suivante :

> Vainqueurs, sauvez les Grecs! Vous manquez de vaisseaux!
> Venise traîne encor son linceul en lambeaux :
> Comme une voile immense, eh bien! qu'il se déploie
> Au faîte de ses tours qui nagent sur les eaux,
> A ses flèches de marbre, aux pointes des créneaux
>     Où volent ces oiseaux de proie!
> Venise avec ses tours et ses palais mouvants,
>     Ses temples que la mer balance,
> Va flotter, va voguer, conduite par les vents,
> Aux bords où pour les Grecs le passé recommence, etc.

Ce sont des exclamations, des interrogations sans motif et sans fin, de brusques dialogues en un ou deux vers : on dirait un *qui-vive* perpétuel :

> Enfin l'aube attendue et trop lente à paraître
> Blanchit le pavillon de sa douce clarté.
> « Colomb, voici le jour! le jour vient de renaître!
> — Le jour! et que vois-tu? — Je vois l'immensité. »
> Qu'importe? il est tranquille... Ah! l'avez-vous pensé? etc.

Et plus loin dans la même pièce :

> Le second jour a fui. Que fait Colomb? Il dort
> La fatigue l'accable, et dans l'ombre on conspire.
> « Périra-t-il? aux voix! — la mort! — la mort! — la mort!
> « Qu'il triomphe demain, ou, parjure, il expire. »

M. Bignan, dans ses poésies, d'ailleurs estimables, ne pousse pas l'abus de l'apostrophe plus loin que M. Delavigne ne l'a fait ici.

Dans cette sorte de tumulte factice, la pureté même du vers pris isolément n'est pas toujours respectée :

> Et *d'un de ses deux bras* qui nous donna des fers
> Appuyé sur la France, il enchaînait *de l'autre*
> *Ce qui restait* de l'univers.

Mais c'est assez et trop insister sur les défauts auxquels nous espérons que M. Delavigne ne s'habituera jamais. Il s'en débarrasse naturellement, dès qu'un sentiment vrai et propice à son talent revient le saisir : témoin la fin de la Messénienne sur le général Foy. Hâtons-nous d'effacer et de couvrir, par cette éclatante citation, les taches nombreuses qu'il nous a coûté de relever si sévèrement :

> Et toi qu'on veut flétrir, Jeunesse ardente et pure,
> De guerriers, d'orateurs, toi, généreux Essaim,
>   Qui sens fermenter dans ton sein
> Les germes dévorants de ta gloire future,
> Penché sur le cercueil que tes bras ont porté,
> De ta reconnaissance offre l'exemple au monde :
> Honorer la vertu, c'est la rendre féconde,
>   Et la vertu produit la liberté.
>
> Prépare son triomphe en lui restant fidèle.
> Des préjugés vieillis les autels sont usés ;
> Il faut un nouveau culte à cette ardeur nouvelle
>   Dont les esprits sont embrasés.
> Vainement contre lui l'ignorance conspire.
> Que cette liberté qui règne par les lois
> Soit la religion des peuples et des rois.
> Pour la mieux conserver on devait la proscrire !
> Sa palme, qui renaît, croît sous les coups mortels ;
> Elle eut son fanatisme, elle touche au martyre,
>   Un jour elle aura ses autels.
>
> Le verrai-je ce jour où sans intolérance
> Son culte relevé protégera la France ?
> O champs de Pressagni, fleuve heureux, doux coteaux,
> Alors, peut-être, alors mon humble sépulture
>   Se cachera sous les rameaux
> Où souvent, quand mes pas erraient à l'aventure,
> Mes vers inachevés ont mêlé leur murmure
>   Au bruit de la rame et des eaux.

> Mais si le temps m'épargne, et si la mort m'oublie,
> Mes mains, mes froides mains, par de nouveaux concerts
> Sauront la rajeunir, cette lyre vieillie;
> Dans mon cœur épuisé je trouverai des vers,
>   Des sons dans ma voix affaiblie ;
> Et cette liberté, que je chantai toujours,
> Redemandant un hymne à ma veine glacée,
>   Aura ma dernière pensée,
>   Comme elle eut mes premiers amours.

Ici, tous les mérites du poëte sont retrouvés, style pur, nobles images, douce chaleur, mélodie parfaite. L'onction antique respire surtout dans ce vœu d'une âme tendre :

> O champs de Pressagni, fleuve heureux, etc.

Il y a beaucoup à dire sur l'harmonie de ces Messéniennes. Le vers libre qu'affecte en général M. Delavigne dans les compositions lyriques n'est peut-être pas le plus avantageux ; certainement il n'est pas le plus facile. Permettant à la période une grande extension, il exige du poëte une sévérité extrême pour réprimer les longueurs auxquelles l'entraînerait la négligence. Incessamment variable, il n'exige pas moins de surveillance pour le choix d'un rhythme toujours adapté au sentiment ou à la pensée qu'on exprime. D'un autre côté, trop de soin a son danger, et peut introduire dans le rhythme une sorte de mobilité, de turbulence fatigante, ou même des combinaisons fausses, de véritables contre-sens. La strophe, au contraire, enferme plus exactement la pensée, et la soutient plus encore qu'elle ne la gêne. M. Delavigne n'a pas toujours évité les inconvénients du vers libre, les longues périodes qui se traînent en phrases incidentes sur des rimes redoublées, ni les combinaisons à effet, dans lesquelles l'intention manque son but. Je ne citerai qu'un exemple de ce dernier cas :

> Ces murs dont Michel-Ange a jeté dans les cieux
>   Le dôme audacieux.

Le vers de six syllabes a quelque chose de leste qui sied mal, et le dôme devrait monter au ciel avec plus de lenteur et de majesté. Une fois ou deux, M. Delavigne s'est permis de ne point clore la pensée avec les rimes correspondantes, et d'enjamber par le sens sur de nouvelles rimes, au grand désappointement de l'oreille. Enfin, les strophes de la seconde Messénienne commencent et finissent toutes par un vers masculin ; cette licence ne me paraît point suffisamment consacrée par l'exemple de Racine et de J.-B. Rousseau, quoi qu'en dise M. Ladvocat.

M. Ladvocat, en effet, a enrichi les Messéniennes de notes qui grossissent de moitié le volume, etc., etc....

Ne nous plaignons point, toutefois, qu'on nous ait conservé dans les notes la charmante ballade du *Jeune Matelot*. De toutes les poésies du recueil, elle est celle qui a le moins coûté et qu'on goûte le plus. Mise en musique, chantée dans les salons, on ne se lasse point de l'entendre, ce qui prouve à l'auteur que la naïveté a bien aussi son prix. C'est à cette naïveté qu'il devrait s'en tenir, même dans les compositions plus hautes, et il la rencontrera dès qu'il ne forcera plus à des sujets mal assortis la vocation de son talent. Ce talent a donc une vocation? Oui, sans doute. Longtemps méconnue et contrariée, mais facile à saisir dans les diverses œuvres du poëte, elle s'est prononcée, dès l'abord, par des choix d'instinct, et elle ne se prononce pas moins nettement aujourd'hui par ses répugnances. Peu faite pour les créations toutes modernes, elle semble réclamer de préférence les inspirations antiques, grecques, classiques si l'on veut. Pourquoi ne pas conseiller à M. Delavigne d'y revenir à son gré? Là où d'autres ne sont que plats copistes, il saura être original, comme il l'a déjà été ; peut-être même il le deviendrait difficilement dans tout autre genre que celui-là.

---

A l'occasion de *la Popularité*, j'écrivais dans la *Revue des Deux Mondes* (15 décembre 1838) l'article suivant :

— La Comédie Française est en veine heureuse : un jeune talent lui rend ses anciens chefs-d'œuvre ; et son poëte moderne, qui l'a accoutumée à des succès légitimes et sûrs, vient d'en obtenir un nouveau. *La Popularité*, quelles que soient les objections qu'on y puisse faire comme comédie, est de la meilleure manière de M. Delavigne, de sa plus spirituelle et de sa plus correcte exécution : elle touche à des travers tout à fait présents, à des passions hier encore flagrantes, avec une indépendance d'honnête homme, avec un honorable sentiment du bien qui est, certes, aussi quelque chose, et qui passe ici de l'intention de l'auteur dans l'effet littéraire et dramatique de la pièce : on est ému de sa conviction, on sort pénétré de cette sincérité. Si peu d'œuvres modernes laissent sur une impression semblable, que c'est un éloge tout particulier qu'on doit d'abord à M. Delavigne. L'ensemble de son talent et de ses ouvrages n'a cessé de le mériter : en ce temps d'inégalités, de revirements et de cascades sans nombre, la conscience poétique suivie, la continuité du bien et de l'effort vers le mieux marquent un trait de force et d'originalité aussi. On s'est trop habitué de nos jours à mettre l'idée de force dans le *coup de collier* d'un moment et dans un *va-tout* ruineux. Ce qui dure, à une certaine hauteur, ce qui se soutient ou se perfectionne, a, par cela même, son caractère ; et s'il entre dans ce ménagement du talent bon sens et prudence, c'est une part morale, après tout, dont on n'a pas à rougir, et qui, parmi tant de profusions et d'écarts, devient une distinction de plus.

Voilà tout à l'heure vingt ans que l'auteur des *Messéniennes* a débuté par un succès éclatant et populaire. S'il n'a pas retrouvé dans ses publications lyriques d'une date postérieure la même veine et le même jet, c'est aussi que ce moment de 1819 était unique pour célébrer cette simple douleur patriotique de la défaite, et qu'à moins d'entrer au vif dans la chanson anti-dynastique avec Béranger, à moins d'oser la satire personnelle avec les auteurs de *la Villéliade*, on n'avait à exprimer, dans le sentiment libéral, que des thèmes généraux plus spécieux que féconds. Mais, en se tournant de bonne heure vers le théâtre, l'auteur des *Vêpres Siciliennes* et des *Comédiens* s'est fait une route qui est bientôt devenue pour lui la principale, une carrière où, invité plutôt qu'entraîné par beaucoup des qualités et des habitudes littéraires de son esprit, il a su constamment les combiner, les diriger à bien sans jamais faire un faux pas ; où il a suivi d'assez près, bien qu'à distance convenable, les exigences variées du public, et n'a cessé de lui plaire, sans jamais forcer la mesure de la concession. Il y eut des moments difficiles. L'École romantique, en abordant le théâtre et en y luttant comme dans un assaut, réussit du moins à y déranger les anciennes allures et à y troubler la démarche régulière de ce qui avait précédé. M. Delavigne soutint le choc : il faut avouer pourtant que sur plusieurs points il plia. On l'a remarqué avec justesse, depuis son *Louis XI* jusqu'à son *Luther* il céda plus ou moins de terrain à l'invasion, et, s'il dissimula avec habileté l'espèce de violence qu'il se faisait, il est permis de croire, du moins, que ce fut une violence. Les talents poétiques et littéraires d'aujourd'hui (sans parler des autres, politiques et philosophes) sont soumis à de redoutables épreuves qui furent épargnées aux beaux génies du siècle de Louis XIV, et il est bien juste de tenir compte, en nous jugeant, de ces difficultés singulières qu'on a à subir. Si Racine, dans les vingt-six années environ qui forment sa pleine carrière depuis *les Frères ennemis* jusqu'à *Athalie*, avait eu le temps de voir une couple de révolutions politiques et littéraires, s'il avait été traversé deux fois par un soudain changement dans les mœurs publiques et dans le goût, il aurait eu fort à faire assurément, tout Racine qu'il était, pour soutenir cette harmonie d'ensemble qui nous paraît sa principale beauté : il n'aurait pas évité çà et là dans la pureté de sa ligne quelque brisure. M. Delavigne, dans les pièces qu'il a données au théâtre pendant ces huit dernières années, tentait avec habileté et convenance une conciliation qui lui fait honneur, qu'on accepte chez lui, mais qui est demeurée insuffisante après chaque succès. Aujourd'hui que l'opinion publique, soit littéraire, soit politique, se détend un peu, il a fait trêve à cette déviation toujours savante, mais sensiblement contrainte, de son talent; il est rentré, avec ce soin qui ne se lasse pas, dans sa manière vraie, dans celle qu'il doit aimer, j'imagine, de préférence. Il nous a donné une comédie qui est une sœur tout à fait digne des *Comédiens*, une comédie un peu née de l'épître, et qui continue avec honneur, en le rajeunissant par les sujets, ce genre de la *Métromanie* et du *Méchant*, toujours cher dans sa modération et son élégance à la scène française.

Mais le sujet est-il bien choisi? On l'a contesté. La comédie politique est-elle possible de nos jours? Elle ne le fut chez les

Grecs eux-mêmes, et dans cette démocratie d'Athènes, que durant un temps. En France, on a eu *Figaro* à la veille de la révolution, *Pinto* à la veille de l'empire. Dans la première et entière liberté après juillet 1830, on aurait pu avoir quelque œuvre de verve, un éclair rapide, mais l'homme a manqué. Quand les choses ont repris leur assiette et leur organisation, quand la société rentre dans les formes parlementaires, il est, certes, un peu tard pour la comédie politique; et si, en s'y engageant, on se fait de plus une loi sévère de ne se séparer à aucun moment de l'équité, de la décence, envers ceux même qu'on attaque et qu'on raille, si on apporte, en composant, toutes sortes de généreuses considérations de bon citoyen et d'honnête homme, il est certain qu'on ajoute aux difficultés déjà grandes, qu'on multiplie autour de soi les entraves.

Cela est vrai du genre. Mais qu'importe? L'exception pour le talent est toujours possible. L'auteur de *Bertrand et Raton*, lequel, il est vrai, n'y regardait pas tout à fait de si près, et qui n'a accepté, en matière de difficultés, que l'indispensable, a réussi à faire rire. M. Delavigne, en prenant son sujet plus au sérieux, a réussi également, à sa manière, dans la voie de *comédie moyenne* qu'il s'est choisie. Nous venons trop tard pour analyser: ce sera assez de jeter quelques observations.

L'action a paru lente : ce n'est pas évidemment de ce côté que l'auteur a voulu porter ses forces. Il a donné pour nœud à sa pièce le moment décisif où un jeune orateur politique, idolâtre de l'opinion, et arrivé au comble de la faveur populaire, se trouve tout d'un coup en demeure de choisir entre cette orageuse faveur et son devoir. Tout semble pousser Édouard vers l'écueil : l'attrait du triomphe désormais facile, les illusions d'une amitié impérieuse et généreuse, personnifiée dans Mortins ; les insinuations de la tendresse et de l'amour, qui lui parlent par la bouche adorée de lady Straffort ; enfin, la menace d'un outrage assuré, non pas contre lui (il le mépriserait), mais sur la tête vénérée d'un père. Cette lutte morale, dont on n'a que les escarmouches durant les trois premiers actes, éclate au quatrième et remplit le dernier de son triomphe. J'avoue qu'elle me paraît suffisante pour défrayer l'action dans ce genre de comédie qu'a voulu M. Delavigne; s'il y a longueur, cela tient plutôt à certaines circonstances matérielles, aux entr'actes, par exemple. Une pièce comme celle-là n'en devrait pas avoir, ou de quelques minutes à peine. Les unités, songions-nous dans l'intervalle des actes, même celles qui semblent les plus insignifiantes, l'unité de *lieu*, étaient donc bonnes parfois à quelque chose.

Les caractères ont du dessin ; ils se détachent bien, ils se détachent trop en ce sens qu'ils représentent trop chacun une idée, une partie du système politique, un ressort. Édouard, si généreux, si éloquent, et qu'on nous donne comme si puissant à la Chambre et sur son parti, n'a pas dès l'abord assez de clairvoyance. Son vieux et noble père, pour avoir tant vécu du temps de Robert Walpole, n'a pas assez d'expérience. Mortins, si sincère qu'on le fasse, et si adonné qu'il soit à ses généreuses espérances, n'a pas assez d'arrière-pensée. Les meilleurs en ont : les Mortins qui en valent la peine ne sont pas ainsi tout entiers. Une comédie politique, pénétrante et rapide, qui percerait çà et là des jours hardis, qui irait dénoncer la nature humaine dans ses duplicités fuyantes jusqu'au sein des plus nobles cœurs, ne ferait que son métier. En un mot, un peu de Caverly répandu çà et là, à diverses doses, sur tous ces personnages, ne ferait pas mal : c'est ainsi dans la vie. A la scène, cela romprait à temps cette nuance estimable d'Odilon Barrot qui tient trop de place au fond de la pièce. Au reste, nous demandons peut-être là quelque chose de contraire à la construction habituelle de ce genre de comédie, qui, à l'aide de personnages calqués à distance sur la vie et plus ou moins artificiellement découpés, tient surtout à produire des effets de réflexion, des développements moraux, des observations spirituelles ou de nobles leçons exprimées en beaux vers.

Ici, en effet, est le mérite supérieur de la pièce de M. Delavigne, mérite grave à la fois et charmant, pour lequel, si l'on voulait être tout à fait juste en l'analysant, on aurait besoin, non plus d'une simple audition, mais d'une lecture. Les vers spirituels abondent ; le piquant personnage de Caverly est là tout à point pour en semer la pièce. Mais il y a mieux que les vers spirituels ; il y a la pensée sérieuse, excellente, rendue avec suite, avec nombre, avec grâce. L'auteur atteint souvent à une élévation morale qui rentre dans l'émotion dramatique. Qu'on se rappelle, dans le quatrième acte, le moment décisif entre Mortins et Édouard : faut-il jouer le tout pour le tout, et, sur l'espérance d'un avenir peut-être chimérique, sacrifier le présent, l'ordre établi, tant de fortunes et d'existences; enfin, faut-il oser repasser par le pis en vue de revenir au mieux? Mortins, décidé, s'écrie :

Va donc pour le chaos, et qu'il en sorte un monde !

Et l'autre lui répond :

Ce monde, il est créé; rends-le meilleur, plus pur...

Je ne connais rien, dans l'ordre de poésie morale, dans ce genre philosophique de l'*Essai sur l'Homme* de Pope, de plus beau que cet endroit, et ici il est de plus en scène, il a son effet d'action.

On a demandé quelle était la conclusion rigoureuse de la pièce et ce qu'elle prouvait. Nous croyons que c'est trop demander, même à une comédie morale. Il en est de l'*affabulation* ici, comme de celle de tant de fables de La Fontaine. La popularité est un thème qui revient là un peu formellement, et le vieux Sir Gilbert, resté seul en scène avec son fils, achève de le clore. Pour avoir connu la popularité, pour s'y être livré, et pour lui avoir ensuite résisté un seul jour, Édouard a perdu sa situation politique, sa maîtresse, son ami : il lui reste sa conscience et la bénédiction de son père. Mais, je le répète, ce n'est là que la formalité de clôture, en quelque sorte, dans un thème donné : l'essentiel et le fond, c'est cet ensemble de réflexions morales provoquées chemin faisant, c'est le sentiment judicieux, généreux, sincère, qui ressort de tout l'ouvrage, qui déclare l'honneur supérieur à toutes les opinions de parti, qui le fait voir toujours possible au sein même de ces opinions contraires, comme dans la belle scène finale entre Sir Gilbert et Mortins qui mouille les yeux de larmes. Aussi, quelles que soient les convictions particulières qu'on apporte à cette pièce, il est impossible de n'en pas saluer la juste intention.

S'il était permis de donner pour l'avenir un conseil à un talent aussi habile et aussi fait que celui de M. Delavigne, nous lui dirions d'oser être, à la scène, plus d'accord avec ses goûts, avec ses sympathies littéraires, qu'il ne se l'est accordé peut-être depuis quelques années. Par *la Popularité*, il est rentré dans sa manière plutôt que dans ses sujets : il pourra mieux choisir. Un homme d'esprit dont on citait dernièrement de rares *pensées*, a dit : « Ce ne serait peut-être pas un conseil peu important à donner aux écrivains que celui-ci : *N'écrivez jamais rien qui ne vous fasse un grand plaisir.* » Au théâtre, et pour des sujets de comédie, le précepte peut surtout sembler de circonstance. Un exemple éclatant (1), sur la scène française, montre assez qu'en fait de goût littéraire, le public n'a pas de parti pris. Le succès sans nuage de *la Popularité* n'indique pas moins une disposition facile à tous les genres d'impartialité. C'est donc le moment ou jamais, pour les talents purs, d'être tout entiers eux-mêmes. Et à qui mieux qu'à M. Delavigne peut-on donner sans crainte un tel conseil ?

(1) Celui de mademoiselle Rachel.

FIN.

# TABLE DES MATIÈRES

## DU TROISIÈME VOLUME.

|  | Pages. |
|---|---|
| Avertissement.. | 1 |
| M. Daunou | 3 |
| Leopardi | 70 |
| Parny | 118 |
| Louise Labé | 156 |
| Desaugiers | 185 |
| Gresset | 215 |
| Fléchier | 235 |
| Théophile Gautier (*les Grotesques*) | 247 |
| Victorin Fabre | 267 |
| Casimir Delavigne | 287 |
| Pensées de Pascal | 306 |
| M. Mignet | 330 |
| La *Revue* en 1845 | 355 |
| Un dernier Mot sur Benjamin Constant | 369 |
| Un Factum contre André Chénier | 389 |
| Homère | 408 |
| De la Médée d'Apollonius | 434 |
| Méléagre | 471 |
| Euphorion, ou de l'injure des temps | 501 |
| Pensées | 510 |
| Appendice sur Leopardi, et sur Casimir Delavigne | 521 |

FIN DE LA TABLE.

Ch. Lahure, imprimeur du Sénat et de la Cour de Cassation
(ancienne maison Crapelet), rue de Vaugirard, 9.

# PORTRAITS
# CONTEMPORAINS

ET DIVERS

PAR

C.-A. SAINTE-BEUVE

de l'Académie française

**Nouvelle édition revue et corrigée**

TOME TROISIÈME

---

DAUNOU, DÉSAUGIERS, PARNY,
CASIMIR DELAVIGNE, LÉOPARDI, LOUISE LABÉ,
FLÉCHIER, GRESSET, M. MIGNET, ETC.; —
HOMÈRE, APOLLONIUS DE RHODES, MÉLÉAGRE,
ETC., ETC.

---

PARIS

GARNIER FRÈRES, LIBRAIRES

6 RUE DES SAINTS-PÈRES ET PALAIS-ROYAL 215

M DCCC LX

www.ingramcontent.com/pod-product-compliance
Lightning Source LLC
Chambersburg PA
CBHW071414230426
43669CB00010B/1547